蕭公權全集之六

中國鄉村

論19世紀的帝國控制

Rural China

Imperial Control in the Nineteenth Century

蕭公權◎著
張皓、張升◎譯

蕭著《中國鄉村》中譯本弁言

《蕭公權全集》至今尚未能出全，主要原因之一是有好幾部由英文所寫的著作有待中譯，而《中國鄉村：論19世紀的帝國控制》（*Rural China: Imperial Control in the Nineteenth Century*）一書卷帙尤其龐大，其中引用官書、方志、族譜、筆記等資料無數，所引原文必須尋找原書還原，不僅費時，而且時有踏破鐵鞋無覓處的無奈，可說工程浩大。現在終於由北京師範大學兩位學者譯畢，列為全集之第六冊。

蕭先生於一九四九年秋天赴美，執教於西雅圖華盛頓大學，除講授他的老專業中國政治思想史之外，還開了「中國社會組織」一課。當年華盛頓大學在東亞研究上與東岸的哈佛大學齊名，教學與研究並重，並以十九世紀中國為研究的重心，積極鼓勵同仁執行研究計畫，而規劃中難度最高又極端重要的題目就是中國的鄉村，一直乏人問津，華大遠東學院的梅谷（Franz Michael）與衛德明（Hellmut Wilhelm）兩教授遂央請蕭先生任此艱鉅。蕭先生在《問學諫往錄》中說，他雖感「墾荒」工作的艱苦，但認為若願意認真耕耘，未必無成，而且在政治思想研究工作上已久，也應該換個題目做做，就這樣接受了這項任務。

蕭先生自稱研究步驟從探察十九世紀中國鄉村的型態和情況開始，然後考證帝國如何控制與管理鄉村，最後檢討清政府的管制對鄉村的影響，以及村民對管制的反應。不過，在執行這些步驟之前，必先搜閱相關的中外文史料。蕭先生得到「館際借書系統」（Interlibrary Loan）之便，可向全美國各大學圖書館以及收藏豐富的國會圖書館調閱資料，於三年之中翻閱的書刊不下千餘種，而實際引用者不及半數。蕭先生在甄別資料上頗費心力，尤其從西洋在華人士的實地觀察，獲致鄉村生活的實況，當然蕭先生曾在農村生活多年，亦可資印證。經過「放眼看書」與「小心抉擇」之後，開始寫作。當時華盛頓大學有定期的「中國近代史討論會」，蕭先生每完成一章，即提出在討論會上攻錯，與不同學科的同仁們交換意見。當《中國鄉村》全稿於一九五五年之秋完成後，華盛頓大學出版社邀請兩位校外專家審查，費時近一年；又因近四十萬字的書稿校訂費時，最後又因書中漢字印製的昂貴，遲至一九六〇年尾才正式出版，計正論三編十一章，分述十九世紀控制中國鄉村的組織與功能，兼及社會結構，於無所取法中自闢蹊徑，然距完稿已五易春秋矣。

《中國鄉村》出版後，七年之內，再版發行，除精裝本外，另印紙面普及本，厚重的學術專著有此銷路，殊不多見。書出之後又頗獲學界好評，或謂此乃史學界罕見的成就，為後學者奠定基礎，或謂乃韋伯（Max Weber）論中國宗教社會之後的首要作品，或謂當列為政治、社會組織、人類學，以及亞洲研究等課程的必讀書。然而，西方學界於推重蕭氏文史學術博雅之餘，對蕭著也有所批評，要點不外是過於冗長而欠分析。其實書出之前有一位審稿人已提出此議，並建議將書中引用的許多原始資料全部刪除，簡述資料的大意即可。後來蕭先生回憶道，這位審稿人明顯反映當時美國讀者不耐煩讀冗長著作的心理，而忽略了他著書立說的宗旨，他認為這是一部墾荒之作，並無意提出高深的學理，然其精選出來的資料，注明出處，譯成英文，大有助於西方讀者對中國鄉村的認識，若將之刪除，代以概述，將大大減損此書的價值，更何況此書並不是資料的組合，其中也提出不少論斷，而論斷無不有資料佐證，若將資料刪除，也不利讀者覆按。蕭先生言之有理，出版社亦從善如流，決定不加刪改就予以出版。

其實，《中國鄉村》雖以資料勝，並未忽略分析、思辨、綜合，以及敘事的流暢。一九六〇年代的西方文史學界已由社會科學主導，凡有論述，無不急於模式的建立與理論的提出，往往以片面的資料來落實尚未成熟的理論，不是蕭先生所強調的「放眼看書」與「小心抉擇」，而流於「隨心假設」與「放手抓證」，雖或能引得讚賞於一時，得到升遷與加薪的實惠，但沒有紮實基礎的理論與模式，何異沙灘上的城堡，隨潮落而消逝，難怪當年有人估計一篇論文若能夠維持五年的閱讀生命，已屬難得。蕭先生擁有如許資料，又細心譯為英文，若欲效法時流建立模式與理論，又有何難？只是雅不願從俗逐流耳。不過，蕭先生並不是保守的漢學家，也不是餖飣繁瑣的考據家，他少年時已深入西學，熟悉西方的思維系統與概念結構，也曾在一九六四年十一月的《亞洲學報》上發表論文，認識到多學科之間溝通的重要性，主張文史之學與社會科學「兩者的喜相逢」（the twins shall meet）。蕭先生也曾親口語我，從事中國研究的人類學家史堅雅（G. William Skinner）由於其專業知識之豐富，往往能從資料中洞見門外漢所不及見者，一般漢學家確有難以企及之處。而史堅雅對《中國鄉村》一書的問世，也推崇備至，在書評中說，人類學家有此一冊在手，始可分析中國信而有徵，並可據此作各種跨越文化的研究，又說此書開闢了一個新的園地，不僅給人類學家無限靈感，且能嘉惠整個學界。史氏名作〈中國鄉村市場與社會結構〉（Marketing and Social Structure in Rural China）一文，得益於蕭書之處頗多，絕非漢學家僅僅為人類學家提供資料而已。

蕭先生著書的辛勞與苦心很快得到學界高度肯定，就在《中國鄉村》出版的一九六〇年獲得「美國學術團體聯合會」（American Council of Learned Societies）極其尊榮的學術大獎，為東方學者獲此殊榮的第一人。獎狀上說，蕭先生「融合中西兩個偉大傳統的精華」，在少年時即論述西洋政治思想，表現出「創造性的灼見」，壯年撰寫中國政治思想史，展示「自闢蹊徑的史識」，不僅僅是一位學者，也是「詩人、作家和哲學家」。當消息傳出，台灣與香港等地曾專電馳報。蕭先生任教的華盛頓大學校長以盛宴款待，全體賓客並起立致敬，以酬謝蕭氏在學術上的卓越貢獻。

今《中國鄉村》中譯本首次刊布，距初版已逾四十七年之久。在這近半世紀的歲月中，自有不少新的研究，但此書資料的豐富以及論斷的謹慎與允當，仍極有參考價值。此書初版曾延宕五年，蕭先生曾說：「這書所述是歷史上的陳迹，遲幾年出版並無妨礙。」中譯本遲了近五十年，似乎也並無妨礙。中文世界裡的不少讀者渴望久矣，必然欣喜此書中文版的終於問世。

作為蕭公權全集的主編，我特別要感謝譯者張皓與張升兩位先生的不歇努力，並訂正了原著中的若干筆誤。為了使中譯本盡快付梓，我無法細閱譯稿，只就標題以及譯者所標出的難解處，覆按原文，加以釐清。至於外人姓名，一般都是音譯，但研究中國的外國學者常常取有典雅的漢姓漢名，如蕭先生在華盛頓大學遠東學院的同仁戴德華（George Taylor）、梅谷（Franz Michael）、衛德明（Hellmut Wilhelm）等人皆是，譯者固無從得知，故為之「正名」。我也要感謝聯經出版事業公司鍥而不捨地要完成蕭公權全集的出版計畫，近三十年前與我約定此一計畫的是少年林載爵，今日載爵兄已是聯經的當家，兩鬢飛霜，事業大成，蕭氏全集之出齊，諒亦為期不遠矣。

汪榮祖

寫於南港中研院研究室

序

本書研究十九世紀清王朝在中國鄉村的控制體系，包括理論基礎、措施和效果。由於可用的相關資料有限，同時筆者又想在一定的期間內完成研究，因而不打算探究這個主題的所有面向，或對我所處理的問題的各個方面作完整的敘述。實際上，有些省略是十分明顯的，例如居住在帝國某些地方的少數民族以及居住在偏遠地區的鄉村居民，本書就沒有照顧到。儘管存在著這樣的缺陷，筆者仍然希望本書能夠相當清楚地呈現出，十九世紀清帝國鄉村控制體系的一般狀況。

這個研究可以滿足幾個有用的目的。帝制時期的中國是一個農業國家，鄉村居民占了總人口的絕大多數。任何有關中國歷史或中國社會的研究，如果沒有考慮到政府對鄉村億萬鄉村居民的影響，沒有考慮到人民在不同的時期、不同的環境下所表現出來的態度和行為，都不能算是完備的。十九世紀是一個朝代衰敗和政治轉變的時期，因此特別值得注意。對於這個時中國鄉村的研究，除了可以弄清一些造成帝國體系衰敗的力量和因素，或許還能提供一些解釋後續歷史發展的有用線索。

有關十九世紀中國鄉村生活的描述和談論其實不少，但大抵都不是經過仔細調查的結果。很少人對其觀察到的現象下功夫分析，有些還存在著錯誤概念和錯誤的解釋。這些著作中充斥的懸而未決的解釋歧異，常常讓讀者迷惑不解。因此，有必要對這個問題進行更有系統的處理——本書有一部分就是要填補這個需求。其次，雖然有關帝國一般行政系體的論述已經很多，但是不論中文或西文著作，對於最低層行政體系——或者說基層行政體系——的結構和功能，論述都是相當少的。因此，帝國統治體制中非常重要的一個面向就被忽略了。本書嘗試要做的是，藉由顯示帝國政府是怎樣來控制鄉村居民的？鄉村居民對這種控制手法的反映又是如何？自然和歷史環境又是如何影響到控制體系的運轉，以及鄉村居民在該控制體系下的行為舉止？試著對這個問題提出多少有點適足的觀點，同時消除在某些領域非常流行的一些主要錯誤觀念。

為了達到這一目標，筆者在描述時盡量做到具體、準確，甚至不惜讓讀者面對令人厭煩的細節。筆者相信，只有這樣，才能描繪出相當清楚的圖畫，給讀者留下準確的印象。這樣的研究取向，讓筆者對這個題目只能採取歷史研究的方法，而不是理論研究的方法。換句話說，筆者所關心的是呈現出特定時間裡實際存在的相關情況和過程，而不是普遍適用的一般觀念或範圍廣泛的系統性組合。只要資料允許，筆者盡可能地從不同角度查閱、研究每組事實，也盡可能地放在各種各樣的背景下進行研究。因為任何制度或任何一組制度的完整意義，必須放在歷史與社會的脈絡裡，才能夠充分掌握；因此，筆者常常發現必須去研究那些超越本書主題的現象，也不得不去觸及超出本研究所設定期間的某些狀況。

史料來源

使用史料時必須仔細甄別。有關十九世紀中國和關於中國問題的記載和資料雖然很容易弄到，但是，與本研究直接相關的材料並不很多，也不是每一條都可信。如何處理這樣的材料，真是一個方法論的問題。

帝制中國的鄉村居民絕大多數目不識丁。他們的日常生活和所作所為通常不會引起那些能讀能寫的知識分子的注意，因而大部分未被記錄下來。官員和學者經常提到的「民間疾苦」，可能只是重述一般性的說法，而不是展示鄉村生活的真實情況。此外，筆者想從形形色色的中文史料中收集到一些相關的材料，對本研究也不是全然或直接有用的。研究原始經濟生活的歷史學家對古人留下的隻字片語都感到彌足珍貴，即使留下這些記載的人對吾人今天所感興趣的問題一無所知。研究距離今天比較近的一段中國歷史，可以利用比較大量的材料，比起那些研究原始經濟生活的歷史學家來說，筆者算是幸運的。不過，筆者還是情不自禁希望過去記載中國歷史的作者早已預料到今天所要解決的問題和需要。十九世紀的作者雖然經常把一份份引人興趣的材料遺留下來，但卻只點到為止，因而對稍後時代的讀者來說不夠清楚。或者在其他例子裡，某個特定的史料中找到關於某個地方或某個時期的有用資料，但是卻找不到其他地方或其他時期的可以比較或配對的資料。

由於可以利用的史料本就不足，同時筆者所能看到的記載數量也有限，因本研究所用的資料也就不是一樣的完備，也不是完全的平衡。由此所產生的中國鄉村的光景，就像是史料片段拼湊的馬賽克，在某些地方描述得較好、較完整，而在另一些地方卻出現空白，或使人迷惑的區塊。為了彌補這一缺陷，為了防止誤解，筆者有時採取了下列權宜之計：只要有可能，對每份史料所涉及的地方和時期都加以說明，這樣讀者就不但能評價筆者所引證的各段史料，而且還能評價筆者根據所引史料作出的結論是否正確。在某些情況下，借用少量十九世紀之前或之後的相關資料，來填補一些不可避免的空白。

容許所引史料有可能出現的偏見或不正確性，產生了另一問題。筆者在研究中引用了大量官方資料，而這種資料幾乎毫無例外是站在官方立場所記載的。此外，帝制時代的官員基於方便或者有必要，總是喜歡言過其實、隱藏問題、粉飾太平。他們總是把那些該由他們處理的報告看成令人生厭的例行工作，因此在匆匆了結之前並未認真了解報告是否確實。對於那些涉及嚴重後果問題的文件，筆者作了比較細緻的處理，但目的並不是要保證它的正確性或真實性，而是要確認涉及的官員不是被牽連或承擔超過他們應該承擔的責任。

地方志記載的客觀性或真實性比官方文獻要高一些，提供了本書相當多的、必不可少的資料。在那些當地環境、事件和人物的記載中，有些比較認真盡力，或者更為勝任；但也有相當多因撰稿者不公正、虛假或粗心而失去價值。主持編修志書的地方士紳以及某些案例中的地方官員，實際決定內容及編修政策，他們常常無法免於偏見或私心。事實上，任何一本地方志都是由許多人負責修撰的，他們的學識水平並不整齊，執行任務時合作常常得很糟糕，管理也不理想[1]。因此，即使沒有刻意的錯誤陳述，出現無心的差錯和省略卻是可能的。一位聲名卓著的中國歷史學家甚至說，大多數地方志是瞎編亂抄的東西，完全不可相信[2]。大多數地方志都把地理及相關事項作為其中的一部分，即使在這部分，資料也經常是不適當、不準確的。在很多案例中，晚期的版本照抄幾十年前或幾百年前的版本，並未作出必要的修訂，以顯示其間到底發生了什麼變化，也沒有告訴讀者這項事實。有時，在小地方或偏遠地區，由於缺乏可靠材料，修志者不論多麼認真，也無力修出令人滿意的方志來[3]。

私家著述的問題並沒有比較少。私家著述的作者屬於人口中的知識階層，其中大多數是士紳。因此，他們的觀點和態度跟草擬官方文獻、修撰地方志者相似。由於他們以私人資格著述，比起官方文獻的作者來說，只要他們願意，他們是有更多的自由描述所看到的事實，並表達他們的信念。但也不能確保他們在著述時必定不會有偏見，或不會出錯。

以上所述表明，在材料取捨上必須謹慎。對於那些可靠性看起來值得懷疑的著述，筆者避免引用。但在某些情況下，筆者不得不在值得懷疑的資料和根本沒有資料可用之間，作出兩害相權取其輕的選擇。也就是說，運用這樣的材料時，要根據已知的歷史背景來加以檢驗，如果可能的話，也用西方作者的著述來檢驗，並對已知存在偏見或失真的地方給予適當的保留，以減少發生錯誤的空間。

西方作者，特別是那些在十九世紀中國親眼目睹清帝國上演的各種事件及各種情況的西方作者，為吾人提供了許多有用的資訊。他們來自許多文化傳統不同的地方，使他們擁有某些中國作者所沒有的優勢。他們沒有中國作者那種特有的偏見，因此能夠以某種超然的眼光來觀察事態的發展。此外，他們來到陌生的土地上，對身邊日常發生的事，都會加以思索，因此那些容易為中國本土撰述者忽視，但卻有意義的事情，就很有可能為這些外國作者所察覺。舉例來說，一些西方著作中有關鄉村情景和活動的生

---

1 溫仲和〔譯按：原書誤植為「溫仲」〕，《嘉應州志》（一八九八），29/68a，引舊志黃釗所作的序。〔編按：譯者以為誤植的「溫仲」，原書作 Wen Ch'eng，應係文晟。上引《嘉應州志》序云：「咸豐三年，萍鄉文晟為知州，議開志局修州屬各志，以眾議未畫一而止。乃取通志（《廣東通志》）、舊志所紀州事參互考訂而斷以己意，命之曰《嘉應州志增補考略》。……今志中所稱文志者是也。」（頁一b）按上引《嘉應州志》卷二九為〈藝文志〉，其中頁六七b載有：「文晟《嘉應州志增補考略》，存。」頁六八a即載「黃釗序云：郡邑有志，皆官書也。官書不必官自為，官董之，同郡邑人成之。成之者非一手，故訛舛罣漏，可指摘者多。」黃釗的序正是為《考略》所寫的，即是注文所說的舊志。〕

2 恩錫在為同治十三年（一八七四）刊《徐州府志》作的序中，引毛奇齡（一六二三—一七一六）的話。

3 賀長齡（一七八五—一八四八），〈遵義府志序〉，《耐庵文存》，6/12a-b。

動描寫，在中國撰述者看來，就覺得再普通不過，根本不值得記述。但這並不是說十九世紀的西方作者就沒有他們特有的不足。他們經常喜歡按照自己的社會背景來詮釋中國社會和制度，他們幾乎都很難完全逃過所謂「文化理解」（culture apperception）的扭曲影響；而且，由於個人特有風格、偏愛或全然的無能，其中一些人的報導是誤導的或混亂的[4]。因此，筆者認為，引用西方著述跟引用中國材料一樣，都必須小心謹慎。

在兩種情況下，筆者會引用描述十九世紀以後相關資料：當筆者認為這項資料可以清楚地顯示十九世紀的情況，或在寫作時缺乏有關十九世紀適切而又直接的資料可以利用時。引用這種資料顯然是有風險的。但是，在十九世紀和二十世紀初的幾十年裡面，鄉村生活看來並沒有發生什麼廣泛而基本的變化，因此，用有關後期社會情況的資料來推論稍早的情況可能出現的差錯，對圖像的正確性並不會產生實質的影響[5]。還應該指出的是，筆者引用這種資料很謹慎，而且僅限於幾個事例。

誌謝

筆者要對在不同時間裡參加中國近代歷史專案計畫的華盛頓大學遠東及俄羅斯研究所同仁要表達誠摯的謝意。特別是張仲禮、梅谷（Franz Michael）、施友忠、戴德華（George E. Taylor）、衛德明（Hellmut Wilhelm）諸先生。他們克服了筆者開頭的猶豫，勇敢地面對一項挑戰的工作，讓筆者有機會進入一個當時只是隨便瀏覽的研究領域。在撰寫本書的各個階段，他們又不斷鼓勵，提出各種各樣的建議，筆者受益良多，備受鼓舞。即使筆者在某些問題上不能接受他們的觀點，也總是為他們那銳利的評論所折服，而對那個問題重新檢視，這樣常常能夠以更恰當的言語來展示證據，或者以更嚴謹的方式來作出結論。當然，其中仍然存在的不足，則是筆者自己要負責的。

筆者要特別感謝戴德華先生，他多次從頭到尾閱讀筆者冗長的草稿，並提出很有價值的改進意見。筆者也要特別感謝 Gladys Greenwood 女士，她以令人欽佩的審慎和耐心細緻的精神編輯草稿。筆者還要特別感謝 Mercedes MacDonald，他承擔了檢查參考文獻、出處、注釋和徵引書目等繁重的工作，並為印刷廠準備好原稿。對他們無私、慷慨的幫助，筆者真是感謝不盡！

蕭公權

一九五七年十月十日於華盛頓大學

---

4 舉例言之，George W. Cooke, *China* (1858), pp. 391-392, 提醒人們要注意那些「在中國待上二十年、說中國話的人」（twenty-years-in-the-country-and-speak-the-language men）所作的混亂詮釋。Ernest F. Borst-Smith, *Mandarin and Missionary* (1917), p. 75 也提醒說，要注意「環球遊覽者」（globe-trotters）在關於遠東的書中所作的所謂「權威敘述」。

5 Henry S. Maine, *Village Communities* (1876, 3rd ed.), pp. 6-7：「吾人熟知當代社會發生的事情、存在著的觀念和習慣，吾人可以從這些事件、觀念和習慣來推論過去的情況。即是說，吾人不僅可以從有關過去情況的歷史紀錄中來推斷過去，而且可以從在當今世界上已消失卻仍然能找到的痕跡中去推論過去……。因此，直接觀察幫助了歷史調查，歷史調查反過來有助於直接觀察。」筆者並不採取「直接觀察」的方法。與梅恩先生不同，筆者對從「直接觀察」中推論歷史的前景並不樂觀。

第二版的簡短說明

本書再版，在文字上完全沒有改動。自六年前本書出版以來，由於筆者已經轉入了另一研究領域，沒有再收集到有關這個題目恰當而又有意義的其他資料，未能作出一個修訂版。因此，再版保留了所有第一版中存在的缺陷和不足，作者對此表示歉意！

蕭公權

一九六七年五月於華盛頓州西雅圖市

目次

第二編　鄉村控制

第三編　控制的效果

第七章　村莊控制的效果

附錄

圖表

第一編

鄉村地區的組織

第一章

村莊、市集與城鎮

控制的問題

像帝制中國這樣的專制國家裡，統治者和臣民之間的界限相當清楚，他們的利益也背道而馳[1]。因此，專制統治者要解決的第一個問題，就是如何保持對其臣民的牢固控制，以確保自己及子孫的皇位能坐得安穩。

從秦朝到清朝的王朝興替過程中，有效的解決方案主要在於建立一套行政組織，以幫助皇帝確保臣民的順從並防止反叛。一則通過照顧臣民基本的物質需求，避免臣民因難以忍受艱困的生活「鋌而走

1 韓非（卒於西元前二三三年）是第一位明確表述這個觀點的中國政治思想家。參見 W. K. Liao (trans.), *Complete Works of Han Fei Tzu* (1939), Vol. I.〔編按：作者沒有明確注明出處。《韓非子》書中相關者至少有下列幾處：〈孤憤第十一〉：「臣主之利與相異者也。」又〈內儲說下第三十二〉：「君臣之利異，故人臣莫忠，故臣利立而主利滅。」〈八經第四十八〉：「知臣主之異利者王，以為同者劫。」惟此處臣指的仍是統治階層中的貴族，而非一般人民大眾。〕

險」；二則通過向臣民反覆灌輸精心篩選的道德教條（大部分是從儒家學說中篩選出來的），使臣民接受或認同現存的統治秩序；三則通過不斷監視臣民，從而查出「奸民」並及時加以處理。這套行政組織在戰略要地再以軍事組織加以強化，使各個朝代能夠在一段相當長的時期內，有效地統治一個廣闊的疆域。

自秦始皇以降，帝國控制的基本原則幾乎沒有發生什麼改變。不過，由於經驗的累積，以及隨後各個朝代一些皇帝的足智多謀，因而在行政組織的細節方面不斷地加以強化與改進，以利於更進一步集權中央，法律規章更加詳密，監視更加嚴密，控制更加緊密。當清朝在一六四四年建立時，它繼承了被推翻的明朝遺留下來的相當複雜的控制體系，再加以進一步改善，為帝國結構帶來了最後的發展。可以理解，對於清王朝這個漢族的外來征服者來說，控制的問題比他的前任統治者（即明朝，它推翻了異族統治的元朝，建立起漢族統治的王朝）來得更為迫切。

中國廣闊的領土和眾多的人口，確實使帝國控制成為一項相當艱巨的任務。為了恰當地處理這一問題，逐漸發展出一套精心設計的行政架構。在這體系中，皇帝位於最頂端，其下是龐大的官僚群。皇帝直接統率的是中央官僚組織，其中最重要的機構包括：內閣、軍機處（設於一七三〇年）〔譯按：雍正七年（一七二九）因用兵西北，設立軍機房；雍正十年（一七三二），改稱辦理軍機處，簡稱軍機處〕和六部。這些最重要衙門的官員在需要時，或者以個人身分，或者以集體名義，就重大問題向皇帝提出建議，幫助皇帝作出決策；並且在屬僚的幫助下，執行皇帝的命令，或將命令傳到下一級的行政機構。

通過地方政府組織體系，帝國政府的行政權力從北京傳到整個帝國的各個角落。中國的十八個行省都劃分為幾種不同等級的行政區域：即府和州縣[2]。除了少數幾個例外，巡撫是省的行政首長，由布政使（專管一省財賦）和按察使（專管一省刑名）輔佐。在某些情況下，總督被指派去管單一的省分（如直隸和四川都不設巡撫）；在其他情況下，總督管轄兩個省或三個省，這些省各有自己的巡撫。府的主要官員是知府，州縣的主要官員是知州和知縣。這些官員處於各省當局的直接監督之下，而且實際上也是由各該省的巡撫或總督所指派的。知州和知縣是正規行政組織的最下層，常常被稱為「地方官」或「親民之官」[3]。

中央政府為了有效保持對龐大的、向帝國各個角落延伸的行政機構的控制，採用了各種各樣的措施。舉例言之，為了防止皇家的「僕人」發揮不當的影響力或攫取過多的權力，每一個重要職位都由兩名或更多的官品相等、權力相同的官員來共同執掌；同時，一名高級官員也經常被同時指派一個以上的職務。政府機關的職能，很少得到精確的界定、或清楚的說明；實際上，重要官員權力和責任的重疊，是有意安排的。所有地方官員——從總督到知縣——的任命、升遷、免職，都由北京的中央政府來決定。這些官員一般不能在其家鄉的省分任職，他們很少被准許留在同一職位上太多年。官員們——即使是那些擁有重要職責的官員——沒有自行處置的權力。每一項行政措施和行動，哪怕只是例行公事，都必須向北京報告。正如十九世紀一位著名的中國作者所指出的，由於這些和其他性質類似的措施持續而

---

2 這是常規的行政區劃。在某些地區，為了適應特殊環境，會有特別的行政區劃。

3 有關清朝行政制度的基本參考著作，包括《大清會典》（卷一－一〇〇）、《清朝文獻通考》（卷七七－九〇）。也可參見以下英文著作：W. F. Mayers (梅輝立), *The Chinese Government*; H. S. Brunnert and V. V. Hagelstrom, *Present Day Political Organization of China*; 以及 Hsieh Pao-ch'ao (謝寶超), *The Government of China, 1644-1911*.

有效的運作，使得整個官僚體制在清王朝存在的兩個半世紀裡一直保持穩定[4]。

不過，官僚體系的控制只是這項任務的一部分。讓帝國境內為數眾多的城、鎮和數不清的村莊，保持和平與秩序，也是一個問題。事實上，官僚體系本身一方面是帝國控制的對象，但同時也是專制統治者用來牢固掌握一般人民的控制工具。鑄造這個不可或缺的工具，本身就不是一件輕鬆的工作；有效地運用這個工具來統治一般百姓，對皇帝們則是一個更具挑戰性的問題。

由於帝國的疆域遼闊，通信和交通又不發達，再加上絕大多數的人民不識字且不關心政治，因此政府公布的法律與命令，要讓百姓知道都極為困難，更不用說要去加以實施或貫徹。職責應該是要直接去解決百姓需要的州縣官，他的管轄範圍常常超過一千平方英里。全國大約一千五百名各種類型的州縣官，每人平均要管轄十萬名（據一七四九年的官方數據計算），或二十五萬名（據一八一九年的官方數據）居民[5]。由於職責範圍寬廣而且模糊不清，州縣官的負擔過重，就算他真的有這樣的意願或能力，也沒有時間或條件讓他把任何一項做好[6]。在州縣衙門所在的城裡設置一個表面上充滿效率的行政機構，或許並不困難；在佐貳官駐守協助知縣維持秩序的鎮也一樣。不過，在圍繞著城、鎮，居住著大多數人口的廣大鄉村地區，就完全不同了。即使在比較小的縣分，知縣及其助手都很難和所有村莊及村民們保持聯繫，如果這些官員真的夠認真看待他們的職責並嘗試過這種接觸的話。

對於這種行政體系的不完善，帝國的統治者並沒有坐視它繼續存在。自古代起，中國鄉村就存在著地方性的分組和分級，並且有政府的代理人。秦朝所確立的縣以下基層行政層級，被後來各朝所沿用[7]。清朝皇帝接收了明朝所用的體制，在某些細節上作了必要的調整。並且對所有輔助的地方組織，只要看起來有助於基層社會統治，都加以運用。從歷史發展的長河來看，這個最終完成的體系，可以說面面俱到，設計非常精巧。

在我們嘗試描繪及分析這個基層統治體系的各個組成部分之前，須先簡單地檢視支撐它的一些基本原則以及這個體系存在的主要問題。首先，由於意識到要把普通的行政組織延伸到知縣及其屬員以下是不切實際的，清朝統治者跟前朝一樣，從地方居民中找人來幫助控制鄉村。因此，保甲（治安）和里甲（稅收）組織的頭人和鄉村穀倉的管理者，就從這些機制將要運作的村落或鄰里的居民中挑選出來。黃河以南各省尤為盛行的宗族（以血緣關係而結合的團體），有時也被用來作為監督居民、宣導教條的輔助工具。這樣做的優點顯而易見。一方面，由於當地居民對自己家鄉的環境和人口情況，比起政府官員要熟悉得多，因此他們有更好的條件去處理、對付當地可能發生的問題，或者至少能向官府提供官府所想了解的訊息；另一方面，利用當地居民的幫助來控制——賦予其中某些人向官府彙報不法行為和不法分子的職責——村民們即使不直接處在官員的眼皮底下，也可能受到威懾而不敢犯法。

為了阻止鄉村團體或機構不當權力和影響力的發展，清朝採取了一系列抑制性措施。每一個地方的代理人或組織，不論是政府促成的或是地方原生的，都納入知縣的控制或監督之下。對那些被認為有害的團體或活動，政府總是保留著進行鎮壓的權力。透過知縣，政府的手隨時做好了打擊的準備；只要情

4 康有為一八九五年〈公車上書〉，見翦伯贊，《戊戌變法資料》，2/177。

5 《清朝文獻通考》，1/5029；《清朝續文獻通考》，1/7761。

6 《清朝文獻通考》，1/5619-20，敘述了知縣的職責，以及十八個行省的知縣分布狀況。

7 《清朝文獻通考》，卷一二—一三，概括了周朝到宋朝的發展情況。柳詒徵，《中國文化史》，2/256-66，則描述了明朝的制度。

況需要，駐紮在帝國許多戰略要地的軍隊就會奉命採取行動。此外，村莊的頭人和鄉村〔糧倉〕的管理者，即使實際上不是由知縣自己來指派，但是他們的選拔，通常要經過知縣的核可。歷史上長期演化而來的鄉村團體和機構通常被允許存在，但政府又刻意地設置了一些機構，與原有的組織機構並立，或位居其上，讓原有的鄉村團體和機構無法發展成地方權力的中心。就這樣，在保甲和里甲組織中，鄉下地區的家戶就被編組到十以及十進位的單位中，而不管村莊或其他自然界限。

地方自治的概念與鄉村控制的體系是互不相干的。村莊裡展現出來的任何地方上自發或社區性的生活，能夠受到政府的包容，要嘛是因為它可以用來加強控制，要嘛是認為沒有必要去干涉。在政府眼裡，村莊、宗族和其他鄉村團體，正是能夠把基層控制伸入到鄉下地區的切入點。

值得注意的是，即使在採取鎮壓手段時，只要符合方便或可靠，政府都會利用當地人的幫助。後面我們會看到，保甲體系和某種程度上的宗族組織，被政府用來幫助登記居民情況、監視居民日常行動、報告可疑的人物和違法行為、逮捕在逃的罪犯等。當地方居民被任命充當官府耳目和警長時，他們可能會被勸說要謹慎從事，即使沒有政府官員到場。這樣，想在鄰里找到藏身之處的罪犯，或者想在偏遠的村莊醞釀煽動造反計畫的潛在反叛者，其可能性就會減低了。

然而，清朝統治者非常聰明，知道並不能只是通過採取鎮壓性措施來維持統治。他們也注意到那些看來能夠使居民們減少觸犯法律，或服從統治當局的事情。一方面，清政府採取行動，為鄉村居民提供起碼的生存條件，並防止自然的或人為的災害，例如致力開墾荒地，促進或鼓勵灌溉和防洪，辦理賑災工作等等；另一方面，運用各種通俗教化的方法來教育各個階層的人民，以此來維護一個被證明有利於帝國政權的價值體系。清朝統治者大體繼承前朝建立起來的傳統，支持理學「正統」學派已被接受的社會和道德主張。通過「科舉」體系，他們試圖將官方的意識形態灌輸到士子和官員的心中。藉由這些人的影響力，並利用各種各樣的制度，包括鄉村學校、通俗宗教和宗族組織，他們致力把這種意識形態延伸到鄉下地區數以百萬計的未受過教育者。

要準確地評估這套鄉村控制體系的功效，是很困難的。它在某種程度上有助於清政權——中國歷史上相對長命的王朝之一——的穩定，但是證據顯示，它的運作從來不曾讓清朝統治者完全滿意過，或許清朝統治者也從來就沒有期望它會產生完美的結果。

的確，清朝的鄉村控制體系顯然不是沒有一些嚴重缺陷的。事實上，那些促使清朝統治者採行鄉村控制體系的優點，長遠看來，正是這個體系弱點的根源所在。作為帝國架構不可或缺的部分，它分享了整個體系的基本特質，因此也必然要隨它而起，隨它而落。

鄉村控制的第一個主要困難在於，它有效運作的先決條件，是需要一個帝國政府無法提供的行政條件。正如前面指出的，在一個專制政體中，統治者與被統治者的利益，即使不是矛盾的，也是分殊的；因此，整個行政體系就是建立在不信任的基礎之上。統治者最關心的就是帝國的安全，他們認為確保安全的第一定理就是，把所有權力抓在自己手裡，讓被統治者習於敬畏這個權力；同時，不讓任何人——包括士子、官吏以及普通百姓——發展出獨立與自立。將這個定理落實到行政的具體措施時，皇帝們發現必須小心謹慎，不給任何官員發揮開創性、獨立評斷的機會，或賦予任何官員適當地執行其法定職責的必要權威。審慎強調政治安全的代價是低落的行政效率。一貫而長期地推行這一政策，最終導致官員們士氣低落。很少官員——從北京最高階的官員到偏遠縣分地位低下的知縣——會努力去做真正有利於統治者，或為百姓帶來物質利益的事；絕大多數官員只求免於麻煩，並追求自己個人的好處和利益。到十九世紀之初，忠於皇朝成為罕見的官員美德；對政務漠不關心、顢頇無能，已成為一種通病。官僚集團的腐敗，不僅降低了朝廷的威望，而且嚴重地危害到統治體系的其他各個面向。特別是，州縣層級的行政腐化，使得各種鄉村控制機制根本無法正常運作。因為缺少了官員的有效推動和監督，整個鄉村控制體系，包括的保甲、里甲及其他組織，不可避免地敗壞成為徒具空文；最壞的情況，甚至為基層行政腐敗提供了大好的機會。

鄉村控制更嚴重的一個困難，在於它創造出一些會削弱帝國鄉村基礎的情況。帝制中國的鄉村居民，絕大多數是農民，基本上都不識字，自古以來一般都不是主動或進取的。他們的注意力和氣力，全都用在竭力維持貧苦的生活上。或者因為生活絕望所迫，或者受到許諾日子會變得更好的誘惑，鄉民們不止一次協助推翻專制王朝。但是，在正常情況下，在他們沒有受到騷擾的時候，他們是相當安分守己，對政治漠不關心的。這樣，控制農民大眾的問題看來是相對簡單的事。但是鄉村人口的「被動」性格對控制的有效性也造成一定的限制。運用當地居民來執行基層控制的方法，雖然在理論上很完美，但實際上卻是失敗的，因為居民們沒有為官府效勞的意願，他們的能力也不足以從事官府期待他們做的工作，而且在許多情況下，反而方便被任用者鄉村控制的機器來謀取他們的私利，而不是為皇家的目標服務。

此外，政府監督雖然是保持制體系運作必不可少的條件，卻有損地方自尊心或集體精神——同樣也是各種職位或組織持續有效運作必不可少的因素。州縣官受限於受僵化的法令（由北京發布，很少考慮到帝國不同區域的不同情況），又沒有被授予自由裁量的權力，很少費心地調整帝國的政策以適應地方環境的需要。結果，居民們常常以一種漠不關心的、懷疑的或害怕的眼光，來看待與政府有關的任何事情。不可否認，單單是基層行政的控制工具出現在鄉村，對許多潛在的麻煩製造者就能產生一定的嚇阻作用。不過，我們不能就此認定，清朝統治者所營造的鄉村控制確曾在鄉民們的心中，成功地注入過任何對於統治者，或者對於他們生活的社區積極效忠的感情。借用一句眾所周知的話來說，帝制中國的人民就是「一盤散沙」。

通俗的教條灌輸顯然達到某些效果，但是這些效果的本質基本上還是負面的。鄉民們被教導的一種思想是為了支撐他們的「保守主義」，訓練他們內心毫無疑問地服從威權，而不是提高他們個人的能力，讓他們準備好面對生活上的具體問題。中國鄉村就這樣停滯不前，在智力上和經濟上都不能夠迎接環境變化的挑戰。面對嚴重的自然災害，或者地方暴徒和衙門走卒施加的壓迫，居民們就變得毫無辦法。諷刺的是，帝國的基礎正是隨著這種控制的進展而被削弱。

只要各種條件仍然大致有利於統治政權，情勢看起來就還算平靜。但是，一旦爆發嚴重的危機，像是十九世紀那樣，帝國結構的致命弱點就開始顯露出來了。當各層級的行政機構全面腐化，而不像以往那麼有能力處理災患等問題時，饑荒就會頻繁發生，而且受災的區域相當遼闊。在這危急的時刻，西方列強的入侵，不僅嚴重損傷了皇室的聲望和威權，而且破壞了本土的經濟，特別是在那些遭受西方工商業直接入侵的地方。在騷動因素最強烈的地方，原本一直因為習慣、傳統惰性，並且受帝國控制約束影響而處於寧靜的鄉村大眾，終於爆發了猛烈的暴動。先前，帝國統治者對中國鄉村頂多只能維持不完全的掌控；現在，他們用來維持這種掌控的複雜工具被證明完全無用。把這種局面歸因於鄉村控制體系的衰敗，恐怕是不準確的。事實是，在十九世紀的最後幾十年裡，整個帝國的結構（鄉村控制體系是其中的一部分）處於全面衰敗的狀態。清王朝以及中國王朝體系，事實上正在快速走向終點。

中國鄉村的輪廓

中國鄉村雖然不是緊密組織起來的，但也不是毫無章法的。位在城（即省、府和州縣的治所）外面的廣闊的鄉村地區——鄉[8]，包含鄉村生活的許多組織和中心。其中有一些我們稱為行政組織，或多或

---

8 帝制中國的「城」是一個變動的現象，儘管它的主要特徵是能夠容易且清楚辨識的。Edward T. Williams 在 *China, Yesterday and Today* (1923), p. 137寫道：「在中國，相當於『城市』（city）的最常用的字眼就是『城』。嚴格的說，『城』這個字是指『城牆』（a city wall）『堡壘的土牆』（rampart），通常只來指那些有實質的磚牆和壕溝圍起來的城鎮。……知縣或知縣以上官員的衙門所在的任何城鎮，都可以稱為『城』。中國還有一些市鎮和村莊，規模比一些城更大，更具有商業的重要性。但是，賦予一個地方『城』的等級的，是它在政治上的重要性。」Fei Hsiao-t'ung (費孝通), *China's Gentry* (1953), p. 95 從不同的觀點強調了城鎮的相同特徵：「修建城牆……是一項偉大的事業，不是個人能夠獨力完成的；它必須是由居住在一個大的地區上居民共同承擔的公共事業。建築這種大型城牆，政治權力和政治目的都是不可或缺的。於是，一座『城』，就成了槍桿子出政權的政治體系中統治階級的一個工具。」兩種因素的確都很重要，但是在「城」的創建上，也都不是不可或缺的。在某些例外的情況，城根本沒有城牆（實質或其他的）；還有一些城擁有經濟重要性而無關它們的「政治重要性」。例如，湖南省的湘鄉縣和桃源縣、貴州省的鎮遠縣就沒有城牆（參見《湘鄉縣志》〔一八七四〕，1/8a；華學瀾，《辛丑日記》〔一九〇二〕，頁八四、一〇〇—一〇一）。但這些都是縣衙門所在地，因此當然是「城」。連州縣衙門都沒有的地方就不能稱為「城」，而有些城則除了政治地位外，也具有經濟地位。但是某些時候，當一個地方的經濟條件不再適合作為衙門所在地時，該地就會被正式的取消「城」的地位（見《清朝續文獻通考》，135/8952-8953）。因此，我們可以說帝制中國有兩種主要類型的「城」：一種是主要或只具有政治或行政地位的；另一種是地方政府所在地，同時還有經濟地位。大多數省城和府城，以及某些州城和縣城，屬於第一種類型。一位英國領事在一八六八年對這個類型的城作了有用的描述：「這座城〔譯按：保定〕看來沒有任何天然屏障；但是，堅固、又高又厚的城牆足夠抵擋中國式的大砲。一座最近修築的小土牆圍繞著城郊……。這個地方沒有

什麼商業地位，……作為直隸的省城，它是總督、布政使和按察使的駐節之地，它的重要性就在於此。」參見 E. C. Oxenham 的報告，引見 Alexander Williamson, *Journeys in North China* (1870), II, pp. 395-396. 第二種類型的事例比比皆是。例如，一名西方旅行者這樣描述直隸省獲鹿縣：「這明顯是一個繁榮的地方，以它的鐵市而知名。它的外觀讓人想起某些約克郡的城鎮。它的城牆很不規則，略呈圓形，周長僅約一英里……該城只是商業中心，既不產鐵，也不鍛鐵。……獲鹿還是各種砂鍋的重要中心之一。人們容易因為旅館（其中許多還是最高級的）的數量而誤判這個地方的大小；起因在於這個城的位置，是西行交通要道上必要的休息站。穿越群山所需的物資必須在這裡準備好；那些剛剛歷經許多磨難的人們，也要在這裡稍作停留，修理受損的馬車，並讓騾馬休息休息。」（*Ibid.*, I, p. 279. 引一份一八六五年的報告。）河南省彰德府是一個更大型商業中心。根據 E. C. Oxenham 的一八六八年旅行報告：「它位在一條不大不小的南岸。……一進該城，我立刻意識到來到了一種完全不同於直隸省的府城。一流建築的漂亮廟宇，雕刻精緻的石製牌樓，說明了居民們的虔誠和財富。同時，忙碌而眾多的人口，接連不斷的商店，中國奇特裝飾物襯出的歡欣氣氛，就是創造這種財富的泉源。在主街之外，不是沒有房舍的空地，……這裡看到的是一間接一間、修建得非常好的民居，一直延伸到城牆腳下。」（*Ibid.*, II, pp. 402-403.）帝制中國的城，「都市化」的程度各不相同。儘管有城牆圍繞以顯尊榮，相當多的州城和縣城仍保留著鄉土的面貌。例如，一八六〇年代的定州（直隸）：「城牆裡面沒有什麼吸引人的。圍在城牆裡的大部分空間都耕地，只有城的中心才是有點繁忙的地帶。」一八六九年的高郵州（江蘇）是「一座田地遍布的廣闊城市」（*Ibid.*, I, p. 268; II, p. 286）。即使是一八四二年的南京，也算不上是「都市」，一名英國官員說：「這座城的外表……有點令人失望。被土牆圍起來的空間，整整有五分之四，看上去就是一大片耕地，而不是我們所期望看到的人口稠密的建築群。」（John Ouchterlony, *The Chinese War* [1844], p. 476.）中國作者對於其他城市的類似觀察，見于蔭霖，《于中丞遺書》，1/27a 和 2/23a；華學瀾，《辛丑日記》，頁四九。雖然帝國的鄉下地區一般是村莊、三家村和市集組成的，但是有些地方卻沒有出現這種人口聚居的情況。Richthofen 在一八七二年對四川作了這樣的描述：「在中國，沒有其他省像四川這樣，城鄉之間的區隔是如此的清楚。……在四川，鄉間到處點綴著農場或小群的農場。農民和他眾多的家屬就居住在農場裡。那些從事手工業或商業的人生活在市鎮或城裡，但是，中國式的城鎮般的村莊很少出現。」（*Letters* [1903], p. 165.）Edward H. Parker 在 *China. Her History, Diplomacy and Commerce* (1901), p. 181 列出了一份常用的各種地方區域和層級的名稱清單。該書雖然不盡理想，但可以參考。

少是帝國政府為達到控制的目的而任意設置的；另一些則是自然發展的結果，與政府的行動完全無關，雖然政府會給予它們官方或半官方的認可，並藉此把它們納入鄉村控制的架構之中。

除了少數地區，像是四川的一些地區，鄉村家庭居住在分散的獨立農舍裡；或是某些省分的山地，謀生格外不易的某些地方之外，中國鄉村的居民都生活在大小不同、形式不同的聚居地：村落（村或莊）、市集（市、集、場等）和城鎮（鎮）。這些聚居地的外觀主要取決於當地的經濟條件，儘管社會和政治因素可能也有影響。例如，在可耕地附近有一條河川或溪流，為灌溉和其他方面提供足夠的用水，就為一座村莊的出現和發展創造了物質基礎。

在一個特定地區的村莊數量，以及大小、組織程度，和個別村莊社區活動的數量，視當地人口密度、地區大小，特別是當地的地理和經濟條件的不同而有別[9]。比較大、比較繁榮的村莊，常常顯示出「社區」（community）的特點[10]。實際上，村莊是中國鄉村社區生活的基本單位，就像家庭是構成中國社會生活的主要單位。

然而，村莊在經濟上並不是自給自足的。村民們的物質需求或許相當簡單、相當少，但是有可能不是他們自己村莊的有限資源所能滿足的。一些較大的村莊擁有由一串串小店所組成的「商業街」，來解決村民們這些需求中的一部分。但是這些村莊，連同沒有這種「商業街」的小村莊，都必須依靠附近的市集或城鎮來交換商品或服務，以滿足他們的經濟需求。

市集的大小和結構各不相同。它們經常是從繁榮村莊的「商業街」發展而來的；其中有些主要因為有定期的貿易活動，而與一般村莊區別開來。一個市集實際上就是一座取得了特別的經濟功能的村莊。具備這樣功能，就給村莊帶來了一定的變化。變成市集的村莊，有時會取得一個新的名字；一些非農業的居民也必定會住進來。然而，市集保留了鄉村社區的基本特徵，絕大多數的居民也還是農業人口。

城鎮通常是從市集發展而成的。隨著一個鄉村地區經濟的擴張，為鄰近村莊提供服務的市集，就變成規模日益加大的貿易活動的中心。當這個社區達到失去它的大部分純農業屬性的臨界點時，就以城鎮的面貌出現了。它現在所提供的許多貿易便利性，吸引了更大地區的村民們來這裡買賣。不過，也有少數例子，城鎮是當地工業發展的結果；製造上品瓷器的景德鎮（江西省），就是一個最好的例子。

因此，城鎮有兩種類型——貿易型與製造型。城鎮不再是純粹、簡單的鄉村社區；實際上，較為繁榮的城鎮可能擁有城牆和一些其他的城市標誌。此外，由於城鎮在經濟上的重要性，它可能被帝國政府選來作為輔助性的行政中心，派駐一名佐貳官以協助當地的州縣官；也可能成為正規軍駐紮的據點，以防範該地區可能發生的任何緊急事件。這樣的城鎮，除了官方的名稱以及沒有州縣衙門外，和城市已經很難區分。

村莊、市集和某種程度的城鎮，構成了鄉村樣貌的主要面向。在隨後的篇章裡對它們作更詳細地描述是必要的，但是現在我們必須停下來，先概略地說明一下「鄉」這個屬性不同的鄉村組織。

不論是在十九世紀或是整個清代，「鄉」這個單位是縣城外面的鄉下地區的組成部分，包括若干村莊、市集，或許還有一、兩座城鎮。每個州縣有多少鄉不盡相同，但在多數的州縣，都有四個鄉，分別

9 地方志通常載明各州縣的村莊數量。例見《博白縣志》（一八三二），5/16-25；《豐鎮縣志書》（一八八一年修，一九一六年刊），1/13-20；《鹿邑縣志》（一八九六），3/4b；《香山縣志》（一九一一年修，一九二三年刊），2/1a-b。

10 Daniel H. Kulp II, *Country Life in South China* (1925), I, p. xxix.

位在州縣城的四座城門之外。蔚州（直隸省）就為這種配置提供一個典型的範例，它的四個鄉的名字如下表所示[11]。

	村莊數
東鄉	174
西鄉	70
南鄉	153
北鄉	89

「鄉」這個單位，看起來並不像它的組成部分村莊，是自然發展的產物。鄉在古代就已經出現了，而且很可能原本就是政府所設置的一個行政單位[12]。在清代，它不再是一個官方的行政單位，但是仍被允許存在，並時常在鄉村控制中被用到。事實上，「鄉」在很多時候變成一個村際合作或組織的單位；它受到半官方的認可，在鄉村生活型態中占有一定的位置*。

村莊的物質面貌

在帝制中國的不同地區，村莊的物質結構相當不同[13]。村莊是自然發展而成的事實，的確就是它們缺乏一致性的原因所在[14]。一位西方作者清楚描述了這種情況：

> 如果說中國城市在某些方面似乎正在努力地「展現」它的一致性，但不能說鄉村也是這樣的。只要某個地方的環境許可，農民就定居下來，鄉村由此就發展起來……第一個定居者在他認為最好的地方住下來，別的人照著他的樣子做。有了定居處，還必須開闢出一條路來，才能通往這些地方，……接著，另一條路，或是第一條路的延伸，帶著明顯的角度延伸出去。其他房屋、其他通路、其他街道等接踵而來；但沒有任何系統[15]。

村落的形式安排畢竟不如它的內容——大小及物質條件——那麼重要。地理和經濟環境對村莊這個方面的影響非常明顯，即使是漫不經心的觀察者也會注意到此點。哈克（Huc）的描述雖然並不總是正

11 《蔚州志》（一八七七），卷首，頁一八a－b。

12 「鄉」作為鄉村地區的行政單位似乎在周朝時就已經存在了。《左傳》（西元前五六四年，襄公九年第一章）裡有一段提到「鄉正」（鄉的頭人）的記載，顯示當時宋國已有這樣的單位。它自然成為秦代和漢代地方行政組織中的一級，一個鄉有十個「亭」。後來各王朝的統治者，保留了鄉的單位而加以調整。例如，在晉代（二六五－四一九），百戶為一鄉；在唐代（六一八－九〇六），百戶為一里，五里為一鄉。宋朝採行了唐朝的安排，而且，有些地方史家說，在某些地方一直延續到清朝，儘管當明朝在一三八一年確立地方行政制度時，鄉已經從官方架構中消失。於是，「鄉」一般就用來指「鄉村地區」，以別於「城」（城市地區）。見《明史》，77/2。在清代，作為鄉村單位「鄉」並沒有完全在官方用法中絕跡。一些實際情況不再適合維持縣級行政組織的地區，就降一級，改縣為鄉。例如，山西省的平樂縣在一七九六年改為平樂鄉，馬邑縣改為馬邑鄉。一八〇七年，直隸的新安縣也改為鄉。在這些事例中，知縣及其他職官就都被取消了。《清朝續文獻通考》（一九三六），135/8952-8953。

* "hsiang"（鄉下）和"Hsiang"（鄉）兩詞，中文都寫作「鄉」。該兩詞不但應該相互區分開來，而且應該和同音異義詞"Hsiang"（廂）（這裡將英文用引號注明，後面也用引號注明）區別開來。「廂」的含義是指靠近城的地區；這也是用來加強稅收的組織（見有關里甲制度的第二章和第四章）。

13 Arthur H. Smith, *Village Life in China* (1899), foreword. 在小區域內，或許也有不同。例見 Cato Young et al., *Ching-ho: A Sociological Analysis* (Yenching University, Department of Sociology and Social Work, Social Research Series No. 1, Peiping, 1930), p. 2.

14 Arthur H. Smith, *Village Life in China*, p. 30.

15 Geroge W. Browne, *China: the Country and Its People* (1901), p. 195. 比較 Sir Robert K. Douglas, *Society in China* (1894), p. 109, 他誤將村莊布局認作井田制。

確，但他大體正確地指出了某些中部和西部省分的村莊，在分布和一般外觀上的不同。他在十九世紀中葉寫道：

一路所過，很容易得出中國各地人口聚居情況完全不一樣的結論。舉例言之，如果你在華中各省沿著陸路旅行，很容易認為中國鄉村人口比實際上來得少。村落不多，而且相互距離遙遠，荒地不少，很容易使人不時認為自己身處〔東歐中亞的〕韃靼沙漠之中。但是，如果在同一省分沿著水道或河流旅行，鄉間的外觀就完全改變了。你經常會經過人口不少於兩、三百萬的大城，同時，小城鎮和大村莊，一個緊挨一個，幾乎連接不斷[16]。

他對湖北省和四川省村莊的比較，也很能說明這一點：

湖北省在各方面都遠不如四川省。湖北省的土地不怎麼肥沃，而且布滿了為眾多池塘和沼澤。對於勤勞、堅韌的中國人來說，這種土地沒有辦法充分利用。該省村莊的外觀一般非常貧窮而可憐；居民們的外貌不健康而且相當狂野，經常為皮膚病所苦。……據說，湖北省一年的收成很少足夠應付一個月的食用。該省城鎮的眾多人口，要仰賴鄰省供應；特別是一年收成十年都吃不完的四川省。

看來，好像是四川省的富饒和美麗為其居民帶來了相當好的影響，因為他們的舉止比其他省分的中國人要高雅得多。大城鎮至少相對說來要乾淨、整潔。村莊，甚至農田的外貌，證明居民們擁有相當舒適的環境[17]。

哈克可能誇大了四川的富饒[18]，或者低估了湖北土壤的生產力[19]。不過他指出了這些省分村莊之間的差別，並將這些差別歸因於地理條件，還是接近真相的。

華北各省和華南各省的農村之間的差別，如果沒有更明顯，至少也是相當的。不同的地理特點形成了鮮明的對比，以致一位當代的專家認為這兩個大的地區是「兩個中國」[20]。地理環境和歷史背景似乎把這兩個地區的鄉村社區形塑成兩種不同類型。按照一位當代中國作者的看法，黃河流域的農村大體上是由一組緊密相連的耕地和農舍組成的；而位在長江流域，農舍經常分布得比較鬆散。北中國的典型村莊是「聚居型」的，而南中國的典型村莊則是「散居型」的[21]。北方和南方的村莊，也可以從組織的明顯不同來加以區隔：宗族組織在的影響，在許多南方村莊顯而易見，而在北方則相對不那麼重要[22]。

---

16 E.-R. Huc, *The Chinese Empire* (1855), II, p. 98.

17 *Ibid.*, II, p. 297; I, pp. 289-290.

18 E.-R. Huc 關於四川省的觀察被後來的一位作者證實了。參見 Alicia B. Little, *The Land of the Blue Gown* (1902), pp. 113-198. 作者對一八九八年七月至十月間所見的四川農村生活有詳細的記述。亦可參看 Richthofen 的描述，見 *Letters*, 181.

19 湖北省的部分地方顯示了一定程度的繁榮。E. C. Oxenham 在一八六八年從北京到漢口的旅行時有一則筆記說：「河流越來越寬。……兩岸的人口稠密。每二十里就有一個大寨（市場），其間分布著許多小村莊。」見 Alexander Williamson, *Journeys in North China*, II, p. 413.

20 George B. Cressey, *China's Geographical Foundations* (1934), p. 13 說：「有兩個中國，各自有不同的特點，相互之間形成鮮明的對比。」不過，他在頁一五補充說：「北方和南方的分界線不斷在變。的許多特點逐漸重疊或彼此融合。大體說來，變化發生在長江和黃河之間的中線，沿著北緯三十四度線一帶。」

21 參見王怡柯，《農村自衛研究》（一九三二），頁三二。不過應該指出的是，也有不少南方農村是「聚居」的。

22 這個問題將在第八章討論。

經濟條件對鄉村生活的影響，在鄉村分布和大小的差異方面，是最為清楚的證據。一些英國軍官在一八七〇年代和一八八〇年代對中國東北部進行的一項調查就顯示出，鄉村之間的分布是遠離或相近，與土壤的肥沃是成比例的。其中一名軍官報告說：

> 在貧瘠地區，村莊距離很少超過四英里；在肥沃地區，通常要靠近得多，也就是二分之一英里到一英里……
>
> 以上所述，完全適用於中國東北部所有肥沃地區[23]。

在那些土壤非常貧瘠的地區，村莊不但距離比較遙遠，而且比較小。另一名軍官報告說：

> 這個鄉間沒有一個村莊有任何深度，它們不過是由街道兩旁的一排房屋組成。在一英里長的道路兩邊，大約各有八十到一百間房屋[24]。

在其他許多地區，村莊甚至還更小。根據另一項關於「經常出現洪水」地區的報告，在祁口（Chi-k'ou）通往滄州（直隸）的大路上，看到的是一些極小的三家村：

> 梓村（Tsz-tsun），有十間房舍，有一口鹽水的小池塘。……村子附近，耕地非常少。
>
> 十二又二分之一英里——一個三間房舍的村莊，在路的北方四分之一英里。

> 十三又二分之一英里——馬營（Ma-ying），二十五間房舍的村莊。
>
> 在馬營，鄉間的面貌有點改觀，看得到一些母牛、犢牛和小馬，嗅得到繁榮的氣息了[25]。

條件比較好的地方，村子自然就要大些，外觀也繁榮些。在同一條路上，再往西走：

> 二十二英里——三直戶（San-chi-hu），一個擁有一百間房屋的村莊，有一個池塘和幾口水井。……
>
> 三十八又四分之一英里——辛莊（Hsin-chuang），一個擁有三百間房屋的村莊。這個村莊外觀上比它東邊的任何村莊都要繁榮。房屋建得更好，居民衣著也要好些，許多居民顯然非常富有。
>
> 相較於村莊的大小以及村落間的距離，這個地區的耕種面積顯得相當可觀。據說，該村在豐收的年頭，糧食的收成略微超過了當地居民的需要。在過去幾年，一八七三年、一八七四年和一八七五

---

23 Mark S. Bell, *China* (1884), I, p. 61.

24 *Ibid.*, p. 78.

25 Mark S. Bell, *China*, I, 123. See also pp. 62-63 and 118-119. 其他作者也觀察了類似的村莊。例如，Lt. Col. George B. Fisher, *Three Years' Service in China* (1863), pp. 254-255, 描述了直隸北部極為「簡陋的」一組村莊。李慈銘，《越縵堂日記．荀學齋日記》，己集上，頁一三 a，光緒十年（一八八四）三月十六日指出，直隸省通州和武清之間的村莊，給人的印象是「北土貧陋」。

年，收成平平，但在一八七六年，就要擔心歉收了[26]。

當然還有其他因素影響到村莊的自然面向。良好的地理位置讓它可以免於水患，或者政府的糧倉給它帶來經濟的富饒，常常能使它的規模發展得比一般村子大。例如，在祁口往滄州的路上，西行大約十六英里處的王徐莊子（Wang-hsü-tzu），「是一個擁有四百間房屋或四千個居民的村莊，它坐落在高出周圍鄉間五英尺的土崗上，顯然是為了保護它免於受到洪水的侵害。」[27]北倉（Pay-tsang）位在北京到天津的路上，是北運河（Pei-ho）邊上的大村子。「這裡有許多儲藏糧食的磚造建築。……這是儲藏漕糧的倉庫之一。」[28]雖然各種不同因素在個別情況下具有決定性的作用，但是總的來說，土壤品質仍然是決定村莊自然面貌最重要的單一因素。

由於一些南方省分的土壤比起大多數北方省分來得肥沃，因而南方村莊的人口通常比較多。廣東的某些村子，有利的農業條件再加上其他經濟優勢，據說擁有相當大量的人口。例如，衛三畏（Samuel W. Williams）就描述了一八八〇年代南海縣的農村：

> 居民聚居在三家村和村莊裡。……在南海縣（該縣位於廣州城的西面）和周邊超過一百平方英里的鄉間，分布著一百八十個……村莊；每村的人口……從二百以上到十萬不等，但通常在三百和三千五百之間[29]。

一八八三年刊行的《九江儒林鄉志》（儒林鄉是九江的一部分，位於南海縣西南部），提供資料如下表所示[30]。

這個地區每村居民的平均數大約是二千三百人。坐落在東面的村子，人口比較稠密，平均大約四千二百人。此外，《九江儒林鄉志》的纂修者指出，該志所包括的四十一個村莊中，最大的村莊每個擁有超過一千戶，而最小的村莊只有四十戶。由於每戶平均人數不少於五人，因此最大村莊的總人口數應該超過五千人。

這種特大號的鄉村社區，絕不是南中國的普遍類型。跟北方一樣，南方也有很小的三家村。而大多數的南方村莊比這些廣東樣本要小得多。舉例來說，多納（Leon Donnat）在一八六〇年左右描述寧

村數	戶數	居民數
6（東面）	4,572	25,318
16（西面）	3,462	19,334
9（南面）	2,108	11,466
9（北面）	7,033	36,461
總數 40	17,175	92,579

26 Mark S. Bell, *China*, I, p. 124. 並請參見同書，頁六七－六八對其他繁榮村莊的描述。Bell 在頁一六二指出華北（直隸和山東）村莊的一般特點：「一路所經過的村莊，大小一般在三萬平方碼到一萬平方碼之間，有一條主街道，車輛一般只能單線通行……每個村莊都用許多空間來作院子。房屋低矮，只有一層，用泥磚搭蓋。房屋外面塗上拌了剁碎麥稈的泥土，每年都要重新塗一次。……房頂是用茅草或瓦片蓋的。磚砌的房屋非常少。……院子總是骯髒、泥濘的。沒有煙囪。每間臥房室裡面通常都有凸起來、中空的磚造平台（炕），可以用來加熱。」

27 Mark S. Bell, *China*, I, p. 123. 亦見頁一一七和頁一六八描述其他受洪水威脅的村子。〔編按：「王徐莊子」原文作 Wang-hsü-tzu，譯文原作「王學祠」，與拼音顯有差距。本書第七章引同一段文字則作 Wang-hsu-chuang-tzu，譯作「王徐莊子」，未知孰是，暫從第七章。〕

28 *Ibid.*, I, p. 68.

29 Samuel W. Williams, *The Middle Kingdom* (1883), I, pp. 280-281.

30 參見《九江儒林鄉志》（一八八三），5/1a-4a。下列對南中國比較繁榮村莊的具體描述很有參考價值：

波（浙江）附近的一個村莊，他發現：「王福村（Ouang-fou）的住戶大約為一百二十戶。如果按照每戶五口計算，則有六百人。他們全部務農。」[31]雖然像這種擁有幾百名居民的村莊在南中國很普遍，擁有十萬人口（像南海縣那種）的特大號村莊則是別具意義的，因為它們說明了在特別有利的環境下，鄉村社區也能變得如此繁榮，使它們實質上已經成為城鎮，不論它們是否被如此稱呼。區域間有差異，而這些大區域中各個地區之間也存在著差異。重點是，村莊自然面貌存在的差異——無論是同一地區村莊間的比較，或是不同地區村莊間的比較——都顯示了相同的一點：地理和經濟條件的決定性影響[32]。

耕作土地的數量，自然是隨著人口的數目而變化的。在少數提供有關數字的地方志中，一八七五年版《正定縣志》（正定是直隸西部的一個縣）提供了一些有趣的材料；雖不精確，但大體上表明了耕

續

一、福建：「野雞山高聳入雲，林木蒼翠。村莊位在山坡的低處。村子下方是一條山谷，躺在陡峭的群山懷抱裡。幾百個居民，主要的工作是在平緩的山坡和平地上的肥沃土壤上從事耕作，居住在山谷裡。黑色的森林向上延伸到他們頭頂上陡峭山壁。每當萬里無雲、碧空如洗的時候，如果有人在青翠的光輝中凝神看向野雞山的下半部，就能發現覆蓋著灰色瓦片的屋頂；一個疊著一個，就像魚的鱗片一樣。」Lin Yüeh-Hwa (林耀華), *The Golden Wing* (1948, 中譯《金翅》), p. 1. 這裡描述的是十九世紀末的情況。

二、浙江：「這些位在（浙江湖州附近）群山山麓的產絲村莊，在這段期間（一八五五年六月）被我看了個夠。雖然當地人對一個外國人出現在他們中間相當吃驚，但是他們大體上還是很有禮貌的慇勤接待。我在其他絲綢之鄉的其他地方已經描述過的富足與舒適的特點，這裡同樣很明顯。居民們穿戴很好，住房堅固美觀。從他們的外觀看來，他們吃得很好。幾乎所有高級的農舍都有高牆圍著。」Robert Fortune, *A Residence Among the Chinese* (1857), p. 360.

三、江蘇：「作者有幸在一個夏日，在一位朋友的陪伴下，走訪了位在南京東南小山之中的一個典型農村。……在迂迴行進大約一英里多之後，來到了一個大約有五、六百人口的小村莊，叫作社村（She t'sun）。……社（She）先生……這個宗族的族長也是該村的村長。……給我們幫助。……雖然和農民生活在一起，但他的衣著和舉止顯示他並不是農民。……事實上，他是該村村學的校長，也是該地區的大地主。他帶著我們來到村廟，這裡不僅是供奉神祇的地方，也是招待客人的下榻之處，儘管訪客不多，而且久久才有。……社先生邀請我們到他家，一大排的磚造建築物。……大多數村民都是他的佃農。他們的家也都是建得相當好的磚造房屋，屋頂鋪的是瓦。不過，房屋之間的巷弄，不但狹窄，而且彎彎曲曲。村裡沒有店鋪，但是有個農民在有需要時充當屠夫，賣肉和一些其他必需品給鄰居。總的說來，村民們吃得好、穿得好，知足而快樂。不過，南京附近地區的佃農通常看起來並不像社村佃農們那樣舒適或富足。這個國家還沒有完全從太平天國帶來的荼毒中恢復過來。」Edward T. Williams, *China, Yesterday and Today* (1923), pp. 89-91. John L. Buck, *Chinese Farm Economy* (1930), p. 26 後面提供的插圖 map i，對南京附近桶橋村（Tung Chiao）的農莊、農田、道路、池塘、橋梁、寺廟和學校的配置，可以有一個總體的印象。

31 Leon Donnat, *Paysans en communaute* (1862), p. 8.

32 一些事例就可以表明北中國的情況。來自一八八〇年版《延慶州志》（直隸），2/5a-59b 的資料，說明了同一地區各村莊的規模變化相當大：

村名	戶數	居民數
團山屯	258	1,392
小河屯	224	1,248
大泥河	177	960
靖安堡	109	699
北沙澗	118	642
上板橋	95	537
前黑龍廟	82	450
馮家廟	82	423
西紅寺	75	414
順風屯	144	395
下板橋	69	375
舊簸箕營	62	335
閻家莊	63	322
孟家莊	50	272
小營村	48	206
米家堡	34	183
苗家堡	31	173
谷家營	27	145
陳家營	21	114
王家莊	13	93
上水磨	19	85
西桑園	14	73
西河沿	10	53
王家場	8	41
馬家莊	8	35

地面積和村莊人口多少之間的關係[33]。一八五〇年版《定州志》（直隸）提供了有關該州三百二十一個村、市集和城鎮的有趣的詳細資料。這些鄉村單位的規模相去甚大，最大的擁有一千多居民，最小的不到一百人。前者占總數大約九%，後者約七%。為數最多的（占總數約三二・五%）人口數在一百到一百九十九[34]。表1-1到表1-4說明了上面所提出的結論[35]。可惜的是，沒有可供比較的材料，以說明南中國的情況。

續

下面引述的這些段記載可以拿來比較：根據 Reverend C. Spurgeon Medhurst 的一篇報告（*Journal of the Royal Asiatic Society*, North China Branch, N. S, XXIII (1888), p. 86），山東省益都縣的人口大約為二十五萬，村莊數大約為一千。由於有一部分居民住在城裡，因而每個村莊居民的平均數在二百五十人以下，或許還在二百人以下。根據《撫寧縣志》（一八七七），8/15a 的記載，直隸省撫寧縣的人口為二十六萬七千七百四十六，村莊數為六百零五。即使假定所有的居民都生活在鄉間（事實上當然不是這樣），每村的平均人口也只有四百四十二人。

33 《正定縣志》（一八七五），圖，二二b—二八a：

村名	戶數	入冊的土地數（按畝計算）
朱河村	363	12,141
東塔子口	235	7,199
石家庄	211	2,599
諸福屯	197	6,532
西兆通	181	6,016
凌透	164	3,855
北莊	155	4,036
南村	145	5,189
南楊家庄	140	5,624
東兆通	118	12,810
小西丈	112	3,694
南牛屯	107	4,110
赫家小營	105	2,681
南聖板	92	4,116
大豐屯	90	2,609
大西丈	86	2,608
侯丈	80	1,247
西庄	78	1,257
南永固	71	1,560
店上	64	1,192
杜家庄	61	1,497
東庄	56	1,256
北永固	52	2,120
南五女	47	1,193
東邢家庄	44	1,526
中聖板	39	593
東關廂	30	322
西莊屯	29	1,115
小屯	25	663
北聖板	23	1,461
吳家庄	23	124
東原村	15	199
北中奉	10	228

34 《定州志》（一八五〇），卷六和卷七中隨處。

35 應該指出的是，儘管存在著差異，其中有些還十分重要，但中國村莊的組織模式基本上是相似的，並且以不同的程度展現出本質基本上類似的活動。因此，它們之間存在的差異，並沒有產生不同的村莊類型和種類，例如印度的「私有型」（severalty）和「共有型」（joint）村莊。B. H. Baden-Powell 在其大作 *The Indian Village Community* (1896), pp. 8-9 和 *The Origin and Growth of Village Communities in India* (1899), p. 19，指出了印度這兩種類型村莊之間的不同：

「私有型」村莊	「共有型」村莊
1. 有一名具有權勢的頭人，實行世襲制	1. 頭人不世襲，但有一個長老會
2. 財產私有	2. 財產共有
3. 對稅收沒有連帶責任（即各自交稅）	3. 統一交稅
4. 沒有共同擁有的荒地或「公」地	4. 村莊所在地和一些荒地，通常共有

R. Mukerjee, *Democracies of the East* (1923), pp. 265-266, 指出印度存在三種類型的村莊：一、地租（*ryotwari*）型村莊。「可能是最古老的村莊」，它「起源於」一位領袖帶著「某些部落或宗族定居某地」；二、專制領主（*zamindari*）型或地主型村莊，「頭人必然是地主」；三、「共有型」（joint）村莊，「某些村民不只擁有自己的耕地，而且擁有全部的村地」。

十九世紀和之前相當長時期的中國村莊，可以說有些類似印度的「私有型」或地租型村莊。類似印度「共有型」的村莊可能曾存在於古代中國，儘管我們無法找到佐證。雖然近代學者懷疑孟子井田說的歷史事實，但是這種主張可能約略地反映出孟子時代已不存在的村莊土地分配的原始情況。十九世紀中國的單族村莊（後面會討論這點），宗族就是村莊，共同擁有大片土地；這種村莊類型隱約類似印度的「共有型村莊」。問題在於，十九世紀的中國是否存在「村落共同體」（village communities）。這個問題的答案多少取決於我們對這個詞彙的認定。如果它可以理解為「財產共有」或「共同支配財產的權利」的共同體，那麼可以肯定它在中國整個歷史時期都不曾存在。如前所述，與這種「村落共同體」最接近的就是某些宗族村莊。因此，我們很難贊同 Harold J. E. Peake 在 *Encyclopedia of the Social Sciences*, XV, p. 255 的看法：「村落共同體在中國各地都存在，只有四川通常是分散的農莊。」隨後，他顯然把中國所有的村

表 1-1　北中國村莊情況（人口為一千以上）

村名	戶數	人口數	入冊土地數（以畝為單位）	井泉數	街道數	廟宇數	水源	道路
漊底村	186	1,632	4,800	25	2	14	溝渠	南通深澤縣
全邱村	252	1,607	8,000	45	6	10		北通望都縣
潘村	297	1,570	2,300	17	2	5	河流	東南至州城 40 里
東望村	124	1,481	6,000	63	2	5		東通祁州
大王耨村	232	1,469	9,400	9	4	2	泉水	東通祁州
西丁村	190	1,460	1,600	36	2	11	河流	東通祁州
西市邑村	225	1,370	6,300	15	4	3	河流	西南至州城 15 里
北內堡村	200	1,353	5,600	20	3	10	溝渠	南通深澤縣
王村	215	1,280	970	26	2	4	河流	東南至州城 30 里
大西漲村	274	1,236	4,200	15	7	25	河流	南至州城 20 里
小王耨村	136	1,235	5,400	5	2	2	泉水	南通祁州
唐城村	214	1,223	4,900	23	3	5	河流	南至州城 15 里
高就村	210	1,223	9,140	30	5	12	河流	東通祁州北通望都
西張謙村	245	1,188	（?）480	15	4	14	河流	東南通深澤縣
蘇泉村	209	1,173	3,100	240	3	18	河流	東南至州城 20 里
新莊	166	1,168	6,100	35	3	4		東南通深澤縣
龐村	214	1,149	3,300	34	5	19		東通祁州
鈕店村	213	1,047	4,500	24	4	2	河流	西通新樂縣
東市邑村	236	1,137	9,130	13	1	3	河流	西南至州城 15 里
留早村	220	1,120	6,000	22	4	17		西南至州城 35 里
胡房村	202	1,118	5,500	21	3	3		南至州城 30 里
東留春村	169	1,107	4,300	8	3	3	泉水	東通祁州南通深澤
柴籬村	179	1,104	3,200	10	7	3	溝渠	東通祁州
翟城村	175	1,089	5,000	10	2	6		東通祁州
西城村	185	1,066	4,300	13	3	3		北通祁州
東張謙村	182	1,051	4,200	23	5	8	河流	東南通深澤縣
油味村	150	1,050	3,100	4	4	3	溝渠	西南通無極縣
北舉佑村	161	1,008	6,000	28	3	7		南通無極縣
總數	5,561	34,724	134,620	826	97	203		

編按：表 1-1 至表 1-3 數字與光緒《定州志》頗有出入，今據志文加以訂正，但統計數字未予改動。另光緒《定州志》卷六及卷七尚有邵村、子位村、東內堡村丁口在一千人以上，而為本表所未收。

續

莊都視為宗族村莊。我們在第八章將會看到，許多村莊（特別是在北中國），並不是由家族組成的。Peake 還在同一篇文章（頁二五三）中大體上對村落共同體的性質概括如下：「村落共同體是由比單一家庭要大、有親戚關係或無親戚關係的一群人所組成，住在一個大房子或若干靠在一起的房舍裡，這些房舍有時呈不規則分布，有時位在街道上；（最初共同）耕種若干可耕地；劃分適合畜牧的草地，並在周圍的荒地上放牧牲口，這些荒地由村莊所有，一直到鄰村邊界。在歷史時期，大多數這樣的村莊都處於領主的統治下。領主統治眾人，執掌司法，由村莊勞力代為耕種他那份土地作為酬勞。」這個定義顯然並不適用於歷史時期的中國村莊；而且他從帝制中國村莊所得出那種「領主」和人民之間的關係，也是值得懷疑的。西方專家對於村落共同體的看法，在許多重要問題上並不一致。經典理論的論述，可以著重參考 George Ludwig von Maurer, *Einleitung zur Geschichte der Mark-, Hof-, Dorf-, und Stadt-verfassung* (Vienna: Auflage, 1896, 2nd ed.); Coulanges, *La cité antique* (Paris, 1864); Henry S. Maine, *Village-Communities in the East and West* (London, 1871); Frederic Seebohm, *The English Village Community* (London & New York, 1890, 4th ed.)。關於經典理論的評論，可以參見 Frederic W. Maitland, *Domesday Book and Beyond* (Cambridge, Eng., 1897); Jan S. Lewinski, *The Origin of Property and the Formation of the Village Community* (London, 1913); Charles M. Andrews, "The Theory of the Village Community," *American Historical Association Papers*, V, Parts I and II, 45-61. 對印度村社的另一個面向描述，見 A. S. Altekar, *A History of Village Communities in Western India* (1927), pp. ix-x：「仔細分析『吠陀』所提供的零星材料，看來在最早時期，村社享有實際上不受限制的自主權。……國家通常與鄉村相連，因此無法界定地方政府和中央政府的範圍。」同書，頁 xi 又寫道：「不過，這種自足和自治村社並沒有持續多久；較大的政治單位發展出來了，村莊很快就成為其組成部分。」無論中國村莊在最早的時期享有什麼程度的自主權，並沒有持續到帝制時期。

表 1-2 北中國村莊情況（人口為一百到一百九十九之間）

村名	戶數	人口數	入冊土地數（以畝為單位）	井泉數	街道數	廟宇數	水源	道路
皮家莊	15	103	500	12	2	3		東北通州城
齊家莊	17	104	400	9	1	2	泉水	西北通州城
北羊角村	17	104	400	12	1	2		西至州城 15 里
南成村	14	105	700	8	1	2		西南通無極縣
劉家莊	11	106	300	5	1	1		北至州城 5 里
西漢村	25	109	350	3	1	2		西至州城 20 里
西忽村	40	110	1,500	9	1	4		西通曲陽縣
南二十里鋪村	4	113	500	30	1	4		西南通新樂縣
北新興村	16	114	400	7	1	2		西南通新樂縣
叮嚀店	16	115	1,900	5	1	2	泉水	南通深澤縣
東仝房村	29	117	300	12	1	8		南至州城 30 里
吳家莊	30	118	300	7	1	6		通唐縣
北古山	23	118	1,250	18	2	3		北通唐縣
老鴉莊	17	120	500	3	2	5		東南至州城 5 里
陵北村	24	123	500	7	1	3		西南通新樂縣
陳家左	29	124	1,300	7	1	4		東通州城
新城屯	21	125	1,100	11	1	2		北通州城
小張村	24	125	1,000	8	2	2		西至州城 5 里
木家莊	24	125	1,500	3	2	2		北通望都縣
陵南村	22	127	300	5	2	12		西南通新樂縣
白家莊	16	130	1,000	7	2	0	河流	北通望都縣
藥劉莊	28	130	300	5	3	1		東通祁州
小辛莊	30	131	2,000	2	2	7		東南通祁州
張窰村	22	133	40	14	1	1		西南通新樂縣
陳村營	25	139	20	13	2	3		西至州城 15 里
八里店	38	140	600	7	1	3		東南通深澤縣
吳村屯	29	141	300	3	2	4		西通新樂縣
霍陽平村	35	144	600	9	3	2		西北通州城
安會同村	27	145	800	15	2	4		西通曲陽縣
新莊	38	148	500	0	1	2		北通望都界
西雙屯村	21	150	1,900	5	2	0		村內通深澤縣
盧家莊	32	150	900	6	1	2		村內通曲陽縣
鈎曹王家莊	16	153	700	7	1	4	河流	西通曲陽縣
王習營	28	153	400	3	2	2		東通祁州
富村	31	153	900	8	1	2		南通無極縣
馬家寨村	25	158	1,100	14	2	2		北至州城 15 里
陳家左村	25	159	200	8	2	2		西北通望都鄉

村名	戶數	人口數	入冊土地數（以畝為單位）	井泉數	街道數	廟宇數	水源	道路
燕家左	29	159	800	20	1	2		西通曲陽縣
中平谷村	10	160	700	2	1	1		南通深澤縣
大興莊	15	160	500	5	1	2		北通望都縣
李家莊	24	160	2,100	3	4	1		西通無極縣
南陵頭村	27	160	900	19	2	3		東通北車寄村
魏家屯	30	163	1,000	2	1	3		通本州西關
于家左	65	163	600	11	1	4		西通曲陽縣
高家莊	24	164	300	15	1	3		西通曲陽縣
胡宮城村	23	170	600	8	1	4	河流	西通曲陽縣
東甘德村	26	171	1,100	5	1	3		南通曲陽縣
王會同村	31	172	700	10	2	2	河流	西通曲陽縣
提崔邱村	27	173	600	12	4	3		西北通州城
董家莊	29	174	900	5	2	3	泉水	東通祁州
尹家莊	28	174	1,000	15	1	1		西至州城 3 里
東漢村	30	174	750	9	1	2		西至州城 20 里
二郎廟村	29	175	100	6	1	2		西通州城
北二十里鋪莊	34	176	400	5	1	4		北通望都縣
曹村	36	176	470	5	1	2		東通祁州
崔沿市村	31	178	800	23	1	1		南通新樂縣
北二十里鋪	34	178	400	6	1	4		北通望都縣
王家莊	38	178	400	0	1	4		南通曲陽縣
半壁店	23	179	800	12	1	3		北通深澤縣
賀家營	31	179	600	5	1	2		西至州城 5 里
楊畜村	33	180	600	8	1	4		西南通新樂縣
中古屯	33	183	2,000	8	3	5	溝渠	東通祁州
劉家莊	38	183	600	8	1	2	河流	西北至州城 3 里
新城村	29	184	1,700	6	2	3		北至州城 15 里
大召村	36	184	500	4	2	5		西南通無極縣
侯新莊	44	184	200	5	1	6		北通望都縣
孔莊	73	184	600	8	1	2		西通曲陽縣
東西馬頭村	40	188	3,100	7	1	1		南通深澤縣
北車寄村	25	189	300	12	1	2	河流	東北通州城
南宣村	35	189	800	8	2	2		西北通州城
李油村	80	195	800	11	1	3		西通曲陽縣
八角郎村	30	197	1,200	19	3	2		西南通新樂縣
孔會同村	34	199	600	9	1	2	河流	西通曲陽縣
總數	2,083	11,093	52,230					

編按：光緒《定州志》卷六尚有南二十五里鋪村，丁口 135 人，而為本表所未收。

表 1-3　北中國小村莊情況*（人口少於一百）

村名	戶數	人口數	入冊土地數（畝）	井泉數	街道數	廟宇數
宋家莊	4	18	400	5	1	0
小楊窰村	5	20	100	5	1	2
齊家莊	12	32	140	4	2	1
夏家莊	7	38	200	3	1	4
南仝房屯	8	38	700	3	1	1
小窪裡村	11	50	350	7	1	1
靖南宣村	20	51	300	4	1	2
武家莊	28	64	500	5	1	4
小瓦房莊	18	68	800	2	1	1
南合營村	12	70	1,100	9	1	2
黃家營	24	70	500	3	4	4
王窰村	15	72	300	9	1	2
李窰村	15	72	300	9	1	3
康家莊	11	73	400	9	1	2
蔡家莊	14	75	400	2	1	1
劉家店	15	77	80	5	2	1
于沿市村	18	84	800	8	1	4
王沿市村	18	84	100	12	2	2
劉家店	18	86	400	7	1	4
北陶邱村	18	90	300	11	3	3
管家莊	17	92	500	2	1	2
吳頂莊	9	93	1,100	11	1	1
合計	317	1,417	9,770	135	30	47

* 這些村莊並沒有道路直接通往縣城或臨近地區，比鄰地區也沒有大水源。
編按：光緒《定州志》卷六尚有大女張村屯，丁口 95 人，而為本表所未收。

表 1-4　北中國大小村莊的物質面貌

村莊的人口數	每村的平均土地（畝）	平均數			
		每村井泉數	每村街道數	每村廟宇數	河流、溝渠
1,000 以上	4,807.86	29.00	3.46	7.25	普遍擁有
100 ～ 199 之間	715.48	8.84	1.51	2.73	一般沒有
100 以下	444.99	5.11	1.36	2.13	普遍缺乏

市集與城鎮

史密斯（Arthur H. Smith）在十九世紀末對市集的一般特點綜述如下：

> 市集舉行的時間各處不同。在大城市裡，市場每天都開放，但是在鄉村，這樣就會浪費時間。有時市集隔天進行，有時是在每個三的倍數的日子進行。不過，較為普遍的安排，是根據每個月三十天的農曆來劃分的。……如果市集每五天舉行一次，那麼每月就有六次。……不同的市集是根據它舉行的日子來命名的，比如叫作「一六」的，是指在每月的一日、六日、十一日、十六日、二十一日和二十六日舉行的市集[36]。

在帝制中國的不同地方，市集的名稱是不同的。大體說來，北中國市集叫「集」（聚集），而南中國市集稱「墟」，西部則稱「場」[37]。不論用作什麼名稱，這些市集的功能和安排基本上是一樣的。

---

36 Arthur H. Smith, *Village Life in China* (1899), p. 148. 市集（集）應該和交易會（會）清楚分開，就像史密斯在同書頁一四九中正確指出的，交易會並不是鄉村組織的一個單位。參見 Martin Yang, *A Chinese Village* (1945), pp. 190-191. 市集通常是組織很好的商品交易中心。至少在其中一些市集，指派有合格的專人，負責仲裁有關價格、度量衡和其他問題的爭議。例見《延慶州志》（一八八〇），2/3b、《靖邊縣志》（一八九九），4/44a；和 Yang Ch'ing-k'un (楊慶堃), *A North China Local Market Economy* (1944), pp. 18-20. 其中所提到的事例，都發生在十九世紀。

37 「墟」一詞在廣東和廣西兩省特別通行；「集」則常見於華中；在四川和雲南，市集通常稱為「場」。見《佛山忠義

我們或許可以引用地方志中的一些描述。根據《盧龍縣志》，該縣市集的安排如表 1-5[38]。

這是北中國市集典型的情況，雖然在北方其他地區的市集，在交易商品和市集日期安排等方面會稍有不同[39]。

市集通常設在從買賣者的村莊走路就可以到達的地方[40]。雖然偶爾也有買賣者來自鄰近各縣，但是路程也不是很遠[41]。市集之間的距離以及市集和縣城間的距離各不相同，因為市集的分布取決於其所服務的各個村莊的需要。市集通常坐落在離縣城相當遠的地方。縣城，經常擁有自己的市場[42]。

表 1-5　盧龍縣的市集

市集	市集日期	主要商品
油榨鎮	1*, 11, 21; 6, 16, 26	糧食、家畜
九百戶鎮	4, 14, 24; 9, 19, 29	糧食、家畜
橫河鎮	5, 15, 25; 10, 20, 30	糧食、燃料、肉、家畜
郎各莊	2, 12, 22; 8, 18, 28	不詳
燕河營	2, 12, 22; 7, 17, 27	不詳
劉家營†	3, 13, 23; 8, 18, 28	不詳
劉家營‡	1, 11, 21; 6, 16, 26	不詳

*指農曆每月的第一天。

†主要市集（大集）。

‡次要市集（小集）。

續

鄉志》（一九二四），1/31a-b；《嘉應州志》（一八九八），32/18b-19a；《蒙城縣志書》（一九一五），2/8b-10a；《華縣志》（一八八七），1/12b-13a；《鎮雄州志》（一八八七），3/11a；《新繁縣鄉土志》（一九〇七），6/7b-8b，及其他地方志。

38 《盧龍縣志》（一九三一），4/1b-2b。關於清代市集地點和日期的概覽，參見加藤繁（Shigeru Kato）的一篇文章，〔由王興瑞〕翻譯成中文發表在《食貨半月刊》，五卷一期（一九三七年一月一日），頁五一－五三。相關事例，見《正定縣志》（一八七五），3/5a-b；《鄆城縣志》（一八九三），2/30a-36b；及《鬱林州志》（一八九四），24/4a-5a。

39 Yang Ch'ing-k'un (楊慶堃), *A North China Local Market Economy*, p. 3, 對一般情況作了如下解釋：「市集日期間隔的長短，視地方情況而有不同。大體上，在華北和華南廣東省的鄉村地區，每五天舉行一次市集，即是說，在每個第五天舉行。在西南地區的雲南省，一般是間隔六天。但是在職業分工高度發達，以及很交易的需要很大的地方（例如在許多規模較大的商業城鎮，市場是長期存在的），就會每三天，甚至二天舉行一次。」頁二五又說：「相鄰市集的舉行日期，必須安排好，這樣就會互相接榫而不發生衝突。如果某市集趕『一六集』，那麼臨近市集就趕『二七集』或其他不相衝突之日期。這樣村民們遇到什麼緊急需要或特別需要時，就可以在五天間隔之內趕一個以上的市集。」楊慶堃所談的是二十世紀初的情況，但是他的陳述也適用於十九世紀。

40 關於這一點，我們沒有直接證據，但是 Yang Ch'ing-k'un (楊慶堃), *A North China Local Market Economy*, p. 14, 為十九世紀情況的提供了一個線索：「十個基本市集的服務區域半徑為一．三英里（三．六里），平均誤差為〇．一四英里。十八個中等市集的服務範圍半徑為二．五英里（六．二里），平均誤差為〇．二英里。一個中心市集通常有兩個服務區域，主要的區域包括定期或經常趕集的鄰近村莊；次要的區域包含較遠的村莊，那裡的居民偶爾來買他們鄰近市集很難買到的東西。縣城裡的中心市集，主要服務區域半徑為四．三英里（十二里），次要服務區域半徑為八．二英里（二十三里）。……決定一個市集服務區域大小的主要因素是步行距離。」

41 見《洛川縣志》（一九四四），9/6a-b，引一八〇六年版，描述陝西洛川縣的情況：「……各鄉村會集，或每年一日，……或每月三四日，皆係本地居民交易，或韓城、白水接界附近居民往來交易，無遠地商販。」〔編按：此處引文於會集日數有刪減。〕

42 表1-6資料取材自《莘縣志》（一八八七），1/12b-13a，可以說明這種情況。

表 1-6 市集的差異

市集名稱	舉行日期	離縣城距離（以里為單位）
玉皇廟集	2*, 12, 22; 7, 17, 27	12
田家集	2, 12, 22; 5, 15, 25 7, 17, 27; 10, 20, 30	12
王惠集	4, 14, 24; 9, 19, 29	20
董王莊集	1, 11, 21; 6, 16, 26	12
鄒家巷集	3, 13, 23; 8, 18, 28	35

* 日期指的是農曆。

不同的州、縣擁有的市集數量是不同的，從十幾個到幾百個不等。下表取材自一些十九世紀所修地方志，顯示出其間的差異相當大，無疑是由於各該縣分的經濟繁榮程度不同所致[43]。

	市集數
直隸省正定縣	17（1875 年）
直隸省撫寧縣	14（1877 年）
山東省滕縣	420（1868 年）
河南省南陽縣	29（1904 年）
河南省睢州	47（1892 年）
廣西省鬱林州	28（1894 年）

村莊的經濟需求並不是只由市集提供服務。有些城鎮，事實上就是完全發展的市場；還有一些擁有「商業街」的村莊，也具有市集的雛形。以下對於兩個這種村莊的描述，可以窺見十九世紀晚期北中國的情況。根據一些英國軍官在一八八〇年代的調查，位於棗林（Tsao-lin）到北京路上的延朝（Yen-ch'ao），就是一個「密密麻麻蓋在樹林裡的」村莊，有條「長五百到六百碼，兩旁商店林立」的街道。坐落在天津到德州路上的紹店莊（Shaw-tyen-zwang），是一個大村莊，其商業發展幾乎已達到小城鎮的程度。調查者對紹店莊的報告如下：

> 它的一般外觀顯示了農業的繁榮。我們到的時候，正趕上大規模的市集。二到八頭牛、馬或騾子拉著的二輪馬車、滿載的手推車、肩挑手提的等等，帶著貨物朝鎮上奔來。在它的村郊，早已搭起幾個臨時的鐵匠鋪[44]。

一八五〇年版《定州志》（直隸），記載了所有這些鄉村交易處所的事例[45]。正如表1-1到表1-4所表示，擁有「商業街」的村莊，人口相當多，其繁榮的程度也明顯比一般村莊高。這些似乎代表著普通村

43 《正定縣志》（一八七五），6/85a-7/27b；《撫寧縣志》（一八七七），8/16a；《藤縣志》（一八六八年修，一九〇八年重刊），5/9a-10b；《南陽縣志》（一九〇四），3/21a；《睢州志》（一八九二），1/5a-6a；《鬱林州志》（一八九四），3/1a-19b。市集並不是一致地分布於各村莊之中，例如據說河南確山縣較大的村莊有一到三個市集，而有些小村莊則一個都沒有。《確山縣志》（一九三一），1/6b。

44 Mark S. Bell, *China* (1884), I, pp. 72, 154.

45 《定州志》（一八五〇），卷六和卷七各處。以下取材自該志的資料可供參考：

	東內堡村子	西阪村
民戶	295	411
丁口	2,158	2,046
鋪戶	10	7
鋪戶丁口	?	28
街道	4	8
糧租地（畝）	4,100	1,800
井泉	34	330
廟宇	6	37
到縣城的距離（里）	75，西北	20，東南

編按：蕭氏原著西阪村丁口誤作4,046，井泉誤作350；今據原典刊正。

表 1-7　市集與城鎮

集名或鎮名	民戶	丁口	街道	鋪戶	鋪戶丁口	市集日期	到縣城距離（里）
五女店集	90	482	1	15	65	5 *, 15, 25; 10, 20, 30	40，東面
子位村集	571	7,283	3	9	?	1, 11, 21; 6, 16, 26	70，東南
明月鎮	85	592	2	64	250	4, 14, 24; 9, 19, 29	30，西南
清風鎮	125	589	2	76	560	2, 12, 22; 7, 17, 27	30，北面
東亭鎮	196	1,052	3	22	61	1, 11, 21; 6, 16, 26	20，東面
大辛莊鎮	161	800	3	30	130	2, 12, 22; 7, 17, 27	40，東面
邢邑鎮	381	2,160	5	?	?	4, 14, 24; 9, 19, 29	50，南面
磚路鎮	357	1,842	7	?	?	4, 14, 24; 9, 19, 29	35，西北
李親顧鎮	209	1,630	10	14	?	3, 13, 23; 8, 18, 28	50，南面

* 市集日期以農曆為準。

莊和常規市集（如我們已知，也設在村莊裡）之間的過渡階段。它們和市集的區別不在於人口的多少，而在於它們並不像市集那樣，正式的成為一個貿易中心，而且它們所服務的區域也要比市集有限。不過我們必須承認，要畫出一條清楚的分界線，有時候還是有些困難的。

南中國的情況和北方大體上相似，雖然實質上沒有什麼不同，不過名稱有別。在南方省分，特別在廣東和廣西，市集通常稱為「墟」；而在西部省分（四川、貴州和雲南），則通稱為「場」[46]。在某些縣，它們被稱為「市」，意思就是「市場」。例如，一八七七年版《處州府志》（浙江）就說，處州府轄下各縣，「市」的舉行日期與其他各地市集類似，按照一－六、二－七和三－八的模式進行[47]。即使在一般通稱「場」的雲南省，市集有時也叫「市」，例如南寧縣[48]。在江西，根據一九〇一年版《長寧縣志》，「鄉市曰『圩』，三天一集。」[49]

市集的數量各省不同，儘管南方各省的變化幅度較小[50]，如下表所示。

	市集數
廣東省香山縣	26（1873 年）
廣東省花縣	26（1890 年）
廣東省信宜縣	22（1889 年）
廣東省清遠縣	40（1880 年）
廣西省博白縣	38（1889 年）
四川省瀘州	86（1882 年）
四川省江安縣	32（1882 年）
四川省納溪縣	10（1882 年）
貴州省湄潭縣	47（1899 年）
江西省長寧縣	24（1901 年）

在市集上進行交易的貨物，大多數為當地的物產。特別是在那些人口較少、比較不繁榮的縣分的市集，交易就僅限於少數品項。例如在處州（浙江），「自米、粟、魚、鹽、布、縷而外，他無異物。」[51]可是在一些比較富裕的縣分，特別是在廣東南部，市集供應的貨品遠遠超出普通農民的簡單需求。一個最突出的例子來自九江儒

46 廣東省信宜縣總共有二十二個墟，下列是其中具有代表性的。表1-8取材自《信宜縣志》（一八八九），卷二之三，一a－b所提供的材料製成的。關於墟的補充材料，可以參見《佛山忠義鄉志》（一九二四），1/31b；《陽江志》（一九二五），2/56a-59a；《恩平縣志》（一九三四），7/13a。根據《佛山忠義鄉志》（1/31a）的記載，廣東習慣上把每十天舉行的市集稱為「墟」，把每天舉行的稱為「市」。《博白縣志》（一八三二），5/26a-27b 指出，墟一詞在廣西也廣泛使用。例如，博白縣有三十八個墟，分布在距離縣城幾里到超過一百里的村莊。墟的時間安排，遵照一－四－七、二－五－八和三－六－九的模式。市集稱為「場」的做法，似乎起源於四川。根據《銅仁府志》（一八九〇），2/9b 的記載，「趕場」一詞見於《蜀語》，「很早以前」就在貴州使用了。《蜀語》是關於四川風俗和習慣的著作。這一名稱在四川一直沿用到最近。例見《新繁縣鄉土志》（一九〇七），6/7b-8b 和《鹽源縣志》（一八九一），2/3b-5b。雲南省也經常使用「場」。如《鎮雄州志》（一八八七），3/11a 就說：「於市集上買賣，曰趕場。」

表 1-8 信宜縣的墟市

墟市名	位置	日期
鎮隆墟	城南對河岸	1*, 11, 21; 4, 14, 24; 7, 17, 27
大通墟	城東 10 里	今廢
合水墟	城東 20 里	沒說明
北界墟	城西北 35 里	3, 13, 23; 6, 16, 26; 9, 19, 29
陳錦墟	城東 45 里	2, 12, 22; 5, 15, 25; 8, 18, 28
潭濮墟	城東 50 里	今廢
白石墟	城東北 80 里	1, 11, 21; 4, 14, 24; 7, 17, 27
大成墟	城東北 170 里	2, 12, 22; 5, 15, 25; 8, 18, 28
貴子墟	城正北	2, 12, 22; 5, 15, 25; 8, 18, 28

* 墟市日期以農曆為準。

譯按：貴子墟位置誤作「城東北」，今據原典刊正。

47 《處州府志》（一八七七），24/2a。

48 例見《南寧縣志》（一八五二），3/22a-23a。

49 《長寧縣志》（一九〇一），2/8a。

50 《香山縣志》（一九二三），5/13a-b；《花縣志》（一九二四），3/15a-b；《信宜縣志》（一八八九），卷二之四，一a－b；《清遠縣志》（一八八〇），2/20a-b；《博白縣志》（一八三二），5/26a-b；《瀘州直隸州志》（一八八二），1/41a-43b、2/31b-32b、2/50a-b 和 2/54a-b；《湄潭縣志》（一八九九），2/21a-23b；《長寧縣志》（一九〇一），2/8a。

51 《處州府志》（一八七七），24/2a。

林鄉——南海縣下屬一個主要基層組織。一八八三年版《九江儒林鄉志》略述了它的各種市集，其中「大墟」（大市集）是最有名的。雖然趕「大墟」的規定日期，就是我們所熟悉的三－六－九模式，但與大多數其他市集不同的，是它的規模極大。它擁有二十六條街道和小巷，由七個次級市集組成，交易品包括絲綢、布匹、蠶繭、家禽、魚等等。店鋪總數超過有一千五百家，「萬貨叢集」[52]。這實際上就是一個小型的城鎮，而不是一個市集。無論如何，它是一個相當特殊的市集。很可能是由於鴉片戰爭之後的商業發展，使廣東沿海獲致非凡的繁榮，才能造成這樣的結果[53]。

鄉村地區最後一種自然形成的單位是鎮（town）。各省的鎮，大小當然是不同的。最小的鎮幾乎難以和市集分別開來，就像直隸定州的明月鎮和東亭鎮。明月鎮只有兩條街道，而同樣屬於定州的市集——子位村集卻有三條街。東亭鎮有二十二家店鋪，只比該縣另一個市集——五女村集多七家。較大的鎮，如廣東省的佛山鎮和江西省的景德鎮，則是相當繁榮、人口稠密的社區。米爾恩（William C. Milne）在十九世紀中葉寫道：

〔佛山鎮〕在體現商業的普世力量方面，或許是最值得注意的。它可以說是「中國的伯明罕」。它坐落在廣州城西南十二英里的地方，是一個沒有城牆的大鎮，居民號稱有一百萬。穿越該鎮的水道和河流上擠滿穿了船隻；河流兩岸人煙稠密，住房、店鋪、貨棧、工廠和商行林立[54]。

景德鎮則為我們提供了另一種超大型城鎮的事例。根據同一位作者的看法，這座大鎮是「帝國的四大著名國內市場之一」[55]，而且是

52 《九江儒林鄉志》（一八八三），4/76a-82a。該鄉其他市集就沒有那麼繁榮了。

53 還可以指出另一個特殊的現象。在廣東、四川和另幾個西南省分，市集有時在橋上進行。廣東的例子見《東莞縣志》（一九一一年修，一九二一年刊），20/1a-4a。一些西方作家留下了他們在中國各地所觀察到的市集景象的描述。例如，Alexander Williamson在*Journeys in North China* (1870), I, p. 269寫道：「一八六五年九月十七日的傍晚，我們是在明月店（靠近直隸省定州）的市鎮（market-town）度過的。就在房屋外面的幾棵大樹樹蔭下，是一個豬市。許多馬車約略圍成圓形，騾子被綁在樹幹上，豬放在中間。……豬的尖叫聲和人們的討價還價聲，有些可怕。街頭街尾擠滿了忙碌的人群。」E. C. Oxenham 描述了他於一八六八年十一月初在保定府附近市集上看到的情況：「大量的各種糧食在出售。在許多地方，都可以看到婦女們忙於紡績和出售棉紗。……棉花來自該省的南部，當地不消費的紗線就運往北京。長條的藍色棉布也很多，還有水果、原棉及簡陋的中國農具，這就是全部的貨物清單。」引見 Alexander Williamson, *Journeys in North China* II, p. 398. E. T. Williams, *China* (1923), pp. 111-113 寫道：「幾年前四月的一個早上，我來到安徽中部一個叫作『大柳樹』的小村莊。市集已經開張，街上呈現出買賣繁忙的景象。……當我們穿過村門進入村子時，遇到了一個用騾子馱著貨物的商隊。馱著麻油要往南京。幾排的手推車跟在後面，載著鴉片、油、棉花、粉絲或中藥。……其他商隊當天趕來，回程帶著棉布、煤油、火柴、紙張和各類其他製品。……同時，售賣大白菜、大蒜、蘿蔔、雞和蛋的趕集者，正忙著和他們的顧客討價還價。站在店鋪內的店老闆，同門外的農民一樣，這一天的生意也很不錯。……大路旁擺上桌子，提供熱茶和水煙，服務那些需要提神的人，而通常遊手好閒的一群人則在茶房裡，熱火朝天地評論天下事。……漸漸地，街上的人群開始散去，夜幕降臨前，村子又回復到慣常的沉悶外貌。可以看到農民們翻越群山跋涉回家，人人肩上都挑著擔子，裡面裝著這一天買來的東西。」

54 William C. Milne, *Life in China* (1857), p. 307. 這座繁榮的城鎮有一部修得相當好的志書，一九二三年版有二十卷。

55 米爾恩所提到的「四大國內市場」，分別是廣東省的佛山鎮、江西省的景德鎮、湖北省的漢口鎮和河南省的朱仙鎮。

> ……以瓷器的主要生產基地而知名。……到訪該地的人們說它是一個極大的村莊，或者更應該說是一座沒有城牆的鎮，沿著一條美麗的河流延伸三英里，幾座漂亮的山形成一個半圓形拱衛在側，提供了大部分製造瓷器所需的泥土。……如果傳言可信的話，至少有五百座瓷窯在不停的運轉。……該鎮的人口，雖然公開的說法是將近一百萬，但如果減到五十萬，可能更接近事實。有一句俗諺可以證明這一點：「景德鎮日耗萬擔米千頭豬。」[56]

雖然形式上它們仍然是鄉下地區的一部分，並且沒有併入城市，但是這種大小和類型的鎮，已經不再是真正的鄉村社區了。

---

56 William C. Milne, *Life in China*, pp. 278-279. Robert Fortune, *A Residence Among the Chinese* (1857), pp. 247-259, 對浙江東部比較繁榮的城鎮舉行市集的情況有生動的描寫。

第二章

基層行政組織：保甲及里甲

為了控制鄉村地區，清政府遵循前朝的一般政策，並大量採行其方法，創立了兩個基層組織體系，架設在第一章所述自然演化出來的組織的基礎之上，而不是取代它。一方面，有一個保甲組織的體系來推動可以稱為治安控制的事務；另一方面，一個里甲組織的體系最初設計的目的是要幫助徵收土地稅和攤派徭役。

但是，部分由於官方定方案在應用時缺乏一致性，部分由於這些體系當它們存續時發生的變化。它們在實際操作和名稱上，都產生了相當多的混淆。事實上，這種混淆致使一些作者相信保甲和里甲就是同一個體系，而有不同的名稱。有位作者意識到這種混淆不清，卻未能使成功擺脫[1]。跟許多其他作者一樣，他未能洞悉治安控制和稅收體系**原本**就是兩個結構與功能截然不同的體系。

以下引用兩個例證來說明這種混淆有多嚴重。見聞廣博的中國法律學者 George Jamieson 在一八八〇年寫道：

1　聞鈞天，《中國保甲制度》（一九三五），頁二〇四。

……「甲」在許多地方看不到了，而「里」或「保」，有時用前者有時用後者，卻是家庭和縣或地方行政區之間的唯一團體。不同省分可能使用上述以外的其他名稱，但顯示的是同樣的情況[2]。

知名的當代中國歷史學者蕭一山在一九四五年寫道：

> 清廷實行保甲政策，遍於全國，始於順治，初為總甲制，繼為里甲制，皆十戶一甲，十甲一總，城中曰坊，近城曰廂，在鄉曰里。康熙四十七年申令十戶立一牌頭，十牌立一甲頭，十甲立一保長[3]。

顯然意識到他敘述中存在著這種混淆不清，這位作者承認他弄不清楚這個問題，並抱怨「清人論保甲者多，皆頗含混不清」。

本章試圖概括出保甲和里甲這兩大鄉村基層行政體系結構上的特色，並盡可能地消除在清王朝統治期間和之後產生的混淆及誤解。我們將先描述這兩個體系；然後指出，儘管在名稱上有變動和偶爾相互重疊，它們原本就是兩個不同的體系，各有清楚界定的功能，而非擁有兩組可以交換使用名稱的同一個體系。

保甲組織

保甲是兩個體系中較為簡單的一個。保甲雖然起源較早[4]，但直到清朝肇建才正式採行[5]。有些歷史學者認為，保甲的原型來自《周禮》或《管子》[6]中所描述的地方制度。《周禮》說：

> 五家為鄰，五鄰為里，四里為酇，五酇為鄙，五鄙為縣，五縣為遂，……使各掌其政令刑禁，以歲時稽其人民，而授之田野，簡其兵器，教之稼穡[7]。

2 *China Review*, VIII (1880), p. 259.

3 蕭一山，《清代史》（第三版，一九四七），頁一〇三－一〇四。其他混淆敘述的事例見於 L. Richard, *Comprehensive Geography of the Chinese Empire and Dependencies* (1908), pp. 309-310; 包世臣（一七七五－一八五五），《齊民四術》，卷四上，頁一 a－b，〈說保甲十一〉；和戴肇辰，《學仕錄》（一八六七），3/2b，引十七世紀晚期的楊名時的〈為宰議〉。

4 《清朝文獻通考》（一九三六年重刊本），19/5024。

5 杜佑（七三五－八一二），《通典》（一九三五年重刊本），3/21-23。

6 《周禮．地官．遂人》。〈地官．大司徒〉中描寫了一個不同的組織架構。後代談論保甲組織的作者總是把這個制度的源頭追溯到《周禮》，如《欽定康濟錄》（2/24a-30b）所引。亦見龔自珍，《定庵文集》，1/90-91，〈保甲正名〉。

7 《管子》卷四〈立政〉；卷五〈乘馬〉；卷二〇〈小匡〉；卷五七〈度地〉〔編按：此處所引《管子》應作〈立政第四〉、〈乘馬第五〉、〈小匡第二十〉、〈度地第五十七〉〕。

《周禮》所述的組織很清楚具有更大的目的，而不是全然藉由密切監視居民以維持地方秩序的治安功能。《管子》描述了幾個地方組織的方案[8]，但就像《周禮》一樣，這些組織體系被賦予更廣泛的職能，包括軍事組織和維持地方和平。

秦、漢及其後各朝代的地方組織，通常直接引用《周禮》的安排。不過，不論在實質或是形式上，都存在著重要的不同。此處只需指出：西元五八九年，隋文帝所建立的地方體系，似乎是首次引進檢察的概念，是一個有別於古典傳統的改變[9]。據說：

> 隋文帝受禪，頒新令，五家為保，保五為閭，閭四為族，皆有正。畿外置里正比閭正，黨長比族正，以相檢察[10]。

唐朝的地方制度，似乎是率先將人口統計、徵稅和治安監督等職能結合在一起的，並且強調最後一種[11]。不過，清朝體系真正的先驅，卻是宋代王安石在一〇七〇年創立的保甲。因為宋朝的體系在開始建立時，不僅是首次採用「保甲」的名稱，而且是首次將偵察和舉報罪犯當作唯一職能的。根據《宋史》：

> ……乃詔畿內之民，十家為一保，選主戶有幹力者一人為保長；五十家為一大保，選一人為大保長；十大保為一都保，選為眾所服者為都保正，……每一大保夜輪五人警盜，凡告捕所獲，以賞格從事。同保犯強盜、殺人、放火、強姦、略人、傳習妖教、造畜蠱毒，知而不告依律伍保法。……俟及十家，則別為保，置牌以書其戶數姓名[12]。

這個制度很快就推行到全帝國，大約在創立一年之後，就轉變為一項輔助性的軍事體系，一種永久性的地方自衛隊。

8 參見注六。這些方案差異相當大。然而毫無例外的是，戶（家）是地方組織體系中的基礎單元，而且除了一個例外，最小的行政單位都是由五戶和十戶組成的。

9 秦朝到明朝統治者所採行方案的概述，參見治強，〈鄉治叢說〉，《中和月刊》，三卷〔一期〕（一九四二），頁五九－六五。以下各書亦可參考：顧炎武，《日知錄》卷八〈鄉亭之職〉；《欽定康濟錄》，2/24b-29a；柳詒徵，《中國文化史》（一九三二）。

10 杜佑，《通典》，3/23。

11 同上。「以百戶為里，五里為鄉，四家為鄰，三家為保，每里置正一人，掌按比戶口、課植農桑、檢察非違、催驅賦役。在邑居者為坊，別置正一人，掌坊門管鑰，督察奸非，並免其課役。在田野者為村，別置村正一人，掌同坊正。」參見柳詒徵，《中國文化史》，下冊，頁一四，引《唐六典》。

12 《宋史》「鄉兵」，3/145〔編按：應作《宋史．志一四五．兵六．鄉兵三》，在全書，卷一九二〕。梁啟超，《中國文化史》，頁五六認為宋朝時期所實行的保甲制度，源於著名的理學家程顥的思想。程顥在擔任晉城〔譯按：原書作留城〕縣令期間，建立了一種「保伍法」，規定居民力役相助，患難相恤。梁啟超接著說：「王安石因之，名曰保甲法。」事實上，宋朝官定的制度通常被稱為「保伍」。見《續文獻通考》，15/2901。聞鈞天，《中國保甲制度》，頁九正確指出，「保甲」之名確定在宋朝首次被通用，但其確切的含義卻難以界定。就我們所知，這個困難存在於兩個方面：其一，不同的名稱經常被用來指稱同一制度；其二，名稱相同或實質上相同的制度，在不同的歷史時期，被賦予不同的職能。由於未能注意到這種差異或不同，經常讓一些作者對保甲作出混淆不清的論述。例如，Robert Lee, "The *Pao-Chia System*," *Papers on China*, III, pp. 195-206, 就特別強調說：「保甲的主要職能實際上包括村政府被要求執行的所有事情。」

明代著名理學家和官員王守仁，對保甲發展成為一個地方治安體系做出了一些貢獻。在一五一七年至一五二〇年間，當他在江西討平盜匪和叛軍時，建立一種制度，規定：每十家將他們的成員的名字登錄在一塊牌上；鄰里之間「但有面目生疏之人蹤跡可疑之事，即行報官究理」。如果出現了任何失職，這十戶要集體負責。不過，這個體系和清代的保甲有幾點不同：它是一個地方性的制度，並沒有運用到帝國的其他地方；十戶輪流負責記錄，沒有任命固定的頭人。即使到一五二〇年在每村指派一名「保長」時，其職責也只是限於整合地方力量來對付小偷和強盜，對於有關各個十戶的任何事情，他並沒有管轄權。王守仁這個體系的歷史意義，就在於它是透過地方共同責任制，完全為了偵查犯罪和犯人的目的而設計的[13]。

不管保甲的歷史根源是什麼，明顯的是，透過從當地居民中挑選出來的代理人，清朝把它當作監看及清查居民數量、遷移與活動的工具。清廷定下來的方案相當簡單，大體說來：十戶為一牌，設牌頭（有時稱為牌長）；十牌為一甲，設甲長或甲頭；十甲為一保，設保長或保正，綜理全保事務[14]。

這裡可以引用一、兩個實際的例子。根據《南寧縣志》（雲南），一八五一年的保甲編組如下[15]：

戶	21,232
牌	2,096
牌長	2,096
甲	209
甲長	209
保	20
保長	20

一八七三年版《瀏陽縣志》（湖南），提供了這個類似的資訊[16]：

由各個層級和各層級頭人的數量看來，該縣與上述南寧縣一樣，相當嚴謹地遵照政府規定的十進位制。

戶	62,334
牌長	6,143
甲長	611
保正	121

13 王守仁（一四七二－一五二八），《王文成公全書》，卷一六，〈別錄八．公移〉：一系列關於「十家牌」的規約（〈十家牌法告諭各府父老子弟〉、〈案行各分巡道督編十家牌〉）；〈別錄九．公移〉：三件關於同一主題的告示（〈申諭十家牌法〉、〈申諭十家牌法增立保長〉、〈牌行崇義縣查行十家牌法〉）。所有這些文件都是在一五一七年到一五二〇年間發布的。王守仁在贛南所建立的體系，自然對後來的保甲體系產生了某些影響。例如，清初以努力推展保甲著稱的陳宏謀（一六九六－一七七一），在其關於地方行政的名著《從政遺規》（卷上，頁三一b－三二a）中，就引用了王守仁關於「十家牌」體系的某些著作，並在事實上仿照王守仁的做法來建立自己的體系（同上，三三a－b）。

14 《大清會典》（一九〇八），17/2a；《大清會典事例》（一九〇八），158/1a；《清朝文獻通考》（一九三六年重印），19/5024；《大清律例彙輯便覽》（一八七七），20/17b；《清史稿．食貨志一》，頁二a－五b。有關乾隆五十年（一七八五）左右實行的適切規定的概述，見《戶部則例》（一七九一），3/4a-10b。《清朝文獻通考》（一九三六重印），21/5043，描述了一個不同的安排。另一個叫作「總甲」的官定方案將在第三章說明。

15 《南寧縣志》（一八五二），4/2a。

16 《瀏陽縣志》（一八七三），5/3b，引舊志（年代不詳）。

不過，遵照官定的十進位制是個例外。隨後我們將會看到，地方的實際執行經常大大偏離了政府的規定。現在可應該先釐清保甲和鄉－村之間的關係。村並不是一個官方認可的保甲組成要素，但在實際上，村的界線是受到尊重的。例如，十九世紀卓越而幹練的縣令劉衡就說，他在四川巴縣整頓保甲組織時，如果每村的戶口數少於規定的限額，會讓這種小村的人戶自成一牌或一甲[17]。一八七九年版《通州志》（直隸）指出，該地區總共有六百零八個村和鎮，設置了五百六十七個保正。村一般被當作是和保共存的單元[18]。在臨漳縣（河南），村成為保的組成單元，各保所轄村莊的數量從大約六個到超過二十個不等[19]。

鄉和保甲也有非正式的關係。有時，鄉成為一個高於保的上級單位（或者凌駕於戶數充足的村之上而與保共存）。這似乎是一位十八世紀作者所說「聯村於鄉，而保甲可按」的含義[20]。

下面的例子可以說明這種類型的關係。一六六九年，在保甲體系啟動後不久，山東滕縣縣令將該縣原來劃分的八個鄉重新命名，並在各鄉設保如下[21]：

乾鄉（西北面）	5
坎鄉（北面）	5
艮鄉（東北面）	7
震鄉（東面）	5
巽鄉（東南面）	9
離鄉（南面）	22
坤鄉（西南面）	7
兌鄉（西面）	12

從其他事例中，則可以看到另一種不同的關係。陝西靖邊縣呈現的畫面特別有趣。一七三一年該縣剛設置之時，鄉村地劃分為三個鄉，其城區和各鄉的牌數如下：

城區	475
東鄉	172
西鄉	519
南鄉	188

奇怪的是，提供上述資訊的修志者沒有提到保和甲。十九世紀末，該縣重新劃分，除了原有三個鄉之外，新增二個鄉，其編組見表 2-1[22]。

表 2-1　靖邊縣保甲編組

所在地	戶數	村數	幫查數	牌頭數
城區	776	121	10	76
東鄉	352	65	5	34
南鄉	561	153	5	50
西南鄉	379	110	5	38
西鄉	406	140	4	40
西北鄉	618	70	6	60

17　劉衡（一七七六－一八四一），《庸吏庸言》，頁八八以下。
18　《通州志》（一八七九），1/42a。
19　《臨漳縣志》（一九〇四），1/19a-28b。
20　《同官縣志》（一九四四），18/4a，引一七六五年版舊志。
21　《滕縣志》（一八四六），1/2a。
22　《靖邊縣志》（一八九九），1/28a-29a。

「保」明顯地仍然沒有出現。該志的纂修者解釋說：「每牌頭管花戶十名，散紳而外，另設幫查（即助理檢查員）以代甲長。每幫查一名准管牌頭十名。四鄉各有散紳，以稽司之。」這些散紳大概取代了官定方案裡的保長。

不過，鄉有時被視同保或者被當作與保相當的單位。例如，一位在康熙年間任職於北方幾個縣的老練知縣，就把鄉視為保甲體系中最高的單位。他說：「今保甲之法，十家有長，曰甲長；百家有長，曰保正；一鄉有長，曰保長。」[23]雖然他的用詞與官方版不同，組織的模式實際上是一樣的。這位知縣並不是唯一把鄉等同於保的人，某些十九世紀的作者也抱持相同的看法。其中一位說：「設保甲以綜理一鄉，立甲長以稽查十戶。」[24]另一位觀察到當時的保甲之法是「十家一甲長，百家一保正，一鄉一保長」[25]。

我們可以舉一些實際例子來證實他們的看法。根據一八九一年版《黎平府志》（貴州），該府的保甲編組如下：「以十一戶立一甲長，十甲立一保正，東、西、南、北四鄉各立一保長，以總之。」[26]同樣地，在河南省南陽縣，一九〇四年版縣志說：鄉成為保甲體系中的最高單位，占據了保的位置[27]。

從上述事例可以非常清楚地看出，在十九世紀，如果不是更早的話，實際上有兩個版本的官方保甲方案提到鄉，如下表所示。

第一版	第二版
鄉	
1,000 戶　保（保長）	鄉＝保（保長）
100 戶　甲（甲長）	（？）（保正）（幫查）
10 戶　牌（牌頭）	甲　（甲長）（牌頭）

或許有人會問，既然地方官都發現這些組織這麼有用而不能拋棄，為

什麼清朝統治者沒有運用鄉村地區自然產生，而且大家熟悉的組成單位——鄉和村——來作為設置保甲結構的基礎呢？一個原因可能是，由於各村的戶數變化幅度大，這些自然單位並不總是適合治安組織的十進位體系；也可能是，因於保甲的目的在於監看並控制鄉村地區的居民，朝廷認為一套完全分開的體系比較安全，可以免於村莊組織的影響。的確，清朝皇帝們的意圖可能就是，利用這個體系來抵銷鄉村社區可能發展出來的任何力量。為了這個目的，讓保甲盡可能與現存的鄉村組織分開，可能要好得多。

無論不把保甲併入鄉和村的真正動機何在，清朝皇帝們並沒有成功地讓這套基層行政組織與自然組織完全分開。如前所示，地方官不斷地發現，利用自然的鄉村組織所提供的功能是最方便的。因此，鄉與村最終成為保甲體系的運作單位，而無視皇家的意圖。行政與自然組織的混淆，讓前者不可避免地受到地方急切需要的影響，這部分說明了上面所指出的矛盾[28]。

---

23 黃六鴻，《福惠全書》（一六九九〔一八九三年重刊〕），21/4a〔編按：在 21/1b〕。

24 《滕縣志》（一八四六），12/8a（譯按：在 12/9b），引孔廣珪在一八三六年到一八三八年間的陳述。

25 盛康，《皇朝經世文續編》（一八九七），28/32a，引馮桂芬一八六〇年左右所寫的一篇文章。

26 《黎平府志》（一八九一），卷五上，頁七七 a－七八 b。〔譯按：十一戶立一甲長，原文作十戶，今據原典。〕

27 《南陽縣志》（一九〇四），3/20a-21a。鄉的單位有時為「路」所取代，例如在四川順縣，各路轄數量不等的保，各保轄數量不等的甲。《富順縣志》（一九三一），8/12b-15a。

28 在保甲編組的「第二個版本」，十戶這個層級被稱為「甲」而不是「牌」。這一改變可能源於治安和稅收體系的混淆（或套入），稅收體系中最低層的單位也叫作「甲」。不過，稅收體系的甲有十一戶，在討論里甲體系時就會看到。

里甲組織

里甲比起保甲要稍微複雜一些，它是順治帝在一六四八年正式設置的，在保甲開始運作後的四年。它同樣有歷史的淵源，作為以徵稅為目的基層組織體系，可以直接追溯到明朝的里甲；而明朝的里甲，則是建立在元朝的里社基礎之上的[29]。由於清朝的體系是直接援用明朝的而略作修改，可能有必要簡要地介紹一下明太祖一三八一年採行的辦法。根據《明史》的記載，太祖下令編賦役黃冊時，

> ……以一百十戶為一里，推丁糧多者十戶為長，餘百戶為十甲，甲凡十人。……在城曰坊，近城曰廂，鄉都曰里[30]。

儘管並不完備，但這個體系持續運作，後來在十六世紀的萬曆年間正式定名為「里甲」[31]。事實上，清朝所修纂的一些地方志仍然保留著明代里甲組織的記載[32]。

前文已經指出，清朝統治者所採行的里甲制度，除了在名稱上稍作修改外，與前朝並沒有什麼不同。根據官方的規定，鄉村地區每一百一十戶組成一里，其中納稅人丁最多的十戶被選為里長（推丁多者十人為長）。一如明制，其餘一百戶平均地分為十甲，每甲選一甲長（相當於明制的甲首）。在城市及附郭，也採取類似的編組方式，但是名稱不同。在城裡，每一百一十戶組成一坊（而不稱里）；而在附郭則組成一「廂」。每三年進行一次人口清查。甲長的職責就在於將他監管之下的十一戶稅收紀錄收集起來，視個別情況分別繳給上一級的里長、坊長或廂長；再依次上繳到當地衙門[33]。

這個官定方案並沒有嚴格的實行，也沒有一致地適用在全帝國的所有地區。的確，它所產生的偏差非常大，以致無法系統化。只有少數事例顯示它或多或少被忠實地遵行。比起北中國各省，長江流域及以南各省，與官定方案和名稱一致的更少。造成這種脫節的原因很多。南方的不規則有些沿襲自前朝，並且被容許繼續下去，部分是因為帝國政府並不認為有必要或可能在那些相當遙遠的地區強制要求一致性。其他差異性似乎來自地方經濟或人口統計改變的結果；例如，一特定地區戶數的實質增加或減少，可能最終影響到里甲的編組（參見附錄一）。令人眼花撩亂的各種組織形式和名稱就這樣出現了，使得清朝鄉村稅收結構的研究成為相當惱人的工作[34]。由此產生的問題是：如果政府連建立相當程度上一致的里甲體系都辦不到，又怎能指望在廣闊的鄉間徵稅這種相當困難的工作上取得一致的結果呢？

29 《明史》，卷七七。「太祖仍元里社制，河北諸州縣土著者以社分里甲，遷民分屯之地以屯分里甲。」

30 同上，卷七七。亦見《續文獻通考》，13/2891 和 16/2913。〔編按：此事發生在明太祖洪武十四年，應為一三八一年，原書誤植為一三二一年，今逕予改正。〕

31 同上，78/13b。亦見《畿輔通志》（一八八四），96/20b-23b；《賀縣志》（一九三四），2/16b-18a，引一八九〇年版舊志；聞鈞天，《中國保甲制度》，頁二七五。

32 例見《揚州府志》（一八一〇），16/15b-16b。

33 《大清會典事例》（一九〇八），257/1a〔157/1a〕；《清朝文獻通考》，19/5024；《清朝通典》（一九三五年重印），9/2069。

34 正如其他地方指出的，這部分說明了一些歷史學者作出混亂的陳述和不正確推斷的原因所在。

保甲與里甲之間的關係

接下來要解決的問題是：究竟保甲和里甲實際上是兩個不同的體系呢？或者是具有兩個不同名稱的一個體系？上面提出的材料已經顯示它們是截然不同的帝國控制工具，各自有其特定的目的和功能。下面的扼要論述會進一步澄清這一點。

首先，從法律來看，保甲和里甲是為不同目的服務的兩個體系。在《大清律例》[35]中，規範保甲運作的法律規定在「刑律」（主要處理犯罪和罪犯的刑事法典）項下，而有關里甲的法律規定則在「戶律」（關於財政和人口的法律）項下。雖然我們不能認為朝廷法理學家所作的這種分類和其他分類具有科學的準確性，但是這種在治安控制和賦役徵收之間的區分，似乎已足以表明清政府將這兩個體系視為功能不同且互相獨立的。

在組織結構上，也有足夠的差異可以將這兩個體系互相區隔開來。保甲和里甲的編組大體上類似，但並不相同。兩者都以甲為低層單位（這可能是產生混淆的原因之一），但其組成並不同。在官定的保甲（治安控制）體系中，甲由十牌組成，而每牌有十戶。因此，「戶」是基本單元，「牌」是基層單位，十十進位的概念保持如一。在官定的里甲（稅收）體系中，「戶」同樣是基本單元，但「甲」卻不是真正的基層單位。根據規定，「里」由一百一十戶組成，分為十甲，每甲有十一戶。十進位的概念在某種程度上被修改了。里是基層單位而不是甲；里也是最高的單位，因為它的上面沒有其他單位。按照官方的定義，保甲是一個三級的結構，而里甲則是兩級的結構，如下頁表所示。

如果記得這兩種結構大約是在同時（一六四四年和一六四八年）正式建立的，我們就不得不認為它

保甲結構	里甲結構
10 戶＝1 牌	10 戶＝1 甲
10 牌（100 戶）＝1 甲	110 戶＝1 里
10 甲（1,000 戶）＝1 保	

編按：據正文所述里甲結構的 1 甲應為 11 戶。

們是被刻意弄得不一樣，以便它們能夠繼續保持各有特別指定功能的不同體系。

很多地方史家承認保甲和里甲有一個功能性的不同。《容縣志》（一八九七年版）的纂修者在談到戶口登記時，就指出所謂「里役之戶口」（為分派里役而登記的戶、口）和「排門之戶口」（挨家挨戶登記的戶、口）的不同。他進一步解釋說，第一種戶口登記，包括有承擔田賦和徭役義務的家戶及居民（據丁田成役而言，口即其丁也）。在這種情況下，「里管甲，甲管戶，戶管丁」（「丁」指承擔賦稅的成年男性）。第二種戶口登記，包括住在一個特定區域內的所有家戶及其成員（據散居之烟戶而言，口即其男婦也）。在這種情況下，「一『地方』（保甲代理人，參見第三章）管十甲，甲凡十烟戶」。他補充說，第一種戶口「以田為率」，第二種戶口「以屋為率」[36]。這位作者談的是他那個時代的實際情況。他所描述的保甲結構，偏離了原來的官定方案。但是他所指出的，保甲和里甲在戶口登記方面的功能性區別，基本上是正確的。

其他作者也指出了類似的區別。說明長寧縣（江西）有二個都、四個廂和十二個保的事實後，一九

35 《大清律例彙輯便覽》（一八七七），8/47a-48b、20/17b 和 25/99b-100a。

36 《容縣志》（一八九七），9/2a。

〇一年版《長寧縣志》纂修者說「丁糧（徭役和糧食稅）統之兩都，煙戶屬之廂保」[37]。除了名稱上有某些混亂之外，這位作者所作的功能性區別的正確性，應該無庸置疑。一八九〇年版《賀縣志》的纂修者也用了不精確的名稱，但是中肯地指出賦稅和治安組織之間的區別。他說，一八六五年在縣令重新編組該縣的糧戶（繳交稅糧的家戶），共為十八里、一萬八千八百零二戶。大約二十五年後，一八八九年，另一位縣令修改保甲組織，為三十一團，總共三萬一千五百零二戶[38]。「團」在這裡被用來作為一個保甲單位的名稱，在這個事例中平均大約有一千戶。因此，它相當於官定的「保」。戈濤在《獻縣志》保甲部分的序言裡，簡述整個問題，指出「里甲主於『役』（勞役，即稅收），保甲主於『衛』（防衛，即治安監視）」[39]。

按照官方的定義，這兩個體系的功能的確有一點是重疊的。兩者都被指定要計算和登記一個特定地區的戶口數。但是，即使在此處也是有區別的。里甲登記的目的，是為了確定應收的賦稅額；而保甲登記的設計，則是要藉由保持一份相關地方家戶和居民的可靠紀錄，來發現不法和附從的分子。

儘管目的不同，但里甲的戶口登記工作還是（在乾隆初年）轉移給保甲，在很多事例中，甚至稅收的事情也落到保甲代理人的手中。可能正是這個功能的轉移，使得一位當代作者相信「里甲之形式，實不過保甲組織形式中之前一階段耳」，而且換句話說，「乾嘉以前之里甲制，與乾嘉以後之保甲制，實為完成清代整個保甲制度之兩個階段。」[40]

這個觀點與清廷在一六四八年（即在一六四四年正式建立保甲之後四年）正式創設里甲的事實是不符的。該觀點還忽略了嘉慶之後（據上引作者的觀點，此時是保甲制度「完成發展」階段），里甲和保甲兩者都衰敗的事實。無論有沒有得到朝廷的明確批准，里甲的主要功能在十八世紀都交給了保甲組織，只因為里甲比保甲更早出現衰退。功能的轉移，實際上是先前不同的兩個各別的體系重疊在一起，而不是單一體系從較低的階段向較高的階段過渡。的確，各種事實表明清朝統治者有意地建立了兩個不同的體系，各有特別的和獨立的功能，來作為一個避免賦予任何一個地方代理人太多權力的預防措施。隨後發生的事，也就是職能重疊到一個體系，出乎了他們原先的預料。如果他們默許這種新的情況（特別是戶口登記的事），他們也只是接受一個**既成事實**，而不會對保甲體系的任何成就給予公開的認可。

那些認為保甲和里甲是一個單一體系的人，可能由於這些體系經常由地方官來負責掌控的做法，可能由於保甲和里甲的職能經常發生重疊的事實，也可能是就由於對這兩個體系在名稱使用上漫不經心的態度，而得出這樣的觀點。尤有甚者，有些地方志的纂修者，由於對這兩個體系的真正意義和功能的誤解，或者由於掌握的資料不足和不正確，而散布了他們自己的混淆觀點[41]。

37　《長寧縣志》（一九〇一），2/1b〔譯按：應為2/4b〕。

38　《賀縣志》（一九三四），2/17b-18a。引一八九〇年版舊志。

39　引見織田萬（Yorozu Orita），《清國行政法分論》，第一卷，頁一九－二二。〔編按：《清國行政法分論》中譯本未見，此處據《清國行政法》日文本（南天書局影印本，一九八九），第二卷《各論》，頁一二。又「戈濤」，聞鈞天《中國保甲制度》，頁二〇五作「戈獻濤」。〕織田萬據此正確地作出結論：「里甲設置的目的在於加速處理稅收、徭役事宜，而保甲設置的目的在於治安和清查逃犯。」

40　聞鈞天，《中國保甲制度》，頁二〇五－二〇六。

41　最糟糕的混淆事例之一見《富順縣志》（一九三一），8/12a：「順治十七年（一六六〇）令民間設里社，則有里長、社長之名。南省地方以圖名者，有圖長；以保名者，有保長。其甲長又曰牌頭，以其為十牌之首也。……各直省名稱不同，其役一也。」

作為鄉村單位的社

社是另一個官定的單位，它雖然事實上至少與保甲和里甲之一有某種相關，但是在概念上與兩者都不同。在這裡有必要略微解釋一下它的組織形式和功能。

根據《大清會典事例》[42]的一個早期刊本，清廷在一六六〇年（順治十七年）批准一項建議，在帝國的鄉村地區設置里社。據說，比鄰居住的多少不等（在二十和五十戶之間）的人戶構成一社，這樣每個區域的住戶，「每遇農時，有死喪病者，協力耕作。」該書的後來版本不再提到此事，但是許多地方志都記錄了社在許多地方實際存在著，證明這個十七世紀的政府命令並不是具文。

例如，一九三三年所修《邯鄲縣志》引一七五六年版舊志，指出：「本縣初有二十六社、四屯，後改屯為社，共三十社，每社各分十甲。」[43]類似地，《灤州志》（一八九八）描述這個屬於直隸省的地區的鄉村組織，指出一八九六年進行人口調查時，「統計六十五屯社，一千三百四十七村莊。……通共七萬五千六百九十七戶，男女大小五十六萬一千六百六十七口」。[44]根據一八九二年版《睢州志》（河南），該地區的村莊大部分是稱作「社」，如梁村社、安鄉社等等[45]。臨漳縣（同省的另一縣）的情況幾乎與完全一樣，該縣的鄉村地區劃分為八個社[46]。

「社」也存在於華中和華南的某些省分。在湖北省一些地區，社顯然已經取代了里。典型的事例見於宜城縣，根據《光緒湖北輿地記》[47]，鄉村組織的安排如下表所示。

	社	村
東（東面）鄉	6	28
西（西面）鄉	2	37
南（南面）鄉	5	29
北（北面）鄉	3	23

譯按：據《光緒湖北輿地記》西鄉 29 村，南鄉 37 村。

相同的情況也見於光化縣、竹山縣和竹谿縣[48]。在華南地區，社出現在南海縣和信宜縣（均屬於廣東省）[49]、同安縣（福建省）[50]及南昌縣（江西省）[51]。根據一九一〇年版《南海縣志》，南海縣的鄉間劃分為五十八個堡（有別於保甲的保），有些堡劃分為鄉，另一些則劃分為社。鄉和社都再劃分為村。《九江儒林鄉志》（一八八三）描述了九江堡（南海縣的一個單位）的不同安排；在該堡，村再劃

42 引見織田萬，《清國行政法分論》，第一卷，頁四七九。〔編按：正文引句見日文本，第二卷，頁三一一。原注《會典事例》卷一四一。覩引句語氣，似非原文。〕織田萬評論說：「該制度是以元朝的社制和明朝的里制為基礎的，……此種農業互助的里社制究竟是一項臨時性措施，或者是要後世皇帝都遵循的永久性制度呢？目前無法解答這個問題。查閱諸如《大清會典》和《戶部則例》之類的典籍，發現自順治朝確立里社制以來，並未見明令廢除。……可能在清初曾經實行，……但後來自然而然地消失了。」

43 《邯鄲縣志》（一九三三），2/7b。

44 《灤州志》（一八九六），13/12a-50b。類似情況存在於撫寧縣和保定府（兩地均屬直隸）。見《撫寧縣志》（一八七七），8/15b；《保定府志》（一八八一），24/1a。

45 《睢州志》（一八九二），2/13a-19a。

46 《臨漳縣志》（一九〇四），1/29b-30a。

47 《湖北通志》（一九二一），34/1401。

48 同上，34/1042，引《光化縣志》；34/1045-1046，引《光緒湖北輿地記》。

49 《南海縣志》（一九一〇），卷三。

50 《廈門志》（一八三九），2/20b-22a。

51 《南昌縣志》（一九一九），3/1a-2a。

分為社[52]。在信宜縣，社是都或鄉的下層單位[53]。奇怪的是，在南昌縣，社只出現在城市地區，每個社包括數量不等的圖[54]。

以上列舉的「社」，它的本質是什麼呢？我們可以先追溯「社」的歷史根源。這個名詞最早的出處之一是《左傳》。據說，在魯昭公二十五年（西元前五一七），齊國致贈一千個社給魯國。生活在西元三世紀的注釋者杜預解釋說：「二十五家為社。」[55]在隋朝（五八六－六一七），「二十五家為一社」，它主要是一個向土地神和穀神獻祭儀式的單位[56]。隨著歷史的進展，社取得了其他的功能。在隋朝和唐朝[57]，它與鄉村的穀倉聯繫在一起，承擔地方上賑濟饑荒的任務，這實際上是後來所有朝代基層組織中非常重要的工作[58]。在元朝，社成為一個正式成立的農業事務的中心。一二七〇年，元世祖忽必烈頒《農桑制十四條》，要求村莊中每五十戶立一社，並任命一位精通農事的年長者為社長，負責「教督農桑」，並指導社內居民的一般行為[59]。在明朝，社的規模再次擴大，它的鄉村控制功能進一步強化。明太祖在一三六八年（洪武元年）歲末下令，規定每一百戶組成一社，每社建一個祭壇，作為祭祀土地神和穀神（五土五穀之神）的場所。他保留了（作了一些修正）元朝的里社體系，命華北的原住居民「以社分里甲」[60]。這個安排當然把社和稅收組織聯繫在一起。一三七五年（洪武八年），命令對參加社壇（即鄉村祭壇）祭典的農民，宣讀「抑強扶弱」誓文[61]，透過大眾的宗教，讓社成為皇室控制的工具。

這就是清朝的社的歷史根源，用最簡短的字句來交代的。清政府所設想的社，顯然最接近元朝的體系，也就是說，它主要是一個想要用來提高或促進農業生產的組織。清代的社取得了一些其他功能，那

52 《九江儒林鄉志》（一八八三），1/2b。

53 《信宜縣志》（一八八九），1/1a-b。

54 《南昌縣志》（一九一九），3/1a-2a。

55 《左傳》，昭公二十五年。H. G. Creel（顧利雅）這樣解釋社的宗教意義：「在把國家當作統治家族世代相傳的財產的情況下，祖廟就象徵著國家。但是國家也被視為一個土地的實體，一個『祖國』，就此意義來說，它的象徵就是社，所謂『土地廟』。起初被獻祭以求豐收的對象只是長出莊稼的土壤；在遇到乾旱時，人們認為向土地獻祭可能就會降雨。沒有某種象徵是難以向土壤獻祭的，這種象徵在土堆裡找到了。一開始可能是自然的土堆，但隨後每個村莊都搭建起這樣的土堆。由於它們象徵著小地方的土地，因而成為各個社區宗教活動的中心。」*The Birth of China* (1937), pp. 336-337.

56 《隋書》，7/10b-12b。〔編按：《隋書》原文為：「百姓則二十五家一社，……春秋祠水旱，禱祈祠具，隨其豐約。」〕

57 《文獻通考》，21/204。

58 Wittfogel and Feng (馮家昇), *History of Chinese Society: Liao*, p. 379：「這些糧倉（義倉）是與作為所有地方公共事務中心的村莊祭壇（社）聯繫在一起的地方機制。」關於地方糧倉的討論，見第四章。

59 《元史》，93/3a；《續文獻通考》，1/2780。〔編按：《明史》作「須農桑之制一十四條」，《續文獻通考》作「須農桑制十四條」，原書作十七條，今據原典。〕

60 《明史》，77/4a。〔編按：洪武元年為一三六八年，原文誤植為一三六九年，逕改。又《明史》，卷四九，〈禮志三·吉禮三·社稷〉：「里社，每里一百戶立壇一所，祀五土五穀之神。」〕

61 《續修廬州府志》（一八八五），18/9b〔18/9a〕；或《洛川縣志》（一九四四），13/2a，引一八〇六年版舊志。「抑強扶弱」誓詞說：「凡我同里之人，各遵守禮法，毋恃勢力凌弱，違者先共制之，然後經官。貧無可贍，周給其家。三年不立，不使與會。其婚姻喪葬有乏，隨力相助。如不從眾，及犯奸盜詐偽、一切非為之人，不許入會；如能改過自新，三年之後，始許入會。」

都是它的前身在某個時期曾經擁有的。例如，在賀縣（廣西），據說社實質上是舉行祭祀儀式的鄉村組織。根據一八九〇年版的《賀縣志》：

> 十家八家或數十家共一社，二、六、八月皆致祀，聚其社之所屬，備物致祭，畢，即會飲焉[62]。

在山西省，社實際上成為村莊公共事務的中心。據張之洞（當時為山西巡撫）一八八三年的一道奏摺所示：

> 約查：晉俗每一村為一社，若一村有二三公廟，則一村為二三社。社各有長，村民悉聽指[63]。

像明代一樣，社更常與里甲結合在一起（因此有里社之稱），而成為稅收組織的一環，就像祥符縣（河南）那樣。一八九八年版《祥符縣志》寫道：「里甲：凡七十九社。雍正四年（一七二六）割去山東曹縣新安社，實存七十八社。每里置經催一名，以督賦課。」[64]同樣地，社在邯鄲縣（直隸）也變成一個稅收單位。一八五五年，知縣盧運昌「逐社」仔細地查閱了稅收登記冊，因此能清除此前盛行的「竄社跳甲」（無聲無息地脫離社的控制，越過甲的左右）的弊端，也就是「社名在東而地在西者，社名在北而地在南者」[65]。在某些事例，社事實上裡當作與里相當的單位，例如十七世紀的山東青州道[66]和十九世紀的直隸撫寧縣[67]。

就像隋代和唐代一樣，清朝的社也與鄉村糧倉聯繫在一起。關於社倉（社區糧倉）將在後文討論。

---

62 《賀縣志》（一九三四），2/10b，引一八九〇年版舊志。〔譯按：十家原書作七家，今據原典。〕

63 張壽鏞，《皇朝掌故彙編．內編》，53/14b。

64 《祥符縣志》（一八九八），8/34a-b。

65 《邯鄲縣志》（一九三三），2/8a。

66 李漁，《資治新書》，二集，1/13b。山東青州分巡道周亮工一六六三年到一六六六年間曾經指出：「至於一社之中有一社長，即是里長，每甲各有一甲長。」

67 《撫寧縣志》（一八七七），8/15a〔譯按：應為 8/15b〕，纂修者說：「〔撫寧〕原設二十一里，今止十二社五屯，共存一十七里。」

第二編

鄉村控制

第三章
治安監控：保甲體系

保甲體系的理論與實踐

清王朝的建立者非常明白一句中國諺語的含義，即「居馬上得之，寧可以馬上治之乎」[1]。為了坐穩天下，他們並不只是單純依靠軍事力量，還吸取和採用了以前各王朝發展起來的統治技術與規章制度。中國新統治者一進入北京，就繼承和採納了明朝遺留下來的整個行政體制和基層行政體系，並且作了看起來必要的修改，使它對自己的統治更安全、更適合。保甲，就是清朝統治者所推行的最為重要的基層統治體系中的一大組成部分。

然而，清王朝時期保甲體系最後形態的確立，經過了一段時間。清朝建立其保甲體系的第一步，是在順治元年即一六四四年。這一年，攝政王採納金之俊（漢人，兵部侍郎）的建議，下令地方官員把所有服從新朝統治的百姓編成牌、甲[2]。根據官方的編組規定，一六四四年所確立的保甲編組方法如下：

1 《史記》，97/6。這句話是陸賈的名言。

2 《大清歷朝實錄・順治朝》，6/1b。

> 州縣城鄉，十戶立一牌頭，十牌立一甲頭，十甲立一保長。戶給印牌，書其姓名丁口，出則注其所往，入則稽其所來[3]。

顯然上述規定是一項登記制度。推行該制度的目的，在於加強對那些生活在剛剛被征服地區之上的居民進行統治。與此同時，清王朝還建立了另一項制度；它與上述規定大體類似：

> 順治元年置各州縣甲長、總甲之役，各府州縣衛所屬鄉村，十家置一甲長，百家置一總甲，凡遇盜賊逃人奸宄竊發事件，鄰佑即報知甲長，甲長報知總甲，總甲報知府州縣衛，核實申解兵部[4]。

這項制度與上述第一項制度的區別在於兩點：其一，保甲體系是由戶部監督執行的，而總甲體系是由兵部監督執行的[5]；其二，兩者在組織結構上也有不同，如下表所示。

保甲體系和總甲體系這兩套統治工具是同時出現的，它們的運作原則相似，運作目的也相同。因此，要把它們解釋清楚很不容易。可以想像，在清帝國本身都還處於草創階段時，計畫不精確、調整較差也是有的。該兩套制度，就是在這種情況下產生的。隨後，新王朝在加固了自己的征服，並設置好自己的統治體系之後，總甲這個作為次要計畫的統治工具就在歷史上消失了，而保甲卻被保留下來，在戶部

保甲體系	總甲體系
10 戶－牌（牌頭）	10 戶－甲（甲長）
100 戶－甲（甲頭）	100 戶－總甲
1,000 戶－保（保長）	

的監督推行下，履行其居民登記、監視居民的職能。

到十八世紀初，保甲牌組織很明顯地設置起來了。一七〇八年發布的政府文件，清楚地表明那時清政府所設計的保甲體系的組織和功能。該文件這樣說：

> 戶給印信紙牌一張，書寫姓名丁男口數於上，出則註明所往，入則稽其所來。面生可疑之人，非盤詰的確，不許容留。十戶立一牌頭，十牌立一甲頭，十甲立一保長。……客店立簿稽查，寺廟亦給紙牌，月底令保長出具無事甘結，報官備查，違者罪之[6]。

這就是清朝的保甲體系，幫助清朝皇帝加強對縣以下基層的統治。它的特點相當清楚，首要職能是對各街坊和村子的民戶、丁口進行登記。從表面上來看，它是人口普查制度，因為它要把一特定地區所

3 《清朝文獻通考》，19/5024。

4 《清朝文獻通考》，21/5043。張壽鏞的《皇朝掌故彙編·內編》（一九〇二年刊，53/1a-b），也有同樣的敘述。

5 聞鈞天在其大作《中國保甲制度》（一九三五年版，頁二一六－二一七和頁二五六）中認為保甲和總甲是一項制度。他認為，總甲是保甲體系的「第一階段」，該階段「起始於順治元年，終於康熙四十六年」（即一六四四－一七一七）；或者說，總甲就是保甲體系的發展。但是他沒有足夠的材料來證明其觀點。

6 見《清朝文獻通考》，22/5055〔譯按：5055 應為 5051〕；《大清律例彙編便覽》，一八七七年刊，20/17b。「總甲」這一名稱在一些偏遠的地方還存在；這類事例可以參見《黎平府志》（一八九一年刊，卷五上，九一 b－九二 b），該府志就敘述了貴州省一些地區存在著總甲的情況。

有人——住在民戶、寺廟和客棧裡的所有人——的名字都登記下來，記錄所有人、所有住戶的行蹤，定期複查其編組裡的人數，並在登記簿上加以更新[7]。然而，它並不只是人口普查制度，因為它要求被登錄的人戶和那些進行登錄的人，必須履行下列治安職責：監視、偵查、彙報所在地區任何可能發現的犯罪或犯人。登記冊提供了居民及其行蹤的紀錄，大有助於這些職責的執行。但是，這種制度並不是為了完整計算地方居民人數，或者為了編撰人口動態統計用的，因為它只登錄成年男性[8]——那些具有潛在能力並最有可能擾亂帝國和平的人。

保甲體系的第二項也可能就是它的中心職能，即偵探、彙報犯罪行為——那種反抗統治秩序、攪亂地方統治的犯罪行為。罪犯一出現，犯法行為或疏忽行為一發生，每一個居民都必須向保甲頭人彙報；然後由保甲頭人負責向當地官員彙報。如果有人未履行這一規定的義務，不僅他個人要受到處罰，跟他編在一甲的其他九戶居民都要連帶受處罰[9]。只有假設居民登記冊可以利用，保甲組織的治安職能才可

7　參見《大清會典事例》（一九〇八年刊），158/1a；《清朝文獻通考》，19/5024；《清朝通典》，9/20 和 69；《大清律例彙編便覽》，20/17b 和 25/99b-100a；卞寶第（一八二四－一八九二），《卞制軍奏議》，3/51；《瀏陽縣志》（一八七三），24/11b-12a。George Jamieson在*China Review*, VIII (p. 269) 上發表的論文也很有參考價值。有關保甲組織結構的事例，可以參見聞鈞天的《中國保甲制度》（頁二四三－二五〇）和劉衡的《庸吏庸言》（頁九九）。衛三畏（Samuel W. Williams）在其大作 *The Middle Kingdom*（一八八三年版，第一章，頁二八一）（耶魯大學翻譯本，第二章，頁一五二）中引用了馬可波羅關於十三世紀保甲體系情況的敘述：「每一個市民，實際上每一個居住在城市裡的人，都必須按照規定把他自己的名字、他妻子和子女的名字以及奴僕的名字、所有住在一起的人的名字、擁有的牲畜數，寫在其大門上。如果有人死去，他的名字就會被劃掉；如果有嬰兒出生，他的名字就要加上去。實行這種制

度，統治者就能準確地了解城市人口情況。這個制度不分南中國（Manzi，編按：蠻子的音譯，指「南人」所住的地區，馬可波羅用詞）和北中國（Cathay，指「漢人」所住的地區）都在推行。」衛三畏還補充說：「早在蒙古人征服以前，中國已有保甲制度；現在，中國仍然在推行這一制度。因此可以說，在中國進行人口普查，比起大多數歐洲國家來說，或許要容易。」馬可波羅和衛三畏都有些過度推崇保甲制度，這可以從衛三畏（頁二八二－二八三）引用馬禮遜（Dr. Morrison）所作的如下觀察看出：「每個縣都有稱職的官員，每條街道都有負責的治安人員，每十戶居民都有其十戶長。……每個家戶隨時都要把一塊木板掛在門上，以便接受政府官員的監督檢查。木板上刻著家戶裡所有人的名字——男人、女人、孩子。這塊木板叫作『門牌』。……但是據說，由於疏忽或故意，有時某些人的名字被遺漏了。」

8 一七九一年續纂的《戶部則例》（3/4a）就有一份沒有注明年月日的布告規定：「順天府五城所屬村莊，暨直省各州縣城市鄉村，每戶由該管地方官歲給門牌，書家長姓名、生業，附注男丁名數（不及婦女），……有不遵照編排者，治罪。」一項注明日期為一七〇八年（康熙四十七年）的布告（見《清朝文獻通考》，22/5051）也只是要求登記成年男子。不過，這種在法律上把婦女和兒童排除於保甲登記冊的規定，看來也僅僅是在很短的一段時間裡推行，因為一六四四年即順治元年發布的一項開創清王朝保甲體系的法令，就命令不只是成年男子登記註冊，其他人也一律要登記註冊（參見《清朝文獻通考》，19/5024）。到一七四〇年，清政府認為把保甲登記作為獲取包括所有居民在內的人口數字材料的唯一方法，推行起來是不會有什麼問題的（參見《大清會典事例》，一九〇八年刊，157/2a）。在此之前的某個時候，不論清廷有沒有明確的批准，一七〇八年頒布的法令所規定的措施明顯已經被廢止了。因為自那時起，保甲體系規定家庭裡所有人口的名字都必須登記在木牌上。實際上，一位認為規定所有居民都要登記入冊給保甲體系的運作帶來不必要困難的著名官員，在一七五八年上奏清廷，建議只將成年男子入冊登記（參見《皇清奏議》，一九三六年版，51/1a）。不過，我們沒有理由假定這位官員的建議得到採納。一七九一年續纂的《戶部則例》所規定的措施，可能只在十八世紀初得到短暫的執行。

9 這種制度是一六四四年（順治元年）發布的命令所規定的。參見《清朝文獻通考》，21/5043；《大清會典》（一九〇八年刊），17/2a；張壽鏞，《皇朝掌故彙編》，53/3b。關於清朝統治初期的保甲體系的基本內容，可以參見一七九一年續纂的《戶部則例》，3/4a-9b。George Jamieson在*China Review*, VIII (pp. 259-260)上發表的文章也很有用。

以得到明確履行。既然如此，清政府就處罰那些沒有登記入冊的人[10]。紳士[11]的家庭也必須登記入冊。由於土地所有者比起其他居民來說更具有強烈逃避登記入冊的動機，清政府命令，一旦他們逃避，就給予更嚴厲的懲罰：「凡紳衿之家與齊民一體編列，聽保長、甲長稽查，如有不入編次者，……有田賦者杖一百，無田賦者杖八十。」[12]具有意義的是，因為保甲組織的職能是治安性的，因而它毫無例外地被置於縣衙門的刑房（掌管刑事案牘的官吏）之下[13]。

保甲組織另一值得引人注意的顯著特點，就是要求各地編組居民自己來管理運用；而地方官員只是監督它的運作，並不直接參與。這種規定的優點在於：一方面，透過當地居民的幫助，政府不用成倍地增設官員，就能夠在遙遠的小村子施行統治；另一方面，由於把保甲組織置於地方官員的監督之下，從而防止保長、甲長手中的權力或其影響過度膨脹。這種制度運作起來，居民就成為潛在的間諜，告發他們中間做壞事或鋌而走險的人；換句話說，要求居民起來自己密探自己。居民們的腦海中由於被逐漸灌輸了相互害怕、相互懷疑的恐懼，就沒有人敢於冒險煽動他的同鄉起來反對統治。這樣，即使有個別犯罪分子漏網了，也沒有多大機會去煽動他人一起發動抗爭。保甲組織作為統治工具，其作用就在於：它在政府鎮壓犯罪方面所給予的實際幫助有多大，對人民的威懾作用就有多大。一位十九世紀的西方作者正確評價清朝保甲體系時說：「從表面上來看，專制王朝對其臣民的統治，是一種父親對子女的慈愛；這種統治實際上是一種殘暴的統治，一種以**恐懼和猜疑**的方式維持權力的殘暴統治。」[14]保甲組織就

10 George Jamieson 在 *China Review* 發表的文章說（VIII, p. 259）：「……紳士和百姓要選舉正直、受過教育和有財產的人來擔任甲長。地方官員不能要求他們承擔任何其他公共事務的責任，使他們能夠集中精力履行其治安職能。如果每

甲十戶之中犯下了如下罪行，那麼甲長就必須作出回答，彙報事實。這些罪行主要有：偷盜、進行反動教育、賭博、躲藏潛逃、綁架、私鑄貨幣、建立祕密社會等等。甲長還必須彙報所有在其甲中出現的可疑人物，必須注意每個家庭登記入冊的人口不時發生的變化。如果鄰甲的負責人到該甲來追捕罪犯而需要人手的話，甲長必須協助；但是，如果衙役錯誤地逮捕了無辜的人，那麼甲長可以向知縣陳述事實，以供調查。」

11 此處及本書中他處所使用的“gentry”一詞，是從中國特有的名稱「紳士」或「紳衿」翻譯而來的。紳士是享有特權的人士，他們藉由取得官職或秩位，或者經由通過一關或多關科舉考試，而取得了特別的地位。Chang Chung-li（張仲禮), *The Chinese Gentry* 對這個特權群體的一些突出特點進行了細緻的研究。在十九世紀的中華帝國，那些為參加科舉考試而苦讀，但實際上並未取得紳士地位的人，也享有普通百姓所沒有的某種優勢。這種人在法律上雖然不是縉紳，但是由於他們讀書識字，將來有可能成為縉紳，因此常被稱為「士」（學者或文人），在某種程度上被視為縉紳的一部分。無論如何，他們被認為更接近縉紳，而不是百姓，他們日常的態度與行為舉止也與縉紳相似（雖然不能說完全相同）。結果，在十九世紀經常出現的中國詞語「紳士」，包括的不僅僅是縉紳，還包括學者及文人。因此，本書一般用“gentry”一詞來翻譯「紳士」，但是當我們必須對「縉紳」和「文人」之間作出區別時，就把「紳士」翻譯為「縉紳和學者」或「縉紳和文人」。十九世紀的西方作者和中國作者，有時也注意到這種區別，例如 Meadows 在其大作 *The Chinese and Their Rebellions* (1856, p. 245）就把「紳士」譯成「縉紳和學者」。

12 參見《欽定六部處分則例》（一八七七年刊），20/1a；《大清律例彙輯便覽》（一八七七年刊），8/1b。

13 參見黃六鴻，《福惠全書》（一八九三年重刊本），2/14a。James Legge, “Imperial Confucianism,” *China Review*, VI (1878), pp. 368-369 引用 Stubb, *Constitutional History*, I, v, paras. 41-46，指出在中國的保甲體系和英國的十戶制之間存在著某種相似。英國的十戶制規定：「每一戶主都必須向國王宣誓，保證其家庭成員的行為舉止不違反國王的法律命令；所有十戶家庭都必須對相互的行為舉止進行監督。」George Burton Adams, *Constitutional History* of England (1921), pp. 24-25, 敘述了埃德加王（King Edgar）在十世紀中葉的立法最終導致諾曼王朝時期設置十戶聯保制的史實；在頁七一－七二中敘述了十戶聯保制的內容。十七世紀的日本政府為了加強對基層的統治，也推行十分類似於保甲的制度；這種情況可以參見 K. Asakawa, “Notes on Village Government,” *Journal of American Oriental Society*, XXXI, pp. 202-203.

14 Samuel Mossman, *China* (1867), p. 278. 作者用斜體〔編按：譯文改為粗明體字〕標示的部分。

是專制帝王為此目的而採納的一種統治工具。有的作者把保甲組織當作「舊中國的自治」[15]，有的當作「一種地方政府制度」[16]或「一種人口調查工具」[17]，這樣不但錯誤理解了保甲體系的功能，而且錯誤理解了專制統治制度的本質。

這樣的保甲體系理論就是清朝統治者所接受的理論。然而，實踐和理論並沒有達到完美的統一，保甲體系的實際功效並沒有達到其理論上的作用。清政府時常發覺很難加強保甲組織的運作，甚至在其結構上要達到統一性也不可能。或許除了十九世紀初期幾年之外，當清政府相信保甲體系在中華帝國一些地方已經取得滿意的效果時，保甲體系就已逐漸失效。到十九世紀中葉，「盜匪」和反叛在不止一個地方發生；這時，有人堅決相信並指出保甲體系這種治安性質的制度並沒有發揮應有的作用。但是，清朝皇帝自十七世紀中葉開始強化保甲體系以來，把巨大的地位賦予它，竭盡所能地加強其功能。最早特別努力想讓保甲體系理論和實際統一起來的，是十八世紀的雍正帝。一七二六年，他發布諭旨說：

> 弭盜之法，莫良於保甲，乃地方官憚其煩難，視為故套，奉行不實，稽查不嚴，又有稱村落畸零，難編排甲，至各邊省，更稱土苗雜處，不便比照內地者。
>
> 此甚不然。村莊雖小，即數家亦可編為一甲。熟苗熟獞，即可編入齊民。苟有實心，自有實效。嗣後督撫及州縣以上各官不實力奉行者，作何嚴加處分，保正甲長及同甲之人，能據實舉首者，作何獎賞，隱匿者作何分別治罪，九卿詳議具奏[18]。

上述諭旨規定實施的結果，是保甲體系延伸發展到當時尚停留在保甲組織之外的民族。一些少數民族，特別是苗族和侗族以及幾類具有特殊性的居民，包括江西、浙江、福建的「棚民」和廣東的「寮戶」，首次被置於保甲組織的控制之下。在華南、華中許多村莊裡占支配地位的宗族組織和親屬集團，同樣被編入保甲的下層單位中，納入控制體系：

如有堡子村莊聚族滿百人以上，保甲不能遍查者，揀選族中人品剛方，素為闔族敬憚之人，立為族正。如有匪類，報官究治，徇情隱匿者，與保甲一體治罪[19]。

15 Samuel W. Williams, *The Middle Kingdom* (1883), pp. 281-283.

16 Leong (梁宇皋) and Tao (陶履恭，孟和), *Village and Town Life* (1915), p. 61.

17 Paul Linebarger 的大作 *China* (1938), p. 430. 作者這樣描述保甲組織：「保甲制度是一種地方政府制度。它所包含的基本原則是：在具保連結的住戶和居民之中，集體負責，相互幫助。」南京國民政府也在計畫運用這種含義上的保甲制度，而未參考清制。Robert Lee 在 *Papers on China* (III, pp. 204-205 and 209) 上發表 "The Pao-chia System" 一文，認為「保甲制度的主要功能實際上包括村政府可能被要求去執行的所有事情」，並繼續論述說：「每當一個專制王朝在其自己愚蠢無能的壓力下崩潰時，農民明顯地未能抓住和控制足夠的政治權力，未能以這政治權力來加強保甲制度那還在萌芽期的代表性特色，並使之成為真正自治必要的踏腳石。」我們很難看出，實際運作的保甲體系（至少清朝統治時期的保甲體系）怎麼能夠扮演農民自治的墊腳石。

18 《清朝文獻通考》，23/5055。

19 同上。

雍正帝及其大臣在一七二六年左右使用的名稱，有些與一六四四年和一七〇八年使用的不同。正如剛剛看到的那樣，一七二六年使用的名稱包括「保正」和「甲長」，但是沒有提到「牌頭」；而一六四四年使用的名稱包括「保長」、「甲頭」和「牌頭」。「保正」顯然與「保長」相同，「甲長」則與「甲頭」相似。我們沒有理由因為一七二六年省略「牌」這一級，就表示保甲體系真的發生了什麼實質變化。但是我們可以這樣說，清政府在用語上不太經心，是造成名稱混亂的部分原因，而名稱的混亂又使得許多後來的作者迷惑不解。皇帝本人或許也不清楚保甲體系的確切內容，他認為「即數家亦可編為一甲」，很明顯不顧下列事實：根據制度規定，每十戶組成一牌，而一甲包括一百戶。小村子的「數家」當然不足以編成一甲。

上面提到的那些情況特殊的居民被編入保甲的安排，標誌出保甲體系發展的一個新趨勢，把保甲體系實際上變成全國性的監控制度，這個新趨勢一直延續到道光年間。一七二九年，一道諭旨命令關內的旗戶編入保甲[20]；一八四一年，又一道諭旨把保甲組織擴展到居住城外的宗室覺羅[21]。貴族和學者在其他方面可以享有特權，但不能置身於這種全國性的控制體系之外。根據一七二七年、一七五七年和一七五八年所下的幾道諭旨，他們的家人與鄰居的平民人家編入同一個保甲單位，相互之間同等地處於甲長和保長的監視之下[22]。情況特殊的平民，只要環境容許，同樣被嚴密編組而控制起來。一七二九年所下的一道諭旨，把蛋民（以船為家的人）也編入保甲組織之中[23]；一七三九年，正式在「棚民」和「寮戶」的階層中實施保甲體系[24]；在一七三一年和一七五六年，又下令其他少數民族（包括傜族和穆斯林）不能再選出自己的頭人，而必須編入保甲組織中[25]。

在乾隆和嘉慶年間[26]，大約從十八世紀中葉到一八二五年，亦即在中華帝國許多地方各種各樣騷亂跡象日漸明顯的時期，清政府又再重新強調治安制度。清朝皇帝發布了一系列諭旨和命令，設法延伸和加強治安統治。除了對少數民族和情況特殊的階層推行保甲體系統治外，還在帝國遙遠地區施行保甲體系。一七三三年（雍正十一年），清政府在台灣實行保甲體系。一七四三年（乾隆八年），下令「蒙古地方種地民人設立牌頭、總甲及十家長」；一七五七年，又重申了這道命令。與此同時，那些居住在山西和陝西（該兩地被視為邊疆領土）的農民，也同樣要這麼做[27]。居住在遠離山東、浙江兩省海岸的島嶼上的居民，在一七九三年和一七九四年也被命令編入保甲組織中[28]。

乾隆帝在一七五七年所作出的決定，是清政府迄今為止在關內各省強化保甲體系最努力、最下工夫的嘗試。乾隆帝由於發現保甲組織在人事方面已經變質，而地方官員對保甲事務漠不關心，於是命令

20 《清朝通典》，9/2072。

21 張壽鏞，《皇朝掌故彙編．內編》（一九〇二年刊），53/7a-b。

22 《大清會典事例》（一九〇八年刊），158/1a。亦見《清朝通典》，9/2071。

23 《大清會典事例》，158/8b。亦見《番禺縣續志》（一九一一年刊），44/9b。

24 《大清會典事例》，158/4ab。在一七六三年和一八二四年，清廷又重申了這道命令。見《清朝通典》，9/2071；張壽鏞，《皇朝掌故彙編．內編》，53/6a-b。

25 《恩平縣志》（一九三四年版），4/12a。亦見《清朝文獻通考》，23/5055-56。

26 聞鈞天，《中國保甲制度》，頁二三五。

27 《大清會典事例》，158/1a-b〔編按：光緒二十五年刻本在158/4b〕；亦見《清朝文獻通考》，24/5061〔編按：此處原文作：又令山陝邊外種地人民設立牌頭總甲〕。

28 《清朝續文獻通考》（一九三六年重印本），25/7755-7756。

所有總督、巡撫詳細彙報各地情況，並提出具體的改進措施。在這些彙報的基礎之上，戶部提出了若干建議，其中包括從「誠實、識字及有身家之人」中挑選保正和甲長、增設「地方」以減輕保甲負責人催促住戶交稅和逮捕罪犯的任務（這些任務在那個時候，未經清廷的授權，已逐一堆壓到保甲負責人的肩上）、保持保甲體系各層級的原始人事員額等等[29]。此時，清朝中央政府所設想的保甲組織有三個層次，其負責人分別是保正、甲長和牌頭。很明顯，「保正」和「甲長」的名稱取自於一七二六年的稱呼，而「牌頭」取自於一六四四年時的用法。一七七五年，清政府在全國範圍內進行了大規模的保甲登記入冊檢查。顯然乾隆帝把這次登記入冊檢查看得非常重要，命令總督、巡撫今後以此作為所有有關人口彙報的基礎[30]。

從十八世紀後半期到十九世紀的前幾十年，爆發了一系列的叛變和暴動，其中最重要的是由陝西、湖南和四川的白蓮教各個領袖發動、領導的民變，和一八一三年林清（他可能也是一名白蓮教的成員）的大膽密謀[31]，清王朝的統治受到嚴重的威脅。為了鎮壓這些「匪」，清政府雖然動用了一些「鄉勇」，但是把希望寄託在保甲體系能夠作為防止性措施的有效運作上。更普遍的是，清政府試圖在保甲體系這種已經過時的統治鄉村的治安工具上，注入新生命、新活力。一七四六年（乾隆十一年），清政府已經努力利用保甲體系作為戰勝「異端邪說」和祕密社會的武器[32]。嘉慶帝繼位以後，清政府注意更新保甲體系，並且一直在努力這樣做。但是，清政府最終不得不放棄努力，因為非常明顯，保甲體系已經完全不能承擔起對付範圍廣、規模大的社會動盪的任務。

一七九九年（嘉慶四年），為了對許多中央政府官員的請求作出回應，嘉慶帝下了一道聖旨。這道聖旨表明當時流行的清政府對鄉村治安體系的觀點：

> 夫保甲一法，……稽查奸宄，肅清盜源，實為整頓地方良法，久經定有章程，祇緣地方有司因循日久，視為具文，甚或辦理不善，徒滋擾累，以致所管地方，盜匪潛蹤，無從覺察。……是非湔除積習，實意講求，何以遏奸萌而安良善？
>
> 特此通諭各督撫務飭所屬查照舊定章程，實心勸導，選充公正里長，編立戶口門牌，務使一州一縣之中，人丁戶業，按冊可稽，奸匪無所容身[33]。

嘉慶帝並不滿意於僅僅要求地方官員按照舊制行事，因此在一八〇〇年所下的一道聖旨中提出一些改進保甲體系的指導性原則：其一，嘉慶帝強調在執行中應當體現恰當、簡便、容易的原則，這樣在實際中就有效果；其二，嘉慶帝強調倚賴「誠實甲長」負責登記入冊的重要地位，強調避免衙門走卒干預

---

29 《清朝文獻通考》，24/5061-5062。

30 同上，19/5033。

31 這一時期的主要叛亂和暴動，包括一七七四年山東王倫領導的民變、一七九三年到一八〇二年發生影響到直隸、河南、陝西、四川和甘肅等省的白蓮教叛亂、王三槐領導的「教匪」運動（白蓮教之亂的一部分）、一八〇〇年到一八〇四年劉之協在西南領導的民變，和一八一三年林清在北京領導的民變等等。參見《剿平三省邪匪方略》（一八一〇年刊）；《剿捕林清逆匪紀略》；《故宮周刊》，一九五－二三六期；以及稻葉岩吉（I. Inaba）的《清朝全史》（中譯本），III〔台灣中華書局影印本在「下一」〕，頁一八－四〇。

32 《大清會典事例》，158/1a。

33 《清朝續文獻通考》，25/7757。

的重要性；其三，嘉慶帝相信，地方官員自己定期檢查十戶制是保證獲得可靠紀錄的唯一途徑，相信因為要去檢查，地方官員就必然會經常到鄉村；最後，嘉慶帝與其先人一樣，也強調對那些瀆職人員進行恰當懲罰，會產生巨大的作用[34]。

好像預測到林清的密謀一樣，嘉慶帝在一八〇一年下了一道聖旨，命令在清帝國的首都地區、特別是在各種各樣角色的人棲身的廟宇，更嚴格地加強保甲體系。這樣，棲身寺廟就被禁止了；只有那些期待得到任命或等待皇帝召見的官員，才可以住在這種臨時旅館裡[35]。

儘管一些官員稟報說保甲體系並未收到預期的效果，但嘉慶帝仍然相信這種鄉村治安制度的可行性。福建巡撫等省級地方官員上奏，建議減少加在保甲組織負責人身上的責任；嘉慶帝則在一八一四年（嘉慶十九年）下了一道上諭，對此建議作出如下回答：

> 汪志伊等奏閩省牌甲保長，人多畏避承充，皆由易於招怨。今擬將緝拿人犯、催徵錢糧二事，不派牌甲保長，專責成以編查戶口，稽察匪類。凡有匪徒藏匿，令其密稟地方官，作為訪聞，俾免招怨。
>
> 人果存心公正，何慮怨尤？惟私心不免，遂喜市恩而畏招怨。近日內外臣工竟成通病，此等微末牌長，又何足責？
>
> 所有緝拿人犯、催徵錢糧二事，自毋庸再派伊等管理，至既責以稽查戶口，即當予以糾察之權。如果地方藏匿匪徒，正當令其指名首報，俾匪黨共知畏憚，不敢潛蹤。若令密稟地方官，作為訪聞，則匪徒不懼甲長，何以除莠安良乎[36]？

嘉慶帝相信，由於他的熱情和一些屬下的努力，保甲體系會收到令人滿意的效果。他加倍努力來提高、增強保甲體系的有效性，在一八一四年所下的另一道上諭中作出如下指示：

> 查保甲一事，詰暴安良，最為善政，上年冬間，朕明降諭旨通行飭辦，自京畿以及直省，次第奉行。
>
> 本年八月間，朕恭謁東陵，蹕路經過各州縣，見比戶懸設門牌，開載甚為詳晰，詢問自外省來京大小官員，亦僉稱遵照令式。一體編查，是此次京外辦理保甲，漸有成效[37]。

嘉慶帝在同一年所發布的又一道上諭中，幾乎是以得意洋洋的口氣談論廣東省推行保甲體系的成功：

> 阮元奏拿獲逆案主謀夥要各犯，……此案逆匪胡秉耀……朱毛俚……等，……阮元到任未久，即能飭屬於各地方編查保甲嚴密，遂將巨案立時發覺，辦理迅速，實屬可嘉。阮元著賞加太子少保銜，並賞戴花翎[38]。

---

34 同上。

35 《清朝續文獻通考》，25/7758。

36 同上，25/7759。

37 《清朝續文獻通考》，25/7760。〔編按：本年八月間，英文原作 eleventh month，此處據引文原典。〕

38 《大清十朝聖訓．仁宗朝》（康熙五年至光緒五年），101/22b-23a。

不過嘉慶帝並沒有自鳴得意。由於意識到目前為止所取得的任何成功都只不過是暫時的，嘉慶帝又開始努力提高保甲體系的有效性。在一系列命令中（包括前面已經提到的幾道聖旨），他重申在恰當間隔期間檢查登記入冊的必要性，告誡官員不要放鬆警惕。他在一八一四年初所下的一道上諭中這樣訓誡說：

> 惟居民遷移不定，戶口增減靡常，若不隨時稽覆，則先後參差，仍屬有名無實。各省地方官因循積習，大抵始勤終怠，祗為目前塗飾耳目之計，稍閱歲時，又復視為具文，漫不經意。……
>
> 如果地方官人人奮勉，……則燭照數計，奸徒將何所托足？若陽奉陰違，虛應故事，更或藉此擾累良民，一經查出，必將奉行不力之督撫，嚴懲不貸[39]。

從上來看，嘉慶帝所認為維持保甲體系較好運作的必要措施，包括：一、每年在秋收之後檢查登記入冊情況；二、要求保甲負責人共同承擔責任；三、減輕保甲負責人那種對加強治安控制絲毫不發生作用的負擔。

每年在秋收之後檢查登記入冊情況的措施，最初是由一名高級官員提出來的。按照嘉慶帝的解釋，這一措施的價值就在於充分利用秋收後農民和各種各樣受雇者大概都回到家鄉的時間。每年這時進行的人口檢查，是最能得到精確數字的：

> 州縣官于秋收後，先行曉諭各村莊保長人等，將本村戶口自行逐細查明，造具草冊，呈送該管州

> 縣，親往覆查，悉遵辦定規條，取具戶保甘結，將門牌照改填寫，按戶懸掛。令該管道、府、直隸州親往抽查，查竣後稟報督撫，……於歲底彙奏一次[40]。

上述這段史料提出的「互保甘結」（亦即「聯名互保」），就是用來防止保甲負責人不負責任的措施。該措施認為，如果在保長、甲長所擔保的人戶中間發現有犯罪分子，就懲罰甲長和保長；而保長、甲長在本質上是害怕受到懲罰的，因而必然比通常加倍注意登記入冊，不會願意隱藏犯罪活動或犯罪分子。嘉慶帝非常喜歡這一措施，不止一次地強調要充分而徹底地運用。或許是林清謀反的失敗而非任何其他事件，使嘉慶帝強調很有必要採取「互保甘結」的措施，以加緊推行保甲體系，因此他在一八一五年發布上諭說：

> 凡保甲冊內，十家為牌，一牌十戶，令其互相稽查，如有形跡可疑之人，即行首報到官，能將逆犯捕獲，不但首報之人賜金授職，其同牌十戶一併酌加賞賚。若窩留逆犯，不行舉首，經地方官訪聞捕獲，窩藏之家即與叛逆同罪，其同牌十戶一併連坐[41]。

---

39 同上，101/25b-26b。

40 《大清十朝聖訓．仁宗朝》，101/24b-25a。亦見《清朝續文獻通考》，25/7760。

41 《清朝續文獻通考》，25/7760。

關於「互保甘結」的進一步措施，是一八一六年在要求保甲負責人進行書面保證聯結時而採取的。是年發布的一道上諭說道：

見在各直省舉行保甲，核對門牌，而責成不專，里長、甲長等恐不免有容隱之弊，著各省督撫再嚴飭地方官于編查保甲時，責令里長、甲長等取具連名互保甘結，如有來歷不明，蹤跡可疑者，該里長等畏其株連，自不肯代為具結，立時首報。倘一經具結，其所保之人，或曾經作奸犯科，或竟係逆案逸犯，查出後，將出結之里長、甲長按律連坐。本犯罪輕者，里長等之罰亦輕；本犯罪重者，里長等之罰亦重[42]。

與此同時，嘉慶帝明白保甲組織負責人的負擔過重，不可能恰當地履行職責，因而設法減輕他們的負擔，使他們的責任簡單化。亦就是說，由於保長和甲長被強加了各種各樣不相關的任務，不可避免地使他們不能集中精力承擔起一六四四年時所規定的職責，因此嘉慶帝在一八一四年下令將「緝拏人犯、催徵錢糧二事不派」給他們。他在一八一五年發布的一道上諭中又表達了同樣的旨意：

（牌頭與里長）專責以稽查匪徒，輯安閭黨，其一切供應拘遣雜差，不得概令承充，以致良民懼於賠累，視為畏途[43]。

正如已經指出的，嘉慶帝之所以對保甲體系熱切關注，是由於當時發生的一系列歷史事件的結果，而不是個人的偏愛。他在一七九六年繼承帝位時，清王朝的鼎盛時期已成歷史，在全國各個地方，社會矛盾日益惡化，政治動亂日益增加、持續不斷。這雖然還不足以推翻清王朝的統治，但是已經給清王朝敲響了警鐘，清王朝要想繼續平穩地維持統治相當困難。怎樣才能處理人民心目中的仇恨呢？怎樣才能防止這種仇恨爆發成大規模的民變呢？這已經成為清王朝要迫切解決的問題。在清政府看來，「弭盜」是首要問題，必須投入最主要的精力。怎樣才能「弭盜」呢？嘉慶帝認為最好的方法莫過於加強保甲組織這個工具。

嘉慶帝預料到未來潛在的危險，在一八一四年發布上諭，孤注一擲，企圖利用保甲體系來消除鄉村中「習邪教者」[44]。在此大約三十五年後，華南爆發一場由「邪教」領導的大規模反叛，幾乎推翻了清王朝的統治。但是，嘉慶帝在面前對「盜匪」蠭起的潮流，錯誤地高估了保甲組織作為治安工具的效能。很顯然，只是在社會相對平靜時期，亦即在鄉人還沒有因絕望而被迫「鋌而走險」之時，保甲體系才被證明是有效的威懾工具。但是，當歷史進入矛盾激化、社會動盪之時期，保甲體系比起其他專制統

42 《清朝續文獻通考》，25/7760-61。關於「聯名互保甘結」，亦見《大清會典事例》，158/2b，和張壽鏞的《皇朝掌故彙編・內編》，54/4b。

43 《清朝續文獻通考》，25/7760。

44 該上諭部分內容是：「有習邪教者，准五家首之，無則五家連環具甘結。」引見盛康，《皇朝經世文續編》，80/39a-b〔譯按：39 應為 3〕。《聖諭》十六條中第七條和乾隆帝一七四六年發布的關於指示地方督撫加強保甲組織、鎮壓「倡為邪說，斂錢作會」者的一道上諭，都表明清朝皇帝很早就關注「異端邪說」。見《大清會典事例》，158/1a。然而，在十八世紀結束之前，「異端邪說」對於統治者來說還未發展成相當嚴重的問題。

治工具來說，就不再是什麼靈丹妙藥，再不能以其在和平時期的功能來解決社會問題了。實際上，正是社會的發展變遷使保甲體系過時了。

相對來說，嘉慶帝之後的清朝皇帝並不關注保甲體系。在查閱道光朝到清朝統治崩潰這一時期的官方檔案後，發現有關保甲體系方面的內容相當少。只有道光帝偶爾提到保甲體系。他雖然仍非常相信保甲體系的理論作用，因而把一八五〇年大規模的「長毛叛亂」（特別在湖南、廣西、廣東）的原因直接歸結於保甲體系的衰敗[45]，但是他不再對保甲組織的實際作用抱樂觀態度，因而沒有發布什麼如何使之振興的上諭。自此之後，保甲組織除了在一些與世隔絕的地方存在外，已經變成歷史故事——舊日的行事制度，成了過往雲煙。官方資料《清朝續文獻通考》的彙編者，甚至認為保甲體系已經完全、絕對起不到什麼作用了[46]。

到此為止，我們已經回顧了清政府為強化保甲體系作為全國範圍的控制體系所採取的措施。正如官方文件所顯示的，清朝皇帝著重強調保甲體系的重要性，但同時又抱怨它在實際運作中常常令人不滿意。實際上，保甲體系先天不足，又面對著社會矛盾、政治動盪所帶來的困難。然而，它不是一個完全不能運作的制度，在一些地方，年富力強或精明仔細的官員有能力使保甲體系適應當地環境，或者發揮個人才能使保甲體系運作起來；這時，保甲體系就表現出在其他地方所看不到的相當程度上的作用。而在這些地方，保甲體系總是因地制宜，偏離了中央政府所規定的模式。與保持保甲體系在全國的一致性或嚴格遵守規定相比，清廷顯然對實際運作效果更關心，因而容許這種偏離，甚至發布上諭給予批准。

一六八〇年代擔任直隸總督的于成龍，利用保甲組織成功地弭平了先前肆虐該省的「盜匪」[47]。與于成龍同時代，但較年輕且長時期擔任知縣的黃六鴻[48]，十八世紀擔任直隸南樂縣知縣的茹敦和及湖南省寧遠縣知縣的汪輝祖[49]，各自按照自己的方法，取得了保甲體系運用的成功。陳宏謀——一位十八世紀著名的官員，在江蘇省也取得巨大的成功。他利用「乞丐王」〔罡頭〕擔任保甲負責人，以之來監控遊民，從而

45 《大清會典事例》，158/3b。

46 《清朝續文獻通考》，25/7758。彙編者是針對一八一〇年嘉慶帝發布的一道上諭進行評論時作出這一結論的。儘管清朝皇帝認為保甲體系相當重要，但是相對說來，他們並不注意保持保甲組織結構的一致性，也不注意用法的統一。結構不一，名稱相異，在順治、康熙、雍正、乾隆〔譯按：原文無乾隆〕、嘉慶等朝都存在。看起來，嘉慶帝區別不了里甲體系和保甲體系。在他發布的一些上諭（特別是一八一五年和一八一六年發布的上諭）中，他談論起來，好像「里長」就相當於保長（《清朝續文獻通考》，25/7760）。綜合前面所討論的資料，在此基礎上作成表 3-1，以此表明順治朝到嘉慶朝在保甲組織用法不一的情況。

47 于成龍寫了一篇名為〈弭盜安民條約〉的文章，包括他自己關於保甲體系的主要思想。賀長齡的《皇朝經世文編》（74/24-28）和戴肇辰的《學仕錄》（2/4b-10b）收錄了他的這篇文章。有關於于成龍個人傳記，可以參看 Arthur Hummel, *Eminent Chinese of the Ch'ing Period* (1644-1912), II, pp. 937-938.

48 參見黃六鴻的《福惠全書》，光緒十九年重刊本。另一著名知縣彭鵬，運用保甲體系也相當成功。戴肇辰在其《學仕錄》中（1/25a-26a）敘述了彭鵬的「保甲示」，提出公眾關於保甲體系的看法。

49 汪輝祖，《學治臆說》，卷下，頁一一。

表 3-1 保甲組織名稱的變化

	1644 年（順治元年）	1708 年（康熙四十七年）	1743 年（雍正四年）	1743 年（乾隆八年）經再確定後應是 1757 年	1815 年（嘉慶二十年）
1,000 戶	保長	保長	保長	保長	里長
100 戶	甲頭	甲頭	甲長	甲頭	甲長
10 戶	牌頭	牌頭	？	牌頭	牌頭
100 戶	總甲				
10 戶	甲長				

將那些漂泊不定、以通常方法不能使之登記入冊的遊民人戶納入保甲組織控制之中[50]。葉佩蓀的名字在保甲體系的編年史中占有特別顯著的地位。葉佩蓀一七八一年擔任湖南布政使期間，設計出一種「循環冊」，其操作如下：每個保甲單位準備好一套兩本的登記簿，其中一本由各保甲頭頭掌握，另一本放在知縣衙門裡；定期輪替登記，把間隔期間新出生的人口補充登記入冊，並改正以前登記出現的錯誤，官署也能不間斷地加以檢查。清政府對此簡便做法非常滿意，在一八一三年下令所有各省當局採納推行[51]。

十九世紀的一些地方官員，其推行保甲體系的獨創性和熱情，並不亞於他們的前輩。這裡應該特別提一提擔任四川巴縣知縣的劉衡。為了執行嘉慶帝一八一四年所下的一道聖旨，劉衡按照清政府規定的「十進位」模式建立了保甲組織，但他同時按照自己的獨創作了精心的改進。除了規定每戶大門上要懸掛門牌外，劉衡還規定由牌長（即牌頭）保存一張「十甲牌」（即十戶牌），由甲長保存「百戶牌」。由保正負責登記入冊「草冊」，然後由縣署在「草冊」的基礎上編成「正冊」。劉衡還採納了葉佩蓀「循環冊」的做法，要求屬縣準備好兩套「草冊」。第一套「草冊」稱為「循冊」（即現行登記簿）分發到每個保正的手中。在臘月封印〔年底停止辦公〕後，保正對「循冊」進行適當的補充修改，送到縣衙，換回第二套「草冊」叫作「環冊」（即交換登記簿），以便來年補充修改。這樣，兩套「草冊」就分別地、相應地在規定的時期裡交到每個保正的手中和上交到衙門的手中[52]。

湖南巡撫陸費瑔聲稱，他在湖南省推行保甲體系也相當成功。據說，在他的努力下，該省許多縣設置的保甲組織非常有效，地方官府在鎮壓一八四七年給清朝統治造成巨大威脅的「會匪」叛亂中，得到了各保甲負責人的有力幫助[53]。

50 陳宏謀（一六九六－一七七一），《培遠堂偶存稿》，43/11a-12a。〔見乾隆二十三年七月〈稽查丐匪檄〉，清代詩文集彙編本，在頁一四a－一五a。〕

51 引自聞鈞天，《中國保甲制度》，頁二三六－二四〇。清政府是在一八一三年（嘉慶十八年）下令在全國推廣使用葉佩蓀的「保甲制度運行事例」。楊景仁在《籌濟編》（光緒九年武昌書局重刊，17/7b-14b）中，敘述了葉佩蓀事例的主要特點。按照楊景仁的記載，葉佩蓀在一七八〇年代擔任湖南巡撫期間，設計出一套以「保甲規條」而著稱的推行保甲制度的措施。葉佩蓀之子（時任清政府內閣某部侍郎）在一八一三年將這套措施上奏清廷考慮。清廷立刻採納，下令在全國推廣。楊景仁還強調說，推行保甲制度的「循環冊」方法，是葉佩蓀一七八一年擔任湖南布政使時就設計出來的；「循環冊」構成了一八一三年清政府採納推行的葉佩蓀式保甲制度的一部分。汪輝祖（引見注四九）則在十八世紀成功地推行了保甲制度。他在《病榻夢痕錄》（卷下，頁九a和頁三二b）中，敘述了他在一七八七年和一七八八年擔任湖南省寧遠縣知縣與道州知州時的經歷。

52 參見劉衡的《庸吏庸言》（許乃普《宦海指南》本），頁九一a－九六b。〔編按：據《庸吏庸言・保甲章程》：「正冊有二，一曰循冊，一曰環冊。」是循環二冊皆為正冊，而非草冊。〕然而，官員們的彙報不可能完全正確。一些知縣會對他們的上司作過於樂觀的彙報，而上司又經意或不經意地向清廷作同樣的彙報。河南巡撫于蔭霖在一九〇〇年的一道奏摺中所反映的問題，提醒我們對下列這種官員們的說法可以完全相信：「至保甲事宜，……編查丁口，及一切支更守夜，成規具在，地方官非不稟報舉行，而劫掠之案，仍層見疊出者，臣愚以為，條例不患其不密，患在考察之未真；法制不患其不詳，患在奉行之不力。」〔編按：原書未注明本段引文出處，譯者也僅據英文字義譯出：「有關措施……登記入冊及居民檢查……仍然還存在。根據這些措施，地方官員總是彙報他們一直都在推行保甲制度。但是，搶劫案件不斷發生。臣認為，制定詳細的措施並不困難，難就難在如何有效監督和檢查；制定詳細的法令並不困難，難就難在如何使地方官誠實地去推行這些法令。」查本段引文出自《于中丞奏議》（一名《悚齋奏議十卷》），卷八，頁八b〈查明閿鄉縣劫案請將知縣參革並增定緝捕章程摺〉，今據以刊正。〕

53 《清史列傳》，43/34b-35a。湖南省是少有的推行保甲體系取得相當成功的省分之一。在湖南一些地方，保甲體系推行了大半個十九世紀。舉例言之，《湘鄉縣志》（一八七四年刊，3/52a）就說：一八一五年（即嘉慶二十年），通過保甲登記入冊和人口檢查，得知湘鄉縣的總人口為九萬一千六百九十戶、五十八萬三千二百零五人（包括婦女、兒

一八二〇年代擔任安徽巡撫的陶澍，設法將保甲組織發展到情況特殊的居民中。他在一八二五年的奏摺中談到他如何將該省的「棚民」編入保甲組織，亦即是任命每組的「棚頭」擔任保甲組織的負責人[54]。以幾縣的情況為例，「棚民」戶和「棚頭」數如下表所示。

	棚民數	棚頭數
歙縣	156	17
休寧縣	232	13
祁門縣	432	24
黟縣	10	1

至少就上述棚戶數來說，「棚頭」大致與普通保甲組織中的「牌頭」相當。大約十二年後（即一八三七年），陶澍擔任兩江總督。他在上奏中又提到安徽其他幾個縣的「棚民」也同樣編入了保甲，只不過是對組織作了修改和擴大：「按十戶設立牌長，十牌設立棚長，合一山設立棚頭，責令稽查匪類。」[55]

陶澍還開始把生活在江蘇沿海村落的居民編入保甲。他在一八三六年的一篇上奏中彙報說：

> 現將沿海村莊逐一編查，十家為甲，設立甲長一人，每編十甲，設立總甲一人，不及十甲者，即按三五甲為一總，不及十家及零星散處者，即於一處各設一長。

永久地生活在漁船上的漁戶，是這樣編入保甲組織的：

> 責令各州縣仿照保甲之法，十船編為一甲，……漁船並照保甲之例，十船編為一甲，僉派漁甲一名，責成按號稽查[56]。

同年，擔任台灣道道台的姚瑩向福建巡撫彙報說，嘉義縣一千零四十二名鄉人被編入三十五保中，彰化縣一千四百二十七名鄉人被編入十三保中。他指出這些村子的每村人口，從不滿一百人到數百人之間[57]。

在邊遠地區設法推行保甲體系的又一個事例是陝甘，擔任陝甘總督的舒興阿在一八五二年的上奏中說，他遵照清廷命令，設置了一套關於保甲體系的措施，並且在實際中加以運用[58]。

第三個事例是雲南省廣通縣。擔任該縣知縣的何紹祺一八四四年把所有總數為九千六百五十七戶的漢、回、夷民編為五十二甲，每甲的平均戶數為一百八十五戶[59]。

夏燮在《中西紀事》中記錄了兩個在鴉片戰爭中設法利用保甲作為禁煙和維持統治的事例。其中一個事例是黃爵滋的努力，按照夏燮的敘述，在清廷中央擔任高級官員的黃爵滋，試圖藉由禁止吸食鴉片來停止鴉片貿易。黃爵滋在一八三八年的一道奏摺上說：

續

童）；一八六八年（即同治七年），又經過登記入冊和人口檢查，發現總人口為八萬五千一百二十二戶、五十三萬七千二百八十九人；一八七一年（即同治十年），為八萬五千一百三十一戶、五十三萬七千二百八十九人。然而，我們無須認定這些數字是準確的。

54 參見陶澍（一七七九－一八三九），《陶文毅公全集》（淮北刊本），26/4a-6b。

55 同上，26/7a 和 8b-9a。

56 陶澍，《陶文毅公全集》，26/11a-17a。參見《清朝文獻通考》（25/7760）中汪志伊關於福建省漁戶編組情況的上奏。

57 引自盛康，《皇朝經世文續編》，80/16a。

58 張壽鏞，《皇朝掌故彙編．內編》，53/612a。

59 盛康，《皇朝經世文續編》，80/3a〔譯按：3 應為 39〕。

伏請飭諭各督撫，嚴飭府州縣清查保甲，預先曉諭居民，定于一年後取具五家互結。仍有犯者，准令舉發，給予優獎。倘有容隱，一經查出，本犯照例處死外，互結之人照例治罪[60]。

夏燮所記述的第二個事例是發生在一八四二年。他說：

方夷人之至下關也，江寧黃方伯恩彤令城內行保甲之法，凡居民鋪戶，對門五十家立一柵，給以牌冊，晝啟夕閉，以防城內姦民乘亂劫掠。白門人初甚德之[61]。

在太平天國平定之後，一些省級官員和地方官員也設法推行保甲體系。丁日昌——李鴻章集團中一名有進取心的成員——一八六〇年代在江蘇巡撫任上，向各縣發布一系列指示，以極其明顯的渴望心情，表明他決心恢復設置太平天國舉兵期間在許多縣已經消失的保甲組織[62]。一八八一年至一八八六年間，湖南巡撫卞寶第也同樣設法恢復成立湖南省的保甲組織。他在上奏中說，他命令下屬每年秋收後根據舊制檢查登記入冊情況，並且把自己的成功原因歸結於地方紳士，尤其是長沙縣和善化縣的紳士全心全意的支援[63]。遲至一八九〇年代，陝西省靖邊縣知縣還向他的上司提出了一系列推行保甲體系的建議，建議利用紳士的幫助來充實保甲組織上層領導人員。他所提出最新穎的建議，或許就是：如果發現某一牌的任何人戶隱藏罪犯或犯罪，牌頭就必須向管轄該牌的紳士——官府代理人——彙報；如果紳士領導者能夠處理，知縣就用不著出面了[64]。

從上述事例看來，在清皇室對保甲體系的興趣已經消退很長時間之後，在帝國的某些區域，地方官對保甲體系的興趣還持續存在。一個可能的解釋是，幾乎到清王朝崩潰前夕，保甲體系的推行都還是衡量地方官政績優劣的標準之一。保甲體系在一段時期裡很有用，但是過了這段時期之後，不再具有實用性，但是作為「故事」，它在法律上仍然像幽靈般的存在，不過在行政上的意義已大幅萎縮。某些有關地方推行保甲體系績優的報告，即使真的取得一些具體成績，也可能誇大了所獲致的成效。我們不能真的把地方對保甲的濃厚興趣當成地方在這方面成功的指標。

即使我們相信這些報告是真實的，省、縣兩級地方官也沒有認真遵行朝廷對推行保甲體系所規定的措施。實際上，他們相當大幅度地背離了清廷所規定的保甲體系，無論在保甲組織的形式或是用語上，都增添了實際混淆，使得許多後來的作者迷惑不解。早在十七世紀（即保甲體系設置後不久），黃六鴻

60 夏燮（一七九九－一八七五），《中西紀事》，4/3b-4a 和 9b-11a。

61 夏燮，《中西紀事》，8/10b。

62 丁日昌（一八二三－一八八二），《撫吳公牘》，32/1b。

63 卞寶第，《卞制軍奏議》，3/51 和 9/15a-b。

64 《靖邊縣志》（一八九九），4/54a-55b。把這些事例收集進來，其原因在於它們提供一些關於保甲體系運作的準確細節情況。當然，我們不能確信這些事例就同前述事例一樣的成功（參見注五二）。然而，我們盡量避免引用高級官員那籠統的上奏，特別注意不引用清朝中央政府裡高級官員的報告。這種報告的例子有：貴州巡撫賀長齡一八四三年上奏的摺子，彙報貴州省「完成了秋收後對保甲組織的再檢查」；有江蘇巡撫李星沅一八四六年上奏的摺子，彙報了同樣的內容等等。這種上奏只不過是官樣文章，引用其中的材料必須極為謹慎。有關這些上奏，可以參看賀長齡（一七八五－一八四八），《耐庵奏議存稿》，9/43a-b，和李星沅（一七九一－一八五一），《李文恭公奏議》，9/30a-31b。

建立的就是「甲－保－鄉」式保甲組織，而非清政府所規定的「牌－甲－保」式組織結構[65]。由於地方官普遍都自由行事，因而到十八世紀末，清廷所規定的保甲體系形式，在帝國的許多地區已被弄得支離破碎，幾乎認不出來。一位這個時期的作者總結了這種局面：

今之州縣各鄉村，或有保長，或有甲長，或有牌頭，或並有之，或分有之，分不相統屬，事各有專主[66]。

與此同時，又發生一項更為重要的變化：里甲的稅收功能由保甲來承擔了。我們不知道這到底是什麼時候發生的，但是可以肯定，在清帝國的許多地方，在十八世紀中葉已經改變了。

稅收功能從里甲轉到保甲，部分原因是清朝中央政府採取的行動。舉例來說，乾隆帝在一七四三年所發布的一道上諭中，命令山西、陝西和其他「邊外」的保甲負責彙報那些「拖欠地租，並犯偷竊等事，及來歷不明之人」[67]。或許是由於推行起來方便的緣故，乾隆帝不知不覺地把屬於兩套獨立的統治體系的職能由一套統治體系來承擔。另一部分原因則是地方官採取的行動；而這種行動並沒有得到清廷的認可。這類最典型的事例，見於十九世紀中葉曾國藩有關湖南省衡陽和清泉的報告。他在一八五四年的一道上奏中說：

復查衡、清二縣保甲，近來專管包徵錢糧，反置查匪事件於不問。推原其始，由於道光十五年前任衡陽縣沈洽輕改章程，既未奏明，亦未稟知撫、藩，輒將衡陽錢糧概歸保甲徵收，清泉亦隨同

> 辦理。厥後弊端叢生，保甲弱者則不勝墊賠之苦，強者則勾結蠹役，揩票浮勒，……查道光三十年九月，御史吳若準條陳積弊，言及「催徵為差役之責，詰盜為保甲之責」。欽奉上諭：「假催科為名，擾及保甲，……嚴行懲辦。」……衡、清二縣尚未遵照更正[68]。

正如曾國藩的上奏所指出，里甲的職能由保甲所取代的結果，導致了保甲不能恰當地履行自己本來的職能。因此，清廷一度威脅要懲罰那些「擾及保甲」的人，以便讓兩套制度體系在功能上相互獨立。但是歷史環境有利於二者合一的發展，而一些皇帝自己也在無意間助長了這個趨勢。

在里甲體系於一六四八年設置之時，清政府規定其任務在於幫助官署編纂「黃冊」，作為確定稅額、進行徵稅的基礎。一六五六年，清政府將最初每三年編纂一次黃冊的做法，改為每五年一次[69]。「丁銀」（徵收成年男子的人頭稅）併入「地糧」（土地稅）之後（這始於十七世紀末，在十九世紀初

---

65 聞鈞天，《中國保甲制度》，頁二五。黃六鴻在《福惠全書》（21/4a）中描述了自己的做法。

66 張聲玠，〈保甲論〉，收錄於盛康，《皇朝經世文續編》，80/5a。

67 《清朝文獻通考》，24/5061。

68 曾國藩（一八一一－一八七二），《曾文正公奏稿》，2/30a-b。亦見《曾文正公書札》（4/43a）所收的一封〈復駱中丞〉的信。在該信中，曾國藩說過他在一八五三年試圖停止利用保甲組織人員作為徵收實物稅的負責人這種令人討厭的做法。

69 《大清會典事例》，158/1a。

完成[70]），黃冊的編纂工作進一步簡化，使得里甲幫助編纂黃冊的任務不再那麼重要了。當康熙帝一七一三年決定以一七一一年的人口統計結果為基礎，將丁稅稅額永久地固定下來（盛世滋生人丁，永不加賦）。這樣，里甲在稅收制度上幫助編纂黃冊的任務就不再具有多少意義了[71]。

每五年編纂一次黃冊的做法，繼續存在一段時期。但是沒過多久，清政府就發現，由於一七一三年後的「戶－口」登記入冊在理論上與稅收體制已經沒有什麼聯繫，由里甲和保甲分別登記造冊在功能上變成了毫無意義的重疊，因而在一七四〇年（乾隆五年）規定里甲不再承擔幫助編纂的任務，而由保甲獨自承擔。清政府發布的一道命令說：

> 直省各州縣設立保甲門牌，土著流寓，一切臚列，原有冊籍可稽，若除去流寓，將土著造報，即可得其數目。令該督撫于每年仲冬，將戶口實數與穀數，一併造報[72]。

三十二年後即在一七七二年，每五年校訂戶口冊一次的任務（這種以前由里甲承擔，到此時已經成為「例行形式」的任務）被正式取消[73]。從此，里甲的編纂任務——最初作為稅收體系中主要職能之一的任務——宣告結束。一七七五年（乾隆四十年），乾隆帝在一道上諭中說明了為什麼由保甲獨自來承擔戶口登記註冊任務的原因所在：

> 直省滋生戶口，向惟冊報戶部，……顧行之日久，有司視為具文，大吏亦忽不加察。……現今直省通查保甲，所在戶口人數，俱稽考成編，無難按籍而計。嗣後各督撫飭所屬，具實在民數，上之

督撫，督撫彙摺，上之於朝，朕以時披覽，既可悉億兆阜成之概，而直省編查保甲之盡心與否，即於此可察焉[74]。

清政府取消里甲的黃冊編纂工作，由保甲獨自承擔提供人口數字的任務，大體說來，這是歷史環境的必然結果，是基於便利考量所決定的發展。因為土地稅徵收是以登記入冊的土地數量為基礎，而稅負由土地的所有者來承擔。人口稅稅額在理論上一次就永遠固定，成年男子的名字因死亡或達到免稅年紀而必須定期刪除，同時，那些到了成年的男子，其名字又必須及時地加上去。就一特定街坊或村子的戶數及成年男子人數來說，保甲登記冊就可以提供清政府所需要的訊息[75]；這種保甲登記冊用不著非常精確，卻能夠像先前里甲黃冊一樣，作為稅收工作所需要的依據。

---

70 同上，157/4a-b。

71 同上，157/1a。聞鈞天認為，在一七二四年（雍正二年）「丁銀」與「地糧」合併在一起後，戶口登記編撰就廢而不用了，此說不確。

72 《大清會典事例》，157/2a。

73 《大清會典事例》（157/2b）中說，乾隆三十七年（一七七二），有人上奏朝廷，朝廷同意說：「各省五年編審之例，著永行停止。」

74 見《大清會典事例》，157/2a。《清朝文獻通考》（19/5033）中也收錄了這道上諭。

75 這類事例可以參見《福建通志》（道光十五年修，同治十年刊），48/6a-b。該通志收集了福建其他縣區（包括侯官、古田、仙遊和晉江）的人口數，見 48/7a。還請參見《信宜縣志》（一八八九年刊），卷四之五，頁二 a；和《西寧縣新志》（一八七三年刊），2/12a-16b。

但是，這樣做有一個缺點。清政府很快就發現，不可能不把里甲的另一主要職能——徵稅——加在保甲身上。現在，地方官員不但不得不只依靠保甲登記冊提供應繳納賦稅的家戶和丁口的數量及所在地的資訊，而且很容易就說服自已依靠保甲在鄉村地區完成徵稅任務；這對保甲作為治安職能統治工具的角色就形成妨害。曾國藩所彙報的湖南情況，並不是單一事例[76]。在某些地方，里甲完全消失了，徵稅的任務由保甲來取代[77]。

保甲承擔了里甲的職能，是導致「地方」或「地保」這類鄉官產生的部分原因。我們並不曉得「地方」是在什麼時候、怎樣開始出現的。但在十八世紀中葉，清帝國許多地區，「地方」已經成為常設的鄉村控制工具，同時承擔了治安（保甲）和稅收（里甲）的雙重任務。從官書裡引述的一段資料，說明了「地方」的功能：

> 地方一役最重，凡一州縣分地若干，一地方管村莊若干，其管內稅糧完欠、田宅爭辨、詞訟曲直、盜賊生發、命案審理，一切皆與有責，遇有差役所需器物，責令催辦，所用人夫，責令攝管，稍有違誤，扑責立加[78]。

但是，「地方」並沒有完全取代保甲。在許多情況下，同一地區「地方」和保甲並存，造成了相當大的混亂。清政府設法糾正這種混亂局面，一七五七年（乾隆二十二年），戶部決定由「地方」和保甲兩者分別承擔對鄉村統治的各項功能，即治安職能由保甲來承擔，有關「戶婚、田土、催徵、拘犯」的事務則交給「地方」負責[79]。

但這一措施顯然並沒有產生多大效果，因為在很多地區都很難把「地方」的職能和保甲的職能分開來。舉例言之，一七六三年，陝西省同官縣在每個村落設置了「地方」，以監督管理各「牌」並幫助保長履行治安職責[80]。在十九世紀榆林府[81]和鹽源縣（四川）[82]的一些地區，「地方」則扮演了保甲的角色；在廣西省一些縣區，「地方」實質上已經取代了保甲的地位，但令人奇怪的是，卻保持著與里甲的區別。據《容縣志》（一八九七）所載：

76 《惠州府志》（一八八一年刊），18/7a。

77 《臨漳縣志》（一九〇四年刊，1/19a）中說：「自漳河數遷，變置尤多，今按糧冊，皆以保名，而里名界畫，久不可考。」應該指出的是，宋朝時期，保甲組織有時也承擔了徵稅任務（參見《文獻通考》，商務印書館，一九三六年版，13/137）。然而，由於隨之產生了一些弊端，宋朝試圖取消由保甲組織進行徵稅的規定（參見《文獻通考》，13/138-39）。

78 《清朝文獻通考》，21/5054〔編按：新興書局本在21/5045〕。

79 《清朝文獻通考》，24/5062。

80 《同官縣志》（一九四四），26/10a。

81 《榆林府志》（一八四一），6/16b-19b。「葭州」的部分劃分如下：

南鄉：浮圖峪地方，七十一個村

背干地方，五十一個村

西鄉：神泉鋪地方，七十二個村

烏龍鋪地方，六十個村

82 《鹽源縣志》（一八九一），9/2a。

> 戶口復有二說，一則里役之戶口，據丁田成役而言，里管甲，甲管戶，戶管丁，口即其丁也。一則排門之戶口，據散居之煙戶而言，一地方管十甲，甲凡十煙戶，口即其不男婦也。
>
> 由前之說，以田為率；由後之說，以屋為率[83]。

文中提到的「排門」可能只是保甲中的「門牌」制。在其他縣區，「地方」與保甲牽連在一起之後，就變成純粹的、單一的稅收工具，保甲的治安職能完全被遺忘了。一位曾經擔任知縣的官員在十九世紀晚期這樣寫道：

> 差傜訟獄之事，則地方甲長任之；催糧之事，則保長〔譯按：原文誤為甲長〕任之。喻以緝盜安民之法，皆懵然無所應對，其意若曰：是非我之責也[84]。

沒有證據顯示清政府曾設法糾正過這種運作的混亂。到十九世紀後半期，無論是中國的作者還是西方的作者，都普遍地把「地方」視為保甲的頭人。例如，Robert Coleman 在一八九〇年左右的敘述中，就認為在山東省，「地方」既是「鄉村的警察」，又是負責徵稅的人[85]；大約十年之後，史密斯（A. H. Smith）也認為鄉村「地方治安」叫作「地方或地保」[86]；即使在更近的年代，「鄉村治安」仍然以「地方」之名而著稱於世[87]。

把治安控制系統的頭人稱作「地保」（西方作者有時寫作 tee-pao 或 tee-pow）的做法，更引起進一步的混亂。Emile Bard 贊同 A. H. Smith 的觀點，把地保說成是「鄉村中的牧師」，由他來「為轄區內所有居民的行為舉止負責」[88]。莫斯（Hosea B. Morse）認為地保就是「甲」的頭人，其地位相當於甲長[89]。E. T. C. Werner 把地保描述為「鄉村治安」，即「甲」的頭人[90]。其他西方作者認為地保是官府在鄉村徵稅的負責人，同時又經常承擔治安的角色。持這種觀點的有 George Smith，他在一八四〇年代敘述了浙江寧波一個鄉村的情況[91]。大約二十年後，Samuel Mossman 發現地保的職責在於登記土地變遷情況，

---

83 《容縣志》（一八九七），2/7a。

84 張聲玠，〈保甲論〉，收錄於盛康，《皇朝經世文續編》，80/5a。

85 Robert Coltman, *The Chinese* (1891), p. 75.

86 Arthur H. Smith, *Village Life in China* (1899), p. 228. 在準備稅收冊的問題上，「地方」常常承擔了幫助地方官署的任務。舉例來說，翁同龢在「光緒壬寅，一九〇二年農曆四月十四日」的日記（《翁文恭公日記》，39/22b）中就說明了這一問題：「陳湘漁來，並以陳塘橋地畝魚鱗冊來（甚晰，有丘段小圖在業戶下），……據云前日墳丁、地方經造均與伊見面。」

87 Martin C. Yang (楊懋春), *A Chinese Village* (1945), pp. 173-174 說：「『地方』就是鄉村警察。他必須承擔逮捕罪犯、阻止任何犯罪、向官府彙報情況、幫助官府來人進行調查等任務。他還必須解決鄉人之間的爭論，組織人員夜巡。」

88 Emile Bard, *Chinese Life* (英譯本，1905), p. 107 寫道：「地保，或者村中的領袖，經由鄉人普選產生，負責管理轄區家戶的行為。」巴德的這種看法很難說是完全不正確的。

89 H. B. Morse, *Trade and Administration of China* (1913), pp. 60-61. Leong and Tao, *Village and Town Life* (1915), pp. 61-63. 也認為地保就是甲的負責人。

90 E. T. C. Werner, *China* (1919), p. 162.

91 George Smith, *A Narrative of an Exploratory Visit to Each of the Consular Cities of China* (1847), p. 231.

這種職責更適合由清政府在鄉村的徵稅負責人來承擔[92]。許多年後，H. S. Bucklin 認為，地保的職責有三：一、收稅；二、對土地賣出發許可證；三、向官署彙報偷盜、搶劫、謀殺及其他犯罪案件[93]。「地保」一詞，或許取自於「地鄰保甲」（地方鄰居及保甲頭人）[94]。根據《大清律例便覽》（一八七七年，即光緒三年刊）的記載，清朝法律規定地方官員在處理「人命重情」時，可以「取問地鄰保甲」[95]。根據中國人的習慣來看，為了使用方便，「地保」一詞或許就是從簡稱「地鄰保甲」而得來的。

作為清政府鄉村控治的代理人，「地保」出現得相對比較早，或許在十八世紀中葉以前就產生了。最早提到地保的官方文獻之一，是一七四一年江西巡撫陳宏謀發布的一項檄文。他說：「今聞江省各屬，遇有竊案，地方官並不嚴緝贓賊，惟先將地保責儆。」[96]依此來看，陳宏謀所提到的地保，就是保甲的頭人。

十八世紀和十九世紀的其他官府文件，同樣把地保當作保甲的負責人。一七八六年左右擔任直隸省南樂縣知縣的茹敦和，命令鄉村中的地保承擔保甲登記入冊和治安的職責[97]。長時期擔任知縣的汪輝祖，在十八世紀末寫道，「尋常竊贓」僅須命令地保調查[98]。在山東省擔任知縣的張琦，於十九世紀早期寫道：「十家有事，地保必牽連甲長、牌頭。」[99]這樣就表明了地保和保長是由同一個人來擔任的。大約五十年後，江蘇巡撫丁日昌，指示其屬下一名知縣說，地保應該由十甲組織中的年長者選出[100]。很顯然，丁日昌也把地保當作是保長。在另一份相關官府文件中，丁日昌命令地保必須幫助到鄉村調查謀殺案件的地方官[101]進行調查。李棠階在一八四七年寫道，河南省一些地區的知縣懲罰了瀆職的地保，因為他們未能阻止不配得到政府救濟的居民進入縣城接受救濟[102]。翁同龢在一八九九年也寫道，他告假回家鄉——江蘇常熟的一鄉村——休養期間，要求地保把不孝的鄉人帶來，以便對之進行批評教育[103]。

92 Samuel Mossman, *China* (1867), p. 191. 寫道：「在中國所有城鎮、城市，有一種官員，名叫地保，其職責在於登記土地的變遷情況，並在田間地頭安放石頭，把戶主的名字寫在上面，表明土地屬誰所有。」參看注八六中所引的翁同龢的一段話。

93 H. S. Bucklin, et al., *Social Survey* (1924), p. 34.

94 織田萬，《清國行政法分論》，第一卷，頁二一四－二一六。織田萬徵引了王鳳生的《保甲事宜》，指出地保的職能與里長和甲長有別，前者負責催徵賦稅和幫助地方官從事謀殺和其他案件的審訊，而後者則負責偵探和彙報犯罪活動。〔原文：里長甲長專查本甲本里容留奸匪，其一切催徵錢糧命盜詞訟等事，仍歸地保辦理，於甲長概不責成。〕織田萬針對引文評論，認為根本不可能確定地保的真正本質。地保被認為是一個徵稅負責人（因而是舊里甲體系的負責人），而里長和甲長（舊里甲體系的實際負責人）卻被視為保甲的負責人。

95 《大清律例彙輯便覽》（一八七七），25/100a。

96 陳宏謀，《培遠堂偶存稿》，15/28a-29a。陳宏謀任江西巡撫時，在一七四三年春發出一項緊急官府文件中，告誡其下屬要認真地推行保甲制度。在這文件中，陳宏謀使用了另一個較少見的詞語——「鄉地保甲」。〔編按：引文見乾隆六年十月〈嚴緝竊賊檄〉，文檄卷一二，頁九a－一〇a。〕

97 汪輝祖，《學治臆說》，卷下，頁四五。

98 汪輝祖，《學治續說》，頁九。

99 盛康，《皇朝經世文續編》，80/25b。

100 丁日昌，《撫吳公牘》，28/5b。

101 同上，34/4a。

102 李棠階（一七九八－一八六五），《李文清公日記》，第一〇冊，道光丁亥（譯按：應為丁未），農曆十一月三日。

103 翁同龢（一八三〇－一九〇四），《翁文恭公日記》，38/32a-33a。

從上述情況來看，非常清楚，地保實質上就是清政府統治鄉村的負責人，清政府給予他們的任務就是保甲負責人承擔的任務。但是由於催徵繳稅的任務已經完全移交給了保甲，因而地保在許多案例裡也成為清政府的稅收負責人[104]。由於許多作者都經常對「地方」和「地保」兩個詞語不加區別，因而只有在個別的事例中，才能夠根據確切的材料，精確地認定它們的意思[105]。

規定徵稅任務由保甲來承擔，並不是治安控制系統唯一的重要職能轉變。在動盪的十九世紀期間，清政府還賦予了保甲體系另一職能——保衛地方。在十九世紀中葉，亦即在太平天國之役爆發之時，清政府很快就發現八旗兵和普通的綠營兵軟弱無能，因而不得不同意和鼓勵在「盜匪」出入的地區組織「團練」（由地方紳士組織訓練來鎮壓民變的武裝組織）。許多地方官都容易覺察到，以保甲作為基礎，組織訓練團練非常方便。其中一些地方官雖然保持了保甲和團練之間的區別，但是堅持認為，既然相互之間可以進行補充，那麼兩者就應該共同行動[106]；而其他地方官則根本未能看到兩者之間的實際區別，因而認為團練不過就是保甲組織的方法[107]。無論怎樣，許多地區的保甲都與團練的組織訓練密切相關[108]。

從某種意義上來說，這種發展是自然的。從治安控制到地方防衛，距離相對是比較短的；因為兩者都與維持秩序有關。就像《富順縣志》（一九一一）的修纂者所說：「保甲設於無事之時，有警則從而聯之為團，申之以練，易保正、保長之名稱為團總、團正之職任。」[109]

在表面上，經歷數十年變質發展的保甲體系，在那些作為地方保護組織基礎的地方，得到了再生；可是恰恰因為它在從其治安職能轉向防衛地方職能的過程中，包含的是重要的職能變遷，因而不能認為這樣產生的組織就是清王朝鄉村統治體系的復興。在新環境下，即在擁有自己特點的十九世紀後半期，保甲體系——這種在顯著不同的環境下建立和發展起來的制度——已經喪失許多實際作用。一八六〇年代，清王朝雖然已經度過嚴重的內部危機，把太平天國叛亂鎮壓下去，但是康乾盛世不可能再現了。清政府雖然設法重建保甲體系，尤其設法在那些由於戰爭毀壞而導致保甲完全消失的地區重建保甲，但是收效甚微[110]。在一八七七年冬季強盜搶劫工部尚書的宅邸之後，清政府命令官員們「設門牌戶冊」[111]。

---

104 盛康，《皇朝經世文續編》，28/32，引馮桂芬（一八〇九－一八七四）的話。

105 在職能轉移的過程中，保甲和鄉約（即「講約」制度，將在第六章中討論）牽連在一起了。最早提到「鄉約」和保甲是一項制度的事例之一，見於一七九九年（《清朝續文獻通考》，25/7757）。接踵而來的其他事例，發生於十九世紀，此時的鄉約經常成為保甲的同義語；這類事例可以參見《城固縣鄉土志》（《鄉土志叢編》第一輯本，一九a）、《定州志》（一八五〇年刊，6/1a-b）和《廣州府志》（一八七八年刊，109/5b）。這樣，如同怎樣區別「地方」和「地保」兩詞語一樣，如果不參考鄉約產生的時代背景，就無法確定它的實際意思。

106 這些地方官包括劉衡、朱孫詒、周金章、魏禮和葛士清。聞鈞天，《中國保甲制度》，頁三〇五－三二五和頁三四二－三四七，摘述他們的觀點。

107 這是曾國藩的話，引自聞鈞天，《中國保甲制度》，頁三二〇。參見曾國藩，《曾文正公批牘一》中所收錄有關鳳凰廳團練和衡陽縣保甲組織的文件，並參見《奏議一》中關於團練組織訓練情況的上奏，和《奏議二》中關於解釋團練一些顯著特色的上奏。《批牘》和《奏議》都收錄於《曾文正公全集》。

108 這類事例可以參見《南陽縣志》（一九〇四），8/29a-b；《靖邊縣志》（一八九九），4/55b；《仁懷廳志》（一八九五），4/29a-33b。還可以參見葛士濬，《皇朝經世文續編》，68/15b；李桓（一八二七－一八九一），《寶韋齋類稿》；和王仁堪（一八四九－一八九三），《王蘇州遺書》，5/1a-3b。

109 《富順縣志》（一九一一年修，一九三一年刊），8/15a。

110 丁日昌，《撫吳公牘》，32/1b。

111 李慈銘（一八三〇－一八九四），《越縵堂日記·桃花聖解盦日記》，庚集第二集，頁三八b。

由此可以推斷，即使在清王朝的首都，保甲體系也停止運作了。當清王朝從西方列強的侵略戰爭和內部「叛亂」的震盪中開始復甦、出現所謂「同治中興」之時，第一次聽到了如何治理國家的新思想，清政府中的設計家們開始討論的是「警察」或「巡警」這種日本式或歐洲式的治安制度[112]，而不再是傳統的保甲體系。在十九世紀結束之前，一些觀察家作出結論，作為治安工具的保甲體系，「然則又豈特實之滅已哉，蓋保甲之名，亦相率而就滅矣。」[113]

鄉村紳士與保甲

清朝統治者雖然執行給予縉紳和士子（即未來的縉紳）——特殊照顧的政策[114]，在保甲體系中給予某種豁免權，但是又規定他們必須受保甲組織的控制，而且與利用紳士階層來幫助統治的一般做法相反，還在實際上把他們排除於保甲組織的領導集團之外。這一點在下列一七二七年（雍正五年）所發布的文告中，規定得相當清楚：

> 凡紳衿之家，一體編次，聽保甲長稽查。如不入編次者，照脫戶律治罪。惟是保甲之法，有充保長、甲長之役，又有十家輪值支更看柵之役。紳衿既已身列仕籍，肄業膠庠，並齊民內衰老廢疾及寡婦之家子孫尚未成丁者，俱免充役[115]。

清王朝堅持把縉紳和士子置於保甲組織控制之下的原因非常清楚。紳士階層一方面享有特權，另一方面畢竟是清王朝統治者的臣民。統治者雖然經常召喚紳士階層幫助統治，但是並不能准許這個階層不受控制。他們由於讀書識字，在家鄉地區享有威望，的確常常成為鄉村中具有決定性影響的中心人物。這種情況使得統治者認為更要對他們提高警覺，確保他們不會濫用自己的威望和影響來煽動並領導鄉人採取有害統治的行動。

清政府在保甲體系中給予紳士特殊對待的原因，也很容易推測。雖然很有必要把紳士階層置於保甲組織的控制之下，但是若不把他們與普通人區別開來，則是非常愚蠢的[116]。置紳士階層於保甲組織控制之下的措施，會損害他們的威望，在一定程度上使得他們與自己在清王朝統治體系中的地位不相稱，當

---

112 《清朝續文獻通考》，25/7761-62。傳統的保甲制度並沒有完全被遺忘，清廷在一八九八年春所發布的一道上諭就可以說明這一點（參見《大清歷朝實錄．德宗朝》，416/2b-3a）。在「百日維新」期間，湖南省當局把保甲制度改變為近代治安制度，由黃遵憲掌管（參見葉德輝，《覺迷要錄》，一九〇五年刊，1/17a）。一九二七年後不久，南京國民政府就恢復設置保甲組織，並作了一些修改。國民政府期望新的保甲組織能夠承擔起地方治安、地方防衛和地方行政等職能。由於未能區別國民政府的保甲制度和清朝的保甲制度之間職能的不同，使得一些作者得出錯誤的結論，例如聞鈞天，《中國保甲制度》（隨處可見）；及陳之邁，《中國政府》（一九四五），3/77-78。

113 張聲玠，〈保甲論〉，收錄於盛康，《皇朝經世文續編》，80/5a。

114 《大清歷朝實錄》（「聖祖朝」，3/3a；和「世祖朝」，37/21a-b）和《清朝文獻通考》（25/5071）中，都表明在清王朝統治早期，給予官員和知識分子一些特權與豁免權。

115 《清朝文獻通考》，25/5073。

116 同上，21/5043。編撰者評論說：「考之《周禮》，……大抵以士大夫治其鄉之事為職，以民供事於官為役。……至於唐，鄉職漸微，自是凡治其鄉之事，皆類於役。」這就是說，清朝時期保甲中所有的徭役都稱「役」——均由普通百姓承擔，紳士並不承擔。

然也就可能會激起他們反對保甲體系。但是，由於紳士階層已經操縱了地方，因而如果置保甲組織於其控制之下，給予他們控制的權力，也是相當愚蠢的。於是，清政府採取的措施是，把保長和甲長的職務讓給普通人，這樣或許能維持鄉村中紳士階層和人民大眾之間的某種力量平衡。

這顯然就是把紳士階層置於保甲組織控制之下，同時又不讓他們掌握保甲領導權的政策理論基礎。在清朝統治者看來，這種理論非常符合邏輯，但在實際運作上卻總是不如人意。防止紳士階層取得政府所授予保甲負責人的權力，比起誘導他們置自己於保甲組織控制之下來說要容易些。有許多事例表明，紳士們反對清政府在他們身上施行保甲措施，或者公開地拒絕把自己的和家屬的名字按照要求登記在保甲冊上。在家族勢力影響極大的地區，或者在「大家族」（幾乎都處於紳士的控制之下）占主導地位的地區，因而這些地區最容易出現紳士的阻礙。十七世紀一位經歷過這種情況的知縣解釋，由於紳士「巨宗大族」的反對，華南一些地方推行保甲體系很不順利。他說：「州縣每有興舉，凡不便於紳士者，輒介為議論，格而不行。」[117]隨後在十九世紀中葉，一項調查引起了清政府的關注，「各省巨室，每以門牌為編氓小民所懸，多不從實書寫，有司忽於巨室而專查散處小姓。」[118]即使在清帝國首都所在地的直隸省，紳士反對保甲登記入冊的力量也很大，使得十七世紀擔任直隸總督的于成龍認為，承認紳士階層特殊地位以減輕其反對，比起嚴厲的推行保甲體系的措施以克服其阻礙，要來得更為穩妥。因此，他規定直隸的保甲登記入冊的程序如下：

> 十家之中，有鄉紳、兩榜、貢監、生員，不便與庶民同例編查，……或鄉紳立一冊，文武兩榜各立一冊，貢監生員各立一冊，……此分別貴賤之法[119]。

換句話說，于成龍偏離了清廷所規定的登記入冊措施，藉此減輕紳士階層的反對，以便使保甲體系在直隸得以順利推行。在現實面前，清廷本身有時也認為，為了使保甲組織運作起來，有必要改變一下既定的規定。一七二六年所發布的一道上諭，就表明了清廷如何設法透過紳士家族組織來間接謀取其合作，以消解其反對立場：

> 如有堡子村莊聚族滿百人以上，保甲不能遍查者，揀選族中人品剛方，素為闔族敬憚之人，立為族正。如有匪類，報官究治，徇情隱匿者，與保甲一體治罪[120]。

我們沒有足夠的資料來評判紳士階層反對保甲控制所帶來的總體影響。或許，紳士們並不是在任何時候都公然反對，使保甲組織完全癱瘓，而是阻止治安監控在清帝國每個地方發展成為完全或持續有效的制度。無論怎樣，我們都不應該匆忙作出結論，認為統治者努力置紳士於保甲組織控制之下是大錯特錯。很明顯，即使紳士階層不受控制，保甲體系顯然也不會運作得更好。在清政府看來，把一些紳士置於保甲組織控制之下，比起讓所有紳士完全不受拘束，當然要好一些。

---

117 黃六鴻，《福惠全書》，23/18b。

118 張壽鏞，《皇朝掌故彙編．內編》，53/10a。

119 賀長齡，《皇朝經世文編》（光緒十三年，上海點石齋本），74/25b。關於「貢生」、「監生」和「生員」等名詞的意思，可以參見 Chang Chung-li, *The Chinese Gentry*, 特別是頁四－五。

120 《清朝文獻通考》，23/5055。

清政府推行不讓紳士充當保甲組織領導人的政策，相對於要把他們置於保甲組織控制之下來得順利些。由於紳士階層經常聯合起來抵制保甲體系的推行，因而他們沒有人有興趣去承擔施行該制的責任。同時，清政府試圖使保甲組織不受紳士階層的左右也失敗了。十九世紀，清帝國各個地方的騷亂、反抗日益嚴重。到此時，地方紳士認為很有必要保護自己的「身家性命」，逐漸重視保甲組織，經常積極支持它的運作，積極支援團練組織訓練工作。負責推行保甲體系、監督保甲組織運作的地方官，從經驗中得知，正如同清政府推行的所有其他政策一樣，地方紳士的合作也是加強治安監控體系不可或缺的。

即使在十八世紀結束之前，地方官員們已經普遍地感覺到必須利用紳士階層來幫助推行保甲體系[121]。這種感覺在十九世紀不但更加盛行，並且因紳士階層要保護自身利益的情況而得到加強，因此地方官很容易將之轉變為行動。十九世紀中葉擔任四川巴縣知縣的劉衡，就依靠地方紳士來推行保甲體系，比起他的前任，成效要好得多[122]。一八五〇年代早期任貴州省鎮遠府知府的胡林翼，勸告「有衣食有頂戴」的紳士，在各自家鄉指導保甲組織和團練組織訓練兩項工作[123]。一八九〇年代早期擔任湖南巡撫的卞寶第，取得紳士階層的幫助來推行保甲體系[124]。

以下兩個例子說明地方官如何利用紳士階層的幫助來推行保甲體系。根據一八九九年所刊《靖邊縣志》（陝西省）的記載，一八九六年取得知縣職位的丁錫奎，就按照下列方式利用地方紳士的幫助：

> 如每堡向有總紳各二人，但地勢寥闊，即請各總紳分舉各屯散紳一二人，再公議團總幾人、牌頭幾人，以資幫助。均取端正勤謹、素孚眾望者充之。……
>
> 各紳團於親查戶口冊時，帶有門牌，先擇定各牌頭，即各給門牌一張，將將牌頭姓名、住址、生

業及大小丁口，照章填完，並將所管九家姓名均填列在上。月造花名冊送縣備案。……

此後，此十家中如有招賊窩賭，及行竊不法等事，花戶報牌頭，牌頭查實報知該紳團議處，如不服公議，報官究治[125]。

結果，靖邊縣保甲組織的設置情況如表3-2所示[126]。

121 張惠言（一七六一－一八〇二）在一封談論保甲體系的信中流露出來的看法，就反映了當時地方官普遍的看法。見戴肇辰，《學仕錄》，13/24a-31b。

122 劉衡，《庸吏庸言》，頁八八。

123 胡林翼，《胡文忠公遺集》，57/11a-19a。

124 卞寶第，《卞制軍奏議》，9/15a-b。

125 《靖邊縣志》，4/54a-55b。

126 同上，1/28b-29b。從這一設置情況來看，居住在縣城的唯一「總紳」，明顯擔任推行靖邊縣保甲體系的總責。在靖邊縣所屬六個鄉中，沒有一個鄉有「總紳」。一般說來，在縣署所在地的縣城，比起在鄉村來說，紳士的活動要集中得多，因而保甲體系或許推行得要好些。這類事例可以參見葉昌熾，《緣督廬日記鈔》。葉昌熾在該書，2/24b-25a 中指出，據說在縣城裡，保甲組織被有效地利用起來保護紳士利益不受「暴徒」的侵害。

表 3-2　靖邊縣的保甲組織

	總紳數	散紳數	幫查*數	牌頭數	鄉村數	戶數
縣城	1	5	10	76	121	776
東鄉	0	5	5	34	65	352
南鄉	0	4	5	50	153	561
西南鄉	0	5	5	30	110	397
西鄉	0	4	4	40	140	406
西北鄉	0	4	6	60	70	818

＊即助理檢查員。

另一個事例見於一八九一年所刊《黎平府志》（貴州省）的記載，修志者首先指出，清政府的規定排除了頭戴「青衿」（生員）的士子和在衙門充當吏員的人，而要求由普通人來充當保甲組織的頭人[127]；接著，描述了黎平府當地任命保甲頭人的程序：

> 地方各官……傳諭老年紳耆，以每隅每段先舉總甲二人，每一村寨先舉里長二人，不論有無頂戴，以平日公正曉事，為眾所信，並執有恒業，通識文字之人為斷，……然後於所舉總甲二人內，每隅每段核定一人，總司一隅一段之保甲，……於舉到各里長內，每寨各定一人，以寨之十家甲長隸之，……其十家甲長即責成里長自為擇定。……稟官存案，……無須舉充[128]。

這個事例特別有趣。黎平府故意把清政府不准由紳士擔任保長、甲長的規定放在一邊，在安排人選時並未考慮其社會地位。既然充當保甲負責人的資格包括讀寫的能力，而這種能力對於鄉村中普通百姓來說是很少有的，那麼由紳士來充當的趨勢就相當清楚了。

從上述事例可以得出的結論是：紳士取得了保甲的領導權，儘管清廷的規定與此相反。令人感到有點奇怪的是，清政府沒有設法阻止這種趨勢，地方官也沒有企圖隱瞞依靠紳士階層推行保甲體系的事實。的確，早在一八六三年，順天府府尹劉守圖就上奏清廷，建議廣泛地採納利用「紳耆」（年老而有聲望的紳士）來推行保甲體系的做法[129]。或許在清帝國當時的社會環境下，根本不可能自然地把紳士階層排除在保甲組織領導成員之外，清政府終於認識到這一點，因而默認了上述實質上不可避免的發展趨勢。不過，清政府最初關於把紳士階層置於保甲組織控制之下的規定仍然有效。清政府除了防止地方影響集中於一個階層之手之外，還要防止「惡紳」把保甲組織變成謀個人私利的工具。如果「惡紳」這樣做，那麼無論是對清王朝的統治利益來說，或是對普通鄉人來說，都是相當有害的。因此，防止「惡紳」的企圖就很有必要。關於這一點，許多眼光敏銳、能夠看到問題的另一些官員都認識到了[130]。

保甲體系試評

既然保甲體系是清王朝統治鄉村地區的唯一工具，那麼只有將它置於清王朝整個複雜的統治體系中，才能精確地加以評價。此處可以藉由分析一些直接或對保甲體系有特別影響到的背景和因素，嘗試作一個階段性的評價。

清朝皇帝們本身顯然也隨時都在評估保甲體系的推行效果，他們的看法大體上是悲觀的。在保甲體系才設置了半個世紀多一點，康熙帝就在一七〇八年（康熙四十七年）抱怨說，由於官員們沒有充分

---

127 《黎平府志》（一八九一），卷五上，七八b。

128 《黎平府志》，卷五上，九二a－b。雲南省廣通縣知縣誘導紳士「樂意地」擔任保長、甲長（盛康，《皇朝經世文續編》，80/52a-b）。

129 劉守圖的上奏收在盛康，《皇朝經世文續編》，80/52a-b。

130 舉例來說，陝西鹽運使王玉波（Wang Yu-po）就要求注意「惡紳」利用保甲組織謀取個人私利的一些伎倆。引見 Legge, *China Review*, VI (1878), p. 369.

集中精力來推行保甲體系，使得其效果不佳[131]。其後不到二十年（一七二四年），雍正帝〔譯按：原文誤作順治帝〕警告要防止出現保甲組織「有名無實」的可能性，以及「未蒙其利，多受其累」的後果。並正式在一七二六年（雍正四年）發布的上諭指出：「自康熙四十七年整飭保甲之後，奉行既久，往往有名無實。」[132]一七五七年（乾隆二十二年），乾隆帝在一道上諭中說到，保甲章程僅僅是「以具文從事」[133]。嘉慶帝（一八一〇年、一八一二年、一八一六年）和道光帝（一八五〇年）也在一系列上諭中，充分流露出對保甲體系推行情況的失望[134]。道光帝還在事實上把廣西省及其鄰近省區爆發「會匪」（祕密社會「土匪」）作亂和其他民變的原因，歸結於這些地方的地方官推行保甲體系不力，說他們因「視保甲為故事」而不努力推行[135]。

許多官員的評論與他們的皇帝一樣悲觀。根據一位擔任過知縣的作者在一六九〇年左右的敘述，在某些地方，保甲體系崩壞，保甲的頭人已完全消失，在相當長的時間裡負責保甲事務的是鄉長（鄉村中年高有德而素行服人者）[136]。大約八十年後，廣東省一名高級官員在一七六九年上奏說：

> 各省有司，非不循例奉行，乃閭閻之間，仍屬奸良莫辨，即近日匪案之發覺，由於保甲之舉首者甚少[137]。

接受這道上奏的乾隆帝贊同所說，抱怨「有司視為迂闊常談，率以具文從事」。

十八世紀和十九世紀的許多官員與他們的前輩一樣，也非常悲觀。經驗老到的知縣汪輝祖，在一八七〇年左右肯定地寫道，儘管在事實上，保甲體系的有效運作與否仍是考評基層行政績效的根據，但是官員們很少努力去推行的[138]。擔任過雲南省廣通縣知縣的何紹祺，一八四四年一到任，就寫下這樣的文字：

> 今之保甲，虛貼門牌，隱匿不知，遷徙不問，徒飽胥役，即詡善政。民病盜喜，官乃恬然[139]。

---

131 《清朝文獻通考》，22/5051，康熙帝在一七〇八年（即康熙四十七年）發布的一道上諭。

132 同上，23/5055。一七五七年（乾隆二十二年）〔編按：原文誤作雍正四年〕發布的一道上諭亦見於《大清會典事例》（一九〇八），396/8a。〔編按：卷三九六內容為學校各省義學部分，與保甲無關。乾隆的上諭見 158/2b-3a。在上諭之後，是一連串朝臣「遵旨議定」及「議准」的一大套保甲的相關規範，見頁三 a－六 b。〕

133 《清朝文獻通考》，24/5061，乾隆帝一七五七年（即乾隆二十二年）所發布的一道上諭。

134 《大清會典事例》，158/8b-10b 和 132/11a-b。

135 同上，158/11a-b，道光帝一八五〇年（即道光三十年）發布的一道上諭。

136 黃六鴻，《福惠全書》，21/4a。

137 《皇清奏議》，58/1a。亦見張壽鏞，《皇朝掌故彙編．內編》，53/4a。

138 汪輝祖，《學治臆說》，卷下，頁四二。

139 引見盛康，《皇朝經世文續編》，80/38a-b。亦見《滕縣志》（一八四六），12/8a-b，孔廣珪寫給一八三六年到一八三八年擔任滕縣知縣彭斗山（彭少韓）的一封信。曾國藩在安徽也發現保甲體系的推行狀況令人失望。他在一八五二年初的一道奏摺中說道：「廬、鳳、穎、亳一帶，自古為群盜之藪。……近聞盜風益熾，……民不得已而控官，官將往捕，先期出示，比至其地，牌保輒詭言盜遁，官吏則焚燒附近之民房，示威而後去；差役則訛索事主之財物，滿載而後歸，而盜實未遁也。」《曾文正公奏稿》，1/42a。

據說，即使在那些高級官員努力利用保甲體系達到統治目的的省區，地方官也經常習慣性的「怠玩」[140]。王定安在一八七〇年代的敘述，顯示他對保甲體系的絕望，譴責保甲是一項根本不可能推行的制度，設法要加強推行的時候就會惹來麻煩[141]。官方文獻資料的編撰者劉錦藻，在一九一一年（辛亥革命爆發前不久）追溯性地評價說：

> 論保甲者，人異其說，家自為書，大率拾《周官》之餘唾，襲宋臣之遺制，實則通都大邑尚循故事，至若偏僻之壤，並一紙空文而亦未遍及[142]。

這些評論有的未免過於悲觀。認為保甲體系對清王朝統治者完全沒有用處，顯然是不妥當的。這種治安制度在鄉村地區出現，即使從未取得預期的理論效果，畢竟對農民大眾產生了一些威懾作用，使得一些潛在的麻煩製造者不敢貿然採取行動，來破壞鄉村的平靜。僅僅是這一點威懾作用，就足以讓它成為有用的控制工具。

不過，上面引述的評論並不全是然無的放矢。十九世紀清帝國相當廣大的地區都爆發了土匪和叛亂（正如道光帝指出的），就清楚地證明，無論保甲體系先前取得什麼功效，此時已經毀壞不堪，不能再讓農村人口普遍地服從統治與保持和平了。保甲體系最初設計時是作為承平時期的統治工具，只有在特定的有利環境繼續存在的條件下才能有效地運作。農民在經濟上不需要很富足，但大部分的人要免於饑寒之苦；百姓用不著總是分毫不差地遵守清王朝法律命令，但他們對政府總是心存敬畏；官員們不需要全部都能幹和廉潔，但他們之中的大多數人必須致力防止百姓生活條件在他們的治理下惡化到難以承受。這些條件存在於清王朝全盛時期，但在十九世紀已漸漸消失；到該世紀中葉時，形勢已經相當嚴峻。接連不斷的水災、旱災，在清帝國許多地方造成了嚴重的災難。與「夷狄」國家戰爭的失敗，嚴重挫傷清王朝的顏面。從乾隆朝晚期開始的官員腐敗日益嚴重。整個清王朝走上了崩潰的道路，它的統治體系——包括保甲體系——同樣快速地崩解。因此，保甲體系這個即使在承平時期也只能部分有效運作的工具，無法應付已經改變且動盪不安的情況，並不令人感到吃驚。面對鄉村中絕望的鄉人和公開挑戰清王朝統治的「土匪」，它再也不能產生什麼威懾作用了。當整個帝國的結構都遭到強烈撼動之際，治安體系不可能不受到影響。

不過此處應該強調，即使在十九世紀之前，保甲體系也面臨著許多困難和障礙，它們在特定的歷史情況下是根本無法克服的，這也使得保甲體系無法達到清王朝統治者的期望。

140 卞寶第，《卞制軍奏議》，2/89a-b，他在一八六三年的一道奏摺，對順天府推行保甲制度情況的檢查表明，即使是清帝國政治統治中心的順天府，其下屬縣分通州、懷來、三河和其他地區等地的地方官員，有的只是敷衍地對待保甲制度，有的根本就不去推行。

141 王定安，《求闕齋弟子記》，27/4b。

142 《清朝文獻通考》，25/7758。編撰者劉錦藻補充說：「惟畫區自治，庶可以實行治安乎？」這一觀點大體上與先前主張改革的人的看法相同。黃遵憲提供一個顯著的事例。他一八九八年（即在「百日維新」失敗之前不久）在湖南省廢除了保甲組織，設置了「保衛局」。接著，黃遵憲擔任長寶鹽法道〔譯按：黃遵憲是一八九七年任職長寶鹽法道的，接著代理湖南按察使，幫助湖南巡撫陳寶箴在湖南推行新政。作者所述年分有誤〕，贊同「平等」、「民權」的學說。基於保甲組織有名無實，黃遵憲決定按照西方國家治安制度，設置了保衛局。巡撫陳寶箴同意黃遵憲的計畫。王先謙（一八四二－一九一八），《虛受堂文集》，7/7b-8a。

首先，法律上所規定的登記入冊方法，執行起來相當困難。回想一下，清廷規定每戶都要懸掛一塊門牌，把家庭成員的名字寫在上面。普通鄉人很少能夠做到這個看似簡單的要求[143]；紳士階層則通常選擇對這個登記程序進行惡意的破壞[144]。一些地方官採取簡化規定的辦法，試圖改變這種局面。例如，陳宏謀在一七五八年建議女人和小孩的名字可以省略不寫[145]。後來在一八六〇年代，丁日昌要求門牌上只是寫戶長的名字和年齡[146]。我們的證據可以證明，這些措施消除了登記制度的根本障礙——對登記制的普遍反對。

根據門牌來編輯保甲登記冊，則是另一個困難。保甲頭人負責彙編各層級組織的紀錄，然後送交到州城或縣城裡的衙門。門牌的登錄很少是精確填寫的；大多數保甲頭人都是不識字的普通百姓，即使他們真正想要核對門牌的紀錄，也沒有這個能力。因此，想要根據如此彙編出來的登記冊來掌握居民的行止，根本是不可靠的。此外，這種彙編出來的登記冊到了縣衙門之後，就由書吏負責抄寫成正式保甲登記冊；這些書吏通常對保甲體系並不關心，經他們之手編纂出來的登記冊，常常是「辦理不善」的[147]。按照法律，在登記冊於年度末上交中央政府之前，知縣必須對它進行檢查，以確保它所反映的數字和資訊的準確性。然而，由於許多每個地區的村落數量都非常多，一般州縣的行政區域又都相當遼闊，而交通設備又非常不足，因而即使是最想把事情做好的知縣，也發現根本不可能對所有家戶及各層十戶制組織（牌、甲、保）進行有效的檢查。因此，許多知縣上報的登記冊都沒有經過全面的檢查[148]。當然，我們也相信，在某些縣區，在特定的時期，一些特別精明、強幹的知縣上報的登記冊相當準確，有利於清王朝在這些縣區推行統治。但是，我們很難就此認定大多數地方官都有這樣的素質，因此所有的保甲登記冊都是一致的，也都是同樣可靠的。

143 十九世紀一位西方作者的報告，就描述了下列情況：「據說，華中地區的一知縣在湖廣總督的指導下『著手進行人口普查』。該知縣對於其下屬送交上來的情況很不滿意，決定親自調查人口。居民們『對知縣的執拗極為吃驚，意識到他的最終目的是徵收難以承受的重稅，於是紛紛逃離縣城，到鄉野躲藏起來』。因此，該知縣不得不放棄努力，上吊自殺，以躲避可以預料到的懲罰。他留下的紀錄如下：

男子……………………………………無

女子……………………………………無

孩童（十四歲以下，不分性別）………無

總計……………………………………無」

E. C. Baber, "China, in Some of Its Physical and Social Aspects" (*Proceedings of the Royal Geographical Society*, N. S., V. 1883), pp. 442-443. 這段描述的文字可能不盡真實，但所反映的情況卻是可信的。

144 張壽鏞，《皇朝掌故彙編．內編》，53/10a。

145 陳宏謀一七五八年的這份上奏收錄於《皇清奏議》（51/1a）中。他當時任江蘇巡撫。

146 丁日昌，《撫吳公牘》，43/8a。

147 張壽鏞，《皇朝掌故彙編．內編》，53/4b，引用一七九九年發布的一道上諭。

148 同上。清政府本身也並不要求數據和資訊絕對正確。一七九一年（即乾隆五十年）所續纂的《戶部則例》，3/1a-b，就記錄了當時正在推行的清政府所規定措施：「凡州縣造報每歲民數，令各按現行保甲門牌底冊核計匯總，無庸挨戶細查花名。」關於上報到清廷的錯誤百出的登記冊，其事例可以參見《清朝文獻通考》，19/5033。該《通考》舉了兩個事例：其一，湖北省應城縣知縣總是上報說，應城縣每年的人口增長確切數字為八人；其二，湖北省棗陽縣知縣則上報說，棗陽每年人口增長的確切數字為大約六人。許多人都注意到這種虛假的準確性，其事例可以參見戴肇辰，《學仕錄》，9/2a-b。

製作數量龐大的門牌和登記冊的龐大花費，從一開始就為保甲體系的成功運作製造了又一個障礙。說也奇怪，清政府明白為此進行撥款的必要性，但是從未採取什麼措施來加以解決。看來，清廷是希望將財源問題留給地方官員及其在鄉村統治的代理人自己去解決。一七九九年發布的一道上諭，就恰如其分地反映了這一問題：

> 冊籍繁多，需費不少，胥吏既難賠墊，官亦徒有捐名，仍不過官責胥吏[149]。

官員們雖然清楚地將這個障礙告訴了嘉慶帝，但是難以向嘉慶帝提出什麼解決建議。直到一八六〇年代，江蘇巡撫〔丁日昌〕設法推行保甲體系時，也沒有找到什麼財源來解決這個問題，只好依靠知縣們的才能[150]！這些花費最終由鄉人來負擔。在保甲體系設置後的半個世紀裡，當時著名的知縣彭鵬發現，「領牌給牌紙張，悉取諸民」[151]，正確地指出這個作業是鄉人的負擔。

由鄉人自行分攤費用的做法，不僅僅是給鄉人增加一項負擔，而且為官僚的敲詐勒索大開方便之門。十八世紀的一位作者指出：

> 每鄉置輪替簿，月朔報縣，而縣之官吏即借文法以需索於鄉。季終報郡，而郡之胥吏即借文法以需索於縣[152]。

順天府府尹在一八六二年證明，類似的敲詐勒索一直延續到十九世紀：

> 近來辦理保甲，先傳鄉保來領門牌，索費若干，復令鄉保來繳戶冊，索費若干。此費胥吏取之鄉保，鄉保取之甲長，甲長取之眾戶。……事未舉而費已不貲[153]。

在這種情況下，根本不可能期望鄉人心情願意或熱情地支持推行保甲體系。

清王朝規定，保甲必須定期向縣衙門彙報，這又製造了另一項難題。依據早期的規定，保甲頭人每月初一和十五必須到州衙門或縣衙門點卯，彙報各自轄區的情況，即使沒有發生什麼不利於統治的問題也一樣。在統治者看來，這種半個月一次的彙報便於地方官員檢查保甲體系運作情況。由於知縣不可能每個月到各鄉村去兩次，那麼讓保甲頭人參與這種直接會面的唯一方法，就是把他們召喚到縣城裡來。這種方法不可避免地把痛苦丟到保甲頭人的身上。十七世紀的一位知縣解釋這種情況說：

> ……縣署之前，環繞擁集，不下數千百人，詎惟往返守候，動須數日，而州邑中之飯食，每於是日陡貴，網利鄉人，即一投結，而每歲累民已二十四回矣[154]。

---

149 張壽鏞，《皇朝掌故彙編》，53/4b；《清朝文獻通考》，25/7757。

150 丁日昌，《撫吳公牘》，43/9b。

151 賀長齡，《皇朝經世文編》，74/21a。

152 同上，74/21a。引陶元淳的話。

153 盛康，《皇朝經世文續編》，80/52b。

154 黃六鴻，《福惠全書》，22/1a〔譯按：在 23/1a〕。

此外，恰如同時期另一位知縣所指出的，半個月一次到衙門彙報又為官僚群開闢了敲詐勒索的途徑，從而讓保甲頭人承受更多負擔。負責保甲組織事務的刑房書吏，經常向他們索取錢財。如果保甲頭人向書吏們交付賄款，他的報告馬上順利通過。因此沒有人敢不應付書吏的需索[155]。

我們不知道半個月彙報一次的措施嚴格執行到什麼程度。或許在採行後不久，就不再嚴格執行，甚或被放棄了，因為十八世紀和十九世紀的作者很少討論到半個月彙報這個問題。不過，一旦罪犯和犯罪活動出現，保甲頭人就必須上報的規定，一直到清王朝結束之前都還在執行。而這項規定的執行，同樣面臨著許多困難。

鄉村地區的居民在法律上有義務向其所在地的保甲頭人舉報罪犯或犯罪活動，如果沒有舉報就會遭到懲罰。這個規定看似簡單，實際上卻完全不是那麼容易實行。嚴重到引起官府注意的犯罪活動，很少是膽小如鼠的人做得出來的；相反地，它可能是漠視自己鄰居生命和財產的膽大分子所幹的。普通百姓深知這種膽大分子的報復非常可怕，深知官府無論許諾什麼保護都是不確定、遙遠又緩不濟急的，因此認為與其去完成政府都經常無法執行的舉報義務，還不如避免捲進亡命之徒的激烈報復來得更為穩當。因此，保持緘默比起彙報自己所知，風險要來得小些。事實上，殘酷的經驗告訴鄉人，告密者的處境並不令人羨慕。根據張惠言在十八世紀晚期的敘述，告密者常常使自己陷於麻煩之中，而沒有為政府做出什麼貢獻：

> 發之而不勝，則立受其禍；發之而幸勝，則徐受其害。……

此外，告密者對於自己的舉報是否得到鄰居的支持、是否引起地方官的注意，也沒有把握：

> 告之保長，則保長未必不徇庇；告之本鄉紳士，則彼不任其責，誰肯力為主持。[155]

而且，「即使檢察得實，告之官，則干涉公廷，為累不小。」[156]因此，鄉人最終學會這句口頭禪：「各人自掃門前雪，莫管他人瓦上霜。」嘉慶帝在一八一〇年抱怨：「容留匪犯，無人舉發。」[157]可能並不

---

155 賀長齡，《皇朝經世文編》，74/21a。引用了一六八〇年代早期擔任直隸三河縣知縣的彭鵬（一六三七－一七〇四）的評論。

156 賀長齡，《皇朝經世文編》，74/15b，引張惠言（一七六一－一八〇二），〈論保甲條例書〉。亦見戴肇辰，《學仕錄》，13/25a。

157 《大清會典事例》，158/2b。一些西方觀察家的結論也說，保甲組織並沒有上報犯罪，如 G. W. Cooke, *China* (1858), pp. 435-436. Legge, "Imperial Confucianism," *China Review*, VI (1877-1878), p. 369, 從三個角度來論述保甲組織沒有上報犯罪及犯罪分子的原因：「首先，真正關心人民大眾的地方官員相當少，父母官們關心的僅僅是他們的名望。他們害怕把有關其管轄地區發生的偷盜事件上報到高一級官府中去，除非這種上報所引起的調查在他們自己引導之下。……地方官深知這一點，因而總是報告說他們所轄地區的保甲體系並無偷盜事件發生。……再者，全國各地到處都有許多不知廉恥的鄉紳和文人，他們在文學創作上再也不能有什麼進步；全國各地還有許多所謂的訟師。這種鄉紳、文人和訟師，全部都或多或少地同衙門聯繫在一起。強盜、小偷給他們帶來的好處相當大，他們有目的地把強盜、小偷隱藏起來，分享贓物。窮苦人……則不敢出頭上報。其三，在許多情況下，鄉人本身懶惰。他們雖然知道在自己所在的十戶區內就有強盜、小偷，但是並不告發。他們愚蠢地認為：『只要強盜、小偷不傷害我們，我們為什麼第一個出頭去告呢？』問題還不只是這些。有的鄉人，不但不去告發，反而同賊人串通，他們或許會廉價買下贓物，共同分享贓物。」看來，理雅各（James Legge）的論述是非常正確的。

是過分誇大之詞。有些案例顯示，據說連地方官都不敢到強盜、土匪出沒的地區去調查[158]，清政府或許不應該譴責普通鄉人的膽小如鼠。

設法鼓勵鄉人舉報犯罪分子的官員，建議對保甲組織的告發「保密」，以保護告密者免於受到報復或陷於尷尬的處境[159]。清廷不但拒絕了這個建議，反而試圖更加嚴格地把責任加諸保甲組織。一七九九年發布的一道上諭這樣說：「鄉保既無專責，誰肯以不干己之事，赴訴于不理事之官。」[160]這樣，在如何解決不告發問題時，清政府採取的不是保護告密者的措施，而是加強推行「聯名互保」制度[161]。這一解決方案，正如研究中國法律的一位西方學者所指出，類似於盎格魯撒克遜英國的「十戶聯保制」；該制規定，十戶區內的居民們「坦白地」或「樂意地」把自己與每個人和所有人的行為束縛在一起[162]。實踐證明，這種制度在中華帝國並非行之有效。不告發的問題並未得到解決，「聯名互保」制事實上使鄉人比以前更膽怯，更緘默不言。鄉人們不但沒有接受強加在他們身上的「互保」，反而都保持緘默來逃避。

不告發並非唯一存在的問題，更嚴重的問題是敲詐勒索，許多保甲頭人都捲入其中。早在宋代，人們就意識到保甲體系為無恥之徒提供了小規模敲詐勒索的機會。司馬光——反對王安石及其變法的主要人物之一——充滿理由地指出：

> 保正與甲長，恃其權勢，敲詐鄉鄰，索取賄賂。一芥之利，若未得償，鄉民亦遭其鞭扑[163]。

清朝的保甲頭人雖然沒有什麼軍事權力，但是他們敲詐勒索的伎倆與其宋朝前輩一樣可怕。他們把得到保甲職位的任命，視為獲取不義之財的許可證；「甘結」又為他們提供了半官方式敲詐勒索的途徑[164]；謀殺案件的發生，提供了地保和其他鄉官向其鄰居榨取錢財的機會[165]。根據一八六五年一位在山東和山西旅行的西方作者所說：「當一個人想要做出不同於往常的舉止時，其無恥的鄰居或地保就會來敲詐勒索，威脅要告發他，除非拿出許多錢財。」[166]清政府也注意到了這一問題，因而反覆強調選派「誠實可信之人」來擔任保長、甲長這類職務。

這就回到保甲體系的根本問題——如何為保甲組織補充合格人才。清朝的皇帝們都想盡辦法試圖解決這個問題，但是收效甚微。他們發現，很難找到理想的人才來擔任保長、甲長的職務，因為正如中國

158 盛康，《皇朝經世文續編》，80/26a，收錄張琦寫給朋友的一封信。
159 《清朝續文獻通考》，25/7759，一八一四年發布的一道上諭。該上諭引用了汪志伊的評論。
160 同上，25/7757，一七九九年（即嘉慶四年）發布的一道上諭。
161 《大清會典事例》，158/2b-3a。
162 Jamieson, "Translations from the Lu-li," *China Review*, VIII (1880), p. 261：「十戶制下的成員，不過是對相互之間的行為永遠擔保。……亦就是說，十人之中，要互相對對方的行為負責，整個王國都是這樣。如果十個人中有誰犯罪，那麼其餘九人就應該把他告上公堂。」
163 聞鈞天，《中國保甲制度》，頁四六，引司馬光一〇八六年所寫的上奏。
164 《清朝續文獻通考》，25/7760，嘉慶帝一七九九年發布的上諭。
165 丁日昌，《撫吳公牘》，34/2b-4b。
166 Alexander Williamson, *Journeys in North China* (1870), I, p. 165.

一句古話所說的：「善者不來，來者不善。」

得不到稱職人才的部分原因，是清政府自己造成的。由於清王朝統治者一方面把紳士階層置於保甲組織的監視之下；另一方面卻不准他們為保甲服務，因而負責推行保甲體系的地方官就不得不在普通鄉人中尋找候選人；而這種鄉人卻沒有什麼威望，大多數目不識丁，對行政之道了解甚少，整天忙於農耕或其他工作，根本沒有什麼空閒時間。既然在這種鄉人中實際上沒有什麼可以選擇的，許多地方官就讓每個保甲單位中的鄉人輪流擔任。而且由於鄉人中強壯者各自要忙於自己的生計，因而擔任保甲頭人就經常是一些「愚頑老疾，鰥寡貧窶之人」[167]。在一些情況下，「惟於一里中頭甲第一戶，使為里長老人」，其結果就相當糟糕；由於沒有考慮這些人的個人能力，經常把一些「貪暴、無恥棍徒」推到保長、甲長的位置上[168]。

有時，碰巧有一些普通保甲頭人表現出某種程度上的精明、講道德和樂意服務的精神。可是他們要想實現自己最好的打算和誠摯的願望，經常會面臨各種各樣的障礙。正是由於他們是普通百姓的這一事實，使他們得不到鄰居中紳士的尊敬；同鄉也很容易向他們的地位提出挑戰。

一七五七年，乾隆帝採取了一種折衷辦法，設法解決人選問題。他一方面認識到普通鄉人不適合擔任保甲頭人，同時又堅持紳士不能擔任的規定，因此指導地方官在他所規定的「誠實、識字及有身家之人」中尋找人選。他指示說，「市井無賴」不能擔任[169]。

有趣的兩點是：一是乾隆帝沒有提到合格人選的社會地位；二是他把能識字當作條件之一。顯然，他腦海中的能識字的人，是指那些學習過（大概是為了通過考試）但未通過任何級別考試的人，是指那些沒有紳士地位的「士子」或文人。具有乾隆帝所規定這些資格的人選，其任職的確應該很順利，值得信賴。但問題是，怎樣才能在鄉人中找到足夠的這種人選呢？在一個普通的鄉村，沒有哪戶人家敢於自誇其家中立刻擁有這種「識字、有身家」的人選；甚至連具有「誠實」品德的人選，也沒有哪戶人家自誇說擁有。此外，也不能確信擁有這些資格的人選願意擔任保長、甲長。十八世紀早期一位作者對華南一些地方情況的描寫，就詳細反映了這一問題：

其號為士者，大抵授徒於外，室中惟細弱兩三人而已。貧民傭工負販早出晏歸，為餬口計而不足，富民惟以謹啟閉，不與戶外之事，市廛之民株守本業，其畏里中惡少年如虎。如此等人，而欲其約束鄉里，晝則稽查，夜則巡行，固宜其囂然不樂也[170]。

這種局面一直延續到十九世紀，大多數鄉人仍然避免被指派為牌長或保長[171]。

如何為保甲組織補充合格人選的問題，因地方官和衙門走卒濫用保甲頭人而進一步複雜化。保甲頭人除了必須滿足地方官和衙門走卒的敲詐勒索之外、有責任提供官府各種各樣需求——錢財的和勞

167 黃六鴻，《福惠全書》，21/1b 和 4a-b。
168 盛康，《皇朝經世文續編》，80/23a，引吳文鎔的評論。
169 《清朝文獻通考》，24/5062。
170 賀長齡，《皇朝經世文編》，74/3a，引黃中堅所寫的〈保甲議〉。
171 《清朝續文獻通考》，25/7760，一八一四年發布的一道上諭，引述了汪志伊的上奏。

役的[172]——之外，還經常容易遭到蠻橫的毆打和其他懲罰[173]。因此，擔任這類職務的人自然千方百計去職；沒有擔任的人則千方百計躲避。雖然沒有人為了逃避而像宋朝時期一樣弄瞎自己的眼睛或砍下手指[174]，但是一些保長和甲長「託情更換」而求去職[175]。由於要求去職的保長、甲長非常多，使得保甲組織的人事總是處於不斷變動之中；這種情況正如十七世紀的一名知縣所指出的：「倏張倏李。」[176]如此不斷變動的人事，很難期望擔任的人勝任、可靠。

清政府雖然分別設法糾正上述問題，但是收效甚微。清政府規定保長、甲長的任職期限，因而沒有人被迫沒完沒了地承受折磨[177]；規定與監視、控制職能無關的其他任務不必擔負，藉此設法減輕保甲負責人的負擔[178]；一些地方官為了提高保長、甲長的地位，裝模作樣地對他們彬彬有禮[179]，或者發給匾額，表揚他們的「功績」[180]。但是，沒有證據顯示這些補救性措施被普遍、持續地運用。

與具有誠摯品德之人不願意任職的問題緊密聯繫在一起的，是道德敗壞之類的無恥之徒紛紛被任命為保長、甲長的問題。一方面，坦率、樸素、心地善良的鄉人千方百計躲避擔任保長、甲長；而另一方面，惡霸和「光棍」卻非常想擔任。十九世紀早期，張琦就此問題這樣寫道：「讀書謹厚之士不能為，莊農殷實之戶不敢為，其能且敢者，必強悍好事者也。」[181]

因此，保甲體系形成劣幣驅逐良幣——這種現象從十八世紀一直到清王朝覆滅，都受到廣泛注意。例如，乾隆帝在一七五七年抱怨，擔任鄉村中的保長、甲長一般都是「市井無賴」[182]。許多官員也提醒注意這個問題。十八世紀早期，沈彤就指出擔任保甲頭人的那些人通常「大率庶民之顧利、無恥、不自好者」[183]。十九世紀，雲貴總督吳文鎔說在他管轄下的雲、貴兩省，擔任保甲頭人的都是一些「貪暴、無恥棍徒，日以侵吞弱戶為計」[184]。張聲玠總結說：

172 這種情況正如一位著名的知縣在官府文件中說道：「嘉慶十九年欽奉特旨編查，惟時卑職備員廣東，竊見各屬奉行保甲絕少稽查之實，徒滋科派之煩，是以該處紳士並齊民視保甲為畏途，求免入冊。其入冊者，相率減漏戶口。推原其故，良由地方官疲於案牘，不能不假手書差，而一切工料飯食夫馬之貲，不無費用，大約書役取給於約保，約保購之甲長，甲長索之牌頭，牌頭則斂之花戶。層層索費，在在需錢，而清冊門牌任意填寫，以致村多漏戶，戶有漏丁，徒費民財，竟成廢紙，此外省辦理不善之由。」劉衡，《庸吏庸言》，88a-b。

173 這類事例可以參見賀長齡，《皇朝經世文編》，74/21a，引用十七世紀，彭鵬的敘述；十八世紀，陳宏謀，《培遠堂偶存稿》，12/6a；及十九世紀，丁日昌，《撫吳公牘》，28/5b。

174 王怡柯，《農村自衛研究》（一九三二），頁四二，引司馬光一〇八六年上奏的說法。不過我們應該記住，宋朝時期的保甲制度包含服軍役。

175 賀長齡，《皇朝經世文編》，74/8a，引彭鵬的〈保甲示〉。

176 同上。

177 《大清會典事例》，158/21b。最初規定是：「限年更代，以均勞逸。」

178 《大清律例彙輯便覽》（一八七七），25/100a。

179 《黎平府志》（一八九一，5/80a）纂修者這樣評價說：「選擇之法，先擇保長，而保正甲長須責成保長與地方紳耆公同擇選。凡擇保長，宜先出選舉保長告示，令各鄉之人，擇選家道殷實、年力精健、才猷邁眾、素行可稱者，合詞公舉。每鄉擬正陪二人報縣，既報之後，地方官再行細訪屬實，即令來署，引入客廳，待坐待茶，特為加禮焉。」

180 《翼城縣志》（一九二九，30/7b-8a）就記錄了這類事例。樊店村居民史懷瑛在一九〇二年得到知縣「懸匾旌之」，表揚他「辦理四鄉保甲任勞任怨」。

181 盛康，《皇朝經世文續編》，80/25a，〈張琦答陸劭文論保甲〉。

182 《皇清奏議》，50/14a。亦見張壽鏞，《皇朝掌故彙編．內編》，53/4a。

183 賀長齡，《皇朝經世文編》，74/2a。

184 盛康，《皇朝經世文續編》，80/23a，收錄吳文鎔的評論。

> 保正甲長，皆鄉里卑賤無行者為之，或周流門戶以供役，日逐營營之利，供給官長，斂派鄉愚，而因以自肥於中，……相沿已久[185]。

應該補充的是，對於那些張聲玠所描述的「卑賤無行者」來說，保甲事務非但不是繁重的負擔，反而是敲詐勒索的非法門徑。許多無恥之徒搶奪保長、甲長的位置，一旦到手，就千方百計竭力霸占。事實上，一些無恥之徒（至少在清王朝覆滅前的數十年裡）成功地保持其位置，使之實質上變成了世襲，父子相承[186]。

由於人事問題沒有解決，由於登記入冊問題和上報問題所面臨的困難仍然存在，保甲體系的運作不可能達到創立此制的清王朝皇帝所期望的目的。但是，不能因此認為保甲體系是一項無用、沒有必要推行的鄉村統治工具。在當時清帝國的歷史環境下，在設置此制的背景下，保甲體系或許是唯一可行、能夠為設置它的目的而服務的唯一工具。不過，也正是這同一的、對於清王朝統治者來說必不可少的歷史環境，限制了保甲體系對於統治者所期望的實際效果。這一結論不僅適用於保甲體系，而且適用於清王朝其他鄉村統治工具，接下來的討論會證明這一點。

185 同上，80/5b，收錄張聲玠的評論。

186 聞鈞天，《中國保甲制度》，頁二六三。

第四章

鄉村稅收：里甲體系

里甲在稅款攤派和登記中的角色

清朝的賦役制度

有人認為，古代中國自「三代」之後，歷代王朝唯一關心的問題就是如何徵收賦稅和攤派徭役[1]。無論這種看法的正確性如何，我們都無庸懷疑，與歷史上許多朝代一樣，稅收在清朝的行政體系中，是最急切需要解決的問題之一。在清朝各種稅收中，占主要地位的是賦稅和徭役。它們在清朝的財政收入中所占比重相當大，是清朝的主要財政收入來源[2]。皇帝們極為重視這些稅收——注意分派和徵收，注

1　魏源（一七九四－一八五六），《古微堂內集・志編三》，3/9a。

2　這些收入包括鹽稅、貨物通行稅、營業稅、註冊費，在十九世紀還包括厘金和海關關稅。參見《清朝文獻通考》，卷二六及卷二八－三一。關於對清王朝的賦稅制度的簡略敘述，參考 Huang Han-liang (黃漢樑), *The Land Tax in China* (1918), part II. 不過，黃漢樑對稅收概念和徵稅方法的研究，並不能完全滿足本書的需要。Ch'en Shao-kwan (陳邵寬), *The System of Taxation in China in the Tsing Dynasty, 1644-1911* (1914), 所據資料有限，錯誤很多。至於George Jamieson, "Tenure of Land in China and the Condition of the Rural Population," *Journal of the Royal Asiatic Society*, North China Branch, N. S., XXIII (1888), pp. 65-68, 則較有參考價值。

意設置一套適用的工具，以確保盡可能獲得最大的收入。里甲就是這套稅收工具中的組成部分，是清政府在鄉村中徵稅、縣以下基層的稅收工具。最初是用來幫助對鄉村居民人數進行登記，以便利於攤派徭役；後來就用來協助在鄉村徵稅。為了說明里甲體系的運作，並對它的意義有一個清楚的概念，我們必須對賦役制度有一個整體的了解。

最早對清朝土地和勞役稅進行全面描述的，是一六四六年（順治三年）編撰的第一版《賦役全書》[3]。該版本和後來續修的各個版本[4]，記載在各省應該徵收的地（土地）和丁（勞役）的稅額，耕地的數量，可以充當徭役的人的數量，以及必須上繳中央國庫的稅收的數額。每個版本的《賦役全書》，都要分發給各州縣一冊，作為知州、知縣的參考；另外還有一冊存放在各地的孔廟，以便「士民檢閱」[5]。

賦稅是針對人民所擁有的耕地課的稅，這種耕地官方稱為「民夫地」，或者簡稱為「民地」。稅率是固定的，根據土壤肥脊的程度而定。「畝」是賦稅的徵收單位，儘管各地區的「畝」面積大小並不一樣[6]。各地的稅率自然是不一致的[7]，稅負最重的落在江蘇省和浙江省的一些地區[8]。賦稅繳納，或以實物，或以相當的錢來抵繳[9]。在一些省區徵收的漕糧，就像普通的土地稅一樣，也可以用錢來繳納[10]。

順治時期規定的最初稅率並不算太高[11]。不過，清政府卻不斷地徵收附加稅，而這些附加稅的稅額加起來，經常比正常徵收的稅額高出好幾倍。最重要的附加稅是開始於明朝的「火耗」（以彌補納稅銀

3　《大清會典事例》（一九〇八），177/6a-b；和《清朝通典》，7/2057。
4　《大清會典事例》，177/6a-b。
5　《清朝文獻通考》，1/4859。參見王慶雲，《熙朝紀政》，3/15a-b。

6 《清朝文獻通考》，1/4857；《大清會典》（一九〇八年重刊本），18/1a；《戶部則例》（一七九一年續纂本），7/1a-13a。有關其他土地的種類，包括「官田」（政府經營的土地）、「學田」（學校所有的土地）和「旗田」（分配給旗人的土地）等。參見《戶部則例》（一七九一），卷五－六。關於畝的大小變化，在江蘇省一些地方，一畝等於二百四十平方步（一步大約等於當地的五尺或五呎）。而在其他省區，一畝可能等於三百六十步，有的多達五百四十步。參見陳其元，《庸閒齋筆記》，6/11a〔6/7b〕。

7 《大清會典事例》，162/1a-13a；《戶部則例》，卷五－七；和《清朝續文獻通考》，4/7536。關於稅額的變化情況，可以參見《清朝續文獻通考》，3/7521。

8 馮桂芬（一八〇九－一八七四），《顯志堂集》，9/2b 指出，江蘇省和浙江省一些特定地區承擔的稅額過重，可以追溯到十二世紀晚期（亦即南宋王朝紹熙年間）。參見魏源，《古微堂外集》，4/47a；梁章鉅（一七七五－一八四九），《退庵隨筆》，8/2b-3b、和《浪迹叢談》，5/19a-20a。

9 《清朝文獻通考》，1/4860 及 4/4891；《大清會典》，18/1a-8b 提供下列數據，如下表所示。

10 根據《戶部漕運全書》（一八七五年刊，1/1a-8b）的記載，這些省區包括：山東、河南、江南、浙江、江西、湖北和奉天府。有關漕糧的徵收規定，可以參見《戶部則例》，卷三四－四一〔編按：漕運見卷三三－四二〕。用貨幣來取代穀物徵收的賦稅做法，可以追溯到漢朝。劉世仁，《中國田賦問題》（上海：商務印書館，一九三六），頁四五、一三四。關於漕糧的總敘述，可以參見《清朝文獻通考》，25/239 和 43/5251；《清朝續文獻通考》，31/3092-3012。Harold C. Hinton, "The Grain Tribute System of the Ch'ing Dynasty," *Far Eastern Quarterly*, XI (1952), pp. 339-354. Hinton 的博士學位論文 "The Grain Tribute System of China, 1845-1911" 對中國漕糧徵收問題，作了有益的開創性研究。

11 《清朝文獻通考》，1/4855-57，列出了順治時期法律上規定的稅額。

日期	土地畝數	稅額（以兩為單位）	稅額（以穀物重量石為單位）
1658 年	549,357,640	21,576,006	6,479,465
1753 年	708,114,288	29,611,201	8,406,422
1887 年	911,976,606	31,184,042	3,624,532

兩熔鑄折耗）[12]，以及「羨餘」（以彌補穀物的折損）[13]；這兩者合稱「耗羨」。「耗羨」原本是非法的，隨著清政府對它們作出定額規定後，就不言而喻地變成合法的了[14]。此後又非法地徵收所謂「耗外浮收」（超過耗羨容許定額的加收），一種為法律所懲罰的犯罪行為[15]。

所有具有生產力的「民地」的所有者，包括官員、鄉紳、士子，都必須繳納土地稅和附加稅。然而在一些情況下，在特定的環境下，有可能暫時地或永久地豁免繳稅：非「民地」的其他土地，比如用於祭祀和教育目的的土地、官府和寺廟所有的土地和分配給旗人的土地，可以永久不繳納正常的稅；零星的小塊民地，由於太小，不值得官府耗費精力去定稅額，也可以不繳納[16]；在發生自然災害期間，或者遇到了清王朝的大典慶祝活動，普通的民地也可以暫時免除繳納[17]。

雖然《賦役全書》一直是清政府徵稅的基本依據，但是清政府另外彙編補充了許多依據，其中最重要的有「丈量冊」（土地丈量登記冊）和「黃冊」（封面是黃色的登記冊）[18]。「丈量冊」和「黃冊」直接涉及到賦役的徵收。「丈量冊」還因為封面畫成魚鱗式樣，而稱為「魚鱗冊」，為我們表明了各州縣的土地多少；它們是根據對土地的實際丈量而計算出來的數字編輯出來的[19]。該兩種冊上記錄的數字——無論在何地統計得出的——是否相當準確，值得懷疑；可以充分肯定的是，各個地方的「弓尺」（即測量標準）變化相當大，因而畝是變化極大的東西[20]。除了一些例外，清王朝實際進行的測量或許

---

12 《清朝文獻通考》，3/4872。關於在土地稅上徵收超額的附加稅數量情況，可以參見 Hosea B. Morse, *Trade and Administration of China* (1913), pp. 83-88. 莫斯（Morse）相當多地吸收了 Jamieson 的大作 *Land Taxation in the Province of Hunan*。

13 《洛川縣志》（一九四四年版，14/8b，引一八〇九年刊本）對此問題作了清楚的說明。

14 王慶雲在其《熙朝紀政》中（3/41a-42a）簡略地敘述這一合法過程有關的故事。在一六四四年到一七二四年間，雖然清廷的規定在事實上經常被置於不顧，但徵收這樣的「耗羨」是非法的。亦見《清朝文獻通考》，2/4863 和 3/4871。關於清政府一七二四年規定的稅額，可以參見《大清會典事例》，164/1a-3a；和《戶部則例》，14/1a-8b。

15 《戶部則例》，14/9a。

16 《大清會典事例》，164/13a。亦見織田萬，《清國行政法分論》，第五卷，頁九二－九七。

17 《戶部則例》，卷一一〇－一一一（總蠲卹）和卷一一二－一一三（部分蠲卹）〔編按：總蠲卹及部分蠲卹係按英文字面翻譯。據乾隆朝《戶部則例》，蠲卹在卷一〇八－一一七，其中卷一一〇以後為賑濟及賞借等，與此處所述無關。卷一〇八為恩蠲，包括普蠲地糧、普蠲漕糧、永蠲正賦、永蠲雜賦、覃恩蠲免、巡幸蠲免等，卷一〇九為災蠲，包括災蠲地丁、災蠲耗羨、被災蠲緩漕項、災蠲官租等項〕。其他有關的參考資料有：《大清會典事例》，卷二七六－二七七（貸粟）、卷二七八－二八一（蠲賦）和卷二八二－二八七（緩徵）；《戶部漕運全書》（光緒元年，一八七五年刊），卷四－六（免除繳納和延期繳納的穀物進貢稅。編按：此亦係按英文字面翻譯，《戶部漕運全書》，卷三－六所載為漕糧的蠲緩陞除）；《蔚州志》（一八七七年刊），7/6b-9b；《翼城縣志》（一九二九年版），4/24b；《洛川縣志》（一九四四年版），13/7b；《同官縣志》（一九四四年版），14/2b-3a；《續修廬州府志》（一八八五年版），卷首，頁一 a－三一 a，15/8b-19a；《蒙城縣志書》（一九一五年版），4/24b；《巴陵縣志》（一八九一年刊），16/1a-14b；和《富順縣志》（一九三一年版），5/7a-8b（關於各地的蠲卹）。

18 王慶雲，《熙朝紀政》，3/15b-16a，概括了這一情況。

19 《清朝文獻通考》，1/4859。亦見織田萬，《清國行政法分論》，第五卷，頁七六－七八。按照陸世儀（一六一一－一六七二）的說法（引自《牧令書輯要》，3/39b-40a），「黃冊」以前是以戶口登記為主要內容，關於土地可徵賦稅的資料，只是附在其上；這種資料被用來作為攤派徭役、協助徵稅的依據。「魚鱗冊」的主要內容是登記土地，關於戶口的資料只是附帶的；這種資料被用來作為檢查可徵土地稅之耕地的疆界。但是隨著歷史的演變，只有「魚鱗冊」被作為所有賦稅徵收的根據。有關一六四四年至一九〇八年間按畝登記入冊的土地總數，可以參見《清朝續文獻通考》，4/7534。劉世仁，《中國田賦問題》，頁六八列出了一個表，說明從清王朝建立到十九世紀末各個時期的土地數量和人口變化總情況。不過，其數據由於過於精確而不能接受。

並不準確。由於在全國範圍進行的調查統計耗費巨大，因而清政府明確禁止進行全國範圍的調查統計，這樣，數字大多數是根據前朝的登記得出來的[21]。因此，官方土地登記冊首先就不準確；隨著時間推移，欺騙性做法和不可避免的變化，必定自然地、人為地產生，從而進一步使這些登記冊變質。在一些地方，官方登記冊已經變成官僚群偏私和腐敗的工具[22]。

像賦稅一樣，徭役（有時翻譯為「勞役」）[23]也有其歷史根源[24]，是與里甲組織直接關聯的登記制度的組成部分。清王朝的徭役制度，主要是模仿明王朝——無論是在形式上，還是在實質上——而設置的[25]。關於徭役的基本概念，最簡明扼要指出的，或許就是一份官方文件所說的：「大抵以士大夫治其鄉之事為職，以民供事於官為役。」[26]在理論上，所有居民都必須為政府提供一定量的勞動服務，但是自宋朝以來，政府准許那些應該提供勞役的人可以向政府繳納免役稅，即繳納一筆錢來免除勞役[27]。結果，徭役最終等於繳納金錢之外，當政府認為需要實際的力役時，還是要由在法律上已經盡了勞役義務的人來承擔。

和以前各朝代一樣，必須承擔徭役的居民稱為「丁」——十六歲到六十歲之間的成年男子（按照西方計算方式，為十五歲到五十九歲之間）[28]。丁的分類較多。大多數普通鄉人叫「民丁」，他們當然是最重要的丁。各地的稅額不同，在浙江省一些地方是〇．〇〇一兩，而在山西省一些地方為四．〇五三兩[29]。在華南一些省區，徭役稅雖然相當輕，土地稅則相當重；而在徭役稅較高的地區，土地稅則相對

20 《戶部則例》（10/1a）中這樣說：「廣一步、縱二百四十步為畝。」編者補充說：「方廣十五步，縱十六步。」這是官方規定的標準，可是清帝國各地在實際上很少遵照該標準。比如，《清朝續文獻通考》（1/7506）就提供材料說，「弓尺」

這個測量單位從最小的三尺二寸（中國測量單位）變化到最大的七尺五寸，畝從最小的二百六十「弓尺」變化最大的七百二十「弓尺」。大體說來，華南地區的畝比華北地區的要小。參見《清朝續文獻通考》，5/7550-7551。

21 安徽省桐城縣就提供了一個非常清楚的事例。《清朝續文獻通考》（1/7501）引用當地一作者的觀點，敘述說：「桐城田畝三十九萬有奇，計坵近二百萬。魚鱗冊式一頁，寫田八坵，計冊一本用紙近二十餘萬。計冊一頁，紙箚刷印筆墨雇募鈔寫核算約費需銀一分有奇，約造冊一本，民間所費已二千餘兩，而彙解藩司，紙箚浩繁，……通省之費更可知矣。」

22 《清朝續文獻通考》（1/7507）中收錄一八二〇年（即嘉慶二十五年）發布的一道上諭。該上諭引一御史奏說：「江蘇省有貧民地無一廛，每歲納糧銀數兩至數十兩不等，有地祇數畝，每歲納糧田銀十餘畝至數十畝不等者。」

23 無論是在嚴格意義上，還是在一般意義上，「勞役」一詞都可以使用。比如，*Encyclopaedia of the Social Sciences*, IV, pp. 455-456 說：「從一般意義上來說，『勞役』指一個人被迫向另一個人或官府提供的勞動。……真正的勞役，是一種同土地租佃聯繫在一起的義務勞動。」該書頁三四二還說：「幾乎每一個政府都強迫其公民同時或另外承擔規定的勞動。」*Encyclopaedia Britannica* (1947), VI, p. 481 說：「『勞役』一詞在封建法律上，用來指佃農因租佃土地而自願或非自願為其封建領主提供沒有報酬的勞動；因此，該詞語指任何被迫提供的無償勞動，尤其是政府強迫的勞動；它既用於指為各個封建領主、又用於指為封建政府提供的無償勞動。」George Jamieson在*Journal of the Royal Asiatic Society* (North China Branch, N. S., XXIII, 1888, p. 68) 上發表論勞役的文章，可以參考。

24 《清朝文獻通考》（12/123-13/142）中概括指出古代以來「勞役」的發展情況。

25 《明史》卷七八〈食貨志〉，2/7b；《續文獻通考》，16/2912 和 17/2924-25；和王慶雲，《熙朝紀政》，3/10b-11a。

26 《清朝文獻通考》，21/5043。

27 繳納免役錢，代替勞役，是王安石變法的結果之一。

28 《明史》，78/1a。

29 《清朝文獻通考》，19/5023。《戶部則例》，13/1a-6a，列出了康熙五十年（一七一一）不同地方的丁稅稅額變化情況。有關各種各樣的丁，可以參見《清朝文獻通考》，19/5023 和 21/5044；及《大清會典》，17/9a。

較輕[30]。在全國各地，遇到閏月都必須額外繳稅[31]。既然徭役是普通百姓的義務，那麼擁有特殊地位的階層——官吏和擁有頭銜的文人——是免服徭役的[32]。而且由於在理論上講，勞動只有體格強健的人才能承擔，因此六十歲之上、十六歲之下也可以免交丁稅[33]。

與理論上的說法相反[34]，額外的勞役還是經常要由已經繳納丁銀的百姓來承擔。有些額外的勞役，不是透過繳納免役稅就算完事的。保甲和里甲的事務，就是這種類型的「役」裡面最突出的兩項[35]。丁稅之外，政府所徵的其他附加勞役，通常稱為「差」和「差徭」，可以用金錢繳納[36]。這種差徭的分派，是與丁口所擁有的土地或牛羊和驢的數量成正比的[37]；或者規定各戶或整個村子承擔一定的份額，進行攤派[38]。中央政府並沒有制定出明確的規範。嚴格說來，這些附加稅是非法的，卻常常為因應緊急需要而產生。因為正規的丁銀在法律上是涵蓋所有勞役的，但是收來的錢卻經常不足以支付政府雇工從事工程建設或交通運輸的花費[39]。對地方官員來說，解決這一不足的最簡便方法，顯然就是對百姓強加額外的負擔。此外，軍事行動也總是需要相關地區的百姓提供勞役服務，特別是為運輸和其他雜七雜八的物資提供人力。這些都需要徵收額外的勞役或額外的免役稅[40]。

不過，兩種類型的「差」是合法規定的。在中華帝國的無數地方，專為傳遞政府文件而設置的驛站系統需要眾多的夫役和馬匹。根據一六六八年（康熙七年）的規定，要付給每個夫役「工食」，每人每天〇．〇一兩到〇．〇八兩不等。這筆花費由一般徵收的稅收支付。水路上的縴夫也要付同樣的費用[41]。如果必須雇傭額外的夫役或縴夫，就必須按照他們所走路程的長短來計算雇傭費。這種額外花費，只有

30 《清朝續文獻通考》，27/7787.；及盛康，《皇朝經世文續編》，38/31a-35a。
31 織田萬，《清國行政法分論》，第五卷，頁六九。

32 《清朝文獻通考》，25/5071。一些地方志經常列出有關地區免除丁稅之人數。參見《滕縣志》（一八四六年刊），4/10b-11a；《翼城縣志》（一九二九年版），9/8b-9a。根據《翼城縣志》提供的材料來看，十七世紀晚期山西省翼城縣丁的總數為一萬九千六百六十二，因擁有紳士地位而免服徭役的人數為一千零一；這樣，可以必須服徭役或繳納丁稅的丁數為一萬八千六百六十一。一七四五年，該縣的丁稅合併到土地稅中統一繳納；所有的「徭」（即指丁稅之外雜七雜八的勞役）在一八二五年也合併到土地稅中繳納。

33 《清朝文獻通考》，19/5024。

34 《清朝續文獻通考》的編輯者在該書，27/7788 中，評論說：「迨雍正二年，丁歸地糧，於是賦役合併，民納地丁之外，別無徭役，官有興作，悉出雇募，舉宋元以來之秕政，廓而清之。」事實證明，這個評論過於樂觀，不符合事實。參見該書〔編按：應為《清朝文獻通考》〕，24/5066 中收錄的一七七九年發布的一道上諭。

35 關於這種情況，《清朝文獻通考》〔編按：應為《續朝文獻通考》〕，卷二一處處都有，27/2789 中也有。〔編按：《文獻通考》系列共包括《文獻通考》（馬端臨撰，三百卷）、《清高宗敕撰，續文獻通考》（二百五十卷）、《清高宗敕撰，清朝文獻通考》（三百卷）、《劉錦藻撰，清朝續文獻通考》（四百卷）四部，在新興書局影印的國學基本叢書版本裡，對應的起始頁碼分別為：一、二七六五、四八四七、七四九一，蕭氏原著的編輯工作在這個部分處理得相當糟糕，誤植之處極多，譯稿已盡量予以訂正。〕

36 《清朝文獻通考》，19/5023；織田萬，《清國行政法分論》，第五卷，頁六〇－六三；第七卷，頁六二－六三。根據《文獻通考》中 13/139 的記載，差役（或者說勞役制度）自古代以來就充滿了不平等，沒有哪個政府能夠剷除這種不平等。

37 《清朝續文獻通考》，27/7790。

38 同上，27/7791。

39 同上，27/7790，直隸布政使〔屠之申〕一八二二年的上奏。

40 《皇清奏議續編》（一九三六年版），3/4b；《清朝續文獻通考》，28/7797。關於實際事例，可以參見《洛川縣志》（一九四四年版），14/a。

41 《清朝文獻通考》，22/5049-5050。

徵收額外的稅來支應。另一種政府核准由一般稅收來支付的「差」是河川保護的工作。在清王朝建立初期，設置了固定數額的「河夫」，《賦役全書》的預算裡也列有一筆付給他們的「工食」[42]。然而在實際上，當一般稅收不足以支應開銷時，政府經常開徵一些特別稅來彌補。乾隆帝在一七三五年即位後，立刻禁止徵收這樣的特別稅，重申應該由「正項錢糧」來支付河川維護費[43]。但是，沒有證據證明乾隆帝的禁令真的使這些非法稅收停徵了[44]。

為了掌握全國可以承擔徭役的總人數和各特定縣區承擔徭役的人數，就必須編輯特別的「戶冊」或「丁冊」，用來表明各戶可稅人數的登記冊，就像「丈量冊」表明全國可稅土地數量一樣。「戶冊」相當於明朝的「黃冊」，因而也經常被稱為「黃冊」。跟明朝的登記冊一樣，「戶冊」也包含登記人戶所擁有的可稅土地相關資料[45]，顯然是因為勞役的徵收終究要和土地稅聯繫在一起。關於這兩類基本稅的一般特徵和相互之間的關係，十九世紀初期的一位中國作者這樣描述道：

> 官司所據以徵斂者，黃冊與魚鱗而已，黃冊以戶為主而田繫焉，魚鱗冊以田為主而戶繫焉。一經一緯，互相為用[46]。

里甲與「黃冊」的編製

編纂「丁冊」或「黃冊」的程序，官方的用語叫作「編審」（編纂和審查）。清朝的做法與明朝大致相同[47]。每隔三年，就要對帝國全境的家戶和居民做一次調查，州縣官員要負責編纂各該地的登記冊。其方法如下：

以百有十戶為里，推丁多者十人為長，餘百戶為十甲，城中曰坊，近城曰廂，在鄉曰里。

……每遇造冊時，令人戶自將本戶人丁，依式開寫，付該管甲長。該管甲長將本戶並十戶，造冊送坊廂里各長。坊廂里各長將甲長所造文冊，攢造送本州縣。該州縣官將冊比照先次原冊，攢造類冊，用印解送本府。該府依定式別造總冊一本，書名畫字，用印申解本省布政使司。造冊時，民年六十歲以上者開除，十六歲以上者增注[48]。

---

42 同上，24/5046。有關地方情況的事例，可以參見《滕縣志》（一八四六年刊），4/11b。

43 《清朝文獻通考》，24/5059。

44 同上，24/5061。還請參見《滕縣志》，4/12a。胡長圖（Hu Chang-tu）獲得華盛頓大學哲學博士學位的論文 "Yellow River Administration in the Ching Dynasty"（一九五四年度），提供了附加的有關材料。

45 《明史》，78/1a，概述了明朝的制度。關於清代「黃冊」的記述，見《清朝續文獻通考》，13/2891 和 13/2893〔編按：13/2891 和 13/2893 見於《續文獻通考》，所述為明朝事。清代戶口的相關記載見《清朝續文獻通考》，19/5023 以下〕；劉世仁，《中國田賦問題》，頁八七－八八；及《內閣大庫現存清代漢文黃冊目錄》，引言。

46 王慶雲，《熙朝紀政》〔編按：定稿改稱《石渠餘紀》〕，3/16a。

47 《續文獻通考》，2/2786。明朝第一本魚鱗冊是在一三八七年（即洪武二十年）完成的，第一本黃冊是在一三八一年（即洪武十四年）完成的。有關明朝魚鱗冊和黃冊的編輯程序，《續文獻通考》（13/2891 和 16/2931）作了敘述。松本（Zenkai Matsumoto）的 "The Establishment of the Li System by the Ming Dynasty" 可以參見《東方學報》（*Tōhōgaku*），第一二期，一九四四年，頁一〇九－一二二。

48 《大清會典事例》，157/1a。《清朝文獻通考》在 19/5024 中提供了另外的材料，說登記種類〔籍〕有四，即軍、民（普通百姓）、匠（工匠）和竈（鹽戶，編按：俗寫作灶），根據稅率情況——這些居民有義務各自納稅的情況，各分上、中、下三等。《明史》（77/1b）和《續文獻通考》（16/2913）含有關於明朝情況的資料。

這就是有關登記程序和建立里甲體系的的基本規則。很明顯，里甲體系設置之初，只是幫助官府編造完成「丁」冊的工具。

在一六四八年（清政府設置編審登記制）到一七七二年（該制被取消）之間，清政府頒布了許多補充規定，以提高里甲體系的運作效能。一六五四年頒布的一項法律規定，在進行三年一次的人口調查時，必須詳細檢查每個里甲的名冊，以保證名冊能清楚地表明最初的人口總數、被刪掉和增加的名字、有繳納丁稅義務的現有人數，以及對每個人徵稅的總數。登記出錯是要受到法律懲罰的[49]。根據一六五七年發布的一道命令，如果知州知縣在編審黃冊時，丁口數比上一期的數字增加二千口以上時，就會得到獎勵。三年後，各省督撫得到指示，要以人口增加或減少作為衡量地方官政績優劣的標準[50]。

在全國範圍內進行調查登記，工作是相當繁重而且困難的。正是由於這個原因，從來都不曾令人滿意地執行。為了減輕工作負擔，清政府在一六五六年修改了原來的登記程序，下令把三年一次的人口調查改為五年一次[51]。不過，這並不是解決問題的藥方；因為根本的問題在於登記並不準確，它是因里甲未能把所有納稅者的名字都登記在「丁」冊上所造成的。勞役員額不足經常發生，官方稱之為「缺額人丁」。缺額的問題當然要設法填補。清政府在一六八六年威脅，如果知縣未能上報近來達到繳納「丁」稅資格者，將會受到懲罰。次年，清政府命令各省督撫在下一次丁口調查登記中必須把所有缺額補上[52]，但是問題依然沒有改善。一直到一七一六年，還在為同一問題搏鬥的清政府，甚至下令同甲或同圖的居

49 《清朝文獻通考》，19/5024；《大清律例彙輯便覽》（一八七七年刊），8/2a-b；及吳榮光，《吾學錄》，20/5a-6a。茲將依法律進行的懲罰列舉如下：

犯法行為	所受懲罰
整戶漏登	漏登有繳納丁稅義務者：重打一百大板 漏登沒有繳納丁稅義務者：重打八十大板
隱藏自己管轄範圍內的其他人戶	隱藏有繳納丁稅義務者：重打一百大板 隱藏沒有繳納丁稅義務者：重打八十大板
漏登或隱藏丁口和其他類之人	漏登或隱藏一到三個丁口：重打六十大板 漏登或隱藏三個丁口以上：重打六十到一百大板 漏登或隱藏三到五名未成年人或年老人：輕打四十板 漏登或隱藏五名以上：輕打四十到一百板

被漏登或隱藏的所有戶、丁和其他種類之人，都要登記入冊。對未能發現漏登或欺騙行為的里長的懲罰，情況如下：

犯法行為	所受懲罰
涉及到五戶	輕打五十板
涉及到六戶或六戶以上	輕打五十到一百板
涉及到一到十口	輕打三十板
涉及到十一口或更多	輕打三十到七十板

50 《清朝文獻通考》，19/5024。給予獎勵的做法在一七一七年終止執行。有關這一情況，可以參見《清朝文獻通考》，19/5026。《清朝文獻通考》（卷一九，各頁）和《清朝續文獻通考》（卷二五，各頁）中，都記載了清王朝各個時期上報的戶數和丁口數。下表可以列舉一些。

51 《大清會典事例》，157/1a。

52 《清朝文獻通考》，19/5025。

1661 年（順治十八年）	21,068,609
1721 年（康熙六十年）	27,621,334（其中包括免除丁稅之 467,850 丁，他們是在丁稅永久固定後出生的）
1771 年（乾隆三十六年）	214,600,356
1805 年（嘉慶十年）	332,181,403
1844 年（道光二十四年）	419,441,336
1851 年（咸豐元年）	293,740,282
1860 年（咸豐十年）	260,924,675
1901 年（光緒二十七年）	426,447,325

民來頂補「缺額」的丁數[53]。

一七一二年（康熙五十年），清政府採取了一項決定性措施，亦就是按照當年登記入冊情況，把丁口數額永久地固定下來。聖祖皇帝在一道非常著名的上諭中宣布道：

> 朕覽各省督撫奏編審人丁數目，並未將加增之數，盡行開報。今海宇承平已久，戶口日繁，若按現在人丁加徵錢糧，實有不可。人丁雖增，地畝並未加廣，應令直省督撫，將現今錢糧冊內有名本數，毋增毋減，永為定額，嗣後所生人丁，不必徵收錢糧。編審時，止將增出實數察明，另造冊題報[54]。

這樣一來，就大大降低了里甲作為黃冊編造的輔助性工具的意義。統計居民人數的程序因此變成一種對人口進行一般普查，而不再是確認可稅丁口的方法。

與此同時，清政府還採取了另一項決定性政策。大約從一六七二年（康熙十一年）起，一縣接著一縣把丁稅跟土地稅合併在一起徵收。丁稅很快就在法律上併到土地稅了。結果，黃冊以前擁有的許多作用就消失了[55]。五年一次的「編審」程序繼續實施了一段時期；事實上，在一七七二年廢止黃冊以前，清政府還在設法保證黃冊的準確性，一如一七三六年（乾隆元年）和一七四〇年（乾隆五年）發布的上諭表明的那樣[56]。不過清政府很快就意識到，從黃冊的用處來看，實在不值得為它去承受進行特別里甲記錄時所遇到的麻煩。因此在戶部的建議下，決定取消里甲編審程序，利用保甲登記作為年度上報的基礎——即作為準備登記冊的初步措施。一七四〇年，乾隆帝發給各省督撫的一道上諭說道：

53 同上。戶部作出的一項決定規定：「康熙五十五年，戶部議以編審新增人丁，補足舊缺額數，……倘開除二三丁，本戶抵補不足，即以親族之丁多者抵補；又不足，即以同甲同圖之糧多者頂補。」

54 《大清會典事例》157/1b；《清朝文獻通考》，19/5025。署名 O. P. C. 的作者在 *China Review* (VIII, 1881, p. 291) 上，發表 "Land Tax in China and How Collected"，認為「土地稅是康熙帝永久地固定的」。很明顯，該作者混淆了「丁」和「糧」。康熙帝固定的是丁稅或勞役，而不是「糧」或土地稅。莫斯（Morse）在其大作 *The International Relations of the Chinese Empire* (I, p. 30)，也犯了同樣的錯誤。清政府在一七一二年採取的措施，使居民在登記冊上登記姓名比以前要積極些，正如 Richard Wilhelm 在 *Chinese Economic Psychology*, p. 17 指出：「在十八世紀之初雍正帝的統治之下，清政府採納了一項基本稅收制度，引進了適度的土地稅。……雍正帝還取消了之前的人頭稅。這一措施的結果之一，就是人口迅速增長。」即從一七二四年的統計數字二千五百二十八萬四千八百一十八增加到一七五三年的一億零二百七十五萬。不過，作者所認為的雍正帝「引進了適度的土地稅」和「取消了之前的人頭稅」的觀點，是不正確的。

55 丁稅合併到土地稅，雖然在雍正在位之前，清政府並沒有批准，但是已經在一些縣區實行了。王慶雲在其《熙朝紀政》（3/16a）中說道：「自併丁賦以入地糧，罷編審而行保甲，於是黃冊積輕，魚鱗積重。」雖然黃冊的確失去了其地位，但是魚鱗冊取得了重要地位，值得懷疑。

56 《大清會典事例》，157/1b；《大清歷朝實錄．高宗朝》，130/1a-3a；《清朝文獻通考》，19/5028。一七四〇年發布的一道上諭，其中一部分這樣說道：「其自今以後，每歲仲冬，該督撫將各府州縣，戶口減增，倉穀存用，一一詳悉具摺奏聞。朕朝夕披覽，心知其數，則小民平日所以生養，及水旱凶饑，可以通計熟籌，而預為之備。各省具奏戶口數目，著於編審後舉行，其如何定議，令各省畫一遵行，著該部議奏。」戶部隨後上奏說道：「應令各督撫，即於辛酉年編審後，將各府州縣人丁，按戶清查，及戶內大小各口，一併造報，毋漏毋隱。」參見《大清歷朝實錄．高宗朝》，131/4b-5a。清王朝中央政府其他官員進一步考慮之後，作出下列結論，上奏清廷：「戶部議行歲查民數一事，……難據作施行之用，……應俟辛酉年編審後，戶口業有成數，令各督撫于每歲仲冬，除去流寓人等，及番苗處所，將該省戶口總數與穀數，一併造報。」乾隆帝採納了這一建議。參見《大清歷朝實錄．高宗朝》，133/5b-6a。乾隆帝還採納了戶部下列建議：「每歲造報民數，若俱照編審之法，未免煩擾。直省各州縣設立保甲門牌，土著流寓，原有冊籍可稽。……番疆苗界不入編審者，不在此例。」

造報民數，每歲舉行，為時既近，而自通都大邑，以及窮鄉僻壤，戶口殷繁，若每年皆照編審造報，誠恐紛煩滋擾。直省各州縣，設立保甲門牌，土著流寓，一切臚列，原有冊籍可稽。若除去流寓，將土著造報，即可得其數目。令該督撫于每年仲冬，將戶口實數與穀數，一併造報[57]。

乾隆帝對這種發展作出了符合邏輯的結論，他也把五年一次編審「丁」冊的做法廢掉了。他在一七七二年發布的一道上諭中說道：

編審人丁舊例，原因生齒繁滋，恐有漏戶避差之弊，是以每居五年查編造冊以備考核。今丁銀既皆攤入地糧，而滋生人戶，又欽遵康熙五十二年皇祖恩旨，永不加賦，則五年編審，不過沿襲虛文，無裨實政。……嗣後編審之例，著永行停止[58]。

這就是清廷的「致命一擊」，正式結束了早已失去作用卻還存在的黃冊編審程序。從那時起，清朝皇帝們放棄為了稅收而要弄清楚帝國鄉村居民人數的所有努力[59]。里甲組織雖然並沒有和黃冊編審程序一起廢止，但已失去其最初、獨特的協助編纂鄉村「丁」冊的作用。

賦役合併對里甲的影響

在清王朝建立早期，土地稅和徭役雖然在執行上傾向相互合併，但在法律上卻是清王朝分開的兩大稅收來源。事實上，某些地方已獲准採用盛行於明朝晚期[60]的「一條鞭」徵稅方法[61]。例如，四川省大部分地區針對土地徵收的糧稅，總是「載」著丁稅[62]。把丁稅和土地稅一起攤派和徵收，好處是相當明顯的。這是一種操作更為簡便的方法。丁稅附在土地上徵收之後，比起不考慮土地擁有的情況，而只根據戶口進行攤派和徵收時，逃稅要來得困難多了。由土地所有者來承擔納稅責任，不再向沒有財產因而無力納稅的人徵稅，政府從而避免遭到惡評的處境[63]。這種方法未必是公平的，對於富者來說，只要能忍住不占有土地，仍然可以免服傜役；或者採取欺騙手段，隱藏自己的土地而不納稅[64]。但是由於清政府的興趣並不在於解決抽象的公平，而在於如何方便地徵稅，因而很快就批准了已經流行一段時期，但還未成為法律的徵稅方法。

---

57 《大清會典事例》，157/1b。

58 同上，157/2a。

59 王慶雲，《熙朝紀政》，3/9a-10b。

60 《明史》，78/6b 中概括地解釋了「一條鞭」制。該制在萬曆帝於一五八一年（即萬曆九年）最後採納之前，就已經經歷了一段發展時期。《續文獻通考》，2/2793 和 16/2915-19，簡略地敘述了「一條鞭」制。

61 王慶雲，《熙朝紀政》，3/9a。

62 《清朝文獻通考》，19/5026。編輯者評價說，這種做法在清廷一七二三年（即雍正元年）批准以前，在廣東省也盛行。

63 《大清會典事例》，157/6a。一八二一年（即道光元年）發布的一道上諭，一部分內容如下：「山西通省州縣，向來丁傜地糧，分款徵收，嗣因分民輸納維艱，節經奏准，將丁傜銀兩，歸地糧攤徵，已有八十一州縣。」

64 王慶雲，《熙朝紀政》，3/19a，就有這麼一段話：「而戶冊所謂富民、市民者，擁貲千萬，食指千人，不服田畝，即公家一絲一粟之賦無與焉。」該書成於一八六二年之前。

清政府採取的第一步措施，似乎是在一七一六年（康熙五十五年），清廷批准廣東省按照○・○六四到一・○兩的稅率，把丁稅攤入田賦中徵收[65]。一七二三年（雍正元年），清廷批准在直隸省推行[66]。一省接著一省先後獲准採行，到了十九世紀初，全國各省實際上都已採行這種徵稅方法[67]。各地稅率相差甚大，從○・○○一（江蘇）到○・八六一兩（湖南）不等[68]。在清王朝剩下來的年分裡，「賦」和「役」實際上就是一種相同的稅收。

原本是為了登記某個特定鄉村鄰里地區「丁」的人數而設立的里甲組織，隨著土地和勞役稅的整合而發生了一些變化。正如本書第二章所描述的[69]，里甲組織最初是設立在居住於一定區域內固定數量家戶的基礎之上，而不是以土地為基礎的[70]。不過，自清初以來，丁稅有時就和土地稅一起徵收，因此在一些地方，土地可稅數就成為里甲組織設置的基礎。《杭州府志》記載的事例就能反映這一情況，在一六七一年（康熙十年），浙江杭州府的「紳衿士民」請求把里的規模標準化，以便每個里能擁有總數三千畝的土地[71]。根據《淮安府志》的記載，江蘇省鹽城縣的部分情況如下[72]：

	土地數（畝）
裴橋里	25,447
調和里	19,978
角巷里	32,424
青溝里	6,251
辛莊里	9,280

65 《大清會典事例》，157/4a；《清朝文獻通考》，19/5026。

66 為了回答雍正帝發布的一道旨令，清政府中央九卿和左都御史上奏建議，為了在直隸省有效的丁稅公平攤派方法，由皇帝下旨指示直隸省總督檢查該省的土地登記入冊情況，「這樣，無地者、窮者就可以免於承擔繳納丁稅的負擔」。最終的結果是，清廷決定在每兩土地稅上額外徵收〇．二〇七兩。這筆額外稅，仍然稱為丁稅，連同普通賦稅一起徵收。參見《清朝文獻通考》，19/5026。

67 《大清會典事例》，157/4a-6a。稅收一體化的過程，在乾隆帝即位初期就已經大部分完成。最後在一八二一年得到批准的縣區，是山西省大約二十個州縣。關於詳細資料，可以參見《清朝文獻通考》，19/5026。根據王慶雲的《熙朝紀政》，3/13a 中的記載，在奉天府、山西、廣西和貴州的一些地區，丁稅仍然是分開徵收的。

68 《戶部則例》，13/7a-b；《戶部則例續纂》，3/1a-15a；《大清會典事例》，157/4a-6b；《清朝文獻通考》，19/5026。

69 參見第二章，關於「里甲組織」部分。

70 《吉安縣河西坊廓鄉志》（一九三七），1/2b 說道：「蓋明洪武間，因戶編里，里各一圖，非計地之廣袤，實因戶籍之多寡為定也。」關於這一點的描述性事例，可以參見戴肇辰，《學仕錄》，2/27a，引趙申喬（一六七〇年進士）的話；《蔚州志》（一八七七），3/25a 和 7/1b；《興國州志》，（一八八九），2/6b 和 5/2a-7a；《湖南通志》（一八八五），卷四八，各頁；《九江儒林鄉志》（一八八三），5/10a-19a；《賀縣志》（一九三四），2/17a-18a，引一八九〇年刊本；《湄潭縣志》（一八九九），4/1a 和 8/53b-54a；《鎮雄州志》（一八八七），3/15b；及《尋甸州志》（一八二八），1/4a。

71 《杭州府志》，5/21b。

72 《淮安府志》（一八八四），17/3a-4a。

山陽縣的里組織雖然叫「圖」，但是其情況類似：

	土地數（畝）
仁字一圖	7,318
仁字二圖	6,594
仁字四圖	5,512
仁字六圖	2,957
……	

把丁稅和地稅合併徵收後的變化反映得最清楚的，是一八八六年所刊《昌平州志》提供的事例[73]。從十七世紀晚期某個時候起，這個屬於直隸省的地方，就不再以戶數作為里甲組織設置的基礎。據修志者所言，設置情況如下表所示。

	土地數（畝）	丁數
得辛里	2,900	153
咸寧里	6,400	141
居安里	3,600	81
義昌里	8,000	190
從善里	6,700	244
餘慶里	4,800	168
撝謙里	11,100	132
太平里	5,700	72
安仁里	6,400	171

里甲作為登記輔助工具的效用

既然里甲是在一七七二年正式終止執行稅收登記的功能，那麼評估里甲體系的作用也就限於一六四八年到一七七二年之間。遺憾的是，里甲體系在這方面的實際運作，可用的史料基本上都沒有記載。除了從一些零星記載尋找參考之外，沒有更好的辦法。

清政府已經預料到登記冊有可能作假，因而特別下令禁止「欺隱田糧脫漏版籍」，並禁止借名濫冒優免丁銀[74]。但是，再多的禁止令也不能完全根絕逃稅行為。里甲頭人經常由於個人利益而不向官府提供正確的紀錄；有時鄰居中有勢力的人戶企圖逃避稅責，他們也無力阻止。清王朝接收了前朝留下來的登記冊相當混亂，卻無意重新展開一個全國範圍的登記工作，更讓這種困難雪上加霜。根據清初一位巡按御史所述：

> 直隸各省州縣衛所編審花戶人丁，俱沿襲舊數。壯不加丁，老不除籍。差役偏枯不均[75]。

根據保甲組織運作情況進行判斷，可以說里甲的登記入冊制度在隨後的年月裡也沒有改善。十九世紀一位中國作者的說法，雖然主要是指山西省的情況，在一定程度上顯示出在該世紀和之前，里甲組織運作的一般條件。他指出登記入冊過程中普遍存在的幾個弊端：

> 賦役既有定額，而戶之大者非苞苴之私投，則請謁之公行，本宜多坐而反減者有之。大戶減則弱

---

73 《昌平州志》（一八八六），11/23a-26a。

74 《戶部則例續纂》，2/9a-10a。

75 《大清歷朝實錄．聖祖朝》，5/13b-14a。

戶益增，放富差貧，古患之矣。……

三門九則，原為貧富不同而設，無如操縱於長吏筆端之上下，其所欲上，一丁而供數丁之役；其所欲下，數丁而無一丁之費[76]。

很難想像，在這種情況下編造出來的里甲登記冊，能夠反映實際戶數和人口數，或不同鄰里之間各戶擁有的實際土地數。即使這種登記冊在計算上準確，是否可以作為公平攤派稅額的根據也值得懷疑。

我們也不能假定地方官員和衙門書吏會真的重視里甲登記冊和據以編成的黃冊。清王朝很可能重蹈了明王朝的覆轍。《明史》中說：「其後黃冊祇具文，有司徵稅、編徭，則自為一冊，曰白冊云。」[77]不管怎樣，可以肯定的是，到了十九世紀下半葉，因為戰爭和自然災害的關係，所有以里甲登記冊為基礎而編成的、此前可據以徵稅的書冊，大部分都不見了。這樣，地方徵稅就經常不得不依靠衙門書吏私人抄寫和保存的登記冊[78]。畢竟，自從一七一二年丁稅稅額永久地固定下來，一七二三年丁稅首次正式併入土地稅一起徵收之後，里甲登記冊對稅收制度沒有什麼意義了。絕大多數的弊端來自於混淆和篡改土地登記冊，而這完全不是里甲體系的問題。

在里甲組織登記程序廢止之後，以保甲組織登記冊為根據而編成的人口登記冊，並沒有比以前根據里甲登記資料而編成的登記冊更為精確。按照一位官方參考資料編纂者的話來說，每年上報北京的戶數彙報（假定是以實際的保甲數字為根據），大體上是按照下列模式捏造出來的：

……布政司以問之州縣，州縣以問之二三虎狼吏，聚一室而攢造之已耳[79]。

里甲在稅收上所扮演的角色

里甲原來的職能是定期協助地方官編審黃冊——登記清帝國各地有義務繳納丁稅（勞役）的丁口數的冊子。然而，里甲最終與稅收程序聯繫在一起，完全停止執行其最初的職能。為了考察里甲組織職能的這一變遷過程，了解一些跟這個問題有關的中華帝國特有的徵稅程序特徵是很有必要的。一般的徵稅程序明顯劃分為三大階段[80]：一、正式通知納稅人履行納稅義務。這一過程在帝國時期通常叫「催科」（意即「催促交稅」）；二、收稅，以實物繳交或折算成相應金額的稅款；三、將各地徵收的稅上繳中央政府。里甲只是在前兩個階段發揮作用。

由於拖欠納稅是長期而普遍的情況，複雜「催科」程序就變得很重要。官府發現必須反覆地、強制地提醒土地擁有者履行納稅義務。整個「催科」過程，由官府宣布各地的繳稅日期開始。清政府規定，每年分兩個時期收納田賦和徭役稅，各省時間都不相同[81]。在規定開始繳稅日的大約一個月之前，州縣

76 《清朝續文獻通考》，25/7757，引李建侯，〈王公編審碑記〉。
77 《明史》，77/1b；亦見《續文獻通考》，2/2792。
78 劉世仁，《中國田賦問題》，頁一〇九。
79 《清朝續文獻通考》，25/7755。
80 《大清會典事例》，171/2a-4b、172/1a-8a 和 173/1a-6b。
81 《戶部則例》，11/2a：「徵收地丁錢糧，限二月開徵（雲南、貴州二省限九月開徵），四月完半（陝西、四川二省寬至六月），……八月接徵（福建省七月接徵，山東、河南二省暨安徽之廬州、鳳陽、潁州、泗州等屬六七月），……十一月全完（雲南、貴州二省次年三月全完）。」《欽定六部處分則例》（一八七七年刊）也敘述同樣的措施。還可參見賀長齡，《皇清奏議》，8/1a-b。

衙門就要向各該地區的每個納稅人發出一份叫作「易知由單」（即容易明白的通知）的文件，這樣他們就知道什麼時候要繳納多少稅給政府[82]。一六四九年採行的「易知由單」，後來證明為敲詐勒索開了方便之門[83]，因而在一六八七年被正式廢止[84]。為了改善這種情況，清政府採取一系列補救措施[85]，准許納稅人可以抗議不法行為[86]。

取代「易知由單」的是十八世紀初期發明的「滾單」。「滾單」是由州縣衙門簽發給甲長的文件，由甲長負責在其轄區的五或十戶居民之間傳閱，以提醒各人繳稅的義務[87]。如果有哪戶人家未能按照順序把「滾單」傳給下一戶（因而造成「催科」過程中的延誤），依法是要受到懲處的[88]。據說，這個措施革除了一些臭名昭彰的弊端，但是仍有更多的非法行為一直延續到十九世紀[89]。結果，「滾單」對納稅人只不過是一件利弊參半的事[90]，他們和從前一樣繼續默默地承受著痛苦[91]。

法律規定的收稅程序是比較簡單的。政府在一六六一年發布的一道命令，規定納稅人要親自將其應繳納的稅錢放入衙門大門前的木櫃裡，應繳納的稅糧要送到指定的穀倉裡[92]。這種強迫本人親自投納的方法，一而再，再而三地反覆重申，因為清政府相信它是唯一能預防書吏、衙役和里甲長侵吞國家稅收的方法[93]。然而，稅額較少的人（指應納稅額在一兩銀子以下），可以要求稅額較多的人代為繳納[94]（這又為惡劣的不法行為「包攬」開了方便之門[95]）。官府會簽發收據給完成繳稅的人。收了稅而不給收據，或者發給收據卻沒有載明收稅的總額，都是犯罪，依法要受到懲處[96]。除了短暫的時期之外[97]，這些收據均為一式三聯，第一聯由衙門存檔，第二聯由得到授權收稅的代理人在收稅時使用，第三聯發給納稅人[98]。因此這種收據稱為「三聯串票」，或者簡稱「串票」。由於它蓋有官印，並且把相應各聯撕開分發給官府、收稅代理人和納稅人，所以有時也稱為「印票」（蓋章收據）或「截票」（撕開的收

82 《清朝文獻通考》，1/4858-59。

83 馮桂芬（一八〇九－一八七四），《顯志堂集》，5/37a，寫給巡撫許乃釗的一封信。馮桂芬說：「今則易知單特為糧書需索舞弊之符。」

84 王慶雲，《熙朝紀政》，3/16b-17a。

85 在《大清會典事例》（172/4b-8a）中，可以看到這些基本措施。

86 《戶部則例》，11/3a。

87 同上，11/4a；《清朝文獻通考》，2/4867 和 22/5051。亦見李漁，《資治新書》，二集，1/9b。

88 《戶部則例》，11/3a。

89 Joseph Edkins, *The Revenue and Taxation of the Chinese Empire* (1903), pp. 149-150.

90 《清朝文獻通考》，2/4867，修纂者所作的一句評論。

91 《清朝文獻通考》，4/4885。舉例來說，在例外情況下，在那些負責官員對清廷的規定和人民大眾的利益特別注意的州縣，「滾單」就在一定程度上有效地防止了非法行為。據報告說，廣東省和平縣有這種運作得較好的事例。參見《惠州府志》（一八八一），18/6b-7a。

92 《清朝文獻通考》，1/4860。

93 同上，22/5051。還請參見《江西通志》（一八八〇），卷首之一，頁九a。

94 《戶部則例》，11/7a。

95 不止一個州縣為擁有土地的不在地主規定了特殊的繳稅方式。參見《清朝文獻通考》，3/4876，「順莊法」。

96 《欽定六部處分則例》，25/45a：「輸納錢糧，令小民自封投櫃，照數填給印串為憑，如州縣官勒令不填數目，及不給與印串者，將州縣官革職拿問。」

97 王慶雲，《熙朝紀政》，5/16b提供了一些材料。在一七二五年到一七三〇年間使用的收據是一式四聯。第四聯是發給納稅人。納稅人一旦納完稅，就把這第四聯單獨放入一箱子，進行額外檢查。這種方法在一七三〇年就不再實行了。

98 《戶部則例》，11/9a 和《清朝文獻通考》，2/4866，都描述了這種一式三聯收據的形式和使用方法。

據）[99]，持有「串票」在法律上證明他完成了當年的納稅義務。然而，有許多納稅人在拖延很長一段時間後，或在他們向負責收稅的衙門僚屬行賄之後，才能拿到這個相當重要的收據。

在法律上，知州、知縣就是收稅官，直接與所轄州縣的納稅人打交道。他們負責把所有政府規定的稅收收齊，並上繳到所在省的布政使，再由布政使把應該上繳的稅收送到北京[100]。然而，清廷授權知州、知縣可以任命幫手幫助他們完成各種各樣的稅收任務，批准他們可以利用州縣以下基層官員的幫助；如果該州縣沒有基層官員，則可以利用負責教育工作的官員來幫助[101]。

州縣官員的確廣泛地利用了他們自己的僚屬——衙門書吏和差役。其中一種書吏，即通稱的「總書」，在徵稅活動中的角色最為突出。雖然《賦役全書》中所規定的稅額是官府徵稅的依據，而且各州縣也總是以該書作為參考，但是該書並沒有規定細節，而且經常與實際狀況不符。因此，州縣官員就不得不依靠記錄書吏來獲取關於其轄地稅收、當年應繳稅額及拖延未繳的納稅人等等方面的具體資料。而「總書」是州縣官員獲取此種資料的第一人[102]。

州縣官府徵稅程序，大多是透過文書工作進行的。但是要完成「催科」任務，就必須到大多數納稅人居住的鄉村中；對於州縣官員或其衙門僚屬來說，要親自到鄉村地區去「催」，實質上是不可能的。因此，州縣官員就自然地召喚眾多正常職責本來不是徵稅的小助手——里甲頭人、衙門差役，和一些法律地位不明確的其他人來幫忙，各個地方的做法不盡相同。按照一本半官方的出版品所載，「催科」程序有三種不同的方法來執行：一、把衙役派到每個里，直到該里的稅收繳納完畢；二、徵召「里書」（即里長）或「甲總」（即甲長）；三、指定一些納稅戶的戶主來充當「催頭」[103]。

利用里甲作為徵稅的輔助性工具，這個做法可以直接追溯到明朝。由於明朝的丁稅相當繁重，難以徵收，因此特別設置了里甲來負責「催徵」的工作。那些家中丁數最多的戶主和土地最多的戶主，常常被任命擔任里長。明朝的里甲通稱為「經催」（催徵負責人）[104]，證明它的主要功能是「催科」而非登記入冊的假設是正確的。為了加強對土地稅的徵收，在里甲之外，明政府在每區設置了四名糧長，從擁有大量土地的地主中選出，負責徵收糧食稅[105]。這樣，至少在明王朝統治的一部分時期裡，可以將其稅收過程概括為：「里甲催徵，糧戶上納，糧長收解，州縣監收。」隨著時間的推移，里甲和糧長都變成

---

99 《戶部則例》（11/9a）和《清朝文獻通考》（2/4866）中進一步描述一式三聯收據的實行措施，補充說明了有關文書工作。

100 《戶部則例》，11/9a。蔡申之，〈清代州縣故事〉，《中和月刊》，二卷九期，頁五三，描述了稅收程序。這裡提到所用的是證件而非其他。《戶部則例》，11/5a；及《清朝文獻通考》，1/4859。

101 《戶部則例》，11/10a。亦見織田萬，《清國行政法分論》，第五卷，頁一〇九。

102 蔡申之，〈清代州縣故事〉，頁五三。

103 《州縣事宜》（咸豐元年武昌刊本），一一a－一二a。引見蔡申之，〈清代州縣故事〉，頁五六。

104 《清朝文獻通考》中（22/5049）所引沈荃為江蘇省婁縣知縣李復興所寫關於勞役之書所作的序。自中國古代以來，就認識到必須在鄉村地區設置稅收代理人。根據〈地官〉部分（3/71 和 77、4/85 和 98-99 及 101）的描述，《周禮》包含其中一些基本概念，特別的有里宰、閭胥、遂人、鄉師。漢朝的嗇夫（《漢書》，卷一上，頁一九a；《後漢書》，38/5b-6a）、隋朝的里長（《隋書》，24/6a-7b）、唐朝的里正、戶長、鄉書首（《舊唐書》，48/3a；《文獻通考》，12/127），和明朝的糧長、里長等等，都是負責縣以下基層稅收工作的。

105 《明史》，77/3a-b。糧長最初是在一三七一年（即洪武四年）在不同地區設置的。根據《明史》（78/4b）中所言，明朝政府任命大地主擔任糧長，負責「監督」其所在村莊納稅。每年七月，州縣派官員隨同糧長進京，領取稅糧繳納憑單〔勘合〕後返回。參見《續文獻通考》，2/2786。

腐敗的工具；州縣官及其僚屬經常強迫里甲供應財物，並提供超過遠遠他們法定責任的服務[106]。

清王朝統治者取消糧長制度，以知州、知縣為唯一的稅收官員[107]；雖然保留了里甲組織，但其職能不再是「催徵」稅收，而是戶口登記。這些措施顯然是為了糾正明朝制度的弊端。但是，清王朝的里甲組織很快就失去了作為鄉村戶口登記代理工具的功能，而變成實質上與明朝「經催」功能一樣的工具。換句話說，里甲組織的職能已經發生了變化，等於是明朝制度的翻版。

里甲組織的這種功能變遷，發生於清王朝統治的早期。到十七世紀中葉，許多地方官都肯定利用里甲幫助收稅的做法是「良方」[108]。他們很快就意識到「催納錢糧」是里甲組織的最佳職能[109]；因而清廷最終規定里甲組織是其在鄉村的稅收代理人，授權它「催辦錢糧」[110]。不出所料地，重新賦予里甲組織「催科」的任務，使得明王朝的許多非法行為死灰復燃；其中最嚴重的是把沉重的負擔非法地加在里甲頭人身上，間接地加在各甲組織的納稅人身上。

從一八八一年刊的《無錫金匱縣志》所提供的材料，可以看出十七世紀後半期和十八世紀早期，江蘇這兩個地區的里甲組織運作情況：

> 每里為一圖，每圖編民一百一十戶，分為十甲，擇丁田多者為里長。……領中產十戶為甲首。……里長輪年應役，周而復始，又以里長一人不勝其役之繁也，於是有總甲、有稅書（即今之戶書俗名區書）。現年為里長者，先一年為總甲，後一年為稅書，故一人而接踵三載，餘七載為空年。一年而並役三甲，餘七甲為空役。
>
> 里長管一圖之錢糧，凡盈縮完欠，追催比較，皆其責。

總甲管一圖之事務，凡不公不法，人命盜賊，皆其責。稅書管一圖之錢糧冊籍，凡同都隔扇推收過割，皆其責。……

以上的情形持續到一六八六年。明顯由於現存里甲體系引起了嚴重的弊端，江蘇巡撫湯斌做了一些小變動。他禁止任用里長扮演上述的角色。結果，一直由里長承擔的職責就轉到了總甲的身上。

另一個變化發生在一八二〇年：

106 《明史》，77/4a-b 和 8b〔編按：在卷七八〕；《續文獻通考》，2/2785 和 16/2914-15。徵收每萬石稅糧，設糧長和副糧長各一名負責。在一三九七年，增設正、副糧長各一名。到十五世紀中葉，這些徵稅負責人被取消。Yokio Yamane（山根幸夫）在"On the Duty of the Village Headman in the Ming Period"（*Tōhōgaku*《東方學報》，一九五二年一月，頁七九－八〇）中，利用明朝時期所刊地方志資料，分析了明王朝徵稅代理人的職能。按照作者的英文摘要，其主要結論是：「鄉村頭面人物的職責是將牲口、水果、藥材、皮毛、絲綢和其他類似東西，當作貢物送交朝廷和國家。其職責還在於發揮自己的作用，為地方政府收集經費，在花費中包括宗教儀式費、過年費、社會福利費、娛樂費等等。」

107 《州縣事宜》，五三b－五四a。還請參見蔡申之，〈清代州縣故事〉，頁五七；《牧令書輯要》，3/52a-54a。

108 李漁，《資治新書》，二集，1/13b。李漁引用了山東青州巡道呈給總督和巡撫的報告。

109 《清朝文獻通考》，21/5045；《清史稿．食貨志》，一一a。

110 《大清律例彙輯便覽》，8/47a〔譯按：應為 46b〕中說：「凡各處人民，每一百戶內議設里長一名，甲首一十名，輪年應役催辦錢糧，勾攝公事，若有妄稱主保小里長、保長、主首等項名色，生事擾民者，杖一百遷徙。」Jamieson 把這些措施翻譯發表在 *China Review*, VIII (1880), p. 360.

至（嘉慶）二十五年〔譯按：應為二十六年〕，巡撫李星沅……始疊下嚴札，略曰：……嗣後地保一役，照例由各圖士民公舉……，報官點充。……如有抗欠不完者，責成糧差協同地保催追[111]。

上列引述雖然冗長，但是特別有趣，因為它摘述了發生在江蘇這些地區的一些發展，而這種情況也以略微不同的方式發生於其他地區。它顯示早在清王朝剛剛建立的十七世紀中葉，各地在實務上就已經背離了清朝法律的規定，指派給里甲的工作明顯超出法律的限制。里甲組織登記納稅人戶的正式職能，已經完全被徵稅功能所取代。到李星沅實施改革措施時，總甲緊跟著里長和稅書之後，也從歷史舞台上消失，只留下地保來承擔以前由這些里甲頭人承擔的任務。這種變化趨勢，前面在有關保甲體系的討論中就已經提到了[112]。

從一八七二年刊印的《南海縣志》中引述的材料，不但反映了里甲組織的另一種運作模式，也說明在徵稅過程中落在里甲組織人員身上的困難：

吾邑賦稅之入，以都統堡，其堡多少不等，以堡統圖。……以圖統甲，每圖分為十甲，每年輪值，以一甲統一圖辦納之事，謂之當年。

為當年者，於正月置酒通傳十甲齊到，核其糧串，知其有欠納與否，有則行罰例。……故鄉曲至今相傳，為當年不嫁娶，蓋……以辦公事為急，……不暇及其私也。

以甲統戶，戶多少不等，有總戶，有子戶，……由甲稽其總戶，由總戶稽其子戶，……所應納者，無從逃匿，法至善也。

> 但各縣之冊籍存於官，鄉老甲長無從而見。……故胥吏得恣其飛灑[113]。

里甲頭人的角色因此令人望而止步。在許多情況下，他們不但要負責催促其同鄉交稅，還要負責賠償同鄉未交的稅。一位方志編纂者因此告訴我們說：「遇輪值之年，舉族不嫁娶，土著坐是離散。」[114]一些地方努力設法改變這種局面。江西省金谿縣的經驗相當有代表性，根據一位中國作者的記述：

> 縣之區為若干鄉，江以南皆然。鄉區若干里為都，都區若干戶為圖，圖有甲凡十，更迭以供縣之役。役必其里之長，曰里長曰糧長。二長分任夏秋兩賦之催輸，終一歲而更。有司予以期會，嘗晨入檢校，謂之點卯。違則杖且罰。胥與隸輒多為之名，至期索二長，錢給惟命。金谿之鄉凡六，為都四十有奇，曰歸政者，六鄉之一也，屬九都，為圖四，去縣三四十里不等。夏稅入城，僦居市飧，赴胥隸約，歲費率不下七八十金。秋稅輸米，抵許灣漕倉，費稱是。
>
> 紳之戶曰宦，士之戶曰儒，皆著民冊，其抗不輸者，有司置不問，惟按冊稽督，歲代輸又不下二三十金。鞭笞拘囚月不絕，值役者往往破其產。

111 《無錫金匱縣志》（一八八一），11/3a-4a〔編按：第二段引文見 11/5a-b〕。

112 在最近的時期，即使地保也在一些地區消失了。這類事例可以參見 Fei Hsiao-tung (費孝通), *Peasant Life in China* (1939), p. 193.

113 《佛山忠義鄉志》（一九二四），4/2b-3a，引自一八七二年刊的《南海縣志》。

114 《佛山忠義鄉志·人物六》，14/32b。參見《花縣志》（一九二四），4/17a。

到一七〇八年，情況有所好轉：

> 邑生馮公諱夢鵾，九都之二圖人，……其應輸田糧當甲三之一，憫其役之繁且累也，為立免役法。舊日冊書、圖長、甲長、戶長諸名色，悉擇殷實而誠篤者充之，定以四月輸夏稅銀之半，八月而畢輸。秋稅米，期以十月，餘時不入城，值卯諸費悉除。
>
> 且以宦儒倡之，先期納如額，其他編戶，圖長責諸甲長，甲長責諸戶長，更移多寡之數，冊書任其事。
>
> 始康熙四十七年戊子，迄今庚子，行十餘年矣。計所省費，蓋不下二千餘金。
>
> 丁酉公卒，戶皆焚香哭，時歸政之圖，各做公法，未幾，六鄉之聞而傚者，又什之三四[115]。

無論金谿縣從上述改革中得到什麼利益，這種利益都只是限於局部地區。馮夢鵾在金谿縣努力糾正消除的苛政，在清帝國許多其他地區仍廣泛存在，而且未得到剷除。由於局勢相當糟糕，終於引起了清廷的注意，正如一七二四年的一道聖旨所指出的。雍正帝指示江西巡撫：

> 地丁錢糧，百姓自行投納，此定例也，聞江西省用里甲催收，每里十甲，輪遞值年。……小民充者，有經催之責，既不免奸胥之需索，而經年奔走，曠農失業，……需即查明，通行裁革[116]。

這道針對江西里甲所下聖旨的執行結果如何，沒有具體資料可以確認，但是有一些資料顯示，其他許多省區（包括湖南、廣西、貴州和山東）也存在類似的做法。舉例來說，在湖南省道州，每甲設置「戶首」（亦就是戶長），由甲內各戶輪流擔任。這些家戶要到地方衙門領取「滾單」，並隨同衙門所派差役到其所在鄰里催促每戶交稅。如果有人未及時交稅，戶首就會遭到鞭打。有時，一些家戶住在離戶首較遠的地方，戶首根本不可能親自到這些人戶去催促交稅；或者在另一些情況下，拖欠者與戶首的關係非常緊密，使得戶首難以有效地履行其徵稅代理人的職責。這些情況使戶首更容易受到鞭打。結果，許多戶首為了逃避苦難，或者向衙門差役行賄，差役就會找替死鬼來承受鞭打；或者行賄衙門書吏，把擔子轉到其他住戶身上。一八五三年，道州知州准許忙於參加州試的年輕士子家庭免除承擔這項工作[117]，顯示上述的一般情況到十九世紀仍然存在。

十七世紀末，十八世紀初，廣西容縣的普遍做法，說明了另一種折磨里甲人員的濫用類型：把那些與「催科」或稅收有任何關聯的、未經法律准許的工作，強加在里長的身上。依照一位地方志編撰者的敘述：

> 康熙年間，每十年里輪一家作里長，戶輪一人作冬頭。里長主承充公事，冬頭主催納錢糧。所謂公事者，若迎新送舊，修理鋪設，置備縣衙執事傢伙。此一年中大小物料，皆出自里長，時

---

115 《撫州府志》（一八七六），卷八一之一，二二b—二三b。〔編按：作者為李紱。〕

116 《大清十朝聖訓．世宗朝》，15/7a-b。

117 《道州志》（一八七八），3/17a-18b。

里長之值月者，每夜辦攢盒二副，送入衙內，共折白金二兩，他費不與焉。……

又院司府道衙署歲修經費，皆出自里長，科歲考棚支用，補築城池，蓋整公所，惟里長辦。……尚有一切飛差，開載不盡。……而本衙門差役胥吏生端開派，更不可究詰矣。

故鄉民一輪里長，即性命以之。雖有富民，九年之蓄，常敗於一年之費。於是有真逃亡，於是有偽死絕。

而田荒役不荒，乃累及同產包賠，同產又逃亡，累及同役攤賠[118]。

這絕不是獨一無二的事例，清帝國其他地區也存在著類似情況[119]。雖然清廷明確地禁止強迫里長承擔額外的工作，但是只要里甲體系還在運作，種種非法行為就會繼續存在。早在一六六〇年（順治十七年），清廷就嚴厲禁止地方官員把未經准許的職責加在里甲人員身上，諸如「日用薪米，修造衙署，供應家具禮物，及募夫馬民壯」。一六六九年和一七〇〇年，清廷又反覆重申此一禁令[120]。然而，這些非法的工作對於地方官員來說，即使不是完全不可或缺的，卻是非常方便的。因此，他們不願意理會清廷的希望，或尊重里甲組織的法定職能。結果，許多里長甲長處於相當困難的境地，對里甲組織作為稅收的輔助性工具形成阻礙。

不過，里甲頭人當然也不是無可指責的。許多里甲頭人把地方官強加的非法負擔轉嫁到納稅人的身上[121]。在另一些情況下，里甲頭人也發展出他們自己的腐敗做法，利用自己作為官府徵稅代理人的權力，壓迫轄下的納稅人，索取非法錢財。下面這個特別顯著的事例，說明了這種縣以下基層存在的最惡劣的腐敗情況。一位中國作者描述了十九世紀下半葉陝西省長安縣的情況：

伏查長安民糧分為四十九里，每里分為十甲（亦有分十一二甲者），……自來有糧者均為花戶，管糧者乃為里長，此通例也。

而長安有不然者，……既為花戶，則不敢看里長之帳，亦不問里中之帳，任里長飛攤過派，不敢稍有計較。一或觸忤，則群起而摧辱之。……雖重費有所弗恤，彼花戶者寡不敵眾，弱不敵強，有傾家破產而終不得伸者，以故忍氣吞聲，甘受魚肉而無言。

凡里中算帳，里長則坐於庭中，花戶則立於門外，里長則筵於堂上，花戶則食於階下，謂里長為父母，花戶為子孫，則尊卑判矣。近又有不與花戶結親之說，則清濁分矣。……

花戶之地，雖賣於別人，亦仍為花戶，即紳衿不能易也。

細查此弊，悉由二三里蠹，交通糧差，藉端漁利，凌虐良懦所致。……里蠹者，即各里久管糧務者也。[122]

118 《容縣志》（一八九七），28/5a；《牧令書輯要》，2/60b-62a。

119 關於補充性的事例，可以參見《清遠縣志》（一八八〇），12/14a-b；《湄潭縣志》（一八九九），8/35a-b 和 37a；《滕縣志》（一八四六），6/37a。按照劉世仁，《中國田賦問題》，頁九一所提，吏書由於保存著有關圖甲組織、納稅人姓名及其應納多少等方面的祕密紀錄，因而成為負責收稅官員必須依靠的任務。每個州縣，其吏書的人數各不相等，要根據稅收多少而定，一般是在十到六十人之間。

120 《清朝文獻通考》，21/5047、22/5049 和 23/5054。一七二四年，雍正帝在一道上諭中暗示各省官員：「若慮裁革里長，輪納不前，亦當另設催徵之法，或止令十甲輪催，花戶各自完納。」

121 俞樾，《薈蕞編》（一八八〇），7/6a。

122 柏景偉（一八三一－一八九一），《灃西草堂集》（一九二三年思過齋刊），7/40a-41b。

可以理解，里甲的職位在清帝國許多地方成為牟取私利的工具，因此有些人千方百計謀求此職，並且事實上不得不用錢來買。例如，在廣東省東莞縣，里甲記錄員在當地叫作「書算」，知縣以相當可觀的價格出售這個職位。根據該縣志記載：

> 邑百二十七圖，每圖書算一人，各挾冊籍藏私家，業戶割稅計畝，索賄乃為收除。五年更替，例奉縣千金[123]。

在這種情況下，里甲組織很難誠實、有效地幫助官府收稅，或根據法律公平地對待納稅人。事實上，里甲體系顯然重演了保甲體系的故事，至少在這個方面：從誠實鄉人中產生的里長、甲長變成了衙門僚屬的犧牲者；從流氓惡棍中產生的人選則導致鄉村社會中產生種種不法行為，使納稅人成為犧牲者。

對里甲體系的總評價

稅收問題

里甲只不過是清王朝稅收體制中的一個零件。很明顯，如果不把里甲體系放在清王朝整個稅收體制中進行考察，是很難對它作出恰當評價的。因此，必須了解賦役制度大體上面臨了哪些難題。由於里甲組織未能克服其先天的毛病，未能充分、適當地發揮它的功能，不論是作為清政府在鄉村負責登記的代理人，或者作為鄉村徵稅的代理人，其失敗的原因絕大部分在於其運作所處的環境。

清朝的稅收制度，雖然比以前任何王朝都要來得完善，但是也不能克服或恰當地面對伴隨著帝國體制而來不可避免的歷史情境。隨著時間流逝，官僚群日益貪婪、腐敗；人民大眾普遍處於無助與絕望的境地，容易受到腐敗官僚群和紳士階層的敲詐勒索；一個廣大而斷絕通訊、交通落後的鄉村地區。所有這一切形成了許多實際上不可能解決的問題，使賦役制度的運作成為清王朝統治者充滿挫折感的工作。一方面，中央政府很少能把法律所規定的稅額全部收齊；另一方面，鄉村的納稅人經常要繳納比配額多的稅，承受著遠遠超出法律要求他們承擔稅負的損失。由於承受不了壓迫，鄉人就揭竿而起或者採取其他暴力行為，這就危及帝國的和平與安全。

戶口登記、稅額攤派和徵稅等，都面臨許多問題，也產生許多弊端[124]。為了討論方便，可以把這些問題歸納成兩個大類：其一，伴隨著稅收攤派和登記而來的不法行為；其二，伴隨著「催科」和其他徵稅程序而來的不法行為。我們會討論地方官和衙門僚屬（他們對這些不法行為要負直接責任）的行為，以及鄉村紳士的參與狀況。期望有助於了解十九世紀清王朝稅收制度的運作情況。

---

123 《東莞縣志》（一九二一），51/4a。該地方志修纂者的描述並不很清楚。根據每五年任命一次「書算」的事實來看，書算可能是衙門僚屬，而不是里甲代理人。

124 織田萬，《清國行政法分論》，第五卷，頁一一〇－一二四，列出了清政府稅收制度所面臨的三大主要困難，即納稅人拖欠繳納、地方官及其走卒非法強加額外費，和欺騙操作收稅程序。鄉人的貧困，會給徵稅帶來困難；這完全不同於有意的拖欠。Wittfogel and Feng, *History of Chinese Society: Liao*, p. 374（引自《遼史》），描寫了十二世紀盛行的社會問題：「在遼王朝統治之下，人民所深受的苦難是承擔驛站費，為官府提供馬匹和牛羊、旗子和大鼓，承受鄉村頭人、官吏隨從和糧官的敲詐勒索。因此，他們處於破產境地，無力完成『義務』。」這種情況也存在於十九世紀的清帝國部分地方。

稅收攤派和登記中的不法行為

清王朝建立之初所定的原始稅額，主要是以明朝的稅額為基礎的，原本就是極不公平的。隨後而來的欺詐行為使情況更加惡化，由不公轉為不義。即使在清王朝較早的時期，也有某些地區報告稅冊造假，為衙門僚屬盜用公款和地主逃稅大開方便之門。這種行為帶來的後果之一，就是稅收負擔從本來應該承擔的人身上轉嫁到沒有土地的人身上[125]。這種不法行為由於在全國到處都存在，很快就出現了一種行話。這種行話中最能說明問題的，或許就是「飛」、「灑」、「詭」和「寄」等。近代一位中國作者對這些行話作了簡明的解釋：

> 所謂「飛」者，是以已收應完糧戶的銀額，移報於准豁免錢糧不再徵收的戶名項下，而將所收的銀項飽入私囊。
>
> 所謂「灑」者，以已收的錢糧，侵蝕入己，而以其數分攤其他各戶，以補其不足。
>
> 所謂「詭」者，係以熟田報作墾田，以偏災作普災，或以重災報輕災，或以輕災報重災，……均有可以肥己之處。
>
> 所謂「寄」者，係以已徵錢糧吞沒而報為未徵。乙區已完之戶，故不銷號，寄之于甲區未完之田產項下。輾轉寄頓，無根可尋[126]。

有關稅冊造假的實際事例，是十九世紀一位江蘇巡撫（丁日昌）提供的。在一篇一八六八年答覆阜寧縣知縣請求的文章中，他說：

該縣總書王孝貞，無惡不作，凡農民肯出費者，便可以熟作荒；無費者，荒亦作熟。百姓恨之入骨[127]。

一些衙門書吏的精明手段，遠遠超出「飛」、「灑」、「詭」、「寄」這些普通手段之上。事實上，他們的欺騙手段不止用在現存各戶身上，「鬼戶」的發明特別令人印象深刻。根據十九世紀一位著名中國作者的敘述：

糧書於造冊之時，先於真戶之外，虛造一同圖同名不同數之戶，謂之鬼戶。如真趙大完米一石，即再造一鬼戶趙大完米一升。開徵後，該糧書代完一升，截串以升字改作石字，憑串向趙大取一石之價[128]。

125 浙江處州知府一六六九年的上報，為我們的結論提供了一個特別有說明力的事例。其報告部分如下：「……自（康熙）八年……之後，……其端起於久不過割，則業主先無的名，抑且隨人紐充，則額田竟無定處。里長既不識其田之在南在北，又安知其田之真熟真荒！所以奸民囑託總書圖差，盡多詭插逃絕戶下，實則暫移他所，秋成暗至收租。」參見李漁，《資治新書》，二集，2/21a-b。

126 劉世仁，《中國田賦問題》，頁一〇八－一〇九。

127 丁日昌，《撫吳公牘》，20/10a。

128 葛士濬，《皇朝經世文續編》，31/6a，引馮桂芬的話。

徭役稅的徵收，描繪出同樣令人憂傷的情景。徭役稅問題最大的災難，起於清政府最初宣稱要把明代所有徭役稅合併成丁稅一起徵收的打算，卻沒有——或許不可能——實現。事實上，在丁銀所涵蓋的徭役之外，總是會出現一些緊急狀況要求提供各種各樣的服務，而從丁口身上徵收來的錢卻經常不足以支付它在理論上應該要支付各種費用。官吏貪汙、敲詐勒索，加深了徵收額外稅的需求。所有這些問題嚴重破壞徭役制度，給許許多多鄉人帶來了毀滅性的後果。在某種意義上說，丁稅的負擔比土地稅的負擔更難以承受。正如十九世紀一位山西巡撫所指出[129]，土地稅可以延期繳納；而丁稅一旦需要，就必須立刻繳納，不管是否發生饑荒或災害。每當非法徵收一項接著一項增加之後，丁稅負擔真的變得難以承受。

非法稅是如何產生的，或許可以從徭役相當繁重的直隸省的情況看出。一位知縣根據其十年的經驗寫道，由於靠近清帝國的首都，北京鄰近的許多地區，必須為修整道路和橋梁、照顧獵場、運輸和其他有關皇帝每年拜祭祖宗陵寢等等事項，提供勞力和經費。地方官把擔子轉嫁到人民身上。州縣官員及其僚屬經常利用徵募勞役的機會，從納稅人身上敲詐錢財——經常是需要數目的加倍。由於他們害怕紳士，總是毫無例外地榨取普通百姓[130]。一八八二年，該省的布政使解釋這種現象如下：

> 而賦有常經，徭無定額，日久弊生，遂至派差之名色不勝枚舉。……例價既屬不敷，……勢不能不派之百姓。而硃票一出，書役鄉保逐層漁利，佐雜營弁，群起分肥，刁生劣監，肆行包攬。

最令人咋舌的現象，則來自於這些額外稅負的攤派不公。該布政使繼續說道：

至百姓承辦差務，歷係按地勻攤，無如奉行不善，始因縉紳大族加以優免，繼而舉貢生監亦予優免，甚或書吏門斗兵丁差役一切在官人等，均謂以身充役，概行優免。不但白役日多，更有同姓之人擇族中狡辯者，湊捐微名，以免一姓之差。免差之地愈多，則應差之地愈少，地愈少則出錢愈增，以至力作之農民，每地一畝出錢至二三四百文不等，較之正賦每畝徵銀一錢上下者多愈倍蓰[131]。

正是這種非法強加的稅收負擔，使得稅額不可能按照明確的規則來確定。由此產生的混亂，又排除了監督的可能性。衙門僚屬因此隨心所欲地榨取、貪汙，中飽私囊。根據十九世紀另一位作者的敘述，直隸省的情況是這樣的：

……有按牛驢派者，有按村莊派者，有按牌甲戶口派者，雜亂無章，致上司無可稽考。其出之於民，亦各處情形不同，有城居優免者，有紳士優免者，有在官人役優免者，偏枯不公，使小民獨任其費[132]。

129　《大清歷朝實錄．德宗朝》，95/11a-12a；朱壽彭，《東華續錄》（宣統元年上海圖書集成公司版刊），28/18a-19b；《清朝續文獻通考》，28/7797，閻敬銘一八八〇年的上奏。

130　《牧令書輯要》（一八四八年重刊），11/54a-57a。

131　《清朝續文獻通考》，27/7790。有關「紳士」和「文人」的解釋，可以參考本書第三章注一一。

132　《清朝續文獻通考》，28/7791。

當時擔任山西巡撫的張之洞，在一八八二年上奏中反映了山西省的一般情形：

晉省州縣虐民之政，不在賦斂，而在差徭。所謂差徭者，非易民力也，乃斂民財也。向來積習所派差錢，大縣制錢五六萬緡，小縣亦萬緡至數千緡不等，按糧攤派，官吏朋分。衝途州縣，則設立車櫃，追集四鄉牲畜，拘留過客車馬，或長年抽收，或臨時勒價，一驢月斂錢一百，一車勒索數千，以致外省腳戶，不願入晉[133]。

即使在丁稅相對較輕的南方各省，也經常可以看到非法強加的稅收。例如，一位監察御史上奏康熙帝指出，浙江省各州縣打造官船所用勞力和花費都來自於里甲組織。地方官榨取的數量驚人，比如遂安縣知縣超過一千七百兩、烏程縣知縣超過一萬二千兩、諸暨縣知縣超過七千兩[134]。

軍事行動使那些物資供應線經過地區的情況更為糟糕。一八〇〇年，一位巡按御史上奏嘉慶帝，報告了廣西的情況。他說：

自乾隆五十三年兵靖安南，而思恩、南寧、太平、鎮安、泗城各府按戶派撥民夫於各塘堡，搬運軍需。自大功告蕆之後，十餘年相沿，事峻而派累未裁。……日日派農民分給各處伺候，而一邑之民散居各村，離官道遠者或數十里、百餘里、二百里不等，每日輪班自帶糧食，在塘堡露居野處，荒廢功業。……

各衙門之胥役、長隨，俱願塘堡有夫，以任其恣縱。……或村民間有不能當夫者，每月暗補銀於號書，號書借以肥己，與衙門之胥吏、長隨勾結分肥。……而地方官又或受號書隨月餽送，謂之月規，遂因仍顢頇，奉文而不即裁革[135]。

另一個事例，發生在兩個北方省區。閻敬銘在一八七九年的上奏中指出：

> 差傜累民實甚，北省悉然，山陝尤重。前此軍興徵調，不能不藉民力，糧銀一兩，派差銀數倍不等。……近年兵差已少，只有流差。不惟驛路差費未能大減，即僻區仍然煩重。見在糧銀一兩率派差銀八九百一串餘不等，明無加賦之名，陰有加賦之累。錢糧或有蠲緩，差錢歉歲仍攤[136]。

驛站制度——帝國政府為傳送官方文件而維持的常態設施之一——變成又一種非法徵稅的藉口。一六六八年頒布的規定，確定從事於陸地或水路驛站服務工作的員額，並規定其「工食」錢由官府從正常稅收中撥款支付[137]。在清政府所嚴格規定必須徵收的之外，任何附加的花費或服務的索取都是非法的。從

133 《清朝續文獻通考》，28/7799。
134 《大清歷朝實錄．聖祖朝》，2/18b-19a。該上奏的日期注明為「順治十八年三月戊戌日」。
135 《皇清奏議續編》，3/4b-5a。
136 《清朝續文獻通考》，28/7797。包世臣（一七七五—一八五五），《齊民四術》，12/11a-b，敘述了一七九八年雲南省威遠縣發生的一個極端典型的榨取行為。
137 《清朝文獻通考》，22/5049-5050。

總督以下的任何官員，即使在執行公務的巡行，也不能要求知州知縣為提供運輸的力役和物資[138]。不過，上述規則和禁令通常都是被忽視或規避，而不是服從。事實上，乾隆帝在著名的江南遊時，就必須為（無意的）非法徵收了許多勞役而負責任。一位目擊者說：

縴夫之供御舟用者，俱係淮安河兵。其隨駕諸舟，則派于民。每圖派四十餘名，船五隻，以聽用。又有扛　夫，一圖派二十餘人，縣無牌票，但以口督辦，蓋以明禁加派故也。每夫發工食銀貳錢，民間雇工須要貳兩。……自十五年春，已有捉船之令，鄉舟入城，縣役拘住，索賄得免[139]。

地方官是最常違背禁令的人。無論願意與否，他們在其上司或朝廷大員經過其所管州縣時，都非法利用驛站制度（和可以利用的鄉村力役）來提供運輸服務。一位前一年退職的尚書，在一八〇三年的上奏中就描述了這些事情的概況。在指出現行制度所規定的運輸設施完全能滿足官員執行公務的實際需要之後，他接著說：

自州縣管驛，可以調派里下，於是乘騎之數不妨加增，……有增至數十倍者。……由是管號長隨辦差書役，乘間需索。……小民舍其農務，自備口糧草料，先期守候，苦不堪言[140]。

在提供運輸勞役的水路上，也存在著類似情況。一名目擊者描述如下：

某大吏過境，其舟容與中流，久而稍前，頗怪牽者多而行之緩也。及近而察之，則數百人中，僂者、眇者、跛者、脛大如股者、病而呻者、饑而啼者、號寒而無褌者，十居其九。或行數步而仆，或疲而不能步，以肘加纜，聽人曳之而後舉足，或脫輓絡下堤而奔。伍伯二人執扑先後督之，惰者撻之，逃者追且呼之，……仆者逃者多，伍伯畏責亦擲扑而逸。

久者舟過，逃者自草間出，詰其狀，顰蹙言曰：我曹皆饑民也，官舟過境，例有牽輓，視其官之大小為輓者多寡，隸胥驅我曹供役，人與錢五六十，粗給一日食。官錢例有費，層遞折扣，人率得十數錢，不足一飽。大吏僕從舟子倚勢，多齎百貨，冀免榷稅，邀厚利，……以疲民而曳重載，……故舟不能進，往往不終事而逃也[141]。

其他種類的勞役——包括有關防洪、水利和城牆整修——也存在著非法徵集或徵稅的情況。大體情況與驛站發生的問題十分類似。眾所周知，清廷在諸如位於黃河河岸、容易被水淹沒的各個地區，取消了明王朝每年徵集勞役的做法，固定由一些人充當力役承擔治河任務。按照《賦役全書》的記載，這些固定的力役，其「工食銀」由政府從固定經費下正常開支[142]。然而，清廷所規定的這一措施，既沒有得

138 《戶部則例續纂》（嘉慶元年刊），31/7a。

139 《中和月刊》，二卷一〇期，頁一三二所引黃印，《酌泉錄》，卷二內容。

140 《皇清奏議續編》，4/12a。這位官員就是王杰。

141 《清朝續文獻通考》，28/7799，引高延第在十九世紀晚期的筆述。

142 《清朝文獻通考》，21/5046。

到廣泛實施[143]，也沒有長期貫徹。早在一六九〇年（康熙二十九年），各個州縣就開始徵收額外稅，以募集雇傭勞工從事保護河堤工作的經費[144]。浙江、湖南、湖北和四川等省徵收特別稅，來作為海岸或河岸各地防洪工程的經費[145]。為城牆、政府穀倉和衙門等「有緊修處」而徵募勞力的做法，由於在全國各地普通盛行，最終獲得清政府的默許[146]。

簡言之，在有關徭役攤派和徵集的問題上，清廷法律規定和地方實務之間存在著巨大的落差。地方官及其下屬對此落差要負直接責任。希望里甲組織——其代理人處於任憑衙門擺布的境地——來執行清廷法律的規定，是不理智的。

稅收徵集中的不法行為

許多不法行為看來是與各種各樣稅收程序聯繫在一起的；對這些不法行為的考察，就能進一步指出里甲體系運作所處的困難環境。正如前文已經指出，各地的「催科」程序是各不相同的[147]。很明顯，在衙門僚屬接到催科任務之後，巨大的苦難就降臨到納稅人的頭上了。十七世紀擔任過浙江總督的一位官員指出，「圖差」——被分派到每里去執行催徵任務的一種差役——習慣於吵吵嚷嚷地進村，從居民身上索取食物、酒和錢財[148]。同一時期的一位山東青州巡憲，在給總督和巡撫的報告中，敘述了「坐催」（坐下來催徵）做法所帶來的駭人結果：

> （青州）府轄十餘縣，則每縣有一專役，自正月至年終，朝夕在縣督催；縣管數十社，則每社有一專役，自正月以至年終，朝夕在社督催，故名坐催。此輩既得此差，視同三窟。官差一人，輒帶

> 羽翼掛搭數人。一至地方，索差錢，索盤纏，索往來銷號使費，無日寧息。……使果能不誤國課，猶云事有緩急，勢必先急公而緩在民，所不恤也。無奈此輩鼠腹既盈，……及至違限，仍舊別差衙役，……千人一轍[149]。

一些一心為民的官員，有時設法約束負責徵稅的衙門差役（經常被稱為「糧差」）的惡行。十八世紀擔任過陝西巡撫的一名官員，甚至想要取消派遣衙門差役到鄉村催徵的做法[150]。但在陝西和其他省，這種做法一直延續到十九世紀，甚至更晚的時代。一位中國作者描述一八六〇年代陝西省某縣的情況如下：

143 同上，21/5046 和 22/5050。

144 同上，22/5051。

145 《清朝文獻通考》，21/5046。

146 同上，21/5051。

147 參見注一〇三。〔《州縣事宜》，一一a—一二a。引見蔡申之，〈清代州縣故事〉，頁五六。〕《學政全書》（嘉慶十五年刊），7/6a 也可以參考。

148 李漁，《資治新書》，二集，1/1b。陳宏謀（一六九六—一七七一）在一份官府文件中指出：「所謂催差，有『順差』、『圖差』、『幫差』之分。順差為輪年派役；圖差為各圖抽籤所派。……均無需下鄉，以致無恥之徒借機『買』圖（指在圖組織中催稅之權），其價視各圖非法所得多少而定。此乃『幫差』，官書不載。每至鄉村，敲詐鄉民，習以為常。」

149 李漁，《資治新書》，二集，1/11a-b。〔編按：這位青州巡憲是周亮工。〕

150 陳宏謀一七四四年簽發的一道命令，載於其《培遠堂偶存稿》，18/37a。

長安四十九里，各派一差以專督催，然所派者皆民快皁各班之頭役也。頭役倚勢作威，並不下鄉，則私派散役數人代為應比，謂之跑差。頭役有公食，跑差亦有公食。……此外又有送扇子錢、比交錢、車費錢、承情錢。……各里多寡牽算，糧差一項，已逾萬串矣。以故頭役既充糧差，則共相慶賀，以其可以致富也。……

查各里均稱糧差為當家，凡事必請命於當家。……而里矗等尤親昵之。縣主或憐里民困苦，比糧稍緩，則當家必唆使抗納。其應比也，則僱一人上堂受笞，被笞一次，里民必為出比交錢若干串。又以此為有功於里民而紛紛承情焉，其承情也，託有紅白等事，里矗則代設筵，傳齊各甲，大嚼既畢，里矗等復為竭力周旋，……一人倡言應與當家出錢若干串，其黨即應之曰諾。……而當家遂滿載而歸矣[151]。

另一種形式的敲詐勒索見於廣東省，是衙門書吏和差役共同狼狽為奸所為的。一八三四年初，香山縣一些紳士聯名給知縣的陳情書，反映了以下的問題：

本邑共一十四都，……共分四十四圖，每年向有飭舉總催之票，名曰金花票。糧胥每按圖分肥瘠，賣票於差，差遂向輪年之戶訛索銀兩。……中下之戶，每值輪年，輒為大戚。……

至各戶完欠細數，例載歲令里胥開送查對，出示本里，所以昭核實，使人預籌辦納也。今十甲新舊欠數，止交圖差手執，……令圖差出其不意，拘拿嚇詐[152]。

根據一部地方志的記載，與其他卑鄙的敲詐勒索一樣，這樣的做法在廣東省非常普遍。一位湖廣的巡按御史，就在一八三六年的上奏中指出：

> 各屬圖差徵收錢糧，不向的名欠戶催比，惟擇同戶身家殷實者任意鎖拿，供其勒索。稍不遂意，裂轍毀衣，架名拒捕，每有一家欠糧，數家破產者[153]。

十九世紀最後幾十年的概況，一位翰林院侍讀在一八八四年的一篇上奏，或許概括得最好。他說：

> 利於錢漕之速完者官也，利於錢漕之多欠者差也。
>
> 一縣之中，承催錢漕之差，名目甚多，有總頭，有總總頭，有都差，有圖差，有保差，有幣辦之差，有墊辦之差，有比較上堂代受枷責之假差，如此等眾，皆指望百姓積欠丁漕，以養身者也。圖保差下鄉催徵，輒先飽索賄賂，名曰包兒錢。包兒到手，公項即可央緩。其有豪富驟窮之戶，積欠較多，則總頭親臨催取，華服乘轎，隨從多人，勒索包兒，動至數十千，而公項亦仍可央緩。追卯限已滿，完納不旺，堂上官照例比較，則以錢雇倩無賴之人上堂領扑，或枷以警眾，而總頭

151 柏景偉，《灃西草堂集》，7/42b-43b。

152 《香山縣志》（一八七三），22/50a-51a。

153 《東莞縣志》（一九二一），70/9b。

> 圖頭等差無恙焉，且更挾枷責以為索詐之具。……
>
> 開徵之初，書差輒擇中上家產能自完納之花戶，代為裁串完糧，然後持票向本戶加倍勒還入己，名曰代票[154]。

在東南一些地區，衙門僚屬用另一種方式進行欺騙。根據一名舉人在十九世紀末的記敘：

> 欠者民之所有，又吏之所喜也。寅糧而卯完之，曰陳糧，完者加時之三四成不等，少延輒由悍役挈票來其家，曰墊完，叫囂隳突，唯所欲噬，竟有加及倍者，而酒食膏黍不待言矣。……此其弊東南各行省多有之[155]。

敲詐者有時高估受害者的經濟實力。在一些情況下，鄉人由於無力滿足敲詐者的敲詐勒索，或許會選擇唯一解脫方法——自殺。例如，十九世紀擔任過湖南巡撫的一名官員上報，有名拖欠交稅的鄉人在受到一名來自衙門因勒索落空而掃興的稅吏毆打後自殺了[156]。這些是與催科聯繫在一起的不法行為，在催促交稅的過程中，稅吏經常鞭打納稅人。另一些不法行為是與下一個階段——由地方官及其助手收稅——聯繫在一起的。與收稅直接聯繫在一起最廣泛、最惡名昭彰的不法行為，是「中飽」（官吏及其僚屬以犧牲政府和納稅人的利益為手段，為個人非法牟利）。出現這種不法行為，部分是清王朝的稅收制度存在著缺陷，部分是因為地方官僚群體的腐敗；與里甲體系本身沒有任何關聯。

一位西方觀察者在一八九〇年代的記述中，對中飽作了非常扼要的解釋：

中國財政體制中嚴重的軟弱之點和危險，或者說沒有體系，就其政府稅收來說，在於提供了機會，讓敲詐勒索、對人民大眾強取，以及各種各樣官員的搶劫能夠隨心所欲地進行。可以說，沒有一種稅收能真正按照法律所規定的數量徵收，並送交國庫。臣民們不可避免要繳納比他該繳的稅額多，皇帝們也總是收到比他應得的少。如果有哪一年各種來源稅收的精確數字，可以與同一年用於公共眾事務的相應數字進行比較，這兩筆數字之間存在的差距將會震驚世界[157]。

知州、知縣作為直接負責徵稅的官員，處於進行中飽的有利位置，有很多方法可以用。同一時期的另一位西方作者，描述了其中的一些手段：

154 葛士濬，《皇朝經世文續編》，32/19a。

155 本段引文的作者是湯震（後改名湯壽潛）。《危言》，2/25b-26a，引見于寶軒，《皇朝蓄艾文編》，17/10a-12a。Pere Hoang 印證了這個說法：「漕糧在十一月開始徵收，州縣官員為了鼓勵交稅，規定那些延期到來年第一月交稅的人，要額外多交五百文。這樣就出現了這麼一個問題，有些精明的稅吏並不急著在年底之前催促那些有能力繳納但拒絕繳納的農民完糧，反而更喜歡代替農民把錢糧墊繳給知縣。這樣，他們就能夠在來年一月到來時，向農民多收五百文錢而納入自己口袋。」見 Harold C. Hinton在"The Grain Tribute System of the Ch'ing Dynasty" (*Far Eastern Quarterly*, XI, 1952, p. 347) 中所提出的概念。

156 丁日昌，《撫吳公牘》，18/1a-b。該案發生在湖南省桃源縣〔譯按：原文為江蘇省，誤〕。為了自我保護，鄉村納稅人成立了自己管理的催徵組織。參見第七章中關於經濟活動的結尾部分和第八章中關於物資福利部分。

157 Chester Holcombe (何天爵), *The Real Chinaman* (1895), pp. 348-349.

> 州縣官員最重要的手段，或者說至少是他們最可以牟取私利的手段，就是徵收和豁免土地稅。為了達到這個目的，他支付給經過相當訓練、深入民間的稅吏一大筆薪水，使他們永久地從事徵稅活動。在北京的戶部，從未期望徵收的土地稅能夠多於規定，只要能看到它支出的「八成」，就非常高興了。但是，如果玩弄一系列欺上瞞下的陰謀詭計，如在銀和「銅錢」的價格上作文章；虛報地方上發生了悲慘的天災，宣稱居民貧困；在計算、測量使出障眼法；收取收據費、布告費、票據費、到場費與否；最後，實際徵得的稅收，就會達到法律規定數額的兩到四倍。但在任何情況下，他們都絕不承認手中已經徵足了法律規定的數額。假如一縣的土地稅為一萬兩，那麼這筆利潤……可以使他在工作二十年後，帶著一筆可觀的錢財退職回鄉。但是他不能把這些全部納入私囊，他的許多上司要以一種不變的、「合宜的」方法，或者說清廷承認的方法，從他手中收取孝敬[158]。

當然，並非所有州縣官都貪汙腐敗。有些官員雖然能力不強，但卻是誠實的人，有些試圖誠實地收稅。例如，在廣東南海縣知縣努力下，於一七七七年制定出一套措施，明確登記了收稅的日期、地點和收繳程序，並明確禁止各種各樣非法敲詐勒索行為。這些規則刻在石碑上，樹立在鄉間的各圖，好讓鄉人們可以看見。如果衙門僚屬想要折磨納稅人，後者可以向官府申訴。如果有關的圖中有十個甲的負責人在申訴書上簽名了，知縣承諾會立刻處理。記錄這一事實的地方志修纂者說，這些措施「至今遵行無異」[159]。

然而，像南海知縣這樣的官員少得可憐。即使我們完全相信上述地方志修纂者所說，我們仍然可以確信，那位憑良心做官的知縣影響也相當有限。少數官員的良好作為，並不能抗衡許多腐敗官員所造成的傷害。

就像其他地方一樣，腐敗州縣官的作為在衙門僚屬玩弄陰謀詭計下變本加厲。事實上，如果下屬是公正嚴明的，那麼官員想要腐敗也不可能。有些衙門書吏之職位是有許多好處的，因而要用相當數目的錢來買這些職位。十九世紀的一位江蘇省巡撫就指出了具體的事例：

> 江蘇各州縣，有「總書」一職，掌錢糧徵收。州縣官新任，若逢地稅、貢物開徵之時，衙門各房吏員為謀此職，爭賄上司，其數可達千兩之多。……俟得此職，即敲詐勒索，隨心所欲矣[160]。

一位西方傳教士轉述了一個普遍流傳的中國故事，反映出人民對稅吏的評價。這個故事說，財神生前就是一個稅吏[161]。

---

158 Edward H. Parker, *China* (1901), p. 173.

159 《佛山忠義鄉志》（一九二四），17/14a-16a。一七七八年和一七八六年，南海縣又增加了一些規定。

160 丁日昌，《撫吳公牘》，3/5a。其他相同的事例可以見於廣東省一些地區。比如，一九二一年所刊的《東莞縣志》，51/49a 說道，五年一任的「書算」之職，其價格為一千兩。

161 John L. Nevius, *China and Chinese* (1869), pp. 145-146, 敘述這個故事說：「關於中國人崇拜……財神的故事，情況如下：財神最初是稅吏。有一次，這名稅吏到一戶哀求無力交稅的人家，他打算待在這戶人家，直到他收到稅才離開。當稅吏準備就寢之前，忽然聽到一隻老母雞在窗戶下對牠的孩子們說：『主人家中來了個客人，主人因而決定明天殺我招待客人。你們要怎麼辦呢？我親愛的寶寶……？』稅吏被這個令人悲傷的對話所感動，因而辭去了稅吏之職，成為騎在老虎背上布施財富的神仙。」參見《牧令書輯要》引十八世紀早期河南巡撫發布禁止知縣買賣「櫃書」（錢庫登記員）和里長職位的布告（2/60b-61a），及陳宏謀在另一省簽發的檄書（見同書，3/64a-b）。

我們不可能把地方官和衙門僚屬為了「中飽」而一方面榨取鄉人；另一方面欺騙朝廷的所有形形色色伎倆都描述出來，列舉幾個最能反映問題的事例就足夠了。

索取非法收入最明顯的手段之一，就是在納稅人交稅時索取額外稅，其具體手段是：在法律規定份額之外，非法收取額外費；對法律本來規定免費的項目收取費用；或用任何看似合理的藉口來收錢。以南海縣為例，在前面提到的那位誠實為官的知縣於一七七七年建立規範之前，生活在該縣的鄉人要繳納比清政府所規定來得多的錢幣和實物稅，繳納通知費（油單每張銅錢三文）和收據費（抄實徵冊每戶銅錢三文），承擔衙門所派幫助徵稅差役的「飯食銀」，繳納延期交稅的懲罰費（聽較差費）[162]。最簡單或許也是最無恥的非法敲詐勒索納稅人的手段，見於《東莞縣志》：

> 邑百二十七圖，每圖書算一人，各挾冊籍藏私家，業戶割稅計畝，索賄乃為收除。五年更替，例奉縣千金[163]。

更陰險狡猾的「中飽」手段，就是玩弄、操縱稅收收據。一個精於此道的衙門僚屬後來承認此手段的具體做法是[164]：負責收稅的吏員，對於跟他關係很好的富戶，以縮減的稅額在事前進行收納，並宣布他們已經結清了。由此而產生的稅收虧空，就是把收據竄改成應繳稅額較少的納稅戶的。當這些稅額較少的納稅人繳稅時，他們拿到的收據是偽造的，上面的稅額雖然正確，但或者是日期不相干，或者是納稅人名字不正確。儘管他們繳了稅，儘管他們手中也有了收據，但在官府檔案中他們是欠稅者。

十九世紀一位著名的中國作者，向世人揭露了一個沒有這麼高明的手段。這個事例發生在江蘇，他說：

> 向來銀米既交，不過數日後給串。今則有先借銀而數月後得串者，亦有繳銀而終不得串者，更有已借已繳之後，官忽易一丁書，前銀概不承認，逼令重繳者。更有慣欠之戶，本不欲得串，但于追呼之頃，付銀十之一二，以幸無事。丁書等亦利其為額外之獲，而歲以為常者，此中勾稽之數，雖神仙不可測識[165]。

本來清廷法律規定納稅人要親自交稅，把稅錢投入放在衙門大門前的官櫃中。但在事實上，地方官員經常無視這一規定。這就產生了一種完全不同類型的不法行為。結果，納稅人深受各種各樣間接勒索手段的危害。《容縣志》（廣西）就記載了一個令人震驚的事例：

---

162 參見《佛山忠義鄉志》，17/14a-b。

163 見《東莞縣志》，51/4a。

164 參見蔡中之在《中和月刊》（第二卷〔第九期〕，頁五四）中引用題為〈長隨論〉〔不知撰者〕的手稿。並參見《牧令書輯要》，3/61b，所載陳宏謀的言論。

165 馮桂芬，《顯志堂集》，5/37a。

先是縣中官設銀店徵糧，有忠信、公和、義昌、裕和四店。時賦耗無定章，任意浮收，凡徵銀一兩者，加收銀七八錢，其不及一兩者倍之，至二三分之戶，則收至二三錢不等，民苦無告。嘉慶五年奉上諭嚴禁州縣私設官店以杜浮收，撫憲謝因出示遍飭各屬，凡徵收糧賦，須設櫃大堂，聽民自封投納，毋許胥吏侵蝕。頒示下縣，而邑令某匿示不宣。八年四月，諸紳愬諸府憲，奉批後官店雖撤，而紅櫃設於庫房，重戳留難，浮收如故。

九年四月，諸紳上愬臬憲，批飭既下，始在大堂設櫃，而復有東省遊棍勾結丁役，鑽充櫃書，浮收益甚。八月，諸紳控之藩憲，事未得直。延至十一年開徵時，櫃書又行變計，凡完糧者，概不給收數清單，意圖蒙混。嗣經諸紳于署內廉得其浮收總冊，因鈔粘分赴撫藩臬各轅呈稟，已奉牌提究，而櫃書內有奧援，陰為沈匿。……

六月，諸紳副得將前情奔告制憲，始奉嚴檄，由司飭府提訊，……懷集令審訊二次，蒼梧令審訊二十二次，十二月府憲復親提研鞫，盡得其歷年串同舞弊情形，各書役等按論如律。

因酌定加耗章程，凡徵銀壹兩者加納四錢二分，多少遞算。……諸紳欲言有徵，因於是年勒碑垂後[166]。

這個事例或許並非典型，但是相當能說明問題。它反映的事實是，衙門走卒的地位雖然低，但是在特殊的環境下，擁有非常大的影響。根本不可能期望里甲組織能夠戰勝這股令人生畏的惡勢力。

我們不可以認為，把稅錢投入安放在衙門大門前的官櫃，或者固定損耗補貼，就能解決稅收中存在的基本問題。在許多情況下，親自到衙門交稅這件事，對鄉人來說是個苦難。一八九六年刊《慈利縣志》（湖南）的編修者就寫道：

> 里民憚入城，當二忙時，或因循失期，或展轉屬他人，而有忘誤，……吏輒代完，悉收其券票，更賫與奸儈，至逋賦家坐以抗糧，則婦兒雞犬不寧，索唯所欲，盡產物猶不免破家相踵矣[167]。

還有另一種不法行為，是清政府准許以貨幣代替實物交稅的做法所衍生的，稅額按照銀兩折算[168]。但是，納稅人——尤其是小戶人家——的收入都是銅錢，因而他們不得不將銅錢兌換成銀兩，而且通常是在官府特別指定的地方兌換。就像上引西方作者所指出的，這就為地方官及衙門僚屬提供了玩弄銀兩兌換率的大好機會。十九世紀初之後，銀價已經達到歷史上前所未有的高點，情況也就變得更加嚴重。根據一位非常著名高官的說法，在清王朝建立初期，兌換率是七百銅錢兌換一兩銀子。在雍正帝和乾隆帝在位期間，兌換率雖然開始上升，但是還未超過一千銅錢兌換一兩銀子；十九世紀早期，卻跳到每兩銀

---

166 《容縣志》（一八九七），9/6a-b。《州縣事宜》，四五b—四六a，描述了負責檢查和熔鑄所交稅銀的「官匠」的非法行為。

167 《慈利縣志》（一八九六），6/3b-4a。亦見《牧令書輯要》，2/60a-b，引嚴如煜（一七九六年中舉，首先擔任知縣，最後擔任陝西提刑按察使）關於「截糧」（攔截稅收）這一眾所周知不法行為的敘述。該手段與發生在慈利縣的「儈」使用的手段相似。

168 《大清會典》（一九〇八），19/1a，其中說：「凡國用之出納，皆經以銀。」

子能兌換二千銅錢的程度，而在咸豐帝和同治帝在位期間達到高點，每兩銀子兌換五千或六千銅錢[169]。不管銀價高漲的原因是什麼[170]，都必然給人民大眾，尤其是應繳稅額相對較少的鄉人帶來極大的痛苦。稅額以銀兩攤派，銅錢貶值就必然增加納稅人的負擔。早在一六五七年（順治十四年），清政府原本規定三〇%的稅額可以用銅錢繳納，並且公布於官方稅收公告上，但是不久之後就取消了這個規定[171]。這樣，因兌換率上漲而導致的所有損失，就完全落到了納稅人的頭上。另一方面，無論是為自己牟取私利，或只是為了保護自己，稅吏在收稅時都不會忘記採用對他們最有利的兌換率。

以下幾個事例就可以說明這一點。一八二八年（道光八年）的一道上諭中，引述了一名御史的報告：

> 山東省近年徵收錢糧，折錢日加日多，如寧海州每銀一兩折收京錢四千二百，諸城縣每銀一兩折收京錢四千二百六十。本年黃縣以加增錢糧滋事，則藉銀價昂貴為辭。現在他州縣亦皆持此說，日加日多，靡有底止[172]。

一年後，道光帝在另一道上諭中說：

> 朕聞河南本年銀價大錢一千四百有奇，地方官徵收錢糧中，新鄭、禹州、許州、靈寶等州縣，每兩竟折大錢兩千及兩千二三百文，較之去年各加二百文之多。

大約六十年後，一名美國外交官觀察到一個玩弄兌換率相當惡劣的事例，終於導致地方上的反抗。

169 參見王慶雲，《熙朝紀政》，5/8a-10b。錢泳（一七五九－一八四四）在其《履園叢話》中（1/14b）說：「乾隆初年，每白銀一兩換大錢七百文，後漸增至七二、七四、七六至八十、八十四文。余少時每白銀一兩，亦不過換到大錢八九百文。嘉慶元年，銀價頓貴，每兩可換錢一千三四百文，後又漸減。」還請參見汪輝祖，《病榻夢痕錄》，卷下，四九b－五〇a中所說：「辛巳以前，庫平紋銀一兩易錢不過七百八九十文，至丙午猶不及一千，至是可得一千三百文。」在五七a中說：「是年庫平紋銀一兩易製錢一千四百四五十文。」庫平是戶部所用的規定重量單位，在北方各省廣泛使用。一庫平大約等於〇．九八七二關平（關平是海關所採用的重量單位）。有關同一問題的陳述，可以參見葉昌熾（一八四九－一九一七），《緣督廬日記鈔》，1/74b：光緒丁丑（一八七七）農曆十月十六日；湯震，《危言》，2/24a-28b。然而在十九世紀晚期，一些地區的發展趨勢顛倒過來了，李慈銘，《越縵堂日記補》，丁集，頁六a－b，咸豐七年（一八五七）七月十六日記；翁同龢，《翁文恭公日記》，26/6a-36a，光緒丁亥（一八八七），從農曆一月十三日到四月初四日記；L. Richard, *Comprehensive Geography* (p. 318)，都敘述了一七三六年到一九〇七年間的稅率兌換情況。

170 王慶雲在其《熙朝紀政》中，把銀價上漲的原因歸結於雍正帝和乾隆帝在位期間銅錢供大於求。李星沅在其《李文恭公奏議》（3/65a 和 10/52a）、賀長齡在其《耐庵奏議存稿》（4/9a）中，也強調了銅錢供過於求的問題。而李慈銘《越縵堂日記補》，辛集上，頁六七a，則認為銀價上漲的原因在於，自咸豐即位以來，由於銅錢供不應求，導致了市場上出現劣質銅幣。馮桂芬則譴責，銀價上漲的原因在於中國對外貿易處於劣勢，特別是鴉片貿易使得中國銀元大量外流。包世臣在其《齊民四術》（26/5a），太平山人（筆名）在《中和月刊》（第一卷〔第八期〕，頁六一－七五）中，所持觀點同馮桂芬相同。

171 李星沅，《李文恭公奏議》，10/52b：「溯查順治十四年徵收錢糧銀七錢四之例，雖經刊入由單，行之未久，旋即中止。」換句話說，清政府不再接受以銅錢納稅。

172 《清朝文獻通考》〔譯按：應為《清朝續文獻通考》〕，2/7512。

在距清帝國首都不遠的地方，海關稅兌換率為每兩兌換二千銅錢。某一天，知縣卻把它漲到四千銅錢。不久，麻煩就爆發了：

> 新上任的知縣把兌換率上漲到五千銅錢才能兌換一兩銀子，鄉人默默的承受了。知縣因此誤認為居民不敢反抗，因而在幾個月後，又把一兩銀子的兌換率提高到六千銅錢。這時，鄉人不滿的情緒雖然高漲，但仍然照付。而知縣還不滿足，又提高到七千銅錢。此時，鄉人談論組織反抗，但還沒有採取實際行動。知縣還未知足，在自己任期到半之前，又進一步提高兌換率，規定八千銅錢才能兌換一兩銀子；這已經是法律規定的四倍了。
>
> 知縣的不法行為終於引發了危機。鄉人們舉行集會，決定通過都察院向皇帝提交請願書。……請願書根據集會的決定準備好了，由三名有影響的文人帶到首都。……但是，不但請願書絲毫未看就被退回，而且每人還被重打五十大板，被罰交一小筆藐視法庭費。三人淒涼地、垂頭喪氣地返回家鄉。知縣……為了慶祝自己的勝利，把兌換又正式提高到每兩兌換九千銅錢。……鄉人們立即集會，更仔細地起草了請願書，……由另一個代表團再帶到首都。這次，鄉人們成功了。膽大妄為的知縣被罷官，除籍，永遠不得錄用[173]。

華南有時也可看到有類似的不法行為。例如，在江西一個地區，為稅收而規定的兌換率為一千銅錢兌換一兩銀子，而稅吏卻敲詐為每兩要一千八百八十五文。由於一八三〇年代後期每石穀物賣不到八百文，因而農民要賣二至三石糧食，才夠繳納一兩的稅銀[174]。

對於地方官吏來說，由於玩弄兌換率所得利潤非常誘人，因而在那些本來規定可以用實物繳納的地方，也千方百計要採取折銀繳納的辦法。一八五四年版《銅仁府志》（貴州）就記載了下列事例：

> 按……坡頭鄉民輸將踴躍，是年屆期徵收，民咸赴倉完納，司倉者故難之，不為遽收，欲其折價，冀可中飽浮費也[175]。

太平天國之役爆發，使清王朝已經惡化的局勢更加惡化。清廷認識到由於戰爭引起的社會動盪和毀壞，納稅人的納稅能力大大降低了，因而要求地方官收稅時，一半收銅錢，一半收銀兩[176]。但州縣官員

---

173 Chester Holcombe, *The Real Chinaman*, p. 234.

174 包世臣，《齊民四術》，2/15a。

175 《銅仁府志》（一八九〇），9/40b。Pere Hoang 觀察指出江蘇省發生的情況，同銅仁事例相似：「……官吏喜歡規定鄉人用相應的貨幣代替實物交稅。然而，由於糧食價格不斷地波動，因而就由布政使來根據當年糧食價決定該年繳納的錢幣稅，然後由州縣官員公布。舉例來說，如果現年每擔大米的價格為二千三百文銅錢，那麼農民每繳納一擔大米實物稅，用錢幣繳納，就必須繳納三千三百五十二文。……農民也寧願用錢幣交稅，因為這樣就可以避免衙門代理人（即衙役）製造的種種困難，如用大體積的容器來收糧食稅、說糧食品質差等等。因而只有那些衙役不敢打擾、勢力大的地主，才可以用實物交稅。」參見 Hinton 在 "The Grain Tribute System of the Ch'ing Dynasty" (*Far Eastern Quarterly*, XI, 1952, p. 347) 中的引述。

176 《清朝續文獻通考》，2/7515。

卻仍然要鄉人用銀兩繳納。

面對這名目繁多、遍及全國，地方官員及衙門僚屬都捲入的不法行為，里甲頭人又能做些什麼，才能在法律規定的範圍內維持稅收程序呢？他們終究只是在縣以下基層組織中服務的普通納稅人。清王朝建立初期曾經公布一項法令，規定里長、甲長有權控告非法強加納稅人負擔的州縣官員[177]，這個法令基本上也是形同虛設。

鄉紳與稅收制度

鄉紳是造成鄉村騷亂的又一原因。紳士妨礙了整體稅收制度，特別是里甲體系的正常運作。擁有大量土地、有義務交稅的紳士，利用他們的特權地位，常常能保護自己不受差役或稅吏的侵犯，讓普通百姓去承受敲詐勒索的大部分重負。他們甚至利用特權，把自己應該繳交的份額，轉嫁到普通百姓身上；或者與官吏、衙門僚屬狼狽為奸，共同壓迫普通百姓[178]。嚴格說來，未能通過任何科舉考試或者沒有花錢買到官位官位或職銜的士人，並不是紳士；但正是因為他們為準備科舉考試而學，以求進身紳士地位的事實，使得地方官經常給予他們特別的禮遇，鄉人也給予他們幾分尊敬。他們自然會利用所能得到的特殊待遇，在交稅問題上謀取自己的利益。

雖然所有耕地都要交稅，但是在清廷的眼中，所有納稅人並不是平等的。納稅人因社會地位不同而區分為兩種不同的類型。清王朝一建立，就給予官吏和紳士種種特殊免稅權和其他特權，使他們處在優於其他人民大眾的地位[179]。官府對特權階層的納稅人，比普通百姓有更多的照顧。取得「貢生」、「監生」或「生員」頭銜、有義務繳納土地稅的士子，如果「發現」自己不方便及時交稅，可以推遲二到六個月的時間；而普通人必須按照官府規定的期限繳納[180]。紳士階層更可以免除各種形式的徭役[181]。清王朝統治者繼續上古以來的傳統[182]，甚至在清王朝正式在北京成立之前，就免除了那些服從新王朝統治的所有生員的徭役。在這之後幾年，清廷又在一六三五年規定所有舉人家中可以有四名丁口免服徭役。到了一六四八年，順治帝又進一步決定擴大免稅範圍，推出一系列措施，給予不同層次的官員和士子不同的照顧。在這些規定之下，品秩最高的官員，家庭成員多達三十人可以免除徭役；最低階的士子也可以有二人免除徭役。這個慷慨的措施持續到一六五七年，清政府才改變規定，此後只有本人可以免除徭

177 《清朝文獻通考》，21/5045，引述清王朝早期所規定的一項措施：「其州縣官或于額處私派而上司徇隱者，許里長、甲長據實控告，依律治之。」

178 自上古以來，中國政府就很難對有特權地位的個人或家庭，進行徵稅。這類事例可以參考：《史記．趙奢傳》，81/5a，「平原君家不肯出租」；趙翼，《廿二史劄記》，關於明王朝時期「鄉官」的文章，34/14a；朱之瑜，《舜水遺書》，引自《食貨半月刊》，五卷八期（一九三七年四月十六日），頁二〇（明王朝時期宦戶的不法行為）。

179 較充分的談論，參見第三章注一二。亦可參考 Chang Chung-li, *The Chinese Gentry*, pp. 32-43.

180 《大清律例彙輯便覽》，11/41b；《大清會典事例》，383/16a-b。

181 《學政全書》（一九一〇），32/1a 和 2a-b；《大清律例彙輯便覽》，9/2b 和 18a。清政府還明確規定，紳士還可以免除官府轉交給里甲人員的各種事務，而這種事務是「各種各樣力役」的組成部分之一。有關導致這一結果的命令，發布於一七三六年（即乾隆元年）。參見《清朝文獻通考》，71/7709。

182 《周禮鄭氏注》（一九三六年上海商務印書館叢書集成本），〈地官．鄉大夫〉：3/73：「鄉大夫之職，……以歲時登其夫家之眾寡，辨其可任者。……其舍者，國中貴者，賢者，能者，服公事者，老者，疾者，皆舍。」有關漢朝到宋朝免服徭役的階層情況，可以參見《文獻通考》，13/141。

役，其家庭的任何成員都不能再享有優遇[183]。為了防阻有人濫用，有位巡撫在一七二六年試圖取消這項特權。但是清廷再次確認了一六五七年的規定[184]，一直到清王朝崩潰時都沒有改變。

丁稅併入地稅一起徵收，使丁稅的攤派變成以土地而不再以人為基礎，丁稅也成為土地的附加稅，因而對上述的特權產生了一些影響。在法律上，紳士本人可以免除一般丁稅和雜七雜八的差役，不管他們是否擁有土地。事實上，所有無地者都沒有繳納丁稅的義務[185]，不管他們擁有特權身分或是普通百姓。因此，這一稅制變化對於那些沒有土地的紳士成員來說，就沒有什麼實際意義。另一方面，擁有土地的紳士，雖然要繳納土地稅，但是比起普通的土地所有者來說，他們享有免納丁口附加稅的優勢，並在事實上經常免服所有其他力役。換句話說，雖然擁有的土地數量和應繳納的土地稅額相同，但他們需要繳納的稅比普通百姓來得少。對那些占有大量土地的紳士來說，其財務上的優勢是相當實在的。既然各個地區的丁稅稅額自康熙晚期就固定下來了，那麼准許擁有土地的紳士免稅，就使額外的負擔落到普通的土地所有者身上。這一情況既刺激了普通的土地所有者去追求特權地位，也刺激無地的紳士成員去獲取土地[186]。

清朝皇帝們從一開始就意識到，紳士可能濫用被授予的特權。幾乎緊接在授予紳士特權之後，他們就採取措施，來防止享有特權的人逾越法律的界限。但是由於很多享有特權的人都傾向濫用他們的特權，使得清王朝的稅收制度在一定程度上成為清政府（它努力剷除欺詐行為）與紳士（他們竭力把自己

183　《大清歷朝實錄．世祖朝》，37/21a-b中，敘述了清王朝初期設立的免稅制度。亦見《清朝文獻通考》，25/5071-72。一八四八年規定的措施可以概括如下頁表。相對於京官免稅情況來說，在各省區任職的地方官可以免稅五〇%，卸職官

員可以免稅七〇%。一六五七年。順治帝接受戶部的一項建議，規定每名官員（從最高級官員到最低級官員和所有不同頭銜的文人）只有一丁可以免服徭役；至於糧食稅，則沒有提到什麼。假如當時所有這樣的免稅都被廢除，那麼所有土地所有者不管其地位如何，都必須繳納糧食稅（或土地稅）。地方志中通常記載了一些資料，可以說明免服丁役的人數情況。比如，《滁州志》（一八九七年刊，卷二，一一a）就說，該地的總丁數為一萬二千二百九十二，有四百零一名鄉紳舉人、貢生和生員優免當差。

官品	豁免的糧食稅（石）	豁免的丁役
京官		
一品	30	30
二品	24	24
三品	20	20
四品	16	16
五品	14	14
六品	12	12
七品	10	10
八品	8	8
九品	6	6
士子 舉人 監生 生員	2	2
地方吏員（未入流）	1	

184 《清朝文獻通考》，25/5073。然而，在清王朝最後統治的年月裡，「士」（即文人）的特權和聲望正在消失。在一些地區，他們也成為徭役徵集的對象。舉例來說，一八八一年時任山西巡撫的張之洞收到一份請願書，其部分內容如下：「自丁攤入地，徭亦因之，故晉省士子向例不免徭費。」見王仁堪，《王蘇州遺書》（一九三三），3/4a。

185 朱偰在其《中國財政問題》（第一編，一九三三年國立編譯館版，頁一五－一六）中說：「無地之丁，不再輸丁銀，人丁稅之名存實亡矣。」

186 包世臣，《齊民四術》（一八二二），8/10a：「然紳士既免差徭，而稍有力之家，指捐職銜，即入優冊，是唯終歲勤勤之農民，方供雜派。」《牧令書輯要》的編者在該書，3/74b-77a 中，引述了嘉慶和道光時期在直隸擔任知縣的張傑所寫評論差徭的文章，其部分內容如下：「鄉間辦差，各處情形不同，省北州縣，有旗辦三而民辦七，有旗不辦而民獨辦者；省南州縣，有紳辦三而民辦七者，有紳不辦而民獨辦者。……因而地畝稍多之家，或挂名衙門，或捐納職銜，以圖免差。……是年年直隸所承辦之大差，非州縣官吏也，非官紳大賈也，乃地畝至少之良善窮民也。」

的特權運用到最大範圍）之間的一場鬥爭。紳士所採取的欺詐行為，主要表現在完全不交稅、把應交份額轉嫁到其他人身上，或者包庇那些沒有合法免稅權的逃稅者等方面[187]。好幾個社會因素為這些欺詐行為提供了機會。清廷對兩類納稅人的不同態度，要為這種情況負直接的責任。未經清政府的認可，應繳稅的人戶，被分成「紳戶」（紳士）、「宦戶」（官員）和「儒戶」（士子）這一組，而「民戶」（平民）屬另一組；又分為「大戶」和「小戶」；還有「城戶」（不住在鄉村的地主）和「鄉戶」（納稅的農民）[188]。社會地位不同，得到的待遇也不同。那些擁有社會威望、政治影響或經濟勢力的家戶，受到了特殊照顧。在極端的情況下，這些家戶還成為另一些的壓迫者。而且儘管他們之間偶爾發生利益衝突，但鄉紳或多或少總是與地方官員保持親密的關係。官銜比較高的紳士，其威望或影響就相當大；大多數紳士和渴望取得紳士地位的士子，都深知為官之道——不管是好的，還是壞的。州縣官員經常發現，在種類繁多的任務中，很有必要尋求這些人的協助或合作，因此他們寧願無視或玩弄清廷規定的措施，也不願意招致紳士的敵意。這樣，官員對於紳士的犯罪行為就經常視若無睹，甚至在可疑的問題上跟他們達成默契。結果，擁有紳士地位的人就有條件欺騙清政府的正常稅收，或者剝削平民身分的納稅人。面對這些人，與大多數鄉人一樣是普通百姓的里甲代理人，根本就無力採取什麼方法來維持法律規定的稅收程序。

清皇帝採取措施，設法終止紳士拖欠繳納土地稅的不法行為。一六五八年，在里甲體系設置正好推行十年之後，清政府下令：

> ……文武鄉紳，進士、舉人、貢監、生員及衙役，有拖欠錢糧者，各按分數多寡，分別治罪[189]。

兩年後，由於江南不繳納土地稅的情況特別普遍，清政府指示地方官在其年度報告中指出紳士未及時繳納土地稅的精確數字，以便及時捉捕犯者並加以懲處[190]。

懲治紳士拖欠繳納的第一項強烈措施，是康熙皇帝在一六六一年即位後就立即採取的。根據官方歷史檔案記載[191]，江寧巡撫朱國治上奏要求對蘇州、松江、常州、鎮江等府和溧陽等縣擁有文官或軍官品級或頭銜〔譯者：這裡的頭銜包括爵位〕的一萬三千五百一十七名紳士進行懲罰，因為他們總是拒絕繳納其應交之稅。懲處很快就做出。上千人被罷黜，剝奪品級或頭銜，關進監獄或受到鞭笞。這一案件一

---

187 《清史稿．食貨志》，2/3a。因丁稅和地稅合併徵收而引起的混亂，偶爾使得文人喪失他們自古以來就免服勞役的特權，從而使得那些擁有官銜或頭銜的紳士成員成為唯一的不服勞役的階層。參見注一八四。王仁堪，《王蘇州遺書》（卷首，5b 和 3/4a）指出，山西巡撫張之洞在一八八一年上奏建議，「一等生員，無論有無田產，准免徭費二百畝，二等半之，三等又半之，劣等不免。」清政府採納了這一建議，但是並不是所有文人階層都得沾天恩，而只有那些上了年齡、擁有相對較高學術成就的文人才能享受。

188 這些並不是對納稅人劃分的正式名稱，清政府也不以之來劃分納稅人。此處使用這些名稱，只不過是要表明人戶所擁有的社會地位是各不相同的，指出在不同地區，其稱呼是各不相同的。每一個名稱的實際意思，將在隨後的幾頁中詳述。「大戶」一詞，或許是指沒有紳士頭銜而財富殷實的大地主；這正如一七五七年到一七五八年擔任江蘇巡撫的陳宏謀所指出的那樣：「州縣官員因非常關注其政績，逮捕未納稅之大戶，……而放棄小戶。」看來，對於那些擁有紳士地位的大地主，州縣官員是不敢抓的；在江蘇這個紳士勢力相當大的省分尤其如此。

189 《大清會典事例》，172/4b。

190 同上。這項措施是一六六〇年推行的。

191 《大清歷朝實錄．聖祖朝》，3/3a。

直到一六六二年中期才結束；清政府下令，釋放所有解送到京城，以及還關在當地牢房的囚犯[192]。在浙江省擔任知府的李漁，概括了這個著名的「江南奏銷案」所產生的直接後果：

除降革有司不論外，其鄉紳生員之被褫革者，小邑纍百，大縣盈千。三吳素稱衣冠之藪，自經奏銷以後，不特冠蓋寥寥，縣署之門無復縉紳車轍，即學道按臨考試，每學不過數人[193]。

不過，這一行動所產生的威懾作用似乎微不足道。清政府對其他地區仍然拖欠交稅的紳士，還是要不只一次地採取懲罰措施。舉例來說，十七世紀中葉擔任陝西甘泉縣知縣的一名官員，就因為「儇衿」拖欠交稅而請求主管教育的當局加以懲罰：

邊隅小邑，其青衿舉止動擬紳貴，一入黌宮，即喜占耕田地，不慣輸納錢糧，里胥莫可如何，代比代賠，不一而足。……縣官念屬子衿，不便遽懲以法，或出示曉諭，或差役押催，則又負嵎毆差，燬裂告示[194]。

一般情況繼續惡化，因而在距奏銷案（一六六二年）不到二十年的一六七九年，清政府感覺很有必要採取特別措施，來制裁逃稅的紳士。康熙帝在上諭中作了以下的規定：

紳衿抗糧不納，該州縣即將所欠分數，逐戶開出，另冊詳報各上司，由該督撫指名題參，無論文武紳衿、進士、舉人、貢監、生員，及有頂戴人員，俱照例黜革枷號，按其所欠分數嚴追[195]。

防止逃稅的詳細措施很快就制訂出來了。一七二八年（雍正六年），清政府下令說，擁有紳士地位的納稅人應該在官方登記冊和「三聯串票」上清楚載明，所有稅收都要在政府所規定的期限收齊。古老而特殊的延期繳納特權就這樣被取消了。兩年後，清政府又命令州縣官員按季度彙編名單，清楚載明文武生員和監生各自應交多少稅、已交多少，並把名單送給地方教育官員，讓他們了解士子的行為；這樣沒有履行納稅責任的士子就會受到應有的懲罰[196]。大約在同時，清政府還頒布了一項具體的懲罰條例，針對所有級別的士子——包括進士和舉人——拖欠交稅的多少，進行不同程度的懲罰[197]。負責收稅的地

---

192 徐珂，《清稗類鈔》（一九一七年上海商務印書館版），8/28-31。

193 李漁，《資治新書》，二集，1/13a，引金華知府吳齊的敘述。還請參見錢泳的《履園叢話》，1/7a。李慈銘《越縵堂日記·受禮廬日記》，上集，頁四b－五a的敘述，引用了計六奇對蘇州生員一六六一年拒絕交稅案件的敘述，表明吳縣知縣任維初要對該案件負部分責任。在同一時期，據報告，有十個類似案件發生於朱國治管轄下的鎮江、金壇、無為和其他縣區，總共有一百二十一人被處死。根據計六奇，《明季北略》，由於明王朝對文人過於寬容，使得生員們過於不守規矩，終於導致一六六一年災難的發生。

194 李漁，《資治新書》，二集，3/7a-b。

195 《欽定六部處分則例》，15/28a-29b。原始文件上有「紳衿」二字，意思是「紳士和有科名士子的成員」。參見第三章注一一。

196 《大清會典事例》，172/5b 和 330/1b。

197 同上，172/4b-5b。《大清律例彙輯便覽》，11/8a-b：「應納錢糧，以十分為率，欠至四分以下者，舉人問革為民，貢監生員並黜革，杖六十。欠至七分以下者，舉人問革為民，杖八十，貢監生員黜革，枷號一個月，杖一百。」亦見《大清律例彙輯便覽》，11/11a-b。

方官員，也必須在登記冊上注明納稅人的紳士地位和拖欠多少稅。拖欠者必須受到合理的懲罰。受到懲罰的紳士，只有在他們把應繳的稅額全部繳納之後，才能恢復其品級或頭銜[198]。

雖然我們無法確定清政府頒布的措施和命令執行到什麼程度，但是有理由認為，推行的程度取決於各地方官員的能力和決心。由於有能力和決心的官員並不多，因而享有特權的地主發現要逃稅並不難。一八七〇年代在湖南道州任職的汪輝祖就發現，道州的納稅人經常不交稅，因為擁有土地的紳士利用其地位抗交。那些實際上並不屬於紳士階層的人——衙門書吏和還未取得生員資格的文人——把自己登記為「儒戶」，以此來索取紳士特權，並且實際得到特殊照顧。由於這一不法行為已經根深柢固，因而當一位有錢人在一七七五年被任命為道州知州時，他發現用自己的錢來彌補未完成的拖欠，比起強迫拖欠者繳納來得更方便。而隨後擔任該州的知州，在設法收取欠稅時，卻發現所派稅吏常常被毆打，而他們的權威則受到公開的挑戰。不過，汪輝祖在一七八六年秋天對所謂「儒戶」施加壓力，並把欠稅最多的人（包括一名監生和一名想得到生員頭銜的文人）押進牢房之後，他就能說服大多數拖欠者繳稅了[199]。

到這裡為止，清政府關心的還只是從擁有土地的紳士徵收土地稅。但是，它的注意力很快就轉移到逃「役」——徭役徵集——的問題。一六六二年所採取的第一個行動，旨在改善江蘇某些地方的情況。在「奏銷案」的第二年，一名御史向皇帝奏報，在蘇州和松江兩府地區，以土地所有為基礎而規定的里甲事務分派制度並沒有被遵循，由此導致顯著的不公平：

> 名為僉報殷實，竟不稽查田畝，有田已賣盡，而仍報里役者。有田連阡陌，而全不應差者[200]。

為了解決問題，清政府在土地占有的基礎上重組里甲組織，下令：

> ……將通邑田地配搭均平，每圖編田三千畝零，每甲以三百畝為率。不論紳衿民戶，一概編入里甲，均應徭役[201]。

我們沒有關於這一強烈措施所產生效果的資料。不過，我們所知的是，到十九世紀中葉，這種新奇的里甲編組方式已經停止運作，在勞役稅義務的決定上，「甲田之多寡無關輕重」[202]。

清政府採取的第一項全國一體施行的措施在一六九〇年，它命令「直省紳衿田地與民人一例差徭」，這個決定是應山東巡撫的奏請而作出的：

---

198 《戶部則例》，11/11a。左宗棠（一八一二—一八八五），《左文襄公全集》，19/84a，收錄他在一八六六年的一篇上奏，請求清政府對於那些已經繳納拖欠之稅的鹽商，恢復其舉人頭銜。這一事例表明，只有在全部繳納所拖欠之稅後才能恢復品級或頭銜的規定，在實際中至少在一些地區得到推行。

199 汪輝祖，《病榻夢痕錄》（光緒十二年山東書局重刊），卷下，三三 a—三四 a。

200 《清朝文獻通考》，22/5049。

201 《無錫金匱縣志》，11/1b。

202 《無錫金匱縣志》，11/1b：「道光二十六年（一八四六），輪役罷而甲田之多寡無關輕重。」可以回憶起，大約在同時，山西省的文人喪失了他們的特權地位，即使到一八八一年，一點都沒有恢復。參見注一八四和注一八七。

……凡紳衿貢監戶下均免雜差，以致偏累小民。富豪之家，田連阡陌，不應差徭，遂有奸猾百姓，將田畝詭寄紳衿貢監戶下，希圖避役。應力為禁革[203]。

但是這項措施並沒有產生什麼實質性效果。十年之後，即一七〇〇年，清廷又發布了一道上諭，重申必須根除當時還在繼續存在的惡行——詭寄濫免，並補充指出衙役兵丁也「效尤」，在企圖逃避徭役責任[204]。

一七二六年，清政府又採取行動，「詳定紳衿優免之例」。很明顯，四川巡撫被公然濫用免服力役的特權激怒了，因而上奏建議取消所有優免的規定，以之作為防止逃避徭役的有效措施。經過戶部和九卿詳議之後，清政府作出如下結論：

紳衿只許優免本身一丁，其子孫族戶冒濫，及私立儒戶、宦戶包攬詭寄者，查出治罪[205]。

這並不意味著政府取消了一六九〇年的規定，只是表明清王朝當局在澄清有點混亂的狀況。在清王朝統治的早期，田賦根據土地徵收、徭役則根據人頭徵收，很容易在這兩種基本稅收之間劃清界線，也很容易把徭役攤派在有義務承擔的各種丁口身上。但是由於在實際運作上，這兩種稅很早就有合併在一起徵收的傾向，亦就是說，人頭稅事實上已經變成土地稅的附加稅，這條界線不再清楚了。與此同時，丁稅的稅額自一七一二年以後就固定下來，但是雜七雜八的差徭卻層出不窮。由於差徭徵收的稅額增加越來越多，丁稅在所有徭役稅的總收入中也就變成很小一部分。

這個發展趨勢引出了一個實質問題：擁有紳士地位的土地所有者，是否應該繳納所有這些稅收？包括各種各樣的差徭和普通丁稅呢？

這些土地擁有者毫無疑問是很清楚正確答案的，他們知道清王朝的法律給予自己特殊免稅待遇，是免除他們本身的一份丁稅。法律對其他各種徭役並未說明，但是他們緊緊抓住一個基本原則，認為擁有紳士地位的人可以免除所有形式的力役，不管他們擁有多少土地。因此，他們努力不讓自己的土地承擔任何力役，並且常常得逞。事實上，有些紳士做得更過分，還利用他們的地位牟取非法利得。

地方官員對這件事的看法是不同的。他們從實際而不是法律的角度來看這一問題。他們認為，既然所有力役實際上都是依據土地來攤派的，那麼誰擁有土地的人就應該承擔，不管個人的地位如何。讓紳士（他們實質上是土地所有者）免稅，政府（或他們自己）是承擔不起這個損失的。他們經常據理力爭，給予擁有土地的紳士特殊照顧就等於增加普通納稅人的負擔。

清政府在一六九〇年規定，所有差徭都應向所有土地擁有者徵收，不論他們的地位如何，顯示認同地方官員的看法。這樣做，清政府授權向擁有土地的紳士徵收差徭。當它在一七二六年再次確定免除丁稅的特權時，表面上支持了上述的紳士看法，但是帶有一個含蓄卻重要的保留。在擁有土地的紳士要求免除所有力役——包括各種差徭和普通丁稅——時，清政府堅持以前頒布的規定，每個擁有土地的紳士

203 《清朝文獻通考》，22/5051；《大清會典事例》，172/5a。

204 《清朝文獻通考》，2/4866。

205 同上，25/5073。

只能免除一個丁；換句話說，紳士們必須承擔所有形式的差徭。由於差徭和丁稅在理論上都是徭役，清政府免除其中之一而徵收其餘各種，做法或許有點矛盾。但選擇放掉收入有限的丁稅，而保住收入更多的差徭，清政府是相當精明的。總之，擁有土地的紳士必須承擔各種差徭是相當清楚的。

一些享有特權的人對清政府規定的冒犯，遠超過單純地逃避自己應承擔的稅額。其中最令清政府煩惱的，以官方用語來說就是「包攬錢糧」：替他人繳納（或拖欠）錢糧，以求從中獲取非法利益，或者換句話說，濫用免除丁稅的特權，包庇那些沒有這項特權和渴望免除部分或全部稅負的人。一些早期的事例發生在山東省，根據一六九〇年的官方記載：

> 山東紳衿戶下地畝，不應差徭。……更有紳衿包攬錢糧，將地丁銀米，包收代納，耗羨盡入私橐，官民皆累。合照欺隱田畝例……[206]。

大約同時，湖南省也發生類似事例。清朝當局在一六九六年的一道指示中說道：

> 湖南陋習，里甲之中，分別大戶小戶。其大戶將小戶任意欺壓，錢糧皆大戶收取，不容小戶自封投櫃，甚且驅使服役。
>
> 嗣後小戶令出大戶之甲，別立里甲，造冊編定，親身納糧，如有包攬抗糧勒索加派等弊，該督撫題參治罪[207]。

當然，「包攬錢糧」的事並不限於這兩個省，也不只是富有的紳士大地主才有這種行為。雍正帝在一七二四年發布的一道上諭就能反映這一問題：

> 聞有不肖生員、監生，本身原無多糧，倚恃一衿，輒敢包攬同姓錢糧，以為己糧。秀才自稱儒戶，監生自稱官戶。……遲延拖欠，不及輸納，通都大邑固多，而山僻小邑尤甚[208]。

在一些縣區，衙門所派差役發現無力對付勢力強大的紳衿欠稅者。一八一八年（嘉慶二十年），清廷發布的一道上諭說：「（廣東）潮陽揭陽劣衿大戶包納抗拒，甚至差役不敢下鄉催徵。」[209]根據另一資料，（廣東省另一縣）東莞的納稅人，也常常「附勢力之鄉」，以逃避攤派在他們身上的力役。知縣屈從於鄉紳的勢力，對調整稅負沒有任何作為[210]。

漕糧的徵收替「包攬」的許多特殊方法提供了機會。許多虛假行為（包括未經批准而加稅、在徵收

---

206 《大清會典事例》，172/5a；《清朝文獻通考》，2/4867。

207 《大清會典事例》，172/5a；《清朝文獻通考》，2/4867。

208 《大清會典事例》，172/5b；《清朝文獻通考》，3/4871；《大清歷朝實錄・世宗朝》，16/21b-22a。清世宗和清高宗分別在一七二七年和一七三六年重申了相同的禁令。參見《大清會典事例》，172/19b；《清朝文獻通考》，71/5510。

209 《清朝續文獻通考》，1/7505。

210 《東莞縣志》，3/4a，引洪穆霽的評論。〔編按：洪穆霽評論原文作：「蓋自往者軍興，徵發旁午，傜役皆按鄉派取，故或數小鄉併為一鄉，或易鄉名附勢力之鄉，改竄變幻，不可窮詰。雖屢經集議列為九等，然情面難破，直道難行。」〕

和運輸過程中進行敲詐勒索），自清王朝建立以來就一直伴隨著漕糧制度[211]。一七六〇年代之後，此種不法行為在一些地區變得更加嚴重了[212]。政府的任何規定都無法對這些不法行為發揮遏阻的效用。到十八世紀末，一些高官認為問題已到了極端嚴重的地步。一位官員在一八〇〇年左右向皇帝提出下面這個驚人的報告：

> 制臣訪聞，縉紳之米謂之衿米，舉貢生監之米謂之科米，素好興訟之米謂之訟米。此三項內，縉紳之米僅止不能多收，其刁生劣監好訟包攬之輩，非但不能多收，即升合不足，米色潮雜，亦不敢駁斥。……州縣受制于刁衿訟棍，仍取償于弱戶良民。其安分之舉貢生監所加多少不一，大約總在加二三之間。所最苦者，良善鄉愚，零星小戶，雖收至加五六而不敢抗違。……且鄉僻愚民，始則忍受剝削，繼亦漸生機械，伊等賄托包戶代交，較之自往交漕加五六之數，所省實多。……是以遞年包戶日多，鄉戶日少[213]。

政府代理人尤其受到那些能夠利用訴訟作為保護（或冒犯）工具的「包戶」阻撓。這位官員接著說：

> 包戶攬納米石，為數不少，到倉時，官吏稍為查問，即抗不繳納，或將濕碎短少之米，委之倉外，一哄而散。赴上司衙門控告，轉須代為看守[214]。

江蘇省提供了一個足以說明鄉紳包攬的事例，即使不是最典型的。江蘇巡撫在一八四六年（道光二十六年）的兩道奏摺中報告，在這個惡行最無法無天的蘇州府屬昭文、常熟兩縣，有人控告一名曾在直隸擔任知縣的舉人、兩名監生和三名武舉人的欺詐行為。其事實如下：

> 該二縣〔編按：指常熟及昭文〕地方遼濶，鄉僻零星小戶應完漕米，難於跋涉，間有托令田多大戶順便帶完之事，遂有大小戶名目。
>
> 蔡廷訓兄告病在籍知縣蔡廷熊，及浦大田之子武舉浦登奎、浦登彪，素為鄉戶帶完漕糧。鄉戶田畝係自種自收，米均乾潔；蔡廷熊等田畝係交佃戶耕種還租，米多潮雜；因以租米易換鄉戶之米，赴倉抵交，並時有掛欠[215]。

---

211 李漁，《資治新書》，初集，3/1a-2b，引浙江巡撫王元曦的上奏。請參見《清朝續文獻通考》，3/7526，所收錄金安清所寫之文。

212 汪輝祖，《病榻夢痕錄》，卷下，三三a—三四a，描述了江蘇和浙江一些地區發生的此種不法行為。

213 戴肇辰，《學仕錄》，11/7b-8a，引體仁閣大學士蔣攸銛一七九九年的上奏。還請參見《清朝續文獻通考》，2/7511，收錄一八二六年（即道光六年）清廷發布的一道上諭。該上諭部分引述了陶澍的上奏。

214 戴肇辰，《學仕錄》，11/12a。

215 李星沅，《李文恭公奏議》，9/37a-38b。〔編按：譯者於引文後原有按語：「此段原文與英文出入較大，只據大意譯出。」查《李文恭公奏議》，9/37a-38b為〈請將包漕衿戶革審摺子〉，是李星沅就任蘇撫後，於道光二十六年正月十六日會與總督會銜上奏的摺子，旨在請求將曾任知縣的蔡廷熊，及具有武舉人功名的浦登彪等革斥，以利全案審訊。本案審理報告則見於道光二十六年九月初六日的〈審擬陳增控案摺子〉，為此處引文的主要出處，見同書，卷一二，頁三四a—四〇b。今據以刊正。〕

問題本來就相當嚴重了。當蔡廷熊因某種原因不再包攬小戶，而兩名武舉人到京城參加朝廷舉行的考試時，問題就更加嚴重了。蔡廷訓和浦大田接管了事務，開始剝削鄉村納稅人，為他們的服務索取費用。為了使自己的腰包迅速膨脹，他們取了許多假名，讓自己被任命為有關地區的收稅登記人，這樣他們就能夠大肆進行欺詐活動，而不用擔心會被發覺。如果不是一名被他們激怒的拖欠者（陳增）把他們的行為曝光，他們的陰謀詭計還會繼續而不被發覺。這一案件的直接結果是，所有捲入的鄉紳都被剝奪品級或頭銜，有些還受到杖刑的懲罰；清政府發布禁令，不許再發生包攬行為。但是，當局並未清楚說明，鄉下的住戶要如何克服自然環境的困難，把漕糧從他們偏遠的村莊運送到政府的糧倉。

十九世紀中葉，清帝國的幾個地方爆發了因紳士非法行為而引起的暴動。一八四六年，有人提醒道光帝，「大戶」透過包攬來壓迫「小戶」的非法行為，是江蘇省到處騷亂不安的一個原因[216]。同時期的一位作者證實了這個令人震驚的事實，他指出：幾十年來，紳士一直濫用其特權，對鄉人進行壓迫和剝削，把鄉人逼到絕望的邊緣，結果是「毀倉毀衙署，拒捕傷官之事，無歲不聞，無城不有」[217]。

湖北省崇陽縣一八四二年的暴動，特別值得引以為戒。生員鍾人傑和其他幾名生員一起包攬了漕糧徵收，突然成為暴發戶。新上任的知縣努力想改善小戶人家的苦境。鍾人傑懷疑這個舉動是由他的對手——尤其是另一名生員蔡少勳——煽動起來的。於是，在謀殺蔡少勳的家人（他們居住在鄉間），燒掉他的房子之後，鍾人傑帶著其幾百名追隨者衝進縣城追捕敵人。知縣被關起來並遭殺害。該縣的鄉人被強迫加入暴動，暴民最後超過一萬人。暴動直到一個月後才被平息，湖北提督親自率軍重新奪回了崇陽縣城，鍾人傑與其他大約十名參加暴動的文武生員遭到嚴厲的處罰[218]。清政府對這一不幸事件作出的回應是下了一道命令，宣布此後崇陽知縣若未能發現並恰當處理生員或監生的包攬行為，依法將被革職[219]。與此同時，規模較小的類似暴動也在其他地區發生，包括浙江省的歸安與仁和、江蘇省的丹陽和震澤、江西省的新喻及湖南省的耒陽[220]。這些暴動當然是鴉片戰爭和太平天國之間社會動盪的一部分，而紳士在稅收中的不法行為則是社會動盪發生的原因之一。

太平天國叛亂之後，情況並未得到實質上的改善。在軍事行動頻繁的日子裡，清政府做了一些努力，以減輕普通百姓（特別是南方的普通百姓）的負擔。江蘇巡撫李鴻章在一八六二年上奏[221]、浙江巡撫左宗棠一八六三年上奏[222]，都建議減輕這些省分百姓過重的負擔，剷除大戶和小戶之間的區別。這些舉動或許帶給這些省區的納稅人一點點好處，但是長久以來的不法行為仍然存在。雖然同治帝在一八六五年發布的上諭中，一再重申先前頒布的禁令：任何人都不能代替其他納稅人繳稅，大戶和小戶之間的區別也不容許存在[223]。一八六〇年代晚期的江蘇巡撫〔丁日昌〕就指出，普通民戶所繳稅額，仍然要比

216 《大清歷朝實錄．宣宗朝》，435/9a-10a；《大清會典事例》，207/4b；《清朝續文獻通考》，2/7513-14，一八二六年（道光六年）發布的一道上諭和柏葰一八四六年的上奏。

217 馮桂芬，《顯志堂集》，2/27b-38a。

218 魏源，《古微堂外集》，4/34a-35b。黃鈞宰在《金壺七墨》中（「浪墨」，4/6b-7a）的記述更簡略。我們不能把這一暴動與曾國藩在《曾文正公書札》中（2/20a-b）提到的叛亂混為一談。

219 《大清會典事例》，172/7a，收錄一八四二年（道光二十二年）發布的一道上諭。

220 魏源，《古微堂外集》，4/35b。

221 《清朝續文獻通考》，3/7520。

222 《大清會典事例》，172/7b。

223 《清朝續文獻通考》，3/7522；《大清會典事例》，172/7b。

紳士地主高得多，有的甚至高達八倍之多[224]。直到一八八二年，光緒帝發現仍有必要發布一道上諭，以禁止包攬行為[225]。

造成包攬這種欺詐和有害行為因素有很多，以致儘管法律明顯禁止卻一直存在[226]。原因之一是，清政府承認紳士享有特別的地位，並因此得到特殊照顧。清朝皇帝有充分的理由挑出他們來給予優惠待遇。作為授予他們特權的回報，清王朝期望紳士們成為帝國統治的忠實助手，至少不要與它的利益發生衝突。有些紳士在一定程度上滿足了清王朝的期望。在許多情況下，他們幫助清政府維持地方秩序，加強帝國統治，甚至幫忙抵抗敵人。儘管有這樣的紳士，但還有另一些人更關心自己的利益，而非清王朝的統治利益；他們更渴望獲取直接的利益，而不是提供有用的服務。作為納稅人所享有的特殊照顧，的確使他們變得更貪婪；擁有特殊地位，又為他們滿足其貪婪而提供方便。他們成為最壞的納稅人，他們的欺詐行為不是靠一次又一次地發布禁令就可以遏止的[227]。一位著名的中國作者相信說：「補救之法，非紳民一律不可。」[228]這個看法相當接近真理。

然而，只譴責紳士也是不正確的。如果沒有地方官員和衙門僚屬的鼓勵與縱容，紳士也不會敗壞到這個地步。有時，地方官強迫紳士從事包攬，從而鼓勵了欺詐行為。根據一七五四年的報告，一些州縣官因擔心在自己的州或縣未能完成稅收任務，而顯得政績不佳，於是採取非法手段，「勒令」富戶為其都或圖內的其他納稅人完納錢糧[229]。在十九世紀鼓勵包攬的事例中，可以看到地方官和衙門書吏窮凶極惡的嘴臉。州縣的政府糧倉（納稅人必須把稅糧送交到這裡），在稅收期間只開三到五天；如果納稅人在糧倉關閉之後才到達，就不得不繳納錢幣來取代實物，這樣就增加了額外的負擔。鄉村百姓所受損失就最大，他們將稅糧送到指定的糧倉時，悲哀地發現穀倉已經關閉。只有那些從事包攬的紳戶，才會被告知糧倉打開的日期；只有他們才能毫無困難地交繳納稅糧[230]。

在雖然不合法卻牟利甚多的包攬行為中，地方官員和衙門僚屬總是變成紳士的同夥。十九世紀的作者（馮桂芬）指出，最大部分的不義之財經常落入衙門僚屬之手。參與的士子「獲利最微也，攖禍最易也，貽誤又最大也」。他解釋說：

> 漕務之利，丁胥差役百之，官十之，紳二三之，衿特一之耳。……
>
> 州縣之力，禍紳難，而禍衿易。……褫一生，斥一監，朝上牘，夕報可矣。……
>
> 紳之於漕，入公門者非夥友即家屬，衿則非躬親不可，諺云：「家有百畝田，終年州縣前。」……

---

224 丁日昌，《撫吳公牘》，22/1a-b 和 20/3b。根據丁日昌所說，每石糧食稅（如果完全繳納的話），紳戶只繳納二千文到三千文；而民戶則繳納高達六千文到一萬六千文。

225 《大清會典事例》，172/7a。

226 《戶部則例》，12/2a：「有貢監生員借立儒戶、官戶名目，包攬侵收入己者，照常人盜倉庫錢糧律擬罪。」

227 《清朝文獻通考》，24/5062，敘述了李因培一七六二年的上奏：「士子身列膠庠，一切公私雜役，不得仍與名頂充，例禁已久。今浙省士子竄身經商里役者不一，一曰莊書，管田糧底冊推收過戶等事。一曰圩長、阧長、塘長，管水田圩岸修葺堵禦等事。此專係浙省名色，各省如此類者，皆鄉民公推。」

228 馮桂芬，《顯志堂集》，10/1b。

229 《清朝文獻通考》，4/4889。

230 同上，2/7510。關於類似觀點，可參見《牧令書輯要》，3/72a，何士祁（一八二三年進士，江蘇川沙縣縣丞）所說。

奔走之日益多，攻苦之日益少，必致終身廢棄，功名路絕，可惜孰甚焉[231]。

馮桂芬的解釋看來似乎有理。不過，我們此處關心的並不是地方官員、衙門僚屬、鄉紳、士子所得好處的相對程度[232]，對這些群體之間各自應承擔何種程度的罪行也不感興趣。所有這些人各顯神通，在不同程度上介入遍布全帝國的詐欺行為；而官僚腐敗加劇了社會不公，使清王朝的稅收制度病入膏肓，無法醫治了。

其他因素也要對稅收敲詐的整體行為，特別是包攬行為的產生負責。隔絕偏遠鄉村和縣城的距離，為稅收帶來無盡的困難。十八世紀，一位進士在給江蘇某縣知縣的信中描述了下列情況：

且宜興之地，西南百里而遙，東北百里而近，故有一人入納而宗族親戚附之以納者，有孤寡疾病難行，勢托之人以納者。吏胥執納者而詐之曰：「爾何包攬？」長吏不察，則亦拘納者而責之曰：「爾何包攬？」夫包攬以禁紳衿之抑民以自肥耳，豈以責急公趨事相周相恤之民哉？故包攬之禁厲而不能自納者，必托之差役之手，差役因匿而吞之[233]。

由於很難區別包攬與真誠的相互幫助，因而也很難防止紳士以相互幫助的幌子，為其敲詐勒索作辯護，因此清朝皇帝規定納稅人要親自上繳錢糧。但在交通運輸極為落後的廣大鄉村，又找不到有效的方法來從鄉村納稅人手中收稅。里甲組織在某種程度上證明本身是有用的，卻受到兩股強大勢力的干擾與破壞：一邊是腐敗的地方官員及其衙門吏胥；另一邊是貪婪的紳士。期望里甲組織頭人（他們本身也只是普通身分的納稅人）戰勝這些勢力（他們具有特權地位）——減少這些特權分子有暴利可圖的拖欠、勒索和壓迫——根本是自找失望，要求保甲頭人承擔偵察和報告犯罪行為，更是不必指望，因為保甲要對付的是罪犯，而里甲要對付的卻是在中國社會中具有強大勢力和影響的既得利益集團[234]。

---

231 馮桂芬，《顯志堂集》，9/25a。

232 在各自私利發生衝突之時，經常夥同劣紳狼狽為奸進行欺詐勒索的衙門走卒，就會起而對付地主、紳士或其他人物。可以用一八五四年發生的一個事例來說明這種情況。據報告，是年有一名負責稅糧登記的衙門書吏很有勢力，他隱瞞清廷作為恩惠而准許延期繳納的消息。參見《大清歷朝實錄．文宗朝》，140/2a-b。根據馮桂芬在其《顯志堂集》中（10/1a-b）所說，即使在紳士之間，也存在著不平等：「完漕之法，以貴賤強弱為多寡，不惟紳民不一律，即紳與紳亦不一律，民與民亦不一律。紳戶多折銀，最少者約一石二三斗當一石，多者遞增，最多者倍之。民戶最弱者折銀，約三四石當一石。」正文中所引的馮桂芬的話，表明他認為「紳」和「衿」之間存在著差別，而其原因不過是紳士和文人在與稅收相關的事務中各自地位有幾分區別。然而，馮桂芬並不是十九世紀唯一作出這種必然區別的作者，早些時候的一些作者也因稅收制度之外的原因作出這種區別。舉例來說，《州縣事宜》在二九 a 中所收錄一七二〇年代根據清廷命令而編輯的手冊，就說：「紳為一邑之望，士為四民之首。」從某種意義上來說，清政府（至少是含蓄地）認為「紳」（他們是在職或退休的官員）和「士」或「衿」（他們是未來或有希望任官的人）之間存在著區別。在清王朝統治早期時候，嚴格禁止士去拜訪官府，或者禁止他們參與同地方行政有關之事務。參見第三章注一一和第六章關於「鄉學」的部分。

233 戴肇辰，《學仕錄》，7/7b。

234 不過，並非所有的紳士捲入這種非法行為。有很多事例表明，那些影響較小的紳士常常成為地方官和衙門吏胥的犧牲者。受到敲詐勒索行為危害之程度，要看犧牲者享有的影響或地位的程度如何。一八五九年發生於會稽（浙江紹興）的一個事例，就說明這一情況。監察御史上奏說，紹興知縣與書吏狼狽為奸，所收稅糧大大超過規定的數量，非法徵

不法行為對清朝稅收的影響

就清政府所關心的範圍而言，讓地方官員、衙門吏胥和鄉紳都捲入其中，並使里甲組織不可能正常運作的不法行為，最後結果就是不同程度地減少了清王朝從土地稅和徭役稅所取得的收入。針對不交稅和官吏盜用公款如何實際影響清政府的稅收，簡短地回顧一下或許有些意思。

不交稅——不論是簡單形式的拖欠（欠糧），或是更麻煩的形式以武力來拒絕交稅（抗糧）——自清王朝初年以來就存在，其程度在各個時期、各省互不相同。順治帝在位期間，清政府主要精力在於安撫，統治機器的運作效率還未達到高峰，因而不交稅的情形十分普遍。在十九世紀中葉的動盪不安及隨後的年分，戰爭和其他災難使許多人貧困破產，清政府的威望和統治效率也大為削弱，不交稅的情形或許比清初更為普遍。逃稅行為比任何時候都更為流行[235]，許多地方不斷發生針對稅吏的暴動[236]。而在相對繁榮的康熙、雍正和乾隆等皇帝在位時期，不交稅的情況相對較少；在後來同治和光緒在位時期，至少在一些省區也相對較少。

從清王朝建立到崩潰，很少地方官把所管轄州縣應該課徵的稅收，透過各該省當局全額交到北京[237]。在一些情況下，地方官員怠忽職守可能是因為納稅人拖欠交稅；其他情況，則只是地方官員及其僚屬盜用公款，而胡亂指稱納稅人拖欠[238]。他們的陰謀詭計是掩藏不住的，雍正帝就曾經指出稅收損失的主因在於「中飽」，而對一般納稅人則抱持著比較溫和的看法[239]。人民不交稅的情況，隨著環境的變化而起伏；而官吏盜用公款則穩定的持續下去，並且隨著清王朝統治的衰弱而日益加劇。

表 4-1 說明了官吏盜用公款的情形。此表依據陝西和江蘇兩省報告的事例製成[240]。

續

收達到一萬八千石以上，給他們帶來的非法收入達到十萬兩以上。當地人李慈銘在日記中指出，該地官員及其吏胥已經在稅收中有一個敲詐勒索多少的固定算盤：大戶所交稅額必須超出法律規定的二五%到三〇%之間，其多少根據大戶的影響或威望的情況而變化；小戶所交超過規定的六〇%之多。李氏家族，由於其祖宗的影響還在，按照擁有的實際土地數量（超過一萬畝），必須繳納的額外稅是三八%——按照當地標準，不少不多，但與賀氏、張氏和陶氏等家庭相比，就顯得過多，因為這些家庭繳納的額外稅要少些，即在三〇%以下。參見李慈銘，《越縵堂日記補》，己集，頁八三 a－b。

235 于寶軒，《皇朝蓄艾文編》，18/17b，收錄安徽巡撫福潤一八九五年提交的上奏。該上奏這樣描述情形：「緣兵燹後鱗冊既失，版籍不清，紳族豪宗，交相侵占，以多報少，以熟報荒，地方官明知，不敢過問。平民習見之而相率效尤，積而愈多，官恐激百生事，未收核實清量之效，先蹈辦理不善之咎，亦遂隱忍不發。」

236 雖然本書在第十章探討針對稅吏的暴力活動，不過與這一問題相關的資料可以參考：《清朝續文獻通考》，2/7517〔譯按：應為 7514〕，雷維翰在一八五三年的上奏、一八六一年發布的一道上諭；傅衣凌在《財政知識》（第三卷〔一九四三〕，頁三一－三九）上發表的文章。

237 《大清歷朝實錄．聖祖朝》，1/17a-b，收錄一六六一年（順治十八年一月己卯日）發布的一道上諭，其部分內容如下：「錢糧係軍國急需，……近覽章奏，見直隸各省錢糧拖欠甚多，……今後經管錢糧各官，不論大小，凡有拖欠參罰。……必待錢糧完解無欠，方許題請開復升轉。」

238 參見蔡申之在《中和月刊》（第二卷〔第九期〕，頁五三－五四）發表的文章，引《州縣事宜》。

239 王先謙在《東華錄》（雍正，12/10b）中，收錄一七二八年（雍正六年二月丙申日）發布的一道上諭，其內容如下：「任土作貢，天地之常經。守法奉公，生民之恒性。斷無有食地之利而不願輸納正供，以干蹈罪戾者。何以錢糧虧空，拖欠之弊積習相沿，難以整理？此則胥吏中飽之患未除也。或由包攬入己，或由洗改串票，或將投櫃之銀鈎封竊取，或將應比之戶匿名免追，種種弊端，不可枚舉。」《清朝文獻通考》，3/4875，也收錄這道上諭。

240 李星沅，《李文恭公奏議》，5/7a-8b，一八四四年的一篇上奏；和 11/40a-41b，一八四六年的一篇上奏。有關一六五二年到一八八四年間流行的拖欠行為及反對這種行為的措施，可以參見《大清會典事例》，卷一七五，各頁。厘金（十九世紀中葉以來，清政府財政收入的一種新稅）也深受盜用、貪汙之害。舉例來說，翁同龢，《翁文恭公日記》，

表 4-1　官吏侵吞情況

地方	官位	盜用數額		日期
		錢（銀兩）	糧食	
郿縣（陝西）	知縣	8,240	價值 8,160 兩白銀	1843 年
華亭縣（江蘇）	代理知縣	17,588	465 石	1845 年
青浦（江蘇）	代理知縣	19,296	693 石	1845 年

這段期間陝西省（七十六縣）的土地和徭役稅額大約是一百六十七萬五千兩，江蘇（六十五縣）是三百六十二萬六千兩。因此，表中所列每個縣盜用公款的數量在每年的稅收所占百分比相當大。這種情況在不同時期和不同省分而有變化，但是可以大膽地說，沒有哪一年清政府能夠收到全額的土地和徭役稅，而里甲體系對這些稅的徵收要負部分或間接的責任[241]。

不交稅和官吏盜用公款，本身並不意味著清政府財政的崩潰。因為清政府的總收入，並不全部來自「地丁」和「漕糧」，還來自於許多其他稅種，包括關稅、鹽稅、特別物資的專賣稅（榷稅），如茶榷，和特許費（如牙行經紀許可）[242]。十九世紀又增加了兩項重要的新稅源：關稅和厘金。這些舊稅和新稅的收入，在十八世紀和十九世紀穩定地增長，而「地丁」的重要性則相應地降低。表 4-2 所列數字雖然不完整，但足以說明這個趨勢[243]。

表 4-2　地丁和其他稅的收入*（按一千兩計算）

稅種	1720 年	1735 年	1865 年	1885 年	1895 年
地丁稅	33,910	34,695	22,000	23,023	23,737
其他稅	6,370	9,620	37,000	46,915	52,102

* 在糧食稅收最初作為單獨專項出現的地方，其數字是按照每石一兩折算的。

續

25/43a（光緒十二年〔一八八六〕六月二十二日）就說：「是日召見于乾清宮西暖閣，太后與上南向前後坐，……聖意謂督撫多不肯實心任事，鳌金安置，閒人交代，每多虧項。」參見《翁文恭公日記》，30/44b，光緒十七年（一八九一）六月十五日。

241 《戶部則例續纂》，23/4a-15b；《清朝文獻通考》，41/5232，一八二七年（雍正六年）發布的一道上諭；《清朝續文獻通考》，66/8225 和 66/8228；陳康祺，《郎潛紀聞》（上海文明書局刊），14/8b-9a；《大清會典事例》，172/6b，一八〇七年（嘉慶十二年）發布的一道上諭；《清史稿・食貨志》，2/10b-11a。根據李慈銘，《越縵堂日記・荀學齋日記》，庚集下，八六 a－b 所說，安徽和江寧地區未交之稅，在全帝國所占比例最大；其次是江西和蘇州；除了四川以外，所有其他省區據報拖欠的稅款在能夠徵收的數額中至少有二〇%或一〇%。每年所有各種各樣的稅未徵收之數，總共超過一千一百萬兩。李慈銘的敘述，引用了一八八五年（光緒十一年十二月二十三日）所發布的一道上諭。江蘇省自清王朝建立以來，其稅收問題就特別嚴重；關於這一點，參見李漁，《資治新書》，二集，1/7b，引江南巡撫韓世琦在一六六七年之前某個時候簽發的布告。關於安徽在十九世紀的情況，參見于寶軒，《皇朝蓄艾文編》，18/17a，收錄安徽巡撫福潤一八九六年的上奏。關於江西的情況，參見包世臣，《齊民四術》，3/19a-b，一八三六年所寫的一封信。關於江蘇的情況，參見李星沅，《李文恭公奏議》，11/12b-14a、12/30b-32a，在一八四六年的上奏對一八四一年到一八四年數據的列舉。同時期的一些作者認為江蘇情況之所以嚴重，是在於稅收負擔過重；關於這一觀點，可以參見馮桂芬，《顯志堂集》，9/3a-5a；和陳其元，《庸閒齋筆記》，6/7a-11a〔見〈江蘇督撫請減蘇松太浮糧疏〉〕。

242 《清朝文獻通考》，卷二六－三一，各頁和 40/5225-26。

243 王慶雲，《熙朝紀政》，3/35a。關於十九世紀後半期的情況，可以參見魏源，《聖武記》，一八四四年刊，引用李棠階，《李文清公日記》，卷八，咸豐二年八月一日；A. H. Exner, "The Sources of Revenue and the Credit of China," *China Review*, XVII (1888), pp. 276-291; 《知新報》（一八九七），25/14b，引自德國方面的材料；Parker, *China* (1901), p. 197; Morse, *Trade and Administration* (1913), p. 111; L. Richard, *Comprehensive Geography* (1908), p. 321 引Robert Hart 爵士；Joseph Edkins, *Revenue and Taxation* (1903), pp. 55-57 and 66-68, 引自各種材料。有關鹽稅的資料，參見《清朝

這些數字不能說是準確的，因為它們無法查核，專家也不認同[244]。但是可以用來說明一般的趨勢：在十八世紀的前二十五年，土地和徭役稅的收入占清政府稅收總額的八〇%以上，到一八六五年所占比重急劇下降到不及四〇%，而在十九世紀的最後十年，只占三〇%多一點。隨著「地丁」稅的地位日益降低，作為「地丁」稅徵收輔助工具的里甲組織，其在清王朝稅收體制中原本具有的意義，大部分不可避免地消失了。正如前面已經指出的，里甲最終不再以鄉村控制的獨立組織而存在，其登記入冊和徵稅的職能轉到一些保甲組織人員身上。

里甲組織崩潰的結果，雖然並未給清王朝帶來財政崩潰的痛苦，但卻帶來其他嚴重的困難。到了十九世紀，土地和徭役稅的收入雖然在帝國稅收體系裡的重要性越來越低，但它們仍然不斷為許多納稅人地帶來苦難。地方官及其吏胥、履行里甲組織原來職能的清政府在鄉村的代理人，仍然繼續剝削或壓迫廣大的鄉村大眾；鄉紳繼續利用其特殊地位，犧牲其鄉鄰納稅人，為自己牟取好處。當整個清帝國面臨接踵而來的危機，清政府失去大部分的威望時，因稅收方法不公而產生的仇恨，最終引發了地方動亂，因而釀成十九世紀的大規模動亂。這一時期最重要的民變——太平天國，其最初的力量的形成就有部分訴諸對稅收制度的普遍不滿。依據當時的記載：

> 當逆焰初長時，所過粵西州邑，搜刮貲糧，每遇富室巨家，必掘土三尺。粵西紳士，匍匐入都叩閽，呈訴冤苦。……逮逆黨由長沙陷武漢，虜劫之局一變屢變，始則專虜城市，不但不虜鄉民，且所過之處，以攫得衣物散給貧者，布散流言，謂將來概免租賦三年。……
>
> 賊於鄉村從不肆殺，……然於官幕吏胥避居家屬及閥閱之家，其抄愈甚，且殺人而焚其廬，並追

究收留之家，謂之藏妖，亦焚殺之。……故賊所過之處，我官幕眷口至無人收留，有露處松林，寄宿破廟者[245]。

很明顯，起事者精明地利用清政府在稅收行政中所犯的錯誤，但是他們也犯了自己的錯誤，未能找出令人滿意的解決稅收問題方法，他們提出的烏托邦式的「天朝田畝制度」只是紙上文章。定都南京之後，公共收入就成為他們必須迫切解決的行政問題。為了獲取全額的稅收，他們設立了等級森嚴的鄉官制度，從各種各樣組織中的有產戶挑選人來擔任鄉官，承擔實質上與舊里甲組織一樣的職責：登記稅戶，催促交稅[246]。在這個新的安排中，里甲組織一些舊有的、人們熟悉的不法行為——包括敲詐勒索、

續

續文獻通考》，卷三五－四〇，各頁；關於雜七雜八的稅種，見同書，卷二九－三二和卷四一－四八，各頁；關於厘金，見卷四九－五〇；關於各地通行稅，見卷二九，各頁；關於海關稅，見卷三一，各頁。翁同龢（其對一八八〇年代清王朝的財政情況的評論，具有權威性），就在其《翁文恭公日記》中（25/91a，一八八六年，光緒十二年十二月二日）說：「閻公（閻敬銘，戶部尚書）見起，力陳部庫支絀，寅吃卯糧。」亦見同書，30/7a，一八九一年，光緒十七年二月一日。翁同龢當時是戶部尚書，「部庫正項待支者止六萬，明日不敷發。」亦見李慈銘，《越縵堂日記補》，己集，頁八九a－b，咸豐九年（一八五九）十一月二十一日。

244 不贊同的專家意見，可以參見賈士毅，《民國財政史》（一九二八年上海商務印書館版），第一章，頁四；朱偰，《中國田賦問題》，頁九－一〇、一七－二四和頁七〇－七三。

245 張德堅，《賊情彙纂》（一九三二年南京江蘇省立圖書館印），卷一〇，〈虜劫〉。

246 羅爾綱，《太平天國史綱》（一九三六年上海商務印書館版），頁九〇－九二。

盜用貪汙公款——又出現了[247]。太平天國起事者無力建立一個行之有效的稅收制度並不奇怪，他們建立的政權壽命短，本身又充滿了困難，根本不可能對社會和政治習慣帶來什麼實質的改變。事實上，如果考慮到太平天國領導者的素質，就要懷疑他們會比清王朝統治者更有能力，來解決鄉村社會中十分重要又非常困難的稅收問題[248]。

247 張德堅，《賊情彙纂》，卷一〇，〈科派〉。曾國藩，《曾文正公奏稿》，18/24a，敘述了他從南京到安徽的視察途中所看到的情況。他在一八六二年（同治二年二月二十七日）的上奏中這樣報告：「粵匪初興，……頗能禁止姦淫，以安裹脅之眾；聽民耕種，以安占據之縣；民間耕獲，與賊各分其半。……今則民聞賊至，……男婦逃避，煙火斷絕，耕者無顆粒之收，相率廢業。」

248 前文已指出，清朝統治者從明王朝繼承了這一問題。雖然清政府努力設法解決，但是沒有取得什麼真正的結果。在清制中，又重複了明王朝後期流行的一些設置糧長的做法。根據《明史》，卷七八，〈食貨二〉的記載，其情況如下：「成、弘以前，里甲催徵，糧戶上納，糧長收解，州縣監收。……近者，有司不復比較經催里甲……但立限敲扑糧長，令下鄉追徵。豪強者則大斛倍收，多方索取……。孱弱者為勢豪所淩，耽延欺賴，不免變產補納。」黃六鴻一六九四年在其《福惠全書》，卷六中的敘述，詳細地描繪了清王朝統治早期流行的不法行為。其中一些不法行為，在清王朝統治的最後幾十年仍然存在，其形式隨著歷史環境和政治制度的變化而稍有不同；《清朝續文獻通考》，5/7540，收錄一九〇九年（宣統元年）度支部（即以前的戶部）一名小官的上奏，就能說明這一問題。劉世仁，《中國田賦問題》，頁八五－九二、一〇五－一一三和頁一五九－一六五指出，一些腐敗行為伴隨著清王朝的興亡，一直在危害大眾。王毓銓，〈清末田賦與農民〉，《食貨半月刊》，三卷五期（一九三六），頁二三七－二四八，反映了人們竭力想表明在清王朝統治的最後幾年，對農民徵收土地稅的制度。

第五章
饑荒控制：社倉及其他糧倉

清朝的糧倉體系

沒有足夠的稅收，清朝皇帝們就無法讓行政體系運作。但是他們也意識到，確保足夠稅收的最佳方法就是保障百姓納稅的能力。因此，清政府用心地保護農業經濟，主要透過推行墾荒[1]、保護水利等措施，後者包括灌溉和防洪工作[2]。同時，清政府設法減輕農民頻繁遭受的苦痛，幫助他們預防自然災害。對於遭受災害地區的納稅人，清政府依法准許延期納稅或豁免稅賦[3]。清政府還建立一套地方糧倉

1 《大清會典事例》，166/1a-167/5a，綜述清政府在一六四四年到一八八九年間所採取的墾荒措施。還可以參見《清朝文獻通考》，卷一－一四；《清朝續文獻通考》，卷一－五；葛士濬，《皇朝經世文續編》，卷三三。

2 關於一六五二年到一九一一年期間，清朝所採取的灌溉和防洪措施，可以參見《清朝文獻通考》，卷六－九；《清朝續文獻通考》，卷一〇－一四。

3 要點見《大清會典事例》，卷二七八－二八七。地方志通常只記載各有關地區獲准延期繳納或豁免的恩典。關於這種延期繳納和豁免，其基本規定可以參見《戶部則例》，尤其是卷一一二－一一三的記載。其中一項規定的部分內容如下：「凡地方被災，該管官一面將田地成災分數依限勘報，一面將應賑戶口迅查開賑，另詳題請。」

體系，當災民處於極端困難而需要糧食救濟時，可以採取售賣、借貸或直接賑濟等方式，從糧倉取出糧食分發給他們。在整套鄉村統治體系中，饑荒控制所占地位非常重要，因而清政府對它的重視並不亞於保甲或里甲制度。

清政府所採取的饑荒控制措施，雖然在一定程度上證明是非常有用的，但也不免受到官吏無能、漠不關心和腐敗的影響。隨著時間推移，無論饑荒控制措施的有效性有多大，都隨著清王朝走向衰敗而消失。遍布全國的地方糧倉體系——饑荒控制體系中必不可少的部分——更是如此。本章檢視糧倉制度的結構和功能，尤其著重分布在鄉村中的糧倉。至於饑荒控制與鄉村組織無關的其他面向，只會偶爾觸及，並不打算討論整體個饑荒控制體系[4]。

清王朝的地方糧倉體系（應該把它和中央糧倉體系清楚區分開來[5]），包括三組獨立又互有關聯的糧倉，分別是「常平倉」（常設的正規糧倉）[6]、「義倉」（公益糧倉或設在城鎮的糧倉）、「社倉」（聚落糧倉或鄉村糧倉）。大體說來，這三大類型的糧倉，其區別在於它們設置的地點和管理的模式。關於它們的地點，據說：「常平與義倉皆立於州縣，惟社倉則各建於各鄉，故凡建於民間者，皆社倉也。」[7]雖然所有的社倉都分布在鄉村，但並不是所有的義倉都設置在城裡。根據一六七九年（康熙十八年）頒布的一項規定，清政府鼓勵地方居民在城外的市鎮設置義倉[8]。一七四二年（乾隆七年），清政府又規定義倉除了設在縣城內，還要在「鉅鄉大鎮」設置[9]。

常平倉與其他兩種類型糧倉的區別在於，它所貯存的糧食部分來自於官府，主要是用而官款購買的，當然也接受鄉紳富民的捐獻[10]。相對地，義倉和社倉貯存的糧食則來自私人捐獻，前者來自城鎮或

4 根據《大清會典》（一九〇八），19/5a-b，清政府制定了十二項內容廣泛的處理災荒措施：一、備祲（預防性措施，包括墾荒和治水）；二、除孽（「根除害蟲」，包括蝗蟲和蛟）；三、救災（解除受災地區的緊急措施，包括河堤整修）；四、發賑（「解除災荒」，即向災民散發糧食或錢財）；五、減糶（「降價出售糧食」）；六、出貸（「糧食借貸」）；七、蠲賦（「豁免交稅」）；八、緩徵（「延期交稅」）；九、通商（「獎勵商人」，達到糧食向受災地區流通的目的）；十、勸輸（鼓勵散發救濟糧或救濟金）；十一、興工築（雇用災民從事「公共工程」）；十二、集流亡（「災區復甦」）。王慶雲，《熙朝紀政》，1/3b-7b，概括了清政府的復甦措施。《欽定康濟錄》（一七三九）和俞森（湖廣巡撫）編纂的《荒政叢書》（一六九〇），敘述了清王朝建立以前中國政府採取的復甦措施。

5 中央政府的糧倉正式名字叫「倉庾」，位於清帝國首都及其附近地區，總數為十三個，糧食貯藏在許多倉庫裡。負責管理這些糧倉的，是兩名「倉場侍郎」（糧倉管理員）：一名是滿族人；另一名是漢人。〔譯按：據譯者所知，清政府沿襲明制，設置內倉，其管理者最初叫「內官監倉」，一六五三年改稱「內倉」，與糧倉的名字同。〕他們手下有十八名助手，叫「倉場監督」（糧倉監督員）。《大清會典事例》，卷一八四—一八八對這些倉庾作了描述。該書還在卷一八九—一九三中，在「積儲」的專案下，描述了地方糧倉。冀朝鼎（Chi Ch'ao-ting, *Key Economic Areas in Chinese History*, p. 6）說：「各地向朝廷上繳的糧食，除了用來供應首都的需要外，還必須貯存起來以應急需，特別是預防可能發生的叛亂，或者萬一預防性措施失敗，而必須召集大軍來鎮壓反叛或對抗入侵時，作為大軍的糧餉。」這段評論顯然並不適用於地方糧倉的性質。

6 “the Ever-Normal”（常設的正規糧倉）一詞，是 Henry A. Wallace 首先使用的。參見 Derk Bodde, “Henry A. Wallace and the Ever-Normal Granary,” *Far Eastern Quarterly* V (1946), pp. 411-426. 清代把地方糧倉分類如下：一、常平倉；二、預備倉（即清政府在安徽、河南、四川和西藏設置的糧倉）；三、旗倉（設在盛京、吉林和黑龍江的糧倉）；四、社倉；五、義倉。見《大清會典》，19/5a。

7 《欽定康濟錄》，2/22b。

8 《大清會典事例》，193/4b〔編按：193/15a〕。

9 同上。〔編按：原文所指為山東省行銷票照票輸穀所建義倉，見 193/16a-b。〕

10 一六五五年（順治十二年）和一六七九年（康熙十八年）所頒布的規定，同上，189/3a-b。

市集裡的商人捐獻[11]，後者來自鄉村鄰里居民的捐獻[12]。常平倉與義倉及社倉之間的又一個（或許是更關鍵性的）區別，在於前者實質上是政府的糧倉，因此由地方官直接管理[13]；而義倉及社倉雖然總是在官府的監督和檢查之下，但由各當地居民自行管理[14]。

與中國所有其他制度一樣，糧倉體系在結構上並不是嚴格統一的。一些省區的社倉，比如陝西和廣西的，叫作「官置社倉」，因為其所貯存的糧食是用官款購買來的，或者來自常平倉[15]。此外，儘管有明確規定，但義倉和社倉的區別經常很模糊。雖然大體上區別是存在的，但它們的名稱有時會交換使用，好像它們是一樣的[16]（關於清王朝糧倉制度的歷史回顧參見附錄二）。

地方糧倉的組織與運行

常平倉

本章關心的主要問題雖然是鄉村中的社倉，但是如果先概括一下整個地方糧倉網絡（包括義倉和常平倉在內），對社倉就會有更好的了解。

常平倉最早是在一六五五年設置的。根據當時和隨後頒布的規定，每州縣設置一個或一個以上的政府糧倉，由當地知州或知縣負責管理。所貯存的糧食（大米、小麥、高粱或其他糧食[17]），由政府用官款購買，以及關心糧倉設立的私人捐獻。在某些省區，包括直隸、江南、江西、陝西和山西，任命一名「倉大使」（糧倉專員）負責監督、視察各省糧倉的運行情況。當情況需要時，倉庫所貯存的糧食就借給需要的農民，或以「常」價（低於當時的市價）出售。無論從倉庫裡取出多少糧食，都必須盡可能地補充回去。每年，地方官都必須清點糧倉貯存的情況，並將結果上報到清廷[18]。清帝國各地都有固定的配額[19]。依據一六九一年的規定，大縣的貯存量為五千石，小縣為四千和三千石。在不同時間，貯存量是變動的，因此全帝國的貯存量大約在三千萬和四千八百萬石之間[20]。

---

11 《戶部則例》，31/1a。

12 《清朝通典》在 13/2095 年所收錄的一六七九年頒布的規定。

13 《大清會典事例》，189/1a 所收錄的一布告說，在設置糧倉的地方，地方官要負責收糧和分發。

14 《大清會典事例》，193/1a。

15 《戶部則例》，28/3a-5b 和 8a；《欽定六部處分則例》，27/43a。Lu Lien-tching (盧連清), *Les greniers publics*, p. 152：「兩種類型的糧倉，其組織結構是相同的；它們之間的唯一區別在於其地理環境各不相同。」這一觀點是錯誤的。

16 Lu Lien-tching, *Les greniers publics*, p. 40：「事實上，兩種類型的糧倉性質是相同的，即它們時而被指定為慈善性質的糧倉，時而被指定為市鎮財產。」Sir John Henry Gray, *China: A History of the Laws, Manners and Customs of the People* (2 vols. London, 1878), II, p. 58, 也沒有對義倉和社倉作出區別。

17 《戶部則例》，28/1a。

18 《大清會典事例》，190/1a；《清朝文獻通考》，卷三四—三七；《清朝續文獻通考》，卷六〇—六一。

19 《戶部則例》，27/1a-26a 中，記載了十八個行省和順天府、奉天府及青州府所轄各州縣，適合設置多少個常平倉的情況。參見《清朝通典》，13/2095；和王慶雲，《熙朝紀政》，4/20a-23a。

20 《大清會典事例》，190/1a。一六九一年清政府對直隸貯存額情況的規定是這樣的：大縣為五千石、中縣為四千石、小縣三千石。一七〇四年，清政府對全國各省貯存量的規定是：大縣一萬石、中等縣八千石、小縣六千石。但山西和四川的貯存量不同。在山西，大縣、中等縣和小縣的貯存量分別為二萬、一萬六千和一萬二千石；在四川，分別為六千、四千和二千石。在一七四八年，全國各省糧食貯存量總數為三千三百七十二萬二千三百三十石，亦就是說，比以前總數為四千八百一十一萬零六百八十石減少了一千四百三十一萬八千三百五十石。

清政府對常平倉的運作有詳細的規定[21]，此處可以舉出幾項。每年秋收之後，都必須購買糧食，或者在當地購買，或者在價格比較低的鄰近地區購買。如果市場供應短缺，那麼例行的購買就會推遲到來[22]。清政府撥出一筆專款作為購買糧食之用，還要請「鄉紳富民」為政府的糧食儲備捐獻[23]；捐獻的糧食達到一定數量，就會得到「監生」的士子頭銜作為回報[24]。

倉庫存糧的支用，採取「平糶」（按平價賣出）和「賑借」（救濟性借給）的形式。為了避免在長時期的貯存中出現糧食腐爛，每年都要在春季和夏季的月分以低於市場的價格售賣一定量的存糧，然後在秋收後再補充新糧。售賣的比率通常約為倉庫存糧的三〇%，不過各省不盡相同。當饑荒發生時，售出的存糧會超過正常的比率。自由市場上的糧食供過於求時，就會減少出售存糧的數量或者在當季完全停止出售。賣價的降低視情況而定，在豐年，存糧每石低於市場價〇．〇五兩出售；遇荒年，則每石低於市價〇．一〇兩。雖然清政府可以採取特別手段進一步降低價格，但是從未超過每石〇．三〇兩[25]。「賑借」就是把存糧借給缺少種子或糧食的農民[26]，借者必須在秋收後歸還。大約有十個省區，其中包括山東、江南、廣東和四川，不要求付息；即使在那些要求付一〇%利息的省分，只要報告莊稼損失達到三〇%或更多之時，官府就會豁免利息[27]。利用糧食買賣或賑借來玩弄手段而牟取暴利的紳士，坐視存糧減少而不補充，或倉庫破爛而不修理的官員，都要受到懲罰[28]。

常平倉制度從來就不怎麼有效。官府管理的事業，其成效直接取決於負責管理的官員態度如何。有些事例顯示，某些官員認真努力地使常平倉成為有用的工具[29]，但官吏多半是漠不關心的。非常可能的是，清王朝在其建立初期所發布的上諭和規定，大體上並未執行[30]。無論如何，即使在清朝鼎盛時期，常平倉能否擺脫官吏腐敗的影響也值得懷疑。的確，根據十七世紀一位見多識廣的作者的敘述[31]，正是由於官吏的欺詐和盜用行為，使得許多常平倉的貯存量未能達到清廷所規定的標準。許多實際事例顯示，州縣官員一面偷盜存糧，一面阻止清廷遏阻他們不法行為的努力。一七二六年，也就是雍正帝威脅以死刑處罰偷盜者的一年之後，他不得不承認，當他派出欽差大臣到據報偷盜行為十分嚴重的福建省調查倉儲情況時，「不肖有司」搶先採取行動，在欽差大臣到來之前，從富戶手中借出糧食裝到倉庫中[32]。一七四六年，清

---

21 Lu Lien-tching (盧連清), *Les greniers publics*, chapter 9. “Reglementation des sanctions et lois prohibitives” (處罰和禁止條例）概括了主要措施，方便參考。

22 《戶部則例》，28/6a；《大清會典事例》，191/1a。

23 《大清會典事例》，189/3b。

24 《清朝通典》，13/2096。一七一〇年，清政府准許浙江省把「監生」頭銜授予糧食捐獻達到一定標準的大戶；而在之前，只有江南才這樣做。

25 《戶部則例》，28/5b，記載了不同省分規定的價格比例。參見 Lu Lien-tching, *Les greniers publics*, pp. 109-110.

26 同上，28/8a，記載了下列措施：「常平倉穀，許農民領借，作為口糧籽種，州縣官按各處耕種遲早，酌定借期，通報上司，出示曉諭。給領時，查明借戶果係力田之家，取具的保。」

27 同上，28/9a-b。

28 同上，29/19a-20a；《清朝通典》，13/2095。楊景仁，《籌濟編》（光緒九年武昌書局重刊），8/16b-22a，概括了一六六〇年到一八一一年間清政府正式批准關於常平倉的措施和實行方法。

29 戴肇辰，《學仕錄》，5/20b，敘述了一名官員認真管理的事例。

30 Lu Lien-tching, *Les greniers publics*, p. 44. 評價一六三六年、一六五七年和一六六〇年發布的一系列上諭時說：「由於這一時期的公共糧倉體系官方文件比較缺乏，因而我們習慣上認為這些不同的資料就是過去的部分文件。」

31 黃六鴻，《福惠全書》，27/6b-7a。

32 《大清會典事例》，192/6a。〔編按：在 192/22b，時為雍正五年（一七二七）。〕

廷對浙江省常平倉不法行為的調查，幾乎以失敗而告終。一位當地的監生採取特別行動，讓犯法的知縣接受了審判；但是由於不讓下屬的惡行曝光對該省的上級官員較為有利，因此所有其他罪犯都得以逍遙法外[33]。儘管常平倉極其重要，但清朝皇帝們一個接一個地發現，它已經變成「有名無實」[34]。

反映常平倉制度敗壞最確實的證據，就是存糧逐漸耗盡。早在一七六六年，朝廷就得知各省存糧已經低於規定的數量。到一八三一年，清廷又得報：「各直省州縣於常平倉大率有價無穀。」[35]一項官方材料指出，一八三五年常平倉存糧的實際缺額幾乎只達到規定數量的一半[36]。一位西方作者在一八七〇年代進行一次旅行調查，發現地方官「聽任倉庫空空如也」。在他看過的「許多大眾糧倉」，「很少發現哪個倉庫有一點糧食」，許多倉庫都「破爛不堪」[37]。一位研究糧倉制度的中國學者指出，有關常平倉的資料在一八九八年（光緒二十四年）以後就沒有了[38]；他作出這個可靠的結論：常平倉在清王朝結束之前就已經退出歷史舞台[39]。

義倉

清朝的義倉和社倉，是在一六五四年（順治十一年）——常平倉設置前的一年——同時成立的[40]。一六七九年清政府頒布的一道命令，清楚地表明該兩大糧倉的基本特點：地方官勸諭官紳士民捐輸米穀，鄉村立社倉，市鎮立義倉；照例議敘[41]。此後，朝廷陸續頒布了許多補充性規定[42]。前文已經指

33 薛福成（一八三九–一八九四），《庸盦筆記》，3/7b-8b。

34 特別在一七九二年、一八〇〇年、一八〇二年、一八三一年和一八三五年發布的一系列上諭中。《大清會典事例》，

189/3a 和 6a、192/2b。

35 《清史稿・食貨志》，2/20a。

36 一八三五年（即道光十五年）所發布的一道上諭，《大清會典事例》，192/2b，提供了下列常平倉存糧情況的數據：

所有省區的存糧	二千四百萬石以上
過去幾年的耗損	一千二百五十萬石以上
當年的損耗	二百七十萬石以上
存糧因售賣或賑借而未填補的	三百萬石以上
總貯存量	一千八百萬石以上
手頭擁有的購買基金	一百一十萬兩銀子以上

李星沅，《李文恭公奏議》，6/2a-b 和 8/38b，敘述了一八四四年到一八四五年間陝西省的常平倉存糧情況。

37 參見 John Henry Gray, *China: A History of the Laws, Manners and Customs of the People*, II, p. 58.

38 《大清歷朝實錄・德宗朝》，416/2b 中，收錄了一八九八年（光緒二十四年三月四日）所發布的一道上諭，部分內容如下：「剛毅奏，各省常平社倉，久同虛設，民間義倉，必應勸辦。每處每年積數千石，三年數逾萬石，雖遇奇荒，小民不至失所。……著各督撫，嚴飭所屬，勸諭紳民，廣為勸辦。」

39 Lu Lien-tching, *Les greniers publics*, p. 58：「有關公共糧倉這種慈善性質的糧倉，在清王朝統治崩潰前的二十四年就已經消失在歷史舞台上，任何跡象都不容許我們認為糧倉體系是隨著清王朝崩潰而同時崩潰的。可以肯定糧倉體系的崩潰是先行一步的，是它自己消失在歷史舞台上的。」

40 一六五四年（順治十一年）發布的一道上諭，《清朝通典》，13/2095。

41 《大清會典事例》，193/4b〔編按：193/15a〕；《清史稿・食貨志》，2/20a。這道命令並沒有馬上就在各省貫徹，因為在一七二〇年，朝廷的一名高級官員，還陳請在山西省設置社倉。參見王先謙，《東華錄》，康熙五十九年，108/3b。

42 《大清會典事例》，193/4b-5b 所收錄的規定，就涵蓋了一六七九年到一八八四年這一時期。

出，常平倉由地方官員管理，而義倉和社倉則由地方居民負責管理[43]。朝廷經常強調，設置在鄉村和城鎮的糧倉必須完全為設立它們的當地農民服務；把一個地方倉庫的存糧拿出去賑濟鄰近城鎮或縣城，或者把存糧借給士子、士兵、衙門差役以及其他不從事農業勞動的人，必須明確禁止[44]。

以下是為直隸和山西省義倉管理與運作所設的規定，其他省分的規定大體相同：

……直隸山西二省士民捐輸義穀，按其數目多寡照社穀條例遞加獎賞，……直隸山西二省州縣義倉，公舉端謹殷實士民充當正副倉正，經理其事，三年更換。……直隸山西二省義倉穀石春借秋還，每穀一石收息拾升。……收成六七分者免息，……收成五分以下，緩至次年秋後還倉。……[45]

有一種特殊的義倉是由商人管理的，因而坐落在人口稠密的城鎮或大市集[46]。鹽商對這種事業看來最為積極。兩淮地區的鹽商在十八世紀的前二十五年中，就捐獻了二十四萬兩銀子，修建了許多「鹽義倉」。自然地，這種鹽義倉就由鹽商自己來管理[47]。其他地區也設置了類似的糧倉，包括江西和浙江在內[48]。在山東省的某些地區，鹽義倉的存糧是按比例認捐強制募集的[49]。清政府發布特別的規定來管理這些鹽義倉[50]。

義倉作為饑荒控制工具的功效，實在很難以評價。不過可以這麼說，無論義倉在清王朝繁榮歲月取得什麼程度的成功，但是到十九世紀，尤其是太平天國之役後，它們就逐漸從歷史舞台上消失了。跟清朝的其他制度一樣，義倉也受到地方行政素質的影響。就像官員的熱情為這些地方糧倉帶來活力一樣，官員的漠不關心也斲傷了它們的生命力。當漠不關心變成常態，而熱情只是個別例外時，倉儲體系的存在就受到威脅了。即使晚到一八二五年，一位充滿活力的安徽巡撫的努力，的確讓義倉活動在該省復活[51]。在一八三九年到一八四四年間，一名機智的巡撫讓貴州的義倉數目大幅增加[52]。但這是兩個例外。在這一時期，各省督撫總體上都需要別人提醒他們這件事的重要性，就像咸豐帝在一八五二年的上諭裡提醒他們的一樣[53]。隨著十九世紀中葉，清帝國到處爆發民變和反叛，即使是善意的地方官員也發現難以投入控制饑荒的工作。同治帝在一八六七年發布的一道上諭中，提到「自軍興以來，地方被賊擾害，舊有義

43 一八〇一年清政府頒布的一項規定，《大清會典事例》，193/5a。

44 同上；《戶部則例》，31/5a。然而，至少在十九世紀後半期，看來清王朝准許從常平倉中把存糧弄出來。比如，《翁文恭公日記》（一八七八年，光緒四年三月一日）中就寫道：「余尚華請直隸購運雜糧以濟平糶，允行。」翁同龢當時擔任戶部侍郎。

45 《戶部則例》，31/2a-4a。

46 同上，31/1a。

47 《大清會典事例》，193/4b。

48 《戶部則例》，32/1b-2a。

49 《大清會典事例》在193/5b中所收錄的一七四二年清政府頒布的一項規定。

50 《戶部則例》，32/a。Lu Lien-tching, *Les greniers publics*, p. 155.

51 《大清會典事例》，193/5b。這位巡撫可能是陶澍。

52 賀長齡（一七八五－一八四八），《耐庵奏議存稿》（一八八二），5/58a-59b和7/15a-16a。

53 《大清會典事例》，193/5b。

倉，每多廢棄」，並非言過其實[54]。創設義倉制度的隋朝的經驗，就這樣以不同形式重演了[55]。

社倉

現在接著來討論社倉——鄉村地區中的聚落糧倉。值得指出的是，雖然社倉和義倉是清朝兩種不同的地方糧倉，但是官員和作者卻有時把它們混為一談，稱鄉村糧倉為「義倉」[56]。雖然它們被用詞不當地稱為義倉，但是這種穀倉應該當作社倉。

正如前文已經指出的，社倉體系始於一六五四年，但是一直到十八世紀的前二十五年，它的獨特之點都還沒有完全弄清楚[57]。第一座社倉出現在直隸省；接著，全國各地都設置了社倉[58]。根據康熙帝在一七〇三年發布的一道上諭，設置社倉的主要目的在於補充常平倉，因為常平倉的存糧或有不足[59]。與義倉一樣，社倉事務原則上由各地居民負責管理，存糧在正常情況下是私人自願捐獻來的。依據皇帝發布的一道諭旨，政府在一七〇三年制定出以下的基本規定：

> 設立社倉，於本鄉捐出，即儲本鄉，令本鄉誠實之人經管。上歲加謹收儲，中歲糶借易新，下歲量口賑濟[60]。

為了勸告富戶捐獻糧食，清政府頒布了如下措施：

> 社倉穀者，地方官於每歲收穫時，勸諭紳衿士庶不拘多寡，量力捐輸，不得抑勒派擾。……

> 凡紳衿士庶等捐輸社穀各色雜糧，核計數目與穀石價值相同，拾石以上者，地方官獎以花紅；三拾石以上者，獎以匾額。……若有好善不倦，年久數多。捐至三肆百石者，該督撫奏給八品頂戴[61]。

一七一五年頒布的一項規定，把獎勵範圍擴大到捐獻少於十石的普通百姓，捐獻五石者，就可以免除一年中雜項差徭；捐獻二百五十石者，就可以得到頂戴，而且終身免除力役[62]。

---

54 《大清會典事例》，193/5b〔譯按：應為 19b〕。

55 《隋書》，24/9a。西元五九五年（開皇十五年二月）發布的一道聖旨這樣說道：「本置義倉，止防水旱，百姓之徒，不思久計，輕爾費損，於後乏絕。」

56 舉例來說，十八世紀中葉擔任直隸總督的方觀承和一八二〇年代擔任安徽巡撫的陶澍，就把社倉和義倉混用。戴肇辰，《學仕錄》，7/27a；《大清會典事例》，193/5b。

57 《清朝通典》，13/2095。盧連清（Lu, Lien-tching）在其大作《大眾糧倉》（*Les greniers publics de prévoyance sous la dynastie des Ts'ing*, 1948），頁一二九中寫道：「清王朝的地方糧倉，就是同時代的不斷保持社會穩定的糧倉。」如果用「慈善性質的糧倉」來替換「不斷保持社會穩定的糧倉」，那麼這種觀點就更加正確。

58 《大清會典事例》，193/1a-4a，概括了清政府一七〇三年到一八八三年間採取的關於社倉的措施。陳宏謀，《培遠堂偶存稿》，卷一三，各頁，敘述了十八世紀中葉，他在江西、陝西、湖北、河南、福建、湖南、江蘇、廣東和廣西所做的努力。

59 《大清會典事例》，193/1a。

60 同上，一七〇三年發布的另一道上諭。

61 《戶部則例》，30/1a。

62 《大清會典事例》，193/1a。

上述規定適用於所有透過自願捐獻糧食而設置起來的社倉，大多數省分都採用這種方式，但陝西和廣西採用的則是另一方式。在廣西，社倉存糧來自於常平倉因借貸利息而產生的盈餘；在陝西，則來自於用官款的購買[63]。這兩個省的社倉，適切地稱為「官置社倉」[64]。

鄉村糧倉通常是由當地管理，受政府監督。清王朝不只一次明確地說明這個基本政策。清世宗在一七二九年（雍正七年）發布的一道上諭中說：

朕惟國家建立社倉，原令民間自行積貯，以百姓之資糧，濟百姓之緩急，其春貸秋償，及滋生羨息，各社自為經營登記，地方有司，但有稽查之責，不得侵其出納之數[65]。

社長（糧倉管理人）和助理人員，從符合「殷實誠謹」條件的人員中選任，任期三年（江蘇省是例外，該省在不同時期的任期不同，分別為十年、三年和一年），經過村社莊成員的請求，可以延長三年。社長如果在三年任期內的管理得宜，就可以得到嘉獎的匾額；如果在五年任期內成績優良，就可以終身免除力役。清政府顯然認為社倉的管理人應從普通百姓中指定。在陝西省，社長每年得到十二石糧食的津貼；如果管理得宜，就會另外得到一定數量糧食的獎勵。但是，社長如果未能履行職責，不但馬上就會被免職，而且要受到政府處罰；如果存糧出現短少，即將離任的社長必須補償[66]。但是，在陝西和廣西兩省，知州、知縣要對社倉的不良管理負責[67]。

社倉的存糧與義倉一樣，只能用於賑助倉庫所在地的鄉村農民；禁止用來幫助鄰近村莊或並非從事耕作的人[68]。取得存糧借貸的程序，法律規定如下：

各省出借社穀，地方官預造排六細冊，注明編戶姓名住址存案，……得借給之農民願借者，先期報明社長，社長總報地方官，計口給發[69]。

既然存糧的分發具有借貸的性質，那麼有條件借出的人就必須加計利息歸還。遇到荒年，利息通常可以豁免[70]。清政府預料到有可能因借貸利息而出現大量增長，因而為各省定下固定的額度，規定每年只能在「青黃不接」之時——在新穀尚未收割、舊穀已經用完的春季和夏季月分——售出餘糧。售賣餘

63 同上，193/4a。

64 《欽定六部處分則例》，27/43a。

65 《大清會典事例》，193/3b〔譯按：應為4b〕。一八七六年，清政府在回答山西巡撫鮑源深的上奏中，又一次強調了這個基本政策。李慈銘，《越縵堂日記．桃花聖解盦日記》，丁集第二集，頁八九b，光緒二年（一八七六）八月九日。

66 富明安的上奏，《戶部則例》，30/3a-b；《大清會典事例》，193/1b；《皇清奏議》，53/11b-12a。在那些社長由地方指定的省分，有時給予社長糧食津貼。比如，河南巡撫圖爾炳阿一七五六年的上奏指出，河南省和福建省就是這樣做的，《皇清奏議》，50/11b。

67 《戶部則例》，30/3b-4a；《欽定六部處分則例》，二七a－b。雍正在一七二九年發布的一道上諭中說：「乃陝省官員，不知此項穀石本係民資。」參見《大清會典事例》，193/4b。

68 《戶部則例》，31/5a。

69 同上。

70 同上，30/6ab；《清朝通典》，13/2097；《皇清奏議》，38/21a。

糧的收入，清王朝通過各省當局授權，可以用於灌溉工程或其他對農民有益但是個別農民無力承擔的計畫[71]。存糧的明細資料由社長和當地州縣官保管。在每個財政年度的歲末，向該省當局提出報告，再由各省上報清廷[72]。

一個饒富意義的事實出現了。雖然清朝統治者堅稱，鄉村糧倉是鄉人自己的，應該由鄉人自己負責管理，但清政府總是有力地控制著這些糧倉。即使是例行的存糧借貸，如果不經過官員的審查和批准也無法完成。在這種情況下，社長絕無任何自由處置的權力，他們的職責不過是照管貯存、記錄例行的交易。因此，這些糧倉不僅處於地方官員的監督之下，而且處於中央、皇帝的控制之下。

清政府之所以極為重視鄉村糧倉，有相當充分的理由。過去的經驗顯示，存糧是非常時期維持帝國和平的最佳工具之一。在宋朝時期，人們認為常平倉和社倉幫忙化解了即將發生的叛亂或騷動[73]。清朝的同治帝也強調，鄉村糧倉缺少存糧，是其大臣無法對抗反叛者和土匪的直接原因。他在一八六四年（同治三年）發布的一道上諭中說：

> 各直省州縣設立常平社倉，國家承平留以備凶荒之用，一旦有事，恃以為緩急之需。……近來軍務繁興，寇盜所至地方，每以糧盡被陷，推原其故，總由各州縣恣意侵挪，忍令米粟空虛，遇變無所倚賴[74]。

正是清廷對糧倉體系熱切關注這一事實，使得它對鄉村糧倉的控制，達到前面所說的程度。常平倉置於官府的控制之下，是因為它們的存糧由官府提供；讓鄉人來管理其所在地的義倉和社倉，是因為政府的資源不足以充分滿足皇帝的需求，而必須勸諭居民自己捐獻所需的糧食。清政府並沒有作出任何地方自主的特許。從清廷的立場來看，常平倉與義倉及社倉之間，本質上根本沒有什麼區別：它們都是用來控制饑荒，以維護清王朝安全的。

不過，鄉村糧倉並沒有滿足清朝統治者的期望。前面已經十分明白地指出，隨著時間的流逝，常平倉和義倉逐漸衰敗，並從歷史舞台上消失了。此處將更具體地指出社倉的衰敗。為了進行對比，並對社倉的情況有更全面的了解，我們也會提到常平倉和義倉在十九世紀的情況。

鄉村糧倉體系的敗壞

有關鄉村糧倉運作情況的資料很少，但是從許多地方志裡，我們可以了解十九世紀存在的糧倉情況。總體畫面是一幅衰敗和退化景象。雖然在一些情況下，由於充滿善意和事業心的地方官員的努力，一些鄉村糧倉據說保持正常的運作，或者在完全毀壞一段時間之後又得以重振，但諷刺的是經濟狀況沒有那麼糟的地區的地方糧倉，比起居民因普遍貧窮或災害頻繁而更需要救助的地區，往往要經營得好一些。

71 《戶部則例》，30/7a8b。

72 同上，30/15ab。楊景仁，《籌濟編》，30/20b-24a 討論了清代的社倉和義倉。

73 《康濟錄》，2/19a；俞森，《荒政叢書》，卷一〇上，一 b。

74 《大清會典事例》，191/3a〔譯按：應為 9a〕。

現在就從華北開始談起。根據《延慶州志》（一八八〇年刊）的記載，分布在延慶城裡和鄉村五個不同地方的義倉及社倉，在總督的命令下，於一八一五年重建，一八二六年又一次修復；不同時期捐獻的糧食總數為四千零九十九石[75]。這是直隸的存糧得到恢復的少數事例之一。該省其他地區，糧倉體系則呈現衰敗的趨勢。在蔚州，經過一八五〇年代重整的十一個常平倉，其存糧以下列方式迅速減少[76]（見下表）。

最初的存糧數	35,000 石
1856 年的存糧數（在縣城倉庫）	14,553 石
1857 年的存糧數（在縣城倉庫）	4,554 石

一七五三年由總督下令在蔚州設立的八個義倉，不知何時已經消失無蹤了。不過，一位地方官在一八五〇年重建了六個，分布在縣城和鄉村裡，其情況如下[77]：

	存穀（石）
本城	13,978
西合營	2,997
李鄰莊	1,633
北水泉	926
桃花堡	608
暖泉堡	879

從上述情況來看，蔚州的義倉情況異常好。而其四個社倉就顯得差多了。一八四二年和一八四九年兩次進行整修，但是到一八七〇年，地方志編修者記載，社倉的總存糧從一千四百八十八石降到七百二十九石，不到原來數量的一半[78]。邯鄲縣常平倉和義倉的存糧，據說對救助一八四六年的饑荒發揮很大作用。但是到了一八八〇年知縣對義倉倉庫進行整修時，在這些倉庫原本貯存的一萬四千石糧食中，該知

縣只能填補九千石多一點，這些已經縮水的存糧後來完全被消耗殆盡[79]。根據報告，即使在清帝國首都周圍地區，許多常平倉和義倉都已經破爛不堪了[80]。

其他北方省分的情況與直隸差不多。在山東，省志的修纂者在一八九〇年寫道，許多地方糧倉都任由它破爛失修[81]。在山西，豐鎮縣創設於一七六三年的常平倉，在一八五三年和一八八一年兩次進行整修，據報存糧超過一萬二千石[82]。但在翼城縣，兩座常平倉之一的存糧從乾隆時的六千石下降到咸豐時不足二百石；在清王朝滅亡時，兩座糧倉的存糧加起來還不到二千石，還不到原始存量的三分之一[83]。在陝西，同官縣共有三座常平倉和六座社倉，總存糧在乾隆朝超過六千石。到了一九〇一年，所有鄉村糧倉都不見了，縣城裡的三座常平倉也只剩下二座[84]。在河南，鹿邑縣知縣在一八九三年重修了早就崩

---

75 《延慶州志》（一八八〇），5/16b-17a。

76 《蔚州志》（一八七七），6/5b。

77 同上，6/6a-b。亦見卷首，一八b。

78 同上，6/5b。

79 《邯鄲縣志》（一九三三），2/11b-12a。

80 《畿輔通志》（一八八四），103/1a-49a，和 104/1a-38b。

81 《山東通志》（一九一五），卷八四。亦見《滕縣志》（一八四六），5/4b。

82 《豐鎮縣志》（一八八一），卷三。

83 《翼城縣志》（一九二九），11/1b-3a。

84 《同官縣志》（一九四四），14/1a-b。

塌的常平倉，不過義倉和社倉並未恢復[85]。在睢州，一八七二年和一八九八年兩次重修常平倉，鄉村糧倉則完全沒有提到[86]，它們可能已經消失一段時期了。

黃河以南省分的情況普遍與此類似。在湖北，根據地方志的記載，興國州知州在一七三〇年重建了該州的常平倉，這些倉庫後來被燒毀了，就再也沒有修復。創設於一七二五年的社倉，也毀於一七三〇年的大火。一八七九年，在總督的命令下，修建了許多鄉村糧倉，總存糧為二萬石[87]。在湖南，一八六一年進行的全面調查發現，在七十五個州縣中，有三十個州縣的鄉村糧倉存糧完全被耗盡，沒有看到準備填補報告；在其餘三十五個州縣裡，糧食存量普遍都低於清政府規定數量[88]。許多地方志的記載也表明了湖南的鄉村糧倉衰敗情況：根據記載，道州的九座糧倉（一座在州城裡、八座在鄉下），在一八七〇年代都已不復存在[89]；巴陵縣先前誇稱常平倉存糧超過二萬七千石，三十五座社倉總存糧也超過二千九百石，但是在一八五二年，城裡的糧倉毀於「賊」，在十九世紀的最後十年，只有鄉村糧倉裡還剩下一點點存糧[90]；慈利縣常平倉的存糧，根據官方記載，以下列方式耗盡（見下表）。

最初的存糧數	10,246 石
1815 年的存糧數	6,662 石
1861 年的存糧數	2,056 石

留下這項資料的縣志編修者指出，據他聽來的消息，一八六一年看來可用的二千零五十六石，只是紙上登記的，事實上，倉庫裡的「盜敗無侖合留者」[91]。該縣的五座社倉情況也沒有更好，最初的六千石存糧不知在何時已被耗盡。一八六三年，在湖南巡撫的命令下，也只補充了一部分，這一部分也很快又被耗盡了。一八八一年，按照比例對地主攤派捐糧，得到七千多石的存糧；但是大約在十年後，「欺侵或蠹蝕鼠竊」之下，又逐漸流失[92]。

在農業產量相對較高的東南方省分，地方糧倉的維持要容易些，但是也很少能保持一致的盛況。表5-1和表5-2顯示的是安徽一些地區情況，說明這個地區相對有利的條件[93]。

然而，南中國一些地區的情況比起北中國最差的情況好不到哪裡。在江西省建昌縣，常平倉先前的存糧超過一萬石，到清朝統治的最後歲月裡已失殆盡[94]。浙江省杭州府各縣的情

表 5-1　一八八三年廬州府地方糧倉

州縣	常平倉	義倉	社倉
合肥縣	4	0	5
廬江縣	2	0	6
舒城縣	1*	0	4
無為縣	6†	0	10
巢縣	4†	2†	4†

* 已被棄置
† 毀損不堪使用

表 5-2　廬州府存糧

州縣	1737 年的存糧數（石）	1884 年的存糧數（石）
合肥縣	2,843	5,546
廬江縣	2,463	4,352
舒城縣	2,400	5,488
無為縣	3,200	4,036
巢縣	3,200	6,975

85 《鹿邑縣志》（一八九六），3/8a-b。

86 《睢州志》（一八九二），9/116a-117b。

87 《興國州志》（一八八九），6/6b。有關該州的社倉規定，參見6/8a-b。

88 《湖南通志》（一八八五），55/1413-23。〔編按：在頁一三六五—一三七五。又全省共七十五州縣，除掉三十州縣，應還有四十五州縣。〕

89 《道州志》（一八七八），3/19a。

90 《巴陵縣志》（一八九一），15/1b-2a。

91 《慈利縣志》（一八九六），4/4b。

92 同上。據《湘鄉縣志》（一八七四），3/9a-b，在曾國藩的家鄉湘鄉縣，各地最初的社倉和義倉，早在該縣志修纂之前就已經不復存在。不過在一八六〇年代，當地居民又在鄉下重建了幾個義倉倉庫。

93 《續修廬州府志》（一八八五），16/1a-8a。

94 《建昌縣鄉土志》（一九〇七），8/3b。

況也類似，大多數的常平倉、義倉和社倉在十九世紀結束之前就已經停止運作[95]。一位充滿事業心的江蘇巡撫在其他官員和地方紳士的幫助下，在一八三一年設立許多糧倉，持續運作了幾十年。地方志的編修者解釋，設置這些新的倉庫〔義倉〕，是因為「常平倉今毀不存，社倉轇轕易生」[96]。

廣東省各地的情況也不一致。一位地方志編修者指出：

> 是歲奉文捐設社倉，然多有名無實，惟和平知縣張像乾竭力勸捐，乃建倉一百有二所，積穀一萬三千石有奇[97]。

該縣豐足的存糧不知道持續了多久，不過根據廣東省其他地區如靈山、清遠和東莞等地的經驗來看，保持完整無損的時間可能並沒有很久。在靈山縣，在康熙帝在位期間的某個時期，有一位知縣在縣城裡修建了許多常平倉；在乾隆時期，另一位知縣在鄉下修建了一些社倉。但是在此之後，就再沒有看到關於常平倉的資料；至於社倉，據說在道光帝即位時（一八二一年）就已名存實亡[98]。在清遠縣，一七二五年設置社倉時，通過居民捐獻所得的存糧數量不清楚，但在一七四三年（乾隆八年），該縣社倉存糧的總量超過九千石，但這些存糧在一八五四年因民變而損失殆盡。超過四千兩的購買存糧基金，也因該省布政司被一八五七年的大火燒毀而消失[99]，這個災難也許讓清遠縣的鄉村糧倉宣告結束。

東莞縣鄉村糧倉的變遷，可以作為其他地區變遷的縮影。根據地方志記載：

> 邑中……若紳民所設明代有……四所，入國朝廢。至雍正間復設有社倉，……而乾隆間，部定莞倉，貯穀至九萬七千餘石之多。……雖日久弊生，又經紅匪劫掠，然同治間檔冊仍存有二萬二千餘

石。逮光緒之末，大吏飭縣盡沽倉穀，撥倉廒地段歸中學堂，自是而一朝之善政，掃地無餘矣[100]。

西南省分的情況與此相同。在四川瀘州，《賦役全書》指定該州的常平倉存糧為四萬一千零五石。根據《瀘州直隸州志》記載，該州其實際存糧在某個時候曾經達到五萬八千石，可是在十九世紀的最後二十五年下降到八千二百七十五石。不過，社倉存糧卻顯呈現增長趨勢，從九千一百三十九石增加到一萬五千五百六十四石[101]。在富順縣，最初的六十五個鄉村糧倉只有幾個維持到十九世紀末。一八八〇年到一八八三年間，在總督的命令下修建了一些新倉庫。大約四十年後，分布在縣城和鄉下的九十九個倉庫，其中六十六個倉庫的存糧呈現下降趨勢，八個倉庫的存糧完全被耗盡[102]。在江津縣，一七五四年

95 《杭州府志》（一八九八），卷六九，各頁。
96 《續纂江寧府志》（一八八〇），2/24a-26b。
97 《惠州府志》（一八八一），18/8b。
98 《靈山縣志》（一九一四），10/125a-26b。
99 《清遠縣志》（一八八〇），5/20b-21b。
100 《東莞縣志》（一九一一〔譯按：應為一九二一〕），19/1a-b 和 19/5b。
101 《瀘州直隸州志》（一八八二），5/5a-b。
102 《富順縣志》（一九三一），2/2a-7a。該縣志，2/26a：「積倉始光緒六年庚辰，由川督丁（寶楨）飭建，抽士民歲收市斗穀石百分之一，三年而止。每年春夏貸與農民，秋穫加一以償。光緒二十五年己亥復奉文照抽一次。」該地方志的編修者評論，記載與實際貯存的糧食數量不相合。他在一九二五年試圖得到當地政府保存的原始檔案，但是只看到了鈔冊。

（乾隆十九年）設立的社倉實際上不久就被遺忘了，一八一七年（嘉慶二十二年）政府再次發現有必要為居民解決存糧時，又修建了一些新倉庫，並取了不同的名字（濟倉）；一八八〇年（光緒六年），又修建了第三批新的鄉村倉庫，且取了第三個名字（積倉）[103]。這讓我們得到的印象是，即使在四川這些經濟條件相對較好的地區，鄉村糧倉也維持不了多久。毫無疑問地，在經濟條件較差的雲南和貴州，鄉村糧倉更容易匆匆收場[104]。

清政府當初的意圖是，在地方設置各種類型的糧倉，作為饑荒控制綜合體系的組成部分。隨著時間的流逝和環境的變遷，這種體制變成了一種形式變化多樣的大拼盤，其效用程度各不相同。地方機構是否有意願或有能力來承擔這項需要謹慎處理而困難的任務，深深影響著個別糧倉的命運。只有在州縣官員認真負責之下，糧倉才能得到存續和發展；但是又不能保證其繼任者也具有同樣的行政素質。由於稱職的官員是相對少數，大多數鄉村糧倉壽命都很短，至少在十九世紀後半期是這樣的。一名西方作者在一八七〇年代所作的觀察，非常接近歷史事實：

> 是在所有為城牆保衛的城市，以及許多城鎮、鄉村，到處都分布著朝廷修建起來的（地方）糧倉。倉庫裡的糧食應該是官府貯存的，這樣，就可以在發生戰爭或饑荒的情況下，降價零賣給綠營士兵和窮人。這些糧倉產生的最初原因，與其說是樂善慷慨的情誼，不如說是自我保護的心理。滿洲官員雖然很清楚地意識到，沒有什麼比半飢餓狀態的人民對國家的和平具有更大的威脅，……〔但是〕他們非常冷漠，聽任糧倉空空如也。我參觀了許多大眾糧倉，卻很少發現哪個倉庫有一點糧食，許多倉庫都處於破爛不堪的狀態中[105]。

這樣的狀況當然不是一天就出現的。由於多年來的漠不關心，才讓地方糧倉不能使用。江蘇省一些地區的經驗，可以拿來作為說明事例。一七七〇年，一位署理該省巡撫的官員向皇帝奏報：

> ……蘇州、松江、常州、鎮江、太倉五廳州屬各社倉應貯之額，雖有二十六萬九千餘石，嚴飭核實清釐，內中存價未買者有六萬數千石，社長侵虧者六百餘石，歷年出借在民者十六萬三千餘石，稽其實存在倉僅四萬餘石。……

103 《江津縣志》（一九二四），5/59a-60a。〔編按：學生書局影本在二八b－三〇a。〕

104 《鎮雄州志》（一八八七），3/42a 就提供這樣的事例。據說在雲南鎮雄州，各地最初修建的常平倉和社倉，在嘉慶時期亦就是在十九世紀早期不復存在。《黎平府志》（一八九一），卷三上，四二b中所記載的資料，涉及到貴州黎平府各地的情況。概括如表5-3。《永寧州續志》（一八九四），4/5a，描述了貴州永寧州的情況：「州屬義倉向來分設各鄉，兵燹迭經，顆粒無有。肅清後，改設州城。歷任雖有捐施，為數無幾。……現在實存京石義穀七百餘石。」

105 John Henry Gray, *China: A History of the Laws, Manners and Customs of the People*, II, pp. 57-58. 作者沒有對各種類型的鄉村糧倉作出區別。

表 5-3　黎平府的糧食儲備

地區	常平倉	義倉	社倉
黎平府	1890 年時的儲備：8,480 石	1890 年時的儲備：9,619 石	–
開泰縣	最初所存 22,055 石糧食被耗盡	今廢	–
古州廳	今廢	大多數被廢棄	今廢
永從縣	額貯（無存）	1890 年時的存糧為 2,409 石	額貯（無存）

> 江寧、淮安、揚州、徐州、海州、通州六府縣屬社倉積貯額共一十萬六千九百餘石，折價未買者五千六百餘石，社長侵虧者四百四十餘石，歷年出借未還者一萬三千八百餘石，稽其實存在倉亦止六萬八百餘石[106]。

換句話說，在十八世紀的第三個二十五年結束之前，在這個總體上富庶的省分，社倉裡的存糧數量低於清政府規定額度的六〇%以上。這已經令人相當失望了，但隨後十九世紀期間的狀況更令人失望。由於倉庫裡的存糧完全被耗盡了，所以當一八八〇年代和一八九〇年代鎮江一些地區多次發生嚴重的饑荒時，知府不得不依靠鄉紳和富戶緊急捐獻，以及存在倉庫裡漕糧的救濟[107]。就這樣，在大約一百年的時期裡，鎮江府正常的儲備體系隨著倉庫存糧逐漸耗盡的過程而被完全破壞了，清帝國其他許多地區也經歷了相同的過程。

糧倉體系面臨的困難

前節簡述了地方糧倉令人失望的處境，是因為各種各樣困難所造成的。這些困難可以分為四大類：一、與存糧取得有關的困難；二、與存糧分發有關的困難；三、與糧倉監督有關的困難；四、與社長任免有關的困難。

存糧之取得

由官府管理的常平倉，在存糧取得方面遭遇的困難，比義倉和社倉來得多。根據清政府的規定，常平倉存糧來自政府基金購買和富戶捐獻。這些取得的方式提供給腐敗的官吏易於牟取非法利益的機會。早在一七六六年，清廷就得知貴州省一些州縣規定每戶（不論貧富）必須捐獻一定的數額，並規定他們把捐糧運到倉庫所在地的州縣城。這樣非法強加在居民頭上的負擔，幾乎與普通的土地稅負擔相當[108]。另一種腐敗形式是嘉慶帝指出來的。他在一八〇〇年所發布的一道上諭中，引述臣下的奏報：

> ……地方官在本地派買倉穀，往往有短發價值、勒具領票及繳價飛灑等弊[109]。

從某種意義上來說，不應該完全譴責這些犯罪官員，因為他們手中沒有足夠的資金來購買必要的存糧。一道一八〇二年呈給嘉慶帝的奏疏，包括了以下的字句：

---

106 《皇清奏議》，58/4a。這位署〔護〕理巡撫就是李湖。〔文海版在 58/8b-9a。〕

107 王仁堪（一八四九－一八九三），《王蘇州遺書》，7/6a 和 8a。

108 貴州布政使良卿的上奏，《皇清奏議》，57/4b。其他省分也上報了與此稍有不同的情況。舉例來說，《牧令書輯要》，2/55a-56a 收錄周錫溥（一七七五年進士，隨後擔任知縣）的一封信。該信描述了湖南永順縣如何收集常平倉存糧的過程；這一過程，無論是給貧窮的人戶，還是富戶，都帶來了痛苦。

109 《欽定六部處分則例》，27/36a。

各省採買，定價每倉穀一石價銀五錢至七錢不等，而核以市價，實屬不敷。是以州縣多私糶倉糧，以穀價交代。接任官利得現銀充用，不問足數採買與否，率行接收，輾轉變易，有價無糧，甚至倉廒塌損。……採買時，官價不敷市價，勢不得不勒派民間，州縣官守法者多不願請價買補，……此時驟議勒限採買，不病民，則病官[110]。

一些州縣官員——無論謹慎與否——找到一種避免自己處於困境或過度折磨人民的辦法，他們想到的點子就是「劫富」。十九世紀的一位作者報導了湖南省採取的這種方法：

南倉掌之官，其穀久虛，或假糶發以便開除，及歲登請糶，則官持銀以入富室而迫取之。富者不敢受銀而以賂免，以是為常矣[111]。

還要指出的是，由政府購買常平倉存糧的做法，除了為官吏腐敗提供溫床之外，還帶來清朝早期統治者始料未及的經濟問題。雍正帝在一七三一年的一道上諭中就指出，雖然盡可能在地方糧倉貯存更多的糧食非常重要，但是如果因為過度購買而導致糧食價格過分上漲，那就不好了：

積貯乃民食所關，從前各省倉儲，務令足額，原為地方偶有水旱，得資接濟。是以常平之外，復許捐貯，……無非為百姓計。後因糴買太多，市價日昂，誠恐有妨民食，因降旨暫停採買，俾民間米穀，自在流通，價值平減，亦無非為百姓計也。乃近聞各省大吏竟以停止採買為省事，……各省督撫，務須斟酌地方情形，留心辦理，應買則買，應停則停[112]。

沒有證據顯示政府過度購買糧食繼續成為一個重要的問題；相反地，地方官員只要覺得方便的時候就會停止買糧，只有被強迫時才去買。雍正帝的這道上諭很有趣，因為它反映了地方官一般都以鬆散的態度對待清政府確定的措施——特別是那些需要堅持不懈地努力執行的措施；同樣有趣的是，它還說明如果缺乏有效的地方行政，就沒有施行帝國控制的可能性。

官款買糧並不是通向腐敗的唯一大道。採取自願捐獻以募集存糧的方法，也讓一些欺詐行為有機可乘。舉例來說，「監生」稱號（理論上，擁有這一頭銜就可以進入北京的國子監就讀），是可以透過捐獻一定數量的糧食（各地的規定數量不同）給常平倉而得到。有影響力的人渴望取得特權地位卻又不願出滿價格，他們常常利用州縣官員的上司，把自己推薦給州縣官員。上司會提出要求說，某某人會樂於買下談到的士子頭銜。共同負責管理常平倉的基層官員都十分清楚，寧可讓糧倉放過捐獻，也不要惹得上司不滿。但是為了防止可能出現針對自己盜用存糧的指控，尤其是在即將進行的倉庫大檢查時，他們經常會提出報告，指出舊糧近來已經售出，以便為隨後要買進的新糧騰出空間。因未能從希望成為監生

110 給事中宋澍所上的奏疏，《皇清奏議續編》，4/2b。

111 曾國藩的一位朋友吳敏樹所寫的一篇文章，《巴陵縣志》（一八九一），15/3a。吳敏樹在一八三二年考中舉人，後來擔任湖南瀏陽縣的教諭。

112 《大清會典事例》，191/1a-2a。

的人手中收集到全額捐糧而出現的空洞，這樣就被掩蓋起來了[113]。

存糧之分發

更加嚴重的困難發生在存糧的分發，無論是官府運作的糧倉或地方管理的糧倉。常平倉最常見的非法行為之一就是地方官監守自盜。由於情況驚人，清廷在一七九九年認為有必要採取行動。嘉慶帝批准了以下的決定：

各省常平倉，積久弊生，即無須接濟之年，亦以出陳易新，藉詞支放，染指分肥。……嗣後無災年分，不准出借，以除民累[114]。

大約一個世紀之後，一八九七年的一期邸報出現了以下的文字：

御史張兆蘭指出，州縣官員都在算計盜取貯存在公共糧倉裡的糧食，致使糧倉被盜用一空，因而未能向朝廷結清帳目。……該御史控告這些州縣官員聽任舊糧發黴，指控他們為了牟取個人私利而盜賣新糧。任何人都可以看出這種行為在緊急狀況出現時的後果。我們嚴厲告誡各省督撫注意這個現象，下令將全部存糧售出，所得收入生息投放。此外，我們要求所有知州知縣每年向我們報告這樣處置的確實數量，以及公共糧倉儲糧的內容[115]。

因存糧分發而產生的嚴重問題，導因於人口數量太多、普遍缺乏效率和地方行政的腐敗。在十八世紀交替時期，一名著名官員在其發布的總督指令中總論糧倉體系時就說道：

> 近代講備荒者，止於倉貯蓄積而已，豈知……以百餘萬米穀散於民間，大祲之年，濟一郡尚不足，況又有赴縣城領給之煩，吏胥鄉長侵蝕之弊，將來又有追比還倉之擾。是倉米在今日，殊不足賴也[116]。

113 黃六鴻，《福惠全書》，27/6b。

114 《大清會典事例》，189/1b〔譯按：應為 21b〕。一八〇二年到一八〇六年間擔任福建巡撫的李殿圖就在上奏中明確指出這種非法行為還在盛行。其上奏部分內容如下：「乃積久弊生，即無需接濟之年，而亦以出陳易新為詞，更或以青黃不接為請，竟至年無不動之倉穀，以為染指分肥之地。出倉既已短發，還倉又復浮收。……故良民慮及一出一入之擾累，不願借領。」《牧令書輯要》，3/21b。

115 Emile Bard, *Chinese Life in Town and Country* (1905), pp. 91-92.〔編按：據光緒二十三年十一月二十一日《京報》（北市：全國圖書館文獻微縮復制中心，二〇〇三），御史張兆蘭片原文如下：「再各省設立常平倉，均係領官款買穀存儲，如遇歉收之年，減價平糶，亦可酌成賑放，洵為有備無患之良法。乃奉行既久，各州縣移新掩舊，挪東補西，雖例有盤查，多未認真辦理。迨至本任交卸，不能掩飾，始行查參。是以各省虧短倉穀之案，屢見迭出。近聞各州縣多有將存倉之穀變價，發商生息，年年存款，為數甚多，均有案卷可查。然掩飾騰挪，亦所在不免。迨該管上司指款提用，多不能如期報解。可否請旨飭下各督撫，通行各屬，將倉穀寔在存數、變價若干、生息若干，每年分別造冊，勒限咨報戶部存案，不准絲毫挪動。一遇荒年，奉文指撥，即可期報解，庶不至有名無實矣。」第一一一冊，頁四三七－四三八。〕

116 直隸總督李光地（一六四二－一七一八）所下命令，引見戴肇辰，《學仕錄》，2/30a-b。

另一難以克服的困難就是，繁雜的公事程序往往讓陷於緊急的災民無法得到及時的救助。設置在州縣城裡的常平倉，顯得特別沒有效能。十二世紀一位設置社倉的倡導者說得很中肯：

> ……州縣之間，每遇水旱，合行賑濟。賑糶去處，往往施惠止及城郭，不及鄉村。鄉村之人，為生最苦，有終日役役而不能致一錢者。使幸而得錢，則又一鄉之中富室無幾，近者數里，遠者一二十里，奔走告糴，則已居後。於是老稚愁歎，始有避荒就熟，輕去鄉井之意。其間強有力者，又不肯坐受其斃，奪攘剽竊，無所不至。……城郭之人率不致此。故臣謂：城郭之患，輕而易見；鄉村之害，重而難知[117]。

清朝皇帝們廣泛設置社倉和義倉，在某種程度上照顧到鄉村地區的需要，但是只要它們的運作受到官府監督，就不可能完全擺脫官樣文章的干擾。十八世紀一位對糧倉體系異常熱衷的巡撫就指出，在饑荒發生時，鄉村糧倉的管理人如果沒有先取得州縣官員的同意，根本就不敢動用存糧，可是州縣官員往往拖延許久之後才同意。同樣的情況在十九世紀普遍存在[118]。有些地區的情況更為糟糕，就像十八世紀陝西發生的一個事例所表明的，因為州縣官員在批准鄉村糧倉管理人散發存糧之前，還必須取得省當局的點頭[119]。

確定貧困家庭需要的程度以便給予相應或足夠的救濟，總是很困難的。即使是最想把工作做好的負責人，分發存糧的過程本身也是一件讓人勞累、煩惱的任務。負責散發救濟糧的人如果是奸詐之徒，後果就駭人聽聞了。一部地方志中就記載了一件雖然未必典型，但特別壞的事例。一八三三年春，直隸省盧龍縣發生嚴重的饑荒，知縣決定用鄉鎮糧倉存糧進行救濟，他授權鄉長把穀票分發給那些應該得到救濟糧的人，讓他們憑票可以得到規定的救濟糧。然而，這些賑災代理人卻把穀票給了那些向他們行賄的人，而不是分給真正需要的災民。在救濟糧散發給持票人的那天，超過一千名憤怒的災民聚集起來，表達他們的委屈。在一位知名紳士的介入下，問題才得以解決[120]。此外，州縣官員自己也會侵吞賑金自肥，十九世紀陝西省一些州縣官員就經常這樣做。直到一八六〇年代初，一位非常「直」的專差奉派賑災時，他們的不法行為才被揭發[121]。

把救濟糧散發給居住在偏遠鄉村的農民，所遇到的困難幾乎是無法克服的。無論救濟糧是來自鄉村糧倉，還是其他糧倉，都沒有什麼區別。一位著名的官員在十九世紀前半期指出：

117 趙汝愚的上奏，見俞森，《荒政叢書》，卷一〇上，一a，〈社倉考〉和《康濟錄》，2/19b。朱熹也有同樣的觀點：「隋唐所謂社倉者，亦近古之良法也。今皆廢矣，獨常平、義倉尚有古法之遺意，然皆藏於州縣，所恩不過市井游惰輩。至於深山長谷力穡遠輸之民，則雖飢餓瀕死，而不能及也。又其為法太密，使吏之避事畏法者，視民之殍而不肯發，往往全其封鐍，遞相付授，至或累數十年不一訾省，一旦甚不獲已，然後發之，則已化為浮埃聚壤，而不可食矣。」見〈崇安社倉記〉，《康濟錄》，4/59a。

118 其事例見《富順縣志》，7/1a-4a。

119 陳宏謀一七四五年的上奏，《皇清奏議》，42/1a-3a。

120 《盧龍縣志》（一九三一），21/3a-b。〔這位紳士叫王維城。〕

121 黃鈞宰，《金壺七墨・金壺浪墨》，5/4b-5a。該書中敘述了一八六〇年發生的聳人聽聞的「山陽賑獄」。

……農民伏處田野，畏官府如神明。不幸遇災，有坐而待殍而已。其抱牘而泣請者與聚市噪讙者，必非農也[122]。

該作者沒有說這些能夠發聲的人是誰，從其他材料可以看出其中一些人就是鄉紳或士子。難以理解的是，清政府授權地方政府把救濟糧給予那些「貧生」，包括貢生、監生和生員。清政府制定了特別的規則，規定不同地區的救濟配額[123]。根據十八世紀的一位作者所說，州縣的教育官員負責開具在他督導下的士子可以得到救濟的名單。不過，這樣的士子不能超過該地區應試員額的三分之一。每個士子所得的救濟量，在規定的限度內，依據家庭成員人數和饑荒的程度按比例分配。清政府預料到無恥士子有可能濫用這個特權，因而明確規定：

……如有寡廉鮮恥，混入災民滋事，或冒充民戶者，除革賑外，輕則地方官會同教官戒飭，重則詳明褫究[124]。

雖然有這些預防措施，享用特權的人並未停止利用饑荒救濟來確保他們的不當利益。安徽巡撫在一八九五年的上奏中，描述了一些紳士的惡行：

不肖紳董，慣與吏役因緣為奸，先期設簿賣災，平民必先出費，乃得入冊。無錢者，雖真災而仍須完糧；有勢者，既免糧而且食災費。州縣稍事詰駁，輒以民瘼為詞，聯名上控，甚或聚眾滋鬧，

> 阻遏輸將。……州縣既不能禁，又各自顧考成，或且陰利其資，輒據情具報請勘[125]。

這裡並沒有特別提到糧倉體系。但是這種情況可能已經讓貧苦的農民得不到存糧的幫助。

除了緊急救濟外，每年例行的售賣和借貸舊糧，也給官員的欺詐行為帶來機會。腐敗的州縣官員可

---

122 王慶雲，《熙朝紀政》，1/7a-b。

123 《戶部則例》，113/1a；《欽定六部處分則例》，24/4a；《清朝文獻通考》，69/5485。根據陳宏謀在十八世紀晚期所說，貢生和監生並不是普通人，無權享受救濟糧。他們只有在最近生活中處於相當貧苦的狀態中，才可以作為普通人而得到救濟糧。參見戴肇辰，《學仕錄》，9/15a。

124 戴肇辰，《學仕錄》，9/14b-15a。根據《清朝文獻通考》〔編按：原作《清朝續文獻通考》，誤〕，71/5511 所說，清政府規定，各省貧生得到的救濟，原本來自「學田」的銀糧。但在荒年時不能像一般貧民一樣領取救濟糧。不過，由於學田帶來的銀糧很少，因此在一七三八年（乾隆三年），乾隆帝命令各省總督、巡撫和學政指示地方教官，在荒年時將貧生名單提交給地方官，以便從「公項」中量撥銀米給予特殊救濟。

125 于寶軒，《皇朝蓄艾文編》，18/17b-18a。這位總督就是富俊。還請參見《州縣事宜》，五一 b 關於「賣荒」的記述。拖延交稅和免除交稅過程中產生的嚴重不平，有時也被揭露出來。十八世紀晚期的一位舉人湯震，在一篇文章中說：「朝廷有大慶典，有大水旱，必蠲緩，所頒謄黃，必邐邐數千言。上諭、部議、督撫之奏，累牘連篇，無論愚民無知，即略識丁字者，曾不數行，首尾茫然矣。大抵城門通衢不得不張貼一二，若鄉僻，從未見有謄黃者。」參見《危言》，一八九〇年刊，2/26b-27a；亦見同書，17/11b。《清朝續文獻通考》〔譯按：原作《清朝文獻通考》〕，3/7522 收錄了左宗棠一八六五年一篇上奏。當時左宗棠擔任浙江巡撫，其上奏的部分內容如下：「道光癸未、辛卯以後，兩次大水，……蠲緩頻仍，然朝廷雖屢沛殊恩，而小民未盡沾實惠，蓋一縣之中，花戶繁多，災歉蠲免，悉聽經書冊報。世家大族，豐收者亦能蠲緩，編氓小戶，被歉者尚或全徵。」

以利用這個機會，來掩蓋存糧的虧空或實現非法利益。由於他們的行為過於招搖，使得清廷在一七九九年發布了一道上諭，禁止在正常年分出借常平倉存糧，「以除民累」[126]。同一時間，腐敗的義倉和社倉管理者以不同的運作方式，加入了地方官的詐欺行列。其中一些人以高於市場二或三倍的價格售賣存糧牟利，「損公肥私」[127]。

未能償還借貸的米糧，鄉村居民本身也是糧倉體系衰敗的因素。一七七〇年，一份呈給乾隆帝的奏疏說，在江蘇五個毗鄰、土地相對肥沃的府，社倉最初的存糧總數達到二十六萬石以上。在這些糧食之中，有十六萬多石借貸出去，但從未償還。包括江寧府在內的其他六個府，借貸未還的數量比官吏侵吞和賣出加起來的數量還要多[128]。許多拖欠者之所以沒有償還，是因為他們赤貧如洗。大多數農民即使在正常年分也難以度日[129]，他們償還不了饑荒期間出現的債務也就不足為奇。例如，湖南巴陵縣饑荒時期借貸出去的糧食，沒有一點得到歸還[130]。不管未歸還的原因到底是什麼，由於長時間和普遍的拖欠，最後的結果就是鄉村糧倉存糧漸漸耗盡。的確，把存糧借貸給赤貧的鄉人，實務上真是進退兩難，他們最需要幫助，但最無力償還。最好的解決方法，應該是直接把救濟糧給他們，而不是借貸給他們。但是新的問題又來了：如何填補這樣耗掉的存糧呢？即使沒有官吏或地方管理人的腐敗，糧倉體系也面臨著難以克服的困難。

所有這些困難最終導致地方糧倉的衰敗。儘管清廷努力與堅持，但是一度散布清帝國各個角落的無數穀倉，往往存糧耗盡，倉庫損壞。在一七九二年、一八〇〇年、一八〇二年、一八三一年及一八三五年發布的上諭中，皇帝們痛心地指出，地方糧倉，尤其是常平倉，已經變成另一個「有名無實」的東西[131]。上述最後一道上諭指出，根據各省巡撫的奏報，在總數超過四億石的存糧配額中，剩下的還不到二億五千萬石，幾乎短少了四〇%。這是官方的統計數字，實際情況可能更糟糕。清帝認為原因在於官吏腐敗和漠不關心，因而不止一次威脅要處罰瀆職官吏，試圖改善這種情況，但他們的努力每次都被證明是徒勞的[132]。

糧倉之監督

社倉和義倉這兩種不由清政府直接管理的糧倉，遭遇特別的困難。設置這兩大糧倉的基本構想看來非常合理：依靠社會的努力，預先從擁有並能捐獻糧食的人戶手中把糧食收集起來，存入糧倉，以便利用此種存糧來幫助那些需要幫助的窮人；或者如一地方志所記載的那樣，「富者多捐，貧者少捐；以一里之倉穀，救一里之居民」[133]。清朝統治者很難讓這種重要的機構不受到行政系統的控制。在清帝國的一般環境下，如果不是為了政府的行動，許多糧倉能否建立起來，或者以政府可以接受的方式運作，是

126 《大清會典事例》，189/6a。

127 《靈山縣志》，10/126 就敘述了一個事例。

128 《皇清奏議》，8/4a。

129 Richard H. Tawney, *Land and Labour in China* (1932), p. 73.

130 《巴陵縣志》，15/2a。

131 《大清會典事例》，189/3a 和 6a、192/2b。

132 見《大清會典事例》，189/3a 中所敘述的福建在一七二六年發生的案例。還可參見 192/6a 中的記述。一八六九年，直隸發生了一件不可思議的取消糧倉的事例。根據翁同龢在《翁文恭公日記》（9/12b-13a，己巳，同治八年二月十六日）的記述，廣平縣的一名進士寫了一封信給大學士倭仁，說廣平縣知縣把倉庫送給「外夷」修建教堂。

133 《興國州志》，6/8a。

很值得懷疑的。在絕大多數情況下，鄉村居民因為過於膽怯或過於冷漠，而不能主動地推行社倉和義倉這樣的社區事業；又因為缺乏經驗，而不能恰當地管理這樣的社區事業。正如十九世紀江蘇巡撫（丁日昌）說的：

> 古人社倉之設，與常平相輔而行，要皆簡校出納于社司，而吏不與其事。……惟立法用人，則又須官為經營，以補民力之所未逮[134]。

換句話說，地方管理和政府監督，是清王朝統治者期望用來確保地方糧倉體系適當運作的主要法寶。但是，清王朝的法寶並未使它的願望實現。表面上來看很有道理，但其實際作用卻受到地方官吏嚴重的危害，政府原本要依靠他們來對糧倉進行有效的監督，但他們卻總被證明是無能或腐敗的。事實上，地方官及其吏役與地方管理人（社長），有時為爭奪其中的油水而鬧得不可開交[135]。

許多事例顯示，地方衙門每年一、兩次派「委員」到鄉下檢查倉庫，鄉人必須設宴招待、「送禮」並提供路費。鄉人必須分擔這筆費用，即使他們從糧倉所得好處相當少，而且不一定能得到[136]。在另一些事例裡，衙門書吏到鄉村或鄉鎮查核存糧時，也向鄉人需索規費[137]。還有另一些事例，地方官利用法律關於借者必須預先繳納一〇%利息的規定，向社長索取這一利息；即使存糧還未借貸也是如此[138]。這樣，政府的監督在最好的情況下也只是變成必要之惡。許多社長都涉入的不法行為如果無法遏止，官吏腐敗之路也就永遠敞開。

正是因為政府監督地方糧倉被證明對地方官是有好處的，有些人因而跨越法律權限而侵占地方糧倉管理權。清政府不得不多次指出政府監督和地方管理之間的界線，並禁止對後者的非法干預。雍正帝在一七二九年的一道上諭中說：

> 朕惟國家建立社倉，原令民間自行積貯，以百姓之資糧，濟百姓之緩急，其春貸秋償，及滋生羨息，各社自為經營登記，地方有司，但有稽查之責，不得侵其出納之數[139]。

這道上諭特別提到了陝西省。在清帝國其他地區，也有發生地方官侵越地方管理權的報告。在一七九九年的一道上諭中，嘉慶帝指出一些令人失望的結果：

> 社倉原係本地殷實之戶，好義捐輸，以備借給貧民之用。近來官為經理，大半藉端挪移，日久並不歸款，設有存餘，管理之首士與書吏，亦得從中盜賣，儻遇儉歲，顆粒全無，以致殷實之戶，不樂捐輸，老成之首士，不願承辦[140]。

134 丁日昌，《撫吳公牘》，45/12a。
135 汪輝祖，《學治續說》（一七九四），七九a〔〈社義二倉之弊〉〕。
136 《佛山忠義鄉志》，7/4b-5a。
137 汪輝祖，《學治續說》，七九a〔〈社義二倉之弊〉〕。
138 晏斯盛一七四五年的上奏，見《皇清奏議》，42/1a〔譯按：42應為45〕。
139 《大清會典事例》，193/3b。這道上諭標明為雍正七年。
140 《大清會典事例》，193/3b〔193/12b-13a〕。這道上諭標明為嘉慶四年。

我們並不認為政府監督可以不要，也不認為它是罪惡的唯一來源。無論有沒有官方監督，地方管理人同樣有可能會欺詐和盜用。根據十九世紀一位作者的說法，社倉存糧很少能有二十年以上的，經常「侵于司倉之手」[141]。問題在於，在一個負責公共事務的人多半不講究誠信的政治環境裡，任何行政設施、官方管理（如常平倉）或官方監督下的地方管理（如社倉和義倉），都不能保證存糧體系能夠充分地為清王朝控制饑荒的目的服務。

清王朝統治者事實上處於進退兩難的境地，如果不把地方糧倉置於政府監督之下，地方的漠不關心和腐敗，很快就會讓它們失去效用；但是如果地方官員干預，原本關心它們的地方領袖就會撒手不管，結許許多多的不法行為就會出現。十九世紀一位著名的作者，根據他一八七〇年代在陝西任官的經歷，直言無諱地指出清朝面臨的這個困境：

> 天下義舉專主於官，則吏胥侵漁，弊在煩擾。不主於官，則紳董推卸，事難經久。如社倉，自積儲以至散放，自經收以至監守，委曲煩重，如此，非得官方選舉，誰肯身任其勞者？社首之私吞濫放，土棍之強借抗償，把持刁難，如此，非得官力究懲，誰敢躬攖其怨者？……惟必待官以主之，而弊又自此生矣。殷實之家，率多畏葸；公正之人，率多悃謹。即學道君子，未必皆熟習公事，認識官長。而鄉里刁健之徒，又多結連胥徒，善於滋事。設遇前列各弊，勢必稟官。既經稟官，則必候批、候提、候審，費已不貲，幸而得理，尚可推行盡利；不幸而遭刁健者搜得疵短，捏告黑白，一經地方官駁斥，則又將有賠墊之累。只得忍氣吞聲，匿形戢影。而所謂刁健者，廣引儔類，乘機攔入。……而社倉尚可復問耶[142]？

社長之任命

選擇和任命地方糧倉管理人，是一個令人困擾的問題。雖然義倉和社倉都是這樣，但是對於社倉來說，這個問題特別敏感，因為社倉設在鄉村地區，那裡的自然環境一般來說較差，而且社區領導權比起城鎮及城市更難以確保。

見多識廣的官員很容易看出鄉村糧倉是否成功的真正原因，不但要有令人滿意的地方管理，也需要有效的政府監督。十九世紀的一位作者說：

> 民間立義社各倉，……然必有忠信樂善之良民，方可以主社倉之出入；必有清廉愛民之良吏，方可以任社倉之稽查[143]。

有些官員得到好評，是因為他們不但認真地關注社長的挑選，而且注意到提高社長威望或鼓舞他們

---

141 《巴陵縣志》，15/3a，吳敏樹（一八三二年中舉，隨後擔任湖南瀏陽縣教諭）的話。

142 柏景偉，《灃西草堂集》，1/12a-17b。值得指出的是，官府管理常平倉產生了許多非法行為。根據張師誠（一七六二－一八三〇）在一八二〇年的記述，其情況如下：「乃州縣平日署中之食用，往往動碾倉穀，甚有藉請出糶出借之時，私行多糶漁利。……蓋私糶可獲重價，而交代只須每石作銀六錢，是以相率效尤。」參見《牧令書輯要》，10/50b-51a。

143 王慶雲，《熙朝紀政》，4/29b-34a。

勇氣的方法。陳宏謀就是一個顯著的事例，他設法讓湖南和江西的社倉體系能夠有效利用。他在一七五五年到一七五六年擔任湖南巡撫期間，制訂了一些辦法，他說：

> 社長乃主持一社出納之人，任勞任怨，利濟鄉里，實屬義舉，迥非鄉約、練長可比。毋論紳衿士耆，官宜敦請委任，更當倍加禮貌。雖係平民，免其雜差，見官免跪[144]。

陳宏謀治理下的湖南和江西兩省社倉到底經營得有多好，我們無從得知。即使兩省的社倉整頓得很好、管理得很好，它們的成功也不能證明清朝其他省區和其他時期的社倉也是如此。相反地，很多證據指出，地方管理的問題讓大多數鄉村糧倉無法達到設置的目的。基本的困難就在於沒有合適人才來擔任社長。一位熟習糧倉體系的作者，簡明地指出這一點：

> 得人最難，善任尤難。喜事者未必堪充，堪充者未必喜事[145]。

清朝不同時期的許多作者，也表達了同樣的觀點。在十八世紀結束之前，已經可以確定，就像保甲制度一樣，在任命社倉管理人時，經常發生同樣的困境：「德者不為，為者無德。」一七五六年，一位官員向乾隆帝陳奏：

> ……其生監誠謹敦品者，閉戶潛修，不樂干預外事，若肯膺斯役，率皆藉口多事之輩[146]。

一七六二年，另一位官員又陳奏：

> 凡舉報社長，有情願承充者，有不情願承充者。推求其故，緣端方之人，恐辦理疏虞，貽身家之累；而狡黠之徒，又以充當社長為榮，得遂操縱[147]。

第三篇奏疏寫於十八世紀的最後幾十年，指出在任命新社長取代任期屆滿的舊社長時，「羞於出任公職者，盡力逃其任命，而貪圖私利者，則百計營求社長之職。」[148]

純樸的鄉人有充分的理由迴避徵召。當清政府竭盡全力要讓社倉體系發揮作用之際，十八世紀的一些證據顯示，社長肩上所扛的責任不只繁重，實質上也是難以承受的。在當時的歷史背景下，它們根本是不可能的任務。康熙帝本人也承認了這一點。一七二〇年，都察院左都御史朱栻請求在山西省設立社

144 戴肇辰，《學仕錄》，5/27b-38a。亦見《新寧縣志》（一八九三年刊），12/20b-23a。

145 沈鯉，〈社倉條議〉，引見俞森，《荒政叢書》，卷一〇下，三a－b。

146 《皇清奏議》，50/10b。引河南巡撫圖爾炳阿的奏疏。

147 《皇清奏議》，53/11b。引江西布政使富明安的奏疏。

148 汪輝祖，《學治續說》，頁一〇。衙門吏胥有時利用他們的地位從膽小如鼠的土地所有者那裡榨取錢財。一七四〇年代，在江蘇幾個縣擔任過知縣的袁枚（一七一六－一七九八）觀察到：「社長一與官接，費累不支。素封之家，寧賄吏以求免。而里胥知其然也，則又故報多人為索賄計。是社倉於貧民無角尖之益，而於富民有丘山之累。」參見《牧令書輯要》，10/25a。

倉並修建灌溉工程，他回答說：

> 建立社倉之事，李光地任巡撫時曾經具奏，朕諭以「言易而行難，爾可姑試」。李光地行之數年，並無成效，民多怨言。張伯行亦奏言社倉頗有裨益，朕令伊行于永平地方，其果有成效裨民之處，至今未奏。且社倉之有益無益，朕久已留心採訪。凡建立社倉，務須選擇地方殷實之人，董率其事。此人並非官吏，無權無役，所借出之米，欲還補時，遣何人催納？即豐收之年，不肯還補，亦莫可如何。若遇歉收，更誰還補耶？其初將眾人米穀扣出收貯，無人看守，及米石空缺之時，勢必令司其事者賠償。是空將眾人之米，棄於無用，而司事者無故為人破產賠償矣。
>
> 社倉之設，始于朱子，其言具載文集。此法僅可行於小邑鄉村，若奏為定例，屬於官吏施行，於民無益[149]。

當我們回想起一六七九年通令全國設置社倉時，康熙帝的悲觀論調就顯得特別值得注意。在十七世紀的最後二十五年和十八世紀開頭的幾十年，對這個體系進行試驗之後[150]，這位精明的皇帝被經驗說服，不能對社倉寄予太大的希望。朱栻接下來的行動證實，康熙有這種想法是對的。這位請求在山西省設置社倉的官員撤回了自己的建議，並懇求皇帝收回派他主持山西鄉村糧倉這項徒勞無益任務的成命[151]。在這個事件之後不久，來自清帝國不同地區地方官接連不斷的報告，使康熙帝更加相信，社倉管理人不可避免地處於最為難的處境。陳宏謀——這個制度最熱心的倡導者之一，在一七四五年上奏乾隆帝時，沮喪地說：

陝省社倉，社本無多，自雍正七年……，荷蒙世宗憲皇帝隆恩，將應減之五分耗羨暫收兩年，代民買穀，以作社本。……州縣因有責成，則又視同官物，不但社正副不能自由，即州縣亦不能自主，凡遇出借，遞層具詳。……百姓急需借領，而上司批行未到，……兼有以不須出借為詞者，及有霉變，則又惟社正副是問。故各視為畏途，殷實之人，堅不肯充[152]。

---

149 王先謙，《東華錄．康熙》，108/3b-4a。《大清歷朝實錄》中沒有記敘這一問題。在康熙帝發布的這道上諭中所提到的李光地，在一六九〇年和一六九六年到一六九八年，兩次出任直隸學政，一六九九年到一七〇五年出任該省總督；一七〇五年到一七一八年擔任大學士。張伯行在一七一六年左右署理巡查常平倉御史，參加了順天府和永平府的救濟工作；隨後不久，擔任禮部尚書。

150 王慶雲，《熙朝紀政》，4/26a-30a列舉了時間和措施：

一六七九年（康熙十八年），發布上諭，規定在鄉村設置社倉，在鄉市和鄉鎮設置義倉；

一七〇三年（康熙四十二年），發布上諭，規定在直隸省設置社倉；

一七一一年（康熙五十年），清政府下令免除那些捐獻糧食給社倉之人服勞役；

一七二一年（康熙六十年），發布上諭承認社倉情況不佳。

令人奇怪的是，王慶雲沒有提到一七二〇年（康熙五十九年）發布的一道上諭，這道上諭是應朱栻的請求而發布的。參見《清史稿．食貨志》，2/20a-22a。

151 康熙帝要求朱栻負責管理山西的社倉，並命令他留在山西，直到完成他自己提出的建議。於是，朱栻承認自己判斷出錯，請求回到北京。康熙帝毫不寬容，未給予批准。不過康熙帝這樣做的原因沒有說明。王先謙，《東華錄》，康熙五十九年九月，108/6b-a。

152 《皇清奏議》，42/1b。陳宏謀當時是陝西巡撫。這道奏摺是他和川陝總督慶復聯名上奏的。〔編按：〈籌積貯疏〉，文海版在45/2a-b。〕

許多地方管理人的素質都相當差，即使在糧倉存糧是靠捐獻而來的地方也是如此。在陳宏謀奏報陝西情況的同一年，湖北巡撫晏斯盛上了幾通有關地方糧倉的奏疏。其中一道說：

民捐民借之社穀，有久經逃亡故絕者，未議豁除之條，致社倉有不實之數，州縣責之社長，……比追敲朴之不免，此亦良法之未周者。……社長皆視為畏途，將經理無人[153]。

在另一道奏摺〔譯按：實為同一奏摺〕中，他說：

當豐稔之年，家有蓋藏，價值平減，有不能借出及不能全借之處，州縣往往止核成數，有本穀一千者，必報息穀一百，不問其曾經借出與未經全借，社長亦不無掣肘，或致虛賠利息[154]。

署理江蘇巡撫的李湖，在一七七〇年的上奏中反映了江蘇省的情況：

近日江蘇各屬，凡係鄉曲謹愿之人，無不畏避社長一役，蓋緣經營出納，不惟慮招鄉里尤怨，與頑戶之抗欠賠墊。其最為苦累，交代盤查，按月按季冊報折報等事，地方官以社穀掌于社長，……總惟社長是問。奔走城鄉，致多浮費，加以胥役之駁詰，……一充社長，便無休息[155]。

這位署理巡撫指出，鄉村居民經常被任命擔任社長，無論是否願意。因此，很難希望這樣任命的社長會有管理糧倉的熱情或責任感。江蘇最初規定，一任的任期為十年。由於讓一個鄉人這樣長期的承擔重擔看來並不公平，因而在一七五七年把任期縮減為三年，一七五八年又縮減為一年。沒有改善問題，較短的任期讓任命的程序看來像一齣鬧劇。李湖接著說：

> 近日社長視同傳舍，寅接卯替，彼此故避虛交，互相蒙蔽，遂致春借秋還，皆成虛套。且一社之中，公正堪充社長者不可多得，一年一換，需人過多，惟憑鄉保舉報，按戶輪當，遂多任非其人[156]。

但是，我們不能因此就得出結論，認為取消官府干預，情況就會變好。沒有政府監督也會出現困難。正如同一份資料所說的：

> 社倉穀石，原定規條，專責社長收掌出納。……但春借秋還，地方官竟不稽查比追，社長徇情濫借，與土棍強借不償之弊，勢所必至。

---

153 《皇清奏議》，42/14b。〔編按：〈請清社倉積欠疏〉，文海版在 45/31b-32a。〕

154 同上，42/15a。〔45/32b。〕

155 同上，58/6b。〔〈陳社倉事宜疏〉，文海版在 58/13b-14a。〕

156 《皇清奏議》，58/5a〔58/10b〕。

一些居民發現社長之職可以帶來許多好處，因而熱切謀求此職。不用說，比起沒有意願的人，這些意願強烈的人更不是好的社長[157]。因為剝削而引起的爭吵時有所聞，被懷疑有好處的不良管理更使得政府必須加以干預。根據地方志記載：

其社長之狡者，每歲以虛數呈報而侵蝕已多。其鄉民之悍者，又藉口於典守之不公而攘奪不已。於是守土者思有以弭其害，則令以穀入縣倉，而董其事以胥吏。……官主之，則穀為官有。……而所藏穀價日以銷磨[158]。

紳士與鄉村糧倉

與其他地方機構一樣，鄉村糧倉也容易受到鄉紳和士子的影響。這種影響可能是有益的，但他們常常為糧倉體系帶進一個混亂的元素。回顧歷史，社倉在十二世紀的再現，大部分要歸功於善意的紳士的努力。為社倉誕生做出最大貢獻的朱熹，敘述了使他在這個時期設置第一批社倉的背景：

乾道戊子春夏之交，建人大饑，予居崇安之開耀鄉，知縣事諸葛侯廷瑞以書來屬予及其鄉之耆艾左朝奉郎劉侯如愚，曰：「民飢矣，盍為勸豪民發藏粟，下其直以賑之？」劉侯與予奉書從事，里人方幸以不飢。俄而盜發浦城，距境不二十里，人情大震，藏粟亦且竭。劉侯與予憂之，不知所出，則以書請於縣於府。時徐公嘉知府事，即日命有司以船粟六百斛，溯溪以來。……民得遂無飢以死。

及秋，又請於府曰：「……請倣古法為社倉以貯之。」於是為倉三，……司會計、董工役者，貢士劉復、劉得與、里人劉瑞也[159]。

這一試驗證明相當令人滿意，深受朱熹思想和方法鼓舞的鄉紳們，跟著在福建、浙江、江西等省各地設立了許多社倉[160]。這些糧倉或多或少也算是成功的。相信這種機構的可行性，朱熹因而在一一六八年〔譯按：原文誤植為一八一一年〕上奏提議，考慮在全國設置社倉，並描述了崇安社倉的運作情況：

乾道四年，臣熹居崇安之開耀鄉，民艱食，請到本府常平米六百石賑貸，無不歡呼。於是存之於鄉，夏則聽民貸粟於倉，冬則令民加息以償。每石息米二斗，如遇小歉即蠲其息之半，大饑則盡蠲之。係臣與本鄉土居官及士人數人同居掌管，凡十有四年，以六百石還府，現儲米三千一百石，以

157 《大清會典事例》，193/3b。雍正七年及嘉慶四年的上諭。

158 《福建通志》（一八七一年刊），51/18b-19a。

159 《康濟錄》，4/57b-59a，引朱熹的話。

160 俞森，《荒政叢書》，卷一〇上，記述了下面事例：浙江金華縣在一一七五年修建了潘氏社倉；福建建陽縣在一一八四年修建了長灘社倉，光澤縣也修建社倉（日期未標出）；江蘇常州宜興縣在一一九四年設置了社倉；江西南城縣在一一九四年修建了吳氏社倉。

> 為社倉，不復收息。故一鄉之中，雖有饑年，人不缺食[161]。

這裡值得指出的最重要的一點是，朱熹及其追隨者創立起來的社倉，幾乎完全歸功於鄉紳和士人的努力。這個機構的出現原本並不是一種帝國機制，也沒有證據顯示，這個體系在全國採行後產生了許多豐碩的成果。我們很容易會作成這樣的結論：社倉實質上是饑荒救濟的地方機構，不適合作為帝國控制的工具。

朱熹及其追隨者創設社倉的動機到底是什麼？亨利．格雷爵士（Sir Henry Gray）在談論清代義倉和社倉時，斷言：

> 與其他糧倉〔常平倉〕一樣，這些社倉設置的目的在於防止飢餓的百姓揭竿而起。不論受到神或人的壓迫，鄉人們為了起碼的生存，很容易聚集起來，掠奪或攔路搶劫，以取得生活所需[162]。

根據這一觀察，他認為地方糧倉設置的心理根源，從設置並維持它們的人來說，「並不在於他們的慈善心腸，而在於其自我保護」。這個論點得到中國作者的附和，有位作者說：

> 貧民富民多不相得，富者欺貧，貧者忌富。貧民閑時已欲見事風生，一迫饑饉，則勢必為亂。初或搶米，再之劫富，再之公然嘯聚為賊[163]。

一段類似的推論可以作為一個熟悉論點的基礎：富人應該慷慨地捐獻糧食給社倉，因為「保貧即所以保富也」[164]。這些作者相信，富人和享有特權的人對糧倉體系感興趣，是因為這是對他們自己安全與安寧的一項投資。

無論朱熹的主要動機是什麼，他都相當清楚地表明，社倉是防止社會動亂的有效工具：

> 建陽之南里曰招賢者三，地接順昌、甌寧之境。其狹多阻，而俗尤勁悍。往歲兵亂之餘，稂莠不盡去，小遇饑饉，輒復相挺，群起肆暴，率不數歲一發。……紹興某年，歲適大侵，奸民處處群聚飲博嘯呼，若將以踵前事者，里中大怖。
>
> 里之名士魏君元履，為言于常平使者袁侯復一，得米若干斛以貸，於是物情大安，奸計自折。及秋將斂，元履又為請，得築倉長灘。……自是歲小不登，即以告而發之。如是數年，三里之人，始得飽食安居，以免於震擾夷滅之禍[165]。

---

161 《康濟錄》，2/20a-b 引朱熹的話。

162 Sir John Henry Gray, *China: A History of the Laws, Manners and Customs of the People*, II, p. 58.

163 俞森，《荒政叢書》7/1b 引魏禧關於救濟方法的一篇文章（〈救荒策〉）。魏禧是江西人，康熙十八年（一六七九）舉「博學鴻詞」科，但他沒有接受這項榮譽。

164 《興國州志》，6/8a 所記載的當地起草關於設置社倉的措施。

165 俞森，《荒政叢書》，卷一〇上，一四b。

毫無疑問地，所有對糧倉體系有信心的人，無論是否公開表示，都接受朱熹這個看法。我們不否認有些鄉紳和士人有著人道主義的情感，但我們也可以大膽地說，當他們把奉獻精力以增進地方糧倉存糧時，格雷爵士所說的「自保的情感」在正常地發揮作用。

因此，清代的一些紳士（尤其在黃河以南的省區），與他們宋代的前輩一樣，對糧倉表現出極大的興趣，也就不足為奇。例如，廣東省相當多的社倉、義倉之所以能夠存在，就是由於紳士的努力[166]。

地方官員很快就體認到，紳士在地方糧倉運作中的角色，即使並非不可或缺，卻是相當有幫助的。十八世紀中葉，陳宏謀在許多省分致力振興社倉時，就徵求紳士的幫助[167]。在十九世紀的最後十年，江蘇鎮江府知府找出一種巧妙的方法，讓住在城市和鄉村的紳士互相合作。他委託城裡的紳士收糧，委託鄉村的紳士安排何人捐獻多少糧食[168]。十九世紀的一位作者提議利用紳士監督社倉管理，把管理存糧的實際事務交給鄉人提名的管理人負責[169]。但是，紳士的參與並不能保證成功，多半還是取決於參與者的素質和個人威望。該作者在指出「行社倉，首在得人」這個主要原則之後，接著說：

> 設使今之宦成名立，退居林下者，力行社倉於一鄉一里之中，則聲望既足動乎官民，即規為必可垂諸永久。……以貢監生員而董其事，不必盡品學兼優也。即使人人皆學道君子，而官吏未必其敬信，人民未必其服從[170]。

對於紳士的兩個組成部分——退職官員（紳），和取得頭銜但未任官職的學者（士）——之間威望的差異，這位作者作出一個有用的評論。他對士人作為地方糧倉管理人，比對（退休）官員沒信心，這個看法可能是正確的。不過，威望並不是跟這件事相關的唯一因素。個人品格經常具有重要的（即使不是決定性的）影響。紳士的成員——無論「紳」或「士」——行為模式並不一樣，素質也是千差萬別。用當時的話來說，士子中有「刁生」，退職官員中也有「劣紳」。鄉人們很難指望「刁生」和「劣紳」絕對正直地管理糧倉。紳士把地方糧倉當作牟取私利的來源，屢見不鮮。例如，廣東南海縣佛山鎮的義倉，以前存糧是滿的，但是後來被「某鉅紳之戚」盜得乾乾淨淨；直到十九世紀的最後二十五年裡，才在當地一名舉人的堅決努力下得以填補[171]。廣東〔譯按：應為廣西〕靈山縣的情況更能說明問題。該縣每個社倉都由「殷實紳耆」管理，而處於知縣的監督之下。這些社長對他們社區的福祉根本不關心：

> 聞出貸時，則曰官穀。收貯後，則為予利。一遇凶歉，不惟糶不可平，而利或三倍。是以前人之遠規，眾民之義舉，而飽一己之囊橐[172]。

166 《南海縣志》，6/9a-10a；《佛山忠義鄉志》，七b－五a；《九江儒林鄉志》，4/3b-7b。

167 陳宏謀，《培遠堂偶存稿》，卷一三，各頁。陳宏謀描述他一七四一年到一七六三年期間擔任江西、江蘇、廣東、廣西、湖南、湖北、河南、陝西和山西等省巡撫時，運作社倉的計畫和方法。

168 王仁勘，《王蘇州遺書》，7/107a-108b。

169 柏景偉，《灃西草堂集》，2/22a-25a。

170 同上，1/14a-b。

171 《佛山忠義鄉志．人物六》，14/38b。

172 《靈山縣志》，10/126b。

摘要與結論

本節嘗試解釋地方糧倉體系作為清朝控制饑荒的工具，何以未能實現它的承諾。沒有人能否認，儲備存糧以防範災害，是一個好主意；沒有人質疑，救濟飢餓的鄉人的必要性，無論是為了保全地方經濟元氣，或是防止農民騷亂。然而，檢視一些可用的記載後，我們不得不這樣說：就像清朝其他鄉村控制工具一樣，地方糧倉無論帶來了什麼利益，其中部分（雖然不是大部分）就已經被伴隨著而來的壞影響所抵消。

我們可以假設，在清朝統治的早期，當它的統治能量發揮到最大時，糧倉的經營比十九世紀之後要好些。即使在相對繁榮的時期，清政府也發現常平倉的存糧不足，必須由社倉和義倉來補充。地方糧倉的早年經驗是如此令人失望，康熙帝因此不願在全國範圍內推行這種機構。康熙帝的繼承者雍正帝，不顧其社倉只適合局部地區的警告，卻發現運作上存在阻礙的困難[173]。接下來的發展更令人喪氣[174]，在清王朝前兩個世紀存在的許多糧倉，無法度過十九世紀的戰爭和叛亂[175]。同治和光緒在位期間，一些倉庫，尤其是在城市裡的倉庫，雖然又恢復了[176]，但是它們不但未能挽救走向滅亡的政權，最終在一九一一年辛亥革命的衝擊下，隨著清王朝一起消失[177]。

三種主要類型的地方糧倉很容易感染各種各樣的毛病，其中大多數是由帝制中國的歷史條件所造成的。這個饑荒控制體系受到兩個因素的阻礙而無法成功地運作：一方面是通常腐敗又無能的官僚群；另一方面是始終未能改善物質匱乏的農民（他們無力自行對抗險惡的社會與自然環境）。但後一因素的重要性不能過分強調。存糧體系雖然是因救濟無助鄉人的需要而產生的，但諷刺的是，鄉人由於無依無靠，反而享受不到糧倉的真正好處。貧窮的農民，或者得不到糧倉本來應該給予的救濟，或者因借貸糧食而又還不起而永遠淪為欠債人。另一方面，鄉村中貪婪的力量，給糧倉管理帶來巨大危害，嚴重侵蝕了存糧。一位地方志的修纂者，很好地概括了他觀察到的十九世紀後半期糧倉惡化總體情況：

173 王慶雲，《熙朝紀政》，4/30a。

174 汪輝祖在一七九〇年的筆述，以如下的言語概括了更令人掃興的情況：「換斗移星，權歸胥吏，而有名無實，窒礙多端，初猶藏價於庫，終且庫亦虛懸，而倉愈難信矣。」見《學治臆說》，五六a。即使是清朝中央政府的糧倉，也擺脫不了貪汙和錯誤管理的危害。一八七九年早期，南新倉因九萬五千石多的存糧被貪汙盜用而不足的事例被發現，並上報到慈禧太后。李慈銘，《越縵堂日記．桃花聖解盦日記》，癸集第二集，頁六九a－b和頁八三b，引述了關於這一事例的兩道上諭。一八九〇年，清帝國的首都北京，糧倉缺額幾乎達十七萬石，被發現上報。參見戶部尚書翁同龢，《翁文恭公日記》，29/65a-72a 和 30/13a-21a。這些事例在 *North China Herald* 上有記載，引見 Harold C. Hinton, *The Grain Tribute System* (1956), pp. 97-98.

175 《清史稿．食貨志》，2/22a。

176 同上；《大清會典事例》，191/3a。在這個時期發生的一次嚴重饑荒裡，地方糧倉的作用被忽視了。例如，陝西在世紀之交發生的大饑荒，是以緊急捐獻和「鬻爵」的措施籌錢進行救濟的。參見 Francis H. Nichols, *Through Hidden Shensi* (1902), pp. 231-232.

177 Walter H. Mallory, *China: Land of Famine*, pp. 65-68：「因滿洲政權被推翻而帶來的直接後果之一，……就是取消各省所保留的公共糧倉。……據說，糧倉存糧在一九一二年被賣掉，是為了『支付革命費用』，但是共和政權並沒有重新填補糧倉存糧，這個最重要的體系現在被拋棄了。……甚至在辛亥革命爆發之前，由於官吏腐敗的原因，糧倉體系的作用就開始消失。」Mallory 把這件事情簡化得過了頭。

> 至於建廠州郡，則僻壤難以遍沾；屯穀社司，則豪強或以處利；夏貸冬還，則無賴者甘於逋負；文移盤詰，則典守者視為畏途。……加以紳董薪炭之資，倉丁守望之費，歲時風曬之耗，出浮於入，折閱堪虞，故富紳苦於墊累，去之若浼，而貧者更不克負荷焉[178]。

這種錯綜複雜的局面，幾乎不可能改善，因為除了當時社會背景下產生的一系列非法行為之外，還存在著一種經濟環境，使得獲取並保存足夠的存糧，成為一項艱巨的任務。糧食生產不足、連續不斷的自然災害[179]及人口壓力[180]，這幾種因素加起來，使大多數鄉村居民處於永無止境的窮苦之中。儘管進行精耕，但中國也不能生產足夠糧食來供養眾多的人口，尤其在十八世紀中葉之後暴增的人口[181]。研究近代中國饑荒救濟的一位西方專家，所作的以下評論毫無疑問是對的：

> 人們在中國經常聽到「生活瀕臨崩潰邊緣」的哀歎，但是事實表明，如果把中國人口當作一個整體來看，其實並不存在所謂的「邊緣」。中國在一個正常年份的真正糧食需求量，比中國當前的產量和進口食品數量要來得多。
>
> ……
>
> 這種生活瀕臨崩潰的邊緣並不存在，才是發生饑荒的根本原因之一[182]。

另一位西方作者，也是研究中國農業經濟的權威，事實上贊同這個觀點：「低收入使得大多數農民及其家庭處於僅能維持生命的境地。事實上，農民們在冬季裡，正像一『群』過冬的力畜一樣，所消耗的糧

178 《容縣志》，10/1b-2a。

179 Chu Co-ching (竺可楨), "Climatic Pulsations during Historic Times in China," *Geographic Review* XVI (1920), pp. 274-282. 該文討論了從第一世紀到一九〇〇年發生在中國的天災。Alexander Hosie, "Droughts in China, A.D. 620-1643," *Journal of the Royal Asiatic Society*, North China Branch, N. S. XII (1878), pp. 45-59; Richard H. Tawney, *Land and Labour in China*, pp. 75-76, 引 Alexander Hosie 的上述文章；Walter H. Mallory, *China: Land of Famine*, pp. 45-49.

180 Walter H. Mallory, *China: Land of Famine*, p. 15：「在中國，人口總密度僅為每平方英里二百三十八人。無論怎樣，這個數據並不能表明中國人口眾多的特點。中國一半的總人口，所占土地僅為該國的四分之一。」他在頁一七又說：「在這種人口過多的情況下，徵收存糧是不可能的。好收成並不能帶來糧食剩餘，只能在短時間內使人們吃得好些。」Mallory 所提到的情況，是指二十世紀的前幾十年，在某種程度上也適用於十九世紀。

181 Walter H. Mallory, *China: Land of Famine*, pp. 84-85：「根據 E. H. Parker 教授在 *China* (London, 1901, p. 27) 書中所說，全中國一七三四年的總戶數為二千六百五十萬戶（實際上，Parker 的統計數據為二千五百五十萬戶）。如果每戶的人口為五人，就會得出總人口數為一億三千萬人。……Parker 教授接著說道，在十八世紀之前，中國任何時候的總人口數都未達到一億人。到一七六二年，一下子就翻到二億人，這一數據在隨之而來的一個世紀中又翻了一倍。就今天世界人口增長速度來說，這個增長率還是比較慢的。」Parker 的估計雖然不怎麼正確，但還是說明了中國人口增長的總趨勢。

182 Walter H. Mallory, *China: Land of Famine*, p. 5. Richard H. Tawney, *Land and Labour in China*, p. 76：「如果『饑荒』一詞的含義是因缺乏糧食而引起大範圍的飢餓流行，那麼中國是有一些地方在忍受著饑荒的折磨。」在饑荒特別盛行的地區，雖然募集存糧的確並不困難，但是並不能保證這樣的存糧會發揮作用。例如，十九世紀早期四川的情況就是如此：「捐辦義田，收租積穀，原議為歉年賑恤貧民之用，惟川省歷少歉年，道光四年以前，此項租穀已積至二十餘萬之多。飭即查明，……社倉每年借糶各法，繁瑣難行，徒滋弊竇。」劉衡，《庸吏庸言》，72/a-b。劉衡還建議，一八二五年（道光五年）後收集的存糧，部分用於其他方面。參見同書，七三 a－七四 b。

食不但盡可能地少，而且相當低劣。」[183]這兩種評論都是根據對二十世紀前幾十年的觀察所得出的，也可以在某種程度上適用於十九世紀。

期望農民把一部分收成貯存起來以便面對艱困時期，是無濟於事的。農民並沒有多餘的糧食，而他們又總是處於艱難之中。如果他們從地方糧倉借貸糧食，就必須償還借貸，通常要支付利息。但是，由於貧窮的農民即使在平常年分也僅夠溫飽，他們在荒年借貸糧食也就比中國諺語「飲鴆止渴」好不到哪裡了。不可否認地，清朝皇帝們並未指望普通鄉人來維持糧倉體系，各地糧倉的存糧都來自政府官款購買和富有的紳士或平民的捐獻。然而，這並沒有解決基本的經濟困難：中國的糧食總產量並不足以應付全國的需求。此外，紳士的慷慨並不可靠。富有的大地主基於利害關係，必須保持農地耕作者的生命，因而在必要時會給予他們一些幫助。然而，並不是所有的大地主都這麼開明或有遠見，儘管有人給予地方糧倉以積極的物質援助或道義支持，但是有更多人在這項極其重要的事業中拒絕與地方官合作，或者只是為了打倉庫的主意而參與其中[184]。

地方糧倉體系的功能不盡令人滿意，清朝皇帝們並不需要為此負什麼特別的責任。和以前各王朝的皇帝一樣，他們所面臨的歷史環境在實質上是類似的，一個讓他們的意志無法完全貫徹的環境。無論怎麼說，他們所取得的成就並不比明朝皇帝少。一位中國歷史學家在評價明代糧倉時指出：「其法頗善，然其後無力行者。」[185]下列對明代湖北省某縣情況的描述，和清代所呈現的畫面若合符節：

> 以四十三里之入，納之數椽，秕糠莫辨，盈縮無稽。司倉者收各里之羨，歲額既滿，而其後之貢輸，盡作折色，用飽囊橐爾。胥吏之侵漁，下里之逋負，不知幾何[186]。

清朝皇帝所犯的最大錯誤，可以說是他們利用傳統方法來解決古老的災荒問題，因而碰不到這個問題的要點，或跳脫不了造成這個難題的歷史環境。

我們並不認為存糧體系是個沒用的機制，一代代皇帝都沒有更好的方法來面對饑荒問題，而糧倉在一定限度內有助於減少因大規模饑荒而引起的危險。有一個令人不滿意的饑荒控制體系，比完全沒有要好些；而清朝皇帝也可能從未期望糧倉的運作能取得完美的結果。但是，糧倉體系與其他任何帝國機制一樣，並不是在歷史真空中運作。它的運作受到自然、經濟和政治各種環境的影響。由於這一原因，當歷史背景下其他主要因素會削弱整個帝國結構，或者當帝國體系中其他元素的運作不如人意時，糧倉體系就無法產生它理論上可能產生的所有結果。它勢必要隨著整個王朝綜合體而存在或衰敗。當整體環境比較好，而政權本身比較健康時，地方糧倉體系也經營得比較好；當歷史條件變得比較壞的時候，地方糧倉體系也就相應地難以施展或變得有害。在這些時候，糧倉體系本身也變成整個帝國瓦解過程的促成

---

183 Richard H. Tawney, *Land and Labour in China*, p. 73. 引 John L. Buck 的話。

184 由於清帝國各地的氣候和社會環境不同，因而地方糧倉體系在一個地方證明可以運作起來，在另一個地方就不能。一七三九年的進士黃可潤就提出一個有趣的觀點：「南方倉儲，不能大有益，以地熱濕，難耐久，人多而詐。……北方倉穀可十餘年不壞，人樸直，里民戶保鄉地識認，無不還者。」參見《牧令書輯要》，4/1a-b。該作者對華北環境的敘述雖然有幾分過於樂觀，但對各地氣候差別的觀察是正確的。氣候影響糧倉體系的方式不同於社會環境，在氣候適宜的地區，獲取存糧要容易些，但諷刺的是，這種地區比起那些很難獲取存糧的地區來說，貯存糧食並不怎麼需要。參見劉衡對四川情況的評價，引見注一八二。

185 《明史》，79/7b。

186 《沔陽州志・食貨志》（一八九四），4/66b。

因素之一。

值得指出的是，太平天國領導者針對饑荒控制問題，提出具有幾分創意的解決方法。在他們的烏托邦社會方案「天朝田畝制度」中，想像出一種土地分配和財產所有的制度，承諾讓所有人共同享用所有農業資源，藉以面對這個問題：

> 凡天下田，天下人同耕。……凡天下田，豐荒相通，此處荒，則移彼豐處，以賑此荒處。……凡當收成時，兩司馬督伍長，除足其二十五家每人所食，可接新穀外，餘則歸國庫[187]。

太平天國方案的新奇主要在所有制觀念的改變，從而導引出不同的饑荒控制觀念。饑荒救濟並不是政府主持、富戶支持的慈善事業，而是社會體系本身不可缺少的組成部分，這毫無疑問不同於透過地方糧倉網的饑荒控制。

然而，太平天國並未將他們的「土地制度」付諸實施。討論他們的理想是否比傳統糧倉體系更可行，沒有什麼意義。即使太平天國領導者的「天朝」能夠抵擋曾國藩所率軍隊的進攻，以他們有限的行政經驗能否成功地推行其準共產主義計畫都值得懷疑。但至少有一件事是肯定的，如果不對物質環境做出決定性的改善，農業生產總量就不會有實質性的提高；清帝國不同地區之間的「豐荒相通」，雖然可以解決經濟發展的不平衡，但很難為整體人口阻止饑荒和經濟匱乏。

187 這一文件收集在蕭一山，《太平天國叢書》，第一輯，4/1b-2a；向達等編，《太平天國》（中國近代史資料叢刊第二種，八冊），第一冊，頁三一九以下。

第六章

思想控制：鄉約及其他制度

鄉約宣講體系

清朝統治者跟隨以前各朝統治者的腳步，採取思想控制手段，試圖維持對其臣民的牢固掌握。他們發現，宋代程朱學派的儒學強調社會責任和人倫關係，是達到這個目的最有用的工具。皇帝們不斷表達對孔子的尊敬；過去的儒者只要言行被認為對帝國控制是有用的，也不斷被神聖化[1]。從順治到乾隆的各代清朝皇帝著手準備，對儒家經典的注解、對宋代儒學的論述、對朱熹著作的刊印——援引中國儒者的助力，只要他們認為是可行或明智的[2]。有了這個判斷思想與行為絕對標準的「欽定儒學」（imperial

1 從順治到宣統朝所採行動的概述，見《清朝文獻通考》（一九三六年版），卷七三；《清朝續文獻通考》（一九三六年版），卷九八。《清朝文獻通考》，74/5544，記載了一個著名的事例，雍正二年（一七二四），陸隴其被譽為「本朝理學儒臣第一」，「從祀文廟」。

2 有關此類著作的名單，載於《大清會典事例》（一九〇八年版），32/2b-3a。

Confucianism）後[3]，新統治者的當務之急就是爭取儒生的認同，尤其是爭取那些明朝遺留下來、仍然效忠明朝的儒生的認同。清朝創建者充分體認到，在過去相當長的時間裡，儒生在中國社會和政治結構中占有極重要的地位；也體認到控制儒生，實際上就等於控制整個國家。他們所採取的最重要動作，就是恢復科舉考試。在順治帝進入北京後，幾乎立即下令在一六四四年舉行第一次鄉試。接著在一六四六年，舉行第一次會試。一六七九年，康熙帝下令舉行第一次正式的「博學鴻詞」科[4]。透過這樣那樣的措施，清朝統治者努力取得儒生的支持，把他們的思想和精力引到「正途」，讓他們不要做出危害統治的言行。

精明的統治者也沒有忽視控制人民大眾思想的重要性，他們知道大多數鄉人是目不識丁的，因此用來控制儒生的方法對他們並不適用，因而採取了各種各樣的通俗說教的方法；其中最有趣的就是鄉約宣講體系。

鄉約宣講似乎是順治帝創始的，他頒布了《六諭》，要求各省區、各旗的臣民不要違背倫理道德，過一種平靜的生活[5]。為了讓臣民清楚了解「六諭」的含意，各州縣都要任命一名鄉約，定期講解「六諭」。禮部在一六五九年決定，鄉約及其主要助手由當地居民從六十歲（實歲五十九）以上、聲譽卓著的生員中指定；如果沒有這樣的生員，六十歲或七十歲以上、名聲好的平民也可以擔任這個職位。每月初一和十五，鄉約在其代理人的幫助下，必須解說「六諭」，並將其鄰里居民的善行劣行記錄下來[6]。

一六七〇年，鄉約宣講體系發展到一個新階段。在順治帝公布《六諭》十八年之後，其繼承者康熙帝頒布了一套新的諭旨來訓誡臣民，這就是著名的《聖諭》。這道詔書的十六條諭旨，此後就取代了原來的「六諭」，成為鄰里宣講的主題[7]。

大約半個世紀後，雍正帝在一七二四年明顯認為，聖諭的十六條還過於簡短，無法讓「無知鄉人」充分理解，因此他撰寫了長達一萬字的《聖諭廣訓》[8]。為了讓這個體系更有效地運作，清政府在一七二九年增加鄉約人員，除了一名「約正」（鄉約頭人）之外，還要選出三至四名「樸實謹守者」來擔任「值月」，按月輪流協助「約正」。在人口特別稠密的大鄉大村，必須設立一個固定的場所供作講約之用，叫作「講約所」。每月初一和十五要舉行講約，鄉裡的耆老、里長及讀書人都要參加。三年期滿，如果約正和值月工作著有成效或誠實無過，就會經由各省督撫的推薦而得到相應的獎賞；怠惰廢弛者就要受到懲罰[9]。

3 「欽定儒學」是理雅各（James Legge）的用語，見 *China Review*, VI (1878), p. 147.

4 Hellmut Wilhelm, "The Po-hsueh hung-ju Examinations of 1679," *Journal of American Oriental Society*, LXXI (1951), pp. 60-66.

5 《學政全書》（一八一〇），9/1a，指出此事發生在一六五二年（順治九年）。

6 同上。

7 同上，9/2a-b。

8 同上，9/4a。

9 同上，9/4b；《大清會典事例》，397/9a；吳榮光，《吾學錄初編》（一八七〇），3/1a-5a。地方志中，也常常記載講約會的內容，如《永州府志》，卷四上，頁五〇a；《東莞縣志》，25/2a-b；《恩平縣志》，11/5b。根據最後一種資料，「于舉貢生員內簡選老成有學行者一人，立為約正；于百姓內簡選樸實謹守者三四人，輪為值月。……值月者……抗聲宣讀《聖諭廣訓》，……約正復推說其義，……未達者仍許其質問。」William E. Geil, *Yankee on the Yangtze* (1904), pp. 80-83, 也記載了講約會的起源和進行情況。

鄉約還要負責記錄其鄰里居民應該受到懲罰和值得獎賞的行為。在清朝初年，各省都建有「申明亭」，用來張貼清廷所發布的訓誨臣民的上諭[10]。某些犯下不法行為的人，尤其是那些沒有遵守孝悌之道的人，其名字就會張貼在申明亭上；他們一改過自新，名字就會除去[11]。這種安排的目的在於加強鄉約宣講的效果。清政府希望用這種精神枷鎖來規範鄉人和鎮民的言行舉止，或使他們至少不要偏離它所要求的行為軌道。

清朝統治者非常強調鄉約的重要性，因此一而再，再而三地要求官員們加倍努力，使鄉約真正發揮強力的教育作用。例如，乾隆帝在一七三六年、一七三七年和一七四三年多次發布上諭，指示要以最大的熱情來舉辦宣講活動[12]。一七五三年，他又下令，除了半個月一次的常態宣講之外，官員們應該利用一切機會來教導鄉人儒家的道德觀念，可以運用土音諺語，好讓所有人都能夠理解[13]。稍後，當祕密社會活動以驚人的速度蔓延時，清政府又極其努力地加強鄉約的效用，道光帝所發布的一系列上諭可以證明[14]。一直到一八六五年，同治帝對於鄉里宣講的體系仍感興趣[15]。

宣講的內容

順治帝一六五二年公布的《六諭》是比較簡單的，它包含的六條聖訓如下：

一、孝順父母；

二、恭敬長上；

三、和睦鄉里；

四、教訓子孫；

五、各安生理；

六、無作非為。[16]

這六條聖訓包括四個方面的內容：聖訓一、二和三，指的是家庭關係和社會關係；聖訓四談的是教育；聖訓五指生計；聖訓六涉及的是一般秩序。它們整體上把儒家倫理的內容簡化成最不加修飾的幾個要點。

---

10 如《嚴州府志》（一八八三），5/3b，「申明亭……知府梁浩然重建（約一六六八年），今俱圮。」

11 《學政全書》，9/11a-b；《大清會典事例》，398/2b。根據前者的記載，到一七四四年，申明亭大體上都廢棄不用了。一些申明亭因年久失修而毀壞，另一些則被衙門吏胥或地方惡棍所占用。一七四四年，清政府下令各省官員盡可能節儉地修復更多的申明亭；在那些申明亭不可能修復的地方，或者在那些原本沒有修建申明亭的地方，就設立木製布告欄。

12 《大清會典事例》，398/1a-2b；《學政全書》，9/5a-b和10b；《大清十朝聖訓・高宗朝》，262/9b-11a。

13 《學政全書》，9/13a-b。

14 《大清十朝聖訓・宣宗朝》，78/11a、17a和28a，就記載了一八三一年、一八三五年和一八三九年發布的一系列上諭。

15 《恩平縣志》，14/18a，引用了一八六二年和一八六五年發布的上諭。

16 《大清會典事例》，397/1a，記述了《六諭》的內容。

康熙帝的十六條聖諭，當然要比《六諭》詳細得多[17]。兩者之間的關係，從下表可以清楚地看出：

《六諭》和《聖諭》的比較

《六諭》	《聖諭》
社會關係	
1. 孝順父母。	1. 敦孝弟以重人倫。
2. 恭敬長上。	2. 篤宗族以昭雍睦。
3. 和睦鄉里。	3. 和鄉黨以息爭訟。 9. 明禮讓以厚風俗。
教育	
4. 教訓子孫。	6. 隆學校以端士習。 7. 黜異端以崇正學。 11. 訓子弟以禁非為。
5. 各安生理。	4. 重農桑以足衣食。 5. 尚節儉以惜財用。 10. 務本業以定民志。
安寧與秩序	
6. 無作非為。	8. 講法律以儆愚頑。 12. 息誣告以全善良。 13. 誡窩逃以免株連。 14. 完錢糧以省催科。 15. 聯保甲以弭盜賊。 16. 解讎忿以重身命。

雖然《聖諭》實質上就是《六諭》的詳細化，但兩者之間至少在一個重要方面存在著區別：《聖諭》更強調防止不法及反社會行為。我們忍不住要猜測，無論順治帝的態度如何，在他的繼承者手上，欽定儒學不再是讓人變好的影響力，而是防止他們變成帝國安全危害元素的工具[18]。

這個重點的轉移，在雍正帝一七二四年的《聖諭廣訓》表達得更明白[19]。在這篇冗長的文獻中，他不斷地闡述如何培養有益於帝國良好秩序的個人態度和行為，即使是在上諭中談論其他事情，如社會關係、教育和生計的部分。例如，他認為孝道不僅是對父母的愛，還包含對君主的忠誠，以及對社會責任的認真履行。換句話說，孝子必須同時「在田野為循良之民，在行間為忠勇之士」（聖諭一）。他說，每個人的稟賦是上天賦予的，因此即使各人的能力不同，都有適合於自己的職業；這種職業不論高低，就是各人適當的責任。他還說：「夫天下無易成之業，而亦無不可成之業，各守乃業，則業無不成」（聖諭十）。

雍正帝向農民提出特別的勸告。他用這些激勵的話來督促他們：

> 勿因天時偶歉，而輕棄田園；勿慕奇贏倍利，而輒改故業。……公私輸用而外，羨餘無幾，而日積月累，以至身家饒裕，子孫世守，則利賴無窮。〔聖諭四〕

他勸告所有人都必須節儉，為各種災難預做準備。奢侈浪費會讓他們在災害之年陷於無助，「弱者

---

17 《學政全書》和許多地方志都記載了康熙十六條聖諭的內容。英譯參見 George T. Staunton, *Miscellaneous Notice* (1822), pp. 1-56（他是在一八一二年，連同清朝早期公布的九篇闡述儒家倫理道德的文告一起翻譯的）；William C. Milne, *Sacred Edict of Kanghsi* (1870), 引見 Adele M. Fielde, *Pagoda Shadows* (1884), pp. 274-276；理雅各（Legge）關於 "Imperial Confucianism" 的四篇演講，載 *China Review*, VI (1877-1878), pp. 147-158, 223-235, 299-310 and 363-374；以及 Geil, *Yankee on the Yangtze*, p. 81. 一八七六年，A. Theophile Piry 把聖諭從中文翻譯成法文，連同廣訓，出版了中法對照本 *Le saint édit* (London, 1879).

18 一六五三年到一六六〇年間歷任福建、江西和浙江巡撫的佟國器，就不經意地洩露了這個祕密。他寫道：「一清為盜之源，勸善莫如鄉約，弭盜莫如保甲。」未載明日期的奏摺，引見賀長齡，《皇朝經世文編》，75/16a。

19 《聖諭廣訓》的全部內容見《大清會典事例》，397/1b-8b。雍正帝還以漢、滿、蒙三種文字刊印了《聖諭廣訓》。

餓殍溝壑，強者作慝犯刑」（聖諭五）。不過，人人都必須毫不吝嗇地納稅。不向自己的政府提供財政支援，完全是忘恩負義行為。雍正帝對所有納稅人說：

爾試思廟堂之上，所日夜憂勞者，在於民事：水溢則為堤防，旱魃則為虔禱，蝗蝻則為撲滅。幸不成災，則爾享其利；不幸成災，則又為之蠲租，為之賑濟。如此而為民者，尚忍逋賦以誤國需？

儘管雍正帝極力使用和藹的字眼，但是他這個說法聽起來就像一個嚴厲的父親——一個從未忘記自己目的、從不相信兒子摯愛的父親。瀏覽《聖諭廣訓》中直接處理防止犯罪和維持秩序的部分時，就會發現許多地方，甚至連用語也不溫和。冒犯法律和訓令的人都要遭到懲罰；保甲（鄉村保安體系）必須加強，使「賊盜無所容身」。所有人都被警告不要輕信政府明令禁止的「異端」。他說：

奸回邪慝，竄伏其中，樹黨結盟，夜聚曉散，干名犯義，惑世誣民，及一旦發覺，征捕株連，身陷囹圄，累及妻子，教主已為罪魁，福緣且為禍本。如白蓮、聞香等教，皆前車之鑒也。〔聖諭七〕[20]

各代皇帝還不時發布鄉約宣講的補充內容，顯示出他們對帝國安全的全神貫注。除了幾個相反的事例——特別是一七二三年[21]、一七四六年[22]和一八九一年[23]的上諭——之外，清朝政府的興趣很明顯在於，加強宣傳這些聖諭中與維持秩序及服從法律有關的聖訓。因此在一七三七年下令，每次講約會結束時，都必須對帝國法典的主要規條進行解說；各省官員要編印一本法律手冊，並分發給所有大小鄉村[24]。清廷的另一道命令，要求鄉約講員要提醒聽眾注意一些法律規條，那都是鄉人如果違背聖諭的訓令就會觸犯的法條。禁止結仇、鬥毆的法律在一七三九年成為講約的補充材料[25]。一七四四年，清廷指示各省督撫應「就各地方風俗所易犯，法律所必懲者，諄懇明切，刊刷告示」，包括搶劫、強姦、盜墓和各種程度的謀殺；並指導鄉約講員警告聽眾不要觸犯這些罪行[26]。一七七七年，清廷重申了這道命令，並指派各省提刑按察使負責將相關的各條律例刊刻告示[27]。

特別形式的犯罪活動引起鄉約宣講的注意。自清朝統治以來，就意識到祕密社會和非法宗教組織所帶來的危險。無論《聖諭》中第七條規定要迴避的「異端」一詞留下什麼模糊空間，雍正帝都把它消除了。他在《聖諭廣訓》中明白指出，那就是白蓮教、聞香教及天主教的教義。隨著顛覆性宗教團體的

---

20 理雅各（Legge）的英譯見 *China Review*, VI, p. 234.

21 一七一三年，康熙六十大壽，邀請許多來自各省的老人參加萬壽聖節。壽宴之後，康熙帝發布了一道上諭，要求這些出席宴會的老人指導和鼓勵他們鄰里要以孝悌為重。這道上諭被刊印出來散發到各省，作為半個月一次講約會的補充內容。《學政全書》，9/12b。

22 一七四六年，清廷命令各省督撫準備「善行」的節略，包括履行孝順的義務、尊敬長者、謹言慎行等，用通俗的文句寫出來，張貼在大小鄉村。並要求在鄉約常規宣講結束時，向大眾解釋這些文句。《學政全書》，9/12b。

23 一八九一年，增加了順治帝所寫的《勸善要言》。

24 《學政全書》，9/5b-6a。

25 《大清會典事例》，298/2b。

26 《學政全書》，9/11b。

27 同上，9/13b-14a。

威脅更加嚴重，這條聖訓也就受到更多的注意。一七五八年，清政府命令鄉約在常規的宣講之外，還要補充說明處理「邪教」案件的相關法規[28]。同年，清廷批准了一項建議，刊印關於異端和邪教的法規，並發給各地居民[29]。一八三九年，道光帝同意一些省級官員的請求，指示翰林院準備一份闡述《聖諭》第七條的韻文，以便散發到所有鄉村[30]。咸豐帝為「教匪」的猖獗所震驚，希望以反宣傳的手段來抵銷他們的影響，於是親自手抄了《四言韻文》，刻在石碑上，並且把拓本分發給所有鄉村學校。十年之後（一八六一年），由於太平天國之亂尚未平定，咸豐帝因而命令各省官員徵召鄉紳和士子來為鄉約體系服務。特別是選派生員分赴城鎮、鄉村講解《四言韻文》，以求達到「家諭戶曉」[31]。直到一八七七年，清政府還在強調，鄉約宣講《聖諭廣訓》仍然是防止「邪教」狂潮最合適的手段[32]。

宣講體系的範圍

為了讓所有臣民都服從其專制統治，清朝統治者想用欽定儒學基本概念來徹底教化他們。雖然清政府沒有認真地想要透過普及教育來根除文盲，但卻費盡心機，努力使鄉約宣講成為全國性的制度。

講約原來的目的在於教化「無知鄉人」[33]，但是各個社會階層、各個民族的人也都有機會參加。這個體系很快就推展開來。一六八六年，清廷規定所有軍營的武官和士兵都必須閱讀與宣講康熙的十六條《聖諭》[34]。一七二九年，當廣東船民被准許定居在岸上時，清政府就下令要為他們任命一定數量的約正，並從受尊敬又有學問的年長生員中選任[35]。對於生活在四川省的番民（少數民族），清政府規定要特別設立「講約處」一所，每月向他們解釋《聖諭》、整飭地方利弊文告及律例；語言的障礙可以透過翻譯的幫助來克服[36]。陝西和甘肅的回民（穆斯林）[37]、廣西的苗民，也在一七九七年納入鄉約的範圍[38]。在各民族中最有特權的旗人，雖然可以不舉行半月一次的講約會，但必須熟讀《六諭》、《聖諭》和《聖諭廣訓》[39]。即使在清政府眼中並非「愚魯」的年輕士子，也必須接受聖諭的教化。一六九〇年，清政府下

28 《大清會典事例》，298/3a。亦見同一年（一七五八）所發布的，禁止斂錢賽會私立淫祠的一道上諭。引見同上。

29 《學政全書》，13/1b。

30 《大清會典事例》，400/3a，收錄這份闡述韻文的文本。

31 同上，400/3b。亦見《東莞縣志》，35/5a和12b；《恩平縣志》，14/7a。

32 舉例來說，一八七七年（光緒三年），有官員奏請把《聖諭》宣講作為制衡江蘇、浙江和其他省分「邪教」猖獗的措施。清廷發布上諭回答說：「宣講《聖諭廣訓》，憲典昭垂，著順天府、五城御史、各直省督撫學政督飭官紳認真舉行，毋得稍形懈弛。」引見李慈銘，《越縵堂日記．桃花聖解盦日記》，戊集第二集，頁八一a。有時，清朝統治者試圖以通俗的話語來勸服大眾以對抗「異端」，而未提到第七條聖諭。例如，當清政府決定停止河南居民練習拳術，以免這樣學會拳術可能鼓勵他們參加顛覆性宗教組織，就指示地方官員在宣講一七二七年頒布的上諭之外，還要對出席講約會的鎮民和鄉人解釋有關這類事情的規定。《學政全書》，9/9b-10a。一七二七年（雍正五年）發布的上諭，見《大清十朝聖訓．世宗朝》，26/18b。

33 禮部在一七八五年（即乾隆五十年）的上奏中說：「宣講《聖諭廣訓》，……小民鄉愚，無識之徒，不知禮儀法度……知所感化。」見《學政全書》，9/14b。

34 《大清會典事例》，397/1b。

35 《南海縣志》，2/45a。

36 清政府在一七四六年（乾隆十一年）的這項決定，見於《學政全書》（9/12a）和《大清會典事例》（398/2b）。

37 《學政全書》，9/14a-b；《大清會典事例》，398/3a。

38 同上，9/15a。〔編按：陝甘回民納入講約事在乾隆五十年（一七八五）。〕

39 禮部在一七八五年（乾隆五十年）和一八〇八年（嘉慶十三年）所提的建議，見《學政全書》，9/14b和18b-20a。

令所有未取得舉人頭銜的士子，都必須出席地方教育官員主持的講約會。凡是違背這些上諭所規範的行為，依法都要受到懲罰[40]。想取得「生員」頭銜的人，在參加地方考試時都必須默寫《聖諭廣訓》的一些內容，以證明他們學習過這個重要的文件[41]。

鄉約的運作

宣講體系取得了一定程度的成功，要歸功於一些地方官的支持。他們有的為皇家文件撰寫通俗的說明文本，有的很努力地讓半個月一次的講約會持續下去。例如，范鋐撰寫了《六諭衍義》，以日常用語來解釋清世祖頒布的《六諭》[42]。在康熙帝的《聖諭》頒布十一年後，繁昌縣（今安徽）知縣梁延年刊印了一本名叫《聖諭像解》的著作，其中包含大約二百五十幅關於歷史上著名人物的圖畫說明，作為聖諭所昭示美德的正面或反面例證。每條聖諭的下面，都有一長段「半文半白」的說明[43]。一六七九年，浙江巡撫編纂了一本《聖諭直解》；清廷下令刊印該書，並分發到所有村落[44]。《聖諭廣訓》同樣得到官員們的注意。陝西鹽運同知王又樸編纂了《聖諭廣訓直解》，用華北方言來闡釋《聖諭廣訓》[45]。該書得到許多官員的稱讚。例如，韓葑就拿來作為他治理的〔廣東〕省裡講約的課本，他說「環而聽者爭先恐後」[46]。

40 《同官縣志》，22/2a；《博白縣志》，6/1b。根據一九一五年版，《蒙城縣志書》，5/8a 記載，這些講約會經常在地方孔廟的「明倫堂」舉行。其他地方很可能也這麼做。

41 一八〇八年，清政府對默寫比例的解釋如下：「《聖諭廣訓》，生童自髫年讀書，咸應服習，故於入學〔即成為生員〕時令其默寫，蓋欲其童而習之，涵濡日深。」見《學政全書》，9/9b〔9/19b〕。可以參考 Arthur H. Smith, *Village*

Life in China (1899), p. 115; Edward H. Parker, "The Educational Curriculum of the Chinese," *China Review*, IX (1881), p. 3.《番禺縣續志》（一九一一），26/15b 記載了一個有趣的事例。根據編者的記載，駐防廣州的漢軍正白旗人樊封在廣東參加院試，因為誤坐了座位而被考場差役責備，他覺得受到極大的傷害，因而要求主持考試的學官懲罰差人的粗魯。學官明顯想讓樊封難堪，便命令他背誦長達一萬字的《聖諭廣訓》。這位年輕的儒生說道：「我要跪著背誦《聖諭廣訓》，您也跪著聽吧！」他就在跪著的學官面前，一字不漏地把《聖諭廣訓》背誦出來。學官無可奈何，只能指控他藐視師長，革去他生員的資格。然而不久後，樊封得到兩廣總督阮元（一八一六－一八二六在任）的賞識，並在他的幫助下，成為「副貢生」。〔編按：據《番禺縣續志》，26/15b-16a，樊封受知於阮元為道光初事，阮元為他援例捐國子監生，恩賜副貢生則在同治九年鄉試後。〕

42 織田萬，《清國行政法分論》，第三卷，頁二五。有趣的是，《聖諭》十六條和《聖諭廣訓》也傳到了日本。參見注七五。

43 Legge, "Imperial Confucianism," *China Review*, VI (1877), p. 146. 梁延年是一六七三年到一七八一年間擔任繁昌縣知縣的。《聖諭像解》一書共二十卷。

44 參見《學政全書》，9/3a。

45 Arthur W. Hummel（恒慕義）主編出版的 *Eminent Chinese*（《清代名人傳》）, I, p. 329.〔編按：王又樸本職應該是河東鹽運同知，他所編的書應該是《聖諭廣訓衍》（丁日健在《治台必告錄》，卷五，〈重校《聖諭廣訓》恭紀〉中說王又樸著《聖諭廣訓衍義》一冊），是一個用北方土話詮釋的版本（見周振鶴編，《聖喻廣訓集解與研究》，上海書店出版社，二〇〇六）。《聖諭廣訓直解》似有幾個不同版本，周振鶴前書集解部分所收序文繫於《聖諭廣訓直解》名下的至少有四篇，其中三篇分別署名呂守曾、盧崧和歐陽梁，時間或在乾隆，或在嘉慶，或在咸豐，但看來多為刊刻者的序文。台北故宮藏有兩本：道光三十年武英殿重刻本，及光緒三十四年學部圖書局石印本，著錄資料均顯示作者不詳。光緒二十九年（一九〇三），學部大員榮慶、張之洞、張百熙等為清廷制定《學務綱要》指出：「中國民間各操土音，致一省之人彼此不能通語，辦事動多扞格，茲擬官音統一天下語言，……其練習官話，各學堂皆以用《聖諭廣訓直解》一書為準。」由此看來，《聖諭廣訓直解》應非以方言撰寫，或出於敕撰。〕

46 Legge, "Imperial Confucianism," *China Review*, VI, p. 148, 引自 Milne，《聖諭》十六條譯本導論，頁 xxvi。〔編按：韓崶是嘉慶年間的廣東巡撫。〕

一些地方官員認真推行鄉約體系，幫助推廣了聖諭的影響。十七世紀一位很有經驗的知縣黃六鴻就規定，在他治理下的地區，「一村一族，每月吉日講讀」。為了促進這件事，他修改了選擇鄉約頭人的方法。他並未另外指派鄉約人員，而是由村莊和家族的頭人來負責，並讓他們自己去選擇助手[47]。一六七八年到一七〇〇年擔任直隸總督的于成龍，強調鄉約體系在教育上的重要性，而致力於讓它有效運作[48]。十七世紀中葉擔任陝西同官縣知縣的一名官員，勸說鄉紳參加半個月一次的講約會[49]。一七八五年，福安康擔任陝甘總督時，要求兩省的所有居民，無論是穆斯林或漢人，都必須參加半個月舉行一次的講約會[50]。大約十年後，湖南省寧遠縣知縣相信自己振興鄉約的努力，在提高居民道德方面取得了豐碩成果[51]。十九世紀中葉擔任河南陳州府教授的一名官員，與鄉紳一起興學講約，以提高鄉約的效果[52]。一直到一八九六年，陝西靖邊縣知縣還報告，由於他堅持舉行半個月一次的講約會，因而「邊陲窮黎，咸沐浴於列聖教澤之中」[53]。

黃河以南各省官員也做了類似的努力。湖南華容縣知縣意識到原來的講約員失去了威望，因而在一八一二年（嘉慶十七年）邀請城鎮和鄉村中享譽鄰里的士子和平民來擔任約正[54]。安徽蒙城縣各任知縣都按時主持每月的講約會，每次講解十六條《聖諭》中的一、兩條以及一、兩條清朝法規；這種做法一直堅持到十九世紀中葉[55]。丁日昌可能是最努力在江蘇推行鄉約的。為了確保省內所有州縣官員都沒有怠忽教化庶民的職責，這位巡撫在一八六八年發布一項指示，要求他們每月向他報告關於半個月一次講約的情況；透過州縣官對這項工作表現出來的勤勉程度來決定他們的考績[56]。此外，丁日昌還指示各州縣的教育官員定期巡迴督導鄉村地區的講約會[57]。他規定，講約員為有給職，每五天講約一次，而不是原來規定的半個月一次[58]。幾年後，同一省（江蘇）的一名知縣廖倫，號召修建了「聖諭亭」，作為宣講聖諭的場所[59]。一八七二年受命署理浙江桐鄉縣知縣的李春和，挑選一批生員來講解《聖諭》，讓鄉約重新取得活力[60]。廣東巡撫阮元在一八三一年下令，除了由一般鄉約人員宣講之外，所有巡檢都必

---

47 黃六鴻，《福惠全書》（一六九九年刊，一八九三年重刊），25/7a-b。

48 賀長齡，《皇朝經世文編》，74/29a-b。

49 《同官縣志》，26/9a-10a。這名知縣是袁文觀，他是一七六三年擔任同官知縣。

50 《皇清奏議》，65/17b。

51 汪輝祖，《學治續說》，頁八四b〔〈舊典關勸懲者不可不舉〉〕。《牧令書輯要》，6/18a，提供了發生於十八世紀的另一事例。一七二一年考中進士的王植，隨後擔任了廣東新會縣知縣。他寫了一本《上諭通俗解》，他說：「余嘗演上諭通俗解，以俗言敷衍廣訓之文。令講生以土音宣諭，聽者頗知領略。……初至約所，令八九十老民得坐於紳士之後，一體喫茶，但不許稟公事。講約時令平民立聽。」

52 《確山縣志》（一九三一），18/15a-b。這名官員叫楊鳳鳴，一八四四年中舉，確山人。

53 《靖邊縣志》，4/31a。這位知縣是丁錫奎。

54 《永州府志》（一八六七），卷四上，頁五〇b。該府志只說這位知縣姓宗，沒有再提供什麼有關他的資料。〔編按：府志云：零陵宗令，據卷一一中職官表，此人為宗霈，會稽人，嘉慶十九年由華容調任零陵知縣，二十二年卒於任。卷一三有傳略。〕

55 《蒙城縣志書》，5/8a-b。這位知縣沒有指明。〔譯按：正文中知縣用複數，因此不止一位。〕

56 丁日昌，《撫吳公牘》，33/9a 和 43/10a。

57 同上，29/7b-8a。

58 同上，44/9b。

59 《無錫金匱縣志》（一八八一），6/5b。

60 《嘉興府志》（一八七八），43/79a。

須親臨調度半月一次的講約[61]。廣東高州府知府黃安濤在一八二五年制訂出一系列鄉約規範，以指導下屬。其中最值得注意的包括：一、每個州縣城的主要官員，在二名講約員的幫助下，用當地話宣講《聖諭廣訓》的內容，以確保聽者能完全聽懂；二、每個巡檢，在四名講約員的幫助下，每月要在市集作三次類似的宣講[62]。曾經擔任四川綦江署理知縣，後來擔任新津和江津知縣的宋灝，偶然想出一個辦法，挑選「聲音清亮者」，站在路邊宣講《聖諭》[63]。一七三〇年代後期擔任廣西博白縣知縣的南宮秀，任命一名以「端方」而著名的生員擔任約正，主持半個月一次的講約「以訓鄉里」[64]。一八三八年到一八四一年在任的黔陽知縣（貴州），由於非常有效地主持鄉約宣講，「愚氓咸知感勸」，舉止言行都符合規範[65]。黎平府（貴州）官員們指導講約會的方法被讚譽為頗具巧思，他們讓里長來負責講約會，相信他們能因此「收保甲全效也」[66]。這些里長用簡單的話語，向集中在各個市集的鄉人，講解《聖諭》十六條，並選擇講解清朝的法律規條。先鳴鑼集合趕集的鄉人，聚集在臨時用幾張桌子搭起來的講台周圍，「不許喧嘩吵雜，恭敬地」聽講；聽講完畢後再開始做生意[67]。

在許多例子裡，鄉紳展現了他們的合作。番禺（廣東）十三個鄉村地區的紳士，一七七七年捐資修建一處「公所」。公所裡面「供奉」一冊《聖諭》，老少鄉人聚集在這裡聽講[68]。一八七一年，南海縣（廣東）一位富紳捐資修建一處「善堂」，這個慈善組織除了提供免費學校和從事慈善活動之外，還贊助定期宣講《聖諭》[69]。忠義鄉是佛山（廣東）一個富庶的鄉區，有好幾個善堂；其中一個叫「萬善堂」，是當地鄉紳共同努力在一八六一年修建的，這個組織從事宣講《聖諭》和其他實踐儒家道德文本的活動[70]。在花縣（廣東），一名退職官員建立了同安鄉約，並起造一棟建築作為半個月一次講約的場所[71]。

講約體系的評價

在清朝統治者看來，鄉約作為教化庶民的工具，無疑取得了一些他們想要的成果。如果負責宣講的人擁有措辭巧妙的天分，或許能夠留給聽者真誠或熱情的印象，那麼聖諭華麗的陳腔濫調也會變得有

61 《九江儒林鄉志》，21/21a。

62 《信宜縣志》，卷三之四，頁二七b－二八a。

63 《花縣志》，9/8a。宋灝是一八〇八年考中舉人的。

64 《博白縣志》，12/10b。還請參見同書，13/1b-2a中所描述的當地舉行講約會的情況。

65 龍啟瑞（一八一四－一八五八），《經德堂文集》（《經德堂全集》本），4/13a。這位知縣就是龍啟瑞的父親龍光甸。

66 《黎平府志》，卷五上，頁九一b－九二b。這些黎平府官員是在執行貴州省當局發布的指示。

67 《黎平府志》，卷五上，頁九八a－b；汪輝祖，《病榻夢痕錄》，卷下，頁一四a，敘述了他在一七八八年擔任湖南寧遠縣知縣的經歷：「縣東北下隊鄉，離城七十里，民貧俗悍，以私宰耕牛為業，民無事不入城，官亦近百年不到，遂至抗糧成習。四月，余抽查保甲，便道至彼。先期令居民齊集聽宣聖諭，屆期具公服、帶講生前往宣講，環而觀聽者，合里老幼婦女俱集，詫謂見所未見。余遂委曲面諭守分奉公之義，戒私宰，細輸課。欣欣有喜色。自是，民入城必躋堂叩安，囂風漸革。」清朝統治時期，有一些州縣官員的行政才能和個人修養非常著名，汪輝祖就是其中之一。

68 《番禺縣續志》，5/25a。公所的主要負責人是一名舉人，名叫蘇源。

69 《南海縣志》，6/12a。負責善堂的主要人物名叫鍾觀平，除了模糊的詞語「富紳」可以表明其社會地位外，其身分並未指明。〔編按：該善堂為愛育善堂，見一〇b；又卷二〇有鍾觀平傳。〕

70 《佛山忠義鄉志》（一九二四），7/5b-6a。提倡修建「萬善堂」的富紳，包括霍祥珍、梁業顯，其社會地位並未指明。

71 《花縣志》（一九二四），9/22b。此人名叫宋維樟，附貢生出身，捐了個小官職。〔編按：同善鄉約，原文誤植為“T'ung-shan Hsiang-yueh”，所捐官銜為鹽大使。〕

具體的意義，打動一般農民的心弦。地方志裡記載的一個事例，可以說明鄉約宣講能夠達到什麼樣的效果。江伯立是廣東陽江縣田畔村的農民，有五個兒子。他沒有什麼財產，艱苦的家庭條件迫使年輕的一代要跟父母分開生活。他第五個兒子的小孩江中業繼承了家業，也繼承了一貧如洗的家境。江中業的人生轉折發生在嘉慶五年（一八〇〇）的八月十五日，他參加了本村的一次講約會。宣講者講述了江州陳氏宗族的故事，一個《聖諭廣訓》裡用來說明的例子：陳氏宗族一些成員靠誠實工作而致富，並使七百名族人能夠生活在一起。這個年輕農民被這個故事深深感動了，他告訴自己：「吾獨不克為陳氏乎？」從這天起，他更加努力工作，累積了相當的財富，可以聚集並供養所有的族人生活在一起[72]。

在其他事例中，講約員靠著他們個人人格的魅力或熱情，對自己鄰居產生實質的道德影響。陳桂——一六九八年的貢生，其父是秀才——在其本村擔任約正十餘年，「獎進善類，教導閭里，率皆向化，無有爭訟」；方殿錦，一七一〇年貢生，非常廉潔正直，「主鄉約三十餘年，四鄰輯睦。有無賴數輩橫行鄉曲，殿錦反覆勸勉，卒致改行。」[73]李兆年，在科舉考試中失敗而捐得官位的士子，主持鄉約宣講非常規律而有效率，因而「里巷少爭端」[74]。

在中華帝國的歷史環境下，鄉約是一項引人注意的思想控制方法。它或許是唯一可行之法，能夠讓欽定儒學對廣大的鄉村人口發揮影響[75]。但是，就像其他鄉村控制的帝國機制一樣，鄉約也並未取得統治者所期望的效果。相對於每個聲稱它運作得很好的事例（如上文所引述），都有許多個說它運作得不好的。儘管兩邊的官員都可能言過其實，但有關講約體系運作的不利陳述占了壓倒性的多數，面對這種情況，實在很難對它的效果抱持樂觀的看法。

官員們及一些清朝皇帝不斷抱怨講約會有流於形式的趨勢。十九世紀的西方觀察家顯然沒有理由去誇大鄉約的優點或缺點，他們也看不出它是一項有效的制度。在一八五〇年代的著作中，哈克（Huc）承認「這個做法，如果認真的推行，一定是值得稱讚而且是有用的」；但他又說，「就現在的情況來看，它不過徒具形式」。他接著說：

……的確，在各地區都有指定作為官員教化人民的場所，這種場所稱為「展諭亭」（上諭亭」。……但在指定的日子裡，官員不過是走進來，抽袋煙，喝杯茶，然後又走出去了[76]。

---

72 《陽江志》（一九二五），30/23b-24a。

73 《東莞縣志》（一九一一），67/3b-7a。

74 《臨漳縣志》（一九〇四），9/21b-22a。

75 封建時代的日本也採取類似的思想控制方法。K. Asakawa, "Notes on Village Government," *Journal of American Oriental Society*, XXXI (1910), pp. 200-201, 這樣描述日本的做法：「口頭的訓誨。除了由政府管道發布正規的口頭命令之外，一些貴族按照中國歷史上的做法，透過教師對鄉村居民進行道德教育。這些人通常都是儒生。有時，他們被派到領地上作巡迴演講，鄉人們聚集起來迎接他們，聽他們演講。下文的引述中就可以看出這種訓誨的特點。一八三五年，來自名古屋領地的十幾名農民代表，抱怨曾經流行的習慣被中斷了，請求恢復，他們說：『……如果坦白而堅持的說，多年來，我們一直被教導說，朝廷建立者〔即德川家康〕的道德是多麼崇高！國家及仁慈的政府的恩惠是多麼的大！至於我們的日常行為，勤謹持家是多麼的重要！孝順父母、尊敬兄長是多麼的重要！辛勤耕作而不要幹其他行業又是多麼的重要！我們確信，憑藉仁慈的統治者的恩典，壞習慣會改變，所有農民都會過著純樸和誠實的生活。』」

76 E. R. Huc, *Chinese Empire* (1855), I, p. 355, 描述他一八四〇年代在四川省和湖北省旅遊所看到的情況。

美國旅行家 W. E. Geil 在二十世紀初期指出，「官員宣講聖諭的做法，已經墮落成『不關痛癢的無用之物』」[77]。

許多中國官員的觀點，比西方作者也好不到哪裡去。早在一六九四年，鄉約開始推行沒多久，一名長時期擔任知縣的退職官員就說，他那個時期的大多數地方官員，都把朝廷規定的講約當作「故事」，只是偶爾舉行一下。他說，有些地方，他們不用費心去為此弄一個固定的場所，經常利用寺廟或道觀[78]。或許可以這樣說，身為退職知縣，這位作者可能不僅熟悉實際的情況，而且多少具備了可以公正評價這個制度的資格。另一位地方官在十八世紀初期的著作裡，這樣描述他那個時期的鄉約：

> 朔望之後，……〔官員〕前詣城隍廟中，公服端坐，不出一語，視同木偶，而禮生紳士請誦聖諭一遍，講不晰其義，聽不得其詳，官民雜遝，閧然各散[79]。

這是城裡的情景；鄉下的講約會如果真的有舉行的話，可能更不認真。

清朝一些皇帝不斷地抱怨鄉約的一切情況都不理想。乾隆帝在一七四〇年的一道相當冗長的上諭中說：「朔望宣講，止屬具文，口耳傳述，未能領會。」[80]三年後，他在另一道上諭中說，雖然向庶民宣傳了《聖諭》和《聖諭廣訓》，但是按照要求去做的人很少：

> 即朔望宣講，不過在城一隅，附近居民，聚集觀聽者，僅數百十人，而各鄉鎮間有講約之所，亦多日久廢弛[81]。

嘉慶帝在一八〇九年的上諭中抱怨：「近年以來，各地方官員歷久懈生，率視為奉行故事，竟至日形廢弛。」[82]道光、同治和光緒諸帝，在一八三三年、一八六五年和一八七六年的一系列上諭中，也表達了同樣的情緒[83]。尤其是身處十九世紀中葉動盪期的同治帝，他相信「人心風俗敗壞滋深」，原因就在於州縣官不知講約為何事。

無論鄉約的內在優點是什麼，大多數中國官員和一些皇帝都對它的運作情況感到失望。如果要在這種觀點和明顯少數的樂觀派觀點之間作選擇，那麼選擇前者是比較保險的；儘管我們並不願意像一些作者那樣，認為講約體系在清朝滅亡之前，實質上已經停止運作了[84]。此外，即使我們相信主張有效一方的說法是真的，也很難就此認為鄉約的運作是成功的。判斷任何大眾教化工具的有效性，要根據它在整個推行區域所產生的整體效果，而非根據相對少數的事例。由十九世紀中國鄉村的普遍情況，以及鄉村居民的一般言行舉止來看，清朝統治者不可能認為鄉約是成功的。研究一下鄉約所面臨的一些困難，就

---

77 W. E. Geil, *Yankee on the Yangtze*, p. 82.

78 黃六鴻，《福惠全書》，24/2b。有些地區修建了舉行講約會的固定場所，比如河南省祥符縣的鄉村地區就有八個固定的講約場所。參見《祥符縣志》（一八九八），10/28b。

79 蔡申之，〈清代州縣故事〉，《中和月刊》，第二卷（一九四一），頁九一，引十八世紀初期編纂的《州縣事宜》。

80 《大清會典事例》，398/1b。

81 同上，399/2b。

82 《學政全書》，9/21a。

83 《大清會典事例》，398/6b 和其他各頁；399/5a。

84 《佛山忠義鄉志》，11/7a。

可以部分說明它在整體上未能有效運作的原因。其中一個最明顯的困難，就是直接負責操作它的一般官員，他們能力不足或者沒有時間和興趣來操辦這件事。帝制中國的官員具有好口才的很少，透過他們的口頭講述來擴散欽定儒學的影響力，結果經常證明是白費力氣的。對許多州縣官來說，他已經肩負著許多多繁重的職責，鄉約對他來說就是徒勞無益、令人生厭的東西。他會認真地看待諸如徵稅、盜賊、謀殺和訴訟之類的事情，但容易忽略半個月一次的講約會。

要找到合適的人才，在遍布帝國廣大領土上的無數城鎮和鄉村中推行鄉約，這個難度怎麼說都不嫌誇大。根據規定，約正及其助手必須是受過教育、受人尊敬的人，品格相當好，能夠贏得聽者的信任。很明顯，如果有這種人，也只能從紳士中去找。這正是為什麼「約正值月原於舉、貢、生員內揀選」的原因[85]，儘管法律並沒有禁止平民擔任鄉約頭人。經驗顯示要得到這種士子的服務是不容易的，其中一個原因是，鄉約人員所能得到的好處，抵不過這個工作帶來的麻煩。服務績優的人能夠得到的回報是嘉獎功績[86]、贈匾褒揚和給予物質酬勞[87]。在廣東某縣，講約員可以得到頂戴（可能是最低的一級）獎賞；每宣講一次，還可以得到一、二兩銀子的酬勞[88]。在另一縣，約正每月可以得到一兩銀子的酬勞[89]。可是紳士和士子，尤其是已經取得舉人和貢生地位的，一般都有較好的途徑去獲取威望和財富，因而自然不會被鄉村講約員的小小榮耀或微薄津貼所吸引[90]。因此，經常從事講約的人一定是地位較低的人，他們對鄉人或鎮民產生的社會和道德影響很有限，甚至微不足道。就像十八世紀的一位作者說的：

> 鄉里所推為約長者，非鄙俗之富民，即年邁之鄉老，彼其心豈知有公事哉？……此人所以視鄉約為具文而莫之舉也[91]。

不過，即使由紳士和士子來服務，也不能提供任何成功的保證。針對指派生員到全國各鄉村宣講《聖諭廣訓》的建議，十九世紀一位官員上奏給皇帝，他的說法是：

> 查國初有約正值月之設，以司宣講，其始令舉貢生員充當，旋經禮部奏准，此項宣講之人，不拘士民，不論人數。……蓋一學中品學兼優者大率不過數人，或書院肄業，或設館授徒，藉其膏火束修贍家餬口。若鄉派數人月講數次，……恐非所以示體恤也[92]。

---

85 《學政全書》，9/10a，收錄一篇禮部一七四〇年的報告。

86 同上，9/4b；《大清會典事例》，397/9a。

87 《永州府志》，卷四上，頁五〇b。永州府在湖南省。亦見織田萬，《清國行政法分論》，第三卷，頁二五－二六。織田萬說，某省布政使向某縣的鄉約講員發給匾額，因為他們教化鄉人極為成功，該縣在連續三年之中沒有發生一件侵害或謀殺案件。

88 《信宜縣志》，卷三之四，頁二七b－二八a。高州府知府黃安濤一八二五年採行的鄉約辦法，要求有關州縣官員帶著兩名講約員，用當地話宣講《聖諭廣訓》的內容。沒有提到約正。

89 《佛山忠義鄉志》，11/7a。南海縣一七三六年也採取了類似的做法。

90 江蘇省的講約員，在丁日昌一八六〇年代擔任巡撫期間，每個月也有一點報酬，但數字不詳。參見丁日昌，《撫吳公牘》，44/9b。

91 戴肇辰，《學仕錄》，7/4a-b。這段引文的作者是任啟運，一七三三年中進士。

92 賀長齡，《耐庵奏議存稿》，5/48a-b。

這位官員明顯是為品學兼優的士子發聲的。同時，他又提醒清廷要注意品格有問題、學識也不優的士子，他們的人數比「優」的要多得多。有關獲得合格人才的問題，沈曰霖的解釋最簡明：

> 其先以紳士充之，往往恃符作橫，至懲其弊，而易以細民，則又游手無賴之徒，借名色以魚肉其鄉民[93]。

即使不考慮個人品格問題，挑選令人滿意的講約員也絕不容易。就目前可以利用的檔案資料來看，清朝統治者真心希望把欽定儒學的基本思想灌輸到鄉村大眾的腦海裡。很明顯，只有在講約員能夠讓聽眾了解他們所說的，或者至少能把他們的宣講弄得非常有趣，吸引一大批人來參加講約會，統治者的願望才能實現。不過講約員大致上沒有這種能力。中國傳統文人可能擅長作「八股文」，但很少是好的演講者，無法幫助「無知鄉人」了解他們在講什麼。因此，就像一位皇帝承認的，到講約會來聽講的鄉人無疑相當少。

不過，擋在思想控制成功之路上的根本阻礙，是廣大中國農民生活在其中的惡劣環境。大多數鄉人的命運——極端的匱乏，明顯的不平等，無言但不容爭辯地反駁了欽定儒學的幾乎每一條訓示。聖諭宣傳和諧、勤謹、節約、忍耐、養成良好習慣、遵守法律。在鄉約宣講的補充內容教材中，一位皇帝要求富戶要考慮一下他們貧困鄰居的需要[94]。但事實依然是：在一個糧食產量並不能滿足所有人民生存的國家，在一個享有特權的家庭靠剝削貧苦大眾利益而致富（即使這種致富只是有限的）的國家，在一個天災人禍經常致使大多數人陷於悲慘境地的國家，踐「德」行義，變成沒有多少人負擔得起的奢侈品。另一方面，相信「異端」——白蓮教、捻教或拜上帝教——的人，承諾為肚子空空的「無知鄉人」提供糧食，為他們迷信的心靈提供「天國」。即使許諾的物質和精神的安適最終都沒有實現，但在許多鄉人耳裡，叛「匪」的話語比起欽定儒學的高調一定來得更為真實。

這並非純屬推測。道光帝在一八三五年的一道上諭中指出，直隸、河南、山東、湖南、江西和廣西等省的「教匪」聚集起來到處搶劫，並替他們的行動取了一個吸引人的名字——「均糧」[95]。廣東省一支「土匪」領導人這樣描述他們的行動：

> 我們這些百姓本來出生在生活充裕的時代，對朝廷也是忠誠的；我們的家庭在本村也受人尊敬，我們也在做好事，注意勤謹持家。但是由於連續發生水災，莊稼顆粒無收，我們一貧如洗，因而所有行道的人們都不得不變成土匪。當我們遇到處境同樣悲慘的同胞兄弟時，就一起到（廣東）西部，找一塊求生的地方。因此，我們為了免於飢餓而死，不得不當土匪[96]。

93 沈曰霖，《粵西瑣記》，收錄於王錫祺編，《小方壺齋輿地叢鈔》（光緒三年至二十三年〔一八七七—一八九七〕上海著顯堂印），第七帙，2/181a。〔編按：輿地叢鈔所收《粵西瑣記》作者作「沈日霖」，台北國家圖書館所藏鈔本作「沈曰霖」，見數位典藏與學習聯合目錄（五三九八七四），http://catalog.digitalarchives.tw/item/00/08/3c/e2.html。〕

94 《學政全書》，9/6a-b，收錄了這道乾隆帝在一七三八年的上諭。這道要求富戶不要為了牟利而囤積糧食的上諭，被採納作為鄉約講習的補充內容。

95 《大清十朝聖訓．宣宗朝》，78/16b。

96 *Chinese Repository*, XX (1851), p. 53.

這段文字的作者是向政府提出請願書，而不是在發表革命宣言，因此語氣相當緩和。其他起事者的語氣就十分激烈，下面這段韶州（廣東）洪門成員的宣言就是一個例證：

現在的朝廷只是滿人的，他們的人數雖然少，但是憑藉著軍隊的力量，強占了全中國，掠奪中國財富。很明顯，如果他們的軍隊仍然強大，那麼他們之中任何人都會掠奪中國的財富。……滿人奪走了我們漢人十八省的財產，派狗官來壓迫我們，難道我們這些漢人就心甘情願嗎[97]？

揭竿而起的鄉人的矛頭不僅指向官府，也直接指向大地主。一個目睹太平軍占領南京的人就指出，小販、商人、文人和其他行業的人被迫加入叛軍後不斷逃跑，那些一直留到最後的全部是農民。太平軍占領南京後，他記下與南京附近一些鄉人的談話：

民皆不識字而仇恨官長，問：官吏貪乎？枉法乎？曰：不知。問：何以恨之？則以收糧故。問：長毛不收錢糧乎？曰：吾交長毛錢糧，不復交田主糧矣。曰：汝田乃田主之田，何以不交糧？曰：交則吾不足也，吾幾子幾女，如何能足？……汝不足，當別謀生理。曰：人多無足作生理，無錢作生理[98]。

這位作者補充說：「憶寓陳墟橋蔡村時，通村千餘家，並官曆竟無一本，四書五經殆如天書，……夫民皆不識字。」

「讀孝經平黃巾」，是中國一句古老的玩笑話；向吃不飽的人宣講「完錢糧以省催科」、「尚節儉以惜財用」、「和鄉黨以息爭訟」等等，比笑話更糟，根本就是嘲弄。

應該補充的是，與朝廷為敵的聰明人，偶爾也會利用鄉約宣講制度。同治帝在一八六五年的一道上諭中說，在湖北省一些地區，城鄉士民「多以講約為名，斂錢聚眾，燒香結盟」[99]。

鄉約的變質

在本書前幾章，已經看到保甲和里甲這兩種清朝鄉村控制體系，以奇怪的方式轉變成與當初設置目的不同的東西。鄉約也出現同樣的情況：在某些時候在不同的地區，它取得了教化鄉人和市民以外的廣泛功能。

鄉約並不是清朝統治者的創舉，這個詞彙的起源可以追溯到一〇七六年。當時一名儒生擬訂了一份

97 *Chinese Repository*, XIX (1850), p. 568. 這一宣言，是反抗領導人在位於清遠和英、德之間某地打了一次勝仗後發表的。

98 汪士鐸（一八〇二－一八八九），《汪悔翁乙丙日記》（一九三六年北京刊），2/19a。

99 《廣州府志》（一八七八），5/10a-b。同治帝引述了御史張勝藻的上奏。鄉約偶然也成為地方官員敲詐勒索的藉口，舉例來說，《牧令書輯要》，9/2a-b，引述了一七二一年考中進士、隨之擔任廣東新會縣知縣王植的話，說：「余在新會日，俗最悍。……有生員黃作徵等謀占族人墟地，假建上諭亭為名。余不許。……適藩司薩公升任將去，作徵等隱前情，但以建亭已峻，請行縣落成，乘批准，即鳩眾強建。」不過，王植還是取得上司的同意，終止了這種不法行為。

《呂氏鄉約》，制定一個進行某種鄉村自治的計畫[100]。雖然他深受《周禮》的影響，但他的基本概念又不同於《周禮》。他的鄉約是鄉人自願、自發的合作，在道德、教育、社會交流和經濟互助等四方面共同努力。跟《周禮》所描述的地方單位不同，它不是由政府主持的。大約一個世紀後，理學家朱熹非常喜歡這個點子，並寫了一個改良版[101]。明朝著名學者方孝孺和著名理學家兼政治家王守仁，積極回應鄉約的想法，並且作了重要的修正[102]。王守仁的方案特別之處在於回復到古代的觀念[103]。無論鄉約經歷了什麼變遷，在十七世紀中葉清朝皇帝採行鄉約之前，它都不曾是一個專為思想控制（透過大眾教化）而設計的工具[104]。清朝的鄉約雖然不是獨創的，但它設立的原意卻與傳統鄉約大異其趣。

然而，歷史環境的改變也為清朝的鄉約體系帶來變化。一些與教化沒有直接關聯的功能被鄉約所吸收，而隨著時間的推移，清朝統治者原先指派給它的目的經常被忘掉了。

在一些事例裡，約正、值月越過他們作為地方教師的職責，變成了當地事務的仲裁者。這一趨勢在南方各省尤為普遍。例如，在廣東省的一些州縣，鄉人聚集在講約所裡，決定與大家相關的事情[105]。擁有領導才能的鄉約頭人，有時對鄉人具有相當大的影響力。在一個事例中，鄉約頭人處理地方事務很公正且很能幹，使他在幾十年中「為鄉族所畏服」[106]。在廣西一些州縣，鄉約擁有的權力和影響力，比村里長者和頭人大得多，因而「武斷鄉曲，把持官府」[107]。

一個更常見且更重要的變化，是鄉約取得了保甲的功能，這使它從思想控制工具變成治安控制工具。正如一位著名的官員所指出的，這個變化發生得相當早——十八世紀之前就在一些地區出現了。下面的段落出自于成龍寫於一六七九年左右的〈慎選鄉約諭〉：

朝廷設立鄉約，慎選年高有德，……每鄉置鄉約所亭屋，朔望講解上諭十六條，所以勸人為善去惡也。至於查奸戢暴，出入守望，保甲之法，更多倚賴焉。

---

100 這一內容收錄於《隨庵徐氏叢書續編》、《說郛》和《青照堂叢書》中。參見《宋史》，卷三四〇，〈呂大防傳〉；《宋元學案》，卷三一；楊蓋濤，《中國鄉約制度》，第三－五章。《呂氏鄉約》在序言中提出這麼一個建議：「苟以為可，願書其諾。」「約」一詞，在這裡明顯是指「同意」（亦就是「要約」一詞所包含的意思），而不是「壓制」（亦就是「約束」的意思）。這份文獻，簽名的是呂大忠。但根據宋朝著名理學家朱熹的看法，它實際上是呂大忠的弟弟呂大鈞（一〇三一－一〇八二）寫出來的。聞鈞天，《中國保甲制度》，頁三八－四五說，朝鮮的講約制度，就是模仿《呂氏鄉約》而制定出來的。

101 聞鈞天，《中國保甲制度》，頁三四－三六。

102 方孝孺（一三五七－一四〇二），《遜志齋集》（上海商務印書館覆天順六年本），卷一，〈宗儀〉〔九首〕，第四首〔廣睦〕及第九首〔體仁〕。

103 王守仁（一四七二－一五二八），〈南贛鄉約〉，《王文成公全書》（浙江書局刊本），卷一七，「別錄九」，頁五一九－五二三。主張鄉約的其他明朝作者，包括十七世紀的劉宗周，他草擬了〈劉氏總約〉（《劉子全書》，卷一七）和〈鄉書〉（《劉子全書》，卷二四）；盧世義（一六一一－一六七二，劉宗周同時代人），〈值鄉三約〉（一六四〇年草擬，收錄於《知學錄》）；呂新武，〈鄉甲約〉，引見王怡柯，《農村自衛研究》，頁五五。

104 在某種意義上，王守仁的體系是洪武時代「里」組織的復活。明太祖命令戶部把每百戶組成一「里」，作為經濟和社會的互助單位。參見《明史》，卷三。王守仁把「里」的功能擴大到解決爭端及判斷是非，經由「約」的組織內多數人的意見來決定。

105 聞鈞天，《中國保甲制度》，頁三七。

106 《佛山忠義鄉志》，3/18b；《東莞縣志》，69/1a。〔編按：此人為陳振傳，在 69/6a。〕

107 沈曰霖，《粵西瑣記》，2/181a。

> 無如……凡有司勾攝人犯，差役不問原被告居址，輒至鄉約之家。管待酒飯，稍不如意，詬詈立至。且於朔望點卯之日，肆行凌虐。倘人犯未獲，即帶鄉約回話。……甚之詞訟小事，必指鄉約為佐證。……且一事未結，復興一事。……無一寧晷。……因之年高有德，鄙為奴隸。殷實富家，視為畏途。或情或賄，百計營脫。而寡廉喪恥之窮棍，兜攬充役，串通衙捕，漁肉煙民[108]。

進入十九世紀後，宣講體系轉變成治安工具的過程加快了腳步。不久之後，許多地方官員提到鄉約時，好像它就是保甲，並且把它當保甲來看待[109]。清政府自己最終也忘記了鄉約的宣講職能，而認為治安監控就是它「原來」的職能；道光帝就是這樣。他在一八三〇年發布的一道上諭中說：

> 各州縣設立鄉約，原為約束鄉里，稽察牌保，如有盜竊及不法匪徒，即應送官究治[110]。

難怪一位當代中國歷史學者要說，很難確定鄉約和保甲究竟是兩種制度，或是一個體系而擁有兩個不同的名稱[111]。

另一個重要變化是鄉約吸納了「團練」——在鄉村中「編組與操練」的團隊——的保衛職能；或者更常見的，利用鄉約的組織架構來組織團練。這種變化在一些地區相當早就出現了，到了十九世紀中葉逐漸普遍。在廣東佛山鎮，一些長者在一六四七年組織了一個地方民團，來防衛村落免受「黃頭賊」侵襲。這種地方力量稱為「忠義營」，不久後被解散，但在一六五五年為對抗海盜又恢復了。一六六二年重組，並取了一個新的名字「忠義鄉約」[112]。當英國人在一八四二年要求進入廣州城的特權時，省城周圍的鄉約就發動自願者，保衛省城，對抗「英夷」。這些自願者就叫作「約勇」（「各約鄉勇」的簡稱）[113]。在平定太平天國之亂的戰役中，曾國藩發現保甲是編組團練不可缺少的基礎，但因為「公正而肯任事者」認為充當地保或保甲降低了他們的身分，曾國藩乃決定用鄉約的名字來取代[114]。大約一代之後，張之洞要求山西省的居民建立地方自衛體系以防土匪侵擾，實際上也是鄉約、保甲和團練的融合[115]。

其他省區也出現鄉約和團練的融合。在十九世紀的博白（廣西），據說存在著這樣一種組織：鄉約指揮著一批「長幹」（長時期服務的人），其職責是「稽查游盜」；還有一批「練勇」，在一位「練總」的

---

108 賀長齡，《皇朝經世文編》，74/29。于成龍當時是直隸省通州知縣，後來在一六八六年升為該省總督。

109 關於此類事例，見於下列地方志中：《定州志》（一八五〇），6/1a-b 和 6/6b-7/48b；《永州府志》（一八六七），卷四上，頁五〇b；《廣州府志》，109/5b；《沔陽州志》（一八九四），卷三，〈建置〉，頁一a－九a；《仁懷廳志》（一八九五），4/39a。除了這些地方志外，還有許多地方志也記錄了鄉約制度變成治安工具的事例。

110 《江西通志》（一八八〇），〈卷首之三〉，頁二四a－b。

111 蕭一山，《清代史》（一九四五），頁一〇三。

112 《佛山忠義鄉志》，3/3b-4，並參見本書第七章對地方防衛的探討。

113 《清遠縣志》，12/21a-b。同一資料還指出，一八五四年「紅巾賊」作亂，清遠知縣祕密命令所有紳士加入其所在的「約」，並聯合進行團練工作。《廣州府志》，82/28b 和 136/15b，也記載了十九世紀中葉發生的類似情況。

114 曾國藩，《曾文正公批牘》，1/2a。〔編按：曾氏所用字眼是鄉團及族團。〕

115 張壽鏞，《皇朝掌故彙編．內編》，53/14b。

指揮下，負責「保護鄉村」。縣城和鄉村地區的人力配備如下表所示[116]。根據地方志的記載，洛川（陝西）「鄉設團總一人，俗呼為老總；旋改團總為鄉約」[117]。

在鄉約變質成地方自衛組織的絕大多數事例裡，不論稱它為團練或其他名稱，原來宣講《聖諭》和《聖諭廣訓》的職能都消失了。不過，偶然也有一些還保留著，就像廣東省的一些鄉約組織。在花縣，有名捐了官銜的紳士「奉諭辦團練，聯合十餘鄉，倡為同安鄉約。……在蘭泮廟側建修善堂，延聘聲音清亮者，在堂宣講聖諭。」[118]

鄉約宣講制度發生的最奇怪變化，或許見於一位當代社會學者報導的台頭（Taitou），山東省的一個村落：

	縣城	鄉村
鄉約	35	70
長幹	135	272
練總	35	70
練勇	328	656

鄉約即稅收工具。最初，其主要職責是向鄉民宣達皇帝的訓誨，例如怎樣做孝子、怎樣使社會習慣和日常生活符合聖人格言。漸漸地，鄉約變成只是向鄉民傳達衙門命令、向衙門彙報地方情況的政治工具。最後，甚至這些有限的職責也沒有了，只成為收稅員，一個得不到鄉民太多尊敬的職位[119]。

我們相信，這就是鄉約職能轉化的縮影。

鄉飲酒及其他敬老的方法

儒家學說要求尊敬長者。清朝皇帝們從這個傳統裡看到另一個思想控制的有用工具。年紀大的人比年輕人不容易變成革命分子；對他們的長輩真正敬愛的人，也比較不會對推翻既有秩序感興趣。因此，除了在鄉約宣講中宣傳尊敬長上之外，清朝統治者自己也以各種方式表現其對長者的尊敬，希望以此作為臣民的表率。

老民和老農

首先，清政府樹立了一項永久性政策，對達到一定年齡的臣民給予物質的賞賜。用官話來講，這樣

116 《博白縣志》，7/5a。〔編按：上頁表「縣城」部分應即縣志兵防「本縣專轄」，其中長幹應為一百三十四人。「鄉村」部分應即「典史分轄」及「巡檢司分轄」兩項（7/5b-7a），縣志列舉各堡計鄉約三十五人、長幹一百三十八人、練總三十五人、練勇三百二十八人。與上頁表所列頗有出入。〕

117 《洛川縣志》（一九四四），12/1b。該縣，稅收仍然是一種獨立的制度；關於這一點，「里設里正」的敘述表明得很清楚。《同官縣志》，18/1b：「在清時，每村有鄉約一人；數村合舉聯頭一人。」

118 《花縣志》（一九二四），9/22a-b。

119 Martin C. Yang, *A Chinese Village*, p. 173. 這種變化如果不是很早的話，至少在十八世紀就已在一些地區開始了。《牧令書輯要》，4/4b，引用了李殿圖（一七六五年進士，後來擔任福建巡撫）的敘述。李殿圖針對地方糧倉和救濟工作〔原文作「散給糧石」〕作了這樣的評論：「所有花戶姓名，向由鄉約開報。」另一種變化也應注意。在四川重慶，有位鄉約頭人姓馬，他在長江上游開辦了私人書信和貨物運送服務。由於他的服務有效又可靠，因而到二十世紀初，甚至政府官員也滿意他的服務而成為他的顧客。

的人就是「老民」（上了年紀的臣民）或「老人」（上了年紀的人）。根據資料顯示，他們的年齡至少要在七十歲以上，才有資格得到清政府的賞賜——主要是特別的禮物和豁免力役。這個慣例確定是康熙帝建立的，由他的繼承者一代一代持續執行，一直到相當晚的年代[120]。省志和地方志通常記載了一些賞賜事例，年長的鄉人和鎮民被賞賜銀兩、絲綢、穀物和肉類。根據《恩平縣志》（廣東）的記載，在一六八八年到一八三一年之間，年長者共有十七次得到穀物和絲綢的賞賜[121]。

有一些數字可以說明清朝賞賜政策的執行範圍。根據一七二六年戶部向皇帝提出的官方報告，共有一百四十二萬一千六百二十五位七十歲到一百歲之間的老人和老婦，所得到的絲綢和其他物品總價值為八十九萬兩，米糧總數為十六萬石[122]。這些受賜者都是平民，官吏、士人、商人、和尚或道士不在此列。很明顯，每名受賜者所得賞賜雖然並不多，但足以引起鄉村居民的注意。《翼城縣志》（山西）提供數字[123]，如下表所示。

年代	受賜者	銀兩
1723	老民	860
1724	老婦	1,030
1736	老民	710
1752	70 歲以上老民	583
1762	70 歲以上老民	550

不管受賜者得到的物質賞賜數量有多少，賜給老民的禮物就是清廷照顧長者的證明。對於這個設計出來的慷慨行為，各代皇帝都能充分利用它的宣傳價值，稱讚其祖先的「子惠元元申錫無類」，相信他們自己也會得到其子孫同樣的稱讚。

不過，對清朝統治者來說，不幸的是它的臣僕對分配賞賜的任務，並非總是按照規定去完成。尊敬長者的制度很快就被腐敗的地方官及衙門吏胥破壞了。十八世紀早期，情況非常糟糕，終於引起清廷的注意。雍正帝在一七二三年的一道上諭中說：

120 《清朝文獻通考》，76/5553-67。《戶部則例》（一七九一），118/28b：「耆民年至九十以上，地方官不時存問，或鰥寡無子，及子孫貧不能養贍者，督撫以至州縣公同設法恤養，或奏聞動用錢糧，令沾實惠。」一百歲以上的長者經常會得到特殊照顧；證明這一點的事例非常多，這裡僅舉兩例就足夠了。王先謙，《東華錄．雍正》，9/13a（雍正四年七月二十九日）說，禮部建議按照慣例，給予年滿一百一十八歲的蕭均德賞賜——也就是賞賜三十兩銀子，用來修建紀念性牌樓。雍正帝回答，由於活到這種年齡的人很不容易，應該給予蕭均德格外的賞賜，賞賜九十兩銀子。自此之後，凡是年滿一百一十歲的長者，可以得到兩倍於普通規定數額的賞賜；一百一十歲之上，每增加十歲，這一賞賜數目就要加倍。吳榮光（一七七三－一八四三），《吾學錄》（一八七〇），3/14a 說，藍祥〔廣西宜山縣民〕在一八一〇年活到了一百四十二歲，除了得到緞五疋和六品頂戴的賞賜外，還得到二百兩的賞銀。

121 即在一六八八年、一七〇三年、一七〇九年、一七二三年、一七三六年、一七五一年、一七六一年、一七七〇年、一七七九年、一七八二年、一七九〇年、一七九六年、一八〇〇年、一八〇八年、一八一九年、一八二一年和一八三一年。《恩平縣志》，13/20a。亦見《尋甸州志》（一八二八），12/8a-12a；及《翼城縣志》（一九二九），13/1b-2a。

122 《清朝文獻通考》，39/5218；《大清十朝聖訓．世宗朝》，49/14a-b；王先謙，《東華錄．雍正》，9/34b；《太和縣志》（一八七八），〈卷首〉，頁七b－八a。

123 《翼城縣志》，13/1b-2a。得到賞賜的人數並未指明。〔編按：一九三六年在老民之後尚有老婦九百三十四兩；一七五二年及一七六二兩年，受賜者原文為「八十九十以上老民」。〕下列關於得到各種賞賜（大米、絲綢、肉等）的人數，取自 *The Chinese Repository*, IX (1840), p. 259（引自 *Asiatic Journal*, 1826）：

七十歲以上	十八萬四千零八十六人
八十歲以上	十六萬九千八百五十人
九十歲以上	九千九百九十六人
一百歲以上	二十一人

每個人所得賞賜的數量及其他細節，並沒有交代。

> 恩賜老人，原為崇年尚齒，而地方賞老人者，每州縣動支數千金，司府牧令上下通同侵扣，吏役復任意需索，老人十不得一[124]。

向人民表達皇家仁慈慷慨的方法，就這樣變成了官吏腐敗的溫床。人民是否真的相信清朝宣稱的賞賜禮物的崇高目的、受賜者是否真心感激贈予者，這是值得懷疑的。儘管清廷一再下令阻止官吏的不法行為，確保禮物能完全賞賜下去，但情況並沒有改善。隨著清朝日益衰敗，賞賜禮物以示尊敬長者的制度變得越來越沒有意義，到十九世紀世紀中葉，幾乎已經變成「具文」了。

清朝統治者對長者的照顧，還透過授予年長的臣民非物質的榮譽表現出來。最常見的做法之一，就是把官銜或品級授予地方官推薦的長者[125]。其他展現皇恩的方法，包括在受賜者大門上懸掛匾額，以及在其住宅前建立牌坊。禮部所起草的章程，具體規定有關「旌表耆壽」（即授予長者榮譽）的條件、程序和儀式[126]。地方志中記載了無數個長者從朝廷、督撫或地方官得到這種尊榮的事例。舉例言之，巴陵（湖南）有位九十歲長者，在乾隆年間得到一副頂戴；同樣在乾隆朝，另一人得到一副八品頂戴；一八三七年，一位年高德劭的老人，被授予建牌坊的特權，以慶祝他一百零五歲生日[127]。在香山（廣東），許多長者都得到各種各樣的恩寵與尊榮，最晚的一件發生在一九一一年[128]。

有時，清廷把某一類的長者挑出來單獨給予恩寵。從乾隆朝開始，屢試不中的年長士子，可以得到適當的功名或官銜[129]。年長的農民也是清廷恩賜的對象，給予「老農」恩賞的做法，始於雍正帝。一七四二年，他宣布「於每鄉中擇一二老農之勤勞作苦者，優其獎賞」[130]。同一年稍晚，他下令「州縣有司擇老農……者，歲舉一人，給以八品頂戴」[131]。他的繼承人即乾隆帝，繼續這一做法[132]，後來成了清廷

124 《大清十朝聖訓．世宗朝》，15/1a；《清朝文獻通考》，76/5556。這道聖旨是給戶部的。

125 用官話來講，授予這種官銜或品級，叫「皇恩欽賜」。見 Schuyler Cammann, "The Development of the Mandarin Square," *Harvard Journal of Asiatic Studies*, VIII (1944), p. 121.

126 《大清會典事例》，卷四〇五記載了這些規定。《大清十朝聖訓》，「世宗朝」，46/32b-33a 和王先謙，《東華錄．雍正朝》，9/13a，記載了獎賞一百歲以上老人的相關規定。除了活到一定年齡的老人以外，其他人也可以得到「旌表」。這些人包括：一、「樂善好施」者；二、「急公好義」者；三、「節孝」者；四、「累世同居」者。參見《大清會典事例》，卷四〇三和卷四〇四。《續修廬州府志》（一八八五），57/1b-10b在下列標題下概括了尊敬長者的各種措施：一、邀請擔任「鄉飲」賓；二、指定為「農官」；三、恩賜粟帛絹穀；四、恩賜匾額；五、恩賜舉人及品級官銜。

127 《巴陵縣志》，43/1a-2a。根據《尋甸州志》（一八二八），12/10a-11b的記載，清廷一七九六年發布的一道上諭規定，年到七十歲以上、八十歲以上、九十歲以上和一百歲以上的老人，分別可以得到九品、八品、七品和六品的頂戴。一八二〇年發布的一道上諭，則只是規定七十歲以上老人可以得到頂戴，而未說明品級。

128 《香山縣志》，14/1a-b。亦見《番禺縣續志》，24/22b-28b；《花縣志》，9/26b；《九江儒林鄉志》，14/18b 和 17/7b；《莘縣志》，8/12a-13b；和《邯鄲縣志》，1/8b 和 10/50b。

129 作為展現皇恩的一項措施，這個做法始於一七三六年；當時有四十多名七十歲以上的舉人在京城參加會試，清廷批准給予他們不同等級的官銜。隨後，這種做法就固定下來，延續到光緒時期。清廷給予這類長者的最高功名是舉人，最高官銜是國子監司業。參見一八八五年所刊《欽定科場條例》，53/1a-3b、6a 和 52b-53a。在地方志中，因「恩賜」而取得舉人頭銜的地方士子之名，列在「選舉」部分。

130 《大清會典事例》，168/1a-5a，概括了順治到光緒朝的行動。這個做法雖然有思想控制的目的，但看來也有經濟意義：為了增加農業產量，鼓勵勤勞耕作。雍正帝在一七二四年發布的一道上諭中，就清楚地說明獎賞老農制度所包含的經濟意義。他在強調監督和鼓勵耕作以生產更多糧食的急迫性之後，命令各省督撫在每個鄉挑選一、兩位勤勞耕作的老農，給予他們豐富的獎勵，以鼓勵他們繼續努力。《清朝文獻通考》，3/4871。

131 《清朝文獻通考》，3/4871。

132 同上，4/4882；《大清十朝聖訓．高宗朝》，336/6a。

法律規定的一項固定措施[133]。

我們無法確定上述措施是否對鄉村的居民產生預期的效果。表彰「老農」的做法好像在乾隆朝之後就廢止了。無論怎樣，事實證明一些詐欺、貪腐的行為是因這兩項措施而起的。最常見的是，科場失利的士子為了得到皇帝特別的恩賞，謊報自己的年齡（比實際年紀老得多）。由於沒有出生證明來驗證他們的實際年齡，因而地方教育官員的證明書經常足以把一個中年士子變成七十老翁；而這種證明，可以透過行賄或個人影響力而輕易取得。清朝政府嘗試阻止這種詐欺的做法，先是把年齡條件從七十歲提高到八十歲；後來又規定，生員必須連續參加三次科舉失敗，才符合取得恩賜舉人的資格[134]。這些措施雖然使詐騙變得比較困難，但還是難以完全根除，老農的提名同樣為地方官的貪腐提供了機會。雍正帝在一七二九年的一道上諭中說：

> 朕令各州縣歲舉老農，給以頂戴榮身，乃勸民務本力田，還醇返樸之至意。……乃朕聞直省之舉老農也，州縣憑紳士之保舉，紳士納奸民之貨財，……倖邀頂戴之榮，遂成暴橫之勢，深負朕勸農本之意。著直省督撫確實查明，將冒濫生事之老農，悉行退革，另選題補[135]。

在這道上諭發布幾個月後，清政府根據一名省級官員的建議作出決定，從一七二九年開始，任命老農的做法由每年一次改為三年一次[136]。對於這個改變的理由，檯面上的說辭是：提高老農身分取得的難度，會使這種恩賞更吸引人，真正的動機可能是為了減少詐欺的機會。

為尊敬長者而設計的制度，這樣看來多少是讓清朝統治者感到失望的。無論給予的賞賜是經濟或非物質的，經常被欺騙行為玷汙了。當長者自己也捲入欺騙活動（地方居民對此非常熟悉）時，「恭敬長上」的訓諭在許多年輕人耳中就變得相當空洞了。

鄉飲酒

鄉飲酒（簡稱「鄉飲」），即社區的飲酒儀式，是根據法律規定，全國各州縣必須定期舉行的禮儀活動。它應該要與清廷偶爾在北京舉行，邀請長者出席，共同慶祝早期一些皇帝生日的宮廷盛宴區別開

133 《戶部則例》，8/2a；《清朝文獻通考》，23/5053。織田萬，《清國行政法分論》，第一卷，頁四七九－四八〇，概括雍正和乾隆時期的做法。《清遠縣志》，11/2a-2b：「恩賜八品頂戴耆儒」，十八名中兩人為生員、一人為監生。〔編按：據該志所載，似應為二十二人，另有一人為庠生。〕有位老人，不知其身分，只知名叫徐朝柱，被任命為「農官」（農民官員，亦就是老農）。清遠縣獲得「旌表」的耆壽（九十歲以上）共有一百一十九人，大多數是平民，其地理分布如下：

鄉村居民	一百零三人
縣城居民	九人
未注明居所	七人

授予這些老人榮譽的時間，該地方志中沒有言明。

134 《欽定科場條例》，53/10a-11a-b、20a-22b、35a-37b。

135 王先謙，《東華錄・雍正》，14/5a。

136 同上，14/36b。參見《大清歷朝實錄・世宗朝》，81/10a-b。

來[137]。後者主要用來增加當時的節日氣氛，而前者實際上是一種思想控制工具。雖然鄉飲酒並不是在鄉村舉行，它的「賓」也不限於鄉村居民，但它的理論與實際都透露出一些帝國控制有趣的面向。

與清朝統治者所採取的許多其他措施一樣，鄉飲酒源自古典儒家學說，在他們之前已經為各朝所採行[138]。清朝在一六四四年確定的鄉飲酒禮[139]如下[140]：在一月十五日和十月一日，各省行鄉飲酒禮；由當地主要官員充當主人；一名德高望重的長者被邀請出任「大賓」（有時也稱為「正賓」），次要者為「介賓」（中間的客人），再次者為「眾賓」（普通客人）或「耆賓」（年老客人）；地方教育官員充當「司正」（主持儀式者）；一些生員在場擔任執事，負責傳達儀式相關事項，注酒入觶（儀式用酒杯）中，及大聲宣讀相關律令；司正以下列規定的語言宣布儀式開始：

> 恭惟朝廷率由舊章，敦崇禮教，舉行鄉飲，非為飲食，凡我長幼，各相勸勉，為臣盡忠，為子盡孝，長幼有序，兄友弟恭。內睦宗族，外和鄉里，無或廢墜，以忝所生。

在主人和客人喝完第一杯酒之後，就在大廳中央安置「律令案」（法令桌）。一名生員走出來，大聲宣讀下列法令：

> 凡鄉飲酒，序長幼，論賢良，年高有德者居上，其次序齒列坐。有過犯者不得干與[141]。

整件事情虛假、僵硬到了極點；與會者不會誤以為這是一場歡樂的聚會。儘管名稱叫「鄉飲酒」，但其實並沒有太多酒，食物通常也很糟。賓客從這種場合可以獲得的唯一享受，或許就是受到地方官邀請出席的尊榮。不過即使是這種尊榮，有時也變成令人質疑的特權。雖然鄉下人也可以受邀擔任賓客，但是根據規定，酒宴要在州縣衙門所在的城裡舉行。挑選賓客的規定在一七五三年作了修改，因此「大賓」就要從年高德卲的紳士中挑選，平民只能擔任「介賓」和「眾賓」。碰巧在自己家鄉（城裡或鄉村）的

137 *Chinese Repository*, IX (1840), pp. 258-267, 敘述了聖祖（康熙）和高宗（乾隆）舉行的兩次宮廷盛宴，應邀參加的長者是清帝國首都附近的居民。《邯鄲縣志》（一九三三），1/8b，如此描述一七一三年（康熙五十二年三月十八日）聖祖的六十大壽慶祝盛況：「畿民八十以上者，皆詣京師，賜宴暢春苑，命親王酌酒，各給絹衣一襲，書其前曰皇恩浩蕩，後曰萬壽無疆。邯民與者五人，三堤村民武之烈，年八十九，東關民耿遂真，年八十三，城內民王啟建，又三堤村民常直，年八十二，文莊民刁明良，年八十一。」

138 根據《永州府志》，卷四上，頁四八a－b的記載，清朝鄉飲酒禮儀，與明朝類似。《明史》，卷五六，〈禮志十〉，頁五b－六a記述如下：一三七二年（洪武五年），詔禮部奏定鄉飲禮儀，命有司與學官率士大夫之老者，行於學校，民間里社亦行之。一三七九年（洪武十二年，編按：應為一三八九年〔洪武二十二年〕），命凡有過犯之人列於外坐，同類者成席，不許雜於善良之中；一三八三年（洪武十六年），詔班鄉飲酒禮圖式於天下。清朝所採納的鄉飲酒形式，與明朝一三八三年所規定的類似。鄉飲酒的最早起源，可以追溯到《周禮》，見《周禮．地官．黨正》，3/75。

139 《清朝文獻通考》，76/5553。

140 相關規定，見《清朝文獻通考》，76/5553-55；《大清會典事例》，30/4a；《學政全書》，8/1a-6b。地方志常常也有類似的資訊，參見《江津縣志》（一九二四），卷四之一，頁二八b－三〇a；《確山縣志》（一九三一），9/9a-b；《靖邊縣志》，2/28b-29b；《東莞縣志》，25/4a。還可以參考吳榮光，《吾學錄》，3/3a-9b。

141 《學政全書》，8/6a-b及1b。

政府官員，可以出席酒宴，但不是作為客人，而是作為「僎」（名譽主人），幫助地方官員「招待」客人[142]。地方官員對這個規定，尤其是關於賓客社會地位的規定作了各種各樣的解釋，產生不同的挑選標準。一些地方官從紳士、地方士子和平民中分別挑選「大賓」、「介賓」、「眾賓」[143]；一些地方官認為[144]，只有退職官員與有頭銜的士子才能作為「大賓」和「介賓」[145]；另一些則完全不要紳士資格，平民不但可以作為「介賓」、「眾賓」，還可以作為「大賓」[146]。

結果，清政府在紳士和平民之間所劃出來的一條線，變得模糊不清了。在一些情況下，平民實際上享受到作為「大賓」的榮譽[147]。不過在習慣上，來自不同社會階層的賓客，他們之間還是存在著區別。擁有官銜或頭銜的人才能身穿官服，而普通百姓只能穿戴「鮮豔常服」[148]，不論他們在酒宴上坐什麼位置。

我們沒有資料來算出具有紳士身分的賓客與平民身分的賓客間的確切比例。證據似乎顯示，在「大賓」中，紳士的人數遠多於平民[149]，但在一些地區，「眾賓」中的平民總數卻多於紳士[150]。表6-1所示香山（廣東）的情況[151]，可以支持進一步的推測：雖然紳士經常參加鄉飲酒，但大多數參加者的地位並不

142 《學政全書》，8/3a-4b。

143 《惠州府志》（一八八一），9/35a-b；《嚴州府志》（一八八三），7/5b-6a；《翼城縣志》（一九二九），16/8b，引一八八一年舊志。

144 《恩平縣志》（一九三四），11/6a-10a；《蒙城縣志書》（一九一五），5/7b。

145 《洛川縣志》（一九四四），13/2a-b，引一八〇六年舊志：「乾隆間陝西巡撫陳宏謀行文各屬云：……即偏僻小邑，無致仕鄉官可以選膺大賓，凡舉貢生員年高有德者，亦可延請僎賓、介賓；生監良民中年高有德、允協鄉評者，皆可選舉。」陳宏謀在一七三四年到一七四六年、一七五四年到一七五五年和一七五六年到一七七七年擔任陝西巡

撫。這一文件亦見陳宏謀，《培遠堂偶存稿》，21/33a-35a。一九四四年版《洛川縣志》的編者作了一句有趣的評論：「洛川迄咸豐間，『鄉飲大賓』尚為耆獻頭銜之一。」〔13/3a〕

146 《佛山忠義鄉志》，17/22a-b，引述兩廣總督（覺羅吉）簽發的一篇布告，其部分內容是：「毋論僑居土著，如係身家清白，持躬端謹之人，年登耄耋，皆得報名。」「身家清白」一詞通常用來指被提到個人或者他的家庭，都不屬於「奸民」一類。

147 陳宏謀，《培遠堂偶存稿》，21/33a-35a。

148 吳榮光，《吾學錄》，3/5b-6a。

149 有關退職官員作為「大賓」的事例，參見《華縣志》，7/19b，一六四五年是一位退職知縣；《翼城縣志》，29/19b，十八世紀是一位退職的進士知縣；《續修廬州府志》，34/11b，是一位退職同知，年代不詳；《佛山忠義鄉志》，6/25a，一八〇一年是一位縣丞。士子作為「大賓」的事例，可以參見《臨漳縣志》，9/14a，一六六一年時是一位進士；《睢州志》（一八九二），7/4a-b，是一位生員，年代不詳；《莘縣志》，7/29b，一八六一年是一位貢生；同書，7/33a，一八八四年是一位監生；《洛川縣志》，21/7b，一八四九年是一位貢生；《續修廬州府志》，57/1b，一八三〇年是一位生員。平民作為「大賓」的事例，可以參見《鄆城縣志》（一八九三），5/42a-b，是一位村醫，年代不詳；《花縣志》，7/18a-b，一八二四年是一位「讀書明大義，不事舉子業」的村人〔編按：出處應為9/18b。九誤作七，係因原版刻印有誤，卷「九」之版心有部分誤刻為「七」。此處承成功大學劉靜貞教授代查，謹此致謝〕；《續修廬州府志》，53/38a，一七二三年是一位「棄儒業醫」的人。

150 有關士子作為「眾賓」的事例，可以參見：《莘縣志》，7/27a，一位生員，年代不詳〔編按：該志原文作「蔣嵩量舉鄉飲介賓」〕；《翼城縣志》，29/17a，一七四二年是一位生員〔編按：該志原文作「張大士，庠生，乾隆七年舉鄉飲充介賓」〕；同書，29/30a，一位貢生，年代不詳。平民作為「眾賓」，可以參見：《邯鄲縣志》，10/50a，一八七五年是一位商人；《同官縣志》（一九四四），28/6b，一七二一年是一名「世業農」的農民；《續修廬州府志》，50/49b，是一名家庭非常貧窮的人；同書，53/19b，是一名「幼同兄弟習勤苦」，但「後家道稍豐」的人〔兩者年代均不詳〕。地方志編纂者未指出社會地位的人，大多數可能是平民。

151 《香山縣志》，11/98a-99b。

表 6-1　香山縣鄉飲賓的身分

在位皇帝	低階官員	退休官員	舉人	貢生	生員	監生	武舉	武生	身分未確定者	總計
順治									5	5
康熙				2	3				8	13
乾隆		2		2		3	1	1	7	16
嘉慶	9		1		1	7			2	20
道光	1			2		1			3	7
總計	10	2	1	6	4	11	1	1	25	61

是最高的。擁有紳士身分的人數比沒有交代身分以及可以假定是平民的人數來得多。值得指出的是，參加鄉飲酒的紳士之中，有些是低階官員、一個是舉人，並指出有人中進士（士人成就的頂點）。士子中恰好有一半是監生，一個可以用錢買且沒有什麼威望的身分。

興安縣（江西）呈現的是另一幅畫面。在一六四四年到一八六二年間，一百二十四位賓客應邀出席鄉飲酒，其中只有二十九人取得了功名，這些人包括十名貢生、五名生員、十名監生及四名武生[152]。雖然我們不能遽然論定這個地區大多數的鄉飲賓是平民，但似乎十分確定，其中大多數人在學問或仕宦方面的成就並不太突出。應該指出的是，並不是該縣缺乏士子，因而只有少數人能被邀請出席。一位縣志的修纂者說，在我們討論的這段期間（一六四四－一八六二），興安縣誇稱有不少於二百二十七名士子取得了高級頭銜，其中有二名進士、七十一名舉人和一百五十四名各類貢生[153]，這些士子的人數幾乎是出席鄉飲酒賓客的兩倍，舉人的人數則超過一半，但是沒有一名進士或舉人參加了鄉飲酒。長寧（廣西省另一縣）的情況也與此類似：四十九名在不同時期應邀出席的賓客中，只有三名是監生、五名是監生之父、一名是生員之子[154]。換句話說，不到二〇%的賓客擁有士子頭銜或是士子家庭的成員。在博白縣（廣西），在一百六十五名鄉飲酒賓客中只有六名士子：二名生員、三名監生、一名武生；其餘大部分被稱為「耆壽」、「不求仕進」和「鄉賢後裔」[155]，合理的猜測是這些人全都是平民。

即使在南昌（江西）這個對鄉飲酒禮顯得異常熱心的地方，賓客們不同社會地位的分布情況，述說著類似的故事（表6-2）[156]。換句話說，出席酒會的賓客擁有官位或頭銜者不到總數的三分之一，儘管在清朝早期應邀出席的賓客中擁有舉人以上頭銜者所占的比例相當高。

表6-3顯示了南昌縣「大賓」的社會地位。幾位七品以上官員（主事為六品、知縣和教諭為七品）和

152 《興安縣志》（一八七一），10/26b-99b。

153 同上，10/7a-b。

154 《長寧縣志》（一九〇一），11/2b-7a。

155 《博白縣志．志餘備覽》，卷下，各頁。參見《漵水新志》（一八五〇），8/71b。「不求仕進」一詞，是「沒有功名」的委婉說法。〔編按：《博白縣志》，卷一三，〈禮俗．鄉飲酒禮〉的「飲賓附志」，列舉七人姓名，其中一人是恩賜舉人，其餘六人為舉人一名、歲貢生二名、附貢生三名（頁九a），與此處不同。再按：〈志餘備覽〉上卷載祠墓，下卷為修志捐款名冊，「各隨品秩詳列芳銜」，其中有許多是曾參加鄉飲酒的「鄉賓」（成為一種頭銜）。名冊中「鄉賓」有一百七十人，另國學大賓一人、庠生大賓二人、生員大賓一人、監生介賓一人，合計一百七十五人。鄉賓之中有四人與庠生（一）、監生（二）、武生（一）合捐，所以在名冊上並列，與國學大賓等格式相同，或許因而致誤。但統計數字的小出入，並不影響整體論述。又：「耆壽」和「鄉賢後裔」是部分其他捐款者的頭銜；「不求仕進」則見於卷上，對明代庠生王道衢生平描述的用語，無關「鄉賓」身分。台灣學生書局影印《博白縣志》不完整，此處所據為成功大學歷史系劉靜貞所提供的電子版，謹此誌謝。〕

156 表6-2及表6-3是根據《南昌縣志》，24/3a-16a的資料作出的。

表 6-2　南昌縣的鄉飲賓

在位皇帝	賓客人數	擁有官品或頭銜者	未提到官品或頭銜者
順治	5	1	4
康熙	31	6	25
雍正	1	0	1
乾隆	159	19	140
嘉慶	34	16	18
道光	102	26	76
咸豐	74	13	61
同治	11	4	7
光緒	119	60	59
宣統	92	29	63
總計	628	174	454

表 6-3　南昌縣鄉飲大賓的身分

在位皇帝	主事或內閣中書	知縣	教諭	國子監助教	低階官員	擁有各種頭銜的	翰林	舉人	貢生	生員	監生	地位不確定者	總計
順治												1	1
康熙			4						1	1			6
雍正													0
乾隆		1	2				1	2	13			1	20
嘉慶		1		1			2		4				8
道光	1		4					1	5			4	16
咸豐		1	1						1		1	5	9
同治									2				2
光緒	1				4	1		1	11	2		3	23
宣統								1	4	4		2	11
總計	2	3	11	1	4	2	3	5	41	7	1	16	96

舉人以上士子的出席，顯示南昌縣比許多其他地區更重視鄉飲酒。然而，這些地方聞人不但在應邀出席的賓客總人數中是少數，在擁有這種頭銜的士子總人數中也是少數。一六四七年到一九一〇年間，該縣考中進士的士子不少於一百五十九人；在一六四六年到一九〇九年間，有七百五十二人考中舉人；在一六四四年到一九一〇年間，有五百九十二名得到各類貢生的稱號[157]。這就是說，在一百五十九名進士中只有三人，七百五十二名舉人中只有五人，五百九十二名貢生中只有四十一人出席了鄉飲酒禮。

擁有較高社會地位的賓客很少並非只是偶然，這似乎是制度本身存在著某些弱點的徵兆。前面已經指出挑選賓客缺乏統一的標準。如果挑選的工作認真地做，這也還不算是什麼壞事。然而，從相當早的時候起，地方官就聽任鄉飲酒禮變成一場鬧劇。十七世紀中葉，江南提學使在一篇文告中就指出，當時對賓客的挑選是非常漫不經心的：

157 《南昌縣志》，21/24b-35b、22/33a-64a 和 23/19a-38a。其他幾個事例，可以參見《博白縣志．志餘備覽》，卷下，各頁。該縣志說，在集資修刊縣志的名單上，包括一百六十五名應邀出席鄉飲酒會（未說明日期）的賓客，其中有六人擁有士子頭銜，即一名「生員大賓」、一名「生員賓」、一名「監生介賓」、一名「武生賓」和二名「監生賓」。地方志說，其餘賓客大多數是「耆壽」、「不求仕進」和「鄉賢後裔」〔編按：〈志餘備覽〉所列捐款者有不少賓姓人家，此處的生員賓、武生賓及監生賓，與生員大賓的落款格式明顯不同，應為賓姓生員、賓姓武生、賓姓監生之誤讀（水鳴堡項下列有賓姓監生三人：賓宜卿、賓敏邦、賓帝允；生員二人：賓聞知、賓王翰；另有貢生一人：賓世甡；廩生一人：賓四門；增生二人：賓越卿、賓于國；但未見賓姓武生）。其餘賓客之說亦未能從〈志餘備覽〉卷下得到印證。參見注一五五編按〕。《鶴慶州志》（一八九四），7/24a-b 也列出了一份十六人的鄉飲賓（日期未說明）名單，包括九名「大賓」。其中一位「大賓」是有「宦績」的人，另一名有「卓行」，第三人以「文學成就」而知名（有傳），其餘賓客的身分連暗示也沒有。《靖邊縣志》，3/7b-8a 記載，一八九六年，知縣恢復舉行鄉飲酒禮。在這次酒會上，出席者有一名生員為「大賓」、二名附貢生為「介賓」、十七名地位未說明的人為「眾賓」。

有司憑開報於學博，學博任寒煖於諸生，以保結叢賄賂之門，以賓禮加僉壬之輩，致令姱修者羞與為儔，旁觀者蒙口而笑[158]。

另一名官員這樣描述了江西某個府的情況：

聞往時推舉正賓，不論德而論財，擇身家殷實者，借斯典以榮之。府縣經承、儒門學斗，及不肖諸生，視為奇貨，恣行蠹食，……是以富民聞之，如避湯火[159]。

著名知縣黃六鴻描述了十七世紀下半葉的一般情況：

每歲以再行，……乃司牧者恒視為具文，而舉廢無時，竟有終其任未一舉行者。夫額賦存留支款，例有鄉飲開銷，豈徑沒為中飽，而使大典湮墜乎？即間有行者，官長聽吏胥指唆，令〔鄉〕約地〔保〕開報，與斯典者，不問素行何人，而止擇其家道殷實。鄉飲之後，牧宰師儒，具厚幣致謝，而執事之人以及胥役，莫不需索，……以故鄉人聞其開報，如陷身湯火，每有自暴其過，及褫衣以示杖瘢者，不亦大可笑乎？于是稍知自愛者，以鄉飲為不足重，而恥于居之[160]。

上述情況似乎一直持續到十八世紀。一位陝西巡撫（陳宏謀）在一七四六年的一篇文告中說：

或受賄濫舉，或按名需索，或貪利多舉而不報上，並縱容縣丞、典史、教官、禮房、家奴人等勒索銀兩，所辦酒饌短價派買[161]。

浙江學政在一七六二年上奏清廷：

各省煩劇地方，視為不急之務，數十年間並不舉行，而一二偏僻小縣，每歲兩舉，每舉數人，……而曾經犯案，或健訟久著，或素行鄙嗇，家資溫飽者，亦得廁身其列[162]。

幾年之前，即一七三七年，禮部本身也認識到鄉飲酒制度的普遍衰敗，並對地方官的怠忽職守提出解釋：

---

158 李漁，《資治新書》，二集，3/12a。〔編按：見張能鱗，〈通行各屬〉，芥子園版在一〇b－一一a。〕

159 李漁，《資治新書》，2/13a-b。〔編按：見李少文，〈行贛州府二屬牌〉。〕

160 黃六鴻，《福惠全書》，24/23b。參見李漁，《資治新書》，二集，3/22a。李漁在此處說，十七世紀流行著一種非常骯髒的交易，即誰想應邀出席鄉飲酒酒會，誰就要送禮。

161 陳宏謀，《培遠堂偶存稿》，24/7a-b。

162 《皇清奏議》，53/13a，李因培在一七六二年（乾隆二十七年）的上奏。還請參見該書，48/19a-b，陝西布政使張若震一七五三年的上奏。他在上奏中說，鄉飲酒制度運作的主要困難在於：一、章程未劃一，典禮舉行的間隔不統一，賓客的人數也不確定；二、邀請了不夠格的人來當鄉飲酒禮的賓，有些事後證明是犯過罪的；三、地方官把鄉飲酒禮視為「具文」。

若該地方官徇情濫舉，固屬不職。乃亦有實係齒德兼優之人，而一種不肖之徒，於未舉之先，設計需索，及行舉之後，又復索瘢求疵，聲言冒濫，希圖訛詐。以致地方官亦多瞻顧，每不舉行[163]。

禮部沒有明指這些「不肖之徒」是誰。禮部所描述的情況，很難確定只在一些地區存在或是全國共同的現象。不過很明顯地，早在十八世紀結束之前，鄉飲酒禮對中等地位以上的人已經沒有什麼吸引力。一些舉足輕重的紳士避免參加鄉飲酒禮，因為那有失他們的身分[164]。

這並不是說，鄉飲酒禮對其他人完全沒有吸引力。地位低微的鎮民和鄉人渴望在地方上占一席之地，又找不到什麼更好的辦法來實現，他們樂於接受這種官方的儀式，善加利用來為達到他們的目的打開第一道門[165]。這些人通常沒有「功名」，對他們來說，任何官府給予的榮譽——無論是實際或虛幻的——都別具意義。他們對爬上社會階梯的渴望，從一些出席鄉飲酒禮的平民僭越地身著頂戴就可以得到證明。例如，有報告說一七六〇年代浙江省所有應邀出席鄉飲酒禮的長者都身穿八品或九品服色，即使政府並沒有給予他們這種特權[166]。因此，清朝禁止所有參加鄉飲酒禮的平民穿著金頂補服[167]。我們並不知道這個新規定對平民賓客產生什麼樣的影響，但可以完全肯定的是，由於出席鄉飲酒禮的邀請已擴大到這種以穿著未經授權的官服為樂的人，它對社會地位較高的人的吸引力就進一步降低了。此外，酒會上的食物和酒也很難引起出席者的食欲[168]。雍正帝在一七二三年發布的一道上諭中承認，「所備筵宴亦甚草率」[169]。編列的預算非常少，已知的地方很少超過十兩，有些地方一年舉辦兩次的經費還不到一兩。下頁表從一些地方志摘出的數據，可以窺見一斑[170]：

	鄉飲酒禮金（兩）
江西南昌縣	15.69
湖南巴陵縣	12.00
直隸正定縣	12.00
河南祥符縣	9.51
直隸延慶州	8.25
直隸蔚州	8.00
山西渾源縣	8.00
安徽滁州	8.00
廣西博白縣	7.00
廣西容縣	7.00
江西長寧縣	5.10
山東莘縣	2.19
山東滕縣	1.64
陝西同官縣	1.54
陝西洛川縣	0.95

163 《學政全書》，8/2b。《東莞縣志》，25/6a，收錄禮部一七五七年（乾隆二年）發布的指示。

164 《睢州志》，61/24b-25b，提供一個早期發生的事例，說有名進士總是拒絕應邀出席鄉飲酒禮。

165 《鬱林州志》（一八九四），序，1/2b。

166 《皇清奏議》，53/14a，浙江學政李因培一七六二年（乾隆二十七年）的上奏。

167 參見《學政全書》，8/5a，一七六二年（乾隆二十七年）發布的指示；《博白縣志》，13/9a 也收錄該指示。看來，清政府沒有明政府那麼嚴格保持官員和平民之間的區別，參見《明史》，卷五六，〈禮志十〉，頁一〇 a。一三七九年（洪武十二年），明政府發布命令，規定內外官致仕居鄉，若筵宴，則設別席，不許坐於無官者之下，與異姓無官者相見，不須答禮。

168 在一些地區，要送禮物給客人。比如，《滁州志》，卷二之四，一七 b，在鄉飲酒花費中就列出了「禮錢」（六兩銀子）。

169 《學政全書》，8/2a，清政府一七二三年（雍正元年）發布的一道命令。《鄆城縣志》，4/19a-b 也收錄了這道命令。

170 《南昌縣志》，11/18a；《巴陵縣志》，14/11b；《正定縣志》（一八七五），17/24a；《祥符縣志》，8/17a；《延慶州志》（一八八〇），3/31a；《蔚州志》（一八七七），7/5a；《渾源州續志》（一八八〇），2/9b；《蒙城縣志書》，4/6b；《博白縣志》，6/19a；《長寧縣志》，8/10a；《莘縣志》，3/13b；《滕縣志》，4/10b；《同官縣志》，16/4a；《洛川縣志》，14/7a，引一八〇六年舊志。

應該指出的是，清政府自己暴露出對鄉飲酒禮的興趣日益降低，因為它減少了經費，有時乾脆讓它無法運作。例如，南昌縣鄉飲酒禮金最初是三一．三八兩，不知什麼年代被減掉一半；巴陵縣最初是二四．〇〇兩，大約在一六五七年砍掉了一半[171]；祥符縣在一六七五年就取消了規定的經費，八年後才恢復[172]；容縣的經費則永遠被取消了[173]。在十九世紀中國社會動盪的年分，各地用於鄉飲酒禮的經費，一般要上繳到各省布政使作為軍事開支。禮部一八四三年的一道奏摺，顯示清廷同意這個做法[174]。

因此，地方官對鄉飲酒禮沒有熱情也就不足為怪。許多地方在相當長的時期內根本未曾舉行。一名地方志纂修者在十九世紀結束時寫道：「鄉飲向無可考，亂後久未奉行。」[175]另一位在清朝最後幾年纂修地方志的人，對於在廣東這個「聲明文物之邦」，也很少看到舉行鄉飲酒禮，感到非常遺憾：

> 我朝嘉道間，地方官每多以寧闕無濫為辭，不復舉行此禮。……道光而後，吾粵於此禮亦不聞有舉行者[176]。

即使在鄉飲酒禮似乎比較上軌道的省區，也沒有持續舉行。例如，在江西，十八世紀中葉一位省級官員發現州縣官都不留意[177]。即使在南昌這種環境比一般州縣好的地區，實際情況也不符制度規定。這一點可以從不同時期（從清朝建立到崩潰）應邀參加賓客的人數看出來，如表6-4所示[178]。

請記住，法令規定每年要舉行兩次；每次要邀請一名「大賓」、至少一名「介賓」和一些「眾賓」。兩個半多世紀裡，平均每年只有二．三四個賓客（每年舉行兩次，每次只有一．七四個賓客）；其中一百九十年，每年賓客平均數低於三人。奇怪的是，在清朝的最後三年，每年平均數突然竄升到前所未有的三〇．六六；可以合理推想是因為挑選標準放鬆的結果。

其他地區對鄉飲酒禮的態度更加冷漠，表6-5是江西興安縣的情況[179]。表6-6顯示廣東香山縣的情況更為糟糕[180]，幾乎長達兩個世紀，賓客每年平均不到一人。

171 《巴陵縣志》，14/11b；《南昌縣志》，11/18a。

172 《祥符縣志》，8/17a。

173 《容縣志》（一八九七），9/9a。

174 《東莞縣志》，25/7a。

175 《靖邊縣志》，3/7b。參見《博白縣志》，13/4b〔編按：在五a－b〕，收錄清政府在一七五三年（乾隆十八年）發布的一項指示；《鎮雄州志》（一八八七），2/53a 說，道光十八年（一八三八）之前，鎮雄州從未舉行鄉飲酒禮。在某些地區，由於鄉飲酒禮甚少舉行，因而成為稀奇之事，居民帶著好奇的眼光觀看，而不是感興趣。見汪輝祖，《病榻夢痕錄》，一二b，對乾隆五十三年初發生情況的敘述。〔編按：該書卷下：五十三年戊申，五十九歲，正月，公堂行鄉飲酒禮。縣久未舉行，觀者如堵牆。〕

176 《東莞縣志》，25/8a，纂修者評論。不過，該纂修者可能強調過度了。《香山縣志》，11/98b-99b 記載，嘉慶時期應邀出席鄉飲酒禮的賓客總數為二十，道光時期為七。

177 陳宏謀，《培遠堂偶存稿》，13/17a，一七四二年（乾隆七年）簽發的公文。《皇清奏議》，48/19a-b，收錄張若震一七五三年的上奏，說地方官們以極不關心的態度來對待鄉飲酒禮。黃六鴻，《福惠全書》，3/23a 認為，十七世紀常見與鄉飲酒有關的非法行為，「辱朝廷之盛典」。

178 《南昌縣志》，24/3a-16a。

179 《興安縣志》，10/26b-29b。

180 《香山縣志》，11/98b-99b。參見《漵水新志》，8/71b；《鶴慶州志》，7/24a-b。

表 6-4　南昌縣鄉飲賓的人數

在位皇帝	在位年數	賓客人數	平均每年賓客人數
順治	18	5	0.28
康熙	61	31	0.50
雍正	13	1	0.07
乾隆	60	159	2.65
嘉慶	25	34	1.36
道光	30	102	3.40
咸豐	11	74	6.72
同治	13	11	0.84
光緒	34	119	3.50
宣統	3	92	30.66
總計	268	628	2.34

表 6-5　興安縣鄉飲賓的人數

在位皇帝	在位年數	賓客人數	平均每年的賓客人數
順治	18	4	0.22
康熙	61	2	0.03
雍正	13	4	0.31
乾隆	60	15	0.25
嘉慶	25	5	0.20
道光	30	79	2.63
咸豐	11	4	0.36
總數	218	113	0.52

表 6-6　香山縣鄉飲賓的人數

在位皇帝	在位年數	賓客人數	平均每年賓客人數
順治	18	5	0.27
康熙	61	13	0.21
乾隆	60	16	0.26
嘉慶	25	20	0.80
道光	30	7	0.23
總計	194	61	0.31

我們不應該假定每個州縣出席每次鄉飲酒禮賓客的實際人數，必然接近每個皇帝在位期間或整個清朝統治時期出席鄉飲酒禮賓客的平均人數。州縣官員沒有按照規定每年舉行兩次的情況非常普遍，這可能是各州縣所載某時期出席賓客人數非常少的部分原因。有些鄉飲酒禮應邀出席賓客的實際人數可能比平均數來得大。但是，有一個具體的例證說明，每次參加鄉飲酒禮的賓客不超過三或四人。表 6-7 是廣西容縣一七三八年到一七六三年間的情況[181]：

181 《容縣志》，19/23a。一七六三年後就沒有再看到紀錄。鄉飲酒禮很可能已不再舉行，因為該地方志，9/9a 記載，儀式相關的經費不知何時候已被刪除了（「停止鄉飲酒禮銀七兩」）。

表 6-7 容縣的鄉飲賓

舉行日期	賓客人數			總計
	大賓	介賓	眾賓	
1738 年 10 月 1 日	1	1	1	3
1747 年 2 月 15 日	1	1	1	3
1748 年 2 月 15 日	1	1	1	3
10 月 1 日	1	1	1	3
1749 年 2 月 15 日	1	1	1	3
10 月 1 日	1	1	1	3
1750 年 2 月 15 日	1	1	1	3
1751 年 2 月 15 日	1	1	1	3
10 月 1 日	1	1	1	3
1753 年 2 月 15 日	1	1	1	3
10 月 1 日	1	1	1	3
1754 年 2 月 15 日	1	1	1	3
10 月 1 日	1	1	1	3
1755 年？月？日	1	1	1	3
1758 年？月？日	1	1	1	3
1762 年？月？日	1	1	2	4
1763 年 2 月 15 日	1	1	2	4
10 月 1 日	1	1	2	4

我們也不能認為許多地方志（本研究的主要資料來源）中的記載必然是完整的。一八九七年版《容縣志》的纂修者就沒有提到一七六四年（乾隆二十八年）以後的鄉飲酒禮。一八八〇年版《嚴州府志》（浙江）提供了該府這個方面的一些資料。然而，它所記載的許多事例都沒有說明年代；其中有一些據說是發生在乾隆朝或之前。嚴州府的六個縣裡，其中二個縣完全沒有提到[182]。這裡（以及其他地方志裡）隻字未提的原因，到底是由於疏忽而略過，或是確實沒有舉行，實在很難說。纂修者偶爾會坦承記載並不完全。一九三二年版《昭平縣志》（廣西）提供了一七六〇年以前鄉飲酒禮的資訊，纂修者說「乾隆二十六年以後失載」[183]。事實上，相當多的地方志纂修者只提到鄉飲酒禮的規定，而沒有指出這個典禮是否真的舉行過。因此，從地方志中摘錄出的數字不能反映實際情況。不過，我們可以合理推測，很可能是鄉飲酒在許多地方已經沒有什麼意義，讓一些纂修者認為不值得為它浪費墨水。

在一些情況下，鄉飲酒幾乎變成了私人的事務，其花費由鄉紳主動或在地方官的要求下承擔。當官府提供的經費在一八四三年轉供軍事開銷之後，禮部很不願意聽任鄉飲酒禮變成歷史，因而規定：「如各屬有願循故事以崇禮讓者，即由該地方官捐廉備辦。」[184]我們不知道有多少官員執行了這個規定，但在一些地方，「故事」的延續已經變成紳士的活動之一。早在一七〇二年，廣東佛山鎮的紳士就發起了鄉飲酒禮，每年舉行一次。一七九九年，再次恢復活動，定期在一所由紳士捐建的會堂裡舉行，並持續到十九世紀初[185]。十九世紀中葉，南海縣（廣東）一位私塾教師捐出幾百兩銀子，作為鄉飲酒禮及學堂經費[186]。一八三八年，鄉紳在知州的提議下，把鄉飲酒禮引進到雲南省鎮雄州[187]。

無論紳士把鄉飲酒禮推動到什麼程度（看來非常有限），結果是微不足道的。由於鄉人一般並不認為出席鄉飲酒禮是真正的榮譽，因而它對鄉村地區所能產生的思想影響必然是很微弱的。它對大多數耕種田地的農民說來沒有什麼重要意義，因為他們要操心的是別的事情，而不是「敬老」。對鄉村菁英分子來說，他們所擁有的地位和威望遠勝過在酒會上占得一席之地；何況這種酒會供應的酒不足以解渴，食物不多也不值一顧；即使它沒有惹來敲詐和勒索，鄉飲酒也沒有什麼吸引力。從它的本質上來說，這個老朽的帝國制度在它的最佳狀態下，對人民的吸引力也很有限；當它最糟的時候，也降低（而非提高）了清廷和地方政府在鄉人眼中的威信。

祠祀：地方祭祀

官方祭祀的目的與形式

清朝統治者在思想控制方面所採取的最微妙嘗試，是廣泛利用古代的法則「神道設教」。不管清朝皇帝自己對宗教的態度如何，可以充分相信，他們是要運用宗教祭祀來強化其他控制臣民思想的措施。除了在清帝國首都建造廟宇、祭壇並親自主持祭祀之外，他們還在全國各州縣設立各種祭祀，要求官府

182 《嚴州府志》（一八八三），17/46a-52b。

183 《昭平縣志》（一九三二），3/35a-b。

184 《東莞縣志》，25/7a〔譯按：應為 7b〕。

185 《佛山忠義鄉志》，5/11a、10/3a-b 和 11/9b。

186 《南海縣志》，22/3a。這個學子就是陳大年。他「屢試不遇，設塾授徒」。

187 《鎮雄州志》，2/53a。大賓是一名生員，介賓也是生員，五名「長者」應邀作為眾賓。

並鼓勵民眾參加。這種祭祀的數量非常大，按照官方規定劃分為「大祀」（主要祭祀）、「中祀」（中等祭祀）和「群祀」（其他各種祭祀）。「大祀」指祭天祭地；「中祀」祭拜以前各朝超過一百八十位帝王、孔子、關帝（武聖），以及過去的「名宦鄉賢」（著名官員和地方傑出人物）；「群祀」祭拜風神、雲神、雷神、雨神、山神、河神、城隍（城牆和護城河）、「忠烈賢良」及「無祀鬼神」[188]。在帝國的萬神殿裡，官方指定了五、六個地方來安置這些被祭祀的對象[189]，可以歸類為：一、那些人們為表達感激或尊敬而祭祀的神，如孔子和關帝；二、那些人們為祈求帶給人類好處或保護而祭祀的神，如風、雲、土地和糧食諸神；三、因崇高的道德表現或服務而受到人們祭祀的神，如「名宦鄉賢」；四、那些人們擔心沒有適當安撫會惹祂們生氣而降下災害的神靈，如「無祀鬼神」。

上述第一類和第三類祭祀，目的在於從宗教感情方面來強化有利於帝國安全的價值觀。清朝將展現出儒家高尚品德的已故官員和士子，以及犧牲生命保衛帝國秩序以示忠貞的紳士和百姓神聖化，目的就在於樹立適合活著的人敬仰、仿效的精神榜樣[190]。

第二類祭祀以不同方式來為清廷的目的服務。對那些被認為主宰著人類幸福或不幸的神靈表達敬意，統治者希望藉此讓臣民相信，朝廷是非常關心他們利益的[191]，同時以極為微妙的方式向他們暗示，無論

188 關於完全的清單，參見《大清會典》，26/1a-4a；《大清會典事例》，卷四二七－四五四；《清朝文獻通考》，90/819-824〔編按：90/819-824 在《文獻通考・郊社二十二・雜祠淫祠》，討論時期為宋高宗紹興以前事〕和 106/5781-5783；《清朝續文獻通考》，79/3493-3500〔編按：79/3493-3500在《續文獻通考・群祀三・雜祠淫祠》，討論期間為宋寧宗至明思宗崇禎年間〕。吳榮光，《吾學錄》，卷九－一一的概括也有用。J. J. M. De Groot, *Religion*

in China (1912), pp. 190-210, 大體上敘述了同樣的情況。官方的分類被譯作 “Superior Sacrifices”、“Middle Sacrifices” 及 “Collective Sacrifices”，最後一個譯法顯然不是「群祀」的正確譯法。有些地方志修纂者對祭祀的分類也不盡相同，例如《佛山忠義鄉志》，卷四，把祭孔、祭名宦和鄉賢列在「大祀」，把祭風神、雲神、雷神、雨神、山神和河神列在「中祀」。參見《江津縣志》，卷四之一；《邯鄲縣志》，6/8a-20a；《同官縣志》，23/3b-4a。在清朝，某些祭祀在官方分類中有升有降。關於這種變化的概略，參見 Groot, *Religion in China*. 關於各地實際修建的廟宇，參見各地方志中的「祠祀」或「壇廟」。

189 《大清會典》，36/4a。

190 《清朝文獻通考》，69/5485。這種做法開始於一六四四年。亦見吳榮光，《吾學錄》，3/12a-b。關於地方事例，見《續修廬州府志》，卷五〇－五四；《花縣志》，3/6ba-6b 和 9/12b-13b。值得指出的是，湯斌（一六二七－一六八七）、陸隴其（一六三〇－一六九三），和李光地（一六四二－一七一八）這些程朱學派的理學名家，都被清廷封為聖賢之徒。湯斌的名字是在一七三三年入祀名宦祠，陸隴其是在一七二四年被冊封為「先儒」的，李光地跟湯斌在同年入祀名宦祠。湯斌和陸隴其是在一六七八年與一六七九年參加「博學宏詞」科的少數知名儒生之一，藉此表達願意服從滿族統治。李光地則大力幫助清朝編輯了眾多正統儒學著作，其中包括《朱熹全集》、《周禮折中》和《性理精義》。簡略的記載，參見 Arthur W. Hummel, *Eminent Chinese of the Ch'ing Period* (1644-1912), I, p. 474. 在各州縣的祠廟裡，單獨或分類擺設著無數個牌位，上面刻著那些「忠孝節義」之士的名字。地方志中經常記述這些祠廟的位置和供奉在裡面的人的名字。

191 最常見的是祈雨。Sammuel W. Williams, *The Middle Kingdom* (1883), I, p. 467, 敘述了一八三二年發生的事例。他把一份祝文部分譯成英文，御製祝文原文如下：「嗚呼皇天，世不有非常之變，不敢舉非常之典。今歲亢旱異常，經夏不雨，豈但稼穡人民倏罹災患，即昆蟲草木亦不遂其生。臣忝居人上，有治世安民之責，雖寢食難安，焦憂悚惕，終未獲沛甘霖。……伏祈皇天，赦臣愚蒙，許臣自新，無辜萬姓，因臣一人是累，臣罪更難逭矣。夏徂秋至，實難再逾，叩禱皇天，速施解作之恩，立沛神功之雨，以拯民命。……」原文見《大清十朝聖訓．宣宗朝》，12/12b-13b。類似的祝文，參見同書，「宣宗朝」，卷一二，各頁；「聖祖朝」，卷一〇，各頁；「世宗朝」，卷八，各頁；「高宗朝」，卷二七－二九，各頁；「仁宗朝」，卷一四，各頁；「文宗朝」，卷一二，各頁；「穆宗朝」，卷一一，各頁。

有什麼災難落到他們身上，都是人類無力阻止的，因此必須耐心地忍受[192]。反覆灌輸「謀事在人，成事在天」的觀念，對受苦受難的大眾會產生一種撫慰的作用。清朝皇帝們無疑樂於強調已經廣為流傳的說法——人是「靠天吃飯」的。即使宗教並不能填飽空空的肚皮，也能減緩飢餓的人民對政府的怨恨。

第四類祭祀顯示以宗教作為思想控制工具的最詭異利用。「厲壇」——用來祭祀「無祀鬼神」（被忽視的神與鬼，也就是以前沒有納入官方祭祀中的鬼神）的祭壇——特別值得一提。這個制度在明朝初年就確立了。明太祖在一三七五年下令，每個里要設立一個祭壇，每年兩次祭祀當地被忽略的其他神靈。在儀式上，由長者念祝文，懇求神靈向當地神祇彙報惡人、好人，好讓他們得到相應的懲罰或回報[193]。清朝一開始，統治者就採行了這個儀式。每個城的北郊都要設一個厲壇，當地父母官每年要在三個規定的日子舉行祭祀活動[194]。厲壇上安放著城隍（城牆和護城河的神）的神位，其下（東、西）兩邊各安放當地「無祀鬼神」的牌位[195]。村落裡也另設祭壇，村民在這裡舉行他們自己的祭祀儀式[196]。官方的祝祭文如下：

人鬼之道，幽明雖殊，其理則一。故天下之廣，兆民之眾，必立君以主之。君總其大，又設官分職，為府州縣以各長之。又於每百戶設一里長以統領之。上下之職，綱紀不紊，此治人之法。……故敕天下有司依時享祭，在京都有泰厲之祭，在王國有國厲之祭，在府州有郡厲之祭，在各縣有邑厲之祭，在一里又各有鄉厲之祭。……仍命本處城隍以主此祭。

欽奉如此，今某等不敢有違，謹設壇於城北，以……專祭。

本廳闔境內人民倘有忤逆不孝，不敬六親者；有奸盜詐偽，不畏公法者；有拗曲作直，欺壓良善者；有躲避差徭，耗損貧民者；似此頑惡奸邪不良之徒，神必報於城隍，發露其事，使遭官府〔刑憲〕。輕則笞決杖斷，不得號為良民；重則徒流絞斬，不得生還鄉里。若事未發露，必遭陰譴，使舉家並染瘟疫，六畜田蠶不利。

如有孝順父母，和睦親族，畏懼官府，遵守禮法，不作非為，良善正直之人，神必達之城隍，陰加護佑，使其家道安和，農事順序，父母妻子保守鄉里。

我等闔廳官吏，如有上欺朝廷，下枉良善，貪財作敝，蠹政害民者，靈必無私，一體昭報[197]。

192 用吳榮光在《吾學錄》，11/15b 中的話：「禦災捍患諸神祠，……所以順民情之趨向，為敷政之一端。」

193 《續修廬州府志》，18/8b-8b。祝文的部分內容如下：「凡我郡內人民，倘有忤逆不孝，不敬六親者；有奸盜詐偽，不畏公法者；有拗曲作直，欺壓良善者；有躲避差徭，靠損貧戶者；似此頑惡奸邪不良之徒，神必報於城隍，發露其事，使遭官府刑憲。若事未必發露，必遭陰譴。」

194 《大清會典事例》，444/5b。參見《靈山縣志》，9/122b；《洛川縣志》，13/2a。按照《續纂江寧府志》（一八八〇），4/1a的記載，先農壇坐落在東郊，社稷壇在西郊，山川壇在南郊，厲壇在北郊。

195 《洛川縣志》，13/2a，引一八〇六年舊志。

196 《南昌縣志》15/2a 說，南昌地區共有四百一十個厲壇。根據《剡源鄉志》（一九〇一），7/1a 的記載，剡源地區明代的一百四十三個厲壇，全部被棄置，僅留下一、兩個可以辨認的遺址。《延安府志》（一八〇二），36/1a，厲壇：「府州為『郡厲』，縣為『邑厲』，餘鎮堡間亦或有之。」「郡厲」可以認為是「府壇」，「邑厲」可當作「縣壇」。「鄉厲」（用來祭祀鄉村中的無祀鬼神）一詞雖然沒有正式使用，但出現在許多地方志。

197 《大清會典事例》（一九〇八）沒有收錄這一段祝文。不過，下列地方志收錄了：《夔州府志》（一八二七），19/37b-39a；《普安直隸廳志》（一八八九），8/8b-9b；《仁懷廳志》（一八九五），2/44b-46a。另一段祈求城隍厲壇在祭祀體系裡並不是一個非常重要的項目，而是地方祭祀中的次要對象，在鄉人的宗教經驗裡沒有顯著的地位。在帝國的許多地方，它在十九世紀之前早就已經消失了[198]。不過，祝文非常引人注意，因為它間接說明了官方祭祀的真正目的。它顯示清政府利用每一種地方祭祀來左右鎮民和鄉人的思想，使他們樂意服從統治者的命令和法律，遵守對帝國安全最有利的行為規範。對一六七〇年《聖諭》的眾多訓誡來說，這篇祝文是一份精心設計的補充教材。

清朝當局無疑賦予祭祀極其重要的地位，因而他們撥出相當大的一筆錢來支付開銷[199]。為了確保這筆經費有穩定的來源，許多省都保留一些祭田。數量從一千三百一十三畝（安徽）到五萬二千零五十五畝（福建）[200]。從地方志中摘錄出的下列數字，應該有相當的代表性：

地區	每年的祭祀經費（兩）
廣東清遠縣	202.50
安徽滁州	184.43
江西南昌縣	177.12
江西長寧縣	176.38
湖北沔陽縣	168.75
直隸延慶州	166.69
陝西洛川縣	135.95
湖南巴陵縣	133.70
直隸正定縣	126.66
山西渾源縣	114.79
陝西同官縣	94.00
廣西博白縣	75.00
山東滕縣	35.51

神將正義給予無祀鬼神的祝文，其部分內容如下：「欽奉聖旨，為祭享無祀鬼神事：普天之下，率土之上，莫不有人，莫不有鬼。幽明雖殊，其理則一。今國家治民祀神，已有定制，尚念冥冥之中，無祀鬼神，昔為生民，未知何故而歿，……故欽敕天下有司，依時祭享。著令該處城隍，以主其事，鎮撫壇場，鑒察諸魂等眾。其中果有生為善良，死於無辜，神當遷〔達〕於所司，使之還歸故國，咸享太平之福。如有素為凶頑，宜死於刑憲者，雖獲善終，亦出僥倖，亦當遷〔達〕於所司，屏諸四夷。善惡之報，神其無私。欽奉如此，知縣某等弗敢有違，謹以清明（中元、下元）之節，城北設壇，虔備牲醴羹飯，以享本處無祀鬼神。……」這段祝文載於《銅仁府志》（一八九〇），3/9b-10b；《長寧縣志》（一九〇一），3/14b-15b。〔編按：此處依《長寧縣志》。〕

198 舉例來說，《續修廬州府志》，18/9a 說，厲壇祭祀「今多廢」。《沔陽州志》，3/1b 記載，州縣城和鄉下之厲壇被荒廢了。《正定縣志》，21/5b 指出，鄉之厲壇「今多廢」。《定州志》（一八五〇），22/47b-48a 說：「定州厲壇舊在北關外，……嘉慶初大水，僅存其址，歲時享祀，則設位於沙礫榛莽間。」不過在一八四八年，定州知州重建了厲壇；這是關於十九世紀舉行厲壇祭祀極為稀少的事例之一。《湘鄉縣志》（一八七四），4/34a-b 也有一個事例，說一八四三年一些紳士重修了厲壇。這個時期地方上所用的祝文，與前文所引述的僅在詞句上略有不同。在湘鄉和一些其他州縣厲壇祭祀不再是官府活動，由鄉紳接替舉行。Constance Gordon-Cumming, *Wanderings in China* (1886), I, pp. 315-316, 這樣概括說：「儘管竭盡一切，但神靈世界還是未能把無數個悲慘的乞丐亡靈收進去。……所有這些乞丐亡靈都靠慈善的人們布施。即是說，人們每年三次要把大量紙錢——模仿各種各樣的銅錢、特別是銀錠而造的紙錢——投入鼎中焚燒，供亡靈們在陰間享用。在廣闊的清帝國各省，經常要舉行這種祭祀活動。……這種撫慰式祭祀的確很奇怪。」這裡提到的「乞丐亡靈」就是厲；不過祭祀不再由政府主持了。

199 《大清會典事例》，164/3a。

200 《清遠縣志》，4/32b-35b；《滁州志》，卷二之四，頁一七 a－b；《南昌縣志》，11/17b-18a；《長寧縣志》，8/9b-10a；《沔陽州志》，卷四，〈食貨志〉，頁四八 a；《延慶州志》，3/30b-31a；《洛川縣志》，20/5a，引一八〇六年舊志；《巴陵縣志》，12/1a-33a；《正定縣志》，17/23b-24a；《渾源州續志》，5/8b；《同官縣志》，16/4a；《博白縣志》，5/1a-13b；《藤縣志》，4/10b。許多其他地方志也有類似記載。

表6-8也是根據相同的一些地方志的記載列出來的，它顯示可以比較的六大祭祀的資金（以兩為單位）分配情況。

四、五十兩銀子並不是很大的數字，一、二百兩其實也不多。但是請記住，清政府給予鄉飲酒禮的經費不超過十二兩，講約會經費只有一點點，地位相當重要的保甲體系則完全沒有經費，因此清政府給予地方祭祀的經費，相對說來是十分慷慨的。清朝的確花費一大筆錢買禮物賞賜給年長的臣民，但這只不過是偶爾表表現的特種恩典，並沒有形成固定的年度開銷。從這個角度來看，在主要的帝國控制（思想的或其他的）措施中，地方祭祀體系顯然享有高度的優先地位。

表 6-8　六類祭祀的資金分配　（單位：兩）

地區	孔廟	名宦鄉賢	文章（文曲星）	關帝（武聖）	土地、風、雲等神	厲壇
安徽滁州		84.70	45.00	47.83		
江西長寧		83.58	26.00	40.00	16.00	10.00
廣東清遠		50.99	26.00	40.00	25.78	14.80
直隸正定		50.00	26.66	40.00		10.00
湖北沔陽	49.27	7.00	35.74	35.74	20.00	11.00
湖南巴陵		47.00		35.00	23.00	18.00
江西南昌	43.04	6.11	20.00	30.00	2.00	
直隸延慶		40.00	26.66	40.00	30.00	10.00
廣西博白		40.00			35.00	
山西渾源	40.00	11.18	15.78	20.83	27.00	
陝西同官	26.00			16.00		
山東滕縣	23.13	4.00			4.00	4.38

宗教控制的效果與困難

官方祭祀作為一種思想控制的方法，效果是不容易評價的。這個制度無疑取得了一定的成功。人民（包括平民與紳士）接受一些由清政府主辦的祭祀。紳衿和士子經常共同努力，幫助修建或恢復祭祀孔子及其追隨者的廟宇，舉行祭祀「文昌」（文學的保護神）的活動，表彰道德卓著之人，包括「名宦鄉賢」、「義行」和「節孝婦」等[201]。平民則對政府主持或同意的其他祭祀感興趣。就像一位西方學者說的：

> 在鄉村和其他地區，中國人修建了許多廟宇，用來祭祀山岳、溪流、岩石、石頭等等。土地神特別受到尊敬。……在全國各省、各府和各州縣的主要城市裡，人們經常到某些國家級廟裡去祭神，特別是城隍神與東嶽神（亦即山東的泰山），祂們被視為地獄的統治者[202]。

鄉人們非常尊敬那些他們相信能左右自己日常生活的神靈。大多數農民相信，降雨是被某個神靈完全控制的[203]，他們在旱災時求雨的迷信熱忱，有時會使地方官感到非常煩惱[204]。所有人都害怕城隍神[205]，

---

201 許多地方志都有這種事例，例如《確山縣志》，19/4a-13b。

202 De Groot, *Religion in China*, p. 212. 有關廣東鳳凰村的祭祀情況，可參見 Daniel Kulp, *Country Life in South China* (1925), p. 292.

203 例如，見《處州府志》（一八七七），24/4a-b。

204 汪輝祖，《學治臆說》，卷下，頁二二一二三，敘述他在一七八〇年代擔任湖南寧遠知縣時看到的祭祀情況：「每逢祈雨，里民各輿其土之神，鳴鑼擊鼓，至縣堂，請地方官叩禱。寧遠亦然。己酉四月，余方率屬步禱，而輿神者先後

在北方省分，父母亡故的孝子要向城隍「稟報」父母的去世[206]；居住地離州縣城較遠的鄉人，則會向土地祠[207]或龍王廟[208]稟報。的確可以這樣說，許多鄉人或鎮民更害怕無形的神靈勢力，而不是有形的衙門權威。打官司的人會毫不猶豫地在公堂上發假誓；但是如果叫他們在神靈面前發誓，保證沒有說謊，他們就會非常害怕[209]。

粗略的多神論就這樣成為平民的生活方式[210]。這產成一種心理態度，使他們容易從思想上被控制[211]。只要政府提倡的祭祀與鄉人的宗教需求一致，就能強化清廷對臣民的思想控制。

然而，人民的需求並非總是與清廷的目的一致。儘管統治者與臣民的宗教動機都瀰漫著「唯物主義的自利」[212]，但他們各自利益的內容卻又背道而馳，因而使得他們的動機不可能和諧共存。清政府期望祭祀活動能夠讓人民成為「良」民、服從統治、不要鬧事；而一般祭拜者則相信，祭祀神靈、在祭壇前跪拜，是一種替他自己或家庭帶來好處、好運、人身保護或治療好身體疾病的方法。當他覺得官府安排的祭祀沒有提供能夠滿足他的禱告或祈求的神靈時，就會毫不猶豫地越過它們，去祭拜自己選擇的神祇[213]，根本不管清廷的目的。

續

集于大堂，凡二十餘神。禮房吏……請以禮，余曰：『是非禮也。……』各鄉耆跪而請，余告之曰：『……官之行禮，……國有定制。……』各鄉土地神分與地保等，地方官不可與地保平行，土地神獨可與地方官抗禮乎？」

205 即使是那些社會地位較好、知識比農民豐富的人，對城隍也是相當尊敬的。翁同龢（進士出身，清末著名官員）在《翁文恭公日記》（同治十二年四月二十一日），12/27a，說到他一八七二年因母喪而丁憂在家鄉時看到的情況：「城隍神出會。龢幼時出痘危疾，先母許願十年供香火之事，年年賽會時，則詣廟進香，愴念前志，敬修故事。」

206 例如，見《西寧縣新志》（一八七三），9/2b；《豐鎮縣志書》（一八八一），6/4a；《翼城縣志》，16/5a；《灤州志》（一八九六），8/21a；《盧龍縣志》（一九三一），10/3b-4b。根據這些地方志所記載，關於死亡，鄉下居民是向五道廟而不是城隍廟「報廟」的。參見《定州志》，19/15b；Arthur H. Smith, *Village Life in China* (1899), p. 137, 只提到五道廟。

207 例如，見《昌平州志》（一八八六），9/3b；《鹿邑縣志》（一八九六），9/4a；《天津府志》（一八九八），26/1b；《邯鄲縣志》，6/5a。最後一種地方志說「士大夫家多不行此」（也就是向土地廟稟報死亡）。

208 《延慶州志》，2/65b。

209 例如，《處州府志》，24/8b：浙江麗水〔譯按：應為青田〕縣「俗畏事鬼神，有受讞大庭，飾詞不供者，令誓於廟，則大懼」。汪輝祖，《學治臆說》，卷下，頁二一—二二（編按：〈敬城隍神〉），也敘述了一個凸出的事例：湖南寧遠縣鄉下有一土豪劉開陽，強占強買屬於成大鵬的山地。劉開陽唆使其子謀殺劉氏家族因病垂死的某人，然後到衙門指控是成氏家族派人幹的。當時擔任寧遠知縣的汪輝祖，把劉開陽、成大鵬兩人帶到城隍廟前，命令他們跪在城隍面前發誓。成大鵬因為無辜，自然不害怕；而劉開陽則是全身顫抖。當天晚上，劉開陽之子喝酒後，到衙門自首認罪。這件事發生於一七八〇年代。

210 參見 De Groot, *Religion in China*, p. 212：「人們並不滿意只祭祀自己的祖先，因而自由地祭祀儒家聖人。」這裡有個小小的誤解，De Groot 所指的聖人，並不全都是儒家，其中有些是來自道教或佛教。

211 由此產生的宗教態度，在兩大相關方面有助於減少反社會活動：讓人們因為害怕受到陰譴而不敢為「惡」，鼓勵他們為積「德」而行「善」。這有助於使一般人更服從政治控制。見 Charles F. Horne (ed.), *Sacred Books*, Vol. XII, 關於《太上感應篇》的譯文（*Tai Shang* Book of Actions and Their Retribution），特別是頁二三五；Mrs. E. T. Williams, "Some Popular Religious Literature of the Chinese," *Journal of the Royal Asiastic Society*, North China Branch, N. S., XXXIII (1899), pp. 20-21.

212 De Groot, *Religion in China*, p. 214：「這種普遍的偶像崇拜，最讓我們吃驚的是唯物主義的自利。促進世界的物質幸福（統治王朝的首要工作），是其目標也是最終目的。」

213 由此而產生了兩個地方志中常見的不同詞語：「官祀」和「民祀」。見《佛山忠義鄉志》，卷八，各頁，該處列出每類祭祀的祠廟。

隨著時間流逝，與官方祭祀明顯不同的許多民間祭祀，出現在帝國的各個地區[214]。它們不必然與官方體系直接叫陣，但至少減損了人們對官方祭祀的熱誠。這種非官方祭祀對平民的影響到底有多大，可以從這個事實看出：當需要為這些民間祭祀的神靈修建祠廟或提供祭品時，原本非常吝嗇的人也變得非常慷慨。正如一位地方志纂修者所說的：

> 若修舉祠廟，則大者動費千金，小亦數百，……眾擎易舉。……及學宮忠孝節義諸祀與夫有關扶植處，則又概置不問[215]。

因此，官方祭祀並不總是能成功的與民間祭祀競爭。此外，一些地方官員的非法行為和腐敗手段，降低了政府所提倡的祭祀的威信，從而使得它們進一步與人民疏離。早在十七世紀，情況就已經十分令人嘆息。據說負責各種廟宇和祭壇的祠廟管理者及衙門書吏，經常侵吞政府所撥的專款，使祭典變成十足的鬧劇，「每多草率不堪，殊為褻慢」[216]。

為榮耀帝國「賢」人而設計的祭典，同樣遭到地方官員及其吏胥的玷汙。根據一六四四年清廷頒布的一項規定，全國各州縣都要修建「名宦鄉賢」祠。應該受到奉祀者由地方教育官員提名，著重強調死者的功績與德行，「地方一致輿論」是衡量合格與否的決定性標準。經清廷批准之後，刻有他們名字的牌位就安放在祠裡，接受當地鎮民和鄉人的禮敬[217]。然而早在一六五二年，非法行為就已經引起清廷的注意。不賢者被「濫舉」，使這個制度幾乎變成了笑柄[218]。儘管清政府威脅要加以懲罰，但是無善績者的後裔仍然透過行賄或施壓，設法將其祖先的名字送進聖祠。康熙帝於一六六八年（在這個制度確立十四年後）指出，僅僅一個地方，由於教育官員徇情冒濫，在三年之內就核准了六百五十八名「鄉賢」入祠，他們的子孫超過一千人獲賞頂戴[219]。

康熙帝的暴怒明顯未能終止胡亂推選鄉賢的做法。一七二四年（一七二八年又一次），雍正帝發現有必要下令詳細審查推薦名單。他懷疑在京城供職的官員看到來自其同省的被推薦者時會有偏袒放水的傾向，因而要求地方官幫忙負責調查。乾隆帝發現這個制度的運作並不實在，因而定出更嚴格的辦法以求改善。他在一七四八年指出，「鄉賢」近來一般都是以「仕宦通顯者當之」。他在一七五五年指出這種官員偏袒的具體事例：某部尚書和某都御史之父得到這個令人垂涎的榮譽，而應該得到的某低階官

---

214 地方志中通常記載了這些祭祀。在一些地區，居民們為了這些祭祀投入相當多精力。例如，《廈門志》（一八三九），15/12a 說，福建省的這個地區，「滿地叢祠，迎神賽會，一年之交且居其半。」De Groot, *Religion in China*, p. 212：「有專門的神和女神負責孩子的平安出生；有專門送財的財神；有各行各業的保護神。」總而言之，對應於人類的每一種目的、需要或工作，都有一個專門的神或女神可以祈禱。De Groot 還有一部更大的著作 *The Religious Systems of China* (6 Vols., 1892-1910)，包含大量關於民間祭祀的資料。

215 《賀縣志》（一九三四），2/12a，引一八九〇年舊志。見《同官縣志》，26/2b；《廈門志》，15/12a。正如上面所指出，鄉紳對透過舉行宗教祭祀而積「德」經常表現出濃厚的興趣。見《廣州府志》，67/3a、13a 和 16b；《莘縣志》，卷八，〈藝文上〉，頁四一b－四二b。

216 黃六鴻，《福惠全書》，24/10a-b；亦見 24/16b-17a。

217 《大清會典事例》，402/1a。

218 《清朝文獻通考》，69/5487。

219 《大清會典事例》，402/1a-b，收錄一六六八年（康熙七年）的一道上諭。亦見《學政全書》，10/1b。

員之父卻被否決。因此乾隆帝下令，凡是現任九卿（三品）或相當職位以上的官員，只要他們還活在世上，其祖、父就不能入祠[220]。但是，這個規定也未能讓情況改善；十九世紀早期在禮部任職的一位著名官員就抱怨，所有提報的名字問都沒問就全都照准[221]。大約在同時，嘉慶帝重申了認真推薦「名宦鄉賢」的重要性，並指出「各省題請入祀鄉賢，多有徇情市恩」。清廷所做的最後一項改善情況的努力，是在一八七九年擬定的一項新規定：過世不到三十年的人不在入祠考慮之列[222]。

麻煩的根源在於：富有和具影響力的紳衿及士子家庭，視「名宦鄉賢」祠為榮耀其祖先，並強化自己社會地位的理想場所。一位十七世紀的作者說：

> 近來家處素封，或身通仕籍，便務虛名，欲躋其先于鄉賢之列。學校里者，利其厚賂；文宗守令，徇以面情[223]。

不過，當這個做法變得過分明目張膽，或者有些士子沒有拿到封口費時，就會爆發針對名不副實之候選人的強烈抗議（這些候選人事實上比不過已經入祠的人）[224]。一個地方志記載說，有名富商在鄉紳的幫助下，成功地讓他父親名列賢祠裡。許多生員、舉人和進士請求政府予以撤銷。這個案例經由御史上奏，最後引起了清廷注意。

獎賞孝子和貞節婦女的制度，同樣受到類似非法行為的影響：得到此種榮譽者大多數出於有錢有勢之家，或為其子孫這種家庭關係緊密的個人[225]。清朝當局並非沒有意識到這一點，例如乾隆帝就在一七四九年的一道上諭中說：

偏遠閉塞之鄉村，其應入祀之人，每以無人提攜，又無錢財，無由申報。其人最易為人所遺，尤需關注。……然民間入祀之人大率如此，乃鄉人、族中之有意者，力薦之衙役，而應祀之人以無錢勢，反置之不顧。似此等犯奸之人，當以王法處置[226]。

---

220 參見《大清會典事例》，402/1a-b；《學政全書》，10/3b-4b 及 5b-6b。一七二四年（雍正二年）之前，各省當局有權給予「鄉賢」榮譽；但在此之後，所有建議授予都必須由禮部批准才有效。參見《學政全書》，10/2b。

221 梁章鉅（一七七五－一八四九），《退庵隨筆》，6/8b。《學政全書》中記載了下面這段資料：一七七五年至一八一〇年的三十五年裡，有三十五個人的名字被提到禮部審核，其中有三十二個人得到朝廷批准，入祀「名宦」祠或「鄉賢」祠，只有三人未被批准；其中兩人是官員（一個四品，一個七品），另一人是監生。得到批准者身分如下：

二品以上的官員	二十六人
五品到三品的官員	四人
八品官員	一人
附貢生	一人

222 《大清會典事例》，402/2a-b；亦見《江西通志》，卷首之三，頁一二a－b。

223 黃六鴻，《福惠全書》，24/25b-26a。

224 《廣州府志》，131/7a-b。

225 黃六鴻，《福惠全書》，24/27a-b。

226 《大清十朝聖訓．高宗朝》，34/11a-12b。乾隆帝還補充說：「鄉賢名宦入祠之人，難於尋找。地方官視諭旨為具文，以致非議頗多。」高宗所說並不新鮮，他實際上在重複世宗的話。根據《清朝文獻通考》，70/5495記載，一七二三年「上（雍正帝）以旌表孝義貞節之典，直省大吏視為具文，並未廣諮遠訪，只憑郡縣監司申詳，……而山村僻壤貧寒耕織之人，幽光湮鬱，潛德銷沈者，不可勝數，特諭禮部即行傳諭督撫學政，嗣後務令各屬加意搜羅，勿以匹夫匹婦，輕為阻抑，勿以富家巨族，濫為表揚。」

鄉紳對紀念有德之人的祠廟施加影響，在清廷看來不一定是有益的。清朝統治者建立這些祠廟的主要目的，在於向其臣民反覆灌輸一種人生哲學，使他們孝順、恭敬，更主要是使他們不受煽動性思想的影響。不過，這些祭祀儀式實際上並未引起農民大眾的興趣，因為他們自然更認真關注自己的生計，而不是死去祖宗的榮耀。紳衿和士子對這些顯示較多的興趣，不過他們的動機經常與清廷的目的不同，他們更渴望的是提高自己或家庭的社會地位，而不是強化這種祠廟所代表的道德價值。他們在採取不光彩的手段為自己祖先爭取「榮耀」時並沒有什麼顧忌，某人的父母或祖父母入祠，通常是反映了那個人的財富和影響力，而不是對死者的愛戴，也不是人們相信官方祭祀的聖潔。

十九世紀中葉，廣東省的一個事件說明了地方祭祀的濫用達到什麼程度。恩平縣孔廟需要重修，一八六七年決定必須立刻進行。知縣和鄉紳發現，要籌集足夠的修理資金非常困難，於是提議修建一所書院附設祠堂，准許神主入祀。捐資重修孔廟和這所書院的人，可以將其祖先的牌位安放到這座的祠堂裡；依捐資多少來決定從祀的位置（正、偏）；至於得到此種榮耀的死者之品德與身分根本不管。由於這一捐資計畫相當成功，因而在一八八五年又用於另一修建計畫[227]。它很容易就吸引了紳衿、士子和富戶，因為明顯是買官制的精巧運用，不是為活人買得官職或頭銜，而是為死者買得入祠。

「邪教」

清政府面臨的最大困難，以及宗教控制的企圖受挫，是在帝國的許多地方不斷出現「邪教」。要在中國人多神教的無數祭祀中劃分正教與邪教，是相當不容易的。不過，清朝統治者基於政治考量，在兩者之間作了清楚的劃分。無論任何祭拜形式或宗教流派，只要不危害到帝國安全，即使並不在官方祭祀之中，或者與基本的儒學思想保持嚴格的一致性，清政府也是可以容忍的。相反地，如果任何宗教活動看來會擾亂帝國的平靜，或被發現帶有煽動性企圖，就會被定為「邪教」或「淫祠」，立刻遭到禁止。

讓清廷特別提高警覺的是，地方上的宗教節慶（通常叫作「迎神賽會」）[228]、跨省朝聖（通常指「越境燒香」），以及未經批准的流派向信徒傳教（「傳教授徒」）。這些活動會被允許發展一段時間。但是，一旦政府發現這些活動提供騙人的機會、有引起騷亂的可能，更重要的是有利於助長反叛運動時，就會採取快速行動加以撲滅。由此而產生的嚴厲懲罰措施，看起來像是宗教整肅或迫害；但在根本上，清朝統治者更關心的是保護自己的政治安全，而不是維護宗教信仰的純淨，也不是保護其臣民的良心[229]。

清政府採取了其他重要措施，來禁止顛覆性宗教活動。針對越境燒香的最早禁令，是在一七三九年發布的。乾隆帝在當年的一道上諭中，描述了幾個北方省分越境燒香情況：

> 其程途則有千餘里以及二三千里之遙，其時日則有一月以及二三月之久。……直隸、山東、山

---

227 《恩平縣志》，6/17b-18b。

228 關於這種熱鬧非凡的迎神賽會的敘述，可以參見《賀縣志》（一九三四），2/5a，引一八九〇年舊志〔編按：原文稱「賽神」〕。清帝國大多數其他地方也舉行類似的宗教慶典。

229 De Groot, *Sectarianism and Religious Persecution in China* (2 Vols., 1903-1904) 詳細探討了這個問題，其中尤其以第四章 "The Law against Heresy and Sects" 最為詳細。

> 西、陝西等處風俗大率如此，而河南為尤甚。自正月至二月，每日千百為群，先至省會城隍廟中疏焚香，名曰掛號。然後分途四出。……男女雜遝，奸良莫辨，鬥毆拐竊，暗滋事端。此等劣習，在目前則耗費錢財，而將來即恐流於邪教[230]。

乾隆帝知道這已經是傳布甚廣的習慣，因而指示臣工不要用威脅懲罰手段來直接禁止，而要用說服的方式讓它逐漸停下來。

越境燒香持續下去，不再局限於北方省分，伴隨而來的「惡」也超過了「耗費錢財」。一位陝西巡撫〔陳宏謀〕在一七四六年報告，日益發展的越境燒香集中到湖北省某些地方，為走私鹽巴、賭博器具〔紙牌骰子〕、製造火藥原料〔硝磺〕和其他違禁商品提供機會[231]。嘉慶帝得知，「〔江蘇之茅山〕每年春秋二季，四方進香男婦動以萬計。鄰近江西、安徽、浙江等省民人，亦聯翩踵至。」[232]因此，他指示有關地方官員說：「〔春秋賽會〕既多耗費資財，廢時荒務。且男女雜遝人數眾多，奸邪溷跡，亦足為風俗人心之害。著直省督撫各於境內有名山寺院地方，出示嚴禁。」

一位山東巡撫〔賀長齡〕在一八二七年發現，很有必要禁止這樣的燒香活動，因為每一次都有「不法棍徒」捲入[233]；而且正如乾隆帝所預料的，祕密社會利用這些宗教活動來掩護其反叛性計畫。一八二四年，一些從直隸、河南和山東到北京的燒香客被逮捕，並被指控從事可疑運動。十年後又逮捕了一次。一八二四年和一八三四年的兩道上諭，正式宣布越境燒香是非法的[234]。清廷有禁止這項活動的好理由，因為根據報告，在一八六〇年圍攻杭州城的一些反叛者，正是利用當地的燒香活動作掩護[235]。

清朝統治者有一段時間非常小心不去壓制民間宗教節慶。直到一七四三年，乾隆下令禁止四川邪教時，還明確指示地方官不要干涉「愚民」的祈禱和感恩活動，以免引起不必要的麻煩[236]。但是，當這些表面上無害的集會明顯助長了動亂[237]，或者與「邪教」有關聯時[238]，清政府就完全加以禁止[239]。

230　《大清十朝聖訓．高宗朝》，261/17a-18a；《大清會典事例》，399/2a。四年後（一七四三年），乾隆帝又發布聖諭說，沒有必要全部禁止「無知鄉人」組織的一切宗教活動和集會。《大清十朝聖訓．高宗朝》，262/8b。

231　陳宏謀，《培遠堂偶存稿》，23/9a-11a〔乾隆十一年正月〈申禁朝山進香檄〉，清代詩文集彙編本，在一一a－一三b〕。參見同書，24/23a-24a 中，敘述的同年（一七四六年）稍後清廷發布的一道上諭，重申了禁止越境進香的命令〔乾隆十一年七月〈再禁朝山進香諭〉，在二八a－三一a〕。

232　*Chinese and Japanese Repository*, III (1865), p. 275. 引自 *Indo-Chinese Gleaner*, May, 1818, p. 9, 一八一七年給嘉慶帝的一道奏摺。〔編按：此處所引據《仁宗睿皇帝實錄》，卷三三四，頁一五b－一六a，嘉慶二十二年九月辛酉上諭。向皇帝上奏的是御史盛惇大，題目是〈嚴禁愚民越境酬神摺〉。〕

233　賀長齡，《耐庵公牘存稿》（一八八二），2/27a-b。

234　《大清十朝聖訓．宣宗朝》，78/13b-14a；《大清會典事例》，400/1a，道光四年和十四年發布的上諭。

235　李慈銘，《越縵堂日記補》，庚集上，頁三三b，咸豐十年三月十三日。

236　《大清十朝聖訓．高宗朝》，262/8b。引見注二三〇。

237　例如，李星沅在道光二十三年（一八四三年）初對於陝西一些地方的報告，見《李文恭公奏議》，3/46a-53a。越境燒香活動導致發生賭博、械鬥，甚至攻擊衙門吏胥。丁日昌，《撫吳公牘》，32/8a-b，在一八六〇年代晚期發布的一道告示〔〈示禁迎神賽會由〉〕中指出，在江蘇舉行這種宗教活動的地方，經常有賭博、竊盜、鬥毆等事件的報告。

238　《牧令書輯要》，6/24a-b，收錄河南巡撫田文鏡在一七二四年發布的一公告，部分內容如下：「異端邪教，……皆自迎神賽會而起。」田文鏡解釋，這是因為這種活動容易掩護那些想要欺騙未受教化者的人，因此他認為：「欲杜邪教，先嚴神會。」

239　《大清會典事例》，398/3a，收錄了最早的這類禁令之一，是在一七五八年（乾隆二十三年）頒布的。

不過，清廷最關心的還是邪教本身。在一七二四年頒布的《聖諭廣訓》中，雍正帝已經對白蓮教和聞香教發動一場思想戰爭，他斥責它們的成員是「姦回、邪慝」。一八三九年，道光帝重啟戰端，並以「四言韻文」（Tetrametrical Composition）作為反對「教匪」的輔助性武器。他意識到說服並未取得預期效果，因而決定對「邪教」採取鎮壓措施，其中包括法律禁止、懲罰罪犯，最終以武力鎮壓。任何有助於邪教成長（通常透過成立「非法崇拜」或招收教徒）的宗教活動，都遭到嚴厲禁止。即使在此時，清廷似乎還一度維持對反叛性和非反叛性「邪教」間的區別。嘉慶帝在一八〇〇年的一道上諭中透露了清廷的基本觀點：

> 孔子之教，萬世尊崇，此外如釋道之流，雖非正教，然漢唐至今，未嘗盡行沙汰。……若近世所稱白蓮教，其居處衣服，與齊民無異，……良莠不分，激成事故。……其實從前查拿得劉松、宋之清及劉之協，因其潛蓄逆謀，並非因白蓮教之故。昨已將辦理劉之協緣由，宣示中外，並親制〈邪教說〉一篇，申明習教而奉公守法者，不必查拿，其聚眾犯法者，方為懲辦[240]。

這個守法和犯法之間的區別，是從政治方面而非宗教方面作出的。這在某種程度上支持了我們的推測：清朝統治者想要控制宗教的原因，關注王朝的安全遠多於宗教信仰的純潔。

無論清朝統治者鎮壓「邪教」的動機是什麼，他們發現這並不是容易的事。嘉慶帝一八一二年抱怨，「教匪」仍然逍遙法外，因為地方官對城鎮和鄉村中這些具有動亂性成分的活動「視為故常」，因而很少去調查或鎮壓[241]。「犯法」的邪教通常設法閃避清朝的法網，因而在其非法行動發展成地方騷亂之前，一直並未引起清政府的注意。十九世紀中葉，雲南西部就發生了一個特別血腥的事例，該處居民有種「燒香結盟」的「惡習」[242]。在一些情況，「邪教」提出一些令人吃驚的教義，使一些信徒變成狂熱分子。根據一位地方史家摘錄灤州（直隸）知州的報告，有些白蓮教的著作（在一次襲擊該教地方分舵時所查獲），提供了以下的故事：

> 無生老母與飄高老祖為夫婦，乘元末之亂，聚黨於太行山，其高弟分為二十八祖，灤州石佛祖乃其一也，誘惑男女數千人，各授房中術。……
>
> 且云未有天地，先有無生，無生在天堂所生四十八萬孩兒，因舉妄念墮落凡塵，老母思之，故降凡超度。
>
> 其斬決者為掛紅上天，凌遲者為披大紅袍上天，於儔類中最為榮貴。故入是教者，獲案甘承之，

---

240 《大清會典事例》，399/5b，一八〇〇年（嘉慶五年）發布的一道上諭。在這道上諭中，清廷提到白蓮教兩個重要領導人：宋之清和劉之協〔編按：該道上諭在兩人之前還提到劉松〕。同書，399/7a，還收錄一八一二年（嘉慶十七年）發布的一道上諭，暗示兩者之間存在著本質的區別。該上諭〔編按：應該是另一道上諭〕說，強調人倫道德和社會關係的儒家學說，是大家應該遵循的「正道」。道教和佛教雖然為孔子信徒極力貶低，但是由於它們教人行善去惡，因而為清廷容忍。至於那些主要目的在於發展信徒以非法牟利的邪教，例如在直隸、江西、福建、廣東、廣西和貴州經常奏辦的，因為會形成「教匪」，就要加以鎮壓。

241 《大清會典事例》，399/7b。

242 賀長齡，《耐庵奏議存稿》，11/28a-30a。

湣不畏死也[243]。

這種不正常的心理，並不難解釋清楚。清朝統治者企圖透過民間祭祀來培養的信仰和態度，只能吸引那些發現自己現世命運雖然悲慘但可以忍受的人。不過，對那些發現自己的生活根本無法忍受，而渴望改善生活的人來說，白蓮教和其他（許諾改善生活的）教派的「邪說」，比起支持現狀的老朽正統儒學，要容易接受得多。隨著十九世紀清朝的處境更加惡化，邪教應該更牢牢地抓住那些因處境惡化而陷於絕望的人。反叛領導人從邪說中找到對抗現存政權的致命武器；官府則發現，清朝法律及其執行者的寶劍，根本無法對抗邪說對狂熱分子的吸引力。雍正帝在《聖諭廣訓》中評論白蓮教「福緣且為禍本」，真的很微弱。因為他認為帶來「禍」的東西，在邪教徒看來卻正是「福」。

當道光帝啟動剷除異教的攻擊行動時，白蓮教已經傳布很廣了。一八三九年，僅在河南一省，清政府就發現和剷除了不下三十九個「無生老母」廟；直隸、山東和山西等省也剷除了同樣的廟宇[244]。白蓮教沉寂了一段時間。不過大約十年之後，又發生另一股與白蓮教「邪說」極不相同的「教匪」叛變，其規模之大嚴重威脅到清朝的統治根基。雖然清朝暫時免於消亡，但是深受邪教感染的國家從來不曾完全治癒。直到一八七一年，清廷還提到，「各省莠民，竟有傳習鐙花教、白蓮教、青林教諸名目」[245]。

即使是危險性較小的「非法祭祀」，清朝也不能有效地剷除。在清朝統治早期，統治者對這種祭祀並沒有太過注意，但是隨著它明顯變得可能為反叛性「邪教」補充燃料時，鎮壓的力道就加強了。道光帝對那些耽溺於非法祭祀活動的人特別不留餘地[246]。縱使這樣努力，但是許多迷信的祭祀——無論是不是顛覆性的——還是存活得比清朝還長。

鄉紳經常向政府提供看來頗有幫助的援手。地方志中記載了許多事例，提到退職官員和富有的士子修建廟宇、聖祠，或維持地方祭祀。鄉紳或許並非真的關心帝國安全；他們的行動極有可能出於自私的動機。集資來建造或整修民間祭祀的場所比較容易，因為人們認為這裡的神靈會把看不到的恩惠布施給膜拜者，或者為他們提供超自然的保護；而募集捐款來建造「學宮忠孝節義諸祀與夫有關扶植處」，則要困難得多。寡廉鮮恥的人利用一些政府建立來榮耀已故「賢」者有關的措施，進行欺詐活動。根據報告，一些鄉紳利用舉辦宗教祭祀的機會中飽私囊，或謀取更多的私人利益。乾隆帝因此在一七六六年發布上諭，禁止監生和生員干預廟宇的財務管理，因為據說他們經常把廟宇財產當作私產[247]。而在另一方面，如果有勢力的地方居民被禁止參與廟宇事務，他們就會心懷怨恨，如廣西容縣在一八七二年發生的事例[248]。鄉紳的這種行為和態度，很難證明對清政府實現宗教控制的企圖是有幫助的。

---

243 《灤州志》，18/28b-29a。修纂者指出，灤州地區的白蓮教運動是道光年間（亦即一八二一年之後）破獲的。

244 《大清十朝聖訓．宣宗朝》，78/26a-b。根據李星沅一八三三年上奏的反映，這個教派在陝西也很活躍。這些「邪教匪犯」的領袖之一供奉「無生老母」，雖然該教派稱為「龍華會」或「青蓮教」。它的成員許多來自四川，其中一些與湖北、湖南有聯繫。參見李星沅，《李文恭公奏議》，7/17a-19b、7/26a-32b、7/28a-b 和 8/12a-22b。《大清會典事例》，399/6b-7a 概略地敘述一八一二年四川奏報的另一教派，他們崇拜的是「無為老祖」。

245 《大清會典事例》，400/6a〔編按：在 21a〕，清穆宗一八七一年（同治十年）發布的一道上諭。

246 《大清十朝聖訓．宣宗朝》，78/5b-6a 和 22b；《大清會典事例》，400/1a。

247 《學政全書》，7/18b-19a，乾隆三十一年發布的上諭。

248 《容縣志》，27/4b 和 23b-24a。

不過，我們不應該低估一般歷史環境——一個在衰敗年月裡，讓帝國控制的每個面向都遭到挫敗的環境——對宗教控制影響的重要性。宗教儘管自認具有超凡的意義，但是並不能完全超越人民大眾實際生活的物質環境。當社會普遍處於貧困狀態和動盪不安時，現存政權所宣傳維持的宗教信仰，就失去了對人民的掌握；而新的或「非正統」的宗教運動就會出現在人民大眾之中，他們熱烈擁抱各種各樣的末日來臨觀[249]，這些觀念稀奇古怪，對目不識丁、處於絕望境地的鄉村地區民眾很有吸引力。總而言之，宗教控制的效果，取決於清政府達成或維持最低程度經濟與社會穩定的能力。這個簡單的道理不僅解釋了十九世紀「教匪」蔓延的原因，也說明了宗教控制問題到清朝結束之日仍然未能解決的事實。

鄉學

書院、社學與義學

清朝的「科舉學校」體系（書院、社學和義學可以當作其中一部分），是統治者設計出來對士大夫進行思想控制，並透過他們控制無數不識字的鄉村居民的工具。此處無法詳細探討整個「科舉學校」體系，但是可以檢視與本研究直接有關的面向，探討上面所提到的三種類型的鄉學，了解它們的結構、運作，以及它們作為鄉村控制工具的效用。

對學生進行實際教育、由清政府建立或經過其批准的各種學校，可以分為兩大類：「官學」（官辦學校）和「學校」（非官辦學校）。前者包括為皇族子弟、八旗子弟和擁有世襲頭銜之家庭子弟等等所辦的特殊學校；後者則包括書院（學院）、義學（慈善學校）和社學（鄉村或社區學校）[250]。

書院始於唐代[251]。清代書院的性質最初是私人或半官方的，由鄉紳或在當地供職的官員所設立。第一所書院出現在一六五七年，湖南巡撫請求批准恢復衡陽石鼓書院[252]。隨著時間推移，清朝皇帝們，尤其是雍正帝，對放手讓臣工教育年輕士子這件事好像非常謹慎[253]。不過對於已經存在的書院，他們並未

---

249 Richard Wilhelm, *Chinese Economic Psychology* (English trans., 1947), pp. 27-28：「當新的趨勢跟完全自給自足的小農經濟體系發生衝突時，深刻的精神騷動就接踵而來。在這些新的趨勢中，可以一提的是……大資本家試圖掌控土地、強迫農民（作為佃農）成為經濟上的附庸。這種衝突造成小農的悲慘處境，不可避免地產生同樣的結果。新的宗教運動出現在群眾之中，它跟末世論思想（例如，由新世界神統治的新時代就要開始）聯繫在一起。農民聯盟形成了。處在毀滅和絕望邊緣的人民大眾，紛紛聚集起來反叛了。……但經過一段動盪時期之後，新的朝代建立起來，農業條件又再變得更有秩序，舊有的心理平衡總是隨著舊的經濟體系一起恢復了。」十九世紀的情況卻是這樣：在該世紀第三個二十五年的動盪之後，新的朝代不可能建立，「心理平衡」也不可能「隨著舊的經濟體系」恢復。農民大眾的迷信與統治者的正統儒教，在新的歷史環境下都注定要逐漸損毀。

250 《大清會典事例》，卷三九四，各頁。

251 根據柳詒徵，《中國文化史》，下冊，頁一六一和頁一七五的敘述，書院的名稱最遲是在唐代出現的。在宋代，書院作為一項制度，牢固地建立起來了。

252 《清朝續文獻通考》的編者在該書，100/8589 評論說：「我朝自順治十四年從撫臣袁廓宇請修復衡陽石鼓書院，嗣後各直省以次建設。」

253 《大清歷朝實錄》，43/10a-b，收錄一七二六年（雍正四年）回答江西巡撫請求在該省設置書院發布的一道上諭，其部分內容如下：「至於設立書院，擇一人為師，如肄業者少，則教澤所及不廣；如肄業者多，其中賢否混淆，智愚雜處，而流弊將至於藏垢納汙。若以一人教授，即能化導多人，俱為端人正士，則此一人之才德，即可以膺輔弼之任，受封疆之寄而有餘。此等之人，豈可易得？」

加以取締，而是藉由給予有限的經濟費支援、訂定運作的辦法，來設法控制它們，把它們當作思想控制的工具。

雍正帝在一七三三年發布的兩道上諭，反映了清廷的態度。第一道的部分內容如下：

> 各省學校之外，地方大吏每有設立書院，……但稔聞書院之設，實有裨益者少，……是以未曾敕令各省通行。……近見各省大吏，漸知崇尚實政，不事沽名邀譽之為，……則建立書院，……督撫駐箚之所，……各賜帑金一千兩，將來士子群聚讀書，豫為籌畫，資其膏火，以垂永久。其不足者，在於存公銀內支用[254]。

遵循這道上諭，十八個行省共建立了二十一所書院[255]。雍正帝顯然希望控制書院的數量，但是眾多書院不但出現在省城，也出現在府州縣城和鄉村[256]。為了有效控制局面，雍正帝同年發布這一道上諭：「各府州縣書院，或紳士出資創立，或地方撥公營造，俱申報該管官查核。」[257]這道上諭正式開啟了清廷對地方書院的監督，接著又發布了一系列上諭和規定。一七三六年規定，書院院長應該按照認真設定的標準挑選；管理書院的規則應該仿效宋朝大儒朱熹制定的規範。八年後（一七四四年），規定就讀地方書院的生徒必須經過政府官員主持的考試，以區別「良」與「莠」；各省學政必須定期進行檢查，確保審查測試適當地進行。同年，禮部建議分發給各地書院標準教材，包括儒家經典和其他清廷欽定著作在內[258]。連書院院長的頭銜也在一七六五年（乾隆三十一年）加以統一，就可以知道清廷對書院的控制有多深了[259]。

後面的皇帝進一步加緊對書院的控制。嘉慶帝、道光帝和咸豐帝對書院的「廢弛」非常擔憂，下令各省當局進行補救；一位官方文獻編者這樣說：

> 山長以疲癃充數，士子以儇薄相高，其所日夕咿唔者，無過時文帖括，然率貪微末之膏火，甚至有頭垂垂白不肯去者[260]。

這位作者或許誇大其辭，但是如果他的話有一定根據，或許清廷對書院的控制達到了統治者所想要的一

254　《大清會典事例》，395/1a；《學政全書》，63/1a-b。
255　《大清會典事例》，395/1a。
256　見下文注二六一－二六三所引的地方志。
257　《洛川縣志》，19/3a，錄自《陝西通志稿》，一七三三年（雍正十一年）的一道上諭。
258　《大清會典事例》，395/1b。《豐鎮縣志書》（一九一六），3/11a 指出，一七二四年（雍正二年），規定以朱熹為白鹿洞書院確立的院規作為所有地方書院的運作準則。
259　《洛川縣志》，19/3a，乾隆三十年發布的命令。
260　《清朝續文獻通考》，100/8589。清政府和一些高級官員也持這種觀點。例如，《大清會典事例》，395/2b，收錄一八一七年（嘉慶二十二年）發布的一道上諭，其中說道在書院教書之人通常與其職位並不相稱；有一些索取了報酬，卻未到書院去履行職責。另一道上諭則是在一八二二年（道光二年）發布的，指出書院負責者的素質不齊，其中一部分甚至沒有取得功名，他們還不到其負責的書院去理事。《同官縣志》，22/3b，引述清廷發布指示各省當局改善書院情況的一些上諭，其中包括一七三三年（雍正十一年）、一八二二年（道光二年）和一八五三年（咸豐三年）所發布的上諭。

般結果：讓士子對煽動性思想和不當的野心免疫，以確保他們不會成為帝國安全的危險因素。

確認控制是有效的，皇帝們不再像雍正帝一七二六年做的那樣，進一步設法限制書院的數量。地方官經常與鄉紳合作創辦及支持這種學習機構，幾乎沒有任何一個州縣是沒有書院的，有些州縣還擁有超過十二所以上[261]。雖然許多書院都分布在州縣城裡，但是鄉村中也有一些[262]。書院通常都得到財產的捐助，有的是「學田」，有的是基金，教師薪水和學生津貼就從中支出。得到捐助較多的書院可以支配的資源，遠比按照雍正帝命令捐資修建官辦書院的一千兩銀子來得多[263]。在一八九八年「百日維新」期間，幾位有企圖心的督撫嘗試利用書院來引進「新」學或西方思想學[264]。

地方書院無疑為清朝提供了一些有用的服務，尤其是在十九世紀末科舉制度開始迅速崩潰前的相當長一段時期。書院為士子提供了學習的機會——居住的地方、財務的支援，有些還有不錯的指導——從而把讀書人納入科舉制度軌道中，置於直接的思想影響範圍之內。在幾個特別的事例，書院甚至提供了一些更直接有利於帝國和平的服務，而不只是思想控制。例如，廣州府十九世紀中葉創辦的一所書院，就被規劃為「講學訓俗息爭脩睦之所」[265]。不過，我們不能就此就認為書院對清朝政府的用處是無限的。就像隨後會看到的，書院終究產生了一些並非統治者所期望的結果。

另外兩類地方學校的學術地位比書院低。社學（社區學校）直接源自[266]清政府一六五二年的一道命

261 《香山縣志》，6/25b-29a 指出，廣東香山縣有十七所書院，其中五所是官紳合辦的、八所是地方官辦的，其餘四所是鄉紳獨辦的。幾乎所有的地方志都列出各該地區書院的名單，有時還對其運作情況作了描述。其事例可以參見：《天津府志》，卷三五；《延慶州志》，4/31b-39b；《揚州府志》（一八一〇），卷一九；《靈山縣志》，10/149a-151a；《江津縣志》，8/11b-13a；《銅仁府志》，卷一四；《鎮南州志略》（一八九二），3/16a-b。

262 例如，繼志書院就是「村人王必恭」在同治年間創辦的，位在河沙堡村。《邯鄲縣志》，9/4b〔譯按：應為 5a〕。桂林書院是楊維翰在一八三三年創辦的，位在四川江津縣城外八十里。《江津縣志》，8/11b。一些著名書院分布在風景優美之區。

263 例如，《廣州府志》，72/12b-13a 中說，應元書院一八六九年從布政使那裡得到一萬八千五百八十九兩〔關書罰款〕銀子的補助，又從同一衙門得到另一筆一萬零八百兩〔充公銀〕的補助。其中大約四千三百八十九兩用來修建書院房舍及購置器具外；其餘借給商人，他們保證每月付給一〇%的利息。另外，布政司衙門每年還提存一筆二千七百六十兩〔公費〕銀子，用於支付書院山長和監院紳董的薪水，補助在書院學習之學生，以及支付其他花費。廣東南海縣之西湖書院，得到了許多捐助，其中包括一八六〇年代早期鄉紳捐助的二萬兩。《南海縣志》，14/15b。直隸蔚州之文蔚書院，是知州佟湘年〔譯按：應為靳榮藩〕於一七七五年建立的，得到一千六百畝田地的捐助，擁有二十一棟房產。前者每年有七十五石租金收入，後者每年有三十萬文銅錢的房租收入，兩者每年所得利息總收入為六十五萬八千〔譯按：應為九十五萬八千〕文銅錢。《蔚州志》，7/17a-b。陝西同官縣之潁陽書院在一八五八年從一監生手中得到三千石糧食的捐助，賣出後得到三百萬文銅錢。順便一提，該書院在一九〇七年改為潁陽小學堂。《同官縣志》，22/3a。書院山長的薪水出入極大。鍾山書院（曾國藩在收復太平天國占領的南京之後恢復的）的山長每年的收入總數為九百八十兩。《續纂江寧府志》，5/7a。陝西靖邊縣之新城書院之山長每年薪水為六萬文銅錢，並得到六千文的「節禮」（總數不到七十兩）。《靖邊縣志》，2/3b-4b。

264 《清朝續文獻通考》，100/8593。這些督撫包括浙江巡撫廖壽豐、陝西巡撫魏光燾和湖南巡撫俞廉三。

265 也就是賁南書院，位在廣東番禺縣。該書院是何若瑤率領紳士創辦的，並得到清政府的批准。《廣州府志》，66/27b。咸豐年間受到客家起義嚴重影響的廣東省恩平縣，一八六二年修建了兩所書院。五福書院是由居住在一個村莊方圓十里內的所有住戶籌款合建的，除了校舍之外，還有一座由城牆保護的「堡」和一所用於紀念「陣亡勇丁」的義勇祠。昇平書院位在另一村，有類似的目的和配置。《恩平縣志》，6/18a。

266 《學政全書》，64/1a。社學的歷史先例可以直接追溯到明代。根據《剡源鄉志》（一九一六），6/7a-b 記載，元世祖規定每五十戶鄉村民戶組成一個「社」，設社長一人，負責教導鄰居合適的耕田、種桑方法。元代的「社」並未含有「社學」（鄉村學校）的成分。明朝建立之初，明太祖規定每五十戶設立一所「社學」，雇請一位學識卓著、品德優令；要求「每鄉置社學一區，擇其文義通曉、行誼謹厚者補充社師」[267]。這些「社師」有報酬，而且免除差役。他們的名字要呈報給學政查核[268]。後續頒布的命令清楚說明了社學的目的。一七二三年，清廷授權禮部發布命令：

> 州縣設學，多在城市，鄉民居住遼遠，不能到學。照順治九年例，州縣於大鄉鉅堡，各置社學。……凡近鄉子弟，年十二以上，二十以內，有志學文者，俱令入學肄業[269]。

這道命令並未說明由誰提供社學創辦、運作所需要的資金。一七三七年的一道上諭，命令貴州的偏遠地區也要創辦社學，授權該省當局從稅收中提取這筆費用[270]；這道上諭說明，如果不是全部，至少有一些社學是用政府資金維持的。

第一所義學（慈善學校）始於一七〇二年，是禮部得到清廷同意，在京城崇文門外創辦的。三年後，清廷批准貴州省為「土司承襲子弟」創辦義學。一七一三年，各省都奉命創辦義學，以便為「孤寒生童」提供讀書場所[271]。雍正和乾隆在位期間，特別注意教化雲南、四川、湖南和廣東等省的少數民族[272]。由於「福建省語音不正，屢經設法教導，而通曉官話者，寥寥無幾」，清政府在一七三七年下令該省每個州縣原有的義學，要延請「官音讀書之師，實心訓勉」，以改善官話的聽說能力[273]。以此來看，義學經常用來教化特殊類型的人，或帝國內特殊地區的居民。不過，義學和社學的基本目標大體上是相同的：為那些無力上學的人提供受教育的機會。就像禮部在一七三六年說的：

續

秀的生員負責教授社內年輕人。亦見《佛山忠義鄉志》，5/10a；柳詒徵，《中國文化史》，下冊，頁一七四和頁二四七。柳詒徵認為，社學在元朝就已經設立，這個論點還需要再確認。《元史》不論是〈食貨志〉或〈選舉志〉，都沒有提到社學。

267 《學政全書》，64/1a。

268 《清朝文獻通考》，69/5489，政府在一六七〇年（康熙九年）頒布的一道命令；《同官縣志》，22/4a，一道一七一三年（康熙五十二年）的上諭。

269 《大清會典事例》，396/1a-2b。《清朝文獻通考》雖然也收錄了同一文件，但是省略此處所引的前兩句。順治九年頒布的法律，參見注二六七。

270 《大清會典事例》，396/2b 指出，清廷在一七三六年命令貴州教育當局「遵照雍正元年定例」設置社學。次年，清廷又重申了這道命令，並補充說創辦資金可以從總督有權處置的一般稅收中提取。〔編按：《事例》只提到「遵照定例」，並未特別指明雍正元年所定，且年分也有出入。據《事例》，卷三九六，〈學校．各省義學〉，雍正元年，「諭各直省現任官員自立生祠，令改為義學，延師授徒，以廣文教。」據《事例》，乾隆元年（一七三六）僅「令順天府尹轉飭大興宛平兩縣，清理義學基址，酌量擴充。」二年（一七三七）始有「議准：貴州省地處偏僻，或有未經設立社學之處，再行文該督，遵照定例（《欽定學政全書》所引為『遵照雍正元年定例』），飭令州縣官酌量舉行。動用錢糧，令該督隨地酌辦。」五年（一七四〇）又再「議准：貴州省除古州……等六處當立社師，其大小丹江……，均速飭設立外，所有長寨……等處，各設社學一所，永從縣在城在鄉，設立社學二所，……至修建社學，令該督轉飭地方官酌量辦理。其社師每年各給脩銀二十兩，統於公費銀內動支，入於該年冊內報銷。」〕

271 《學政全書》，64/1b-5b；《大清會典事例》，396/1a-2a；《清朝文獻通考》，69/5492。

272 《學政全書》，64/3a；《大清會典事例》，396/2a-3a；《清朝文獻通考》，69/5492、70/5502 和 72/5523。《湖南通志》，9/15b，引述一八四八年〔譯按：道光二十八年，原文誤植為嘉慶二十八年〕的一篇上奏，其部分內容是：「據查，苗地設學，以教其子弟。嘉慶十五年（一八一〇）間，又設義學二十餘所，以擴大其教育。數十年來，苗家子弟……多刻苦攻讀。」

273 《大清會典事例》，396/2a。

> 義學之設，原以成就無力讀書之士。……凡願就學者，不論鄉城，不拘長幼，俱令赴學肄業[274]。

正如這條記載所顯示，社學和義學的區別並不大[275]，有時名稱也混用[276]。某種程度上證明了一句話：「凡漢人在鄉之學總曰社學」[277]，暗指那些為少數民族創辦的是義學。但是這個區別並沒有始終保持一致。它經常被忽視，例如一七一三年，清政府命令各省都創辦義學；一七一五年，康熙帝指示直隸總督為居住在京城鄰近地區的一般鄉人創辦義學[278]；乾隆帝在一七五一年發布上諭，要求在苗族居住的所有地區設置社學[279]。這兩種學校之間的另一個顯然也是正式的區別就是：社學是鄉村學校，而義學既設於州縣城，也設於鄉下。但是，即使是這種區別也不是經常看得出來的[280]。

不管社學和義學之間存在著什麼區別，它們的基本目的實質上是相同的：盡可能把更多的人置於欽定儒學的影響之下，特別是那些求學欲望和能力顯示他們具有遠大抱負，以及可能成為其村落領袖的個人。

在盡職的地方官及合作紳士的努力下，清帝國各地設立了為數眾多的社學和義學。河南省的一個縣，合計有超過一百二十所社學[281]。在廣東的一個縣，由鄉人集資創辦的社學有二十一所[282]。一八七八年版《廣州府志》的纂修者說：「鄉村俱有社學，文會即集社學，社中英才以及童子勝衣搦管必率以至」[283]。規模較大的宗族有時也創辦鄉學。一個著名的事例是廣東花縣平山墟的聯雲社學（廣東花縣），由江姓、梁姓、劉姓和危姓等族聯合創辦，其成員在該村總人口八千人中占絕對多數[284]。鄉紳對創辦社學也常感興趣[285]，有些據說還非常成功。據說，在南海縣（廣東）一個繁榮的鄉村地區，小孩年滿六、七歲之後，都要入學讀書，學習儒家經典。即使是貧戶子弟也要入塾就讀幾年，學會讀寫[286]。有時，社學之影響遠遠超出課堂教學之外，成為地方活動[287]、儀式集會或地方防禦的中心[288]。

274 《學政全書》，64/6a-b。

275 清政府編纂的《學政全書》並未對社學、義學作出區別，好像它們同屬一個體系。織田萬，《清國行政法分論》，第三卷，頁五：「社學是由鄉村創辦維持的；而義學是紳士與普通百姓捐資創辦的。」這個看法並不適用於所有事例。

276 例如，《嚴州府志》，6/13a-b說，在地方上，義學「舊稱社學」。

277 《黎平府志》，卷四上，頁一一五b。纂修者還補充說：「各鄉離城遠近不一，豈能盡人負笈來城，故於巨鄉大堡，另立社學。」

278 《清朝文獻通考》，69/5493，康熙五十四年發布的一道上諭。

279 《學政全書》，64/7a。該文件發布於乾隆五年。

280 有關清政府授權在貴州省「城鄉」均設置義學的命令，參見《學政全書》，64/7a。《牧令書輯要》，6/25b-27b，引述陳宏謀發布的布告。他也下令城鄉均要設置義學。

281 《確山縣志》，14/3a。

282 《清遠縣志》，4/30b-32b。

283 《廣州府志》，15/8a。

284 《花縣志》，5/22a。

285 例如，見《南海縣志》，8/28a；《番禺縣續志》，10/23b-27a；《通州志》，5/80a-81b。不過，紳士常常專門為自己宗族子弟創辦學校。例如，見《劉氏家乘》（一八九一），31/3a-b。

286 《九江儒林鄉志》，3/8a。

287 《佛山忠義鄉志》，5/12b-13a，敘述了一個顯著事例，有一所社學成為當地文學競賽的場所。這個做法開始於一七〇三年，一直持續到十九世紀的最後幾年清政府廢除科舉考試制度。《番禺縣續志》，10/27a，有這麼一段敘述：「各鄉書院，多為公共集議之地，會文講學事間舉行。」此處的「書院」事實上只是地方學校，地位遠低於真正的書院。

288 《南海縣志》，6/31b，提供了一些絕佳的事例。十九世紀初，九個臨近鄉村地區的居民共同創辦了保良社學（蓉岡社學的前身），作為地方上防禦盜賊的大本營。一八五四年，當紅頭賊起事時該社學的資金就用來支援地方團練。

在有利的環境下，義學的情況也還可以。例如在直隸蔚州城，一所在一七三九年由一些紳士創辦的義學，擁有超過二百六十一畝的田地[289]。直隸盧龍縣的一所義學辦得非常成功，有超過二十名學生通過考試成為生員[290]。與社學一樣，許多地方義學的建築或設立，直接取決於地方官和鄉紳的熱心，即使在一些不是以經濟繁榮知名的地區，如莘縣（山東）[291]、豐鎮（山西）[292]、確山（河南）[293]和鹽源（四川）[294]。如果沒有募集到足夠的資金來修建校舍，有時就借用廟宇或祠堂，像陝西靖邊縣那樣[295]。其他多少類似的事例真是不可勝數[296]。

應該指出的是，雍正帝明顯喜歡義學而非社學，至少一度是這樣。一七二三年，在他否決一名巡撫請求在江西設置書院之前三年[297]，下令各省把書院改成義學「以擴展教育」[298]。雖然這道命令並沒有交代理由，但是可以推測皇帝希望避免重蹈明朝流行的情況：一些著名書院變成尖銳的政爭的中心[299]。因此，他寧願用基礎教育的義學來取代進階學生就讀的書院。雍正帝這個行動的效果如何，我們沒有相關資料。也許它激發了地方上對義學的興趣；不過，到底有沒有任何書院因而改成義學，則是值得懷疑的。

作為控制工具的地方學校

無論清朝皇帝們對學問和儒學的個人態度如何，他們都看到了地方學校是思想控制的有用工具。因

289 《蔚州志》，7/17b。
290 《盧龍縣志》，21/2b。
291 《莘縣志》，7/3b 說，知縣曹榕在十九世紀的最後二十五年裡創辦了九所義學。〔編按：在 5/25a。據民國《莘縣

志》，曹榕在光緒四年、十四年、二十一年三度出任莘縣知縣。〕

292 《豐鎮縣志書》，3/10a-b說，雍正年間，官府在縣城裡創辦了一所社學；道光年間，鄉民在鄉下創辦了二所社學。

293 《確山縣志》，7/8b、14/2b-3a、24/14a-b。一六九四年到一八九四年間，地方官員或紳士總共創辦了十二所以上的義學。

294 《鹽源縣志》（一八九一），頁一b說，該縣在鄉村和縣城共創辦了四十二所義學，最後一所是知縣在一八七四年創辦的。〔編按：《鹽源縣志》共計十二卷，另有卷首一卷。這部縣志顯然是分兩階段完成的，先是同治年間在知縣柳宗芳主持下完成稿本，負責纂修工作的是舉人陳震宇及優貢曹永賢；然後在光緒年間由知縣辛培源主持完成繪圖，知縣歐陽銜的接續主持下完成刊印的工作，因此後兩任知縣分別留有光緒十七年及十九年的兩篇序文。但是刻本顯然在編輯作業上留下一些沒有完成的工作，因此大多數版心的卷次都沒有刻上，現行影印版在刻本各卷第一頁的前面有手寫注明卷次，但也不完整。所以作者徵引只有頁碼而無卷次。按：此處記事見於卷四，〈學校志〉，頁一b－四a。頁一b只說「新設四十餘之義學」，頁二a－四a列舉了該縣義學的名單，共計四十二所。在名單之後說：「以上義學同治五年知縣柳宗芳新設。」從文意上來看，這四十二所義學都是柳宗芳新設的，而不止是最後一所。而同治五年是一八六六年，一八七四年是同治十三年，時間上也不合。〕《湘鄉縣志》，4/17a-18a，提供了這段有趣的訊息：康熙二十三年，知縣得到康熙帝關於建立義學的上諭，就立刻捐資在縣城裡修建了一所義學。這所社學在咸豐十年併入一所書院。

295 《靖邊縣志》，2/5a-b。

296 在眾多包含相關資訊的地方志中，可以引用下列地方志：《邯鄲縣志》，14/53a-54b；《沔陽州志》，卷五，〈學校〉，頁六a；《興國州志》，9/4a-5a；《徐州府志》，15/4b-15a；《無錫金匱縣志》，6/16a-23b；《廣州府志》，66/20b；《東莞縣志》，17/14b-15b；《陽江志》，17/44b-49b；《尋甸州志》，7/28a-b；《鎮南州志略》，3/16b-17b；《普安直隸廳志》，7/1b；《永寧州續志》，5/1a-33b。

297 關於雍正帝否決該巡撫請求的原因，參見注二五三。

298 《清朝文獻通考》，70/5495。

299 《清朝續文獻通考》，50/3246。

此，他們鼓勵設置某些類型的地方學校，並且把它們全部置於政府嚴密的監督之下。他們認為，地方學校的任務應該是將「欽定儒學」的影響擴展到士大夫群體之外的人身上，而且或許還能幫助從中培養出一些人來為清朝的統治服務。

政府幾乎沒有給這些學校任何制訂教育計畫的自由。事實上，所有事情都規定好了，因此學校的教學必須為王朝的利益服務。課程安排，主要取決於國家考試所涵蓋的內容[300]。官方教科書由政府挑選內容，進行編纂，然後發給學校；把文學教育的圓周和圓心都固定下來。一六五二年頒布的一項規定說：

> 嗣後督學將四書五經、《性理大全》、《資治通鑑綱目》……等書，責成提調教官，課令生儒誦習講解，務俾淹貫三場，通曉古今，適於世用。其有剽竊異端邪說，矜奇立異者，不得取錄[301]。

這為清廷政策定下基調。從此，清廷核准的教科書就分發給各省學校[302]，包括義學[303]。對基本教材四書五經的解釋，必須以宋朝程朱學派大儒[304]的注解為根據。康熙帝的《聖諭》在一七〇〇年分發給各省學校，規定所有學生必須參加由教育官員主持的半個月一次的講約會[305]。二十四年後（一七二四年），雍正帝的《聖諭廣訓》也分發給所有學校。任何年輕學生想要成為生員，如果不能默寫《聖諭廣訓》的內容都不合格，不管他們的文學成就有多高[306]。

為了雙重保證欽定儒學的權威不受挑戰，皇帝們採取措施，禁止出版未經批准的書籍。康熙時期和乾隆時期的文字獄，偽裝成一種鼓勵學問研究的努力，是眾所周知的[307]。士人不能出版自己的作品，

300 《大清會典事例》，331/1a 以下，概括了清政府一六四六年起草、後來（尤其是一六六三年、一六六八年、一六九〇年和一七二三年）又修改過的有關辦法，規定用於不同考試的題目內容及類型。地方志中通常也提供有關各地做法的相關資訊。例如，見《恩平縣志》，11/4a；《蒙城縣志書》，5/8b；《滁州志》，卷二之四，一五a－b；《藤縣志》，4/10b；《翼城縣志》，19/5a-b。Parker, "The Educational Curriculum of the Chinese," *China Review*, IX (1881), pp. 67-70, 描述了從縣試到會試的一般程序。

301 《大清會典事例》，332/1a，頁二b，有一七五八年頒布的一項規定，大意是：對經典的闡述必須以清朝皇帝的聖諭聖訓和正統儒家的解釋為準；不遵守這個規定就會被取消資格。

302 這些書的官方清單，見《大清會典》，32/2b-3a；《學政全書》，12/1a-32b。關於地方學校實際上收到的書單，見《滁州志》，卷三之三，頁一七b；《蔚州志》，7/15a-b；《新寧縣志》（一八九三），15/6a-b；《興安縣志》，卷首，頁一二a－b；《南昌縣志》，12/4a-6b；《莘縣志》，2/16b；《洛川縣志》，19/2b。

303 《尋甸州志》，7/33a，提供了一個事例。

304 《學政全書》，6/1a，一六五二年（順治九年）採取的一項措施。這個規定在一七五八年（乾隆二十三年）又再重申，而且未做什麼實質修改。參見注三〇一。

305 《清朝文獻通考》，60/5491，關於康熙三十九年採取的一項措施。

306 《清朝文獻通考》，70/5495，一七二五年（雍正三年）發布的一項命令。Parker, "The Educational Curriculum of the Chinese" 也指出了這一措施。為了檢查「邪教」的傳布情況，清政府在一八五〇年（道光三十年）下令，地方學校必須以《聖諭廣訓》作為學習和宣傳的基本教材之一。《大清會典事例》，400/4a。

307 《學政全書》，13/1a-17a，概括了一六八六年到一七七九年間採取的主要措施。根據同書，13/13a 中的記載，乾隆帝一七七六年（乾隆四十一年）下令禁毀錢謙益（一五八二－一六六四）、金堡（一六一四－一六八〇）和屈大均（一六三〇－一六九六）等人的著作，因為這些作者「托名勝國，妄肆狂狺」：對新朝統治有害的意見。不過，「若南宋人書之斥金，明初人書之斥元」，清政府在刪除其中「悖於義理」的內容後，准許流傳。

即使是他們取得舉人或進士頭銜的作品也不行[308]。小說被認為可能會對人們的心智產生危險的影響，因此被禁止。禮部在一六五二年頒布命令，書商只能刊印「理學」，以及為政之道或對文學學習有用的書籍。如果刊印、售賣含有「淫詞瑣話」的書，將受到嚴厲的懲罰。這個禁令在一六六三年、一六八七年、一七一四年、一七二五年、一八一〇年、一八三四年及一八五一年多次重申[309]。道光帝在一八三四年解釋，許多小說之所以不適合臣民閱讀，因為這些書教讀者「以強梁為雄傑」[310]。一八三六年，清政府還警告士民不要胡謅打油詩，向令人討厭的官吏發洩不滿情緒[311]。

清朝當局不時頒布規定及禁令，以求達到對士子更加完全的控制，讓他們在行動上和思想上都無害[312]。仿照明朝一三八二年的做法，順治帝在一六五二年頒布了八條準則，作為所有士子的行動指南。每座孔廟都立了一座臥碑，上面刻著這八條準則。在許多其他事項中，士子被命令必須誠心聽講，克制自己不與老師「妄行辨難」，以示對老師的尊敬。他們被禁止立盟結社、不能隨意刊印自己的著作、對地方官員施壓，以及威嚇或使喚自己的鄉鄰。他們被明確禁止介入政治和司法事務。上書為士兵或平民的利益或苦難陳情的人，不但請求駁回，還要接受懲罰，即使他們所說具有充分理由。除了有關自身教育或考試的事情之外，不能與地方官有接觸。士子捲入訴訟案件是非法的，即使與自己有關的案件。如果案件屬於後者，其家人可以代表他們打官司。據八條準則的序言解釋，禁律是為了加強士子自己的利益：因為遵守規定的準則，他們就可以「養成人才以供朝廷之用」[313]。

半個世紀後，康熙帝於一七〇二年頒布〈訓飭士子文〉。在要求士子的言行必須符合欽定儒學的最佳準則之後，皇帝接著列舉了許多斯文掃地的惡行，並用嚴厲的語氣加以譴責：

若夫宅心弗淑，行己多愆，或蜚語流言，挾制官長，或隱糧包訟，出入公門，或唆撥奸猾，欺孤陵弱，或招呼朋類，結社要盟，乃如之人，名教不容，鄉黨勿齒，縱幸脫褫扑，濫竊章縫，返之於衷，寧無愧乎[314]？

308 《學政全書》，14/1a-2a；《清朝文獻通考》，69/5486，順治八年到九年所採取的一項措施。不過，禮部得到授權，可以刊印經同意的作品。一七二三年，書商被允許，刊印由禮部和翰林院一起挑選出來的作品。乾隆帝一七三六年一登上皇位，就下令翰林院挑選刊印幾百篇「八股文」，同時取消了禁止刊印當代士子所寫文章的禁令。《學政全書》，6/6a。

309 《大清十朝聖訓．聖祖朝》，25/22a 及 8/14a；《大清歷朝實錄．咸豐朝》，38/13a；《學政全書》，14/1a-14b；朱壽彭，《東華續錄．道光朝》，29/4a，《大清會典事例》，400/2a 和 5b。

310 《大清十朝聖訓．宣宗朝》，78/14b-15a。

311 同上，78/18a-b；《大清會典事例》，400/2b。

312 《學政全書》，4/1a-13a；《大清會典》，32/3b；《清朝文獻通考》，69/5486 以下，提供管理學校、士子的基本規定和禁令。

313 《學政全書》，4/3b；《清朝文獻通考》，69/5486。許多地方志也可以看到這些準則的條文，如《廣州府志》，66/12b-13a；《渾源州續志》，2/8a-9b；《續修廬州府志》，17/5a-6a；《巴陵縣志》，17/1a-b；《新寧縣志》，15/5a-6a；《東莞縣志》，17/6a-b。丁日昌在《撫吳公牘》，30/8a-b 中指出，直到一八六〇年代，江蘇松江府知府還重印這個文件發給治下的所有學校，要求士子在每月的考試裡默寫八條準則中的一條。

314 《學政全書》，4/3b-4a；《大清會典事例》，389/2b-3a；《清朝文獻通考》，69/5492。康熙帝所寫的這篇〈訓飭士子文〉在許多地方志中也能找到，其中包括《廣州府志》，1/9a-b 和 97/2b；《渾源州續志》，2/9b-11b；《巴陵縣志》，17/3b-4b。

儘管歷史情況已經改變了，但後來的統治者還是發布了語氣大抵相同的補充訓令。其中最著名的是雍正帝一七二五年所寫的〈朋黨論〉，及乾隆帝一七四〇年所寫的〈訓飭士子文〉。前者分發給所有地方學校；後者原本是對國子監學生的講話，隨後也印發給地方學校[315]。

雍正帝在登上皇位之前，雖然主要關心的是與眾兄弟爭奪皇位的派系鬥爭，但他在〈朋黨論〉中談到政治忠誠的普遍問題，強調「為人臣者，義當惟知有君」。乾隆帝精明地認識到，絕大多數科考失利士子的怨氣是王朝真正的危險，因此設法讓他們不要全心貫注在「科名聲利」，以緩和他們的失望。他在文章中說，既然朱熹說過「學以為己」，那麼期望得到任何報酬（不論是科名或聲利），就是誤解了從事學術生涯的真正目標。當然，參加國家的科舉考試是沒有錯的。但是，一名真正的士子應該視通過考試為學習的副產品，而不是目的。乾隆帝接著說：

> 諸君苟能致思於科舉之外，而知古人之所以為學，則將有欲罷不能者矣。……得失置之度外，雖日日應舉亦不累也。居今之世，雖孔子復生也，不免應舉，然豈能累孔子也？

「日日應舉亦不累」，就是乾隆帝給科考失利士子所開的藥方。接受它的人將會滿足於無限期磨練自己的「八股文」，思索欽定儒學的論題，不論科場考試的結果如何。換句話說，他們完全是無害的。隨著時間的推移，清朝建立者設計來控制漢人菁英的考試制度，開始出現了嚴重的問題。在滿人統治一個多世紀後，由於渴望進入士大夫特權階層的士子太多，以致沒有足夠的空間來容納他們。乾隆帝設法解決這個令人困擾的問題：用通過科考進入士大夫階層的誘人結果來吸引士子，同時又要防止士子因願望落空而對朝廷懷恨。太平天國領導者洪秀全就是一個科場失利者，這個事實顯示乾隆帝的努力具有實際意義，也顯示他的努力並沒有完全成功。

清朝採取了具體的措施，以加強對士子的控制。這裡可以引述幾個著名的事例。一六五一年，禮部下令禁止十名以上生員可能向地方官示威的集會，如果這樣做就會受到放逐和剝奪頭銜的懲罰。康熙帝在一六五二年和一六六〇年兩度下令禁止生員與衙門有任何形式的聯繫，禁止干預衙門事務[316]。一七二五年，雍正帝重申了這個禁令，語氣更加嚴厲[317]。為了確保士子不以向地方官請教學問為藉口而與地方官接觸，禮部在一六五一年規定，士子無論什麼時候拜訪地方官，都必須在「門簿」登記，說明拜訪原因。一六六六年和一六七三年又重申了這個規定[318]。士子如果未經清政府批准而刊印自己著作，就會受到懲罰：舉人違反了規定，取消其進京參加會試的權利；生員違反了規定，剝奪其頭銜；有參加入學考試資格的儒士違反規定，就會受到鞭打。這個規定是一六七〇年頒布的，在一七三六年乾隆帝即位前未曾放鬆過[319]。一六七三年的一道上諭規定，學子如果想用集體罷考以為難地方官，就會被取消參加隨

---

315 雍正帝的〈朋黨論〉收錄於《學政全書》，4/5a，乾隆帝的文章收錄於同書，4/11a-12b。許多地方志中也可以看到。根據《博白縣志》，6/5a 所載，雍正帝的文章刊印出來，分發給各地方學校。

316 《大清會典事例》，383/1a。〔編按：此兩禁令發布於順治八年及十六年，非康熙帝所為。〕

317 《清朝文獻通考》，70/5498。

318 《大清會典事例》，383/1a。

319 同上，332/1a 和 2a。然而，朱壽彭在《東華續錄．道光朝》，32/2a-b 指出，舊禁令在一八三六年恢復了。據他說，在道光十六年（一月辛丑日），清政府對湖南提學使進行懲罰，因為他出版了自己的文集，並准許書商刊印出售。不過，這個事例涉及到的是政府官員，而非士子。

後考試的資格[320]。一六六一年到一八〇一年間，清朝當局不斷下令，懲罰拒絕交稅或幫助他人逃稅的士人[321]。事實上，士子的個人自由受到了非常詳細的限制，甚至取什麼字號這種事，也要經過官府批准。清朝在建立早期，就下令嚴格禁止取那種具有煽動性的名字，姓劉（漢朝建立者的姓）的人，不准取名「興漢」（復興漢朝）或「紹漢」（繼續漢朝）；姓李（唐朝建立者的姓）的人，不准取名「思唐」或「繼唐」（繼承唐朝）。不過，清朝對於朱姓（明朝建立者的姓）並沒有作什麼規定[322]。

控制鄉村生活的效果

要評價清朝透過學校控制進行思想控制的效果，便利的方法是分別評估它對那些容易透過書本直接灌輸部分的影響，以及那些不容易這麼做的；換句話說，就是評估它對受過教育的士子以及大量目不識丁的鄉村居民的影響。

假定清朝思想控制的主要目的在於讓知識分子為它服務，或至少對王朝無害，那麼清朝皇帝們所採取的各種措施取得了一定程度的成功。絕大多數讀書識字的人埋首於長年累月「苦讀」的士子生涯[323]。其中一些人受欽定儒學傳統影響太深，因而對改革或革命的觀念無動於衷。明代士子的激烈言行——包括對官府的公開批評、黨爭，以及不受壓抑的講學論道——被一片對社會生活實際問題的漠不關心所取代，這是乾隆和嘉慶朝許多士子的特性。十八世紀晚期和十九世紀早期知識界的氛圍，被那個時代一位著名的文人描繪得令人印象深刻：

最近，高官無權，亦復膽怯怕事；御史不再進諫，緘默不語；議論沈寂，不聞學者講學論道；下

吏不建一言，徒斤斤于應付察考與謀取私利，置道德與公事於腦後[324]。〔譯按：此處出處不對，照英文譯出。〕

另一位同時期的作者指出：

> 明之時士多講學，今則聚徒結社者渺焉無聞；明之時士持清議，今則一使事科舉，而場屋策士之文，及時政者皆不錄。大抵明之為俗，官橫而士驕，國家知其敝而一切矯之。是以百數十年，天下

---

320 《學政全書》，7/1b、5a和7a；《大清會典事例》，330/1b-2a和399/6a-b。

321 《學政全書》和《大清會典事例》，383/1a。參見織田萬，《清國行政法分論》，第三卷，頁四四－五〇，引光緒《會典》。

322 織田萬，《清國行政法分論》，第三卷，頁五〇。

323 Chung-li Chang (張仲禮), *The Chinese Gentry*, pp. 165-173.

324 龔自珍（一七九二－一八四一），《定盦文集》，卷上，〈乙丙之際箸議〉，頁九。關於龔自珍的生平，見Hummel, *Eminent Chinese of the Ch'ing Period*, I, pp. 431-434.〔編按：〈乙丙之際箸議〉，頁九，似應作〈乙丙之際箸議第九〉。該文首言「書契以降，世有三等」，「治世為一等，亂世為一等，衰世別為一等」，而「三等之世，皆觀其才才之差」。此處著重在講衰世與治世的貌似而實非。尤其是「道路荒而畔岸隳也，似治世之蕩蕩便便；人心混混而無口過也，似治世之不議；左無才相，右無才史，閫無才將，庠序無才士……」。細檢《定盦文集》，上卷，未見有如引文這般直白的話語。「衰世」的這段論述，可說是與「最近」的引文最為接近的。〕

紛紛亦多事矣，顧其難皆起於田野之奸、閭巷之俠，而朝廷學校之間，安且靜也[325]。

雖然這兩位作者對官員、士子的麻木不仁可能有些誇張，或者他們的陳訴過於一網打盡，但他們指出的明清士子之間的區別無疑是存在的。這明顯反映出清朝皇帝們透過科舉制度和學校體系進行思想控制的成果。

然而，清政府透過科舉考試和學校體系進行的思想控制，並未取得清朝統治者期望的全部結果。清政府無法有效執行所有皇帝制定的規定和訓示。只要它們被執行了，就會產生出一些在清廷看來並不滿意的效果。

很多證據顯示，清廷不時頒布的規定和訓示常常被陽奉陰違。越來越多的士子背離了清朝規定的行為模式，他們公然違背清朝法律或冒犯欽定儒學倫理。在官方文件上，這樣的士子叫「劣生」或叫「刁生劣監」。儘管清廷嚴厲規定不准與地方官接觸，但他們卻不斷糾纏地方官[326]，向後者提出與學問研究無關的要求或陳情。關於學子必須在「門簿」（由州縣教諭向衙門提供）登記、說明拜訪原因的規定，在十七世紀晚期變成了「故套」[327]；到十八世紀中葉則「漸成具文」[328]。當州縣官員例行地出現在孔廟時，士子就不斷提出要求或陳情[329]，這樣就避開了到衙門的禁令。清政府一八三五年承認，儘管不斷重申禁令，各省士子仍持續「勾串胥吏」，「欺壓鄉閭」[330]。

有時，士人自貶身價，非法從事與地位不相稱的工作。雖然清廷免除他們服勞役、禁止他們從軍，但是一七三五年報告，在陝西駐軍中出現了許多文武生員[331]。浙江的士人常常充當官府的基層代理人，保存稅收紀錄，證明土地的轉移；這種工作通常叫「里役」，是勞役的一種[332]。在一八八〇年代的山西

325 管同（一七九二－一八四一），《異之文集》，〈擬言風俗書〉，收錄賀長齡，《皇朝經世文編》，卷七；《續纂江寧府志》（一八八〇），卷一四之八，頁二a－b。根據趙翼，《陔餘叢考．監生》，28/2b，明朝的士子非常「自負」，其部分原因是明朝建立者給予他們前所未有的鼓勵，明太祖一三四三年（洪武二十六年）從國子監挑選六十四名監生，任命他們擔任各種職務。次年，又派出一些監生監督地方官和居民修水利工程。其中一些人被賦予報告地方情況的職責，或受理由地方官處理但令人不滿意的訴訟案件。根據顧炎武（一六一三－一六八二），《文集》，卷一的三篇〈生員論〉，生活在明朝統治後期的生員「出入公門，武斷鄉曲」，這種行為顯然是清朝皇帝禁止他們出入衙門的一個原因。還可以補充的是，明代許多士子對政治具有相當的影響；這可能是清朝政策的主要原因。有關東林黨和復社成員活動的扼要敘述，見柳詒徵，《中國文化史》，下冊，頁二五一－二五二。

326 參見注三一四。

327 黃六鴻，《福惠全書》，3/23b。

328 《皇清奏議》，51/5b，收錄江蘇學政李因培在一七五九年（乾隆二十四年）的上奏。

329 黃六鴻，《福惠全書》，2/16b-17a。

330 《大清會典事例》，400/2a。同書，400/7a 指出，一八七六年（光緒二年）指示各省教育當局對不守規矩的士子態度要嚴厲，因為「川省訟棍，多係貢監文武生，唆架扛幫，大為民害」。清政府不時指出類似的不法行為。見《學政全書》，7/1b 和 4b-5a，一六五九年（順治十六年）和一七二七年（雍正五年）清廷發布的上諭。實際事例，見《廣州府志》，5/17b-18a、109/25a、129/23a 和 131/7b；《南海縣志》，2/63a 和 19/7b；《廣西通志輯要》（一八九〇），10/17b。

331 《清朝文獻通考》，70/5506，雍正十三年發布的一道上諭。

332 同上，24/5062，乾隆二十七年的一篇上奏。

省，士子經常接受任命擔任里長，或參加徵稅、介入詞訟[333]。

此外，當士子與地方官發生爭吵時，他們的言行就會變得非常激烈。兩者之間衝突最普遍的原因，是士子在地方考試中失利。不顧乾隆帝的勸告，大多數士子還是以獲取功名或特權為讀書的主要目的。科場失利，直接打擊了他們的企圖。即使主考官的確公正無私、有鑑識力，失敗者也不會輕易承認自己的確學力不足；不幸的是，主考官公正無私、有鑑識力的並不多。年輕人血氣方剛，混亂立刻就發生了。康熙帝在一六七三年的一道上諭中指出：「各省生童，往往有因與地方有司爭競齟齬，而相率罷考者」[334]。一七三四年，雍正帝也指出了相同的行為[335]。儘管清政府祭出嚴厲懲罰，也未能阻止生童鬧事罷考，有時甚至發展成為暴動，像是一八六三年江西豐城、一八八六年湖南芷江縣的事件[336]。有時，考試失利以外的其他原因也會導致地方罷考。一八五一年，廣東東莞縣一些生員和南海縣一所書院的學生拒絕參加規定的地方考試，以抗議該兩縣知縣有關稅收和金錢方面的行動[337]。

清政府還指出了士子的其他不法行為。各省生員中「最劣等」的是利用其地位，「霸占地土」（一六五三年）[338]。「劣生」（一七二九年）「有窩匪抗糧，揑辭生事，唆訟陷人，滅倫悖理者」[339]。一七三〇年，清政府得知，東粵之士子向經過其居住地方的船隻勒取錢財，並霸占市集私行抽稅[340]。一七六六年浙江報告，生員和監生為控制廟宇財產並占為己有而大打出手[341]。一七三九年，清政府得知，湖南長沙府屬各地的一些生童在省城參加考試之時戲侮婦女，幾乎釀成一場暴動[342]，江西興安的士子利用其特權地位為私鹽販子和從事其他非法活動的人提供掩護。由於這一做法太過招搖，引起清廷在一八三五年採取行動[343]。儘管清廷在一七七一年就下了禁止令，但教唆詞訟仍然是「劣生」喜歡的一種「枉法」行為[344]。

「劣」或「刁」的士子有時就是暴民的首領。一七三九年，清政府發現有必要禁止士子的聚集，即

333 王仁堪，《王蘇州遺書》，3/13a。可以預料到，武生更經常違背清朝規定。例如，見《南海縣志》，14/22a-b；《廣州府志》，129/23a。兩江總督沈葆楨在一八七八年的上奏中建議取消武「生」考試，他首先說明武生對清朝的統治無益，接著寫道：「而無事家居者，往往恃頂戴為護符，以武斷鄉曲。蓋名號為士，實則遊民。……故以不守臥碑注劣者，文生少而武生多，則又非徒無用也。」葛士濬，《皇朝經世文續編》，54/4b。

334 《大清會典事例》，383/3b，康熙十二年發布的一道上諭。這個行為的歷史與科舉制度本身一樣久。見趙翼，《陔餘叢考‧棘闈》，28/12b。

335 《清朝文獻通考》，70/5505，雍正十二年發布的一道上諭。

336 《南海縣志》，14/19b-20a；《大清會典事例》，383/4a。

337 《大清會典事例》，330/4b，咸豐元年發布的一道上諭。《東莞縣志》引述了這道上諭，26/9b。參見《南海縣志》，14/14a；該處記載，奉天府士子的行為舉止也是如此。

338 《清朝文獻通考》，69/5487，順治十年發布的一道上諭。這種情況一直延續到十九世紀。參見注三三〇所指出的資料。

339 同上，70/5501，雍正七年所採取的一項措施。

340 《學政全書》，7/8a。

341 同上，7/18b。

342 同上，7/15a-16b。

343 《興安縣志》，卷首，頁一三a－b。〔編按：該處所引文為道光十五年回應俞焜奏請「嚴核優劣以端士習」的一道上諭，題為〈諭端士習〉，內容是一普遍性的指示，並未具體提及興安士子為不法活動提供掩護一事，《起居注》、《實錄》及《聖訓》所錄亦同，《清史稿‧忠義三‧俞焜傳》亦未提及此事。〕

344 《清朝文獻通考》，72/5520。

使目的沒什麼危害也不行，因為據報各省「劣生」經常「聚眾抗官」[345]。一七三九年，福建福安縣的士子侮辱知縣，並且把孔廟大門塗黑；直隸昌黎縣的士子企圖把衙署大門堵起來，因為他們認為知縣不稱職[346]。三年後（一七四二年），清政府又得到報告，蘇北一些州縣的居民在「劣生」領導下發動罷市，引起衙門混亂，以示對地方官在洪災之後執行救濟方式的不滿[347]。一七八一年，山東陽穀縣一名生員煽動村民拒絕〔幫河南省〕疏濬河道，並組織暴民攻打監獄，搗毀糧房書吏的房屋[348]。

十九世紀中葉發生的兩件事特別值得一提。一八四一年，湖北崇陽知縣懷疑一些生員和衙門書吏狼狽為奸從事貪腐活動，展開徹底調查。罪犯立即暴動，殺害知縣[349]。四年後（一八四五年），浙江奉化一些參加上一年（一八四四年）縣試的失敗者指控知縣偏袒，收受賄賂。在當年縣試舉行的第一天，他們聚集起來攻擊主持考試的知縣，並在當地居民的幫助下將他趕跑。據說，這場混亂「迅速發展成為一般的叛亂」，不得不動用軍隊來鎮壓[350]。

士子並不是唯一應該被指責為「劣」和「刁」的。地方官不稱職以及科舉制度、學校體系本身衰敗，一定讓許多士子感到沮喪，使他們對欽定儒學及其制度規定的不信任。考試中充滿著欺騙和作弊[351]，詳細的規定並不能杜絕廣布的非法行為[352]。儘管被捕的罪犯受到了懲罰，但是賄賂、偏袒和欺騙仍然存在並繼續擴散[353]。貧困的農家之子擠入士子行列的機會的確微乎其微。在一些州縣，甚至規定了取得「入籍」必備的財產條件，這就使貧困人家出身的儒士失去參加州縣競試的機會[354]。一位《聖諭廣訓》的闡

345 《清朝文獻通考》，71/5511。
346 《學政全書》，7/16a。
347 同上，7/17b，引自一七四二年（乾隆七年）兩江總督德沛的一篇上奏。

348 同上，7/20b-21a。

349 《清史稿》，494/18b〔編按：見卷四八九，〈忠義三・師長治傳〉〕。《平桂紀略》，1/15a-16a 記載，武舉張鳳岡和廩生侯爾宇（兩人均為廣西興安縣南鄉人）武斷鄉曲，在一八五三年聚眾作亂，自稱洪秀全餘黨。

350 George Smith, *A Narrative of an Exploratory Visit to Each of the Consular Cities of China* (1847), pp. 251-252. 有關到縣城參加縣試的士子發動反抗衙門吏胥非法行為規模較小的抗議行動，見《花縣志》，2/26a。

351 《學政全書》，16/2a-3a。參見 Chung-li Chang, *The Chinese Gentry*, pp. 182-197.

352 《大清會典事例》，卷三四一－三四二。

353 例如，《大清會典事例》，383/7b-8a，收錄一八三五年（道光十五年）發布的一道上諭；黃六鴻，《福惠全書》，24/20a，敘述十七世紀此一看法。E. A. Kracke, "Family Versus Merit in Chinese Civil Service Examinations under the Empire," *Harvard Journal of Asiatic Studies*, X (September 1947), pp. 103-123, 也可參考。《南海縣志》，26/26a，記錄了一個以叫作「闈姓」的非法活動，即一種類似西方國家賽馬或在選舉中對候選人下賭的賭博活動。有能力、有名望的士子因「禁蟹」而得不到他們應得的榮譽；而平庸、無名的士子卻在「扛雞」欺騙手段的幫助下通過了考試。〔編按：據《南海縣志》，26/26a：「科場舞弊直省時有所聞，吾粵自闈姓盛行，其弊滋甚。……小試則有禁蟹、扛雞之目，其弊蓋出於鎗手為之。鎗手百十為群，隨棚冒考，先取二三小姓無文者，自行投票，同黨約定入場，遇有此姓即為捉刀，不索值。儻此姓獲售，則投買之票可得頭彩，此為扛雞。其素有文名，人所爭買者，有賄止其進場，或計汙其試卷，更有勾通閱卷者壓抑之，使不得售，此為禁蟹。光緒辛巳，惠州歸善院考，王、鍾、廖三姓不錄一人，為向來未有，一時譁然上控，大吏不欲興大獄，特將其票所得彩銀充公，移罪於文案幕友，學院僅以失察革職。闈姓之禍亦烈矣哉。」〕

354 例如，《湄潭縣志》，3/19a-b，就記載在貴州湄潭縣發生的這種事例：「公議入籍，定規分上中下三戶，上戶置產銀一千兩以上者，出銀一百兩，如產業加倍者，亦倍之。中戶置產銀五百兩以上者，出銀六十兩，……如查實在貧窘者，以二十兩止。」參見《永寧州續志》（一八九四），5/32a-b。該處記載說，所有盼望考中的士子都必須捐資來維持當地孔廟，以此證明他們是合格的。每人捐資多少，根據盼望考中者財富情況而定。參加考試所需花費，遠遠超過貧困人家的經濟承擔能力。見《清遠縣志》，6/16a-17a；《湄潭縣志》，3/20a-21b；《永寧州續志》，5/28a-30b；《同官縣志》，22/1a。貧困人家之士子，經常得到財務援助；這種援助常常來自宗族。

述者寫道：「將相本無種，男兒當自強。你們若肯學好，教訓你們的子弟，這舉人進士，都是家家有分的。」[355]對許多貧困的村民和受挫的士子來說，這聽起來必定非常虛假。

這個情況很難培養出對真正信仰儒學或對清朝真正尊敬的士子。更嚴重的是，地方教官（指年輕儒士的教諭及訓導）的行為舉止非常糟糕，很難得到尊敬和信任。在一八六二年的一道上諭中，清廷注意到他們的明顯缺點：

……近來各直省教職等官，並不實力奉行，認真訓課，惟知索取贄禮修儀，貪得無厭。又其甚者往往干預地方公事，並或遇事魚肉士子，諂諛紳富[356]。

清廷對教育官員的譴責，各省當局很有同感。一位江蘇巡撫（丁日昌）在約略同時寫道：

目前教官，不惟無益，而且有害。生員贄儀厚者待之如賓如友，薄者視之如寇如仇。且以曠課詳革，俟其打點關說，而又為請開復。舉報節孝，非有阿堵物，不為轉行。甚至勾通訟棍，控告諸生，俾可擇肥而噬[357]。

在思想控制方面，「劣生」完全不能向清朝提供什麼幫助。的確，他們出現在鄉村和城鎮，在某種程度上就抵消了那些清朝認為有用之士子帶來的思想影響。總而言之，清政府對士大夫階層的思想控制成效很有限；正是由於這一原因，清朝對一般大眾也不能維持完全有效的思想控制。

這還不是全部，有點諷刺的是，清朝對士子和官員的思想控制，在其有效實施的範圍內，帶來了其他後果；這種後果同樣是清廷所不樂見的。

思想控制的中心目的之一，就是要使士大夫變成無害的。然而，恰恰因為他們是被以特殊地位與特權來誘導，以符合規定的思想模式，因此他們無法發展出知識的熱情或道德的力量。經過好幾代的灌輸以及在科舉考試中追求「科名」，他們最終順從一種人生哲學：除了個人成就和私利外，其他一切都沒有意義。許多士子成為順從的官員，但是他們很少成為皇家目標的忠實臣僕或欽定儒學的忠實捍衛者。在平時，也們是無害的；但在緊急時刻，很少人打算幫助皇上面對危機。換句話說，長期持續的思想控制，終結在士大夫道德和知識的萎縮；而清朝正是依靠這些士大夫來協助統治，並將思想控制延伸到遼闊領土上的遙遠角落。追求思想安全就這樣付出很高的代價：清朝統治的道德基礎最終被削弱了。

有人或許會認為，曾國藩（一位極其成功的士大夫）為清朝做出的卓越服務，說明了清朝的思想控制並不是沒有一些實質的成果。對這一論點的回答非常簡單。曾國藩並不是普通的士子，他及其親密夥伴事實上非常特別。他們在關鍵時期挺身而出，在一定程度上影響了清朝歷史的進程，但是未能明顯

355 王又樸的話，引見 Legge, *China Review*, VI, p. 231.〔編按：中譯據魚返善雄編，《漢文華語康熙皇帝遺訓》，頁六二。〕

356 引見《廣州府志》，5/5b-6a；《東莞縣志》，35/12b-13a。

357 丁日昌，《撫吳公牘》，20/6a 和 33/10a。根據《廣州府志》，132/15a 的記載，早在十八世紀初，地方教育官員就開始腐敗。到十九世紀的最後幾十年，其腐敗情況幾乎發展到清帝國的每一個角落，見《南海縣志》，14/13a；《同官縣志》，22/1b。

改變科舉制度和學校體系幫助造成的一般狀況。他們的行為當然不是十九世紀典型的士子。我們很容易看出，在太平天國起事期間，如果有一名士子（不論有沒有頭銜）準備捍衛孔孟之道和朝廷，就會有許多名士子在風暴到來時逃之夭夭，或者與「盜賊」妥協以保全自己的「身家性命」，或者與反叛者共命運，就像那些公然參加太平天國政府在南京所舉辦考試的人。

思想控制對能夠直接接受書寫文字教化的人所產生的效果，已經討論得太多。思想控制對多半目不識丁的廣大鄉村居民產生的效果，要精確評估是不可能的。不過，我們可以略微檢視鄉村學校實際運作的情況，從而得出一個大概的光景。從我們手中零星資料得到的印象是，很少有鄉村學校是真正或持續興旺的。分布在州縣城或市鎮的書院，位置比較好，可以得到地方官或紳士的支持，經營得比義學或社學要好；尤其是位在享有一定程度經濟繁榮地區的書院[358]。但是，其他地區的書院就沒有這麼一致令人鼓舞的景象[359]。

此處特別關心的當然是義學和社學。前者可能分布在鄉下，後者則是最好的鄉村學校。有關這兩類學校的記載顯示，這些地方學校對鄉村大眾沒有多大影響。沒有什麼資料證明義學被好好管理或好好照顧。許多義學據說在設置後不久就不存在了，例如在直隸邯鄲，一六八五年到一八七一年間設立的十二所義學，清朝結束時已經找不到任何一所，其中一些在清朝滅亡前很久就不見了[360]。在江蘇揚州府相對不繁榮的縣分，最初設置的義學到一八一〇年很少還在運作的[361]。一位江蘇巡撫（丁日昌）設法恢復義學，但為失敗而感到懊惱。他在一八六八年發現，一個特別令人失望的縣「塾多徒少」；另一個縣據報告只有四名學生[362]。在貴州銅仁府，境內的所有義學在一八九〇年前全部消失了[363]。

社學這種用來教鄉村兒童讀寫的鄉村學校，情況也沒有比較好。清朝當局早在一六八六年就注意到許多社學「冒濫」的情形[364]。隨著時間推移，不管它們是否管理得當，這些學校都一個接一個消失了。舉例來說，在直隸滄州和延慶州，所有社學到十九世紀中葉都已經停止運作[365]。黃河南北許多地區的實

358 Chang Chung-li, "The Gentry in Nineteenth Century China" (Ph.D. dissertation, University of Washington, 1953), p. 249, 關於廣東情形的圖表和論述。

359 《大清會典事例》，395/2b，收錄一八一七年發布的一道上諭，嘉慶帝說：「各省教官，廢棄職業，懶於月課，書院義學，夤緣推薦，濫膺講席，並有索取束修，身不到館者。」《邯鄲縣志》，14/51b 說，該縣（屬於直隸省）書院以前所擁有的學田相當多，但其中一些被非法侵占了，一直到一八六〇年代和一八七〇年代，還有一些未收回。《莘縣志》，卷八，〈藝文上〉，頁九 a－一一 a，收錄該縣知縣一八六九年的自述：「下車日詣先覺書院，見其屋僅數楹，……湫隘已甚，……應課生童寥寥無多人，又皆城中及附近數里者，其距城稍遠則未嘗至也。」〔編按：陳代卿，〈同治八年移置先覺書院記〉。〕該地方志修纂者在頁八 a－b 加上這麼一句按語：「因無資金，此書院時開時停。」〔編按：該志頁八 a－b 查無此句按語，此為譯者按英文翻譯。不過後來的知縣張朝瑋在〈稟覆先覺書院章程〉（一一 b－一四 a）裡，提到劉蕭創辦的先覺書院，「因經費無多，旋興旋廢。」接近此處的按語。〕《靖邊縣志》，4/30b-31a，引用一八九八年描述該縣情況的報告：「本城書院兩處，……兩學中諸生僅十數人，餘俱蒙童二十餘人，……隨即改業。」《南昌縣志》，13/3a，有這麼一句簡潔的評論：「書院廢，不得其育者眾矣。」

360 《邯鄲縣志》，9/5b。

361 《揚州府志》（一八一〇），19/16a 以下。

362 丁日昌，《撫吳公牘》，27/11b，提到丹徒縣〔編按：應為丹陽縣〕和宜興縣。

363 《銅仁府志》（一八九〇），5/19a-b。

364 《學政全書》，64/1b；《大清會典事例》，396/1a。

365 《天津府志》，35/32a；《延慶州志》，4/39b。

際情況也是如此[366]。一九一九年版《南昌縣志》描述了該縣的情況：

……有明迄今五百餘年，兩朝君臣皆嘗加意社學，然寥寥如此，且基址久已無考[367]。

許多社學的消失是因為得不到關心或支援，但也有一些是清政府出於維護安全考慮而關閉的。一個具有說明性的事例發生在一七五一年，禮部決定關閉分布在貴州省苗族居住鄉村地區的社學。政府對這個行動的解釋是：

貴州苗疆設立義學，原期化其獷野，漸知禮義。……但在士子稍知自愛者，必不肯身入苗地設教，而僥倖嘗試之徒，既不能導人以善，轉恐其相誘為非。且苗性愚蠢，欲其通曉四書義理甚難，而識字以後，以之習小說邪書則甚易，徒啟姦匪之心，難取化導之效。應將苗疆各社學所設社師，已滿三年者，均以無成陶汰，未滿三年者，居期亦以無成發回，漸次停撤[368]。

這一文件非常有趣，不僅因為它透露了一種特殊類型社學的失敗，還在於它赤裸裸地指出清朝設立這些鄉村學校的基本目的：以教育作為思想控制的工具。當文盲和危險之間必須作一選擇時，清朝當局毫不猶豫選擇了前者。

許多地方學校運作無效（如果它們還有在運作）的一個原因，是地方官對這種教育事業的態度大部分非常冷淡。清政府並沒有給予書院、義學或社學足夠的資金。州縣官經常必須依靠鄉紳的財務支援或自掏腰包。此外，一般州縣官太過忙於緊急的繁瑣公務，特別是稅款徵收、司法審判、鎮壓土匪等事務，因而不太注意鄉村教育；他們太過關心平衡官府或個人開支，而不想煩惱鄉村學校的財務問題。結果，只有一小部分地方官熱心於社學或義學。在經濟多少比較發達的地區，要找一些鄉紳來創辦並不困難；但在沒有這種有利條件的地區，就完全是另外一回事了。

另一個緊密相關的原因是鄉村大眾普遍貧困。一位十九世紀的中國作者寫出他對河南鹿邑縣私塾的觀察：

> 戶口日繁，力田者僅饘鬻自給，雖有聰穎子弟，亦多不免失學。村塾之師，聚童稚數十人於老屋中，……每至登麥刈禾時，輒罷業散去。九月復集，則十僅三四矣。往往修脯不給，復布露而罷。如是者數歲，父兄病其無成，俾改習耕作，或雜操工賈之業[369]。

---

366 例如，見《鹿邑縣志》，7/15a；《祥符縣志》，11/70b-71a；《洛川縣志》，19/4a；《續修廬州府志》，17/70a；《香山縣志》，6/29a-30a；《南寧府志》，20/16b-19b；《博白縣志》，4/43a；《鶴慶州志》，8/3a-b；《鎮南州志略》，3/16b。

367 《南昌縣志》，13/1b-2a。《湘鄉縣志》，4/25b-26a，敘述了湖南湘鄉縣之情況：「明嘉靖中，大學士桂萼議令於城市村坊各建社學，以教里中子弟。……此社學所由建也。……國初督學試補社師，考校進退，皆其遺制。康熙二十二年，奉文停止。」舊志說，全縣共有十九所社學，其中三所坐落在縣城，「今惟有……社學基址殘碑尚存，餘皆廢失。」

368 《學政全書》，64/8b-9a。

369 《鹿邑縣志》（一八九六），9/2b，引傅松齡的敘述。

可以充分肯定，這段敘述也適用於清帝國許多居民生活吃緊的其他地方的鄉村學校。同時期的一位西方作者的印證了這個觀點。他說：「有句流行的話是，富者從不教書，貧者從不進學堂。」[370]

值得指出的是，在帝制中國，學識被視為「主要社會價值，因而也是鄉村追求的理想」[371]，政府也千方百計把教育機會延伸到鄉村，卻有許多鄉村居民停留在求學的大門之外。清政府延伸思想控制的決定，也未能化解鄉村貧窮的障礙。即使不收學費，上學還是一種昂貴的冒險。這讓我們想起孟子關於農民情況的一段談話：

樂歲終身苦，凶年不免於死亡，此惟救死而恐不贍，奚暇治禮義哉[372]？

把「禮義」改成「欽定儒學」，就可以解釋為什麼清朝皇帝們透過鄉村學校來進行思想控制會沒有什麼進展，而重蹈明朝開國者覆轍的原因所在[373]。一位地方志的纂修者認為，地方學校之所以無效是因為官府干涉，他指出：「殆事為民所能自謀者，即非政之所宜贅。」[374]雖然這個論點是正確的，但即使政府不加以干涉，僅能餬口的鄉村大眾能在教育方面做出些什麼卻是值得懷疑的。在帝制中國的專制政體下，思想控制是政府十分重視的問題，是否會聽任人民自己去從事教育事業也是值得懷疑的。

我們的結論是，清政府透過科舉制度與學校體系進行思想控制，以確保鄉村地區的安全，並未取得顯著成效。無論怎麼說，這個體系的困難和缺陷在十九世紀變得日益明顯。一方面，透過地方知識分子來控制鄉村居民的嘗試，並沒有培養出足夠多的可靠士子，來協助進行鄉村層次的思想控制；也未成功地防止「劣生」的出現，他們的行為舉止破壞了清朝統治的威望，擾亂了鄉村原本就不穩定的平靜，在實質上削弱了清朝的思想控制。另一方面，鄉村學校並沒有把思想控制的影響帶給足夠多的鄉村居民，部分原因是鄉村學校經常運作得並不好；部分原因是有能力或願意將孩子送到這些學校就讀的鄉人並不多。因此廣義地說，在清帝國地域遼闊的鄉村地區存在著思想的真空。鄉村大眾除了自己日常生活密切相關的需要之外，對任何事情都漠不關心。他們既不積極效忠現存政權，也不反對它。他們一般都相信命運，順從上天和神靈的安排。他們堅忍辛勤地工作，努力讓生活盡可能過得好一些。就算清政府想要推行的思想控制幾乎沒有影響到他們，在一般情況下，他們原本就是平靜與祥和的。

這樣的平和，倚仗的是沒有出現破壞性動機或力量，而不是人們對現存政權的忠誠或積極支持，因此並不能保證不會改變。一旦因為嚴重災害或社會危機而使環境變得更壞，許多鄉村居民就會因生活絕望而改變其習慣的態度和行為。前面剛剛提到的思想真空，就容易使「邪說」乘虛而入，改變目不識丁鄉人的想法。他們可能在許諾過好日子的引誘下，立刻就會向現有政權挑戰。他們這樣做，並不是

370 Arthur H. Smith, *Village Life in China* (1899), p. 74. 這種情況在清朝滅亡之後，至少在中國一些地方繼續存在。Fei Hsiao-t'ung (費孝通), *Peasant Life in China* (1939), p. 39：「家長是文盲，不認真看待學校教育，……學校裡註冊的學生有一百多人，但有些學生告訴我，實際上聽課的人數很少，除了督學前來視察的時間外，平時上學的人很少超過二十人。」

371 Kulp, *Country Life* (1925), p. 216.

372 《孟子・萬章篇》。

373 《南昌縣志》，13/1a：「明洪武八年詔立社學，每五十家為一所。……未能承奉，太祖因有艱哉之歎。」

374 同上，13/2b。

因為拋棄了欽定的思想意識（他們實際上並沒有真正接受這種思想意識），只不過是因為他們發現在現有情況下已經無法生活。只要是與鄉人有關的，他們參加騷動或叛變，並不能表示清朝和反叛者之間的思想衝突達到頂點，他們只是為了逃避不可忍受的痛苦，或把自己及家人從餓死的邊緣拯救出來的最後手段。

清朝統治者所推行的思想控制，因此處於進退兩難的困境。只要它對鄉村大眾產生不了什麼影響，透過鄉村控制以鞏固帝國安全就發揮不了什麼作用；只要它對士大夫產生了效用，就會在一些重要問題上削弱帝國的體系。這種兩難之局是這個體系本身所固有的，因而在這個體系框架之內無法得到真正的解決。

鄉村控制的局限

我們已經看過了十九世紀運作（或停止運作）的各種鄉村控制的機制，以及它們為何不能達到理論上可以產生的結果。接下來要嘗試廣泛地評論它們對清朝統治的用處，並概括地解釋限制它們運作的因素。

在十七世紀和十八世紀期間，鄉村控制體系看來對清朝的相對穩定做出了實質的貢獻，此時帝國的行政比起後來的歲月來得有效，歷史環境也比較有利。只要這些機構協助讓各部分的人民普遍地服從清朝的統治，它們對皇家的目的就非常有用了。不過，我們不能因此就認為，鄉村控制體系（即使在最適合發揮作用期間）運作得像清朝統治者多次強調的那樣效能全開，它並沒有讓鄉下居民對非法行為或「邪說」免疫。在清朝統治的各個時期，騷亂、叛變或「匪」此起彼落；跟稅收相關的逃稅、欺騙敲詐，一直煩擾著清政府；地方糧倉、鄉村學校和鄉約宣講制度從未真正發揮作用，不論是在任何特定時間點就全國範圍來說，或是在任何特定地方維持一段相當長的時期。前面所提示的證據，毫無疑問地顯示清朝可用的鄉村控制並非完全有效。

那個體系的部分功效也不是一直都存在。當十九世紀帝國的行政開始腐敗，清帝國的環境變得更壞之時，雖然並不完整但還算一度占優勢的社會安寧快速破碎，清政府的威望迅速下降，地方變亂爆發的頻率越來越高、規模越來越大；其中一些發展成威脅清朝統治的全國性反叛。我們不得不認為，到了十九世紀中葉，鄉村控制體系的實際作用已經喪失殆盡。無論它在此之前為清朝的帝國安全提供什麼樣的服務，現在已經沒有什麼利用價值了。面對貧窮和動盪的上升浪潮，治安、思想影響、災荒救濟及其他控制工具全都無能為力。「同治中興」以來，清政府恢復鄉村控制體系的做法虛應故事，因而收效甚微。

限制鄉村控制功效的，看來正是讓它成為必要的相同環境。眾多人口分布在廣闊的土地上，交通工具又極為落後；絕大多數的鄉村人口貧窮、無知；居民主要劃分為兩個階層，一個階層為統治者行政官員，另一個階層只是被統治的臣民；一個外來王朝統治著一批讓統治者不能信任的臣民——所有這些環境使得鄉村控制成為清朝皇帝們特別重要的任務。他們採行了一套鄉村控制體系，既要尋求利用地方居民的服務來幫助推動，又要小心防止出現地方自治，因此採取嚴密的官方監督。換句話說，他們採行的體系適合環境的邏輯，或許比其他任何可能設計出來的體系更能滿足情況的要求。

兩大關鍵因素限制了鄉村控制的運作效率。其一，清政府不得不依靠地方居民的幫助來運作控制機制，但是由於這些居民的態度不易改變，以及有點諷刺的是，由於清政府本身的基本目的，不可能讓他們發揮真正有用的幫助。鄉村控制設計的考量是，鄉村大眾普遍的被動，對政治的不關心；它主要目的就在於讓這些心態永遠保留下去，這樣遼闊的鄉村地區對王朝就是安全的。但是，控制體系的運作，部分是基於害怕與猜疑心理；另一部分是一種假設，認為一種確保順從的方法，就是讓被統治者依靠政府解決物質生活或取得社會利益。清政府沒有嘗試發展鄉人的能力或意願，來為其所在地區或帝國提供積極而實際的服務。的確，人們有理由充分認為，清朝皇帝根本不想付出代價——促進地方居民的積極參與——來讓控制機制完全有效地運作，以免地方獨立因此變成中央集權專制政體的傷害。看來，在鄉村控制體系的不完全有效與冒著地方自主的危險之間，統治者作出不得不然的選擇。從長遠來看，這個選擇並不是幸運的。這樣一來，鄉村控制只能不幸地主要依賴那些被控制者的消極順從。這樣維持的政治穩定只是因為偶然沒有爆發動亂，而不是建立在積極服從的穩固基礎上。當危機和災禍爆發時，當清朝的威望和權力受到嚴重損害時，鄉人習慣上的膽怯立刻就被絕望所取代，那個並不穩固、並不完美的社會安寧立刻遭到嚴重破壞，即使枝椏交錯的鄉村控制體系仍然存在。

第二個因素更直接地限制了那個體系的效用。清朝統治者並不信任鄉村居民來運作各種控制機制。基於這種情勢的推理，統治者不得不依靠地方官來注意它，確定這些機制是以合適而安全的方式在運作。州縣官有效而認真的監督，因此成為鄉村控制成功必不可少的條件。但是依照清政府的理論與實際，幾乎不可能培養出能夠執行這種監督的地方官。從清朝初年開始，統治者的興趣都是讓官員們順從、奉承，而不是培養出有效的行政能力。真正的權力很少授權給任何官員；也沒有嘗試培養出官員們在平時作出明智決定，或面對危機的實用智慧。皇帝們所採取的每一項管理官員的規定，目標幾乎都是要讓他們變成沒有毒害的；就像每一種鄉村控制的手段，都是要讓農民變成溫和與沒有危害的。因此，

「科舉學校」制度鼓勵的是作文技巧（只要它適當地運作），而不是訓練有行政能力的人。全面檢查與監督的體系防止了公然的抗命，但同時也與熟練、充滿精力的官僚政治無緣。不給政府官員足夠的薪水，而准許他們在財政上自行設法；這種做法實際上迫使他們走向貪汙、腐敗。這樣造成的情勢對政權的穩定很難是有利的——一個龐大、經常吃不飽的鄉村人口，處在薪水太少、能力有問題的地方官的控制下，中間還夾著一群特權有點膨脹的鄉紳，他們的利益和動機經常與前兩個階層大不相同。由於得不到鄉村居民的積極支持，本來已經降低了作用性的鄉村控制，又因為地方官無法有效監督其運作，更進一步受到損害。

清朝官員的素質並非都是或一直都是很差的。概括地說，清朝早期的州縣官員比晚期的要認真一些。一位中國作者根據個人經驗指出，十八世紀初的州縣官經常注意自己辦公室裡的工作；但在隨後二、三十年裡，情況大變，大多數州縣官員除了關心他們的官位能替個人帶來多少銀子外，很少談到其他事[375]。和珅貪汙腐敗的影響，導致十八世紀末地方行政的進一步敗壞[376]。十九世紀的情況並未改善。

375 洪亮吉（一七四六－一八〇九），〈守令篇〉，一篇評論地方官員的文章。引見戴肇辰，《學仕錄》，11/20a-b。

376 根據 Knight Biggerstaff 在Hummel, *Eminent Chinese of the Ch'ing Period*, I, pp. 289-290 的概括，其情況是：「和珅將其所有親信都安排到官位上。他還威脅其他朝廷官員說，如果他們不滿足其所求，就撤他們的職，致使大多數官員變成腐敗分子。……在乾隆朝的最後幾年，清朝的統治越來越差。嘉慶帝即位後，情況變得更糟，這位清仁宗對國家大事完全不上手，清政府的實際施政仍控制在和珅的手中，……在乾隆時期已經達到頂峰的清朝統治，自此之後，慢慢卻穩步地衰敗——這種衰敗無疑始於和珅當權期間。」參見稻葉岩吉（Inaba），《清朝全史》，III（台灣中華書局影印本在「下一」），頁二七－二八。

事實上，帝國的行政本身就顯現病入膏肓的明確徵兆，尤其是在充滿風暴的十九世紀中葉之後。一位在北京任職四十年的知名高官說，在十九世紀的最後幾十年，情況的確令人傷心：各部院官員常常不到衙署辦公；有時根本看不到有一個人在處理公務[377]。一八七〇年代，戶部用來保存新鑄錢幣的倉庫因失修而倒塌，鑄幣廠周圍的圍牆有些不見了[378]。一次清點時發現，戶部鑄造的大量銅錢被官員盜走了，但朝廷竟沒有逮捕他們（不知什麼原因）[379]。在一八七六年（光緒二年）初舉行的京試中，負責準備題紙的官員在試卷上把日期「光緒」（今上的年號）誤寫成「同治」（已故皇帝的年號）。這個不可饒恕的錯誤發現得太遲了，已經來不及更正，只好把印錯的年號從試卷紙上裁掉後，將試題分發給考生[380]。其他怠忽職守、無能或徹底腐敗的事例，俯拾皆是[381]。有人會問，如果在最高行政層次的官員處理公務都

377 翁同龢，《翁文恭公日記》，17/64a，一八七八年（光緒四年十月十四日）說：「是日，諭旨切責部院諸臣不能常川到署辦事。」同書22/9a，一八八三年（光緒九年元月十八日）說：「入署，曹司闃寂，檔房竟無一人。」同書，22/25b，三月初二〔譯按：應為初一〕記載：「到署，無人。」李慈銘，《越縵堂日記·桃花聖解盦日記》，丙集，頁一四a，同治九年（一八七〇）十二月二十九日〔編按：應作十六日〕引述了京報刊登的一道上諭：「上諭御史許延桂奏請飭各部堂官常川進署，……嗣後各部院堂官務須逐日到署。」同書，壬集第二集，頁八五a－b，光緒四年（一八七八）十月十四日，也引述了之前翁同龢提到的上諭。上諭說，這些高級官員或者幾天才到衙門一次；或者只到衙門坐一會兒。所有需要處理的公務，都是讓下屬送到家中，或者是在聽候皇帝召見的朝房裡作出決定。任何決定都是草率、馬馬虎虎作出的。

378 翁同龢，《翁文恭公日記》，15/11b，一八七六年（光緒二年二月七日），翁同龢被指任命為戶部侍郎。幾個月之後（15/58b，光緒二年六月四日），他說道：「入署，畫稿而已，公事皆不動也。」

379 翁同龢，《翁文恭公日記》，19/87b，一八八〇年（光緒六年十一月二十五日）。同書，22/117a，一八八三年（光緒

九年十一月十九日）暗示了高級官員之腐敗：「鄧承修……劾協辦大學士文煜存阜康銀七十餘萬。」幾天後，翁同龢又寫道（22/119a）：「文煜回奏存銀三十六萬屬實，因罰捐十萬，以充公用。」同書，29/65a-72a，一八九〇年（光緒十六年八月十四日到九月五日）說，存放在祿米倉（在清帝國首都裡的一座糧倉）裡的糧食絕大部分被盜走。有關這一事件的下文，見30/12a-21a。翁同龢在其早期任官生涯中，親自經歷過一些小京官腐敗的情況，同書，10/86b，一八七〇年（同治九年十月十九日）說：「今年初領三品俸（十三石九斗，內江米四斗），托桂蓮舫之弟中倉監督照應。……每石小費五錢始得領到。米係黃色，……尚便宜也。」後來，翁同龢在成為年輕皇帝的老師，並取得慈禧太后信任時，寫到（同書，18/84a，光緒五年十一月十三日）他雖然仍然發現友誼對獲取個人俸糧有說不盡的影響和幫助，但不再談論索取「小費」。李棠階（一七八九－一八六五），《李文清公日記》（一九一五年印），卷二，道光甲午年（一八三四）十一月六日（當時在國子監任職，沒有什麼明顯之影響）說道：「須托人領米方食得，又有許多零費。官事無處不須錢，噫，弊也久矣。」即使是官府財產，也不能保證不被盜走。關於這一點，可以從李慈銘轉錄刊印在京報上的一系列上諭中看出。李慈銘在《越縵堂日記．桃花聖解盦日記》，乙集，頁六七b和頁七九a中記述說：同治九年（一八七〇）九月二十九日〔編按：應作十三日〕發布的一道上諭說，內務府銀庫被偷竊了好幾次；閏十月十五日發布的另一道上諭，存放在京城武備院礮庫裡的大小銅礮及礮車被盜走。〔編按：李氏於這一天的說事後附記「閱九月廿四日至十月十八日京報」，此事載在九月廿五日京報，但事情是九月二十二日發現的。〕李慈銘還在同書，庚集，頁四七b，同治十年二月二十七日，引述了一道上諭，說一個印信被竊；在庚集第二集，頁二一a，光緒三年（一八七七）八月十七日，引述的上諭反映了內閣大庫被竊。

380 翁同龢，《翁文恭公日記》，15/14a-b，一八七六年（光緒二年二月十四日和十五日）。

381 十二年後，翁同龢在《翁文恭公日記》，27/6a-b（光緒十四年八月十一日）記錄了另一事件：「方就枕，外簾傳鼓，云題紙欠四百餘張。余起與監臨語，甚斥其非。蓋外簾委員隨意藏匿，向來如此。」李慈銘在《越縵堂日記．桃花聖解盦日記》，己集第二集，六〇a－b，引述一八七七年（光緒三年五月十一日）發布的一道上諭，說當年在朝廷參加殿試的考生嘈雜地議論試題，並評論說：「故事，殿試題紙下時，士子先生三跪九叩首，禮畢，皆跪，大臣監之，司官以次授題，訖，始皆起。今年題紙甫到，人爭攫取，多裂去首二道，碎紙狼籍遍地。有不得題者百十人，復爭持主者索再給，主者不得已，乃別以一紙榜帖殿柱，使觀之。……其不能成文者數十人，皆知識為之代作。公然挾書執是這麼沒有責任感（即使只是偶然），怎麼能夠期望一般州縣官認真而有效地履行其賦予他的職責[382]？又怎麼能夠期望他能有效地監督鄉村控制？這還只是他被授予的眾多累人的職責之一。

這樣，地方官員令人失望的素質（部分歸因於帝國控制的結果），顯然是限制鄉村控制體系有效性的又一因素。很可能在大多數情況下，即使是優秀的地方行政（如果有這樣的種行政的話），也不能完全解決鄉村控制問題。可以肯定的是，如果沒有一套相當有效的地方行政體系，無論在什麼情況下，鄉村控制不可能完全有效。

前面幾章嘗試說明清代鄉村控制體系的理論與實際，以及評估它對清政府的用處。在剩下的幾章將要追蹤對鄉村居民及其生活方式的控制的效果，並描述他們對控制的反應。希望這樣能夠更完整地顯示鄉村控制對帝國整體的影響，更準確地評價這種控制作為專制統治下維持政治穩定的工具所發揮的作用。

續

筆，……監試王大臣臨視嘻笑，恬不為怪。蓋法紀蕩然，廉恥喪盡。」翁同龢在《翁文恭公日記》，27/70b（光緒十四年九月二十八日）記述了這麼一個稀奇的大錯：皇帝大婚這個重大日期已經安排好了，但是禮部在宣布時錯誤地提前了一天。朝廷官員指出這個錯誤後，禮部還再犯。

382 例如，翁同龢，《翁文恭公日記》，16/50a-b，一八七七年（光緒三年七月七日）。翁同龢重述了他和一位地方官之間的談話，該地方官描述了令人難過的河南省公務處理情況：「大率虧空多，全熟之年報荒必居三分之一，徵多報少，……而諱盜尤甚。」

第三編

控制的效果

第七章 村莊控制的效果

作為共同體的村莊

在探討清朝對居住在帝國鄉下地區億萬人民進行鄉村控制的效果之前，我們必須先行了解鄉村生活方式。這項前置工作與研究主體本身同樣艱巨。一位充分了解鄉村組織重要性的中國現代著名歷史學家，決定擱置他對這個主題的寫作，因為他手中沒有足夠的資料可以利用[1]。由於我們所能掌握的資料遠遠不夠，此處只能作一點嘗試性的探討，並作出一些暫時性的結論。

第七章和第八章描繪帝國一些地區的鄉村生活模式，在那些地區，居民們多少發展出頗為完善的組織，且參加各種各樣的共同活動；並盡可能地探討清王朝對他們的組織與活動控制的成效。我們的注意力集中兩大主要鄉村組織：村莊和宗族。第九章和第十章將談論鄉村居民一般的行為模式，而不論及組

1　蕭一山，《清代通史》（一九二三），第一冊，頁五六三。蕭一山在隨後出版的篇幅較小的《清代史》（一九四五；第三版，上海，一九四七）中設法解決了這一缺陷。

織或有組織的活動；並顯示對這些居民的控制產生了什麼效果。

在深入研究村莊的結構、功能和它的某些主要活動之前，先對村莊一般性質試作解釋應該是有幫助的。不同的作者提供了兩種相互衝突的觀點，其中一派認為，帝國時期的中國村莊就是一種「自治的」、「民主的」，或者如一些作者所說的，它是「自主的」共同體。一位十九世紀的西方作者認為，中國鄉村組織的特點是「小型共同體的自治」，因為「村莊的管理權掌握在村民自己手中」[2]。一位研究政治制度的印度現代學者，相信中國村莊是一種「地方自治的民主」，因為有相當多的工作，包括教育、衛生、防衛及其他有關地方利益的事務，都由村民自己做主[3]。就像某些中國現代學者所說的：

> 村莊享有完全的工貿、宗教及其他關於所在地區管理、調節和保護等方面之自由。無論要求村莊提供什麼有關福利之服務，並不是通過清廷頒布命令，也不是通過任何種類的官府干預，而是由自願性組織進行的。這樣，警察、教育、公共衛生、修理公共道路和水渠、照明以及其他數不清的事務，都是由村民自己負責的[4]。

其他作者雖然並不那麼熱衷於村莊的「自治」特色，但也強調村莊組織的自發性質[5]。莫斯（H. B. Morse）尤其認為，由於村民腦海中並無政府干預的意識，因而中國鄉村大眾實質上是「自由的」。他在討論一位知縣時寫道：

> 在這「父母官」的統治下，被統治者會被認為是一群可憐的奴隸。這與事實不符。……中國人本

質上是遵守法律的民放，至少在鄉村地區，只有在反叛和土匪等常見的「休閒活動」下會觸犯少數罪行。由於災害，如水災和旱災而歉收時，他們就可能階段性地反叛或當土匪。除此之外，也除了稅吏定期催徵之外，是否有十分之一的人（肯定不到五分之一）感覺到政府真的存在都很成問題。其餘八〇%或更多的人照他們的習慣過日子，自己解釋並執行關於土地的習慣法。每個村莊就是這

---

2 Arthur H. Smith, *Village Life in China: a Study in Sociology* (1899), p. 226, 亦見頁二二八。Harold E. Gorst, *China* (1899), pp. 82 and 85：「的確沒有哪一個國家的行政職權像中國這樣完全不集中的。……村民習慣管理自己的事務，擁有某種程度上的地方自治權；這是在其他地方找不到。……這種自治權使村民享有很大的權力，……地方事務完全交給村莊或地方議會來處理，官府最信賴的人是村民投票選出來的市長。」同書，頁一四一說：「市長……是由一般村民選出的。」E. T. Williams, *China, Yesterday and Today* (1923), pp. 118-136, 引述 Maine, "Village Communities" 說：「法律並不是上級對下級所下達的命令，而是村中長者宣布的古老習慣。」他認為，因為牌、甲和保的頭人是居民「選舉」出來「代表」他們的，因此村莊是「共和的」。

3 Radhakamal Mukerjee, *Democracies of the East* (1923), pp. 181-182.

4 Leong (梁宇皋) and Tao (陶履恭), *Village and Town Life in China* (1915), pp. 5-6.

5 蕭一山，《清代史》，頁一〇〇：「政府對於城鄉自治的事業，雖有干涉之權，卻少干涉之實。」Paul M. A. Linebarger, *Government in Republican China* (1938), pp. 138-139：「政府上層建築在形式上把中國人的世界糾合在一起，但並沒有帶給它活力。雖然家庭、村莊和『會』是皇家注意的目標，但是皇帝並不能用取消對他們的承認來消滅他們。家庭、村莊和『會』並沒有被賦予那種（只憑一道聖旨就能夠取消的）不穩固的法律人格。」Charles Denby, *China and Her People* (1906), II, pp. 6-7：「雖然中國與俄國一樣都屬於獨裁政體，但是其政府制度中注入了許多民主的原則。皇帝雖然是一個專制君主，卻是一個家長式的專制君主。每個村莊由頭人統治，但其統治是父母般的。這種統治仁慈而溫和，法庭那種費錢又費力的俗套就可以免了。」

種習慣法政府的單位。村中父老因為年長而行使權力（沒有得到官府授權），解釋年輕時學到的父輩的習慣[6]。

與上述學者的觀點不同，其他學者（無論中國學者或西方學者）對中國村莊的看法並沒有這麼樂觀。伯吉斯（John S. Burgess）在其著名的中國行會研究中這樣寫道：

> 把中國村莊看成是一種民主的說法是太過頭了。事實上，它就是一個小型寡頭政體，由幾個比較重要的家族族長所控制。這些族長之間有大幅度的合作與諮商，但是村民們對村中事務其實無有發言權。在與官府打交道時，由村長代表全村[7]。

最近作過研究的中國學者楊懋春（Martin C. Yang），大致贊同這個觀點：

> 許多人相信中國是一個民主國家，但它的民主是一種消極的民主。的確，村民交了稅、完成其他偶爾發生的義務之後，幾乎完全獨立於政府行政體系之外。到此為止，可以認為它是自治的。但若對村莊公共生活作進一步觀察，就會發現它並不是民主的。村中大小事務總是由村中的貴族——族長和官方任命的領導——支配。個別的村民或個別的家庭，在提案、討論或決定計畫時，從未扮演過積極的角色。總體來說，村民們對公共事務是無知、服從與膽怯的[8]。

研究中國政府的學者錢端升最近寫道：

> ……我們不能認為舊中國是有地方自治的，一種享有不受中央政府高階代理人干涉的權威的地方自治組織。首先，積極參與地方事務的鄉紳，既不是經由選舉，也不是透過正式指派而取得影響力，而是由中央政府的代理人認可（或許還是非正式的）他們可以對地方事務負責。其次，無論做什麼，鄉紳都必須聽從他們上面的官員的決定，就像低階地方官必須服從高階地方官或中央政府的決定一樣。他們並沒有自己的轄區，受到成文法或習慣法的保護[9]。

這是關於中國村莊（作為一種有組織的地方單位）本質的兩種觀點。一方面，村莊被視為自主的或民主的，因為：一、它實際上沒有受到政府的干預；二、它的公共事務掌握在村民自己手中；三、它的領袖的作為並未得到官府直接授權。另一方面，中國村莊被認為並不具備民主性自主，因為：一、它受

---

6 Hosea B. Morse, *Trade and Administration* (1913), p. 59. 同書，頁三二－三四說：「中國政府是一種架構在民主〔的底層〕之上的專制統治」，而「美國政府則是穩固地建立在市民會議上的政體。……這……適用於今天的村莊共同體，也適用於經歷數世紀沿襲下來的、已作過必要修正的、當今中國的村莊共同體。」

7 John S. Burgess, *Guilds of Peking* (1928), p. 27.

8 Martin C. Yang, *A Chinese Village: Taitou, Shantung Province* (1945), p. 241.

9 Ch’ien Tuan-sheng (錢端升), *The Government and Politics* (1950), p. 45.

到政府潛在或實際的干預；二、其事務一般受到「寡頭的」或「貴族的」階層，也就是鄉紳的左右，而非村民；三、其領袖得到政府官員的認可，因而必須秉承政府官員意志做事。本書作者傾向認為第二種觀點更接近鄉村生活的實際情況，當然，這不表示我們必須接受這個觀點的全部細節。

官府對什麼事務不干預，村莊就享有那方面的自主權。不過，村莊之所以享有自主權，並不是因為清政府賦予它類似自治之類的東西，而是因為當局無力完全控制或監督它的活動。換句話說，這樣的「自主權」是因為不能完全中央集權化的結果；當政府認為有必要或想要對鄉村生活進行干預時，政府也從來沒有猶豫過。

即使在官府不干預的部分，村莊作為有組織的共同體，也不是由所有村民自治的民主政體。村中大小事務幾乎毫無例外是由鄉紳指導或提議的，而鄉紳的利益與非鄉紳成員經常是不一致的。

在宗族組織強大的地區，村莊常常是由宗族控制的。雖然宗族成員包括農民和其他非鄉紳成員，但宗族的領導權通常掌握在鄉紳手中。普通村民即使是某些宗族的成員，也不能參與決定村莊或宗族事務。

村民由於長期受到專制統治，而且多半目不識丁，因而顯出一種極端被動的心態。他們通常都急於避開個人的麻煩，而不想積極促進公共福祉。此外，他們對經濟繁榮沒有什麼概念。大多數村民過著僅夠餬口的生活，因而既無財力也無精力關心公共事務。或許有一些個別村民都參加的聯誼活動，但這些活動不過是偶然出現的，而且範圍有限，不足以構成任何真正意義上的「自治」。

比起環境並不怎麼好的村莊來說，規模較大、較繁榮的村莊更容易出現好一點的組織，以及更多的社區活動。這些組織和活動在鄉下地區通常發揮著穩定社會的影響，因而政府能夠容忍甚至加以鼓勵。但是，當帝國的經濟和政治均衡受到嚴重破壞時，村民——鄉紳和平民——的言行舉止也會跟著發生變化。鄉紳會利用鄉村組織來保護地方利益，甚至達到向清政府權威挑戰的程度；平民或許會因生活絕望而參加騷動，當土匪或直接造反。表面上看來平靜的村莊，背後潛伏著反叛者。在社會動盪時期，鄉村組織就會改變其本來面目，進一步促進社會動盪。從帝國控制的立場來看，村莊組織就是一個變數。

在概括村莊的一般性質後，現在可以開始探討村莊組織和活動的實質。關於前者，最方便的就是從描述村莊領導特點及其表現風格入手。

村莊領導

村莊領袖的種類

許多研究者注意到中國村莊存在著領袖[10]，但是很少有人注意區別兩種類型的村莊領袖：一種是透過正式程序任命的；另一種則是未經過這種程序而從鄉村居民中湧現出來的。現代學者楊懋春指出了這個重要區別：

10 George Smith, *A Narrative of an Exploratory Visit to Each of the Consular Cities of China* (1847), p. 23. 亦見 Evariste-Régis Huc, *The Chinese Empire* (1855), I, p. 88. 哈克作了相當混亂的陳述：「村莊……有市長作為自己的頭頭，名叫『鄉約』，他是由村民普選產生。……選舉時間各地不同。他們負有警察之責，並在超出他們能力範圍的事情上，扮演官員和村民的中介。」Martin Wilbur, "Village Government in China," p. 40, 未能對兩種類型領袖作出明確的區別。

村莊領袖可以分為正式的和業餘的兩種。正式的村莊領袖是由村民選出，或由州縣或府衙任命。他們的職責明確，履行時必須根據規定，不能任意行事。在舊制下，不管村莊的規模，都有四名正式的領袖：「社長」、「莊長」、「鄉約」和「地方」。……

每個村莊都有一些人，在某一方面來說算是領袖，儘管他們並沒有正式職位，但他們對公共事務或社區生活的影響可能比正式的領袖大得多，不過可能並不明顯。他們實際上是受人尊敬的鄉人，其中最著名的是村中長老（他們總體為村子履行特殊職責）和學校教師。可以這麼說，這些人就是村莊的紳士。……

業餘領袖並不是選出來或被任命的，他們通常是與正式領袖完全不同類型的人。他們之所以成為領袖，主要是因為受人景仰和尊敬，或者是因為在村莊的社會生活中擁有重要的地位[11]。

楊懋春所指出的區別很有根據，可以作為清楚地討論村莊領導的基礎。當然，我們對他所說的細節不必照單全收，也沒有必要採用他的術語。

現在就從他所說的「正式領袖」——透過正式程序產生的——談起。在他研究的地方（山東膠縣的一個村莊），他們包括「社長」、「莊長」、「鄉約」和「地方」，分別是「鄉村地區頭人」、「村長」、「收稅員」和「警察」[12]，後兩項明顯是鄉約宣講制度和保甲制度的殘留。

遠在現代時期到來之前，類似的「領袖」也存在帝制中國的其他地方。根據十七世紀擔任知縣的黃六鴻的記述，在他任職的州縣有各種各樣的鄉村頭人，包括「鄉約」、「地方」、「鎮長」、「集長」（市場頭人）、「村長」和「莊頭」。所有這些鄉村頭人都由鄉鎮、市集或村莊的居民推薦，由地方官任命，「與保正之責相表裡，俾之協舉共事」[13]。除了鎮長和集長之外，兩位作者（即楊懋春和黃六鴻）提到的鄉村領袖完全一樣。黃六鴻雖然沒有明講，但清楚地區分保甲頭人和這些鄉村代理人之間的不同[14]，儘管後者同樣是「正式的」——他們是由地方政府任命的，在其所在地方扮演政府代理人的角色。除了這些鄉村領袖之外，黃六鴻還提到不能與「保正」混為一談的「鄉長」（保正是保甲頭人，掌管與鄉長相同的鄉村地區）。黃六鴻說：「鄉別有長，所以管攝錢穀諸事。……蓋鄉長取乎年高有德而素行服人者充之。」[15]這裡的「鄉長」約略等於上述山東村莊的「社長」。

十九世紀的一個事例可以用來作比較。根據一八四七年初（道光二十七年正月）直隸定州知州頒布的一套規定，各村的「公事」由「里正」、「鄉長」、「地方」和「催頭」負責。這些頭人都由村民自己提名，經過知州審查後，加以指派。「里正總辦村中之事」，「鄉長」和「地方」負責查探並報告不

---

11 Martin C. Yang, *A Chinese Village*, pp. 173, 181-82, and 185. Fei Hsiao-t'ung (費孝通), *China's Gentry* (1953), pp. 83-84, 指出雲南省一些地區，一九四七年到一九四八年間存在著兩種類型的領袖：當地稱為「公家」的，是鄰里中「受過良好教育和富裕人家的頭人」；以及「鄉約」（雲南話發音為shang-yao），是輪流負責在官府和村民之間作聯繫的人。這兩種人約略可以對應到楊懋春（Martin C. Yang）提到的「業餘」和「正式」領袖。

12 Martin C. Yang, *A Chinese Village*, p. 173. 張之洞在一八八三年的一篇上奏中指出，在山西的村莊也可有社長。張壽鏞，《皇朝掌故彙編．內編》，53/14b。

13 黃六鴻，《福惠全書》，21/5a-6b 和 22/1a。雖然黃六鴻也指出，即使在人口不到一百人的小村莊，莊頭也是選出來的，但是這個規定如何運作並不清楚。

14 同上，21/18b-21a。

15 同上，21/4a。

法行為、犯罪活動與罪犯，並與「催頭」一起負責催徵賦稅和勞役[16]。這一套組織體系與上述兩例並無多大區別，儘管術語並不統一。

史密斯（Arthur H. Smith）在十九世紀最後幾年的記述，指出村莊領袖以如下方式為地方政府服務：

> 在有關官府的事務中，最重要的是為朝廷徵收土地稅或糧食稅。……地方官不斷要求（鄉村頭人）為政府提供運輸、招待辦公差的官員、提供整修河岸的物料、徵集河工、巡查官道……及許多類似的工作[17]。

然而，村莊領袖並不是只為官府效勞，他們經常負責只限於村莊性質的事情，某些時候則在自己村莊和地方政府之間扮演行政上的橋梁。楊懋春對山東一個村莊「正式領袖」的描述，雖然是以最近的考察為基礎，但卻相當足以反映前一個世紀的情況：

> 正式領袖最重要的職責，在於代表村民應付地方政府或縣政府。政府的命令下達後，地方當局就把該縣所有「莊長」叫到市鎮上，告訴他們要做什麼。各莊長回到他的村子之後，首先去找村中重要的「業餘領袖」，討論執行命令的方法。……
>
> 有時，莊長被要求代表村民向官府提出請求或解釋——發生饑荒時，請求官府豁免土地稅；或在遭受土匪威脅時，請求官府加以保護。在鄰近村莊有關方面，莊長代表村莊討論採取村落聯防計畫或由這些村莊組成的整個市鎮地區共同防禦計畫；與一、兩個鄰近村莊討論共同舉行戲劇演出或宗

教遊行；以及代表村民利益，與鄰村爭論。在村內，農閒季節，莊長及其助手積極出面邀請戲班來村連續演出三天；發生乾旱時，他們是出面舉行宗教遊行的領袖。在很有必要採取共同行動時，他們也是要負責組織的人，像對付蝗蟲，或解決因冰雹、洪水和風暴而引起的糧食危機。……正式領袖，特別是莊長，在兩個家庭或兩個宗族之間發生爭執時要充當調解人。正式領袖還要負責村莊的防衛：夜巡，以防竊賊和火災；查看莊稼，以防動物和小偷毀損家園；監督村民，以防賭博、吸食鴉片和賣淫等犯罪活動猖獗[18]。

看來很清楚，在十九世紀和之前，鄉下地區存在著各種各樣的鄉村頭人，他們經過正式程序，由地

16 《定州志》（一八五〇），7/54b-57a。有關一八四六年八月頒布的規定，見同書，7/52a-54a。

17 Arthur H. Smith, *Village Life in China: a Study in Sociology* (1899), p. 228.

18 Martin C. Yang, *A Chinese Village*, pp. 179-180. L. Donnat, *Paysans en communauté* (1862), pp. 137-138, 這樣描述浙江寧波某個村莊的莊長：「寧波府一村莊的頭子叫莊長——一種鎮長，他是村民選出來的。這個莊長，是村中的族長。也就是說，村中年齡最大、輩分最高的，就擔任族長，而且是終身的。莊長因為上了年紀而不能繼續擔任時，就要指定或委派繼任者，村民們就選擇在春季，聚集在村中寶塔前開會商討。此前，要張貼通知，說明什麼時候開會。雖然不用投票，但至少要對著祖宗牌位表示願意選誰當莊長。莊長的職能有時很繁重，而且無報酬。……莊長雖然與知縣保持良好的關係，但與保長相比，在村民眼中仍然不是官府的代理人。他保管族譜、戶籍紀錄冊。他也是村中最富有的人，捐獻許多財產作為村中公共資金。的確，村中最初的公共資金是由村民捐獻的；至於補充，則來自去世而又無子女的富戶留下的財產。祭祀祖宗的費用和節日花費，就來自公共資金。春季和秋季舉行重大節日慶典時，全村男女老少在莊長的指導下，依次排列。」很明顯，該村莊是由宗族所支配的。

方提名，有的得到官府任命，有些沒有。他們之中有一些是已經崩潰的保甲、里甲或鄉約體系的殘留，或與它們有關，因而他們的職責與這些體系的人員實際上是相同的。由於這一原因，也由於這些頭人是地方官在其鄉鄰推薦基礎上任命的，他們實際上就是政府在基層行政組織的代理人，主要是為鄉村控制的目的服務。其他人雖然與任何鄉村控制體系沒有什麼特別聯繫，或許也未經過官府任命，但是他們至少有些時候也是以類似頭人的方式為地方政府服務。就這一情況來說，他們也可以被視為基層行政代理人，而不只是地方領袖。這兩種類型的領袖，或者是同時，或者在不同場合，作為其鄉村事務的領裡；或作為其村莊的「代表」，與官府及其他村莊打交道。以這些資格，他們就具有地方領袖的特色。但無論以什麼資格出現，這些正式領袖與村中的知名人物有別，後者的領袖地位是村民在日常生活中非正式承認的。

接下來，就要討論那些未經官府任命、但地位被村民普遍承認的村莊領袖。很清楚，正式領袖雖然在一定程度上是村中活動的領袖，但在更大程度上是清政府的基層行政代理人，是為政府服務的，因此很難被視為真正的村莊領袖。另一方面，非正式或「業餘」的村莊領袖，其威望和影響並非來自地方政府，而是其鄉鄰給予的。了解哪一種人會成為這種領袖，以及他們在村莊生活中扮演什麼角色，是很有趣的。

楊懋春對山東省這種領袖的描述，很能說明問題：

> 每個村莊都有一些人，在某一方面來說算是領袖，儘管他們並沒有正式職位。……其中最著名的是村中長老（他們總體為村子履行特殊職責）和學校教師。……

> 業餘領袖並不是選出來或被任命的。他們通常是與正式領袖完全不同類型的人。……業餘鄉村領袖雖然處於幕後，但其地位非常重要。如果沒有他們的建議與支持，莊長（正式領袖）及其助手是無法完成任何事的。村莊紳士也是主要宗族或家庭的頭人。如果他們反對某項計畫，甚或只是持消極態度，基層政府就會面臨難以克服的困難。業餘領袖一般並不跟政府當局直接打交道。有時區長或縣政府會邀請他們參與會議，就某一問題聽取他們的意見；他們的意見常常影響政府的決策[19]。

伯吉斯的簡短敘述也很有用：「村莊公共事務中的內部事項，諸如小的法律爭端、聘請村塾教師等，都掌握在村中長老手中。他們是村中年長的家族頭人的非正式團體，充當村莊頭人的顧問。」[20]庫爾普（Daniel H. Kulp）認為，民國時期，華南有三種類型的非正式領袖，即「長者」[21]、「學者」、「天生的領袖」。關於第一種類型的領袖，他寫道：

> 他們不是村中年齡最大的，而是老且有影響力者。他們來自人數多、勢力發展快、經濟實力雄厚的宗族。……這些頭髮灰白的長者，由於其與生俱來的能力，很容易就占據領導和支配的地位。

---

19 Martin C. Yang, *A Chinese Village*, pp. 181-184.

20 John S. Burgess, *Guilds of Peking*, p. 27.

21 「長者」和「村莊長者」（耆老）兩詞，含有許多不同的意義，簡略的解釋參見附錄三。

第二種類型的領袖，「是靠其天生的才能和後天的成就獲得他們的地位。因為學術成就和帝國政府體系的官職升遷，是緊密相關的社會價值，所以他們向來是受到尊敬的。」第三種類型的領袖——「天生的領袖」，是指「那些依靠人格和聰明才智的絕對力量而取得影響力的人。……〔不過〕這些天生的領袖會被正式地承認為領袖」[22]。

史密斯的研究並不十分精確，但是也指出了十九世紀的實際情況：「在挑選方法最寬鬆的地區，……頭人並不是正式選出的，也不是正式罷免的。他們是透過一種自然挑選而『降落』——或者爬上——他們的位置的。」[23]

一般說來，非正式領袖比起地位或多或少要依靠政府支持的正式領袖，得到鄉鄰更多的信任，也受到地方官更禮貌的對待。從某種意義上來說，他們是村莊自己的領袖，對公共事務的影響比經過正式程序產生的頭人來得大。楊懋春對現代中國的研究，也反映了十九世紀的一般情況：

業餘領袖與正式領袖分享一些功能。……在調解家庭或宗族之間的衝突時，業餘領袖比莊長扮演更重要的角色；他們更受到尊敬，因而更有影響力。……業餘領袖與正式領袖之間的關係，毫無疑問是上級－下級（supraordinate-subordinate）關係。過去完全正確，現在仍大部分如此。在公共事務中，正式領袖做實際工作，而業餘領袖則指導他們。正式領袖通常是紳士和族長的工作人員，甚至只是他們的傳令員。當鄉長〔正式領袖〕及其助手接到政府的命令後，在未與有影響的業餘領袖商量之前，是不能作出任何決定的；而且在這種會議中，正式領袖通常被要求完全不說話。……習慣上，縣長或其祕書對鄉紳、村塾教師和大家族族長〔非正式村莊領袖〕很尊敬，對正式領袖卻擺出上司架子[24]。

非正式領袖的支配性影響，是來自他們的社會地位和個人威望，而非任何明白的一般的委任。他們不是由其鄉鄰選出而取得領導權的，正如他們並不是由政府官員委任的。非正式領袖經常出自鄉紳，而正式頭人則來自社會背景較低的階層[25]。由於大多數村民實際上並無選舉或罷免這兩種領袖的權力，只有在一個非常寬鬆的意義上，中國村莊才能說是民主的。

正式領袖履行職責經常是有金錢報酬的，無論是假定還是真正的，或者被容許可以「壓榨」村民；只要貪汙不要太過明目張膽，傷害不要太大，有關各方是會默許的。衛三畏（S.W. Williams）在一八八〇年代所寫的大作，觀察到廣州附近鄉村的一位頭人，「報酬是其鄉鄰付給的」。黃埔村（Whampoa）村民共有八千人，付給「長者」三百美元報酬[26]。楊懋春指出一個現代山東村莊的做法：

> 作為服務的回報，莊長及其主要助手索取錢財，或要人招待送禮。以前，莊長及其他官員是不支薪的。花費由村民支付，官員從中收取佣金，取代一般的薪水。例如，假設實際花費是十元，那麼他們會

22　Daniel H. Kulp, *Country Life in South China* (1925), I, pp. 110-114.

23　Arthur H. Smith, *Village Life in China*, p. 227.

24　Martin C. Yang, *A Chinese Village*, p. 185.

25　*Ibid*., p. 186.

26　Samuel Wells Williams, *The Middle Kingdom* (1883), I, p. 483. 衛三畏把這些頭人誤稱作「長者」。

從村民手中收取十二元，自己留下差額。由於金額不大，村民們並沒有為此感到困擾而小題大作[27]。

這樣的做法自然降低了正式領袖在村民眼中的威望。屬於鄉紳成員的非正式領袖，則會避免直接索取報酬，尤其是數目非常少時；即使無法保證，面對相對豐富的獎品，這些受人尊敬的業餘領袖，也不會被引誘捲入貪汙的事件。史密斯記錄了一位士子頭人騙取錢財的例子。在十九世紀晚期的某一年，黃河在山東中部發生決口，附近縣區必須提供一定額的小米稈用來整修河岸。購買這些小米稈的資金，來自專為整修河堤而提撥的特別基金。史密斯這樣寫道：

> ……知縣把提供和分發小米稈的任務交給一名年長的頭人——一名舉子（literary graduate）。此人自然地把他以前的學生召集起來，分別負責一部分實際任務。他們……得到大約七萬文銅錢的支付款項。利用支付情況一般存在的混亂，這些實際負責任務的人，沒有向村裡提交帳目，而把收入的部分挪為己用。……事情就這樣持續了一年多。終於有一些不滿的人在一座村廟裡召集一次公眾會議，要求提出清楚的收支帳目。……舉子找來同村一些村民「談和」。……他們的理由是：「如果我們對這件事逼得太緊，並鬧到知縣面前，年長的舉子……就會丟掉頂戴，也會很沒面子；其他相關的人會遭到鞭打；這就會結怨，變成世仇。」[28]

這件事的結局是擺桌招待那些在意的人，事情因而和平的解決，或者說任由它拖下去而未解決。史密斯沒有說明「不滿的人」的身分，以及是誰召集了公眾會議，不過可以合理猜測，他們不會是一般農民[29]。

27 Martin C. Yang, *A Chinese Village*, p. 181.

28 Arthur H. Smith, *Village Life in China*, pp. 231-232.

29 把中國村莊領導權與日本及印度作比較，應該是很有趣的。Kanichi Asakawa, "Notes on Village Government," *Journal of the American Oriental Society*, XXXI (1911), pp. 165 and 167就論及「村官」，其部分內容如下：「村長指派的方式很多。……就村長的任命來說，據說西日本的一般情況是，由歷史悠久但不一定是最富裕的家族，父子相承；在日本東部省分，有的經由普選，有的經由非正式挑選產生；被選出的人或者是終身職，或者輪值一年；結果，西日本的村官比東日本的村官，地位更尊貴，工作卻更輕鬆。……如果這真是非常普遍的情況，那麼相對的也有許多例外。……未經大眾選舉或挑選而由官方任命的情況也很常見。……即使是選舉的情況，政府當局也經常行使否決權或命令重新選舉。……從總體上來看，選舉或輪值看來不但比任命少得多，而且逐漸被後者取代。」Asakawa 在頁一六八評論「首領」時補充說：「在每個村莊，村長有六個左右的助手，一般稱『組頭』（*kumi-gashira*），但也稱作『長者』（*toshi-yori*）、『頭農』（*osa byaku-shō*）、『老農』（*otona byaku-shō*）、……『頭人』（*osa-bito*）及其他類似稱呼。……第一個稱呼『組頭』暗示，在一些情況，村官源自『五人組』的頭頭。……其他稱呼似乎指出首領不過是村中的主要農人。例如，『頭農』這個稱呼直到最近都還在一些地方使用，用來指雖無官位但其祖先是大地主的農人。首領通常是由村民在主要家庭中選出，任期為一年或多年，並且要把這個選擇呈報給政府當局。……但是，這並不能阻止某個村莊的村官由有限的少數人來擔任。……除了村長和首領之外，一般鄉村還有一位或多位長者，其職責在於監視村官的作為，提出建議和勸告，保護村民的最大利益，為村民服務。他們從最受到尊敬的農人中選出，他們所得的報酬很少，或根本沒有。他們所具有的道德影響力，常常要比村長所具有的大，但在正式文件中，他們的簽名和蓋印排在村長與首領之後。」儘管中、日兩國之間的村莊領導明顯不同，但兩國均把領袖區分為兩種類型：官方指派的和非正式的。根據 B. H. Baden-Powell, *The Indian Village Community* (1896), p. 19 和其他頁所說，印度有兩種類型的鄉村：「單獨型」和「聯合型」，分別是南印度和北印度鄉村之特點。「單獨型」鄉村有一名頭人，叫「帕特爾」（*patel*）或其他名字，是世襲的；「聯合型」鄉村沒有頭人，村中事務掌握在由長者組成的議會手中，近代才有官派的頭人。

領袖的挑選

村莊的正式領袖通常是由地方官依據該村居民的推薦而任命的。不過，我們不能假定「推薦」或「提名」是一個民主選舉的程序——有候選人讓選民自由投票挑選的那種。一些學者觀察到的做法，隱約暗示村莊頭人是出於普選。Francis H. Nichols 在二十世紀初的報導就是一例：

> 根據中國的估計方法，陝西各村的人口很少超過二百名居民或四十戶人家。整個村子唯一具有權威的人，是由州縣官任命的「頭人」。這種頭人並沒有什麼代表權力的標記，跟其他村民一樣，他不過是一個農民。他之所以得到任命，通常是由於他在鄉鄰中享有聲望，鄉鄰將他的非凡才智和品德告知地方官[30]。

不過，其他學者的觀察則指出，提名通常是由一份限定的候選名單來挑選的；或者是由有限的「選民」來提名的。一位西方學者就描述了十九世紀中葉的情況：

> 眾所周知，全中國之居民大都生活在鄉村。……每村都有自己的頭人。……這個頭人是由定居的村民選出……由當地「主要人物」同聲一致選出來的。這個首領的挑選，不像在一些其他國家選舉高級官員一樣，會有助選拉票、鬥爭的事；這種選舉更容易，因為任何村莊的居民一般都屬於同一個家族，或有一個家族占支配地位，只需要選出「那個家族中最傑出的人」做頭人就行了[31]。

Samuel Mossman 在一八六〇年代的著作，指出實質上類似的情況：

中國大多數人口居住在鄉村，許多鄉村並沒有政府官員。不過，每村都有自己的「頭人」，由定居的村民選出。……這種選出的頭人，一般是從村中「最有勢力的家族」選出來的；或者，他是組成該村落單一家族裡最富有、最具影響力的人[32]。

衛三畏在大約二十年後寫道：

村莊的領導權與宗族並沒有必然的關聯，因為後者並沒有得到政府的承認，但是在村中占多數的宗族，通常從其成員中選出「長者」〔正式頭人〕[33]。

這些學者的觀察，雖然並非每個細節都正確，但他們指出了鄉村正式領袖的挑選，絕不是一種自由的普選。

楊懋春對近代山東一個村莊「選舉」過程的描述，確認了這一點：

---

30 Francis Nichols, *Through Hidden Shensi* (1902), pp. 126-127.

31 *Chinese Repository*, IV (1836), pp. 413-414. 斜體為作者所加〔編按：譯本改用引號〕。

32 Samuel Mossman, *China* (1867), p. 258.

33 Samuel W. Williams, *The Middle Kingdom* (1883), I, p. 482.

> 每年年初開會選舉「鄉長」（民國時期的「莊長」）及其主要助手和其他下屬「官員」。參加開會的是各家庭中年長的成員，……而村中上層家庭的家長並不出席。許多農民對村中事務不感興趣，認為他們沒有必要去參加這些會議。……選舉很不正式，沒有投票、沒有舉手表決，也沒有候選人競選。會議在村塾或一些其他慣常集會的場所舉行。當代表各個家族的一些成員到來之後，主持開會的人就會站起來說：「各位叔伯、兄弟，俺們現在開始商量俺們村子大家都關心的事。你們都知道，俺們的莊長潘齊（P'an Chi）大叔，過去一年幹得很好，為大夥做了許多事。……潘齊大叔現在任滿了，該重新挑選俺們的莊長和其他人員。」……主持人開場白之後，大夥一時不說話。然後一名與會者（通常有一定地位）就會說：「既然衡李（Heng Li）叔剛才說潘齊大叔在過去為大夥做得很好，俺不知為什麼還要重選呢？……」村中其他「官員」……也同時選出，但方式更不莊重。……莊長挑選一、兩位助手，通常是他過去的助手[34]。

根據這位作者的說法，正式領袖的資格是有閒暇、有能力、有品德、老練。他研究的村莊莊長，既不是務農者，也不是工匠。他是一個口齒伶俐、擅長社交活動的人，當情況容許時，他會毫不猶豫地玩弄卑鄙的陰謀詭計。他非常樂意承認自己是鄉紳的手下，樂意為他們效勞[35]。

一些西方學者指出，「選」出來的村莊頭人可以被廢黜，換另一個人[36]。這在理論上是對的，但事實卻經常可能是，在職者願意當多久就當多久。即使是因表現不好而導致罷免，也常常是因村中菁英的意見所致，而不是由大眾投票決定。楊懋春指出：

一旦這樣的人被選出來，他可能要留在這個職位上很長一段時期。一些村民可能會對他不滿，但是只要他不犯嚴重的錯誤，村民們也不會找麻煩去選另一個人。如果他本人真的不想再幹，就把自己的打算告訴重要的村民，這樣主持選舉會的主席就會換上另一種開場白，村民就不會再選他。如果他做出某些不可饒恕的事，不是他本人沒有顏面再幹下去，就是村中的業餘領袖會要求他去職。在這種情況下，主席也會暗示說應該重新挑選莊長，村民們隨聲附和。因此，選舉的結果在一定程度上是事先安排好的，開會不過是一種例行公事。真正的權力掌握在業餘領袖手中[37]。

現在來討論非正式的領袖。根據伯吉斯（J. S. Burgess）的研究：

村莊頭人〔非正式領袖〕從各家族族長中挑選，因為他們的地位或「資格」。這個中國用語，指的是年齡、財富、學識和一般影響力的綜合。村莊頭人並不是以任何呆板的方式選出來的，但是在一位頭人去位或去世後，哪個傑出的人自然地接掌村中事務的控制權，通常是很明顯的。這個人會

34 Martin C. Yang, *A Chinese Village*, pp. 175-176.
35 *Ibid.*, pp. 177-178.
36 *Chinese Repository*, IV (1836), pp. 413-414; Samuel Mossman, *China*, p. 258.
37 Martin C. Yang, *A Chinese Village*, pp. 178-179.

在重要家庭家長的非正式會議裡被任命[38]。

因此，村莊非正式領袖或「長者」進入領導階層，憑藉的是其特殊的資格：年齡、財富、學識、家族地位及個人能力[39]，他們是被承認而非選舉的。

任何一位領袖都沒有必要擁有所有這些資格[40]，各種資格對對決定領導權具有的分量也不盡相同。比起正式領袖，非正式領袖甚至更必須是有閒暇、威望和才能的人。閒暇和威望通常伴隨著財富與學識而來。這些很少（如果曾經）是必須用手來工作的人所擁有特權。就算是年齡，雖然是一項資產，也不是決定性因素。據說：

> 年齡本身並不是領導權的一項資格，但事實常常是：人的各項基本特質在生命的後段會證明它們的作用，而且人們相信老人有更多有用的經驗。……一位領袖要成功履行其職務，很大程度上取決於他對村民的了解；這種了解，那些有閒暇頻繁光臨酒館、與人聊天消磨光陰的人，更容易做到。……以前跟現在一樣，領導權並不是求來的，而是通常伴隨著一些其他屬性——年齡、財富和學識——而來的[41]。

擁有學識和頭銜的士子很容易取得領導權，假如他在學識之外還有足夠的聰明才智，或者他多少有些財富。按照一位十九世紀作者的看法，有實際意願的「舉子」（literary graduate），一定可以在村莊頭人中取得領導地位[42]。由於他有條件與州縣官員聯繫，因而在其鄉里中成為著名人物。但他經常會被要求幫忙解決爭端或創辦地方事業，儘管他可能無法獨占指導村中的事務[43]。

總而言之，經由村民默認的習慣式投票而得到位置的村莊領袖，無一不是地位突出、有勢力的鄉紳或士子，他們也是具有明顯影響力家庭的家長。

即使從我們所見的有限資料也能看出，只要談到領導權，十九世紀和二十世紀初期的中國村莊就不能算是嚴格的自主、民主的共同體。它的「官派」或者正式領袖，雖然有別且獨立於保甲（警察）和里甲（收稅者）頭人，但因他們必須經過政府任命，而且從屬於政府當局，因而不能免於政府控制。他們在表面上是由其鄉鄰提名的，但在真正的作業上，他們取得地位主要是出於村中「頭面人物」的意志，而不是大多數村民自由選出來的。「非官派」或者非正式的村莊領袖，由於他們的地位並不是州縣官給予的，而且或多或少不受政府干涉，因而沒有取得村中事務的指揮權，這是民眾授權或村民選舉的一個

---

38 John S. Burgess, *Guilds of Peking*, p. 26. 伯吉斯（Burgess）在頁一三三－一三四指出，一些行會的領袖同樣是「選」出來的：「由長年且更重要店鋪的老闆一起管理行會事務。如果要問……這些人是如何選出來的，就會使西方人迷惑不解，因為在西方選舉中，沒聽過這種程序。長者的地位，依普遍接受的標準來決定，自動地把他們帶進領導階層。」

39 Daniel H. Kulp, *Country Life in South China*, I, chapter 5.

40 Arthur H. Smith, *Village Life in China*, p. 132.

41 Martin C. Yang, *A Chinese Village*, p. 184.

42 Arthur H. Smith, *Village Life in China*, p. 132.

43 Daniel H. Kulp, *Country Life in South China*, p. 115 作了如下有趣的觀察：「雖然目前有兩名士子被當作村莊領袖，但對某些問題，他們仍然要與其他多達二十五人商量。至於必須諮商和得到贊同的程度，要視情況而定。」

結果。他們取得領導權，是公眾承認或「民意」的結果；但是「一般說來，民意並不是由小農創造的，而是鄉紳和族長」[44]。所有這一切，都是由於這個事實造成的：中國社會普遍的階層劃分，一直向下延伸到村莊[45]；這個階層劃分雖然不像階級制度（caste）那麼嚴格，卻仍然對社會生活的許多方面產生重要的影響。

很明顯，清王朝想要控制村莊，只能先控制它的領袖，特別是比「官派」頭人更能掌握鄉鄰的「非正式」領袖。換句話說，對村莊的控制主要關鍵在於清王朝控制鄉紳的能力。清王朝在這方面做到什麼程度，在檢視村莊曾經從事的主要活動類型之後，再來探討。

村莊活動

我們必須記住，村莊活動的類型及強度會因村子的大小、位置及其一般環境不同而有極大差異。在許多情況下，來自不同出處的事例，會呈現出某些村莊舉行活動可以達到的最大程度，但我們不能因此就假定一般中國村莊是一種很有組織、充滿活力的社會。許多活動的目的多少有些消極，是為了保護地方的利益，而不是促進公共福祉或改善村民的生活環境[46]。這裡還應該指出的是，由於村莊的領導權通常掌握在紳士或文人手裡，因而村民大眾參加村莊事業，不過是出勞力或可能是很少的一點錢。通常是鄉紳或士子提出點子，並擬定計畫，指導進行，提供或募集必要的資金。任何需要組織才能或個人威望的工作，農民都沒有突出的角色。

由於手中所掌握的資料有限，我們無法完整地討論村莊活動的各個方面。只能探討一些突出的面向。

為了方便起見，我們把它們歸類成四個方面：宗教活動、經濟活動、與地方秩序相關的活動、地方防衛。

宗教活動

村莊的宗教活動通常集中在一座或幾座廟宇的四周，雖然有些村莊完全沒有廟宇。直隸定州的情況，雖然並不一定是典型的，卻顯示出各村的廟宇分布情況極不相同。某些村子擁有超過三十座廟宇，而其他一些村子甚至連一座也沒有（參見表 7-1）[47]。

---

44 Martin C. Yang, *A Chinese Village*, p. 185.

45 在清王朝建立之前相當長的一段時期，情況也是如此。Wittfogel and Feng, *History of Chinese Society: Liao (907-1125)*, p. 194：「在中國農村，農民劃分為各個階層。村長自然來自上層群體，它的成員有充分的能力雇人代替到邊境服役；中層群體幾乎沒有能力這樣做。這一層以下的村民的處境就可想而知了。他們的家庭成員處於生活水準的邊緣，甚至把自己出租給上面兩個階層而成為代役人。如果發生災害，他們必然是最先被賣的，賣身為奴，或者逃荒，成為流民。」在同書，頁四八九，注二九中，作者們引用繆荃孫的話說：一部地方志記載，「於每村定有力人戶為村長」。〔編按：該地方志為《宣府鎮志》，引見繆荃孫，《遼文存》，2/5a。〕

46 Martin C. Yang, *A Chinese Village*, p. 240：「台頭（Tai Tou）村鄉村組織的第一個特點就是其設置目的是消極的。……鄉村並無組織起來的娛樂活動，無全村範圍內的社會組織，也無什麼大眾機構來為全村打掃街道、提供純淨飲用水或為大夥創辦福利活動或改善生活條件。」十九世紀的中國鄉村就是如此。不過，C. A. Anderson 和 Mary J. Bowman 所持的觀點雖然同楊懋春（Martin C. Yang）並無多大衝突，但是有幾分樂觀。參見他們所著的 *The Chinese Peasant* (1951), pp. 154-157.

47 該表是根據《定州志》卷六和卷七提供的資料而編製的。參見第一章中各表。

表 7-1　直隸定州三十五個村莊的廟宇

村名	廟宇數	戶數	土地數（畝）
西坂村 *	37	418*	1,800
大西漲村	25	274	4,200
丁村	20	150	2,100
只東村	20	96	1,700
龐村	19	214	3,300
留早村	17	220	6,000
北宋村	17	117	5,100
廉臺村	16	180	6,900
西建陽村	15	132	3,900
漊底村	14	186	4,800
高就村	12	210	9,140
西丁村	11	190	1,600
北內堡村	10	200	5,600
東張謙村	8	182	4,200
東仝房村	8	29	300
北舉佑村	7	161	6,000
侯新莊	6	44	200
吳家莊	6	30	300
潘村	5	297	2,300
唐城村	5	214	4,900
王村	4	215	970
于家左	4	65	600
北二十里鋪	4	34	400
東市邑村	3	236	9,130
大王耨村	2	232	9,400
小王耨村	2	136	5,400
馬村	1	83	2,200
馬頭村	1	40	3,100
劉家店	1	15	80
小窪裡村	1	11	350
擡頭村	0	193	3,300
莊頭村	0	141	2,800
西雙屯村	0	21	1,900
白家莊	0	16	1,000
宋家莊	0	4	400

＊該村是鄉市所在地；在四百一十八戶居民中，有七戶為鋪戶。

編按：「北宋村」原文作 Pei-tsung-ts'un，「龐村」作 Feng-ts'un，「高就村」作 Kao-chin-ts'un，「于家左」作 Yu-chia-Chuang，今據《定州志》改。〕

廟宇的數量和村子大小之間沒有關聯讓人感到不解，但可以大膽提出一些解釋。首先，並非所有鄉村廟宇的規模都是相同的，豪華的關帝廟或龍王廟，建築費和宗教地位就比小小的土地廟要大上六倍。因此，廟宇數量本身不一定顯示村莊宗教活動的實際程度。我們的資訊所取材的地方志沒有說明廟宇的大小。很有可能在一些廟宇數量（相對於居民人數）似乎相當多的村莊（例如東仝房村只有二十九戶居民，卻有八座廟宇），這些廟只是小型的「神祠」（joss houses）；而在擁有超過一百戶人家的村子的一、兩座廟（如大王耨村有二百三十二戶居民，卻只有二座廟宇），則是比較堂皇的建築。其次，很有可能一個村子在某一時點的廟宇實際數量，並不一定反映該村的繁榮程度。一個小村莊擁有較多的廟宇，可能意味著這些廟宇是在以前人丁較興旺時所修建的。人口相當多的村莊，而廟宇卻很少甚至沒有（如擡頭村，居民一百九十三戶，沒有廟宇），可能是新近發展起來的村莊。無論村子規模和廟宇數量之間缺乏真正關聯的真正原因是什麼，我們都可以得出一個有用的結論：不同的村莊不會有相同數量的宗教活動；在處理鄉村生活的這個面向時，作出概括性論述是不安全的。

地方廟宇解決了村莊的部分宗教需求[48]，那裡是祈求、還願、稟報家人去世、舉行宗教慶典或舉辦其他宗教活動的地方。至於進行情況，帝國的各個地區不盡相同。一位地方志修纂者提到廣西某些地方的社祭：

社祭，十家、八家或數十家共一社，二、六、八月皆致祭，聚其社之所屬，備物致祭，畢即會飲

48　參見本書第六章。

焉。……凡田之共溝塍者，或立一廟，或一社，每歲二、三、六、八月以初二日，力田者共行祀[49]。

並不是所有宗教活動都在廟宇舉行。舉例來說，祈雨活動雖然據說常常在「龍王」祠或其他相關神靈的祠廟舉行，但在一些地方是在另一些地點求助的。楊懋春描述了一個山東村莊的祈雨情況：

> 發生乾旱時，地方領袖就組織宗教遊行到龍王廟，人們認為祂居住在古老的泉水或水井裡。如果在遊行後十天內下雨了，農民覺行龍王答應了他們的祈求。為了感謝龍王，農民會舉行祭祀活動，並且挑選好日子演戲。……幾個月後，當不需要對耕作投入這麼多的人力時，村莊（或幾個村莊）就會演戲，連演三天，鄰近村莊的人也來參加[50]。

戲劇演出在其他宗教場合舉行，有些地方每年不止一次。根據一位提學使所說，山西省村民太過耽溺於宗教事務和戲劇演出，必定會出現惡果。這位官員說：「繁富之區，每歲有鳩集六七次者；沃原之壤，每畝有攤派三四百者，竭細民之脂膏，供董事之酒肉。」[51]

一些事例表明，廟宇舉辦廟會以籌集營運資金。據史密斯（Arthur H. Smith）在一八九〇年代的觀察：

> 在中國，無論是最大的城市，還是各種規模的城鎮，甚至小村子，都有廟會。……絕大多數大型的廟會是由某些廟宇的管理者促成的，這個說法看來是真的。目的是想從中得到一些收入，供廟宇使費。這種收入，從收取某種交通費、場地費而獲得[52]。

鄉村廟宇除了為宗教目的而服務外，有時還成為非宗教活動的中心，或者為非宗教性的活動服務。據一位中國學者說，在一個居民不止屬於一個宗族、組織很好的村莊，

> 村莊組織的總部是……一座廟宇。……村廟跟祠堂一樣，也有自己的財產，由一個長者組成的董事會管理。……與祠堂一樣，村廟也有節慶。它為村中孩童經營學堂。簡言之，村廟對團體間的生活所擁有的權力和執行的任務，就像祠堂對家庭間的生活一樣[53]。

---

49 《賀縣志》（一九三四），2/10b，引一八九〇年舊志。

50 Martin C. Yang, *A Chinese Village*, p. 197.

51 王仁堪，《王蘇州遺書》，3/1a-b，收錄給山西巡撫張之洞的咨文。王仁堪提議說，這樣的節慶活動只准在繁榮的城鎮舉行；村子無論大小，都禁止辦會演戲。《南海縣志》，20/8a說，南海縣與鄉廟〔洪聖廟〕有關的宗教遊行，給村民帶來的是痛苦。值事向村民榨取錢財，許多村民不得不「典質而鬻女」。如果勒抽得不到滿足，值事馬上唆使暴民衝入拿不出錢財的村民家中，見什麼砸什麼，有時連房屋也被拆毀。Francis H. Nichols, *Through Hidden Shensi* (1902), p. 136 描述了華北一村莊的戲劇表演，說它和清帝國其他地方的類似戲劇並無明顯區別：「陝西各鄉村村民生活中的一件大事，就是每年在村中舞台舉行一次的戲劇表演。舞台是由磚砌成的平台，頂棚用柱子支撐起來。有的戲台背後是固定的，上面畫著龍和神等圖案。事前幾個月，村莊就要與旅行演出的戲班預約到村演出時間。演出費由村民支付，沒有入場券或保留座位這回事。全村村民隨意站在戲台周圍，觀看演出。演出內容通常是歷史人物的故事，一般持續演出五、六天。」

52 Arthur H. Smith, *Village Life in China*, p. 149.

53 Yen Kia-lok, "The Basis of Democracy in China," *International Journal of Social, Political and Legal Philosophy* (Philadelphia), XXVIII (1917-1918), pp. 203-207.

根據一位地方志修纂者的記載，十九世紀晚期直隸灤州廟宇的功能如下：

> 社必有寺，凡在社內大小村莊，共奉一寺之香火。……董事人謂之會首。寺會多在四、五月間，……至期演雜劇、陳百貨，男女雜沓，執香花，詣廟求福。……又有各村所自主之廟，神各有誕期。……其村或遇誕日，演戲為會，藉以申明條約。如縱雞豚牛羊傷稼及婦女兒童竊禾等類，大書禁止，違則有罰。
>
> 強半富庶村莊乃爾，亦不必案年舉行。間有因旱蝗雨澇入廟祈禱，竟不至成災者，亦演劇以賽，無定期[54]。

山西省也有類似的安排。根據省當局所說，每村有多少座廟宇就劃分為多少個社。每社都有一「長」，「村民悉聽指揮」[55]。社長的權力範圍到並沒有載明，但是可以合理假定，一定延伸到那些並非全然宗教性的事務。

不同部分的村民的需求，有位在這個區域的不同廟宇來滿足。舉例來說，在一個近代山東的村子〔譯按：文中說是市鎮〕，就有這種情況：

> 有兩座廟宇……全區的村民經常去。其中一座位在市鎮的東北端，供奉的神靈是關公〔即關帝〕和曾參〔孔子的門徒〕。……這座廟宇是文人士子經常聚會的地方，農民很少光顧。第二座大廟是佛寺，坐落在市鎮附近，農民到此祈求神靈賜福、保佑。……兩座神祠分別位在北山和南山上。其中一座是牛王祠，另一座是村民（大多數是婦女）每年九月九日祭拜一次的地方[56]。

廟宇有時是由個人出資修建的，但更多的是集體合作的產物。史密斯（Arthur H. Smith）在十九世紀的最後十年的著作，描述了其中一種方式：

> 幾個人如想修建一座廟宇時，就去要求村長（按照長久的習慣，村中所有公共事務都由他負責），這件事就交給他們去辦。通常是根據土地來攤派修建資金。雖然每畝不一定要出固定的金額，但更可能是根據每人擁有土地的數量來分級。貧者有可能完全不用分擔，或分擔非常少；富者就要承擔很多。當經辦人把所有錢都收集起來後，就在他們的指揮下開始修建。……廟宇修好之後，……經辦人從捐資者中挑選一人，任命他擔任廟宇管理委員會的主席[57]。

修建資金不一定很難募集。如果大眾同意修建擬議中的廟宇，捐資者是非常樂意掏錢的，即使修建費或維修費達到幾百兩銀子[58]。廟宇的建築和管理，常常掌握在鄉紳或士子手中[59]；如果他們未被要求參與

---

54 《灤州志》（一八九八），8/24a-25a。

55 張壽鏞，《皇朝掌故彙編．內編》，53/13b，張之洞一八八三年的一篇上奏。

56 Martin C. Yang, *A Chinese Village*, p. 197. 不過應該指出的是，這些廟宇由一些村子共用。

57 Arthur H. Smith, *Village Life in China*, pp. 136-138.

58 《賀縣志》，2/12b，引一八九〇年舊志。參見第六章。

59 如見《廣州府志》，卷六七各處。許多地方志在壇廟部分也記載了類似資料。

這項工作，就會感覺受到輕蔑[60]。擁有土地的廟宇，就可能成為有影響力人物爭論的主題。清政府一七六六年（乾隆三十一年）發布的一道命令，說明了這個情況：

> 浙省各寺廟，均有生監主持，名為檀樾。一切田地山場，視同世業。一寺或一姓，或三四姓不等。其中此爭彼奪，各有私據。……嗜利紛爭，最為惡習。應通行直省，出示曉諭，將檀樾名色，一概革除，不許藉有私據爭奪訐告。其士民施捨之田產，建修之寺廟，但許僧尼道士經管[61]。

這道命令全文應該是刻在石碑上，好讓臣民「永遠遵守」。但是，我們並沒有證據足以證明上述做法在浙江或其他省分真的已經被終止。如同一項近代的調查所顯示，它至少在一些地區還是存在的。有研究發現，「在江蘇省北部地區，還是有大片土地名義上屬於寺廟，但實際上由少數管理者擁有」[62]。我們不知道江蘇北部這些「少數」管理寺廟土地者的社會地位，但是可以合理假定他們與浙江省寺廟的檀樾一樣，並不是鄉下的一般農民或普通居民。

即使是在廟裡廟外舉行的各種宗教活動，普通村民也沒有什麼發言權。根據一名明顯有良心的官員記述，山西省的廟會和戲劇演出以犧牲「細民」為代價，給「董事」帶來了許多好處。十九世紀期間，不止山西一省存在這種情況。錢泳說：

> 大江南北迎神賽會之戲，向來有之，而近時為尤盛。其所謂會首者，在城，則府州縣署之書吏衙役；在鄉，則地方、保長及遊手好閒之徒。大約稍知禮法而有身家者，不與焉[63]。

根據這位中國觀察者的記述，創辦或管理村落市集對紳士來說有失身分，但它提供娛樂以及可能的利益給少數人，他們並不屬於普通農民，而且事實上常常證明他們自己就是鄉下地區的掠奪者。

於是，中國村莊中的各種宗教活動，通常是由少數居民領導或控制的。至於鄉村大眾，從這些活動中得到一些娛樂或宗教滿足，但不能左右它們。

經濟活動

雖然村民們對「鄉中利弊」並不熱中，但還是有一些旨在改善生存環境、值得注意的經濟活動。最常見的這種活動之一就是橋梁和道路與修建與維護，這是村民們往來村落間以及往返附近市集、城鎮運輸不可或缺的。有時，這項工作是由村民集體承擔，河南省臨漳縣一些村民使用的六座橋梁的修建就是這樣[64]。哈克發現，十九世紀中葉湖北地區募集修路資金的方法非常獨特，這種方法或許在清帝國其他地區並未廣泛使用：

60 《容縣志》，27/4b、23b 和 24a。

61 《學政全書》，7/18b-19a。

62 Institute of Pacific Relations, *Agrarian China* (1939), p. 12.

63 錢泳，《履園叢話》（一八七〇），21/14b-15a。

64 《臨漳縣志》（一九〇四），2/17a。

> 除了皇帝要出巡而不得不修建的道路外，官府事實上的確從不關注修建道路。……而村民們必須盡可能地去做。……有一些地區，村民自己設法為官府的無情忽視提供一個補救之道。所有訴訟、爭論和吵架事件，習慣上只有在迫不得已時才會求助於衙門；大多數村民寧願找一些正直可靠、經驗豐富的老人來仲裁，尊重他們的裁決。在這種情況下，仲裁者會批評行為不對的一方，要求他必須自己花錢來整修某一段路作為懲罰。在這些地區，道路好壞的情況與村民是否愛爭吵、愛訴訟成正比[65]。

鄉紳經常為其鄉鄰設法提供橋梁、道路、渡船的服務。地方志記載了很多這方面的事例。例如，廣東花縣一位白手起家、亦商亦官的人，捐資三千多兩銀子，修建一條石板路，從他的村子延伸到最近的市集；這條石板路在一八九三年完成[66]。無數個事例記載鄉紳造橋、擺渡的「義行」[67]，在一些地區，歸功於鄉紳的橋梁數量相當大[68]。不過在這些情況下，這些工程顯然是鄉紳靠自己個人能力完成的，而不是在他們領導下由鄉鄰集體承擔的。

在鄉間大路旁合適的地方經常修建「茶亭」，為鄉村旅行者提供服務。George Smith 爵士在一八四五年九月造訪浙江寧波城外一個村莊時，觀察到：

> 每隔三四英里，就有一座茶亭。行旅可以在此休息，享用由富有而好施者提供的免費茶水。……捐資修建茶亭的人所得的回報是，生前受人尊敬，身後享受榮耀[69]。

類似的建築幾乎在清帝國所有地方都能看到，尤其是南方省分。舉例來說，位在廣東南海縣佛山鎮的「樂善茶亭」建於一八七一年，就是由這個繁榮城鎮的「士商」（士子和商人）修建的[70]。

村民所承擔的最重要的經濟活動，是那些與「水利」（灌溉）和防洪有關的。前者主要是透過修築溝渠或水道、池塘、水庫和堤堰來實現；後者主要是修建圩堤或河堤表現出來。

65 Evariste-Régis Huc, *The Chinese Empire*, II, pp. 292-293. 這段引文中的第一句並不正確。清政府進行負責維護有關軍事和行政重要用途的大道，州縣官員則負責維修分布在其轄區內的道路。

66 《花縣志》，9/26b-27a。亦見《佛山忠義鄉志》，7/12a-15b；《九江儒林鄉志》，4/69a-74a；《靈山縣志》，4/51a-b。

67 在無數個事例中，可以參見《嚴州府志》，5/13b-25a；《佛山忠義鄉志》，3/58b；《衡州府志》（一八七五），9/4a-19b；《沔陽州志》，卷三，〈建置〉，頁四七a；《續修廬州府志》，1/3a-15b；《泰伯梅里志》（一八九七），卷三，各頁；《杭州府志》，卷七，各頁。

68 例如，《莘縣志》，卷二之六，頁二a－三b：分布在鄉間的六十六座橋梁，其中四十五座由來自紳士階層中的私人修建；《昆陽州志》（一八三九），7/4a：在分布在鄉間的二十八座橋梁中，正好一半由「士民捐資倡建」。亦見《天津府志》，21/22b-36b；《清遠縣志》，4/35a；《尋甸州志》，6/8a-b；《南寧府志》，2/11a-15b。幾座橋梁是由普通百姓修建的，例如《確山縣志》（一九三一），18/18a 說：「李德裕者，西八保農民也，本集……有橋曰子房橋，……兩端被雨沖，……因自出己囊，鳩工庀材，……俾成坦途。……此咸豐年間事也。又李毛者，南十保人也，家貧，為人牧豬，終年不著襪履，呼為李鐵腳。光緒初，因霸王臺迤路阻小河，人多病涉，乃罄其所積，傭貲創建石橋一座。工峻，即入霸臺寺為僧。」這些是少數例外，沒有改變整體的情況。

69 George Smith, *A Narrative of an Exploratory Visit to Each of the Consular Cities of China*, p. 228.

70 《佛山忠義鄉志》，7/10a-12a；《信宜縣志》（一八八九），卷二之五，頁二a－b。

清政府不負責整修村莊的灌溉渠道或堤堰，但鼓勵這種工作，對於私人努力而取得的「水利」給予法律保護。如果未經所有者允許而從私人的水庫、池塘或溝渠取水就是犯罪，要受到懲罰[71]。儘管清政府竭力鼓勵或給予保護，但不同的村莊對地方灌溉工程的投入仍有極大的差異。在一些地區，尤其是北方省分，村民對灌溉工程相當冷淡。十八世紀的一位陝西巡撫說：

> 若能就近疏引，築堰開渠，到處可行水利。無如司事者意計所在，既不與民瘼相關，小民心知其利，又復道謀築室，不潰于成。即向來本身渠道，地方亦多廢而不舉[72]。

據說，在該省某縣，在一位用心的知縣於一八七二年提議興修之前，村民並未享有任何水利[73]。

在其他地區，村民對整修灌溉工程就比較積極。在直隸、安徽、江蘇、廣東和江西等省，修建了各種各樣的水利工程，明顯是由當地村民發起的，而且一直保留到最近[74]。其中一些工程還十分宏偉。廣東東莞縣的「水南新漻」是一九〇一年村民集資修建的，長度超過一千一百丈（大約四千四百碼），可以灌溉超過七百畝農田。每人捐資多少，與其得到灌溉的土地量成正比[75]。在同省的另一縣，較小溝渠由村民自行整修，包括地主和佃戶[76]。安徽巢縣的居民，「私力」挖池塘，灌溉耕地[77]。在廣西融縣，居住在寶江和浪溪江沿岸的農民，用樹木、石頭築陂，導引江水灌溉自己的農田[78]；在賀縣，居住在臨江沿岸的居民，「塞壩灌田，一邑禾穀多半產此。」[79]

灌溉工程有時透過一定程度的正式組織來完成和管理。在十九世紀晚期的山西翼城縣，村民們選出一些「渠長」來負責管理灌溉事務[80]。在廣東花縣，村民成立了「陂水會」，來管理一處灌溉超過六千畝耕地的陂塘。一位地方志修纂者說：

> 素有陂水會董轄，每遇大水，隨決隨修，按照受灌蔭之田，收租為修築工役之需，以所占額米多少占水分多少。近年象山村江浩然、江汝楠提倡大加修築，力勸陂會份內田主，按照額米多少捐金，由江臨莊、江日新、江雲藻等經營，薰其成，每額米一石捐銀一千四百元。……其修築採用新法，悉以紅毛泥構結，費達萬金[81]。

71 《戶部則例續纂》（一七九六），2/7a 記述了這一規定：「民間農田，……如有各自費用工力挑築池塘渠堰等項，蓄水以備灌田，明有界限，而他人擅自竊放，以灌己田者，按其所灌田禾畝數，照侵占他人田畝例治罪。」

72 《皇清奏議》，64/20b-21a，畢沅一七七六年的一篇上奏。

73 《同官縣志》（一九四四），7/3b，概括了當地的情況：「同民向不知水利，……迄同治十一年，知縣王兆慶勸民開渠，然猶在附城、南關、灰堆坡、王益村等處，而各鄉鎮未有也。」

74 Fei Hsiao-t'ung, *Peasant Life* (1939), p. 172; Daniel H. Kulp, *Country Life in South China*, pp. 206-217.

75 《東莞縣志》，21/12a-b。

76 《清遠縣志》，5/12a-14b。

77 《續修廬州府志》，13/22b。

78 《廣西通志輯要》（一八九〇），5/32b。

79 同上，9/30b。

80 《翼城縣志》，30/6b。具體情況沒有說明。

81 《花縣志》，2/12b。

在清王朝滅亡之後，這個「陂水會」還繼續存在了一段時期。

可以充分肯定，灌溉工程（特別是設立組織負責的灌溉工程）是由地主創辦的，一些舉辦者很可能來自紳士家庭或勢力大的宗族。上引事例中所提到的人物明顯來自一個宗族，雖然沒有提到他們的社會地位。另一些事例裡，灌溉工程毫無疑問是由紳士領導完成的。在直隸邯鄲縣，許多水閘都是在十六世紀和十七世紀之間某個時期修建的。其中一個水閘叫羅城頭閘，可以灌溉十五個村莊居民耕種的超過八千畝田地。在「紳耆」李國安的指導下，這個水閘可以增加灌溉二萬零六百畝的耕地[82]。在廣東花縣，一名退休的商人（他在一八七〇年左右被賞賜五品官銜），負責發起修建一組水閘，為他的村子帶來豐富的水利[83]。一八〇五年中進士的鄧應熊（他隨後在河南省擔任知縣），在他家鄉（廣東東莞）的村子提議並完成重修一條溝渠[84]。即使是一些由地方官提議的案例，實際的工作也常常是由鄉紳完成的。沒有鄉紳的合作，官府的提議是無法實行的。因此，安徽合肥知縣發現必須「躬至鄉村，與紳士、耆老議」[85]，才能完成一系列水庫。

鄉紳對水利非常熱心的理由是顯而易見的，由於大多數（雖然不是所有）鄉紳都是地主，他們很容易了解確保租種其土地的農民收穫的重要性。實際耕種土地的農民也懂得灌溉的重要性，但由於他們沒有鄉紳那樣的威望、財富或知識，自然要讓後者來扮演領導角色。

防洪事務的情況基本上是一樣的，雖然政府在這方面的角色要來得突出些。在一些地區，尤其在華北，為了防洪，村民將其村落建在適宜地點；就像一些英國官員在一八八二年指出的：「王徐莊子（Wang-hsu-chuang-tzu）這個擁有四百間房屋和四千個居民的村莊，它坐落在高出周圍地區五英尺的土崗上，顯然是為了保護它免於受到這個地區似乎可能遭受的洪水侵害。」[86]

比較常用的防洪方法是修建圩堤或河堤，這些設施的緊急整修可能由有關的村莊來承擔。十九世紀的一位西方作者指出：「一旦洪災就要到來，村長指揮村民輪班工作，用手邊可以取得的各種泥土築成堤防。」[87]但是一般說來，地方政府的介入是必不可少的。實際上，許多圩堤都是由村民和地方政府共同修建和維護的。在廣東佛山鎮的鄉村地區，圩堤是由受保護的村莊來負責維持在可用狀態，但至於大規模的修建工程，則必須在當地政府的幫助下才能進行[88]。政府會撥款給村莊用於修建防洪工程，通常由鄉紳負責保管；廣東花縣在一八八六年修建一座圩堤〔紅岡圍〕就是這樣[89]。

的確，許多防洪工程得以完成正是由於官紳合作。一八二〇年，廣東南海縣三名地位較高的紳士捐資七萬五千兩銀子，配合該省當局所「借」用於整修、加固一座重要防洪堤的八萬兩銀子[90]。同一縣的知縣在一八七九年批准一名鄉紳的建議，對每畝田地攤派二兩銀子（地主出六〇％，佃戶出四〇％），

82 《邯鄲縣志》，3/5b-10b。〔編按：縣志，3/7b作「新開水田二百六十頃有奇」，應為二萬六千畝。〕

83 《花縣志》，9/27a。

84 《東莞縣志》，70/6a。

85 《續修廬州府志》，28/17b。

86 M. S. Bell, *China* (1884), I, p. 123.

87 Arthur H. Smith, *Village Life in China*, p. 233.

88 《佛山忠義鄉志》，4/50a-66a。

89 《花縣志》，2/14a-b。

90 《南海縣志》，2/51a。

來修建一座堤防〔溫村圍〕，以保護兩個村子。這道堤防後來被洪水毀壞了，知縣又批准一名舉人的請求，對每畝田地攤派一兩銀子（地主出七〇%，佃戶出三〇%）進行整修[91]。在直隸正定縣，縣府一八七三年決定在漕馬口修建一道防洪堤。不過，這個工程的修建對一個村子不利。在當地一名生員的領導下，經過適當調整後得以成功修建。在知縣「分派委員紳士」監督之下，其他堤堰也同時完成整修[92]。另一個有趣的官紳合作事例，發生在湖北沔陽縣。在那裡，防洪堤把大小不同的地方圍起來，當地稱作「院」。按照地方志的記載，由於這個縣的土地一般比較低，

> ……修堤防障之，大者輪廣數十里，小者十餘里，謂之院。如是者百餘區。……院必有長以統丁夫主修葺[93]。

就像許多其他事例，所需資金部分由受到堤防保護的土地攤派，部分來自紳士捐獻，部分來自政府撥款。但是在沔陽，紳士獨自承擔起監督和管理堤堰工程的責任[94]。

地方官並非總是採取合作的態度。有些逃避自己的職責，讓村民（紳士和平民）自己去設想辦法。在這種情況下，所有工程都沒有官府的幫助或監督，由此出現了「官圩」和「民圩」的區別。根據一位江西地方志修纂者的記載：

> ……所以備水患者，……或徑數百丈，或周回一二里，……迨經傾圮，相緣請帑。官府患帑之弗克給，乃以載諸舊冊者為官修之圩，續增者為民修之圩。民修之圩，准其立案，官不勘估，不給帑

培修。……故有官圩、民圩之目[95]。

證據顯示，江西這個地方這種官圩和民圩之間的劃分，對其他地區也有效[96]。不過，這裡提到的「民」，與灌溉工程一樣，指的是「紳士領導下的村民」，雖然這種「領導」並沒有被指出來。「民」一詞的使用，顯然是用來與「官府」或「官」對比的，並不是指「平民」以與具有特殊地位的人對比。

事實很明顯，這一點對於資料的正確解釋很重要。江西南昌縣有一條全長四千八百丈（約一萬九千二百碼）的圩堤，據說是在清王朝統治的最後幾年由「村民自己」修建的[97]。實在難以置信，財產有限、知識缺乏的普通農民，竟然能在沒有鄉紳指導下完成這樣的任務。相反地，農民無論在哪種難度的

---

91 同上，8/2a-b。

92 《正定縣志》（一八七五），5/35a-b和40a-b。

93 《沔陽州志》（一八九四），卷三，〈建置〉，頁一一a—一二a。

94 同上，二〇b—三四b。

95 《南昌縣志》（一九一九），6/1a-b。

96 例見《蔚州志》（一八七七），4/12b-13b；《南寧府志》，2/15b-19b；《佛山忠義鄉志》，3/51a-52a。

97 《南昌縣志》（一九一九），〔附錄〕〈南昌紀事〉，13/1b-3b。〔編按：據參考書目，《南昌縣志》正文凡六十卷，另有三個附錄，分別是〈文徵〉二十四卷、〈詩徵〉五卷、〈南昌紀事〉十四卷。現今所見成文重印本附錄均單獨刊行，〈南昌紀事〉題名《江西省南昌紀事》（周德華輯），卷一三為雜記，頁一b—三b所述為「圩堤」。其中「芽茶圩」在二十五都地方，計長四千八百丈，所述極為簡略，並未言及修建年分及方式。其他各圩，或為生員創首修築，或邑紳集款建築，或請款派畝捐重築，或集貲建築，或捐資創修，大體上應該算是「村民自己」修築的。〕

防洪工程中，通常都是扮演從屬的角色。許多記載下來的事例，都顯示是由退職官員和有頭銜的士子來實現這種計畫[98]。

從事防洪或灌溉工程的鄉紳並不一定都是誠實的，其中一些會利用情勢和個人地位大玩貪汙伎倆。這種紳士的行為不一定都被記載下來，但偶爾會有意無意地暴露出來。一八七三年被任命的安徽廬州府知府簽發的一則布告，很能說明這一問題。他讓大家清楚了解他的目的在於「禁江垻積弊」，要求所有「各圩紳董」此後要向知府衙門呈交修建計畫，並威脅要嚴辦那些利用圩堤修建或整修工程私收肥己的人[99]。

並非所有村莊都能戰勝洪災。哈克描述十九世紀中葉浙江省一個地方的村民徒勞無功的嘗試，就能說明這一點：

一八四九年，我們在浙江省一個信仰基督教的村莊停留了六個月。先是傾盆大雨從天而降，接著是一個淹沒整個鄉村地區的洪災。外表看上去就像一片大海，樹和村莊漂浮在海面上。中國人已經預見收穫將遭到破壞，以及饑荒的所有可怕結果，展現出驚人的努力和堅忍，與他們所遭遇的不幸搏鬥。試著在田地周圍築起圩堤後，然後嘗試排乾田地裡的水。但是，當他們艱難而辛苦的工作看來就要成功的時候，大雨再次傾盆而下，他們的田地再次被淹沒。整整三個月，我們目睹他們不停地努力，一刻也沒停下來。……然而，洪災實在難以控制，在耗盡最後一絲力氣之後，這些可憐的受難者被迫放棄耕作他們的田地，發現自己已經一無所有。於是他們開始聚集成一隊一隊，背上袋子在全省到處流浪，到處乞討一點米飯。……所有的村子都被放棄了，無數的家庭逃到鄰近省分去討生活[100]。

與農民經濟利益有關的另一種類村莊活動是守望莊稼。由於莊稼容易遭人偷竊或遭動物毀壞，因而需要保護。在一些鄉村地區，村民自己組織起來共同守望莊稼。例如，在十九世紀的河南鹿邑縣：

> 二麥繼登，貧家婦女聯翩至野拾取滯穗，狡悍者或蹈隙攙取，往往搆釁致訟。秋成時，各伍私相戒約，拾穗有禁，其有私放牛馬及盜取麥禾者，則嚴其罰，名曰闌青會[101]。

合作守望莊稼，嘉惠了每個農民。但是，組織和領導的任務自然地落到村莊領袖（他們大概也有土地）的肩上。據一位西方作者的觀察：

---

98 例見《廣州府志》，142/31a；《東莞縣志》，56/11a 和 67/7b；《續修廬州府志》，54/6a-b 等處；《徐州府志》（一八七四），卷二三中之下，頁九 b－一〇 a 和頁一三 b；《邯鄲縣志》，10/32b。

99 《續修廬州府志》，13/46a-47a〔編按：李炳濤，〈示禁江埧積弊碑〉，全文見 13/46b-47a〕。紳士敲詐勒索的行為，並不僅限於廬州府。《南海縣志》就在 8/6a-b 中記載了一個事例：有名六品官在退職以後成為一個負責整修防洪堤岸組織的負責人，他在一九〇八年企圖侵吞超過三千兩銀子。

100 Evariste-Régis Huc, *The Chinese Empire*, II, pp. 323-325.

101 《鹿邑縣志》，9/3b。

某些行動是在長者領導下由村民們參與的。其中最普遍的是「青苗會」（或稱「莊稼保護會」）的組成與工作。每個家庭都被要求提供一定數目的年輕人，輪流守望生長中的莊稼[102]。

根據另一位西方作者在十九世紀末的觀察，所需花費由地主承擔：

> 〔青苗會〕並不是所有地區都有的，而只是……在一些地區才能看到。……在固定數目的人受雇〔守望莊稼〕時，花費就由全村負擔，事實上是對土地徵收的稅費。分擔多少，與他所擁有的土地數量成正比[103]。

在一些事例，偷竊者受到的懲罰非常嚴厲。一名總督在十九世紀晚期奏報，雲南某地一個倒楣的人摘了鄰居家的幾個玉米穗，守望者發出警報，抓住了他。「村裡的長者照例開會，把這個案子攤在他面前。」他的母親被迫畫押同意判決後，這個偷竊者就被處死了[104]。沒有莊稼守望組織的村莊對偷盜者無能為力，只能依靠官府願意提供的任何保護。陝西省就發生一個有趣的事例。巡撫陳宏謀在一七四五年的一道命令中說：

> 乃聞有一種遊棍惡賊，寄宿野廟空窯，乘秋禾方熟未割之時，三五成群，昏夜偷割。竟有每夜偷割至三五畝者。所偷之禾，即左近貨賣。亦有一二無田之家窩留此輩，利其得禾轉賣分肥者[105]。

這顯示了莊稼守望組織是多麼有用。如果我們記得，並不是所有中國村莊都是組織良好的社區，而其中的小村子根本算不上社區，那麼它們〔莊稼守望組織〕並不是「所有地區都有的」這個事實，就不顯得奇怪了。

為了防止眾多稅吏的敲詐勒索及邪惡習慣，一些村莊採取自我保護的措施，就是幫助或要求村鄰準備好交稅，藉以將被敲詐勒索的機會減到最低。在一八八五年（光緒十一年）的一篇上奏中，江西巡撫報告了下列有趣的制度：

> 查江西從前完納丁漕，民間向有義圖之法，按鄉按圖，各自設立首士，皆地方公正紳耆公舉輪充，且有總催、滾催、戶頭，各縣名目不同，完納期限不一。嚴立條規，互相勸勉，屆期掃數完清，鮮有違誤[106]。

該巡撫繼續說道，受到戰爭的蹂躪，上述制度已經破壞。拖欠者越來越多，丁賦田糧越來越少。但在這

102 John S. Burgess, *Guilds of Peking*, p. 27.

103 Arthur H. Smith, *Village Life in China*, pp. 163-164.

104 Robert K. Douglas, *Society in China* (1894), pp. 113-114.

105 陳宏謀，《培遠堂偶存稿》，21/21a-b。

106 葛士濬，《皇朝經世文續編》，32/4b-5a〔江西巡撫德馨〈確查江西丁漕積弊並設法整頓疏〉〕。

個制度仍能維持的地區，居民們還能全額繳稅；即使最壞的情況，也從未低於規定數額的九〇％。

這種自願性制度的運作方法，據同時期另一名官員的記述，大致如下：

> 每年輪一甲充當總催，擇本甲勤幹之人為之，名曰現年。……有現年之圖甲，差役不得上門[107]。

其他省分也上報了幾個類似的事例。一八六〇年代的江蘇巡撫（丁日昌）在一道指示中說，由於當時催收錢糧的方法對「小民」來說是相當累的，因而最好採取武陽縣（譯按：即今天的武進市和陽湖縣）「義圖辦糧」的方法，在另一個文件中又提到高郵州採用了這個方法[108]。這個方法與上述江西的系統，至少有一點是不同的：它是政府行動的結果，而非地方發起。在廣東南海縣，一名在一八六二年被清廷恩賜舉人頭銜，次年又授予國子監司業頭銜的長者，為他那個圖修建了一座圖甲會館，作為圖內所有甲長集會的場所，並作為他們收納錢糧的地方。因而「鄉中無催科者至」[109]。這個安排效果與江西的自願制度相同，不過卻是一個人的慷慨行為，而非全體村民一起合作的結果。另一種不同的做法，發生於廣東南海儒林鄉，由宗族承擔起對抗稅吏敲詐勒索、保護納稅人的工作。根據一位地方志纂修者一八八〇年代的記載，由於情況令人難以承受，因而這個地區的宗族授權宗祠管理者催徵並收繳各戶的稅款，從而讓他們免於承受政府代理人的不法行為[110]。

與地方秩序相關的活動

保甲頭人作為清政府的代理人，承擔起偵探犯罪活動和犯罪分子、防止不良分子藏匿在鄉鄰的職責；除了他們之外，許多村子都有自己的領袖，村民依靠他們維持一定程度的和平及秩序。這些領袖在某種程度上填補了地方官的職責，特別是解決地方爭端，防止村民的言行舉止脫軌，在社會動盪期間防衛他們的村子對抗土匪搶劫。Robert K. Douglas 在十九世紀的最後幾年觀察到，本來應該由地方官承擔的「大量的事情」，落到了「他那沒有官職的夥伴」——村莊領袖——的肩上[111]。雖然「大量的」一詞可能含有對村莊領袖角色的高估，但這個看法是相當正確的。

解決地方爭端是這些領袖的職能之一。沒有什麼正式組織是為解決地方爭端而設的，不過通常每個村莊適合擔任仲裁工作的人都是被村民認可的。這些人通常是正直、公正和有見識的，他們有可能屬於有財產、有地位的家庭；或者像華南許多地方一樣，他們是宗族的族長。紳士的身分並非必不可少的條件，但學識是個明顯的優勢[112]。有些時候仲裁人是村長[113]。無論仲裁者的個人條件和身分如何，他們的仲裁一般都得到爭論雙方的尊重。

---

107 同上，32/19b，翰林院侍讀王邦璽的一篇上奏。
108 丁日昌，《撫吳公牘》，45/10b〔〈高郵州稟遵飭示諭仿辦義圖妥議辦理情形由〉〕。
109 《南海縣志》，22/3a。
110 《九江儒林鄉志》，21/30a。其他事例將在第八章中引用。
111 Robert K. Douglas, *Society in China*, p. 113.
112 其事例見《東莞縣志》，68/5b、15a-16a 和 70/8a、12b、15b；《續修廬州府志》，54/9a 和 57/2b、4a、6a；《莘縣志》，7/29a-b。
113 《翼城縣志》，30/6b。

仲裁的範圍，小到解決村民個人間的小爭吵，大到解決群體間的衝突。下面是韓兆琪（一八七八年取得貢生身分）成功化解（廣東番禺縣的一個村子）宗族內宿怨的一個好例子：

古壩韓姓同宗也，分東西兩大房。兩大房為爭潼道門樓，……釀成械鬥，鄉人奔避。族法無從制止，官示亦不能禁遏。正紳三五人以宗誼請回鄉調處，兆琪不避艱險，親臨鬥境，和容正論，調護兩方，悉降心相從[114]。

一般說來，這種情況並不怎麼引人注意。許多村民爭端及鄰里爭吵，都是在村莊或鄉鎮的茶房調解的：爭端的雙方、仲裁者及旁觀者聚集在這裡，仲裁者先聽取雙方理由，然後作出仲裁。如果沒有其他處罰，那麼被裁定無理的一方要支付所有在場者的茶錢[115]。

在鄉下，打官司通常很花錢又很麻煩，有時候無論對被告或原告都是毀滅性的[116]，因此在衙門外解決爭端是最為有利的。善意的地方官員經常勸阻訴訟，將兩造送回他們村莊，由鄉鄰幫忙仲裁[117]。充滿感激的村民就會提供幫助給有效率的仲裁者作為回報，就像下面這位明顯有文學天分而沒有財力的生員：

新昌俞君煥模，貧士也，道光己亥科鄉試，俞欲往而窘于資，因憶及往年曾為某村息訟事，姑往干謁。至則村人歡迎，爭為設饌，贈以二十餘金。……赴杭，……入試闈，……竟得解元[118]。

不過，並非所有仲裁都是有效的。非常嚴重的事件通常不能訴諸仲裁。關涉「人命」的案件，很少在衙門外解決，即使並沒有發生犯罪（謀害或謀殺）。被這樣牽連的村民，很少能逃過衙門吏胥或鄉間惡棍敲詐勒索。十九世紀，發生在南方一個村子的媳婦自殺案件，就讓一個富裕的家庭破滅[119]。此外，只要訴訟案件是「訟棍」以及那些與他們狼狽為奸者的收入來源，仲裁就永遠取代不了衙門的審判[120]。

村民的最大不幸，或許是仲裁並不總是公平、公正。下面這個華南村子的情況就反映了這一點：

---

114 《番禺縣續志》（一九一一），22/21a。

115 Martin C. Yang, *A Chinese Village*, p. 196：「許多社會爭端和鄰居爭吵，都是在市鎮茶房喝茶解決的。這種茶叫『調解茶』。」

116 其事例見駱秉章在一八六一年受命擔任川陝總督後所寫的〈戒訟文〉。他生動地描述了打官司帶來的災難性後果，勸告大家不要打官司。他的文章以兩句俗語開頭：「餓死不可做賊，氣死不可告狀。」「守衙役，平地虎。」引見《花縣志》，10/34a-b。

117 例如，一八〇一年中舉、先後擔任江西弋陽和贛縣知縣的杜宏泰，以如下方式處理所有訴訟案件：「訟者挾牒至，常委曲譬喻，令歸聽鄉鄰居間。必不得已，則立為剖訊，兩造無留難。」《巴陵縣志》，31/5b-6a。黃六鴻，《福惠全書》，11/16a 也記述：「每歲值鄉農播種之時，有司懸牌，大書『農忙止訟』四字，……非有命盜逃人重情，一概不准。此係從來定例。」黃是在十七世紀期間寫的。

118 陳其元，《庸閒齋筆記》，9/15b〔編按：卷九無 15b，事見 9/13a〕；引見《中和月刊》，第一卷，頁一〇九。

119 丁日昌，《撫吳公牘》，20/1a-b。

120 例見《江津縣志》（一九二四），卷一上〔編按：事見〈風土志上．風俗．雜俗．訟匪〉，在卷一一之一〕，一七a，關於這個華西偏遠地方的敘述。這一事例證明一句客家小調：「衙門深似海，弊病大如天。」

> 在鳳凰村，仲裁並不總是不偏不倚地進行的。大的家族分支或「房」在許多案例中能夠誤導仲裁或讓它流產，而村長又被他們左右。如果被害者屬於已經沒落的宗族，如果他沒什麼近親，而「他的財力和學識都有限」，就很難向有強大家族支持的冒犯者討回完全的公道。如果被害者堅持完全的公道，村長或許會給予，而強大家族的成員則會以各種各樣間接的無休止迫害，讓原告屈服[121]。

因此，在鳳凰村這個近代鄉村，面對宗族的支配影響、財富以及「學識」，仲裁被證明是無能為力的。可以合理的假定，這種情況對早些時候的一些鄉下村莊也是適用的。

村莊秩序是透過制定並執行「鄉規」這種更積極的方式來維持的。根據一位近代地方志纂修者的記述，該地方志早期的版本有一個部分記述了關於村莊利益的規則和禁令；這些規則是由地方的紳士和平民起草、經由地方官同意的[122]。另一位地方志纂修者記載了一個事例，說石湖鄉（在廣東花縣，有一千二百人）有名用錢買了五品官銜的富商，「集鄉紳，訂立鄉規，以樹率循」[123]。

鄉規的作用取決於推行者的素質。據說，太平天國領導者洪秀全於一八三〇年代還在家鄉時，就制定了五條規律，供族人遵循。他規定，凡是冒犯長輩、誘姦女人、不孝父母、賭博或遊蕩、「作惡」的人，都要遭到鞭打。他把這些規律寫在木牌上，分發給各家長。村民們都很尊重他的戒律，兩名冒犯長輩的年輕人就因害怕被洪秀全懲罰而逃走[124]。在華南另一鄉村，有名舉人（與洪秀全同時代）禁止所有錯誤行為，成功地為該村「整飭風俗」。他徹底禁止賭博，「賭徒不敢逞」。他的威望非常高，因而能夠改變一項根深柢固的惡習。地方志修纂者說：

> 九江舊俗，女子不樂返夫家，強迎之，則自盡，……（馮）汝棠懸為厲禁，有犯者許夫家　葬之，母家無得過問。由是俗漸革[125]。

的確，一些長者因享有非常高的威望，可以對其鄰居發揮直接而有決定性的道德影響，其中之一是廣東花縣某村莊的居民葉松齡（身分不詳）：

> 晚年居鄉，鄉人有私爭者，得松齡片言，糾紛立解。里人某甲偶不檢，致犯鄉規。鄉人將集祠議罰。甲乞於眾曰：寧願伏罪，毋令松齡聞[126]。

哈克記載了一個的奇特事例，一名悔改的賭徒透過協同努力，阻絕了他的村子的賭博惡習：

---

121 Daniel H. Kulp, *Country Life in South China*, p. 323. 斜體字是我加的〔編按：譯文改為引號〕。

122 《佛山忠義鄉志》，17/1b。「舊志有鄉禁一門，皆關鄉中利弊，由士民請官核定。」見 Daniel H. Kulp, *Country Life in South China*, pp. 320-321.

123 《花縣志》，9/26a。〔編按：「石湖鄉」原文誤作 Tu-hsing villiage。〕

124 簡又文，《太平軍廣西首義史》（一九四五），頁一一三。

125 《南海縣志》15/1a。亦見胡適，《四十自述》（一九三三），頁四－五。胡適說，只要他父親要回家（安徽績溪縣）的消息一傳來，周圍二十里內的賭館、鴉片煙館一時間都關門了，以免遭到這位老者嚴厲的批評。

126 《花縣志》，9/23a。

在中國，賭博（在法律上）是禁止的，但是幾乎全國各地都以無比的熱情在進行。在我們教區附近，離長城不遠的一個大村子，以其專業性賭棍而著稱。有一天，村中一個重要家族的族長（他本人愛好賭博）決定改變這個村莊。他因而邀請主要村民舉行宴會，用餐快結束時，他站起來對客人講話，對賭博帶來的不良後果作了幾點評析後，建議成立一個戒賭組織，將賭博惡習從村中剷除。大家一開始都感到驚訝，但在經過激烈的商議後，最終接受了他的建議。接著，與會者起草了一份法案，並在上面簽字。法案規定，簽字者不但本人必須戒賭，而且必須阻止他人賭博；如果賭博者當場被抓到，就會立即帶到衙門面前，根據法律規定予以嚴懲。戒賭組織成立的事隨即向村民們宣布，並警告說已下定決心，而且準備採取行動。

幾天後，有三名嗜賭成性、把宣示當耳旁風的賭棍，手中拿著賭牌，被當場抓住。他們被五花大綁，押送最近城鎮的法庭，不但遭到嚴厲的鞭打，還受到很重的罰款。我們在這個村子停留了一段時期，可以證明這項措施在改變村民們惡習方面所產生的效果。的確，在這個村子戒賭組織獲得驚人的成功，鄰近地區也成立了許多其他同樣性質的組織[127]。

地方防衛

另一項重要的活動由許多村莊展示出來。在社會動盪期間，一些受到土匪或反叛者威脅的鄉間村莊，在地方官鼓勵之下或自發的組織起來自衛，這些鄉村保衛武力通常稱為「鄉勇」或「團練」。清政府平常對鄉村武裝力量懷有戒心，規定平民擁有武器是非法的；但它不得不徵召鄉村居民來對付烽煙四起的暴動和叛亂，尤其是在十九世紀中晚期。地方官奉命督促居民組織團練或鄉勇[128]。政府經常將這種地方武力調離本鄉去作戰，尤其是那種在政府贊助下組織起來的，湖南團練當然就是最著名的例子。另一方面，地方自發組織起來的力量，通常用來保衛自己的村莊，很少離開本土作戰。

地方武裝力量的發起通常來自鄉紳（他們所受危險比一般平民更大），但平民並沒有被排除在領導階層之外。安徽合肥西鄉的一位農家傭工解先亮，可能是地方防衛最著名的平民領導者之一。當太平天國部隊在一八五三年進攻皖北之際，皖北各地土匪蠭起。解先亮是最早提議組織團練，並修建圩牆庇護鄉人的。據說，反叛者始終未能突破他所建立的防線[129]。菜農沈掌大於一八六一年在浙江海鹽縣澉浦鎮發起地方防衛，以對太平軍[130]。浙江諸暨縣包村農民包立身，率領村人們進行了一場雖然失敗卻很勇敢

127 Evariste-Régis Huc, *The Chinese Empire*, II, pp. 80-81.

128 張壽鏞，《皇朝掌故彙編．內編》，53/18a-27a；《江西通志》，卷首之四，頁三b；《通州志》，7/25a-26a；《確山縣志》，18/19b-20a 和 24/16a；《續修廬州府志》，22/2b、26/27b、27/1a、34/11a-12b、36/1b 和 卷三八，各頁；《邯鄲縣志》，10/14b；《花縣志》，6/6a-b。兩江總督劉坤一認為團練非常有用，因而建議清廷以之作為建立清帝國近代軍隊的基礎。張壽鏞，《皇朝掌故彙編．內編》，53/27a-28b。根據《清史稿．兵志四》，頁一a－八b，「鄉兵始自雍、乾，旋募旋散，初非經制之師。嘉慶間，平川、楚教匪，鄉兵之功始著。道光之季，粵西寇起，各省舉辦團練，有駐守地方者，有隨營徵剿者。」曾國藩把「團」和「練」分開，明顯把前者與保甲連同在一起，把後者與「勇」連在一起。他在一八六〇年左右覆劉詹崖的信中說：「團練一事，各省辦法不同。……約而言之，不外兩端：有團而兼練者，有團而不練者。團而不練者，不斂銀錢，不發口糧，僅僅稽查奸細，捆送土匪，即古來保甲之法。團而兼練者，必立營哨，必發口糧，可防本省，可剿外省，即今之官勇之法。」曾國藩，《曾文正公書札》，13/1b。

129 《續修廬州府志》，49/16a。

130 《澉志補錄》（一九三五），三二a－b和七〇b。

的家鄉保衛戰；據署理浙江巡撫在一八六四年的奏報，包村在一八六二年（同治元年）被攻陷之後，逾一萬四千名村民及難民（包括鄉紳和平民）被殺[131]。儘管如此，地方防衛的大多數領導者還是鄉紳或士子（包括有功名和沒功名的）；憑藉著地位與學識，他們比平民更適合這項任務。

鄉紳和士子領導地方防衛的事例多不勝數[132]，領導大體上可以分為兩種類型或兩個層次：高層的領導者是組織鄉勇或團練，負責資金並掌控運作的人。這些人通常具有特殊地位，擁有比較雄厚的財力；低層的領導者則是負責實際指揮軍隊的人。鄉紳與士子經常擔任野戰指揮官，與士兵一起戰鬥；但較小單位的指揮官絕大多數由平民擔任[133]。可以合理的假定，在清政府認為需要團練的地方，自然希望由鄉紳出面領導[134]。

不同地區的實際施情況和術語也不一樣。小單位的指揮官一般稱為「團長」、「練長」或「團練長」；大單位的通常稱為「團總」或「練總」[135]。防衛組織的負責人或領導者在某個村子或鄉鎮設立辦公室，這種辦公室有時稱為「團練局」。有時會任命一位總負責人，稱作「局長」；有時由一些人共同負責，稱為「紳董」。團練的經費、人員補充、訓練以及其他重要事務，均由負責者或管理者討論、決定並實行[136]。在一些地區，團練局還負責為鄉民排紛解難；在太平天國起事期間和之後，廣東花縣的

131 引見芻厂，《中和月刊》，三卷六期（一九四二），頁一二八－一三二。李慈銘，《越縵堂日記·孟學齋日記》，甲集首集下，四九b，關於這一事例的敘述過於熱情〔編按：日記此處作包立生〕。在同書隨後的條目即「甲集尾」，一七b，他補充說：「〔包〕立身本邨甿，不識字，……其起事也，……自言與仙人往來，……每出戰，立身挺身大

呼而前，不持兵，賊見之，輒辟易。……越人皆謂有神助，益附之。然竟破滅。越中故家大族多種滅無遺類。……鄉人頗言其有異志，不以朝廷為念云。」以這種觀點來看，包立身並不是普通農民，而是一個某種「邪教」的文盲從業者。以反對太平天國為藉口，組織自己的軍事力量，企圖實現自己的祕密野心。

132 例見張壽鏞，《皇朝掌故彙編．內編》，53/22b；《巴陵縣志》，19/10b-20b；《靖州鄉土志》，1/25a、42a-b、43b、47a；《廣州府志》，81/30a、82/5b、16b、18b 和 134/25b-26a；《鬱林州志》，18/1b-73b；《徐州府志》，卷二二中之下，頁九 a－b；《滁州志》，卷七之五，頁三 b－四 a；《續修廬州府志》，48/2b、53/17a-b 和 54/8a；《蒙城縣志書》，6/4b-15a；《盧龍縣志》，19/13a-b；《邯鄲縣志》，10/35a 和 44a-b；《莘縣志》，7/30a 和 35b-36a；《鄆城縣志》，10/3a-b 和 5b；《江津縣志》，3/17a-b 和 18a；《富順縣志》，12/57b。在一些地區，由於非常需要鄉紳來領導，因此有些團練的負責人並不一定是相關村莊的居民，例如廣西某些地方「城鄉皆設團防〔即團練〕」，「士紳人眾，可為首領」。《股匪總錄》（一八九〇），1/8b。

133 除了注一三二所引參考資料之外，見《翼城縣志》，29/35a-b；《確山縣志》，18/19b-28a；《續修廬州府志》，卷三六－四九，各頁；《廣西昭忠錄》（一八七〇），7/16a、26a、31a、34a、35a 和 8/3b-64a。

134 例見《江西通志》，卷首之四，頁三 b，咸豐二年發布的一道上諭；《續修廬州府志》，22/2b、27/6a 和 34/12a-b，說清政府託付李文安和其他人負責團練工作；《確山縣志》，24/16a，一八六〇年（咸豐十年四月十六日）發布的一道上諭，授權江蘇、安徽、浙江和河南的紳士（當時這些紳士有的在北京供職，有的住在其本地）協助團練工作。直到一八九八年，兩江總督劉坤一還建議由地方紳士來負責團練工作。參見張壽鏞，《皇朝掌故彙編．內編》，53/27a-28b。G. B. Fisher, *The Years' Service in China* (1863), p. 57, 敘述了咸豐帝和廣東按察使的一段對話，提到征剿廣東清遠縣叛匪的戰役：「問：『何者作用最大？營兵或鄉勇？』答：『鄉勇，一般而言。……』問：『誰指揮鄉勇？』答：『指揮官由鄉勇同鄉。……當然官府也派人轄制，如縣丞、主簿、巡檢、典史。』」由此來看，在清遠縣，地方官直接控制了地方武力。

135 參考注一三二和注一三三所引參考資料。

136 見《佛山忠義鄉志》，3/4b、11/28b-29a 和 14，「人物六」，14/26a-b；《香山縣志》，4/2b；《番禺縣續志》，5/24b 和 42/9b。

「花峰局」就是這樣[137]。

村莊和鄉鎮由於不像縣城有城牆與護城河的安全防護，通常會在四周修建木柵欄，更多的是泥牆或石牆，來強化它們的防衛，這些就稱為「寨」、「堡」或「圩」。如果地勢不易防禦，就會選擇比較合適的地點來建築「寨」或「堡」，並將值錢東西搬移其中加以保護，村民也會住進去，以保安全。這種堡壘實際上存在於帝制中國的各個時期、所有受到土匪或反叛者威脅進犯的地方[138]。幾個十九世紀的事例就足以說明這點。在江蘇銅山縣，九十八個村子的居民為了保護自己、對抗「粵匪」，在一八五八年到一八六五年間共修建了一百三十三個「寨」〔砦〕[139]。住在安徽合肥縣城西邊某村的一名生員，在一八四六年到一八六〇年間率領村民成功抵擋了「捻匪」、太平軍的進攻，「築堡浚濠，……依之者近萬戶。賊來則堵，去則耕。西鄉得少安。」[140]廣西鬱林州各村，了解在土匪到來之前逃跑是無益的，在地方官的說服下，從一八五四年開始修建堡寨以為防禦，「各於村四周築立土墻，或砌土坯，饒裕之村，則有用三合土者，皆高可隱身」[141]。河南省的村莊，在本省受到捻軍威脅的年代，經常在它們的「寨」〔砦〕或「圩」裡以求安全[142]。一名一八六〇年代末旅行穿越該省的西方人，對大量這種有圍牆保護的村子印象深刻，牆「厚六英尺或更厚」[143]。大約與此同時，在山西一些地區也可以看到類似的堡壘；在某縣，「有時一眼就能看到多達二十個的堡壘」[144]。四川富順縣鄉間在一八五一年到一八九八年間共修建了不下於七十四個「砦」，其中最大的是「三多砦」。修建這個寨子花費了約七萬兩銀子，用了七年時間（一八五三－一八五九）。它周長一千三百丈（大約五千碼），寨內土地四千畝（約六百公頃）；石牆高約三丈（約三十英尺），厚約八或九尺（約十英尺）[145]。

村莊防衛組織的作用，在一定程度上是不能否認的，它們為鄉村居民提供了一些保護，並幫助清政府減少地方混亂、縮小「賊」的活動[146]。事實上，清政府很快就認識到地方武力的價值。早在一七九七年，就有人建議組織地方自衛武力，來對付當時蔓延到帝國相當多地區的白蓮教[147]。在太平天國舉事期間，清政府更廣泛運用鄉勇或團練：先是依靠特別任命的高官來完成這個任務；後來又依靠與官府合作

137 《花縣志》，5/21b。該縣其他局的功能與此相同。見同書，5/22a。

138 《淮安府志》（一八八四），3/18b-19a 記載這麼一段資料：「故西漢赤眉之亂，第五倫、樊弘諸人為營壍以自衛，……明季流寇蔓延，秦豫之人，併小村為大村，築壘距守，賊退則間出耕作，賊至則荷戈登陴。」〔保護村莊，反抗入侵者。〕

139 《徐州府志》（一八七四），16/1a-35b。

140 《續修廬州府志》，50/33a-b。

141 《鬱林州志》，18/20b。

142 《南陽縣志》，8/29b；《確山縣志》，18/18a。

143 E.C. Oxenham, "Report on a Journey from Peking to Hankow, 1868," 引見 Alexander Williamson, *Journey in North China* (1870), II, p. 406; Mark S. Bell, *China* (1884), I, p. 392.

144 Williamson, *Journey in North China* (1870), I, p. 325; 作者一八六五年十月在山西介休縣附近地區旅行時所作的觀察。

145 《富順縣志》〔編按：原文誤作 *Fu-shan* (1924)〕，8/17b-36a。有關直隸邯鄲縣鄉紳一八六二年共同修建較小型的「寨」的描述，見《邯鄲縣志》，14/49b。

146 《淮安府志》（一八八四），27/84b-85a，提供了一個極好的事例。江蘇桃源縣知縣吳棠在一八五三年接到上司命令，就「招集民勇，……鄉鎮立七十二局，練勇數萬，首尾聯絡，……數百里間隱然恃若長城。」

147 稻葉岩吉，《清朝全史》，第三冊〔台灣中華書局影印本在「下一」〕，頁二一－二二、三一－三二。

的鄉紳[148]。但是，清朝當局對於准許鄉村居民武裝和組織自己並非沒有疑慮，是迫於形勢而不得不求助於地方武力，因此用警戒的眼光看著它們。一八六三年發布的下面這道上諭特別能說明這個狀況：

> 鄂省西北邊防正當吃緊，官文、嚴樹森當飭各該州縣不可廢弛團務，又必須選擇賢能之地方官督率紳民，認真妥辦，俾守望既可以相助，而權亦不至歸諸民間[149]。

清政府面臨的另一困難，是地方團練領導者的動機，並不一定與清王朝的目的一致。鄉紳的直接目的是保護自己的家與村莊，而不是幫助清政府全面剿「賊」；咸豐帝在一八六〇年春發布的一道上諭中，就透露出這個利益矛盾。在提到他已經下令各省當局鼓勵鄉紳和人民成立團練組織，以及在受太平天國叛亂影響的地區擴大團練工作的必要性之後，皇帝繼續說：

> 即著在京籍隸江蘇、安徽、浙江、河南等省之大小官員，將如何團練助剿及防守一切事宜，務須統籌全局，……不可自顧鄉閭[150]。

不過，保護自己村莊的安全總是組織團練的主要動機。一位地方志纂修者有力地描述了這個基本態度。在評論清政府一七九六年利用地方自衛武力來鎮壓王三槐領導的四川白蓮教亂的努力時，他寫道：

> 鄉勇守護鄉里，易得其力。若以從征，則非所願，無室家妻子田廬墳墓之足繫其心也[151]。

清政府對地方防衛武力作用的估計，在某種程度上是正確的。湖南及安徽團練的非凡成功自然不在話下。在其他地區，也證明地方防衛武力的戰士素質比綠營的正規軍好。一位西方目擊者在咸豐晚年寫道：

在太平天國起事期間，我們看到政府兵丁毫無用處，起事者遇到的主要障礙來自「志願軍」。他們在富者高額兵餉的引誘下，投身與皇帝的敵人的作戰。在天津拯救了北京的是志願軍。……正是這些「鄉勇」擊敗了太平軍，造成他們主要的挫敗。……

在描述廣州的情況時，這位作者說：

148 一八五〇年代早期，清廷設置「團練大臣」一職。一八五三年，曾國藩擔任此職。不過到一八六〇年，清政府認為一些省分的團練大臣的成果並不令人滿意，潘祖蔭和顏宗儀兩人一八六一年的上奏就說明此點。參見張壽鏞，《皇朝掌故彙編．內編》，53/21a-b。不再設置團練大臣之後，清政府指示地方官倚重鄉紳來編訓團練。參見同書，53/24b-25a，一八六二年（同治元年九月）發布的一道上諭。無論如何，清政府意識到取得鄉紳合作的必要性。例見《江西通志》，卷首之四，頁三b，咸豐二年十二月發布的一道上諭。

149 張壽鏞，《皇朝掌故彙編．內編》，53/27a。

150 李慈銘引自邸抄，見《越縵堂日記補》，庚集中，頁四七b－四八a，咸豐十年四月十六日。

151 《夔州府志》（一八二七），2/19b，引龔景瀚，〈堅壁清野議〉。

我們間隔一段時間就必須擠過設在街上的路障。每一個路障旁，都站著一名手持長矛由附近住戶付錢雇用的人。他們顯然是所有兵士中最好看的。其次是鄉勇，他們長得瘦長，武裝低劣，穿戴簡陋——大腿以下赤裸，但精神抖擻。多麼不同於那些衣衫破爛、流浪漢般，卻讓人心痛地稱作「兵丁」的——他們低賤、凶狠、膽小卑鄙，更適合一場屠殺，而不是作戰[152]。

這名作者關於「鄉勇」戰鬥素質的觀點，從鄉勇在帝國的許多其他地區被稱許為表現良好的事實得到證實[153]。

然而，並不是所有地方都成立了防衛組織。許多村莊因為太小或太窮而無力負擔，儘管它們的確需要防衛經常搶劫富戶，並許諾居民過好日子的「土匪」。即使在需要保護的鄉村地區，處於極度危險的人也不一定有足夠的意志力成立組織一支防衛武力。在一些地區，鄉紳在反叛者或土匪到來之前就逃之夭夭，聽任入侵者蹂躪自己的村莊。一道一八五三年的上諭，透露了江西的這種事件[154]。在危險似乎還很遙遠時，除非州縣官員或高級官員發出強烈的警告，否則地方領袖不會採取任何行動。一個這樣的例子發生在山西翼城縣：

> 軍興以來，各省督撫莫不飭府州縣屬設勇丁以資捍禦，名曰鄉團。同治建元之歲，陝省不靖，邑侯程奉檄商集諸紳，謀設勇丁二百名。諸紳有難色。去後，邑侯折柬催者數四。比至署，出檄展視，且曰：此事萬難緩。諸紳不獲已，……丁卯冬，捻匪自吉州迤邐而東，邑侯趙飛札諸紳，曰：寇深矣，可若何與？諸紳徘徊久之，增勇丁三百名[155]。

像這樣的情況強化了政府介入的說辭。無論怎樣，在清政府看來，地方防衛組織都非常應該處於官方監督或控制下。當時的一些作者相信，在曾國藩和左宗棠總指導下的團練組織之所以非常成功，主要原因在於清政府做了精巧的監督[156]。曾國藩本人認為，團練是否有效取決於「明幹之州縣、公正之紳耆」，他們可以把平常膽怯的村民變成有效的作戰武力[157]。同一時期的另一名官員認為，地方富裕和處於極度危險，是產生強力團練組織條件中的兩個因素，而能幹的地方官員則是決定性因素[158]。

但是，官府介入並非總是帶來助力。愚蠢的州縣官經常妨礙地方防衛組織的正常運作，就像有能力的州縣官讓它們產生令人滿意的成果。團練工作非常艱巨，必須有相當多的技巧和耐心才能完成。地方

---

152 John Scarth, *Twelve Years in China* (1860), pp. 155-156, and 221.

153 參考注一三四中所引參考資料。

154 《江西通志》，卷首之四，頁六 a－b，收錄一八五三年發布的一道上諭，其部分內容是：「江省民情素稱懦弱，即紳士等亦不免紛紛遷徙」〔避賊〕。

155 《翼城縣志》，38/25a-b。

156 張壽鏞，《皇朝掌故彙編・內編》，53/22b-23a，引湖南巡撫毛鴻賓一八六一年的一篇上奏。見同書，53/17b，一八〇〇年（嘉慶五年）發布的一道上諭。

157 曾國藩，《曾文正公書札》，4/2a，一八五三年〈覆林秀山〉。幾年後（一八六一年），曾國藩指出不能只依靠紳士。他在給另一位朋友的信中寫道：「鄉團實不足禦大股之賊，其紳董之為團總者，尤難其選。賢者吃盡辛苦，終不足以制賊。……不賢者則借團以斂費擾民，把持公事。」同書，16/34a。

158 葛士濬，《皇朝經世文續編》，68/5b，引述龍啟瑞替《粵西團練略》寫的序：「凡團練之精壯者，大抵見賊多處也，不然則民力之富厚者也，不然則得賢有司倡率之者也。……而就今日已成之事論之，尤以賢有司為急。」

環境常常不容許清政府做想做的事。由於經常採取權宜之計，因而產生不愉快的經驗，無論是對政府或地方居民。

在一些地區，團練只是在舊的保甲體系上建立起來的[159]。在另一些地區，地方武裝與正規軍一起使用，這種做法通常不利於地方武裝。一名監察御史在一八〇〇年觀察到一個有說明性的情況，雖然並不一定是典型的。他向皇帝奏報，官兵指揮官雖然認識到官兵戰鬥力低下，卻仍然懷疑「鄉勇」，因而利用鄉勇單獨承擔敵人進攻的衝擊，而以官兵在後壓陣。結果，

……兵之待鄉勇，以奴隸使之。常時則於營盤挖泥除草樵薪水火等事，晚宿則護於兵之外。有賊則兵在後催督之，受傷則惟鄉勇，有功則歸兵。此稍有膂力之鄉勇，亦盡逃散，而窮餓之鄉勇始屈以就旦夕之須，至於臨賊亦歸逃散也[160]。

團練與保甲及官軍進行適當協調的問題，並不是唯一的困難。官府的介入，有時讓地方防衛的財務好像變成村民的重擔。正如一位十九世紀的作者指出的，清政府利用團練，不只是為了用來填補衰敗的正規軍，而且是把部分軍事花費轉嫁到庶民身上[161]。

然而，願意為自衛而出錢的村民，但不願意為政府控制的地方軍隊的費用買單，是可以理解的；或者說他們可能太窮了，根本無力出什麼錢。曾國藩就清楚地認識到這一困難，因而猶豫了一段時間，不知道要不要推動自己的團練計畫。在給朋友的信中，他這樣警告說：

> 團練之事，極不易言。鄉里編戶，民窮財盡。……彼誠朝不謀夕，無錢可捐，而又見夫經手者之不免染指，則益含怨而不肯從事[162]。

困難有時來自地方官和鄉紳之間。即使在團練特別成功的湖南省，事情也並非總是如清政府所願。一位與曾國藩同時代的人就這樣說：

---

159 事見《江津縣志》，10/5a-6a；《富順縣志》，8/15b；《興國州志》，2/10b；《廣西通志輯要》，10/7a；劉衡，《庸吏庸言》，頁一〇二－一〇四。關於此點，正如注一二八中已經指出的，與曾國藩的看法部分吻合：按照保甲制度原則組織起來的地方防衛組織是有用的。曾國藩在一八五三年左右所寫的另一封信中指出，既然訓練團練極為困難，那麼他就只強調「團」，而不關心「練」。他接著說，「團」實際上就是保甲制度，完全可以利用戶口登記和檢查來完成，使土匪在任何地方都找不到藏身之處。曾國藩，《曾文正公書札》，2/10a-b，〈覆文任吾〉。見同書，2/35a，〈與吳甄甫制軍〉，表達了幾乎完全相同的觀點。

160 《皇清奏議續編》，3/7a，張鵬展在一八〇〇年的上奏。

161 葛士濬，《皇朝經世文續編》，65/9a，賈履上在一八〇〇年所寫的一文，其部分內容如下：「增兵難，籌餉尤難。……於是擇費之暫者而為招募，又取其費之無者而為團練。」曾國藩也看到了將經濟負擔轉嫁到村民身上幾種情況。見曾國藩，《曾文正公日記》，一八五九年（咸豐九年十一月三日和五日）。有關湖北一些地區採行的做法和安徽應採取方法，見《曾文正公書札》，13/34b，〈覆左季高〉。

162 曾國藩，《曾文正公書札》，2/10a-b，〈覆文任吾〉。葛士濬，《皇朝經世文續編》，68/9b〔編按：文海版在68/7a〕，也收錄了此段資料。應該指出的是，正如清廷一八〇〇年發布的一道上諭所說，鄉勇和團練之間的區別在於：「各省招募鄉勇，多係隨時招集，賊至則聚而防守，即賊去則散歸本業。……自不如團練鄉勇，常給口糧，隨同官兵，分布要隘，較為得力。」〔編按：見《仁宗睿皇帝實錄》，卷六三，頁七a－b，嘉慶五年夏四月乙酉。〕

> 地方官之賢者，……殆不數覯。其不賢者，深居簡出，若無所事事，一以委之紳民。紳民樂其易與也，捐資教練，詰奸捕盜，致之於官，曰撻之，官則撻之；曰殺之，官則殺之。……或有傲岸之吏，……動相違盭，至於齟齬。……又有貪墨之吏，……亦無辧團禦賊之心，貝侯貝妻而詭密，曰與不賢之紳民，促膝耳語，按籍以稽部民之肥瘠，曰：某也應納團費若干，某也應納練費若干。不納則縲絏從事矣。紳民陽請緩其獄，出則曰：官怒矣，倍蓰而罰爾。入則曰：某也非甚富，願有私於君，而不著名於籍。官樂其便也。於是紳民得十之八九，官得十之二三[163]。

很自然地，地方自主的呼聲時有所聞。在評論一八五四年於家鄉發起自衛組織的對一位湖南團練領袖時，一位當時的作者說：

> 余嘗謂鄉團禦賊之事，獨宜聽民之所為，而官無多預焉。何則？彼其身家誠知自急。……若將以為法令而驅之使集，則民苟以其名相應，而黠猾之徒妄為侈張以取媚於官而漁獵閭伍之利[164]。

然而，困難的根源比政府介入更深一層。並非所有鄉村地區和村莊領袖都能勝任自我防衛的任務，有時明顯沒有戰鬥意志。一八六一年春，藍大順率叛軍進攻四川潼川。據當地一位作者所說，當地團練被證實完全沒用：

……鄉人竊望身獨善，害未親嘗心不願。練團禦賊待賊來，賊未來時團已散[165]。

另一名目睹太平軍攻占南京的作者說：「若團練土人，乃土人自為之以保其村，不能禦外村之強者，無論賊矣。」[166]

一位退休官員（李棠階）描述了地方團練所遇到的一些困難，他曾嘗試在河南河內縣建立地方防衛組織以對抗捻「賊」。他在一八五三年（即咸豐癸丑年）的日記中寫道：

> 五月十九日：聞賊匪過省城，至朱仙鎮，……意欲聯絡鄰村為守禦計，而人心不一，迄用無成。
>
> 二十二至二十三日：賊遂分遣匪徒於平皋、陳家溝、趙堡鎮等村搶掠，……予南、保封（作者本村）等村一日數驚。
>
> 二十四日：……是日鄉民皆逃散，予亦送眷屬寄他村戚友。本村貧甚，守禦無資，人心又不一。

163 王怡柯，《農村自衛研究》（一九三二），頁八二－八三，引《山東軍興紀略》，卷二二上（編按：卷二二共分三部分，此應作〈團匪一〉），毛鴻賓的上奏。

164 葛士濬，《皇朝經世文續編》，68/12b，吳敏樹，〈黃特軒傳〉。

165 《潼川府志》（一八九七），17/38a-b，陳謙在一八六一年春，藍大順率兵攻打潼川府期間所寫的一首詩。此處部分用意譯。（編按：這是一首描述潼川城被圍的紀事詩，篇幅頗長，此處摘引的是「紀團練」的部分。）

166 汪士鐸（一八〇二－一八八九），《汪悔翁乙丙日記》（一九三六），2/1b。

> 二十五日：陳〔家〕溝友人代予出名約……鄰近各村互相防禦。
>
> 二十六日：巳刻，予率鄉民下灘，各村參差不齊，所聞某村某村之人至灘，皆不見。……至柳林，賊張兩翼而出，……而鄉民聞鎗聲，皆奔歸。
>
> 二十七日：賊掠南北張羌等村，居民不能禦，皆逃散[167]。

一八五三年的挫敗，並沒有讓這名善心的退職官員氣餒。他在一八六一年晚期又嘗試設法防衛自己的村莊：

> 十月二十等日：邀合村商築寨。商妥量地，按地畝、人口、房間、牲畜派錢，各項先派錢三百文，不足續派。……外村只照地畝、人口派錢，每畝錢一百，每人錢一百文。本村則大戶先出錢，小戶做工抵所應出之錢。……
>
> 十一月初一……置築寨公局。
>
> 初二日至初六等日：聞平皋、趙堡皆將築寨，恐附寨村少人寡，難守本村，……夜與村眾議，趁未動工，不如中止為妥。
>
> 初七日：村眾又共議決要辦理。
>
> （一八六二年）三月底：寨牆築成，惟器械、鎗礮、火藥等實無力製備[168]。

不論鄉村或城市，居民之間的利益分歧或衝突也經常給地方防禦衛帶來困難。前面那位目睹太平軍攻占南京的作者說：

> 團練之難，富者不出財，欲均派中戶；貧者惜性命，欲藉賊而劫富家；中戶皆庸人，安於無事，恐結怨於賊，為官所迫，不得已以布旗一面搪塞。官去則卷而藏之。此今日之情形也[169]。

只顧自己的利益有時讓人們採取的行動，不但有害於帝國的秩序，也有害於鄉村的平靜。一八五四年：

> 有安慶剃髮匠丁三如者，素無賴，今領鄉勇五百，潰回，涇休甯，索賞五百兩。休甯令未與，丁率眾大嘩，遂塗面改裝，大掠[170]。

社會地位較好的人也會做出使鄉勇或團練顏面掃地的事，小如謀取不義之財，大如十足就是「土匪」。據說在太平軍攻占南京之前一小段時期，許多無恥之「文人」成為鄉勇局的負責者。來自南京附

167 李棠階（一七八九－一八六五），《李文清公日記》，卷一三，咸豐癸丑一月〔譯按：應為五月〕十九日。
168 同上，卷一五，咸豐辛酉十月二十日和十一月一日。
169 汪士鐸，《汪悔翁乙丙日記》，3/11a。
170 同上，2/3a。

近地區所有一萬名鄉勇，實際上都是由當地的流氓

> 一面勒捐恐喝土人以取錢，托其名為助餉，暗中各受饋獻。……一面執途人、市人及恇弱瘦怯之書生，使為鄉勇。其初不願為，謂其真為鄉勇也。繼而黠者教之，遂人人樂為，日取青錢三百。既而賊來，則皆潰。……其家皆近在各鄉，半日可到，拋其器械，仍為鄉民[171]。

浙江金華縣和蘭谿縣的鄉紳壟斷了團練領導權。有一段時間，地方武裝還承擔起公開宣稱的任務，但最終變成了鄉下地區的禍源。在許多村莊，武裝的兵丁以檢查為名進行搶劫，致使旅人視這些地區為「畏途」[172]。廣西省一些地方的鄉紳，認為清王朝給予他們頭銜和品級作為貢獻地方防衛工作的獎賞，並不能為他們帶來什麼實質利益，因而寧可「豢寇分肥」[173]。貴州某縣一名富有的生員在一八五〇年代領導團練，並被清政府授予知府官銜，暗中卻與「賊」交通，在他「保護」下，所有居民和人戶都能被入侵者放過。不過，這種保護只有付出代價——向他貢獻「團練資金」——的人可以享有。由於尋求「保護」的人很多，他的生意非常興隆[174]。江蘇地區一個富有家族的族長組織了一支地方防衛武力。他接受清政府與太平軍雙方授予的頭銜，從而以觀望的態度保持安全[175]。廣西上林縣的一位團首（李錦貴），幫助石達開（太平天國翼王）攻占該縣城，太平軍封他為「侯爵」以酬報他的「純忠」[176]。這類事例最著名的是苗沛霖，他本來是生員，組織了一支很有戰鬥力的村莊防衛武力以對抗捻匪，清政府因而授予他高級官銜；最後卻成為最有力量的「匪」首之一[177]。一位十九世紀中葉的中國作者，概括了一八五八年左右江西的情況：

借團練以科斂錢穀者，無論已有名為團總，而實通賊者。……有藉充團總而大獲重利者，……甚至自相雄長，生事忿爭，又或率其黨羽公然為盜[178]。

同樣地，僧格林沁——負責討平捻「匪」的倒楣官軍指揮官——這樣描述他所看到的地方情況：

至各省設團練，修圍寨，原以助守望而禦寇盜，……乃各團各以有寨可據，輒藐視官長，擅理詞訟，或聚眾抗糧，或挾仇械鬥，甚至謀為不軌，踞城戕官，如山東之劉德培、河南之李瞻、安徽之

171 同上，2/1a-b；亦見同書，1/4a-b。李慈銘，《越縵堂日記補》，庚集末，頁五七a－b，咸豐十年十二月二十六日，引述邸抄記載僧格林沁的上奏：「東省士民倚恃鄉團，聚眾抗糧。」

172 陳其元，《庸閒齋筆記》，9/15a。他所描述的情形，盛行於浙江金華縣和蘭谿縣。

173 盛康，《皇朝經世文續編》，82/44a。〔惠慶〈奏陳粵西團練日壞亟宜挽救疏〉文海版在82/46a。〕

174 《銅仁府志》（一八九〇），9/58a-59b。亦見《南海縣志》，20/6a。

175 沈守之，《借巢筆記》，引見《人文》雜誌，七卷八期，頁二八－二九。

176 《股匪總錄》，1/8a-11a。

177 李慈銘，《越縵堂日記補》，辛集上，頁四a，一八六一年（咸豐十年二月三日）〔編按：應作十一年，在頁一四a〕：「聞苗沛霖叛。沛霖，安徽鳳台人，以諸生練鄉民拒捻賊，兵力漸盛，勝保招致之，積官至布政使銜川北兵備道。」

178 葛士濬，《皇朝經世文續編》，68/11b，朱孫詒一八六三年的文章。

苗沛霖等，先後倡亂[179]。

容許可能出現的官員偏見，這段說辭可以視作一個相當可靠的指標，地方防衛組織並不一定提供保護給真心需要的鄉村居民。事實上，有些地方防衛組織對鄉下地方比「土匪」更有害。一位目睹過白蓮教作亂的中國著名學者，對「教匪」、官軍和「鄉勇」作了一個鮮明的對比：

> 教匪殺擄焚而不淫，兵則殺擄淫而不焚，鄉勇則焚殺擄淫俱備。故除白蓮教外，民間稱官兵為「青蓮教」，鄉勇為「紅蓮教」，有三教同源之謔[180]。

從以上對村莊防衛的討論可以得出幾點結論。迫近的危險經常讓村莊裡的社區合作與組織，比承平時期來得高。不過，即使處於特別情況下，村莊也不一定呈現出一個整合良好社區的團結一致。分歧的利益有時讓地方防衛組織發揮不了什麼作用，甚至是有害的。政府總是更直接地關心整體掃平「土匪」，而不是保護任何特定的村莊；村民總是更關心地方的自我防衛。一般人戶關心的是自己的生命、財產，因而歡迎或接受「團練」帶來的不方便與花費；自私的鄉紳或地方惡棍，認為可以利用成立地方防衛組織的機會謀取個人非法收入，或擴大非法影響。如一些村莊所示，與地方自衛有關的活動經常在總體上並未帶給村莊什麼好處。而且就像其他類型的活動一樣，領導權常常掌握在紳士手中，而不在平民手中。

當一些紳士領袖利用他們擔任團練負責者或指揮官而得到非常大的權力時，地方武裝的作用既不是抵抗土匪，也不是反對官府壓迫，他們只是增加了另一種壓迫。有時，紳士與「土匪」間玩弄的遊戲以悲劇收場，無辜者與罪有應得者一起遭殃。一位西方觀察者在一八七四年報告，廣東長樂縣某村（大坪谷）化為廢墟，所有村民都被官軍屠殺，理由是該村一名有影響力的人加入了太平軍[181]。這個事件使得那種認為中國村莊是「自治」或「自主」的觀點，顯得十分可笑。

村際活動

如果十九世紀的中國村莊並不完全是一個「自治」或自主的共同體，那麼看來也不是一個自給自足的鄉村生活單位，即使它有一定程度的組織。許多例子證明村子因為是太小的單位，以致無法滿足其居民的經濟及其他需求，不論是在承平時期或社會動盪時期。當它竭盡所能仍不能滿足需求時，村莊活動經常就會超越單一社區的界限。

牽涉到兩個以上村莊的活動，可以分為兩種明顯不同的類型。在一些情況下，許多村子透過它們的領袖討論共同關心的問題，而計畫則由各個村子分別決定與實施：

179 張壽鏞，《皇朝掌故彙編．內編》，53/25a-b，僧格林沁一八六三年的上奏。

180 章嶔，《中華通史》（一九三四），五冊，頁一三九一，引包世臣寫給魏源的信。

181 *China Review*, III (1874-1875), pp. 63-64, Charles Pitou〔編按：原典作 Piton〕的中國政府論。

> 當地方政府提出一些想要做但非強制性的計畫時，當地所有村子的領袖就會被召到市鎮上與地方當局商量，提出意見。他們回到各自的村子後，官方領袖就與重要的業餘領袖和村民商量，告訴他們在市鎮發生的事情。村民無權提出任何明確的建議。……在下一個趕集日，官方領袖討論各個村子對這件特別事情提出的意見。……兩、三個星期後，當這個案子經過反覆討論之後，地方當局召集正式領袖和當地的重要人物到市鎮作最後決定。然後，各村開始做出自己的實施計畫[182]。

在其他情況下，各村在影響共同福祉或滿足共同需求的事情上合作，經常在一個共同組織的總指導下，共同制定計畫，一起執行。此處要討論的正是這種類型的村際活動。下列少數事例說明了這種活動的本質。

前面已經提到直隸邯鄲的大規模灌溉水閘，其中一個水閘可以灌溉不下於十五個村莊的田地[183]，顯然這是村際合作的產物。廣東花縣兩個比鄰的村子，在一八九八年決定改進灌溉陂塘。在達成一項計畫後，兩村各自指派了一名生員來負責這項計畫的推動和管理[184]。河南省河內縣一些村子在一八四八年〔譯按：應為一八四九年〕合作疏濬河道，以減少洪水的危險。根據一位住在其中一個村子的退職官員的日記，居民們是這樣進行的：

> 七月十三日：聞各村議挑河，喜甚。到處水溢，田園淹沒，有司漠然不顧，催科嚴迫，……
>
> 十五日：夜，本村公議挑河。……
>
> 二十三日：馮、藺諸村來說冬春大挑諸河事，令先繪圖，催地方往北保封查[185]。

在直隸定州，八個比鄰的村子成立一個共同組織，在一七四八年修建了超過三十座橋梁[186]。河南臨彰縣鄉間一座重要的橋梁，由四個使用的村子負責經常的維修[187]。莊稼守望有時也在村際層次上進行。根據一位西方調查者在十九世紀末的記載，

> ……守望尚未收割莊稼的安排由單一村子著手，或者更可能由比鄰的許多村子合作進行。細節由有興趣的各村派出代表，在位置對各村都方便的廟宇開會決定。在會上，各村要就處理逮住的偷盜者的步驟達成協定。……
>
> 為了提供一個管轄這類案件合適的裁判所，有關各村的代表在公開的會議裡，提名各村的一些頭人，成立一個法庭，負責對偷盜者進行審判及決定如何處罰[188]。

182 Martin C. Yang, *A Chinese Village*, p. 193.

183 參見注八二中所引資料。

184 《花縣志》，2/12b-13a。

185 李棠階，《李文清公日記》，第一一冊，道光戊申〔譯按：應為己酉〕年七月十三日，和各頁。〔編按：學苑出版社《歷代日記叢鈔》本在第四三冊，頁二〇五、二〇六、二〇八－二〇九。〕

186 《定州志》，22/58a-b。

187 《臨漳縣志》，2/17a。

188 Arthur H. Smith, *Village Life in China*, pp. 164-165.

這段記載很能說明問題，因為它說明了村際合作的形式和程序，經過適當的調整後也可以適用於其他類型的村際合作。

為行人提供免費茶水及片刻休息的亭子，有時也是村際合作的結果。位在廣東南海縣西樵的馬鞍岡茶亭，就是由簡村和金甌兩堡（有牆圍起來的村子）募捐於一八七五年修建的；位在石岡鄉的白鶴基茶亭，則是由同縣的石岡和石井兩鄉於一八九二年合建的[189]。

為附近村子提供服務的市集，有些是由一個村子具影響力的人物建立的，有些則是由到此趕集的村莊共同建立的[190]。一位近代中國學者引述了一個華北一處市集的實際例子，該市集是由許多村子共同修建的。根據一八六五年豎立在市集所在村子（姚莊）的一塊石碑記載，其修建過程如下：

> 據說，從遠古時起就有市場了，便於人們互通有無。
>
> 姚莊、趙家莊、大漁里、李家莊和太平村這些比鄰而居的村子，以往就在一些共同關心的事務上協調一致，現在一致決定設置一個公共市場。地點設在姚莊，趕集日期定為「五—十」。容量方面，定一斗為二十升。重量方面，一斤十六兩或二十兩，視不同貨品而定。輪流用各村的斗來計量。公共花費每年計算一次，由五個參加的村子平均分擔。……如有惡棍擾亂秩序，違反舊規，破壞市場，就向官府報告，加以審判和懲罰。……
>
> 每月上旬，用大漁里和李家莊的斗計量，由他們承擔五分之二的公共花費；中旬，由姚莊和太平村負責，也承擔五分之二的公共花費；下旬，由趙家莊負責，承擔五分之一的公共花費[191]。

村際合作不只限於經濟活動，還經常延伸到宗教事務及有關地方秩序與防禦的事情[192]。我們有一些關於維持秩序與組織防禦的村際努力的資訊。《中國叢報》（*Chinese Repository*）描述了十九世紀中葉廣州附近的一個村際組織：

> ……近年來，由於犯罪活動驚人地增加，特別是由於三合會（Triad）的危害越來越大，人們做了另一個（據我們的資料來源所說）運作良好的安排。二十四個村子共同在河南（Honan）島南邊的市鎮修建了一所會堂，作為共同協商的場所。任命一名管理人（keeper）或會長（president）來管理這個公有的會堂，村長們就在這裡開會，與會長一起就任何人提出來的任何問題，互相討論並作成決定。……在這個會堂裡，二十四村所有願意的學生，每月一次由會長召集，就他所出題目進行考試[193]。

這個二十四村成立的組織，活動範圍相當廣泛。類似的組織似乎也存在於清帝國其他地區。根據一位地

189 《南海縣志》，6/13b-14a。

190 加藤繁（Shigeru Kato），〈清代村鎮的定期市〉，載《食貨半月刊》，第五卷（一九三七年一月），頁六三－六五。

191 Yang Ch'ing-k'un (楊慶堃), *A North China Local Market Economy* (1944), pp. 18-19.〔編按：這並不是石碑的原文，而是依據英文譯成的。據原書名附題所述，這個市集在山東省鄒平縣。〕

192 Martin C. Yang, *A Chinese Village*, pp. 179 and 193.

193 *Chinese Repository*, IV (1836), p. 414.

方志修纂者的記載，有名嘉慶二十四年（一八一九）上榜的進士，退職回到他在廣東番禺縣的家鄉，在他的建議下，比鄰的兩個村子合作成立了「深水社」，「小事則鄉自調處，大事則合社公議」[194]。另一地方志記載，光緒年間（十九世紀晚期），一名以善於處理突發事件出名的人被選為十六個村的「總董」，「人情不能一致，委曲調停，以平意見」[195]。這十六個村顯然成立了某種村際合作的組織。

即使沒有成立永久性的村際組織，不同村子居民之間所發生的爭端，也通常會召開村際仲裁來解決。安徽徽州有一組五個村落群的做法就是這樣的：「當分屬兩個村莊的人發生爭吵，鎮上的紳士就會聚在一起，聽取兩造的說法，並設法作出令人滿意的和解。無法達成和解的案子，就把爭議送到衙門。」[196]最重要的事務或許是地方防衛。大規模的民變震撼了十九世紀的中國，從而催生鄉勇或團練；而鄉勇或團練的組織事實上經常跨越單一村莊的界限。一個規模相當大的村際團練組織在一八四三年由一名廩生組成，獲得廣西左州超過八十個村子的支持[197]。一個規模更大的組織於一八五四年在同省的鬱林州成立，由幾名擁有頭銜的士子（一名舉人、附貢生、增生）及一位九品官員領導，大本營就設在其中一個村子。這支防衛武力分成十個單位，為附近二百零三個村子提供保護，保護範圍縱橫大約五十乘以六十里[198]。在一八五八年太平軍兵臨蘇北之際，銅山縣、蕭縣〔譯按：今屬安徽省〕、沛縣、宿遷縣和邳州等州縣的村子在自己周圍修建寨牆，成立防衛組織，其中許多防衛組織是在村際合作基礎上成立的[199]。一直到一九〇〇年，山西翼城縣東部十一個村子共同成立團練組織，成功地保護有關村莊。當其他受義和團影響的州縣承受社會動盪及其他不幸之際，翼城縣卻因其居民「仇殺拳匪」而沒有受到暫停舉行科舉考試的懲罰[200]。

哈克這位著名的拉薩路派（Lazzarist）傳教士，記述了長城附近幾個村子的居民成立的一個村際防衛組織。雖然該組織成立的背景比較獨特，但可以引用這個例子說明鄉村防衛組織成立方法，並反映出清政府在此種防衛組織的活動符合清王朝目的時對它們所抱持的態度：

> 這個鄉村地區……位於群山、山谷和草原之間。散落其間的一些村子，政府認為無關輕重，不值得官員關注。這片曠野地區由於官府勢力達不到，變成許多股匪、強盜、惡棍肆虐的地方。無論白晝、黑夜，他們橫行其間，不受什麼懲罰。……村民們多次求助於鄰近城鎮的官員，但是沒有一名官員敢於和武裝的匪徒鬥爭。
>
> 官員不敢嘗試的，卻由一名普通村民承擔並完成。他說：「既然滿清官員既不敢也不會幫助我們，我們就必須保護自己。我們來成立一個會吧！」「會」的成立要通常要舉行宴會。不計花費，村民們殺了一頭老公牛，並發帖子邀請周圍鄰村。大家都贊同這個主意，這個自衛組織就取名為「老牛會」，以紀念成立的宴會，其會章簡短而簡單。成員們在他們的階層中盡可能招募更多的人

---

194 《廣州府志》，131/20a。〔此人為劉霈。〕

195 《蒙城縣志書》，12/9a。

196 Hsien Chin Hu (胡先縉), *The Common Descent Group in China* (1948), p. 123.

197 《廣西昭忠錄》，7/37a-b。

198 《鬱林州志》，18/21a。有關其他組織的記述，參見同書，18/21b-22b。比較《廣西昭忠錄》，7/37a-b。

199 《徐州府志》，16/1a-35b。

200 《翼城縣志》，20/8a-b。

加入。他們約定，無論誰被土匪搶劫（不論大小），彼此都要互相支援。……老牛會成立後不久，這個地區的土匪就不見了，或者被嚇住了。……老牛會迅速而血腥地處決土匪，引起鄰近鄉鎮的談論。被殺土匪的親屬向衙門哭述，大聲地要求向「劊子手」——他們是這樣稱呼老牛會的——討還血債。老牛會忠於自己的誓約，集體回答所有指控，駁斥對他們的指控。……這項審訊移送到北京的刑部。刑部認可老牛會的做法，並把一些怠忽職守而導致所有這些混亂的地方官流放。雖然如此，清政府認為最好將老牛會置於官員控制之下，承認其合法地位：對會章進行修改，規定每個成員都必須佩帶知縣分發的官勇標誌，「老牛會」改名「太平社」。當我們離開這個地區到西藏時（一八四四年），該會就稱為「太平社」[201]。

在結束這一節之前，看看下面這個村際組織的事例應該是很有趣的。這個村際組織是由一些富庶村子組成的，這些村子位在贛江西岸，是江西廬陵縣的一個「鄉」。

根據地方志的記載，這些村子在一八四四年成立一個「公所」，負責處理共同關心的事務。該公所起草了自己的行動規則，以兩項計畫為中心，即「義莊」和「賓興」。所需經費由每村各戶提供。只有那些按照規定數額（每戶五千文銅錢）的人戶，才能夠享受這個組織提供的好處。

最初，「義莊」和「賓興」是分開管理的。一八五五年到一八五六年間，義莊存糧完全耗盡，很長一段時間都未補充新糧。直到一八七六年，才由各家各戶根據能力捐糧補充。義莊經理從有關各村以誠實、正直著稱的生員中選出。每年歲末，經理和「首事」一起提交帳目。當年負責義莊的首事必須待在糧倉，按月彙報糧倉檢查情況。人口紀錄必須準備好，以便在一旦發生饑荒時，就可以對需要救濟的人

「公正公平地」進行救濟。

「賓興」專案是二十四位擁有頭銜的士子於一八四五年發起的。這一年，在廬陵縣城修建了一座「鄉賢」祠，而在省城則修建了一座旅館，供參加考試的士子下榻。賓興的辦公室設在其中一個村子，四名經理由大家從貢生以上的士子中選出，每年這四名經理要提交整個財政年度的收入和支出清單。另外，從生員中抽籤選出兩名經理，留在省城負責管理旅館。凡是來自這些村子的士子都可以得到補貼；通過考試或得到官位的人都可以得到特別的賞金。凡是當地到省城參加考試的文人士子，繳納二千文的「登記費」都可以在這座旅館下榻。

年度祭祀儀式在鄉賢祠舉行，由取得省試資格人士子主持。那些最初捐五千文銅錢、那些隨後捐一百兩銀子作為存糧基金，或者成員中有官員或士子的家庭，可以派人參加[202]。這個著名的村際組織可能是個例外，但它反映了鄉紳控制村莊有組織的活動可能達到的程度。

村民的合作活動

並未擁有任何特別身分或特權的村民所進行的合作活動，應該與上面所討論的「村莊活動」區分開

201 Evariste-Régis Huc, *The Chinese Empire*, II, pp. 81-84.

202 《吉安府志》（一九三七年印），卷首，頁一〇b－一二b。一九三五年，該公所重新改組，義莊和賓興兩位經理合而為一。

來；因為無論是在範圍方面，或是推動者的背景或身分方面，它們都不相同。一般說來，即使並沒有成立正式的組織，「鄉村活動」都是在村莊基礎上進行的，對全村所有居民都有影響，儘管影響的程度不一，方式不一。而且，由於村莊活動一般是由鄉紳發起或主持，因而是全村適用的，即使大多數村民都沒有主動參加。廟宇興建、溝渠整修、地方防衛等等，就是如此。即使像有組織的莊稼守望這種僅對地主和耕種者直接有影響的事，全村居民都必須遵守由「闌青會」或「青苗會」制定的「規則」，因而受到負面的影響。另一方面，村民的「合作活動」適用範圍就沒有這麼廣，它們是由一些村民所進行，以滿足他們自己的某種特殊需要。這種活動從來就不想要廣及全村，甚至也不想把沒有這種需求的其他鄉鄰包括在內。簡言之，這是一些村民私下進行的合作活動而非村莊的事情；此外，參加者的地位幾乎都是財產有限、地位低下的普通百姓，那些迫於環境而不得不傾其全力或盡其所有，以求達到某種有限目的的人。

有關這種合作活動的資料非常缺乏，農民們可能很少會有這種活動，因而地方志纂修者對此並不重視。不過，我們可以根據中外作者在帝國不同地區的觀察，簡略地描述三種類型的合作活動[203]。

第一種類型的合作性活動是「香會」，或稱「燒香會」。在本書前面的章節已經提過，許多中國人相信某些看不到的力量，能夠為他們帶來好運，也會降災給他們。因此，即使沒有什麼錢，也要花錢從事各種各樣的迷信活動，毫不吝嗇[204]。鄉村廟宇和宗教節慶——通常是在鄉紳領導下，全村努力的產物——解決了村民們的一些一般需要，但是並未滿足他們的全部需要。村民們經常相信遠方的神靈因為某些理由，力量比鄉村神祠供奉的神靈來得大；對這些村民來說，到一個或多個這種「聖地」進香是一種功德最大的宗教活動。然而，這樣的進香不但旅程所需時間較多，花費也不是許多村民有限的財力所能承擔。因此，為了讓它成為可能，一些村民就會自己組成「香會」或「山會」。

江西南昌縣某些村民成立的組織，就提供了一個香會的極好事例。為了湊足資金到某個被視為特別神聖的廟宇去進香，這些村民組織了「朝仙會」。每個成員捐錢作為公共基金；當這樣籌到足夠的錢時，成員們就準備踏上他們花了許多時間和精力計畫的旅程。他們在八月初一起程，有十幾人到數十人，一批批向目的地出發。每批都有一人充當「香頭」，來帶領這個隊伍；任命另一人為「香尾」，負責押後。每批人都會帶著一面紅色旗幟，上面寫著「萬壽進香」。在這個季節裡，有高達一百批的這種進香客每天在路上奔波[205]。

「山會」的一個事例見於山東。為了讓自己能夠到一座「聖山」去燒香，沒有足夠資金去旅行的村民們，成立了一個在當地稱為「山會」的組織。該會每個成員按月捐出一點錢交給負責者保管，該負責者通常會把這筆公共資金借貸出去生息。快滿三年時，錢湊足了，成員們就組成一團出發去進香。

在一些例子，成立「山會」並不是要湊集資金到遠方去進香，而是要在本地舉辦一些宗教活動，其中包括感恩儀式裡的戲劇表演。在這種情況下，香會一般稱為「坐山會」，以別於「行山會」[206]。有

---

203 一些西方學者特別注意因特殊目的而成立的會。例見 J. S. Burgess, *The Guilds of Peiking*, p. 16; Paul M. A. Linebarger, *Government in Republican China*, pp. 136 and 138.

204 《同官縣志》，26/2b 指出，這個北方縣分的居民「窮苦之深，視財如命，……至於創修寺廟，報賽神明，則不吝重費。」

205 《南昌縣志》，56/11a。

206 Arthur H. Smith, *Village Life in China*, p. 141 ff.

時，旅行類進行活動的規模太大了，引起朝廷的警惕，因而招來一系列對「越境燒香」的禁令[207]。

第二種普通村民進行的合作活動性質上是財務的。中國鄉村經濟環境十分險惡，即使是誠實而勤勞的農民也常常被迫借貸，有時以糧食作擔保[208]。在許多事例，有土地的農民被迫以他們的財產作抵押[209]。利息對於借者來說非常高，因此借一點錢來稍解燃眉之急，根本就像「飲鴆止渴」[210]。一般百姓要想存點錢，要想積累點資金，真是太困難了；因此只要有超出日常需要的花費，就不得不靠借貸來解決。事實上，中國各地的村民、市民發明了一種精巧的設計，十分艱難的家庭可以藉此滿足他們的需求，同時避開高利貸的勒索。當然，倘若他們可以找到足夠的朋友或親戚來幫助度過難關，就另當別論。這個設計就是「借貸會」；在清帝國各個地方，名稱和形式各不相同[211]。

一位十九世紀的作者描述如下：

> 這個借貸會是臨時的、自願的。……領導成立的是它的會長。……成立原因，可能是為了買一塊地、一副棺材，或一個太太，也可能是開店鋪、還債或打官司。急需用錢的人，去找他的朋友，找出願意加入借貸會的人。他告訴每個人，其他願意加入者的名字、每一份的金額、付錢的時間。然後，他邀請所有願意加入的成員吃晚飯，每位成員都借一份錢給主人。一個月，或半年，或大家同意的一段時間後，除了會長以外，每個成員就下一次借貸進行競爭，出價最高的人就得到借貸；……每個成員就付一筆錢給這位出價最高者，數目與之前借給會長的一樣。借貸就這樣繼續滾動，還未得到借貸的成員可以繼續競價。……得到過一次借貸的成員，享受不到利息；最後一次得到借貸的某成員，不付利息（以競價的形式）給其他人[212]。

第三種類型的合作活動，雖然實際上是財務互助組織的變種，但完全是有關當事人為解決喪葬花費而組織的。與借貸會類似，喪葬會雖然也有各種各樣的名字和形式，但毫無例外是由財產有限的村民組成的。按照一八九一年版《巴陵縣志》的記載，

> 貧戶治喪多有會曰孝義會，其法先約家有老親者十人，定醵錢若干，遇喪則開之，故變起倉卒，亦稍克成禮[213]。

---

207 第六章注二三〇－二三四。

208 《皇清奏議續編》，4/28b，江西巡撫秦承恩在一八〇五年的上奏。

209 同上。

210 例如，在十九世紀的最初二十五年，據說江西一些地區民間的糧食借貸利率為一五%到二〇%；該世紀後，在湖南已超過五〇%。見《江西通志》，卷首之三，頁一六b；《巴陵縣志》，15/3a。

211 西方學者有以下的稱呼：Daniel H. Kulp, *Country Life in South China*, p. 189 稱為「互助會」（Mutual aid clubs）；John Gray, *China*, II, p. 84 稱為「借貸會」（loan club）；*China Review*, V, p. 405 稱為「貸款會」（money loan association）；Adele Fielde, *Pagoda Shadows*, p. 113 稱為「借貸會」（loan association）；Doolittle, *Social Life*, II, p. 149 稱為「借錢會」（money lending club）；Harold E. Gorst, *China*, p. 117 稱為「互貸會」（Mutual loan society）。一位中國現代社會學者加上另外一個名字「經濟互助會」，Fei Hsiao-t'ung, *Peasant Life*, p. 267. 成立這種組織的程序各不相同，稱為「做會」、「打會」、「請會」等等。

212 Adele Fielde, *Pagoda Shadows*, pp. 113-115. 見Ball, *Things Chinese* (1904), pp. 633-644.

213 《巴陵縣志》，52/3a。

一位西方觀察者在十九世紀末寫道：

> 喪葬會，其成立原因相同，種類多樣。……
>
> 有時，喪葬會的每戶人家按月認捐一百文銅錢作為公共資金。凡是認捐的人家，遇到家中成年人去世（或僅限於老人），有權從這筆公共資金中得到大約六千文贊助，用來辦喪事。如果公共資金沒有這麼多，……不足部分就由每個成員繳納特殊費來解決。……
>
> 另一種互助的形式……如下：某人因其父母年歲很高，清楚地認識到自己在父母去世時必須花費一筆錢，而這筆錢很難籌到。他因而「請會」，每位參加的成員，遇到某成員的父親或母親去世，有責任捐出一筆固定數目的錢[214]。

另一位西方作者描述了一種此類組織更精巧的形式：

> ……為了替不可避免的事做好準備，那些父母上了年紀的村民自己組成一個喪葬會。其目的非常明確，在需要時，彼此互相提供財力和人力幫助。……
>
> 該組織的成員大致為十人到三十人。成立時，成員每人要交納二元入會費。然後這筆錢儘量以最好的利息借貸出去。……當某成員的父親或母親去世，……每個成員都要捐二元給他，……每個成員都要派兩人盡力幫助他。
>
> 喪葬會持續存在，直到所有會員的最後一位尊親的喪事被妥善辦理完畢為止[215]。

紳士在村莊中的角色

雖然在清帝國不同地區的條件並不相同，但是無論中國村莊呈現出什麼樣的社區生活，紳士（擁有官品或學識頭銜的人）看來都是其中最積極的元素。有些指標顯示，中國南方村莊的紳士比北方更為積極，影響更大[216]。我們沒有足夠的資料來支持這個結論，但是可以合理的推測，在鄉村經濟沒有那麼吃

---

214 Arthur H. Smith, *Village Life in China*, p. 189.

215 Daniel H. Kulp, *Country Life in South China*, p. 199. 至少在一些地區，喪葬會一直延續到最近時期。一位在太平洋關係學會供職的學者一九三二年對山東昌邑縣一些鄉村作了調查研究，發現：「按照中國的習慣，子孫為哀悼去世的父母要穿粗布衣，戴白布冠。這些辦理喪事的會因而有各種各樣的名稱，像『麻冠會』、『白會』等等。雖然這種會的確切起源及歷史從未見於記載，但是其產生原因必定是村民客觀上需要它們。由於尋找外力幫忙（在農忙時尤其困難）的需要，以及支付不可避免的花費的需要，明顯使這種組織受到歡迎。幾乎每一個擁有相當數量老親仍然健在的成年男子村子，都有一個諸如『孝敬父母會』（Filial Mourning Headdress Society）。」*Agrarian China*, pp. 205-206. 如果認為只有農民才依靠喪葬會的幫助，那就搞錯了。財產有限的士子有時也求助於這種方便的措施。葉昌熾（一八四九－一九一七）就記述了這樣的例子，他在《緣督廬日記鈔》（一九二〇），2/25b，光緒己卯年十二月二十七日記載，一八七九年，當他還是舉人並住在江蘇常州家鄉時，成立了一個「儒門助喪會」，其運作方式如下：「集總十人，每總募散十人，非名列膠庠者不與。如遇寒士身故，或祖父母、父母、妻子等喪，無力斂葬者，准助一會，共錢二十二千文（總散一百十人，每人收二百文）。幼殤者助錢五千五百文（每人收五十文）。」

216 紳士未居住在自己家鄉時，或許是透過非紳士的助手來對影響家鄉，從他們居住的城鎮或城市指揮後者。近代山東就是這種情況。據說在該省，「被稱為『大戶』的紳士，仍然對所有鄰近地區發揮著影響。」Institute of Pacific Relations, *Agrarian China*, p. 15.

緊的地方，紳士的人數比較多；而菁英分子出現得越多，也會反過來促進鄉村的繁榮。在小而貧窮的村莊，沒有什麼紳士活動的空間，即使擁有特殊地位的人真的選擇留在那裡。這種村莊的紳士可能變得幾乎與村子裡的平民一樣沒有活力，實質上已經放棄了他們在繁榮村莊中的同儕正在發揮的功能。華北某地的士子受制於惡劣的環境，幾乎已經完全喪失去了菁英集團所擁有的進取心。據一位地方志修纂者說：

……士習尚質樸，或親鋤耒，初無把持鄉里，訾議時政者。然舊俗於子弟博取青衫後，多不使求上進[217]。

了解這一點後，接下來就開始探討紳士在村莊中的角色。

一個村莊有限的組織和活動，絕大部分取決於紳士——退職官員和擁有頭銜的士子——提供的領導。經過科舉訓練、擁有特殊社會地位的人，經常積極地推動村莊的計畫，包括灌溉和防洪工程；道路、橋梁、船渡的修建；解決地方爭端；創辦地方防衛組織等等[218]。毫不誇張地說，紳士是鄉村組織的基石。沒有紳士，村莊可以也真的能繼續存在；但是沒有紳士的村莊，很難有任何高度有組織的村莊生活，或任何像樣有組織的活動。只要紳士有意維持其所在村莊的秩序與繁榮，他們的領導和活動就會廣泛地為鄉鄰整體帶來福祉。事實上，他們會設法保護地方利益，對抗官府的侵犯，像是州縣官員及其吏胥的敲詐勒索或腐敗行為。他們的學識和特殊地位經常能讓他們的抗議被聽見，甚至可以讓他們的冤屈得到補償[219]。

然而，如果我們因此就推斷，紳士作為一個團體，與清政府是敵對的，那就是一個錯誤。相反地，退職官員和擁有頭銜或野心的士子經常維護清王朝的統治。作為士子，他們總是準備或參加競爭性的考試；因此，他們的態度和立場在不同程度上受到欽定儒學教條的左右。他們基本上忠於皇帝，即使沒有

217 《定州志》，1/3a〔譯按：應為 19/13a〕。

218 除了參考上文注六四－九八所引參考資料外，還請參見《花縣志》，9/27a；《佛山忠義鄉志》，7/12-15a；《九江儒林鄉志》，4/69a-74a；《靈山縣志》，4/51a-b；《嚴州府志》，5/13b-25a；《富順縣志》，3/58b 和 60a-72a；《衡州府志》，9/4a-19b；《新寧縣志》，17/30a-34b；《巴陵縣志》，11/3a-9b；《沔陽州志》，卷三，〈建置〉，頁七四 a；《鎮南州志略》，3/25b-27a；《莘縣志》，卷八，〈藝文上〉，頁二八 a－二九 b 和頁三〇 a－b；《天津府志》，2/22b-36b；《蒙城縣志書》，2/13a；《續修廬州府志》，53/11a、12b 和 41a；《徐州府志》，卷七，各頁；《容縣志》，8/8a-10b。其他地方志也可以看到有關事例。

219 《廣州府志》，135/26b，提供了一個十九世紀發生的絕妙事例。廣東香山縣一名擔任過知縣、退職在家的舉人，先後向知縣和布政使陳情，終於阻止負責稅收的衙門吏胥的勒索。一個地方如果沒有一名有影響的紳士，就無法抵抗壓迫。李慈銘，《越縵堂日記．荀學齋日記》，乙集下，四七 b，光緒七年元月二十三日，敘述了一個前湖北武昌府知府的門丁，積功升任副將駐紮老河口市時，聽任士兵誣劫市人。一名村民帶著幾吊銅錢經過老河口市，被這些士兵搶走。憤怒的市民聚集在副將官署前，要求把錢歸還給那位村民。副將不但不懲罰其搶劫士兵，反而向上司謊稱民變。老河口市（光化縣）沒有擁有科名的縉紳，只有某位生員及其父親在鄰省（河南）當小官。於是居民們向知府請願，由那名生員及其父親領銜。最後的結局是，總督（李瀚章）下令處決這些請願者。有關鄉紳為自己家鄉提供保護的其他事例，可以參見《東莞縣志》，67/6b-7a，一名進士確保廢除了官府對進香徵重稅；同書，68/14b-15a，另一名進士請求清政府豁免不再生產莊稼的田地的土地稅。《徐州府志》，卷二二中之下，頁二〇 a－b，在兩名士子影響下取消與河岸整修工程有關的一項非法徵收。

官職、沒有政治職責。暫時或永久退職回鄉的官員，無意與清政府作對，也無意向朝廷挑戰。雖然士子並沒有官員那樣的地位，但他們是未來的官員；或者用十九世紀一位西方作者的話來說，「他們是懷著期待的人」[220]。除非一位士子的期待完全落空，否則他一般寧可要政治安定，而不要政治動盪。即使是那些單純「為了保護自己的親人及地方父老免於受到專制勢力的侵犯」而取得紳士地位的人[221]，也只有當授予他們身分的政府得到人民的普遍順服，他們的目的才能夠實現。因此，他們也傾向於維護現存秩序。

因此在正常情況下，紳士對鄉村地區發揮著穩定的作用。清朝皇帝們有充分理由利用紳士來執行鄉村控制；事實上，他們希望部分經由控制紳士，以達到控制鄉村的目的。

然而，對統治者來說不幸的是，正常情況並不總是存在。有時，鄉紳所發揮的是擾亂而非寧靜的作用。特權人士經常被自己目光短淺、自私而蒙蔽了眼睛，他們的所作所為（或許是不知不覺的）不但危害了自己鄉鄰的利益，而且危害了清王朝統治者的利益。自從比較早些時候起，鄉紳就以剝削和欺壓鄉下地區的普通村民而臭名遠揚。十八世紀的一位中國歷史學家談到明王朝的情況時就說：「縉紳居鄉者，亦多倚勢恃強，視細民為弱肉」[222]。這種情況在清代繼續存在，可以從康熙帝在一六八二年發現有必要派出一些高級官員去巡迴檢查，查報有哪些豪強欺壓普通村民看出[223]。乾隆帝一七四七年發布的上諭，包括以下的話：

從前各處鄉紳，恃勢武斷，凌虐桑梓，欺侮鄰民，大為地方之害。及雍正年間，加意整飭，嚴行禁止，各紳士始知遵守法度。……乃近日舊習復萌，竟有不顧功令，恣意妄行。各省未必無此，而閩省為尤甚[224]。

不過，清王朝的禁令和懲罰，並未阻止一些紳士依然繼續他們令人厭惡的行徑。除了一些特別惡劣或運氣不好的紳士受到清政府「褫革」的懲罰外[225]，絕大多數紳士仍然享有優勢地位，仍然可以用此地位來剝削並犧牲普通村民的利益，為自己牟利。我們前面已經看到，紳士作為納稅人，享有特殊的好處，常常利用他們的地位來轉嫁本來該承擔的一些負擔[226]。擁有特權地位者，經常採取武力手段或欺騙手段謀取物質利益；而這又反過來進一步增強了他們的勢力，使他們更貪婪。在勢力非常強大的紳士面前，即使是勢力略遜的士子也不總是能保護自己[227]；一般普通村民就常常完全任由他們宰割了。

---

220 John Scarth, *Twelve Years in China*, p. 196.

221 Fei Hsiao-t'ung, *Peasantry and Gentry* (1946), p. 9.

222 趙翼，《廿二史箚記》，34/14a-16a。

223 《清史稿》，7/1b。

224 《大清十朝聖訓．高宗朝》，263/8b〔乾隆十二年八月甲子〕。這道上諭所提到的雍正帝所採取措施，在一七二五年清廷所發布的一道上諭中是這樣說的：「在籍之鄉紳衿監，倘有不安本分，凌虐良民，不畏官吏，恣行暴悍者，或即行懲治，或具本參奏。」《大清十朝聖訓．世宗朝》，26/7b。

225 幾個事例，見《東莞縣志》，100/19b-21b；《恩平縣志》，7/15a。

226 參見第四章關於紳士和稅收制度的討論。

227 例見《清史稿》，482/15a，直隸李縣的生員遭到富有惡棍的壓榨。

前面已經指出劣生的一些手段，但還可以補充一些事例，說明這些紳士在村莊中所扮演的角色。在廣東一些地區，「勢豪家」定期派打手，攜帶武器，強行收割村民在沙田（海浦新生地）上種植的莊稼，稱為「占沙」[228]。在山西，襄陵和臨汾兩縣都依靠平水河河水灌溉。豪右壟斷「水利」；普通農民如果不從他們那裡購得「買水券」，是得不到水的。這種不公平的狀況一直存在，直到強烈的爭水聚鬥爆發，終於在一八五一年引起清政府的注意[229]。江蘇泰興縣有名武舉聽說某名村民儲藏了一些銀子，就誣告他販賣私鹽，搶走他的所有財產，這個擁有頭銜的惡棍直到一八九七年才受到懲罰[230]。有時，鄉紳自己制定「法律」，玩弄法律。在江西一些地區，有力人士私自為村鎮制定禁約規條碑記：

> 貧人有犯，並不鳴官，或裹以竹簍，沈置水中，或開掘土坑，活埋致死，勒偪親屬，寫立服狀，不許聲張[231]。

就像我們在討論鄉村團練時所指出的，享有特權者利用地方防衛事務而上下其手。兩廣總督概括了一八六〇年代兩廣的情況如下：

> 其不賢之紳，藉以漁利婪賄，……甚而細民里長，武生文童……，挾眾以號令一邑。……大紳引為爪牙，長吏假之詞色[232]。

無恥的紳士也毫不猶豫地採取詐欺手段，以牟取非法收入或保護既得利益。關於前者，廣東香山縣提供了一個例子。根據地方志修纂者的說法，農民（包括佃農和自耕農）自己組織起來，保護自己的土地和莊稼，反抗搶掠者，他們的自衛組織從十七世紀的最後二十五年開始運作。然而，十九世紀晚期，順德有兩名退休回家的高官，獲清政府授權組織團練。他們以此為藉口，將香山縣各村的自衛組織納入一個範圍廣泛的組織，向農民索取越來越多的捐款。最後收集的款項達二十萬兩銀子，而實際總花費不到八萬兩，這兩名退職官員從來沒有提出什麼收付的帳目[233]。

關於上面提到的第二點，紳士以詐欺手段來保護既得利益，廣東東莞縣提供了一個例子。一八八九年，地方官和一些紳士為官地租金發生了爭論。紳士召集「全邑開大會議」，討論對付地方官的辦法。在這些地方領袖中，有一名進士、一名舉人和一名花錢買了三品官銜的監生。在他們的主導下，會議決定向知府請願，要求他對「公產」適當地加以體恤。明顯在他們煽動下，發出署名全縣「士民」支持他們目標的告示。知府回答：

228 《南海縣志》，26/9b；《番禺縣續志》，12/11b-12a。

229 《南海縣志》，14/6b-7b。

230 《佛山忠義鄉志》，14/13b。〔編按：《佛山忠義鄉志》卷一四為〈人物志〉，共有十個部分，各為一卷頁碼另起，此段引文見〈人物六．官蹟．黃金錢傳〉。〕

231 《江西通志》，卷首之二，頁一b。

232 王怡柯，《農村自衛研究》，頁八三。引自《山東軍興紀略》，卷二二上〔〈團匪一〉〕，一八六三年到一八六五年擔任兩江總督的毛鴻賓的上奏。

233 《香山縣志》，16/5a-6b。

> 該縣士民標貼長紅云：「合縣義舉，仰給於斯。」……本部堂明知該邑士民所標長紅，即係該紳等所貼，不過借此為詞，縣中如責成經理，則云：「眾怒所在，不敢經營。」藉以為推延地步[234]。

知府或許並不全然公正，但是正如事態的進一步發展所顯示的，他的指控未必完全沒有根據[235]。

雖然並不是所有紳士都是自私或欺壓村民的，但是「公正紳士」的穩定作用被「劣紳」的行徑抵消了。只要鄉村菁英欺壓其鄰里，他們也變成其所在村莊的分裂性力量，從長遠來看，不僅損害了可能存在於他們身上的「團結的社會關係」[236]，而且破壞了鄉村地區的經濟平衡。他們犧牲別人以自肥，但很少把精力和財力用來發展自己的村子。他們之中許多人選擇居住在鎮或城裡，特別是在取得相當財富和地位之後。在那裡，他們找到更大的安全感、更有威望、活動的範圍更大[237]，讓自己的家鄉自生自滅，聽任環境決定。

在這種情況下，紳士不再是清政府鄉村控制可以利用的代理人。相反地，在動盪的年代裡，他們更容易加重農民的不滿與不安；雖然他們沒有公開或直接與地方官發生衝突，卻阻撓了清王朝在鄉村地區維持秩序的期望。在他們變成實際上的煽動性力量時——祕密加入「賊」[238]，或積極發動民變[239]，他們對帝國秩序本身就構成直接威脅了。

總結

證據顯示帝國控制從來沒有那麼徹底和完全，以致讓地方組織不可能出現或讓地方自助變得不需要，或者讓鄉村居民對不服從免疫。規模和繁榮都達到一定程度的鄉村，展示出村莊生活明顯的證據；而在不同環境下，各種村莊活動的目的主要在於保護地方利益。只要這些活動是為村民總體利益服務的，就會對鄉村生活帶來穩定的作用，因而也就間接地有利於清王朝的平靜。這也部分地解釋了，為什麼一直到相當晚近時期，清政府在維持對廣闊鄉村的控制上不曾遇到嚴重的困難，即使它的各種基層控

234 《東莞縣志》，100/12b-16a。

235 同上，100/19b-21b。

236 Max Weber, *Social and Economic Organization* (1947, 英譯版), p. 136.

237 Fei Hsiao-t'ung, *Peasantry and Gentry*, p. 6：「在一個工商業未發展起來，在一個土地地力已經達到最大限度，在一個人口增長壓力越來越大的社區，充滿雄心壯志的人，想要獲得財富，不能透過普通的經濟管道，而必須透過追求政治勢力，不管這是否合法。同樣地，他們為了獲取財富，必須永久地離開生活過的村子。他們在獲得財富後，可能會回到家鄉購置田地。但是如果回到村子居住，人口增長壓力就會降臨，他們的財富很快就會被耗盡，幾代之後，大家庭再次會破碎成許多小家庭。因此對富者來說，遠離鄉村是必要的。他們能夠維持力量和財富的地方，只能是城鎮。」雖然費孝通對這一事例過於簡化，過於強調，但基本上正確。

238 例見《股匪總錄》，2/25a-27a；《番禺縣續志》，14/13a。

239 關於紳士在民變中的地位，將在第十章中討論。Fei Hsiao-t'ung, *Peasantry and Gentry*, p. 10：「紳士的興趣並不在於占有政治權力，而在於維持社會秩序，並不在乎君主是誰。如果君主是一位仁慈的統治者，那麼，紳士就會為他效勞。但是，如果他暴戾，對農民壓迫過度，紳士就會施加壓力，反對他。另一方面，如果農民起來反對統治者，危害了社會秩序，那麼紳士就會站在君主一邊。」這對一些重要事實很難構成足夠的論述。正如我們將要看到，農民自己會起來「反抗統治者」的假設是純粹抽象的，沒有已知的事實可資佐證。當他認識到在一場反對官府壓迫的共同戰爭中，紳士和農民存有一種未曾宣布的聯盟的可能性，他的看法就是有根據的。

制機制的運作情況並不完全令人滿意。

雖然清政府通常克制不去干涉鄉村組織與活動，但是中國村莊並未享有真正的自主，或呈現出真正民主共同體的特徵。雖然許多村莊都有組織存在，但並不是所有村莊都有組織；即使是有組織存在的村莊，公共的活動範圍有限，而且由所有村民在平等基礎上推動的幾乎沒有。想要找出一個由全村性的組織為所有村民利益而齊心協力的事例，真的相當難。大多數組織只是為特殊目的而成立的，通常只是為了解決一時的急需，它們的成員通常只包括村莊的一部分村民。雖然一般村民都可以參加村中事務，甚至可以參與領導，但總是由紳士掌控，紳士在很大程度上決定了組織性村莊生活的模式和方向。

清王朝對鄉下地區實施的控制體系並不完美。實際環境使完全的控制不可能實現；清政府在一定程度上，刻意留給村莊和村民有限度的自由，從而可以利用他們的某些態度和組織來為帝國安全的目的服務。不過，這樣維持的不完美控制，並不能保證可以帝國的安全長期維持下去。它留給危害安全的態度和活動出現的空間，跟那些有利於安全的一樣多。它容許社會分層和利益分歧存在；按照「分而治之」的原則，這可能是可以善加利用的；但它同時阻礙了村莊發展成為堅固的共同體，有能力在險惡的物質環境下解決實際的生活問題。鄉村地區通常可以維持的大致平靜，並不是由於村民維持安定的主觀意願，而是因為破壞性力量沒有出現。

中國鄉村的人口並不是同質的，但我們不需過於強調這一點。在社會方面，一個村莊的居民經常分為兩大群體：「紳」和「民」；在財務方面，可以劃分富有的地主和貧窮的佃農，這條線雖然會變動，但很清楚。紳士的法律地位雖然不是建立在財富——土地或其他——基礎之上，但由於紳士比平民容易獲取財富[240]，因而社會地位和財富密切相關。這就是為什麼中國村莊的組織很少是全面的，而村民之間的合作經常很有限的原因之一。雖然要說鄉村人口的兩大群體之間存在著馬克思主義的「階級鬥爭」顯得牽強，但看起來很明顯，他們之間也少有「共同的社會關係」之類的東西[241]。無論在哪個層面，目的都不同，利益也不一致，因而導致的「衝突關係」[242]阻礙了村莊發展成為一個地方自治的單位，實際地準備要在不利環境下照顧好自己。任何嚴重危機，都能置鄉村大眾於完全絕望的境地[243]。村民們並不是同心協力地面對緊急事態，而是各自行動；許多人迫於情勢，改變了他們習慣的態度和行為。不穩固的政治和經濟平衡很容易就遭到擾亂。在這種情況下，充其量也是不完全的鄉村控制體系就會遭到嚴重破壞，變得幾乎完全沒有作用。

不過，有一些特別的情況值得一提。在清帝國的一些地區，特別是華南，家族組織經常把村莊凝聚成一個比其他地區更緊密的單位。宗族存在於鄉村地區，使鄉村組織的模式稍有不同，也給清王朝統治者帶來一些不同的問題。下一章將探討宗族作為鄉村組織的角色，以及帝國控制對宗族的作用與反響。

240 Chang Chung-li, *The Chinese Gentry*, pp. 43-51, 對其中一些便利作了簡略解釋。
241 Max Weber, *Social and Economic Organization*, pp. 132-133, 136-137.
242 這點將在第九章和第十章作更全面探討。
243 〔譯按：此處注文原缺。〕

第八章
宗族與鄉村控制

宗族與村莊

宗族的存在為村莊帶來了一種凝聚力，是其他元素所無法提供的。由於這個原因，對清政府來說，宗族是一個非常有用的鄉村控制工具，但控制家族本身也同時呈現一些令人疑惑的問題。本章主要目的就在於探討宗族組織在鄉村控制體系中的地位。不過，我們必須先檢視宗族本身的結構和功能。

「族」本來是一個血緣關係的群體[1]；但自古代以來，它就已經在一些地點生根[2]。就像最近一位

1 「族」一詞的另一譯文是 "sib"。有關該詞語的討論，見 Robert H. Lowie, *Social Organization* (1948), pp. 58, 236, 237. Hu Hsien Chin (胡先縉), *The Common Descent Group in China* (1948), 則喜歡用 "common descent group" 一詞。

2 顧炎武，《日知錄》，10/22b，引述景穆對《周禮》中一段的評論。〔編按：景穆原文作 "Ch'en Mei"，譯名疑誤。坊間常見《日知錄》多為清道年間黃汝成的集釋本，其卷一〇各文的論題主要與《孟子》有關，雖有提到《周禮》，但與此處所論無關，也未引述《周禮》內文。作者所引應為〈九族〉一文，《日知錄集釋》收在卷二（遂初堂刊本同），文中提到「周禮小宗伯掌三族之別，以辨其親疏」，下文即提到陳氏《禮書》曰：「己之所親以一為三，祖孫

學者指出的：「『族』是擁有一個共同祖先的群體，定居在某個地方或鄰近地區」[3]。

族最初定居的地方可能是一個市或鎮，但更常見的是它定居於鄉村中的某個點，可以發展出一個完整村落的點。事實上，族經常是在鄉村地區得到最充分的發展[4]，而且經常是村落形成的主要功臣。雖然鄉村聚落並不總是家族定居的產物，但是族的出現總會帶給它們高度的凝聚力，比其他元素可能做到的都高。根據一位近代西方學者所說，在許多情況下，「可能除了那些基於經濟地位而發展起來的之外，所有村落組織都是由宗族關係直接或間接決定的。……鄰居主要是由同一宗族的家庭組成。」[5]在這種情況下，把宗族視為「村落的中堅」[6]，無可非議。

宗族和村落之間關係密切的理由很明顯。村落裡占多大數的農業人口，總是不像城市居民那樣容易流動。因此，血緣紐帶在村落裡保存得比在城市中好[7]。這樣，城市和村落就產生不同的社會組織模式，前者以行會和「市民」組織為典型，後者則以宗族為特徵[8]。

續

所親以五為七……」“Ch’en Mei”應即陳氏禮書的作者。《四庫全書》收錄了宋代陳祥道的《禮書》，全書共一百五十卷。據陳垣的《日知錄注校》，顧氏所引評論《周禮》的段落見於該書卷六三的〈宗族〉條，因此「陳氏」就是陳祥道。但是作者為什麼說他是“Ch’en Mei”？陳祥道字祐之，一作用之，是福建閩清縣人，與弟弟陳暘在家鄉被並稱為「二陳」，建有「二陳先生祠」來崇敬他們。梅溪在該縣匯入閩江，所以朱熹曾用「梅溪千古兩先生」來稱陳氏兄弟。不知作者是否要用梅溪來稱呼陳祥道，結果掉字變成了“Ch’en Mei”？」

3 Hu Hsien Chin, *The Common Descent Group in China*, p. 9. 該書，頁一八又給了另一種定義：「『族』是由一個共同祖先傳下來的團體，定居在某個特定地方或鄰近地區。」James D. Ball, *Things Chinese* (4th ed. 1904), pp. 172-173, 認為中國之家族與蘇格蘭的大致相同。這一觀點很難說正確。

4 屈大均，《廣東新語》（一七〇〇），17/5a-6b。這段文字也引見《廣州府志》，15/8a-b。Olga Lang, *Chinese Family* (1946), p. 180 贊同家族實質上是一種鄉村現象的觀點：「宗族只存在於村莊或小鎮。在城市裡根本沒有宗祠，也沒有族長。」不過，Olga Lang 這一看法過於偏頗。直到二十世紀，還可以在北京、天津、南京和成都這樣的大城市裡看到宗祠。參見注七。

5 Martin C. Yang (楊懋春), *A Chinese Village* (1945), p. 241.

6 Daniel H. Kulp, *Country Life in South China* (1925), p. 135.

7 Hu Hsien Chin, *The Common Descent Group in China*, p. 10：「族在鄉村鄰里之間、大村莊和小鎮裡占有重要地位，儘管主要的宗祠有時坐落在州縣城裡，甚至在省城裡。而在較大城鎮裡，由於職業和社會階層極大不同，宗族已經消失。」城市居民的流動性相對較高，也對宗族產生不利的響。不過，規模相對較大、組織結構較緊密的宗族，常常會在作為社會中心和政治中心的城市設立「大宗祠」，也就是居住在周圍鄉村地區的各大「房」，一起分享並維持的一個公共或中心宗祠。《嘉應州志》，8/2b，為這種情況提供了一個極好的說明事例：「俗重宗支，凡大小姓莫不有祠。一村之中，聚族而居，必有家廟，亦祠也。州城復有大宗祠，則併一州數縣之族而合建者。」

8 在印度，也可以看到宗族和村莊之間存在著緊密關係。例如，B. H. Baden-Powell, *Village Communities in India* (1899), p. 23 這樣描述印度的一種「部落」：「……這些現有成員都是一個祖先的後裔。由於其人數不是很多，因而很難稱為『部落』。很有可能，某個人（或兩、三個兄弟）來到某個荒野地區，並定居下來；接著，出現家庭，家庭繁衍，出現『宗族』，崇拜一個共同的祖先，認為宗族中存在某種紐帶關係。……我們發現，一個方圓好幾百英里的地區現在分成『村落』群。所有村落或者由擁有一個共同『稱號』的農戶組成，被認為是一個祖先的後裔；或者來自兩個或三個家庭，不會更多。」參見同一作者較早的著作 *The Indian Village Community* (1896), chapter 6, sec. 3. Radhakamal Mukerjee, *Democracies of the East* (1923), p. 255 認為宗族和村莊之間關係更為密切：「在印度，雖然宗族生活在不同村莊，是一個父系繁衍下來的，是一個父系的後裔，但是他們的行為方式特殊，因為其成員居住在一個或一個以上的村莊。在中央邦，有個家族的名字叫『卡拉族』（*khera*，該詞的含義就是村子），絕大多數宗族名字是從村子名字而來的，或者就與村子同名。在『康得人』（Khonds）中，一個宗族的所有成員都居住在某個中心村周圍的同一地區。」Mukerjee 教授接著在頁二九九描述了他所認為的中國制度：「在中國，村莊的經濟聯繫因宗族制度而變得模糊不清。宗族共同一位十九世紀的西方作者描述村落是宗族定居的結果：「在很久很久以前，大家已經無法確定的時候，一些家庭從其他地方來到這裡，安營紮寨，使自己成為『當地居民』。……這就是村落。」[9]這個過程可能在清帝國的幾乎所有地區，隨時都在發生。三坡（直隸涿縣的鄉村地區）就是一個例子，這個多山的地區位於涿縣東北邊境上。在一片方圓五十五乘以三十里的土地上，散布著大小不等的二十四個村子；其中最大的村莊，人口不超過一百三十戶。根據地方志記載：

就其村多同姓、姓多同宗觀察之，當初不過少數人家，因貧入山，私行開墾，日久漸成村落[10]。

在特殊的社會環境下，會出現大規模的移民和定居。在這種情況下，不但可以知道定居的大致時間，也可以觀察到實際的過程。四川省原住人口遭到「流寇」大規模屠殺後，在十七世紀再次興旺起來，就是一個能夠說明問題的事例。根據地方志的記載：

康熙時，招徠他省民以實四川。……始至之日，田無業主，聽民自占墾荒。或一族為一村，或數姓聯為一堡。……有一族占田至數千畝者。……然所占實不能盡耕也。

雍正時，四川總督憲德以入川人戶繁多，疏請編保甲。……以一夫一婦為一戶，戶給水田三十畝，或旱地五十畝。兄弟子姓成丁者給水田十五畝，或旱地二十五畝。……得旨允行。於是各州縣荒地以次開墾，……至乾隆八年清查牌甲，共四千四百七十戶，一萬伍千八百七十八丁。以四十里彈丸之地，閱時十三年，遽得此數[11]。

偶爾也可能在一個特定地區追溯個別宗族的定居史。某些宗族的「族譜」或「宗譜」，就敘述了他們移民和發展的歷史。也可以從一些地方志爬梳出相關的資料。其中一部地方志的一些事例，可以讓我們對宗族村莊的形成過程有進一步的了解。

廣東香山斜排村譚族的「始祖」來自湖南衡州。一七五四年（乾隆十九年），跟著父親來到香山。他的兒子定居在斜排村；二十世紀初，該族在那裡發展成三「房」，丁口有兩百多人[12]。

廣東香山縣義門鄭族的始祖，來自浙江。十一世紀（宋天聖年間），他擔任廣州郡守。由於他及兒子都葬在香山，所以他的孫子就定居香山，也就成了「香山鄭氏開族祖」。傳到第八代，香山鄭族由於人丁非常興旺，而分成兩房；這一代的兩個兄弟各自成為一房的始祖。其中（哥哥萬四的）一房稱為龐頭鄭族，其「九世祖」娶豪兔鄉高氏家族的女子，並移居到那裡。他的子孫城鄉丁口約千餘人，大多數仍然留在鄉下務農，但也有一些在城裡經商致富。弟弟（萬五）的一房，則又發展成三個分房：一、

續

享有財產，宗祠財產以很低租金在較窮成員中進行分配。……祖傳的宗族田地不可分割，誰去侵占或使用，誰就會犯盜竊聖物罪。」看來，Mukerjee 教授誇大了「公共財產」的觀念，忘記了宗族在十九世紀的中國並不是一個普遍的現象。很難看出他所認為的「村莊的經濟聯繫因宗族制度而變得模糊不清」是什麼意思。George L. Gomme, *The Village Community* (1890), pp. 39-41 認為，在「部落」之外形成村莊，是「社會個體化進程」中早期的一步。

9 Arthur H. Smith, *Village Life in China* (1899), p. 30.

10 《涿縣志》（一九三六），8/2a。

11 《新繁縣鄉土志》（一九〇七），5/1a-2b。

12 《香山縣志》，3/45b。

長子鄭宗榮，有三個兒子（也就是第十代）：鄭谷彝、鄭谷純、鄭谷紋。谷彝和谷純一起遷居到濠頭，成為濠頭分房之祖（谷彝和谷純號尚綸及尚絅，合稱綸絅祖），後裔五千餘人；二、谷紋跟父親住在錢山，成為錢山鄭氏分房之祖，後裔約為六百人；三、鄭宗榮唯一的弟弟鄭宗得，在十五世紀初擔任過鳳陽府和嚴州府知府，他定居鰲溪（守祖宗廬墓不遷），成為鰲溪鄭族的祖先，其後裔約四百人[13]。

陝西同官縣王原王族的始祖是山東督糧道，因被控瀆職而被放逐陝西。他和家人最初住在縣城西四十里地的西古村，隨後移居王家河。他的一個後裔在十六世紀（明嘉靖朝）取得舉人頭銜，並移居同官城內。十七世紀，王氏家族搬回鄉下，定居蒲池王原；二十世紀初，家族成員大約五十戶，仍然住在祖先住過的村子：西古村、王家河和王原[14]。

這幾個例子顯示，移居者會定居在某個地方，並最終創造出一個族以及一個村落；或者他可能把自己安頓在一個村莊或城鎮裡，繁衍出一個族，而不是一個村莊。這種不同的定居模式，部分解釋了兩種不同類型的宗族村莊：在「單族村莊」裡，住著一些同姓的家庭；而「多族村莊」裡，則有兩個或兩個以上的族比鄰而居。

「單族村莊」在南方各省比較普遍。近代一位學者指出：

> 在過去六、七個世紀裡，迅速發展起來的家族，集中在華中和東南地區，也就是位於長江兩岸和福建、廣東兩省。在這些地區，許多村莊的居民完全是或主要是單姓家族的，他們之間存在著親戚關係。……而在華北，由不同姓家庭組成村莊占大多數[15]。

一位西方觀察者在十九世紀的廣東，發現了以下情況：「同姓的人大體上居住在同村或附近；從始祖分出來的各房，就像榕樹的分支一樣，圍繞著主幹落地生根。」[16]

另一位十九世紀的作者報導了福建一個村莊的情況：「全村居民都姓林，顯然是透過家族長制的紐帶連結在一起的。這種村莊宗族制度是一種強大的結合。」[17]

這種單族村莊在華北比較少見到，那裡的村莊常常是由「一群家庭所組成，而非一個宗族」，或者說是由「經濟獨立的一群家庭，而非單一家一族」[18]所組成。不過，單族村莊的確存在於北方。陝西《同官縣志》的纂修者寫道：「昔多聚族而居，故村莊多以姓名，如馮家橋、王家匾、董家河、梁家塬、李家溝等。」[19]陝西《城固縣鄉土志》提供這個資訊：

---

13 同上，3/1b-36a。〔編按：具體見於《香山縣志》，卷三，頁一b、七b、八a、三五b。〕

14 《同官縣志》，25/1a-b。

15 Hu Hsien Chin, *The Common Descent Group in China*, p. 14.

16 *Chinese Repository*, IV (1836), p. 412. 亦見姚瑩（一七八五－一八五二），《中復堂全集・東溟文集》（一八六七），3/12b。

17 George Smith, *A Narrative of an Exploratory Visit to Each of the Consular Cities of China* (1847), p. 445.

18 John S. Burgess, *The Guilds of Peking* (1928), p. 24. Olga Lang, *Chinese Family*, p. 178, 回應了這個觀點：「華中、華北村莊的實際情況證明家族的重要性降低了。在這些地區，特別是在較北邊的地區（種植的是小麥和高粱，而非華南的稻米），很少能看到漂亮、維護得很好的宗祠。……華中和華北大多數村莊都不是宗族村莊。」

19 《同官縣志》，25/1a。

國朝舊少土著，明季寇亂以來，自甘肅、四川、山西、湖北遷居者，一姓之民聚族於一鄉，即以姓名其地[20]。

不過這樣的事例相當少，一些以前由單一宗族構成的村莊終究失去了單族的特點。一位十九世紀的西方作者指出：「經常出現的情況是：隨著時間的推移，在命名村莊家族的變化中，沒有單族村莊保代表留下來。在這種情況下，村莊名可能保留下來，也可能改變，不過所有變化的環境可能無法追溯。」[21]

我們沒有統計數字來說明兩種類型的鄉村在清帝國各地的分布情況，但是下列數字儘管並不充分，卻給了我們有關當時情況的一些印象。江西高安縣（既不怎麼繁榮，也不貧窮）據載在十九世紀中葉左右有一千二百九十一個村子，兩種類型村莊的分布情況是：單族村莊，一千一百二十一個（占八七%）；多族村莊，一百七十個（占一三%）[22]。在廣東花縣，村莊總數為三百九十八個，不過分布情況與高安縣不同：單族村莊，一百五十七個（占四〇%）；多族村莊，二百四十一個（占六〇%）[23]。看來，單族村莊並不必然控制所有華南地區，但那裡的單族村莊明顯依然多於北方。一位現代學者發現，在直隸定縣這個以農業為主的地區，在六十二個村莊中只有一個屬於單族村莊[24]。這或許不是決定性的證據，但可以支持一個總體的觀察結果：在華北，由不同姓氏家庭組成的村莊占大多數。

還應該指出的是，就像幾個家族可能住在一個村莊裡一樣，一個家族在子女繁衍，最初家園容納不下時，就會分散居住在幾個村子裡[25]。陝西同官縣杏林村王氏家族就是一個極好的例證，在元朝末年（一三六七年），有位益王避難來到該村。他的後裔在明朝和清朝都以務農為生，到清末才有一部分的人入學。這個宗族雖然沒有族譜，但是對居住在六個不同村莊、超過八十戶的族人，他們的宗族關係歷經幾個世紀都沒有受到損害[26]。

單族村莊與多族村莊性質的區別，反映在組織上的一些不同。在單族村莊中，宗族群體和鄉村莊區實際上是一致的，村莊領導就是宗族領導。例如，浙江寧波某個單族村莊，「選出」一名「長者」來「主持村莊的行政事務」，他同時又是族長，主持宗族事務[27]，類似的安排也見於清帝國其他地區[28]。

---

20 《城固縣鄉土志》，17a。

21 Arthur H. Smith, *Village Life in China*, p. 30.

22 《高安縣志》（一八七一），2/7a-37b。引見 Hu Hsien Chin, *The Common Descent Group in China*, p. 14.

23 《花縣志》，2/15a-22a。花縣最大的家族村莊有：畢村，大約一萬人的畢氏宗族居住在該村；三華村，居住著大約九千人的徐氏宗族；鴉婆壠，大約八千人的黃氏宗族居住在該村。花縣最小的單族村莊，人口大約十多人。

24 Li Ching-han, *A Survey of the Social Conditions of Ting Hsien* (1933)〔李景漢，《定縣社會概況調查》〕，引見 Hu Hsien Chin, *The Common Descent Group in China*, p. 15, 並加上這樣的評論：「在定縣，……沒有任何地方的族在村莊行政中扮演重要角色。而在華北農業較為發達的地區，族的組織顯得較強。」

25 《南昌縣志》，27/1b：「一姓多至百族或數十族，都圖所隸，或一都數族，或一族數都、或數圖。」「都」和「圖」本來是因稅收目的而成立的鄉村機構，但在清帝國一些地方，變成了一種地域單位。

26 《同官縣志》，25/1b。一個宗族居住兩個村子的事例，見 Hu Hsien Chin, *The Common Descent Group in China*, p. 107.

27 L. Donnat, *Paysans en communauté* (1862), p. 85：「與錢氏宗族（Tching-fou）、謝氏宗族（Si-fou）及其他姓宗族一樣，王氏（Ouang）宗族居住的村子也是單族的，是同一個祖宗的後裔。根據可靠記載，王氏宗族在其始祖創立家庭好幾代之後，拋棄以前居住過的地方，來到寧波附近的橫溪（Heng-tcheou）創業。根據族譜（亦就是記載自始祖去世後好幾個世紀家族情況的家族史）記載，由於王氏宗族是個大族，村中甲長放棄了手中權力，由各戶家長集中在祠堂裡選舉族長，以便主持村莊公共事務。」

28 Robert K. Douglas, *Society in China* (1894), p. 115：「經常出現的情況是，一個家庭就擁有整個村莊，這樣村莊就稱為

在多族村莊，情況就有些不同。族長雖然對村中事務具有明顯的影響，但不一定就是村長[29]。一個村莊出現一個以上的宗族群體，就會發生宗族間的競爭或公開衝突，我們稍後就會看到。此處應該指出的是，居住在同一個村子的各族之間，比起屬於同一族的各個成員之間，並未存在著更多的社會平等。正如一個族的紳士成員控制該族的普通成員一樣，一個特定村莊裡的一些族也會歧視其他族，他們的歧視可能建立在居住優勢、人數比較多，或自已族中一些成員擁有較高社會地位的基礎上。即使在宗族組織較弱的華北地區，也可以看到這種現象。就像一位西方學者說的：「強調已被接納的舊族成員的地位，而傾向於歧視最近移居而來者，視他們為外人。」[30]

在討論宗族組織之前，嘗試對十九世紀中國各地宗族發展程度的不同提出一些解釋，應該是很有幫助的[31]。有些學者，例如伯吉斯，認為歷史環境是一個決定性因素，他指出：

> 在中國北方，由於滿人和蒙古人不斷入侵，原來居住的宗族或者成員被殺害，或者被迫遷移到南方，家－族體系的連續性遭到摧毀。而在南方，遠離這些入侵的浪潮，同樣的宗族在它們原來居住的城鎮和村莊裡擁有更持久的住所[32]。

這個看法很有道理，但作者應該進一步追溯到更早期的中國歷史。早在蒙古人入侵、在十三世紀後期消滅宋朝之前，北宋在十二世紀的前二十五年崩潰，迫使許多大的漢人家庭和宗族渡過長江，移民江南[33]。而且在此之前，還有另一場大規模南向移民發生在西元三二〇年代。西晉一崩潰，一些望族移民江南，把許多漢族傳統文化和社會風俗也帶到江南。

經濟因素可能也發揮了作用。一位現代學者認為，在華北經濟較不繁榮的地區，宗族在村莊行政上並沒有什麼重要地位；而在華北的「農業發達地區」，宗族就發揮較大的影響[34]。即使在南方，按照一些學者的觀察，各地的宗族發展情況絕不是一致的。在廣東、福建和江西，宗族勢力較大；而在廣東某些地方，特別是在「土沃而人繁」的地方，宗族的規模和活力就不是其他地區能夠相提並論的。屈大均在一七〇〇年的著作，描繪了以下的景象：

> 嶺南之著姓右族，於廣州為盛。廣之世，於鄉為盛。其土沃而人繁，或一鄉一姓，或一鄉二三姓。自唐宋以來，蟬連而居，安其土，樂其謠俗，鮮有遷徙他邦者[35]。

續

『張家莊』等等。在這種情況下，宗族中的長者就扮演著村莊領袖的角色。」Marion J. Levy, *The Family Revolution in Modern China* (1949), p. 239：「有時，鄰居由一個族的成員組成；在這種情況下，鄰居和族組織通常範圍是相同的。」

29 John S. Burgess, *The Guilds of Peking*, p. 25.

30 *Ibid.*

31 James Dyer Ball, *Things Chinese* (5th ed. 1926), p. 173.

32 John S. Burgess, *The Guilds of Peking*, p. 24. Li Chi (李濟), *Formation of the Chinese People* (1928), pp. 232-237, 指出西元四世紀以來南向移民的歷史。

33 例見《容縣志》，4/16b。參考《泰和縣志》（一八七八），6/3b：「當五季干戈之擾，四方大姓之避地者輻輳競至，曾自長沙，張自洛陽，陳、嚴、王、蕭、劉、倪等族皆自金陵而占籍焉。」

34 Hu Hsien Chin, *The Common Descent Group in China*, p. 15.

35 屈大均，《廣東新語》，17/5a-6a。

鄉村繁榮和強大的宗族組織間關聯很容易理解。經濟的富裕沒有達到一定程度，就不能形成村莊，也不能維持任何規模的宗族。貧窮就不可能擁有宗祠、祭田等等；而這些對於一個想要充分履行其職能的宗族是不可或缺的。陝西省一些地區的情況，可以說明這種連結。一位地方志修纂者說，洛川、宜川和鄰近地區，大多數的居民都住在窯洞。雖然也有一些小房屋，但都算不上是什麼財產。可以預料得到，在這些貧窮地區，宗族組織是不存在的[36]。另一位地方志修纂者則指出，陝西同官縣的情況是：「家族喜聚居，……近因生活關係，析居者漸多矣。」[37]

有時，地方經濟的影響並不是那麼決定性的。在陝西城固縣，宗族採取減小規模、簡化形式的方式存留下來。據指出：

> 土著既少，譜牒無徵，一族僅數十戶，求如江南、廣東之大姓，一族多至數百戶，得姓受氏本末可考，則遠遜矣[38]。

同樣地，陝西另一個相對貧窮的縣分寧羌，「客籍往來，多無定所。……其有入籍稍久，似續延長，宗支蕃衍，稱為世家大族者，……無由以考其世代源流。是亦譜牒之學久亡，而邑人又不講宗法。」[39]即使在這些案例裡，經濟因素的影響也是明顯的。

成員與領導

宗族的發展很大程度上取決於其紳士成員。紳士與宗族之間的密切關係，讓一些研究者論定，宗族不過就是一種紳士組織。例如，一位中國學者就這樣說：

> 我認為，無論是「大戶」還是宗族，都是紳士的組織。……我確信，宗族在中國並不普遍，最有效率、組織完善的宗族只能見於紳士。宗族組織對沒有土地的人或可憐的小地主完全是多餘的。[40]

一般說來，這種看法是正確的，但宗族是「紳士的組織」一語，應該是指宗族在正常情況下是由紳士促進和控制的，宗族明顯不是完全由紳士成員組成的。另一位中國學者就正確地指出：「既然共祖群體（宗族）包括同一遠祖傳衍下來的所有家庭，就包括不同的社會階層：有富裕和地位突出者，也有貧窮和地位低下者，因為個別家戶的財產情況有別。」[41]正是由於這種包括性，才有可能讓一些宗族在合適

---

36 《宜川縣鄉土志》，12b。

37 《同官縣志》，26/2a。

38 《城固縣鄉土志》，頁一七b。

39 《寧羌州鄉土志》，頁二三a。了解清帝國不同地區宗族的數量分布情況，以及在那些宗族構成村莊生活常規特徵的地區，宗族成員和不屬於宗族人口之間的比例，將是很有趣的。作者為無法承擔這樣的工作而感到惋惜。

40 Fei Hsiao-t'ung, *Peasantry and Gentry* (1946), p. 5.

41 Hu Hsien Chin, *The Common Descent Group in China*, p. 10.

的環境下達到一定規模。一位中國作者觀察到，廣東省一些最大的宗族誇稱成員達到一萬人[42]。如果認為它的所有成員都是官員或有功名的士子，那就很可笑了。的確，也有一些個別的事例顯示，某個宗族（可能在一個時期或某個時點）全部都是農民。一位作者最近引述了一位受訪者的話：

我們的村子在鄰近地區是唯一姓楚（Ch'ü）的。……雖然跟于（Yü）族的村子比鄰，但兩村之間既沒有利益關係或行政關係，也沒有敵對情緒。不過，我們宗族人丁日益興旺，而他們日漸凋零——他們的宗族成員全部是務農的，而我們的既有農人，也有讀書人[43]。

不過，在這些于族的「農民」中應該有一些地主。還應該指出的是，于族人丁之所以「日漸凋零」，部分原因在於缺乏紳士領導，因為一個家族中有了「士－官」（scholar-official），不僅會強化該族的威望，也會加強該族的力量。浙江嘉興一些最突出宗族的成員中，包括相當大比例的士子，他們在明、清兩代京試中得到了最高等級的榮譽[44]。

因此，雖然宗族成員常常包括紳士和平民，但宗族的領導顯然是要靠紳士。紳士為宗族群體提供了積極的成分，而平民則是消極的。

在一個宗族內，紳士和平民之間有別，前者支配後者是不爭的事實。山東蓬萊縣的寧氏宗族，成員中沒有財富或社會地位者，既不能參加半年一次的祭祀和隨後的宴會，對祭田也無權表示意見；他們作為宗族成員所享有的唯一權利，是可以葬在宗族墓園[45]。在江西南豐縣譚族，以下列方式強調「士－官」的社會地位：首先，所有士子都被要求參加每年一次的祭祀；其次，舉行祭祀時，所有執事都由「紳士」

中挑選；第三，分發獻祭過的肉（「胙肉」）時，普通人只能得一斤（大約〇．五九七公斤），但參加儀式的每個紳士，根據他通過科舉考試的等級，卻可以分到二至八斤；第四，儀式結束時，所有「紳士」和長者參加一個大型宴會，而其他成員都被排除在外；第五，擁有官品或至少通過舉人考試的成員，他的牌位可以免費供在宗祠，而所有其他成員的牌位想要進入就必須繳交許可費[46]。在江蘇無錫縣趙族，紳士成員和普通百姓之間的區別更為明顯，其族譜記載了下列族規：

> 此後捐銀入祠，永宜禁止。……若夫忠孝節義，行堪風表，發名成業，身列甲科，是克振家聲，以光世德，身後自宜入祠享祭[47]。

42 姚瑩，《中復堂全集．東溟文集》，3/12b。

43 Hu Hsien Chin, *The Common Descent Group in China*, p. 112.

44 潘光旦，《明清兩代嘉興望族》（一九四七），頁九八－九九。他指出，在明、清兩代，在京試時通過最高等級考試〔中進士〕的嘉興士子，屬於當地望族的超過六七%。

45 Ida Pruitt, *Daughter of Han* (1945), pp. 61-62.

46 Hu Hsien Chin, *The Common Descent Group in China*, Appendix 16, 引自《譚氏續修族譜》，第一本，「祠堂規條」，頁二b－五a和頁七b；第一四本，「祭田記」，頁一b－二a。

47 Hu Hsien Chin, *The Common Descent Group in China*, Appendix 48, 引自《暨陽章卿趙氏宗譜》，二二冊，卷一九，「家範錄」，頁六a－b。

然而，應該指出的是，雖然宗族成員間的社會差別導致了社會不平等，擁有相當財富的宗族尤其如此[48]，但是紳士成員常常滿足於享有祭祀的特權及對個群體的控制。較高的地位和威望不但讓他們自然地成為宗族的領袖，而且經常成為其貧困族人的恩人[49]。他們一般要對後者慷慨，要幫助後者，不僅是因為向族人伸出援手可以增強群體的凝聚力，而且因為慈善在傳統上被視為品德高尚的象徵，是擴大自己威望的有效方法。

宗族組織的細節每個事例各不相同，但在一般來說，每個宗族群體都會公推一名合適的成員作為領袖，建立一種管理或處理宗族事務的組織。宗族領袖通常稱為「宗長」或「族長」；他可能是祭祀活動的主持者、宗族的「首席執行官」，或兼而有之[50]。有時，宗族也會挑選一些「執事者」來幫助族長履行其職責，特別是管理宗族財產和祠堂的職責[51]。在規模較大的宗族，還設置了幾名「副族長」，每名統率所屬的「房」，因而一般稱為「房長」。在這種情況下，涉及各房的事務，就可能由各房長處理，但關於整個宗族事務的處理或決定，就要徵求所有這些領袖的意見，或者取得他們的合作[52]。偶爾，宗族改組成一種「直接民主」：所有成員在族長和房長率領下，聚集在宗祠裡共同決定重要的事情。領袖們引導討論，資淺者發表意見[53]。

年齡、較高的輩分，以及個人才能，通常是宗族領導的主要條件，但社會與經濟地位也經常是同樣重要的。在一些宗族，族長是從輩分最高的人裡挑出來的，但被選中的不必是屬於最長的那一房的成員[54]；在另一些家族，假如候選人的年紀都夠大了，就會根據「才幹」來挑選[55]。在大多數情況下，紳士成員都享有優先權；擁有足夠的財產，有時也被視為占有一定職位的條件之一。一位現代作者概括了這個情況：

48 *Ibid.*, p. 29：「手頭現有材料證明，族越貧窮，社會差別越小。」Olga Lang, *Chinese Family*, p. 180 作出類似結論：「日子過得好的人，更有族的意識。」至於 Leong and Tao, *Village and Town Life* (1915), p. 25 的說法：「由於整個宗族只不過是大家庭，因而所有宗族成員對宗祠具有同等的權利和責任。」我們很難贊同。

49 例如，江蘇南京的方氏宗族和無錫的楊氏宗族。Hu Hsien Chin, *The Common Descent Group in China*, pp. 166-167, 引方苞（一六六八－一七四九），《望溪先生文集》（一八八一），14/3a；《安陽楊氏族譜》，第一六冊，卷二三，頁四七a。

50 *Ibid.*, pp. 120-128, 引魯九皋的《山木居士文集》（一八三四），2/1a-4b；安徽桐城《王氏族譜》（一八四七），第一冊，卷一，頁三四a－三五a；江西南豐《譚氏續修族譜》，第一本，卷一，頁一b－二a；湖南《曾氏四修族譜》，第一冊，卷一，〈文藝四・吉公祠條規〉，頁一b－四a。〔編按：湖南曾氏稱為戶首。〕

51 Leong and Tao, *Village and Town Life*, p. 28. 參照 Olga Lang, *Chinese Family*, p. 175：「廣東和福建的宗族有兩組領導人：一、家族長老；二、家族執行官。第一組，由族長領導，至少就理論上來說，成員由家族中最高輩分中的最年長者組成。當然，例外並不罕見。……但是家族長老只是年高德劭的花瓶。真正權力掌握在經理、財務、委員會成員等宗族執行官的手中。當然，這些人都來自社會地位突出、富裕之家庭，他們因為生活程度高，能夠受到較好的教育，而能承擔這樣的工作。這些人大多數年紀超過五十歲，但年紀大並不是最重要的。」

52 Hu Hsien Chin, *The Common Descent Group in China*, pp. 119-120, 引《曾氏四修族譜》，第一冊，〈文藝四・吉公祠條規〉，頁一b－四a。

53 *Ibid.*, p. 131, 引《廬江郡何氏大同宗譜》，卷一三，頁一b。

54 *Ibid.*, p. 127, 引安徽桐城《王氏族譜》，第一冊，卷一，頁三四b。

55 *Ibid.*, p. 119.〔編按：此處所引為《曾氏四修族譜》，第一冊，頁一b－四a，即〈文藝四・吉公祠條規〉。其第一條議戶首的原文是：「戶首為一族之領袖，必須總持大綱，每屆公舉才德俱優、嚴憚可敬者二人，督率族事。……議定三年交卸，公舉能勝任者輪接，照常管理。」並未提到年紀的問題。〕真正負責實際事務的宗族領袖，通常主要是依管理能力而推選出來的，例見《紫陽朱氏重修宗譜》（一八六七），卷末上，頁四四b。

在一個中國村莊，一位族長（或宗族領袖）對族中所有家庭具有一定影響。……他通常是比較年長的，但有時也可能是該村最富有家庭的家長，因為他很有錢，能夠做其他人做不到的事[56]。

總之，「才與德」的標準很容易併到官品和財富裡面。理由很簡單，目不識丁的農民很少有機會展現個人的才華，而功名、官品或殷實的財富，很容易拿來充分證明作為擁有者的才華。此外，個人權力常常伴隨著較高的社會地位及經濟影響力而來，沒有什麼重要性的宗族成員因而不得不承認紳士宗親的領導地位。

社會地位在所有宗族中並不一定都扮演同樣重要的角色。一位學者最近就指出：

家族越貧窮，社會差別就越小。在這種情況下，年齡和輩分就是挑選族長適當的決定因素。但是，如果有一些成員擁有殷實的財富和較高的社會地位，社會等級就會越來越被強調，在選擇族長時就必須考慮這些因素[57]。

這個論述非常正確，因為宗族的物質和財務資源一定來自知名及富有的成員的捐助。因此，宗族群體的財富仰賴最成功的成員的成就。在這種含義上，甚至可以更確切地說，一個宗族內的社會差別越小，它就越貧窮。但是，由於宗族組織無法發展到較大的程度（除非當地繁榮到一定程度），而帝制中國的財富分配並不平均，紳士控制宗族也就成了常態，至少在清代是如此。

宗族活動

雖然不同的宗族著重的活動類型不同，但不論何等重要性的宗族活動都離不開紳士領導。最常見的如下[58]：一、編纂、修訂族譜；二、「祭祖」，修建祠堂，管理祭田和祖墳；三、周濟族人；四、年輕族人的教育；五、懲罰犯罪，解決爭端；六、自衛。

族譜

從一開始（大約西元三世紀），編纂族譜實質上就是一項紳士的工作[59]。晚近的族譜或宗譜與魏晉

---

56 Martin C. Yang, *A Chinese Village* (1945), p. 181.

57 Hu Hsien Chin, *The Common Descent Group in China*, p. 29.

58 有些家族所從事的活動相當廣泛。例如，湖南寧遠縣一些宗族在春分後第十五天在宗族墳地舉行祭祀儀式。儀式結束後，通常要把稻米和其他糧食分發給經常參加的幾百名族人；對結婚或生兒子的族人進行補助；尊敬地邀請族中所有年滿五十歲以上的老人出席宴會；處罰犯錯的族人，有些鞭打，有些暫時停止分享胙肉的權利；鼓勵取得生員頭銜或在宗族學堂教書的士子。《永州府志》（一八六七），卷五上，頁四二a－b。

59 趙翼，《廿二史劄記》，17/6a-9a。這位著名的歷史學家在十八世紀晚期的著作中，把族譜的起源追溯到三代，但是認為，只有在三國時期魏國（西元三世紀）推行「九品中正」任官制度（以有聲望善識別人才者為「中正」，州郡皆設置，使區別當地人士，分為九等，政府據其所定，選擇任用）之後，族譜才取得實際重要的地位。在六朝期間（四世紀至六世紀），當士族和庶族之間界限十分明顯之時，研究「譜牒」就成為一門獨立又高貴的「學問」。

時期的譜牒，雖然在許多方面已有不同，但它們實質上都具有相同的基本目的——追溯和記錄宗族的譜系；而且跟早期的譜牒一樣，它們多半是紳士的工作。

並不是所有宗族都有族譜，擁有族譜的宗族，其成員中常常擁有相當數量的士－官。居住在較為貧窮地區的宗族常常沒有族譜，特別是那些住在北方省區，宗族現象不像南方那麼顯著的[60]。舉例來說，陝西同官已知的二百零八個宗族中，只有二個宗族有族譜；其餘的，或者從未編纂過，或者以前曾經編過但沒有保存下來[61]。在該省洛川縣的一百六十八個宗族中，只有八個宗族有族譜，表8-1就顯示關於這八個宗族的一些相關資料[62]。即使在南方，有一些宗族也沒有族譜；在湖南靖州，在相當多宗族中只有三十八個保有族譜[63]。

略微瀏覽一些族譜的內容[64]，讓我們確信沒有財力的家族是無法做這些事的。一些較為精緻的族譜，不僅包括家族誕生以來的歷史（真實或想像的）、人丁發展情況、各房（如果有的話）遷移和定居情況；家族財產、宗祠和祖墳的描述與記錄；傑出族人的傳記、以各種方式獲取褒

表8-1　陝西洛川八個宗族的族譜

宗族	族人數目	科第人數	編纂時期	宗祠所在地
李	4,838	37	1,788	阿時村
趙	1,284	7	1,811	韓村
吳	836	3	1,825	京兆村
韓	1,168	15	1,867	京兆村
董	302	21	1,906	橋章村
屈	1,391	46	?	城區
樊	334	3	?	青牛村
安	594	1	1,939	黃章村

揚之男女的名單；還有族人所寫的「文翰」或「著述」、「族訓」和「榮進」等等[65]。這種規模的工作，需要相當數量的識字人力來編纂，也需要相當的資金來印刷。即使是最簡單的族譜，也需要士子的筆和地主的錢來合作完成[66]；普通農民貢獻不出什麼，甚至連提供內容來豐富或點綴族譜的版面也辦不到。由於族譜的公開目的是維繫緊密的親族紐帶，編修者不能排除非紳士族人的名字，或他們家庭的重

---

60 吳汝綸（一八四〇－一九〇三），《桐城吳先生日記》（一九二八），15/48a。

61 《同官縣志》，25/9a。

62 《洛川縣志》，22/7b-8a。

63 《靖州鄉土志》（一九〇八），2/12a-21b。

64 下列族譜是十九世紀編撰的：《靖江劉氏族譜》（一八二五）；《會稽陶氏族譜》（一八三〇）；《歸德方山葛橋南李氏宗譜》（一八三三，譯按：應為一八六二）；《大緣葉氏族譜》（一八六七）；《安陽楊氏族譜》（一八七三）；《皖桐胡氏宗譜》（一八八〇）；《暨陽章卿趙氏宗譜》（一八八三）。Hu Hsien Chin, *The Common Descent Group in China*, 各頁引用了這些族譜的部分內容。

65 《南海縣志》，11/24a-b。

66 不同宗族花費各不相同。例如，江蘇吳縣王氏宗族一七七一年修訂族譜，共二十六卷，裝訂成三十冊；編輯、刊印一百套的總花費為七百一十六兩銀子。參見《洞庭王氏家譜》，卷末，頁四二以下。吳縣另一宗族蔣氏，一八〇三年花費三百一十二兩重修族譜。參見《婁關蔣氏本支錄》（一八四六），卷末。一九〇〇年，湖南湘鄉縣曾氏家族第四次重修族譜，全譜一千七百四十四頁，花費五千四百六十九元，印刷一百一十四套。參見《曾氏族譜》（一九〇〇），卷末。假定花費多少與族譜規模成正比，那麼一九一一年江蘇吳縣篇幅達到六十六卷、五十二冊的《吳中葉氏族譜》，肯定要比王氏宗族一七七一年或曾氏宗族一九〇〇年重修的族譜花費來得多；而一八七四年蘇州《彭城錢氏宗譜》，因為只有四冊，而且還是手稿，所以花費相對來說要少。

要統計數字。不過，在這樣的目的背後，推動這個工作的紳士可能存在一種動機，想藉由家族的威望來提高自己的威望——通常是宣稱自己為歷史上或神話裡聖賢的後人；或者是對被認為曾經「光宗耀祖」的「傑出族人」的生平與事功加油添醋、大肆吹噓。至於普通的族人，他們最關心的是如何讓自己和家人活著，可能對這件事沒有什麼興趣。

「祭祖」

「祭祖」可能比族譜更具有吸引力，但也不能免於紳士的支配或控制。宗族作為整體的祭祀和個別家庭（不論是否屬於某一宗族）的祭祀，必須明顯地區隔開來。後者是村中普通人家常常做的事，而前者明顯是一件紳士的事情。

理由很明顯。宗族祭祀必須要有宗祠[67]、一些祭田，或許還有祖塋[68]。這些又必須假定族中有一些富有的族人，他們認為應該捐獻錢財或土地來加以實現。「族祠」或「宗祠」及「祭田」尤其是紳士關注的首要目標。官員（無論是否退職的）和士子常常樂意捐錢或地給自己的宗族。捐獻者對於自己的慷慨而實現的祠堂和祭田，在管理方面自然也有較大的發言權。宗族財產的建立或擴大，經常被成功者視為他們生涯的無上成就。

地方志裡到處都是這樣的事例。廣東東莞縣生員陳璋在省試中失敗了，但經商卻非常成功。當他最終累積相當多財富之時，滿意地說道：「是可以行吾志矣！」隨即為他的宗族添購祭田，並建立一座新的宗祠[69]。花縣商人湯允良，經商致富之後，捐了個五品官銜，並在家鄉為宗族「始祖」修建了一座祠堂，召集鄉紳一起訂立一套鄉規作為族人的行動指南。他的村子是有一千二百人的單族村莊[70]。南海縣某村村民康國器，以赤貧起家，在一八七〇年署理廣西巡撫。他一退職就捐錢整修祖墳、修建新宗祠，購置祭田（數量未說明）[71]。廣西鬱林人蘇獻可，一七八九年中舉，擔任過直隸宣化縣的教諭。他主要負責修建家鄉的祠堂，整修所有祖墳[72]。一八〇七年中舉的陸錫璞，擔任過湖北幾縣的知縣，用自己

---

67 Justus Doolittle, *Social Life* (1865), I, p. 225 這樣劃分宗祠：「宗祠可以分為兩種。一種是祭拜同姓、擁有親屬關係的所有家庭的祖先；一是祭拜同姓、具有近親關係的一房的祖先。」這說明了為什麼在許多事例中，一個宗族會擁有許多宗祠。

68 Edwin D. Harvey, *The Mind of China* (1933), pp. 244-246; 自 *Chinese Repository*, I (1832-1833), p. 449 ff. 引述了在宗祠和祖先墳地舉行的祭祀儀式如下：「有些規模比較大的宗族（由同一個祖先繁衍下來的，生活在同一地區），他們成群結隊去祭拜。無論富或窮，全都集合起來，甚至乞丐，也到祖墳面前下跪，祭拜。這一活動稱為『掃墳墓』、『拜山』。在其中一些場合，……即使家族有兩、三千人，即使其中一些成員非常富有，另一些在政府擔任高官，但無論老少、富窮，全都被召集到『祖宗祠堂』（或稱宗祠）裡。殺豬宰羊，各種各樣的祭祀品琳瑯滿目。在這些場合，祭祀隊伍從宗祠行進到墳地，以主要人物的官階被允許的最壯觀方式來進行。……這就是在祖宗墓地舉行大規模祭祀的基本情況。但對許多人來說，祭祀儀式中最好的部分，是在祭祀結束之後舉行的宴會。烤全豬、米飯、雞鴨、魚、水果、酒等都帶回祠堂；然後在祠堂舉行宴會，按照年齡、地位坐好，吃喝、玩樂。」相關描述見 Daniel H. Kulp, *Country Life in South China*, p. 305;《永州府志》，卷五上，頁四二 a－b。

69 《東莞縣志》，68/9a。

70 《花縣志》，9/26a。

71 《南海縣志》，16/14b。康國器是康有為父親的堂兄弟。

72 《廣西通志輯要》（一八九〇），15/13b。

的積蓄為宗族修建宗祠，並濟助所有需要幫助的族人[73]。安徽廬江人、監生，在一八六九年去世的劉世家，晚年聚集了相當的財產，捐獻二千兩銀子重修毀於太平天國的宗祠，另外捐獻五百兩購置祭田[74]。江蘇宿遷縣孝義鄉富有村民陳陶，修建宗祠，修訂族譜，購置一定數量的祭田[75]。直隸撫寧人單槐，一七五二年中舉，為自己宗族修建了一所富麗堂皇的宗祠，購置一千畝的祭田，並在縣城為宗族購買了相當多的房屋[76]。

宗祠和祭田與各地的經濟狀況有關。我們不必期望，要在居民比較貧窮、宗族本身都很難存在的地區，看到宗族修建許多宗祠或持有許多祭田。相反地，在親屬群體比較興旺的村莊，經常可以看到宗祠（其中有些規模相當大）林立，祭田綿延。宗祠－祭田現象在江南地區比長江以北來得顯著[77]，但是產生這個區別的直接原因在於社會經濟，而非地理差異，在北部的某些地方也可以看到宗祠和祭田；而江南的一些地方也有看不到的[78]。

---

73 同上，4/45a。

74 《續修廬州府志》，50/42b。

75 《徐州府志》，卷二二中之下，頁二二 b。

76 《撫寧縣志》（一八七七），14/5a。偶爾，沒有紳士地位的富者也修建宗祠。《北嶺徐氏宗譜》（一八八四），11/1a 記載了一個有趣的事例：「我義彰公之興於北嶺也，承觀成公之遺業。……公以鹽艘往來海上，不及二十年，號稱中富。」此事發生於明朝中葉。後來，徐氏家族的宗祠不少於八所。不過，像這樣的富有宗族並不能持續多久，就像下面這段話所暗示的：「族中有致身通顯，位望俱隆者，固屬其人之遭逢，亦由祖宗之積累。所宜體一本之誼，于宗族之貧困者周之，祠譜之失修者輯之，舉凡有益宗族之事，一一量力而行。」同書，1/17a。為了修建和管理宗祠，有許多方法可用來募集資金；其中最常用的方法是自願捐助。有時，紳士成員要捐一定數目的款項；捐款金額依據他們的官品和地位而定。例如，江蘇常州的李氏宗族規定紳士成員捐款的數額：擔任布政使或按察使的，捐四百兩；擔任知州、知縣的，二百兩；擔任州縣以下基層官員的，二十兩等等。偶爾，宗族也利用通常稱為「借貸會」的精巧發明來集資。剛剛提到的李氏宗族，有個成員與他的兩個兄弟在一起，利用這種方式，共同為宗祠募集了二千多兩。參見《李氏遷常支譜》（一八九四），附錄，頁一 a 和頁六 a。其他家族規定，想要把去世父母的牌位安放進宗祠，想要把剛出生子女的名字記錄進族譜，就要付錢。沒有及時登記的子嗣是不能參加祭祀的；例見《王氏宗譜》（一八四〇），卷五。無錫浦氏宗族則採用另一集資方法：為了解決重修宗祠所需資金，該宗族規定凡是並非特別貧窮的成年男子，必須每月交納一百文銅錢。參見《前澗浦氏宗譜》（一九三一），8/6a 以下。這些事例表明，雖然宗族組織一般是由紳士成員控制的，但他們並不需要扛起所有財務負擔。

77 J. S. Burgess, *The Guilds of Peking*, p. 25 認為：「整個華北地區也沒有宗祠。」

78 我們手中的資料是零散的。下列地方志提供適切的資料：關於廣東的，參見《廣州府志》，15/7b；《九江儒林鄉志》，3/9b、4/12a-14a；《信宜縣志》（一八八九），卷一之一〇，頁一 b；《清遠縣志》，2/14a；《惠州府志》，45/7a；《花縣志》，2/28a；《佛山忠義鄉志》，9/10a-12a；《恩平縣志》，4/2b-3a。關於浙江的，參見《處州府志》（一八七七），24/3b；《剡源鄉志》，7/7a-12b。關於江蘇的，參見《揚州府志》（一八一〇），60/7b；《通州直隸州志》（一八七五），6/51a。關於安徽的，參見《滁州志》，卷二上，頁二 b。關於湖南的，參見《巴陵縣志》，52/3b；《新寧縣志》（一八九三），19/3b；《永州府志》（一八六七），卷五上，頁四〇 b－四三 b；《道州志》（一八七八），10/9b。關於湖北的，參見《湖北通志》（一九二一），21/675-676；《興國州志》，4/1b；《沔陽州志》，卷九，〈義行下〉，頁二三 a。關於四川的，參見《富順縣志》，7/4a；《江津縣志》，卷一一之一，頁二三 a。關於貴州的，參見《銅仁府志》，2/4a；《平遠州續志》（一八九〇），5/15a-22a；《普安直隸廳志》，4/1b-2a；《黎平府志》，卷二下，頁一二〇 b－一二一 b。關於廣西的，參見《博白縣志．志餘備覽》，卷上，頁一 a－七 a；《容縣志》，8/2a-3a；《賀縣志》，4/13a。關於雲南的，參見《鎮南州志略》，2/26b；《鎮雄州志》，3/9a-10a；《昆陽州志》（一八三九），5/10a-b；《南寧縣志》（一八五二），1/18b。Justus Doolittle, *Social Life* (1865), I, p. 226, 指出福建福州鄰近地區的情況：「許多中國人都不承認對這個地區的任何公眾或共同的宗祠感興

祭田是宗族組織的經濟基礎。擁有祭田，宗族在維持祭祀之外，可以開展其他各種活動。在家族活動範圍最廣的南中國，一些家族手中擁有的祭田數量十分可觀。一位近代學者認為，在某一特定地區，宗族所擁有的祭田可能接近當地所有耕地的七五％，而原先的比例為二三％到四〇％之間[79]。我們沒有對十九世紀的情況作過估計，但是從不同來源所得到的一些數據，儘管不完全，也可能不正確，但可以對當時的情況提供一些想法。表 8-2 所提

表 8-2　宗族祭田

地區	宗族	祭田數（畝）	大致日期
江蘇無錫[a]	華	1,590	1835
	周	1,098	1804
	蔡	1,000	1810
	錢	890	1808
	胡	660	1839
	滕	658	1877
	顧	486	1810
江蘇武進[b]	王	超過 1,000	19 世紀晚期
	盛	超過 1,000	19 世紀晚期
安徽合肥[c]	李	超過 1,300[f]	1870
安徽廬江[d]	張	超過 3,300[f]	19 世紀早期
廣東汕頭[e]	1,400 人的宗族	2,300	1800
	2,000 人的宗族	1,650	1800
	800 人的宗族	785	1800
	400 人的宗族	350	1800
	300 人的宗族	240	1800

a：《無錫金匱縣志》（1881），30/10a-15b。

b：馮桂芬，《顯志堂集》，4/1b、3b 和 5a。

c：《續修廬州府志》（1885），17/23-24。

d：同上，16/9a-b。

e：Adele M. Fielde, in *Journal of the Royal Asiatic Society*, North China Branch, N. S., XXIII (1888), p. 111.

f：糧食產量的單位是「石」或「擔」。根據李慈銘，《越縵堂日記》之《息荼庵日記》，頁 42a-b 和《桃花聖解庵日記》丙集，頁 81a 所說，湖南、浙江一兩畝土地平均可以收入租額糧食一石；至於在安徽和華中其他省區之間，則沒有多大區別。

到的祭田，也可能用來擴大對族人的物質濟助；事實上，一些宗族把他們的田地叫作義莊[80]。

假定在上述地區只有這些宗族擁有祭田，那麼它們擁有的祭田總數相對於這位近代學者所說的數字

續

趣。他們大體上是從福建省其他地區或清帝國其他省區移民而來的後裔，還不算富有，人數也不多，因而還不能修建宗祠。不過，所有這些人都堅持在自己家中擺設祖宗牌位，進行祭祀。」關於華北地區一般不存在宗祠的情況，可以參見下列資料：《邯鄲縣志》，6/5b；《盧龍縣志》，10/3b-4b；《天津府志》，26/1b；《灤州志》，8/23b；《昌平州志》（一八八六），9/3b；《順天府志》（一八八四），18/10a-13a；《延慶州志》，2/65b-66a；《定州志》，19/15b；《西寧縣新志》（一八七三），9/2b；《遵化州志》（一七九四），11/2b。關於山東的，參見《滕縣志》，3/2b；《濟南府志》（一八三九），13/5a。關於山西的，參見《翼城縣志》，16/5a 和 7b；《豐鎮縣志書》，6/4a。關於陝西的，參見《榆林府志》（一八四一），24/2a-b。關於河南的，參見《南陽縣志》（一九〇四），2/40b；《鹿邑縣志》，9/4b。

79 Chen Han-seng (陳翰笙), *Landlord and Peasant* (1936), pp. 31-32. Olga Lang, *Chinese Family*, p. 174, 指出廣東的情況：「……屬於宗族的土地比例是不同的。一九三七年對廣東二十四個宗族進行調查，發現宗族土地所占比例從一〇%到九〇%。這兩個極端數字並不多見。大多數情況下，族人耕種的土地有五〇%到七〇%是屬於宗族的，其餘則是族人私產。這種比例似乎是廣東的典型。福建的宗族土地比較少。」在找到足夠材料對這種情況進行較準確研究之前，所有看法——包括陳翰笙和 Lang——都只是暫時的。

80 理論上，「義莊」或「義田」明顯與「祭田」不同，各自有不同的用途。祭田是用來維持祭祀費用的，而義田是用來幫助貧困族人的。《王氏家譜》（一九一一），卷二下，頁三五 a，對義田的目的作如下的解釋：「義田立，則賢者不以謀衣食而荒其業，愚者不以迫飢寒而為不肖，鰥寡孤獨得所養，婚嫁喪葬有所賴。」〔王仲鎏，〈義田說〉〕不過，在實際運作上，這種區別並不總是存在，同一種土地可以用於上述兩種目的。例見張心泰，《粵遊小志》，注八一所引。李慈銘，《越縵堂日記．桃花聖解盦日記》，甲集，頁八二 a 敘述了一個事例，說一八七〇年代湖南一名

是相當少的。但對於個別宗族來說，擁有一千畝或更多的祭田，當然是相當可觀的財產；即使只有幾百畝祭田，也讓宗族能夠履行一些基本職能，這是在沒有祭田的情況下辦不到的。

按照早期學者的了解，祭田的理論是：田地作為宗族的永久性財產，其收入用於舉行祭祀活動，解決族人的困難。下列引文所反映的觀點就很有代表性：

蒸嘗田，無論巨姓大族，即私房小戶亦多有之。……偶見《新寧縣志》載：土俗民重建祠，多置祭田，歲收其入，祭祀之外，其用有三。朔日進子弟於祠，以課文試，童子者，助以卷金，列膠庠者，助以膏火及科歲用度，捷秋榜赴禮闈者，助以路費。年登六十者，祭則頒以肉，歲給以米。有貧困殘疾者，論其家口給穀，無力婚嫁喪葬者，亦量給焉，遇大荒，則又計丁發粟。……此風粵省大抵相同。惟視其嘗田之多寡以行其意，所以睦姻任恤者，於是乎寓[81]。

其他作者也贊同此種觀點[82]。雖然很有可能購置祭田的人是受到履行對祖先的責任、照顧族人的福祉的願望所鼓舞，但是沒有什麼能夠阻止他們把一個潛在的功利主義價值與他們的行動聯繫起來。一位現代中國作者說：

做官的成員通常要捐獻一塊土地給宗族。表面上，是要用這塊土地的收入，支付照顧祖先墳墓和常規祭祀所需開支。但在實際上，這種公共財產是一個公共安全保障，用來維持宗族在村莊更廣泛的政治結構中的地位。如果支助族中年輕成員的教育，這樣他們就能夠進入士子階級，從而取得較高的官位，並保護他們族人的利益[83]。

這是一個非常精彩的解釋，雖然作者似乎把事情過於簡化了，但無論怎樣，有兩件事是非常清楚的：首先，祭田一定是由擁有紳士地位，並擁有一定財富的宗族成員購置的；其次，宗族公共財產的控制或管

續

高級軍官捐獻三千六百畝土地。Chang Chung-li (張仲禮), "The Gentry in Nineteenth Century China" (Ph.D. dissertation, University of Washington, 1953), pp. 167-169, 根據《吳縣志》（一九三三），31/11 以下所提供的資料，列表說明吳縣、常州及元和縣等地義田比較多。其中最多的，總數五千三百畝，是吳縣范氏宗族設置的；最少的，僅有一千畝，是另一宗族設置的。義田數量，與擁有義田的宗族大小、興旺程度成正比。浙江會稽《張氏族譜》（一八四一）下面這段話就說明了這一點：「世家大族多立義戶，……而尤莫盛於山陰杜氏之田，數至千畝，……吾族人丁稀少，……田率以百畝為率。」〔見《重修登榮張氏族譜》，19/3a-4b，〈張氏義田記〉。編按：「田率以百畝為率」，在〈義田記〉中是指設立義田的標準，而不是指張氏已有義田的數量不及百畝，原文譯作 "as a rule, the amount of land it owns does not exceed one hundred *mou*." 似有出入。〕如果認為南方所有或大多數宗族都有祭田或義田是錯誤的。據說在江蘇吳縣（該地被認為是義田最初起源的地方，也是地方經濟相當繁榮的地區），「乃素封有力之家，奚啻百十數，而合郡城之廣，著錄僅十餘族。」參見《汪氏支譜》（一八九七），卷首，〈耕蔭義莊記〉〔編按：全名為〈汪氏耕蔭義莊記〉，由馮桂芬所撰〕。

81 張心泰，《粵遊小志》，見王錫祺，《小方壺齋輿地叢抄》，4/305a。《嘉應州志》，8/7b，有類似記述。

82 《廣州府志》，15/26b-27a；《花縣志》，9/26b；Daniel H. Kulp, *Country Life in South China*, pp. 86-87.

83 Fei Hsiao-t'ung, *Peasantry and Gentry*, p. 5.

理權通常掌握在有財產、有特權的族人手中[84]。正是因為有了祭田，許多宗族才擁有經濟基礎；也正是由於有了祭田，才使紳士控制家族成為自然而或許不可避免的結果。

福利事業

宗族的福利事業以許多方式來辦理。最普遍的做法是用宗族財產的增值所得或宗族穀倉所儲藏的糧食，幫助或救濟年老和貧困的族人。江蘇江陰楊氏宗族提供了幫助年老族人的一個好事例，該宗族以祭田（一千畝多一點）所得的部分收入來預購糧食和衣物，每一個年紀夠大或窮困的族人有權分到一份；每人可以領到多少視年紀而定。沒有再嫁的寡婦、孤兒和喪失勞動力者，也在領取名單之內；在學堂讀書者、店鋪或手工作坊學徒、家庭遇到婚喪喜慶者，也可以得到特別補助[85]。在一些家族，祭田或義莊購置者所在的「房」，其成員享有優先被救濟權。例如，江蘇常熟縣的趙氏宗族，「長房」成員從義莊所得的實質幫助比「次房」成員所得的要多[86]。金匱華氏宗族在一八七六年撥出一百畝的田地，作為義莊創立者本支子孫獨享的救濟金[87]。至於宗族糧倉雖然沒有義莊那麼普遍，但是在廣東香山也可以找到一些事例。十九世紀中葉，方姓、楊姓和繆姓等族各自在其居住的鄉村地區為族人設了一座義倉。楊氏宗族義倉得到九百五十畝的捐田，用以保證義倉存糧不斷[88]。

有時，宗族給予成員的幫助是以借貸的形式出現的。廣東南海陳氏宗族有一個確立的做法，想要借貸的族人，可以從祭田收入的基金借錢。如果借貸者無力償還，就用他的田地來還[89]。江蘇無錫楊氏宗族對族人非常大方，在一八五〇年代太平天國起事期間，抵押祭田，籌錢借給需要幫助的族人[90]。一部地方志記載了宗族幫助的一個奇特事例，大約在十九世紀晚期，住在廣東南海縣一個村莊的王徵遠倡立

「義會」，幫助族人繳稅。

族貧者老，屢以欠糧被拘，徵遠乃約同志各捐私產，倡立義會。凡遺糧盡歸會完納，族人免催科之累[91]。

有些宗族則以另一種方式幫助成員納稅。南海馮氏宗族的做法如下：

---

84 例如，《譚氏續修族譜》，1/1b-2a，〈宗祠規程〉。引見 Hu Hsien Chin, *The Common Descent Group in China*, Appendix 14, pp. 124-125. 其部分內容為：「從前，各房輪流管理宗祠。若遇管理者貧窮，則祭祀不行，族人亦不納費。……後經族人商定，自今以後，以族中富者管理宗祠。……義倉亦由富者管理，經族人選定。……因儲於義倉之糧食為備饑荒之用，應由富者掌理。」

85 *Ibid.*, Appendix 58.

86 *Ibid.*, pp. 143-144.

87 王先謙，《虛受堂文集》（一九〇〇），13/1a-2b。

88 《香山縣志》，4/3a-b。

89 《南海縣志》，17/8a-b。

90 Hu Hsien Chin, *The Common Descent Group in China*, p. 67, 引《安陽楊氏族譜》，第一四冊，卷二三，頁四七 a－四八 a。

91 《南海縣志》，20/20a。

> 莊頭馮村有錢糧會，每年上下忙在鄉祠開收，期以三日。……過此加一懲罰。有抗糧者責其親屬，不少假借。故其鄉三百年來無抗糧之民，無積欠之戶，不見追呼之役。……聞此法為馮潛齋先生所定宗規云[92]。

這個地區其他宗族也有類似的做法[93]。在一些情況下，政府乾脆以宗族來擔任稅收代理人[94]。

宗族也會承擔起修建灌溉溝渠、蓄水池和橋梁的任務。廣東花縣銅瓦坑村的黃滕陂，灌溉縣城南門外的大片農田，「此陂係鄺姓創建，歷來鄺姓管業，並無與異鄉別姓公共」[95]。黃家塘，灌溉農田千畝，為四川富順黃姓宗族所有；該縣「農田水力在池塘，而不在江流」[96]。

「水利」有時由幾個宗族共同興修，共同受益。花縣大斜陂就是由小布村江氏宗族和瓦瀝村的繆氏宗族共同捐錢修建的，灌溉超過八十畝田地；坐落在鴨湖鄉的陂塘，是張氏宗族和羅氏宗族一八六六年合力修建的，灌溉田地二千畝[97]。

修建橋梁的事例相當常見，但其中最著名的一例發生於陝西洛川縣。石家莊的一座橋梁，最早大約在十六世紀末或十七世紀初由一位當地居民修建，他的後裔負責維修，這項工作最後終成為宗族的長年計畫。一七七一年，此橋以石頭重修；一七九六年，再次大修[98]。很明顯地，這座橋和其他由宗族修建的橋梁，也方便了所有旅人。

族人的教育

宗族一般注重對年輕族人的教育，這樣使他們能夠參加政府主持的科舉考試，以取得功名和官品。

這種興趣表現在各種鼓勵他們讀書識字的辦法，以及為他們讀書提供的各種設備。

對於那些嶄露頭角、對學業充滿激情或信心的學子，家族經常給予經濟幫助。江西吉安縣坊廓鄉、廣東新會縣茶坑和湖南湘潭的一些家族就常常是這樣[99]。在這些地方，讀書人會受到獎勵；至於獎勵的幅度則與他們分別取得的功名成正比：

---

92 同上，4/24a。

93 《九江儒林鄉志》，21/30a。

94 *China Review*, VIII (1880), p. 391, 關於「中國土地稅」的注釋說：「稅吏把土地稅單交給『總戶』或其世襲代表，總是可以在祠堂裡找到的。」

95 《花縣志》，2/11b。

96 《富順縣志》，3/53b。〔編按：文中引句在 3/56b。〕

97 《花縣志》，10/2b-3a〔譯按：應為 2/12a-13a〕。〔編按：「鴨湖鄉」原文作 Ya-chiao-hsiang。〕另一事例載於江蘇昭文縣：「昭文歸氏世為東吳望族。明嘉靖間，歸氏始祖春遷居牌牟。地處河岸，四周皆水，春……修溝渠、水閘，荒地成良田，屋舍林立，若街市焉。」參見《京兆歸氏世譜》（一九一三），4/9a-10a，引阮元（一七六四－一八四九）文。

98 《洛川縣志》，10/2b-3a。

99 《吉安縣河西坊廓鄉志》（一九三七），卷首；梁啟超，《中國文化史》（一九三六），頁六〇；Hu Hsien Chin, *The Common Descent Group in China*, p. 120.

> ……應院試者送費錢壹千六伯〔百〕文，應鄉試者送費錢四千文，應會試者送費錢二十千文。有入泮者公送賀儀肆千文，中鄉試者公送賀儀捌十千文，中會試者，得公送賀儀壹伯〔百〕貳拾千文[100]。

接受濟助者的財務需求有時也被納入考量。例如，在湖南湘鄉曾氏宗族，擁有三十畝土地以下的家庭被列為「中戶」，擁有三十畝以上的叫作「上戶」。「中戶」的幼童一進學堂，每人每年可得一石糧食，而且可以按時得到津貼，直到「成才」；而「上戶」的幼童只得四斗（一石的四〇％）[101]。

許多宗族還為年輕族人，特別是貧困家庭的成員創辦學堂，來提倡教育。他們設立「族學」，也稱為「家塾」、「祠學」，或簡稱為「義學」。下面幾個事例足以說明這個情況。安徽廬江章氏宗族設立「家塾」以「課族子孫」，維持費來自三千三百畝義田收入的一部分；而這些田地是一名曾經擔任湖北學政的族人在一八二三年捐獻的。十九世紀早期，合肥葛氏宗族用一名監生捐獻的三百畝田地，為族中幼童和年輕人設立了一所義學[102]。江西興安縣篁村李氏宗族因長期維持一所族學而享有好名聲。這所學堂稱為「篁村義塾」，早在元朝至正年間（一三四一－一三六七）就設立了，明朝弘治年間（一四八八－一五〇五）增置維持義塾的學田數量；它在明末因戰亂而被毀壞，但在康熙五十三年（一七一四）重建。令人遺憾的是，地方志編修者沒有繼續記載它後來的歷史[103]。有時，一個宗族所屬各房各自為他們的成員設置學堂。西方一位學者就在廣東鳳凰村（單族村莊）發現了這種事例：「有四棟半公共性質的建築：全村主要的宗祠；……分屬村中兩大房的祠堂及學堂；……還有一座小廟，……位在市集中心南面。」[104]事實上，廣東家族對教育非常感興趣，按照當地作者所說：「到處家祠作學堂」[105]。

秩序與道德

規模較大和組織較好的宗族費心地維持自己團體的秩序與道德，他們有時會依據儒學的基本原則制定行為規範，通常稱為「宗規」。這些規條或者在適當的場合口頭宣講[106]，或者寫下來貼在祠堂裡合適

---

100 Hu Hsien Chin, *The Common Descent Group in China*, 引《曾氏四修族譜》，第一冊，〈文藝四‧吉公祠條規〉，頁一a－四a〔引文在三a〕。湖南善化黃氏家族以現金獎賞科場考試成功者，金額從五百兩（在京試中取得狀元者）到十兩或更少（取得各種等級的生員）。《黃氏支系考》（一八九七），第五冊。有時，還對年輕士子提供財務援助，好讓他們能夠完成學業。例如，在十八世紀中葉，浙江會稽張氏宗族有名作過官的族人購置「學田」，以其收入贊助貧困士子（每月支米三斗，每季支銀五錢）。《張氏族譜》（一八四一），19/1b。江蘇丹陽縣李孟雄捐錢為家族購置「祭田」，他以設想宗族田地對學子成功的影響如下：「簡言之，吾鄉祭田之盛，如常過訪之橫塘秦家，……有祭田千餘畝。……藤村江家，……有祭田千畝。……江澍胡家，雖自來不甚興旺，亦復祭田幾百畝。……此三姓科場得售之人，較之本地他姓為多。」《李氏宗譜》（一八八三），3/56 以下。

101 《曾氏四修族譜》，第一冊，〈文藝四‧吉公祠條規〉，頁四a。

102 《續修廬州府志》，34/29b 和 53/10a。〔編按：盧江章氏捐置義田的是章廷樑，據《府志》本傳，廷樑曾署湖北按察使及布政使，但未言及擔任學政。〕

103 《興安縣志》（一八七一），7/27a。

104 Daniel H. Kulp, *Country Life in South China*, p. 14.

105 《九江儒林鄉志》，21/18b。引文是當地一位打油詩人所作押韻小品詩作的最後一句。該詩描述了他家鄉的繁盛，內容如下：「極目人煙遍四方，古榕修竹護村莊。弦歌自信儒林盛，到處家祠作學堂。」

106 Hu Hsien Chin, *The Common Descent Group in China*, pp. 54-55, 引鄭太和（一二七七－一三六七）的《鄭氏規範》（載

的地方[107]。兒子要孝敬父母、妻子要忠於丈夫、兄弟要和睦相處。所有族人都被勸誡不許懶惰、奢侈浪費、賭博、爭吵、使用暴力，以及其他犯罪行為[108]。通姦、不孝父母，被視為嚴重犯罪，經常受到驅逐懲罰，甚至被處死[109]。在一些宗族，嚴格禁止殺嬰和吸食鴉片。[110]湖南著名的宗族之一制定一些規條，其中許多反映了《聖諭廣訓》中的訓示；並在族譜中重印大約四十條大清律令，以此向族人明白宣示，在個人言行、家庭關係和經濟事務上，哪些是可以做且合法的[111]。

宗規藉由獎勵和懲罰而得到加強。一些宗族把宗規定義得十分清楚，也執行得十分嚴厲。例如，族人的優良行為要記載在特別的「族善簿」[112]中，或向官府請求賜匾或賜建牌樓，以示表揚[113]。違反宗規者由族長處理。如果罪行十分嚴重，就會在宗祠裡，當著所有族人面前審問；其目的並不是聽取大家對判決的意見，而是使犯罪者公開受到嘲笑，以阻止其他人犯罪。犯罪者所受到的懲罰，有公開訓斥、鞭打、罰款、暫停特權、驅逐，甚至處死[114]。這些肉體懲罰和金錢懲罰當然未經清政府批准，因而是非法的，但很少引起地方官的注意。

儘管有了宗規，但族人之間還是不斷發生爭論和口角。如何平息爭端也就成了宗族的一項重要活動。這種任務自然落到親屬群體的領袖或族長身上，有些家族制定了書面的規則，作為族長執行職責的指南。江蘇鎮江王氏宗族一八四七年重修的族譜，包含下列的規定：

續

《百部叢書集成．學海類編》），提供了一個適切的事例：「朔望，家長率眾參謁祠堂畢，出坐堂上，男女分立堂下，擊鼓二十四聲，令子弟一人唱云：『聽，聽，聽！凡為子者必孝其親，為妻者必敬其夫，為兄者必愛其弟，為弟者必恭其兄。聽，聽，聽！毋徇私以妨大義，毋怠惰以荒厥事，毋縱奢以干天刑，毋用婦言以閒和氣，毋為橫非以擾門庭，毋眈〔耽〕麴糵以亂厥性。……瞻茲祖訓，實繫廢興。」胡先縉在頁一八六提到另一個口頭訓誡的事例。

107 Leong and Tao, *Village and Town Life*, p. 25.

108 例見 Hu Hsien Chin, *The Common Descent Group in China*, pp. 133-136, 引《毗陵承氏宗譜》，1/88b-89a；《王氏宗譜》，第二冊，頁一b；《易氏宗譜》，第一冊，卷一，頁三三b－三四b；《譚氏續修族譜》，第一本，「祠事規條」，頁三a－b。

109 《南海縣志》，20/19a，記載了一個發生於十九世紀的事例，有個年輕人沉湎於賭博，受到母親責備而大怒，毆打母親。族中一名紳士下令將他處死。*Ibid.*, p. 123, 描述了「開祠堂」的做法，也就是集合族人來處理不守規則的成員。

110 《東莞縣志》，98/9b，敘述了一個有趣的事例：「廣東東莞縣陳姓村，族人不滿五百，而鄉規肅然。阿芙蓉一物，村人視若寇讎，有染之者，族長必嚴懲，令自革除，屢戒不悛，則屏之出族。」根據一八九八年《知新報》，59/9a-10a 的記載，廣東香山縣沙尾鄉張氏宗族制定了一套約章，禁止族人吸食鴉片煙，所有吸食者都必須在一年內戒掉。如果未能戒掉，就要處罰暫停分享胙肉的權利（除籍的一種）。*Ibid.*, p. 121, 引用湖南《曾氏四修族譜》說：「合族不準〔准〕溺女。無論貧富，各家有生女者，一月之內理合報明房長。」殺害女嬰的，要被罰款並接受杖刑。〔編按：見〈文藝四．吉公祠條規〉，頁三b－四a。〕

111 《曾氏四修族譜》，第一冊，〈文藝三．大清律〉，頁一a－一一b重印了《大清律》中有關家庭關係、婚姻、墳墓和納稅的四十條規定。此外，該族譜還記載了曾氏族規（總共二十二條，每條都有簡短注釋〔編按：稱為規訓，共二十一條〕），要求族人孝敬父母、尊敬長上、與族人及鄰居和睦相處、教育子孫、安分守己、勤儉持家、及早納稅、不做壞事等等。

112 Hu Hsien Chin, *The Common Descent Group in China*, p. 133, 引《徐氏宗譜》，第一冊，卷一，頁七a－b。

113 《佛山忠義鄉志》，10/10b-12a。

114 除了注一〇九和注一一〇提到的資料之外，另見《花縣志》，9/23a；Daniel H. Kulp, *Country Life in South China*, pp. 321-322; William Martin, *Cycle of Cathay* (1896), p. 335; and Hu Hsien Chin, *The Common Descent Group in China*, pp. 55-63.

族中言語小忿及田產錢債等事，俱赴祠呈稟，處明和解。事有難處，方許控官究理。若不先呈族長，徑自越告者，罰銀五兩，入祠公用[115]。

廣東南海縣馮氏宗族，所有族人都必須參加每五年舉行一次的大型祭典。祭典後一天，召開全家族大會，解決所有爭端，並決定村裡的事務[116]。

自衛

抵禦暴徒、土匪及其他敵人的鄉村自衛任務，有時會由親屬組織承擔。廣東恩平縣在十九世紀中葉就有這樣的事例：

咸豐年間，客人作亂，……於是聯合十里內各姓，組織一團體，……名為五福堡。即醵貲，在沙湖墟築室數楹，……遇事召集面商[117]。

下面的記載雖然發生的時間要晚得多，卻可以讓我們進一步了解家族在地方防衛中的角色：

在廣東，「族」擴大到包括同一地區所有同姓的人，為了攻擊和防守的目的而集中他們的力量。一九四四年夏，日軍攻占台山和三水縣，威脅開平〔譯按：原文誤作 L'ai-p'ing〕。雖然中國軍隊已經撤退，但司徒氏和關氏兩族自己組織起來保衛家鄉。司徒氏的富商和地主體認到重大的危險已威脅到每一個人，因而把全部家產捐獻出來購買武器。由於資金還不夠，祭田和其他公共財產也被拍賣了[118]。

宗族為了保護自己利益，還以武力對抗官府代理人。下面這件事情發生在十九世紀末福建的一個村莊：

黃東林（Huang Dunglin）的祖父還在世時，一名稅吏來黃村收稅，冤屈了該村的某個家庭。黃東林的祖父性格耿直，他敲鑼召集族人，準備抵抗稅吏及其隨從。如果〔稅吏〕當時不立即道歉，肯定會有流血衝突。從那時起，黃村就得到了一個稱號，被稱為「野蠻村」[119]。

有關宗族活動的探討得到一個結論：宗族活動在相當大程度上與前面一章中所描述的村莊活動完全

115 Hu Hsien Chin, *The Common Descent Group in China*, p. 132.〔編按：引文見《苦竹王氏宗譜》，第二冊，卷一，〈祠規〉，頁一a－b。〕

116 《南海縣志》，4/24a。

117 《恩平縣志》，6/18a。

118 *China Daily News* (New York), Feb. 8 and 9, 1945, 引見 Hu Hsien Chin, *The Common Descent Group in China*, p. 67.

119 Lin Yueh-hwa, *The Golden Wing* (1947), pp. 1-2.

相同。這並不稀奇，因為家族和村莊是緊密聯繫在一起的，兩者實質上都受到同一因素（即紳士）的控制，都由相同的居民（大多數是農民）組成，沒有理由在活動上有什麼明顯的區別。

在村莊（尤其是單族村莊）中存在著宗族，自然會為鄉村生活帶來一些不同。宗族會增強其所在村莊的團結，使村莊比其他情況下更緊密、組織更完善。但是，宗族並沒有在實質上改變鄉村生活的基本模式，社會和經濟地位不同的人之間的區別仍然存在；許多村莊未能解決的問題，宗族也沒有解決。

茶坑——一個十九世紀的單族村莊

上面所得到的宗族－村莊的景象是一種合成的，從各種資料來源收集來並列的事實所形成的，這些事實很少有時間或空間的聯繫。下面這段資料就描述了一個真正的宗族－村莊，是作者梁啟超在十九世紀最後幾十年的親身觀察。當然，我們沒有必要接受他對事實的解釋。

> 吾鄉曰茶坑，距厓門十餘里之一島也。島中一山，依山麓為村落，居民約五千，吾梁氏約三千，居山之東麓，自為一保，餘余、袁、聶等姓分居環山之三面，為二保，故吾鄉總名亦稱三保。鄉治各決於本保，其有關係三保共同利害者，則由三保聯治機關法決之，聯治機關曰「三保廟」。
>
> 本保自治機關則吾梁氏宗祠「疊繩堂」。自治機關之最高權，由疊繩堂子孫年五十一歲以上之耆老會議掌之。未及年而有「功名」者（秀才監生以上）亦得與焉。會議名曰「上祠堂」（聯治會議則名曰「上廟」），本保大小事，皆以「上祠堂」決之。

疊繩堂置值理四人至六人，以壯年子弟任之，執行耆老會議所決定之事項。內二人專管會計，其人每年由耆老會議指定，但有連任至十餘年者。凡值理雖未及年亦得列席於耆老會議。

保長一人，專以應官，身分甚卑，未及年者則不得列席於耆老會議。耆老及值理皆名譽職，其特別權利只在祭禮時領雙胙及祠堂有讌飲時得入座。保長有俸給，每年每戶給米三升，名曰「保長米」，由保長親自沿門徵收。

耆老會議例會每年兩次，以春秋二祭之前一日行之。春祭會主要事項為指定來年值理，秋祭會主要事項為報告決算及新舊值理交代。故秋祭會時或延長至三四日。此外遇有重要事件發生，即臨時開會。大率每年開會總在二十次以上，農忙時較少，冬春之交最多。

耆老總數常六七十人，但出席者每不及半數，有時僅數人亦開議。未滿五十歲者只得立而旁聽，有大事或擠至數百人，堂前階下皆滿。亦常有發言者，但發言不當，輒被耆老呵斥。

臨時會議其議題，以對於紛爭之調解或裁判為最多。每有紛爭，最初由親支耆老和判，不服，則訴諸各房分祠，不服則訴諸疊繩堂。疊繩堂為一鄉最高法庭，不服則訟於官矣。然不服疊繩堂之判決而興訟，鄉人認為不道德，故行者極希。

子弟犯法，如聚賭鬥毆之類，小者上祠堂申斥，大者在神龕前跪領鞭扑，再大者停胙一季或一年，更大者革胙。停胙者逾期即復，革胙者非經下次會議免除其罪不得復胙，故革胙為極重刑罰。

耕祠堂之田而拖欠租稅者停胙，完納後立即復胙。

犯竊盜罪者，縛其人游行全鄉，群兒共噪辱之，名曰「游刑」。凡曾經游刑者最少停胙一年。

有姦淫案發生，則取全鄉人所豢之豕，悉行刺殺，將豕肉分配於全鄉人，而令犯罪之家償豕價，名曰「倒豬」。凡曾犯倒豬罪者永遠革胙。

祠堂主要收入為嘗田，各分祠皆有，疊繩堂最富，約七八頃。凡新淤積之沙田皆歸疊繩堂，不得私有。嘗田由本祠子孫承耕之，而納租稅約十分之四於祠堂，名曰「兑田」。凡兑田皆於年末以競爭投標行之，但現兑此田不欠租者，次年大率繼續其兑耕權，不另投標。遇水旱風災則減租，凡減租之率，由耆老會議定之，其率便為私人田主減租之標準。

支出以墳墓之拜掃祠堂之祭祀為最主要。凡祭皆分胙肉，歲杪辭年所分獨多，各分祠皆然。故度歲時雖至貧之家皆得豐飽。

有鄉團，本保及三保聯治機關分任之，置槍購彈，分擔其費。團丁由壯年子弟志願補充，但須得耆老會議之許可。團丁得領雙胙。槍由團丁保管（或數人共保管一槍），盜賣者除追究賠償外，仍科以永遠革胙之嚴罰，槍彈由祠堂值理保管之。

鄉前有小運河，常淤塞，率三五年一濬治，每濬治由祠堂供給物料，全鄉人自十八歲以上五十一歲以下皆服工役，惟耆老功名得免役，餘人不願到工或不能到工者須納免役錢，祠堂雇人代之。遇有築堤堰等工程亦然。凡不到工又不納免役錢者，受停胙之罰。

鄉有蒙館三四所，大率借用各祠堂為教室，教師總是本鄉念過書的人。學費無定額，多者每年三十幾塊錢，少者幾升米。當教師者在祠堂得領雙胙。因領雙胙及借用祠堂故，其所負之義務，則本族兒童雖無力納錢米者，亦不得拒其附學。

每年正月放燈，七月打醮，為鄉人主要之公共娛樂，其費例由各人樂捐，不足則歸疊繩堂包圓。

每三年或五年演戲一次，其費大率由三保廟出四之一，疊繩堂出四之一，分祠堂及他種團體出四之一，私人樂捐者亦四之一。

鄉中有一頗饒趣味之組織，曰「江南會」，性質極類歐人之信用合作社。會之成立，以二十年或三十年為期，成立後三年或五年開始抽籤還本，先還者得利少，後還者得利多。所得利息，除每歲杪分胙及大宴會所費外，悉分配於會員。（鄉中娛樂費，此種會常多捐）。會中值理，每年輪充，但得連任。值理無俸給，所享者惟雙胙權利。三十年前，吾鄉盛時，此種會有三四個之多。鄉中勤儉子弟得此等會之信用，以赤貧起家而致中產者蓋不少。

又有一種組織頗類消費合作社或販賣合作社者，……會中所得，除捐助娛樂費外，大率每年終盡數擴充分胙之用[120]。

梁啟超（一八九八年戊戌維新領導人之一）的這段記事，是以第一手資料為基礎。他的父親擔任宗祠值理超過三十年，同時還是三保廟管理者之一，還參加了一個積蓄會，並長時期擔任管理者。這個宗族－村莊的「自治」（梁啟超自己的用語）在梁啟超年輕時發展到極盛。梁啟超生於一八七三年，這個極盛時期應該是一八八〇年代或一八九〇年代。

梁啟超充滿熱情地述說他所看到或聽到的情況。他急切地指出，除了納稅之外，「此種鄉自治幾與地方官全無交涉」。茶坑所享有的「自治」或自主是否像梁啟超所認為的那樣廣泛是值得懷疑的，他認

120 梁啟超，《中國文化史》，頁五八－六〇。

為類似情況在清帝國其他地方也很容易看到的推測也很有問題。茶坑受惠於特殊的環境，其中之一是它位在廣東沿海的一座小島上。但是可以肯定，這個高度整合的宗族－村莊清楚地顯示出親屬團體對村莊的組織和活動影響程度。

政府對宗族的控制

清政府很容易就認識到宗族的重要性。由於家族是一個組織良好的團體，容易給村莊一個較高度的社區生活；由於它是紳士領導的組織，因而可能是一個非常有用的鄉村控制工具。清政府因此鼓勵宗族團結，利用宗族組織來作為鄉村控制的工具，並對一些不守規矩或有害於帝國秩序的宗族進行嚴格控制。康熙帝和雍正帝都對宗族感興趣。《聖諭》第二條要求臣民「篤宗族以昭雍睦」。《聖諭廣訓》告誡所有臣民「立家廟以薦蒸嘗，設家塾以課子弟，置義田以贍貧乏，修族譜以聯疏遠。」[121]尊重親屬紐帶、對祖宗盡職、接受正統倫理道德基本格言教誨的族人，自然會成為溫順、「雍睦」的臣民；而在不幸時依靠親屬團體幫助和救濟的人，必須盡可能地防止他們「鋌而走險」。清朝皇帝們明顯認識到親屬團體具有穩定性作用，想把它們變成高度可用的工具。事實上，有些宗族在它們的族規中吸納了欽定儒學的基本教義，甚至把《聖諭廣訓》的全文印在族譜裡，儘管親屬組織的穩定作用整體上並未達到清王朝的期望[122]。

官員們對皇帝的興趣迅速作出回應。十八世紀一位傑出巡撫向清廷建議，將一些屬於地方官的責任、尤其是小犯罪的判決與紛爭的和解交由族長來承擔。他說，這樣做就可以有效地減少宗族成員犯法[123]。

他非常相信自己的看法有道理，因而想要把它付之實施。他在江西巡撫任上，於一七四二年簽發一道檄文，要求該省各宗族挑選長者擔任「族正」，負責解決各自宗族的紛爭及鼓勵善行。此外，這些族長被要求向州縣官彙報爭執和其他暴力行為[124]。他的觀點肯定也引起乾隆帝的興趣，因為下列規則在一七五七年獲得皇上批准：

121 《大清會典事例》，397/2b。

122 《施氏宗譜》（一九〇〇）提供了一個好事例。〔編按：《蕭山新田施氏宗譜》，敦睦堂活字版印本。〕

123 賀長齡，《皇朝經世文編》，58/76a〔陳宏謀，〈選舉族正族約檄〉〕。Hu Hsien Chin, *The Common Descent Group in China*, p. 56, 概括陳宏謀的論點：「他站在朝廷的角度看此問題，列舉了一些最嚴重的犯罪可由族長和房長處理：一、不孝不悌；二、搶劫；三、械鬥。首先由房長設法勸說犯罪者改正；如果未成功，再由族長把全族集中到祠堂裡，當眾勸戒。只有在犯罪者仍然執迷不悟，才送交官府。……此外，族長還被鼓勵仲裁並解決有關土地、墳地買賣方面的溫和性爭論，平息家庭紛爭，如果與某個其他宗族發生什麼爭端，代表宗族出面處理。」這位官員明顯是要利用宗族的基本特質，並不打算把宗族變成警察性工具。

124 參見注一二三。胡先縉進行概括的依據見陳宏謀，《培遠堂偶存稿》，13/40a。比較同書，14/31a-32a。《嘉應州志》，15/13a-b，記載了一個事例，有位知州利用宗族組織幫助維持地方秩序。這名官員在一八五〇年代制定了一套關於團練的措施，其部分內容如下：「近來子弟不尊父兄，父兄又未能持正，……應請飭各鄉約長會同該族商議，擇公正可為表率者，以為族長。族大者則舉一正一副，使約束子弟。……遇族中有爭論事情，當以理教導。若敢恃蠻逞刁，即告知鄉長，傳到公所戒飭。復敢抗違，即送官究治。」〔編按：這位知州是文晟，咸豐年間設保安團練總局，批准團練鄉約章程及捐派章程，此處所引為其中的第四條「設立族長」。〕

聚族而居，丁口眾多者，擇族中有品望者一人，立為族正，該族良莠，責令查舉[125]。

宗族就這樣正式地享有了法律地位，並被置於官府直接控制之下。由於族正承擔起保甲頭人的實際功能，宗族在那個程度上變成了保甲的補充性工具[126]。這一點在一項法律條文中規定得非常清楚：

地方有堡子村莊，聚族滿百人以上，保甲不能編查，選族中有品望者立為族正。若有匪類，令其舉報，儻徇情容隱，照保甲一體治罪[127]。

十九世紀的一些官員聲稱，他們有效地利用宗族組織來對付反叛者。舉例來說，福建龍溪知縣姚瑩寫道，為了對付肆虐該縣的盜賊，他把各村的族正和家長召集在一起，賦予他們登記各自的族人、教訓犯法者的任務。只有在犯罪者無可救藥時，才送交知縣，按照法律處理[128]。一八三〇年左右的江西巡撫發現族正對幫助官府鎮壓土匪很有用：

該省向立族正，原係編查保甲良法，歷經照辦。近年緝獲贛州匪徒，多有訪自紳士，及由該戶族捆送者[129]。

同一時期著名學者馮桂芬認同宗族的作用，因而提議以宗族作為一些重要鄉村控制工具——保甲、社倉和團練——的基礎[130]。

清政府在運用宗族來幫助加強對鄉村的控制時，是把親屬團體當作輔助性治安工具，而不是當作具有（借用《聖諭》的詞語）「雍睦」原則特點的社會團體。事實上，要求族正彙報自己親屬中犯法者的規定，在某種意義上是與「雍睦」原則相矛盾的；甚至與主張人性的根基在於神聖的家庭關係的儒家思想相衝突[131]。此外，正如已經指出的，宗族常常喜歡由自己的長者來處理犯罪的成員，而不喜歡把他們送交官府。因此，清王朝統治者把族正實際上變成保甲代理人，同時破壞了正統儒家思想的基本觀念和

125 《大清會典事例》，158/1b。不過，梁章鉅（一七七五—一八四九），《退庵隨筆》，7/21b（明顯引自《清朝文獻通考》，19/5031-5032）回憶說，「族正」初設時並不打算普遍使用：「查雍正四年，嘗有選立族正之例，特因苗疆村堡聚族滿百人以上者，保甲或不能遍查，乃選……族長，以稽查匪類。因地制宜，非通行之制也。」依據上引《大清會典事例》158/1b記載，一七五七年（乾隆二十二年）所採取的行動，使它成為全國性的制度。

126 織田萬，《清國行政法分論》，第一卷，頁二一三正確地評論說：「《戶部則例》曰，『凡聚族而居，可口眾多者，准擇族大有品望者一人，立為族正。該族良莠，責令察舉。』由此觀之，族正也是一種警察機關。……『族正』的職掌，與『保正』、『甲長』並無不同。」

127 《大清律例彙輯便覽》，25/100a-b，關於「盜賊窩主」條。

128 姚瑩，《中復堂全集·東溟文集》，4/13a-14a。

129 《江西通志》，卷首之三，頁二八a—b。〔編按：此係道光十一年二月甲申上諭，見頁二八b—二九a，引文見頁二八b，該巡撫為吳光悅。〕

130 馮桂芬，《顯志堂集》，11/23a-26a。

131 例如，《論語》，13/18：「葉公語孔子曰：『吾黨有直躬者，其父攘羊，而子證之。』孔子曰：『吾黨之直者異於是：父為子隱，子為父隱。直在其中矣。』」

宗族的自然本質。

清政府在選擇這個行動時，可能已充分意識到它的含義。雖然一些皇帝的確承認「雍睦」（可能是加強宗族團結的結果）的幫助，但值得懷疑的是，有哪位皇帝打算鼓勵宗族發展成整合良好、具有影響力的地方生活中心？如此看來，族正的設置不只在家族內產生一個監視族人的保甲代理人，也引進了一個政府支持的領導體系，足以與親屬團體中任何其他領導體系相抗衡。

無論清政府的真實意圖是什麼，看來可以肯定的是，由於政府的行動，宗族中出現了雙重領導的局面。一邊是族長或宗子，他們可以被視為「非官方」的宗族領袖，地位獨立於官府之外；另一邊是族正，他是宗族中的「官方」領袖。官方和非官方頭人二元制的村莊領導模式，就這樣在親屬團體中重複出現。我們不知道這兩組領袖之間的真正關係，也不能確定是否在所有情況下族正和族長都是不同的人。如果是不同的人，那麼因政府行動而設置的族正，在族中所得到的尊敬與積極的支持，要比族人自己選出來的族長來得少。理由之一是，應政府要求而由族人提名的族正，不能保證就是宗族中最理想或最有能力的人。族正在法律上的職責是監視自己的親屬，對那些在自己宗族中「有品望」的人，這是一個令人討厭的職務。他們因此不願意擔任族正。清廷意識到指派不合適的人擔任宗族領袖的可能性，一八三〇年發布的一道上諭承認，族正「舉充不得其人，又恐轉滋流弊」。的確，清政府發現有必要威脅要懲罰那些濫用權力的宗族領袖[132]。換句話說，清政府對自己設置用來控制宗族的族正並沒有信心。由於這些領袖沒有得到自己族人的尊敬，而那些與政府行動無關的領袖卻可以得到尊敬，清政府很難透過設置官方領袖而達到對宗族的完全控制。

清王朝不能達成這樣的控制，原因顯而易見。宗族利益和清王朝的目的並不一致。二元領導可能阻止前者的不正當擴張，但卻不能使它與後者一致。運用宗族作為輔助性治安工具，卻沒有充分考慮宗族成員的基本態度和行為，使它無法成為帝國控制的可靠工具，甚或難以成為鄉下地區永久的穩定力量。清王朝的目的和宗族利益之間的縫隙從未彌補起來，因而對清政府不幸的是，承認宗族組織是一種統治工具，可能在一些情況下鼓勵了宗族朝政府討厭的方向擴張與運作。

有些宗族做出來的討厭行為之一，就是「冒認」自己的祖先。明顯是想要提高他們的威望或擴大影響力，這些親屬團體因而令人半信半疑地聲稱自己是古代知名的賢人（真實或想像）的嫡系後裔[133]。清政府常常找不到方法來證明它們的聲稱是真的還是假的，只要不要太離譜或沒有什麼危險的牽連，這個譜系就不會遭到挑戰。但是，當有些家族誇張地把自己的家系追溯到古代皇帝，他們就會引起政府的懷疑，結果就是為自己招來鎮壓。例如，江西巡撫一七六四年發現一些宗族「附會」自己的「始祖」：有個宗族聲稱自己的始祖是「盤古」——「開天闢地」的神話人物；另一個聲稱是「地皇」——傳說中的第二個帝王；再一個聲稱是董卓——西元二世紀的竊國大臣；還有一個聲稱是朱溫——西元十世紀唐

132 《江西通志》，卷首之三，頁二八b－二九a，記載了這道上諭，部分內容如下：「著該撫通飭各屬，切實選舉公正族長紳士，……如有為匪不法，即行捆送究懲。儻因匪黨較多，力難擒送，亦即密稟官司嚴拏。如有挾私妄誣別情，照例坐罪。」

133 Hu Hsien Chin, *The Common Descent Group in China*, p. 45：「所有族……都在中國最早的歷史記載中找出一位著名的人物——有時是一位古代的神話人物——作為自己的祖先。湖南的曾氏宗族相信，其血統可以追溯到夏朝的一位王子（該王子的父親西元前二二一八年到二一六八年在位），以及孔子的門徒曾參。」

王朝帝位的篡奪者[134]。最稀奇古怪的一個事例或許就是，一個家族聲稱它的「始祖」是雷震子——通俗小說《封神傳》中一個神話人物[135]。幾年後，即一七八〇年，山東沂水縣知縣上報說，有個劉氏宗族的族譜含有「狂悖」的記述，暗示這親屬團體源自漢朝皇室[136]。清廷下令把這些家族的族譜都銷毀。

政府還著手鎮壓另一種令人不快的做法，濫用修建宗祠和購置祭田的特權。在十六世紀之前，大規模的宗族組織和擁有宗祠，是紳士的特權。不過，在一位大學士的建議下，明世宗明確准許普通百姓「聯宗立廟」，結果導致「宗祠偏天下」[137]。這樣的發展對帝國安全並非沒有危險。當鄉村居民認識到組織意味著影響或勢力，並認識到勢力大小與宗族組織大小成比例，他們就會擴張自己的親屬團體（如果有必要，還會採取欺騙手段），並修建「公祠」作為其群體的有形象徵和運作基地。清朝皇帝們繼續准許家族修建宗祠、購置祭田，但一旦出現濫用，就毫不猶豫地縮減這些機構。

最顯著的濫用，是一些雖然同姓，實際上並不同宗的人所修建的「宗祠」。在清政府看來，這個做法不但違背了宗族的基本觀念，而且是可能會帶來危險後果的做法。早在一七四二年，江西巡撫就致力剷除他所稱的「宗祠惡習」。他在一份官方文件中說：

> 或原係聚族鄉居，而於城中藉名建祠，招攬同姓不宗之人，圖財倚勢，附入祠中。良賤無分，宗譜混亂[138]。

大約二十年後，江西另一巡撫發現「聯宗立廟」的習慣跟以前一樣猖獗。他在一七六四年上奏乾隆帝說，居住在不同村、鎮或城、同姓但不一定同宗的人組成一個「族」。感興趣者捐獻基金，並興建「宗祠」（在府城或省城），通常擁有一定數量的祭田。通常會挑選一位古代皇帝、國王或高官來作為「始祖」。參加組織的人把自己祖先的牌位安放到「總龕」裡，這種牌位數目成百或上千。而安放牌位的唯一條件就是捐一筆錢。至於要加入的人與「族」裡其他人是否具有親屬關係，則完全不重要。

這個行為背後的動機，該巡撫作如下解釋：

> 今查同姓之祠，雖不能追其所歸，大概由單姓寒門欲矜望族，或訟棍奸徒就中漁利，因而由城及鄉，由縣及府，處處邀約斂費，創立公祠，隨竄附華冑，冒認名裔。而不肖之輩，爭相倣傚，遂至不一而足。至建祠餘貲，或置田產，或貯錢穀，多有借與同姓愚民，倚祠加利，盤剝租息[139]。

134 在這個個案，清政府震驚的原因很明顯。朱溫原本是一個土匪頭子，隨後向唐王朝投降，因對唐朝統治者「效忠」而躍居高位，權勢遮天。九〇七年，他取唐而自立，成為短命的後梁（九〇七－九二三）王朝建立者。《新五代史》卷一詳細記述了朱溫的早期歷史。

135 《皇清奏議》，55/3b，江西巡撫輔德一七六四年的上奏〔〈奏查禁江西祠宇流弊疏〉及〈覆奏查辦江西祠譜疏〉，55/1a-9b〕。

136 《大清十朝聖訓．高宗朝》，264/19b-20b。

137 《佛山忠義鄉志》，9/8b-9a〔9/7b-8a〕，引《續文獻通考》。

138 陳宏謀，《培遠堂偶存稿》，13/21b〔〈禁宗祠惡習示〉，清代詩文集彙編本，頁二五b〕。

139 《皇清奏議》，55/3a〔55/6b-7a〕。

這些虛假宗族導致的直接而明顯的惡果之一，就是江西省的訴訟案件增加。該巡撫寫道：

惟查各屬訟案煩多之故，緣江西民人有合族建祠之習。……其用餘銀兩，置產收租，因而不肖之徒，從中覬覦，每以風影之事，妄啟訟端。藉稱合族公事，開銷祠費。……用峻，復按戶派出私財，任意侵用[140]。

清政府設法終止這個習慣。乾隆帝在一七六四年發布的上諭中加以禁止，並解釋：

民間敦宗睦族，歲時立祠修祀，果其地在本處鄉城，人皆同宗嫡屬，非惟例所不禁，抑且俗有可封。若牽引一府一省遼遠，不可知之人妄聯姓氏，創立公祠，其始不過藉以醵貲漁利，其後馴至聚匪藏奸，流弊無所底止，恐不獨江西省為然。地方大吏自應體察制防，以懲敝習[141]。

即使在乾隆帝所提到的敝「習」並不流行的省分，大族是因為成員的自然增長而非虛假擴張的結果。但這些宗族的真實規模和力量也會引發濫用，直接對和平造成傷害。乾隆帝在一七六六年發布的一道上諭中說：

據王儉奏，粵東隨祠嘗租，每滋械鬥頂凶之弊，請散其田產，以禁刁風。……恐有司奉行不善，吏胥等或致藉端滋事。……況建祠置產，以供祭祀贍族之資，果能安分敦睦，……何嘗不善？若倚

> 恃族蓄資厚，欺壓鄉民，甚至聚眾械鬥，……其漸自不可長。此等刁風，閩廣兩省為尤甚。……嗣後令該督撫嚴飭地方官，實力查察，如有此等……之事，除將本犯按律嚴懲外，……將祠內所有之田產查明，分給一族之人。……著將此通曉各省督撫，飭屬一體留心妥辦[142]。

清政府此時已經完全相信擴張的宗族組織的危險性，不管它們是由真正的族人或是由沒有血緣關係的人組成的。至少在乾隆帝看來，大家族比小家族更容易帶來麻煩。他在一七六八年回應在大族中設置宗族頭人的請求時，在一道聖旨中上說：

> 御史張光憲奏請設立大姓族長一摺，所見甚屬乖謬。……民間戶族繁盛，其中不逞之徒，每因自恃人眾，滋生事端。向來聚眾械鬥各案，大半起於大姓，乃其明驗。……若於各戶專立族長名目，無論同姓桀驁子弟未必能受其約束，甚者所立非人，必致藉端把持，倚強鋤弱，重為鄉曲之累[143]。

這樣，在十八世紀結束之前，清王朝統治者就已經意識到宗族並不一定是可靠的鄉村控制工具，而

---

140 《皇清奏議》，55/1a〔輔德，〈奏禁江西祠宇流弊疏〉，55/1b-2a〕。

141 《大清十朝聖訓．高宗朝》，264/5b；《大清會典事例》，399/3b。

142 《大清會典事例》，399/4a；《大清十朝聖訓．高宗朝》，264/6a。

143 《大清十朝聖訓．高宗朝》，264/10a-b。

且在不利的環境下經常變成麻煩的來源。他們控制家族與鎮壓其不良行為的企圖，堅決又快速，但沒有證據顯示他們成功地將宗族變得對帝國統治安全而有用。「刁惡」仍然在蔓延；無論怎樣，親屬團體間的世仇在下一個世紀並未消失。在十九世紀中期和晚期社會發生大動盪時期，有些家族的反映就是成為另一個騷動的來源。

中國作者相信宗族的本質基本上是「惡」的，因而以毫不遲疑的措辭批評宗族的發展超出其自然範圍；其中一些學者甚至譴責所有擁有實體組織的宗族。舉例來說，一位十七世紀的作者就斷言「同姓通譜」動機完全是自私的，大家族組織的潛在動機在於「蠹國害民」[144]。十九世紀的一位學者不但贊同此觀點，而且言辭更激烈。他相信宗族組織漠視對清王朝的應盡職責，漠視對所有族人應盡的親誼[145]：

> 聚族而居，家之幸，而國之不幸。小則抗糧毆官，大則謀反叛逆，皆恃人眾心齊也[146]。

這個觀點可能太過嚴厲，而不為帝制中國所有作者所共同持有，但看來還是有一些道理。或許，宗族的本質中有某些東西使它做出這樣行動與反動。這就是家庭的派生；它在理論上是以賦予家庭真實性的同一自然關係為基礎的。但是，由於家庭群體會擴大到超出其自然範圍之外，無論家庭中存在著什麼樣的自然情感或喜愛，都必定會在宗族的消失點稀釋。因此，宗族團結在一起，經常是出於功利主義的考量，而非成員之間的情感連結。正如我們對宗族活動的研究顯示的，親屬團體的許多行為，動機並不是出於無私的原則。許多事例顯示，宗族組織的形成和維持，是為促進和保護少數族人的利益。即使是為了全體成員的利益，也是自私的，因為族人們認為他們的利益高於村莊的總體利益。宗族組織是由相當多的人和家庭組成的一個單位，集中力量，統一行動，產生出來的力量是自然家庭所沒有的。如果它在某地的發展比一般情況還好的話，宗族就會變成當地的一股力量，有時甚至是一股支配性的力量。「權力使人腐化」，宗族所享有的權力也不例外。對於一些家族來說，的確容易成為鄉下地區的掠奪集團。可以這麼說，這些宗族變成團體惡棍，行為與殘害許多中國村莊的個別惡棍非常像。

當然，並不是所有宗族都是如此。在一些事例中，宗族被描述成鄉村生活中的穩定性力量。即使假設親屬組織一般是因自私目的而促成的，其中一些宗族的領袖也可能夠精明，可以看出他們宗族的福利取決於，受到較大的村莊總體安定的左右，因而自我克制不採取非法或公開的反社會行為。廣東新會縣茶坑梁氏家族表現出來的行為，就提醒我們不要對宗族作一網打盡的譴責。還應該指出的是，由於宗族領導權一般掌握在紳士族人手中，由於紳士在一般情況下傾向於承認和維護帝國秩序，因而至少可以說，宗族可能是穩定社會的因素，同時也是破壞的因素。有些證據顯示，一些家族領袖不僅樂意讓他們的組織置於政府控制之下，甚至藉由取得政府批准，設法尋求宗族權威的合法化。例如，安徽桐城縣朱氏宗族把他們的「宗規」送請知縣審查，要求他公開宣布朱氏族長有權移送不守這些規定的族人[147]。事

---

144 顧炎武，《日知錄》，23/14a，引見 Hu Hsien Chin, *The Common Descent Group in China*, p. 50.

145 汪士鐸（一八〇二－一八八九），《汪悔翁乙丙日記》（一九三六），3/21a。

146 同上，3/19b。參見 Fei Hsiao-t'ung, *Peasantry and Gentry*, p. 4：「不在地主需要政治權力來保護自己。為了保護自己的利益，紳士是好戰的，他們必須如此。為了在政治上有力，有影響，紳士組織必須大而強。」

147 《紫陽朱氏重修宗譜》（一八六七），〈宗規〉。文中所提到的安徽桐城縣衙門公告是應一些族人的請求而發布的。這些族人包括四名生員、七名監生和一名小官。

實是宗族的行為會隨著不同時間及不同環境而有所不同，在宗族利益和清王朝的利益明顯衝突時，親屬團體就會公開地或祕密地反抗清政府。還應該記住的是，宗族事實上就是村莊的全部或一部分，因而一般擁有村莊的一些基本特徵。無論是家族組織還是村莊組織，其運作並不總是符合帝國安全的原則。

這個討論的結論是：雖然家族組織可以為清王朝擔供一個鄉村控制的額外工具，但它並不是安全可靠的，甚至會帶來一些額外的控制問題，而這些問題卻沒有令人滿意的解決之道。

宗族組織的衰落

與十九世紀中國其他任何社會組織一樣，當有利於親屬團體發展的環境普遍發生變化時，宗族經歷了一個衰落的過程。這個過程在清帝國各地以不同的速度發生和程度也不同。有些宗族因情況例外而未步入衰落，甚至又重新繁榮[148]，但一般說來，隨著社會動盪的十九世紀中葉的消逝，宗族的繁榮時期就過去了[149]。

家庭財富難以預測的變化，是宗族衰落的一個明顯的因素，雖然不一定是決定性的。宗族的強大與繁榮，主要依賴有力的領導。如果缺乏這樣的領導，宗族的凝聚力是維持不了多久的[150]。

宗族衰敗最明顯的徵兆，是其團結的有形象徵瓦解了。祠堂任由它變成廢墟或被不敬地使用；祭田這個親屬組織必不可少的經濟基礎，也遭到挪用或非法處置。這類事例多不勝數，即使在宗族通常發揮最大影響力的地方也很容易找到。一八三〇年的一份文件，描述了廣東一個地方發生的情況：

查佛山鄉內慘見各姓列祖祠墓拆掘，……蓋緣木石舊料，價日倍增，墓經發跡，人多覬覦。不肖子孫，營私忘祖，輒起貪謀，而土豪奸商，乘機漁利[151]。

148 Olga Lang, *Chinese Family*, p. 173：「在一九三六年拜訪廣東或福建的人，都很容易發現宗族組織仍然在發揮作用。富有的村莊……通常受到三種建築物支配：宗祠，在這裡祭拜宗族祖先；當鋪，其收入用來增加宗族的財富；碉堡，用來保護富有的宗族成員，防止土匪和反叛者。在這裡，五人中至少有四人屬於統治村子的宗族之一。」這對其他經濟相當繁榮的地區，大抵也適用。正如本書其他地方已經指出的，在經濟不怎麼發達的地區，家族就沒有麼興旺了。見注七八所引的資料。

149 一個顯而易見的原因是，這段期間遍布各地的動亂削弱了許多家族，即使沒有完全毀滅也去了一半。例如，浙江嘉興曹氏宗族就是這樣：「嗚呼，我宗竟一衰至此耶！溯自……乾隆之際，瘦山、秋漁（曹煥、曹焜）兩公先後卒，門祚漸衰；道光以降，橫遭兵革，日益零替。……今所存者，……自斑白以至孩提甫逾十人耳。……城中有地名網埭，夙聞里人云，上中下三埭，屋廬櫛比，泰半為我曹氏居，今則荒蕪彌望無人迹。當時居者雖不能一一實其人，而百數十年來死於貧餓、死於兵革、展轉淪落於不可問者，實不知凡幾。」引見潘光旦，《明清兩代嘉興望族》（一九四七），頁一三六。

150 同上，頁一一六－一三六，列舉了他所研究的九十一個家族繼續存在或繁榮的三大原因：一、這些宗族祖先是來自其他地區的移民，暗示他們及其後裔機智且適應力強；二、這些宗族之間廣泛通婚，使得族人擁有的各種優秀特點能夠得到加強；三、有些祖先長壽是適者生存的另一個記號。潘光旦似乎在強調遺傳和優生學；他可能過於誇大了這些因素對家族的影響。

151 《佛山忠義鄉志》，17/29a。

宗族財產被盜賣的事也同樣經常發生在其他地方。早在十八世紀中葉，江西〔譯按：應為江蘇〕巡撫向皇帝奏彙報了下列情況：

> 近歲糧價增昂，田土日貴，即間有為富不仁之徒，設謀誘買，賄囑族中一二不肖子孫，將所欲得田產私立賣契，給與半價，即令遠颺。買者遂恃強占踞，硬收租利。及控告到官，每因得價者不能緝獲，審結無期，聽盜買者執業[152]。

其他地方也有類似情況的報告，特別是在十九世紀。在一些地方，宗族財產在清王朝崩潰後仍然存在；但即使在這些地方，宗祠和祭田最終也被用各種方式變賣[153]。

有時，祭田不再是整個宗族的財產，但仍然由組成該宗族的某一家庭所控制。例如根據記載，在「廣東省，一些宗族共同擁有的大量土地，常常被宗族中幾個有勢力、損公肥私的家庭占有，他們因而成為宗族內仇恨產生的又一原因」[154]。

152 《皇清奏議》，50/9a〔50/18b，莊有恭，〈請定盜賣盜買祀產義田之例以厚風俗疏〉〕。這道奏摺是在一七五六年提出的。這裡可以引用兩個例子。根據一八九四年所刊的江蘇無錫《華氏宗譜》，卷首上，頁二七a的記載，華氏家族在十六世紀初擁有良田五百畝，其收入用於祭祀儀式、祠堂維修和幫助窮困族人。然而，這些土地很快就消失了。一五六三年，一名紳士成員重新購置三十二畝祭田，但在大約一百年後又消失了。到清王朝初年，再次購置七十畝祭田，可是又被侵占。根據《溧陽南門彭氏族譜》（一八九四），2/33a，用於祭祀「二世祖」的祭田，共計五百畝，由於管理不當，很難支持祭祀儀式。

153 例見 Hu Hsien Chin, *The Common Descent Group in China*, Appendix 49, pp. 167-168, 引自《京口李氏宗譜》。一六三七年設立的祠堂和祭田，由於管理不善，「未及百年，後人盡售他姓。」Ch'en Han-seng (陳翰笙), *Agrarian Problem* (1933), pp. 12-13：「中國的祭田制度同樣瓦解了。……廣東、廣西、貴州和福建等省的祭田所占比例相當高，但被少數收租者所控制，他們因而實際上成為大地主。」Institute of Pacific Relations, *Agrarian China* (1939), pp. 22-23：「眾所周知，祭田既不能出售，也不能分割。許多宗族（特別是蘇州、常州、常熟和無錫的大族）的地契並不是寫在紙上，而是刻在石碑上，砌在宗祠的牆上。……但近年來，各處祭田的管理人員把它祕密賣掉；這只不過再一次證明，活著的人的活力，要勝過刻在石頭上的想像中具有約束力的字。……無錫河村〔Ho-tsun，查《無錫金匱志》，卷四，〈鄉都〉未見「河村」，但揚名鄉有「河莊」（4/18b）〕的曹氏宗族，祭田數從一九三〇年的一千畝減少到一九三三年的三百畝，只是一個例子而已。在一些事例中，祭田甚至被分割，因而完全消失。……即使在祭田沒有被正式分割的宗族，租稅收入實質上由很少一部分的人控制。」這些作者所觀察到的趨勢，在二十世紀加快腳步，不過正如已經所指出的，這種趨勢早在十八世紀就已經很明顯了。在個別事例，意志堅決的族人可能挽救族產免於被直接賣掉；例如廣東南海縣張氏宗族就是這樣。《南海縣志》，20/8b。雖然家族組織總是難免衰敗，但有些家族卻由於各種原因而長時期保持繁榮；江蘇吳縣范氏宗族就是一個顯著事例。《京兆歸氏世譜》（一九一三），4/11b，引吳錫麒（一七四六－一八一八）〔〈歸氏義田記〉〕的話：「吾嘗遊吳門，登天平山，拜公〔范仲淹〕祠下，所見良田沃壤，阡陌相接，歲時享祀，子孫昭穆咸在，多至數千百人。」同書，4/9b，引阮元（一七六四－一八四九）的話：「吳中士大夫建義莊者凡數家，惟范氏最著，自有宋至今七八百年，而守之弗替。」《洞庭王氏家譜》（一九一一），卷二下，頁三五 a－b，引王仲鎏的話：「范文正〔仲淹〕置負郭常稔之田千畝贍其族人，……余嘗詢諸范宗，文正義田今已增至八千餘畝。」根據這位作者，同一地區的蔡氏宗族最初的義田很少，但由於管理得當，捐獻不斷，因而不到三十年，義田就達到一千五百畝。王大概是指十九世紀的情況。

154 Francis L. K. Hsu (許烺光), *Ancestors' Shadow* (1948), p. 130.

既然宗祠和祭田受到宗規和反對賣產的社會習慣的保護[155]，我們就不能不斷定，上述現象是宗族組織患了某種嚴重疾病的徵兆。就像前面已經指出的，宗族通常是一種受紳士領導和支持的組織。因此，它的財產就與其領導的紳士成員的財產密不可分；它的繁榮昌盛的程度，取決於有品級的官員或有功名的士子（他們在一定時刻為宗族帶來光彩）的能力、財富、影響和個人興趣。不過，這種宗族領袖並未能夠永遠活著，也不是在所有時間都可用；事實上，一個宗族的主導家庭也不可能永遠保持昌盛[156]。我們不贊成家庭的昌盛延續不過三代或四代這個有爭議性的觀點[157]，但必須承認，由於中國家庭和社會的

---

155 見上文注一五三所引 Institute of Pacific Relations, *Agrarian China*, 開頭的陳述。下列書籍中的記載同樣確切：《花縣志》，2/28b：「祭田之入名曰蒸嘗〔田〕，世世相守。……其私家自賣之田地契內，亦必聲明不是嘗業，而買主乃受。」Peter Hoang, "A Practical Treatise on Legal Ownership," *Journal of the Royal Asiatic Society*, North China Branch, N. S., XXIII (1888), p. 147：「……宗祠、祖墳，以及家族或宗族共有而且專門用以充實家族共用基金的土地〔祭田〕，……還有為慈善目的而捐獻，並且在地方官府這樣登記的土地〔義田〕。……原本的授予者是不能買賣的。違背這些法律的人是要受到懲罰的。」政府還以另一種方式來保護宗族。江蘇布政使發給吳縣葉氏宗族的文件（日期未說明）中說道：「儻有奸徒捏冒詭寄，及不肖子孫私行盜賣，許即執帖首告，按律懲治。」《吳中葉氏族譜》（一九一一），63/90 以下。有時，宗族採取特別手段，在宗族公共財產和各個家庭私產之間，劃出一個清楚而牢固的分界線。上面提到的葉氏宗族，族人是不能承租義田並以佃農身分耕種的。同書，63/91。淮陰吳氏宗族也有類似規定。《吳氏宗譜》（一九二一），第五冊，〈祠規〉。不過，在這個事例裡，禁令主要是為了避免向欠租族人追繳租金而帶來的麻煩。

156 有時，一個宗族的所有成員家庭都淪為平民。李慈銘，《越縵堂日記補》，壬集，三三 a 引述施潤章（一六一九—一六八三）關於山陰張氏家族的下列記述：「山陰張氏為衣冠甲族，……今則子孫寥落，皆編農籍矣。」

157 一位十九世紀的西方作者如此概括這個觀點：「財富是艱辛積累起來的；與其他國家一樣，中國人也認為，富不過四

代。有首通俗詩說：

『一代辛勤耕耘，捨不得花一分錢；
二代養尊處優，穿著寬大的裘衣、緞子；
三代賣掉土地，典當房屋；
四代衣不遮體，饑餓難熬，無家可歸，到處流浪。』」

Adele Marion Fielde, *A Corner of Cathay* (1894), p. 21. 中國作者也經常發表相同的論點，例如《慈利縣志》（一八九六），2/5a，在湖南慈利縣第三圖，張氏、王氏和李氏宗族接連而興，接連而衰；各個宗族的昌盛「不過三代」。一些晚近的作者也支持這個觀點。Martin C. Yang, *A Chinese Village*, p. 132 說，宗族昌盛很少有持續三代或四代的。Francis L.K. Hsu, *Ancestors' Shadow*, p. 305 總結，傑出的家庭很少有一次跨越兩代以上的。他在 *American Sociological Review*, XIV (1949), pp. 664-771 發表的論文，也作出同樣的結論。Karl A. Wittfogel, "Public Office in the Liao Dynasty and the Chinese Examination System," *Harvard Journal of Asiatic Studies*, X (1947), pp. 13-40 指出，特權家庭的子孫通常享有特殊的機會，這樣的趨勢可能有助於維持他們家庭的昌盛。潘光旦，《明清兩代嘉興望族》，各頁認為，望族的昌盛時期比通常認為的要長。他質疑孟子所說「君子之澤五世而斬」（《孟子．離婁下》）的真實性，並引證事實來支持自己的看法。他在頁九四－九六敘述了嘉興九十一個最著名家族的情況，這可以概括如下：

共有幾代	家族數
4	8
5	15
6	13
7	13
8	8
9	8
10	5
11	4
12	7
14	1
15	2
16	1
17	4
18	1
21	1

換句話說，在九十一個家族中有四十九個，其昌盛時期為四至七代，三十二個家族的昌盛時期為八至十二代，有十個為十四至二十一代，平均為八．三代。

本書作者無須在這兩種觀點之間作取捨。零星的資料表明，十九世紀帝制中國持續或未中落的望族相當少，特別是從一些特點，不可能保證有能力或有雄心的子孫足夠持續不斷地出現，可以繼續一些前輩曾經取得的「貴顯」。家庭只能享有短暫的興旺，最終反映到宗族組織。畢竟宗族只是一個擴大的家庭。

一個衰落的宗族，或者整體墮落，或者分崩離析。下面這個盛行於十九世紀湖南省某地的情況，說明了宗族瓦解的一些後果：

> 永俗散居之戶無宗祠。各宗之家若異姓，不惟遠祖不聯他支，譜畏訟而多不修，族有長而并無教，暱妻孥疏親長[158]。

如果宗族所在地區的總體社會經濟環境仍然有利於發展，家庭的財產和和族長的變遷也就不會長期阻礙宗族的發展。當新領導人從某個組成家庭產生之後，經歷過繁榮消退期的親屬團體，又會重現以前光彩。但對宗族不幸的是環境並非總是有利的。宗族的生命力和健康取決於農業的鄉下地區是否存在一定程度的和平與繁榮。鄉村平衡的嚴重擾亂注定要帶給宗族不利的影響。不斷降臨的自然災害、頻繁的民變，以及戰爭，特別是在十九世紀下半葉，導致清帝國許多地區的經濟萎縮，這些不幸的結果經常延

續

財務興旺（主要是土地占有）的觀點來看。那些顯然支持宗族長命說的觀點，本身也遭到質疑。例如，E. A. Kracke, "Family vs. Merit in Chinese Civil Examinations Under the Empire," *Harvard Journal of Asiatic Studies*, X (1947), pp. 103-123, 就質疑家庭背景的影響是否像 Wittfogel 所認為那麼重要。潘光旦的看法也不是結論性的。他本人提到這一事實，在他所研究的嘉興地區，有六十個不太著名的宗族；在這些宗族的成員中，只有少數人值得一提（亦即地位夠重

要，可以在地方志中留下名字）。我們自然會認為，這些宗族是相對短命的。根據潘光旦提供的資料（該書，頁一〇七－一一〇），在六十個宗族中有四十個持續不超過四代，其中二十六個不超過三代。這些數字對「昌盛」很少持續到第四代的一般看法，提供了一些支持。但是，就像宗族的昌盛取決於一些成員家庭的昌盛一樣，一個家庭是否昌盛取決於其領導成員的成就；如果條件都一樣，顯赫家庭的數目越多、這些家庭的昌盛程度越高，相關的宗族就能享有更長期的昌盛。十九世紀中國社會的一些因素顯然限制了家族昌盛的持續期間，財產分割常常有害於家庭昌盛。Fei Hsiao-t'ung, *Peasantry and Gentry*, p. 6 正確指出：「幾代之後，大戶又崩解成一些小小的地主」。比較Fielde, *Journal of the Royal Asiatic Society*, North China Branch, N. S., XXIII (1888), p. 112. 缺乏經濟資源並不一定就阻礙了家庭提高他們的社會地位，但常常成為維持昌盛的強大障礙；葉昌熾，《緣督廬日記鈔》，6/4a-b；李慈銘，《越縵堂日記．籀詩研雅之室日記》〔編按：蕭著書目英文有「之」字，中文漏載，今據補；又李氏原書「雅」作「疋」〕，頁一三 a 和頁四〇 a；以及 Lin Yueh-hwa, *The Golden Wing* (1947), pp. 2-3 提到的事例，可以說明這一點。家庭昌盛短暫的本質經常直接影響到宗族的領導權。當由一度昌盛的家庭（或多個家庭）掌握的領導權瓦解後，宗族注定要遭到挫折，除非親屬團體裡的某個其他家庭取得有力的領導。眾所周知，這種新的領導有時的確會出現；這部分解釋了有些家族持續昌盛達幾個世紀，上面提到的吳縣范氏宗族，就是一個顯著的例子。另一個是浙江紹興新河的王氏宗族，族譜保持了長達八個世紀，每個世紀只修訂一次。見《紹興新河王氏族譜》（年代不詳）。不過，這並不意味著長命宗族在較長的時期裡一直昌盛發達。它們實際上也經歷了昌盛、衰落的週期，這種週期與個人和家庭財富及總體社會環境難以預測的變化相呼應。家庭財富並不是唯一的決定性因素，但經常是直接又相當重要的因素。就像上一個世紀〔編按：指十九世紀〕一樣，當先前有利於宗族組織發展和存在的整體歷史環境逐漸消失，並為另一組完全不同的環境所取代時，宗族自己繼續存在或復興的機會就逐漸減少。在這種情況下，缺乏一個成員家庭的領導，對宗族比以往更可能是一個災難。

158 《永州府志》，卷五上，頁四八 b。潘光旦，《明清兩代嘉興望族》，頁一三三－一三四，舉出浙江嘉興清圻沈氏宗族在大約四個世紀的時期裡，從第一世到第十一世，家族人丁折損有很多原因，包括早死、未婚、無子嗣、移民他鄉和失蹤等。隨著時間推移，族人人數增加，但折損的百分比也增加了。在十八世紀和十九世紀期間（第十一世），該族折損超過五三％的成員。

遲復興的到來。一些族人可能已移民到較有希望的地方，而留在家鄉的族人可能會發現難以找到錢財來維持祠堂這個奢侈品。對許多族人來說，比起遠房親戚的福利和對死去的祖先盡責，他們還有更迫切的事情。

居住在浙江紹興鄉間的李氏宗族，可以充分說明親屬組織如何受到社會條件的影響；以及在經歷一場重大災難後，想要復興是何等艱難。李氏宗族的第一個祠堂和第一批祭田（約二百畝），是一個族人（曾在鄰省擔任知縣的進士）在十八世紀初年創設的。到十九世紀中葉，由一些族人管理的祭田大部分被管理者侵占，宗祠也被攻占當地的太平軍焚毀。在恢復平靜之後，一位享有文名卻未得意科場的族人在一八六八年提議重建宗祠，復興宗族組織。他的提議沒有得到回響，他用這段令人沮喪的話來表達他的情緒：「族中衣冠零落，鮮知尊祖之義。今為此議，一唱百咻，深可歎也。」[159]他的努力到一八七一年有了結果，但他不得不為此付出代價。祭田被恢復了，並且抵押給一名富有的族人（一名節儉的普通商人，由於沒有紳士情感，因而看不出有必要讓三個兒子學會讀寫），靠這樣籌集的資金重修祠堂。發現宗族的資源不足以維持祭祀活動，這位熱心的士子（剛剛考中舉人）捐出屬於自己那一房的二十八畝土地[160]。一八八五年，在祭田艱難地設置起來之後不到十五年，一名「不識詩書」的族人又把它盜賣了[161]。

這個事例不一定是典型的，有些情況，宗族的財產永遠喪失；而另一些情況，宗族甚至在十九世紀晚期得到更多的資源與財力[162]。但無論清帝國各地個別宗族的運氣如何，普遍的情況是宗族組織的繼續存在與興旺，直接取決於內部的強力領導及外在的有利條件[163]。

宗族當然還受到其他因素的影響。有時，正是親屬團體的團結，成為一個削弱或毀滅自己的麻煩的根源。在廣東的一些地區，族人企圖逃稅，經常「辱其祖先」。根據一份官方報告：

粵東祖祠祭產，其為田必數十頃，其為糧必數十石。當其收租之日，人人皆其子孫，及春完賦之時，人人皆可推諉。即有管理公嘗之人，類皆一年一更，又必多方躲避，……時有封祠堂、鎖神主之事[164]。

宗族團結還會以另一種方式帶來麻煩。在對付外人時，尤其是在他們捲入某種衝突或紛爭時，宗族通常會站在自己族人的背後[165]。因此，個人間的爭吵常常發展成親屬團體間的爭吵。這些爭吵經常和平

159 李慈銘，《越縵堂日記．受禮廬日記》，下集，頁七六b。有關明代以來的李氏宗族歷史，參見《越縵堂日記補》，丙集上，頁四八a－四九a；辛集下，頁三六b。

160 李慈銘，《越縵堂日記．息荼庵日記》〔編按：蕭著書目中英文「荼」俱作「茶」，今據李氏原著改〕，頁二八a；〈桃花聖解盦日記〉，丙集，頁五b。

161 李慈銘，《越縵堂日記．荀學齋日記》，庚集下，頁二一a。

162 參見表8-2。

163 不過，一個地區的商業繁榮會給宗族村莊帶來新的社會關係，可能對親屬社區產生不利的影響。Daniel H. Kulp, *Country Life in South China*, pp. 30-31, 觀察到近代一個華南的村莊就有這種情況：「這樣一來，在市集街道上，……有十五家店鋪老闆不是來自鳳凰村有影響力的家族。……在租店鋪經商的老闆……和族人自身之間，產生了一種市民關係。這種結合不再是血緣，而是經濟利益。」

164 葛士濬，《皇朝經世文續編》，21/17a。

165 Hu Hsien Chin, *The Common Descent Group in China*, pp. 131-132, 引《廬江郡何氏大同宗譜》（一九二一）。

解決，但同樣也常常變成宗族間的世仇，特別是在福建、廣東、江西等宗族組織非常強大的省分[166]。關於土地、水利、祠堂和其他事情的爭論，有時突然爆發成大規模的械鬥；根據一位現代學者的研究，這是引發華南地區過去幾個世紀有許多武裝衝突的原因[167]。在許多場合下，由於情況非常嚴重而引起了清廷的注意。例如，雍正帝在一七三四年的一道上諭中說：

> 朕聞閩省漳泉地方，民俗強悍，好勇鬥狠。而族大丁繁之家，往往恃其人力眾盛，欺壓單寒。偶因雀角小故，動輒糾黨械鬥，釀成大案。及至官司捕治，又復逃匿抗拒，目無國憲。……此中外所共知者[168]。

儘管清廷發布禁令，宗族世仇在整個十九世紀仍繼續存在於福建和其他省分。一位中國作者描述一個福建西南縣分的情況：

> 平和地界閩廣，……民皆依山阻水，家自為堡，人自為兵，聚族分疆，世相仇奪[169]。

同一位作者還提到他在福建南部另一縣分龍溪所看到的情況：

> 古縣〔村〕之鄭姓及雜姓五十餘社械鬥于南，天寶〔村〕之陳姓及雜姓七十餘社械鬥于西，田裏〔村〕之王姓及洪岱〔村〕之施主械鬥于東，歸德〔村〕之鄒姓與蘇、郭等姓械鬥于北。……頻年

以來，仇怨相尋，殺奪不已[170]。

一位歐洲傳教士在一八四〇年代的記述，概括了一個福建村莊的宗族械鬥：

> 整個村子的居民都姓林，看來是按照父家長制的紐帶而連結在一起的。……他們在村界以內，擁有水井和寺廟等共同財產，這是偶爾與鄰村村民發生爭端的主體。這些爭端有時達到了一定程度，雙方的好戰分子通常會召集他們的武裝力量，訴諸身體的暴力[171]。

廣東巡撫在一七六六年的一道上奏，具體描述了該省的情況，有助於了解宗族世仇的特點：

---

166 Samuel Mossman, *China* (1867), p. 257; Samuel Wells Williams, *The Middle Kingdom* (1883), I, p. 484. 和平共處當然是可能的。例見 Hu Hsien Chin, *The Common Descent Group in China*, pp. 91, 121, 敘述了范氏宗族與其他幾個族一起居住在無錫附近一個小鎮的情況。

167 郎擎霄，〈近三百年中國南部之械鬥〉，《建國月刊》，四卷三期（一九三六），頁一－一〇；四期，頁一－一四；五期，頁一－一二。

168 《學政全書》，7/8b。

169 姚瑩，《中復堂全集・東溟外集》，2/10a。

170 同上，4/9b。參見同書，2/11a-b。

171 George Smith, *A Narrative of an Exploratory Visit to Each of the Consular Cities of China* (1847), p. 445.

> 廣東人民，率多聚族而居，每族皆建宗祠，隨祠置有祭田，名為嘗租。大戶之田，多至數千畝；小戶亦有數百畝不等。遞年租穀按支輪收，除祭祀完糧之外，又復變價生息，日積月累，竟至數百千萬。凡係大族之人，資財豐厚，無不倚強凌弱，恃眾暴寡。
>
> 如遇勢均力敵之戶，恐其不能取勝，則聚族于宗祠之內，糾約出鬥，先行定議。凡族中鬥傷之人，厚給嘗租以供藥餌。因傷身故，令其木主入祠，分給嘗田以養妻孥。如傷斃他姓，有肯頂兇認抵者，亦照因傷之人入祠給田。因而亡命奸徒，視此械鬥之風，以為牟利之具。……迨經拏訊，而兩造頂兇各有其人。……種種刁惡，皆由于嘗租之為厲[172]。

該巡撫接著建議，如果一個宗族擁有的祭田超過一百畝就應「散」出去，希望以此終止械鬥。乾隆帝部分同意他的建議[173]。根據隨後的報告，這個「錮弊」至少在廣東省一些地方仍然沒有縮減；一位西方人在一八三六年觀察到：

> 在廣州和黃埔鄰近地區各村莊，世仇普遍存在。為了應付這個緊急狀況，按照習慣產生了一個非常奇怪的措施。他們成立「獻身隊」，把成員的名單保存起來。這些獻身者自願出面承擔罪責，拿生命任賭注。一旦有什麼指控，名單上的第一位就必須站出來，承認自己是行凶者，並向官府自首。然後由他們及其親友僱請訟師、尋找證人，辯護凶手是無辜的，或者證明可以減輕懲罰。……萬一被判死刑，補償是……可以維持其家人的生計；還會得到一筆土地或金錢的報酬，有時達到三百美元。這筆錢是由那個村子的居民自願「認捐」的[174]。

細節雖然有一些不同（例如，給予「獻身者」的報酬，是靠特別捐獻而非來自祭田收入），但基本的行為模式是不變的。

有時，宗族世仇是由一些覬覦族產的無恥族人所鼓動的。一位著名的中國作者指出：

> 蓋閩粵之亂，首械鬥。大姓之公堂，皆積巨貲，亂民覬公堂之貲，而無以攫之，則與他姓構釁，以成械鬥。鬥成則官賂山積。官樂亂民之械鬥以納賄，亂民樂官之納賄以開銷公堂。故例，有械鬥，案定，即將公堂分散其族，唯留祭資之專條。然定例後，卒未見有遵行者。蓋公堂散則械鬥息，是官自塞利源也[175]。

如此看來，地方官對宗族世仇的猖獗應負責任。事實上，最無恥的地方官據說「以械鬥案多為『豐年』，少為『歉歲』」[176]。另一方面，膽小的地方官「懼干處分，容忍不辦」[177]，他們未能做出恰當

---

172 《皇清奏議》，56/13b-14a。〔王檢，〈請除嘗租錮弊疏〉，56/30a-31a。〕

173 《大清會典事例》，158/1b。

174 *Chinese Repository*, IV (1836), p. 413. 包世臣（一七七五－一八五五），《齊民四術》，11/3a，一八二八年寫的一封信，也有類似的觀察。

175 同上，8/22a。

176 《皇清奏議續編》，2/12b。

177 《江西通志》，卷首之三，頁一〇a－b。

處理，間接助長了世仇。不過，應該強調的是，腐敗和無能的地方官雖然導致清帝國許多地方的糟糕情況，宗族組織的領袖還是應負主要的責任。他們為一點小爭吵就組織械鬥。他們雇用劍客從事戰鬥，以減少他們及其族人的危險；這個事實部分說明了他們易於驅使團體投入血腥的戰鬥。兩廣總督一八八六年奏報給清廷的這段話，足以支持我們的觀點：

每因睚眥小怨，田山細故，輒即不候官斷，招雇外匪，約期械鬥。主鬥之人，大率係其族首、族紳、祠長之不肖者。……號召者或數百人或千餘人，附和者或數村或數十村。……有攻擊三五年而互鬥不已者[178]。

就像親屬團體的其他活動一樣，宗族世仇的場面也是由紳士主控的，但他們並非總是在這些冒險的事情上取得領導權，普通族人會扮演宗族惡棍的角色；或許比他們扮演臭名昭彰的村莊惡棍的機會要少些。根據十九世紀初在廣東南部任職的一位地方官的報告，這些宗族惡棍「不必富戶有功名之人。其人本非善類，而為爛匪之所依附，為之爪牙，聽其指揮」[179]。

有一些事例，普通族人實際上分享了他們領導人的「義憤」，扮演積極角色以保護宗族榮譽或利益。在這種情況下，就完全不雇請劍客。安徽涇縣包氏宗族一名成員在一七八五年報導了下列事件：

包擯達者，吾族之農民也。乾隆乙巳大饑，吾族遠祖葬鳳凰山，去村十里，座落曹姓水口亭前。曹姓挖蕨根為食，不可禁，幾傷墓。族長榜祠前曰：「自六十至十六不病者，某日各持棒集祠前，往鳳凰山。不到即削譜。」族人會者千五百。曹姓悉族止三百人，拒水口亭，棒接而吾族敗奔。……擯達曰：「包為曹敗，無顏見鄉人。有從我打復仗者否？」應聲者三十人。曹姓方飲勝者於祠，擯達留十人斷水口亭，而率二十人入其村，鬥于曹祠前，當取其安墓禁山服約而回[180]。

不過，類似這樣的事例相當少。大多數見於記載的事例和觀點指向一個結論：宗族世仇一般是由相關團體的領導成員鼓動和指揮的。但是，無論這些成員的個人地位如何，他們的行動帶給其宗族的多半是危害而非好處。縱使世仇的確沒有直接造成宗族的毀滅，但由於它經常是災難性的，以致實際上把宗族的元氣快速耗盡。一位西方作者報導十九世紀初福建的情況說：「有個宗族姓蔡，另一個姓王。雙方都把族人聚集起來，他們進行械鬥，直到許多人被殺，許多房屋被焚毀」[181]。十九世紀晚期，廣東省一些仇殺的宗族而蒙受的損失，甚至更嚴重：

有攻擊三五年而互鬥不已者，……若攻入彼村，……所燒房屋動以數百間計，所殺人口動以數十名計。……一次械鬥，即喪失一二年或數十年之資產[182]。

178 《東莞縣志》，36/3a-b，收錄了這一文件。
179 《牧令書輯要》，9/16b-17a。
180 包世臣，《齊民四術》，12/30b。
181 John F. Davis, *China* (1857), II, p. 459.
182 《東莞縣志》，36/3b。

親屬團體隨著環境變化而興衰的情況，以及強烈的世仇對它的影響，十九世紀廣東鄉間一個宗族的事例，讓人印象深刻：

> 一八五五年，本文作者應邀到惠州府歸善。在何凹（Ho-au）〔村〕，他在許多客家人口中發現了一個富有的本地（Punti）家族。他詢問其家族的起源時，得到的家族史簡短摘錄如下：「我們宗族〔金氏（Chin）〕祖先是從江西吉安府和盧陵縣移來的。在南宋高宗帝在位時〔十二世紀〕，江西因土匪太多，深受其害。於是，始長和他的兩個兄弟逃到這個省的南雄州珠璣巷。此後不久，兄弟中一人遷移到虎門附近的沙井，另一人遷到同一縣〔新安。譯按：Sin-ngan，今屬深圳市〕的菴上（Yentsan）；而始長則來到歸善縣的何凹（Ho-ya，或 Ho-au）。從宋代到明代中葉，我們家族的人丁增長很少，財產也不多。那時，居住在何凹村的有兩大姓，一是姓孔（K'ung），一是姓梁。但在我們人丁興旺時，這兩大姓都以相同的程度消逝。……」「這三位兄弟傳下來的村子是顯金嶺（Sien-jin-ling）、蒲蘆圍（Pu-lu-wei）和汪柯（Hwang-ko），在新安縣的村子有九轉嶺（Kiu-tsiun-ling）、上市（Shang-shi）、下市（Hia-shi）和沙井（Sha-tsin）等等，總共有十五個。……」「本朝乾隆爺在位期間（一七三五—一七九六），金三明（Chin-san-ming）和其他祖宗發家累積了許多財富。其中一個祖宗修建了蒲蘆圍。早在一七三七年，蒲蘆圍的圍牆高達二十英尺，擁有十六個城垛。……圍牆周長約半英里，護牆河深十到二十英尺。一八四三年，蒲蘆圍村與客家人發生衝突，幾乎導致全族毀滅。……」
>
> 在何凹西南大約三英里處，有一個何凹村人〔亦即金氏宗族〕修建的市集。那年〔一八四三

年〕，租用的客家人拒絕繳納租稅〔即租金〕，因而……不得不訴諸武力。當何凹村為了維護同樣屬於他們的另一市集，而與勢力甚至更大的家族發生衝突時，雙方已經打了六年。

一八五〇年，超過九十所村子聯合起來準備滅絕金氏宗族。蒲蘆圍因有人背叛而陷落，村民們被剝光了衣服。雖然有超過五千人圍攻只有三百到五百人防守的何凹村，但是客家人沒有勇氣進入村子，沒有得到什麼戰利品就撤走了。……

一八五六年，械鬥再次爆發。如果本文的作者不勸說雙方坐下來再次達成協定，就會犯下令人厭惡的凶殺罪。恐怖的械鬥持續了多年，使這一帶肥沃地區深受打擊，本來必須維修的灌溉溝渠年久失修。……

一八五五年，一場恐怖的流行病幾乎使所有耕牛都死掉。……

村民們的家道很快就破落了，因而已故F. Genahr牧師在死前指出，在五十個族人中大約只有二人能夠讀書識字。以前女人用銀盆來洗臉，而現在則落到極端貧窮的境地。年輕人在無知中長大，成為流浪漢。少數有點財產而留下來的人，也無法平安的過日子[183]。

即使在宗族並不耽於血淋淋的世仇的地方和時候，宗族也會濫用它們的力量，變成鄉間的擾亂因素。在一些各個宗族力量並不平衡的地區，弱小者常常成為強大者的刀下肉。一位西方作者指出十九世

183 *Chinese and Japanese Repository*, III (1865), pp. 282-284.〔編按：引文中人名及地名的拼音似有許多出於方言，《惠州府志》的地圖及《新安縣志》裡都提供了部分參考。〕

紀晚期發生在廣東的一個事例：

在汕頭北邊我經常來往的一個平原上，幾年前有一個小村莊，住著一個人數少勢力又弱的宗族，姓石。該村附近有十二個主要是梅姓宗族的村莊，他們全部聯合起來對付人數遠不及他們的石姓宗族。石姓宗族種植並灌溉莊稼，而梅姓宗族卻收割了他們的成果。石姓的財產不斷被搶劫，問題沒有得到改善，他們已面臨完全滅絕的危險[184]。

清帝國其他地區也有類似情況，根據一位晚近的調查者：

在一些村莊，小族常常受到強族的欺壓。……在福建詔安縣，田地比鄰大族田園的小族，必須得到大族人的「看管」，向大族交納十分之一或十三分之一的收成，以確保農作物的安全。……近來有一段關於陝西醴泉縣情況的描述：「三百年來，本族的成年男子從未超過三十人。住在兩大族之間，又是四代務農、三代教書的貧士，不可避免地受到大族的欺壓和侮辱。……年復一年，月復一月，大族都來借錢。只是要求他們歸還本錢，也會遭到欺凌。如果不借，他們就來偷盜。……遭到欺凌時，低下頭；受到欺凌時，不要還手。妻子兒女也不得不受到玷汙。沒有錢，休想打官司。」[185]

我們可以推論，這種情況與受宗族世仇騷擾地區的情況，實質上是類似的，它們都是「倚強」的結果，這是清政府不止一次提到的。世仇發生在衝突雙方力量大致相當的地方，因而任何一方都有充分機會抵擋另一方的侵犯；被攻擊的宗族明顯不能有效地抵抗欺凌者時，其結果必然是受欺壓和侮辱。無論由此而產生的結果是什麼，強宗大族專橫霸道的行為，終究會危害自己所在村莊的和平與繁榮。

一些宗族還以另一種方式危害鄉村安寧。按照一位十九世紀西方作者的看法，清帝國某些地區的宗族從事搶劫、掠奪的行為：

> 土豪惡霸有時不斷冒出來，增加了宗族的社會災害，以及有組織的偷盜：他們武裝僕從，搶劫並虐待村民。毫無疑問地，這些僕從多半和土豪惡霸屬於同一家族。……
>
> 這種宗族式盜賊經常裝備著火器[186]。

事實上，「宗族式盜賊」在一些地區持續威脅著鄉村安寧，持續給政府帶來麻煩。一位十九世紀中葉的兩廣總督，說明一些宗族為鎮壓廣東土匪帶來的困難：

---

184 Adele Marion Fielde, *A Corner of Cathay* (1894), p. 128.

185 Hu Hsien Chin, *The Common Descent Group in China*, pp. 91-92.〔編按：此段引文的來源有二：關於詔安的部分是依據劉興唐，〈福建的血族組織〉，《食貨半月刊》，四卷八期（一九三六年九月十六日），頁三五－四六；關於醴泉的部分見劉秉乾，〈弱小民，族〉，《創痕》。據胡氏原文，「年復一年」以下為一首詩，未見劉秉乾原作，無法採得原詩。〕

186 Samuel Wells Williams, *The Middle Kingdom* (1883), I, p. 486.

> 遇有夤夜糾劫者，但以「發財去」三字，隨路招呼，鮮不欣然同往。……甚至田舍素封，衣冠巨族，亦皆樂於一試。若惠潮地方，則竟有以盜起家，轉因黨與太多，不能破案，人不敢指，官不得拿者。並有通族皆盜，通鄉皆盜，一拿即恐滋事。……此盜風所以未戢也。[187]

居住在廣東南海縣山村的區氏宗族，可以說明勢力大、影響強的強盜宗族的可能發展。根據一八九九年刊出的一篇報導：

> 廣州南海屬有西樵山焉，……環山上下，凡數十鄉，向為盜賊叢聚之區。……而以區村一鄉為最，有盜魁區辛者，常招誘其族人及鄉鄰悍匪，四出擄劫。……去年水師提督何長清……至其鄉指名按捕，封其祖祠，押其紳者，反為其族紳某京官賄御史揭參其勇擾民，遂撤差去。於是區辛益縱恣無忌憚，招集至數百人。[188]

一旦一個家族或多或少集體捲入公然的反社會和非法行動，就不再是最初公開宣稱的——一個為族人利益而聚集在一起的親屬組織，遵照公認的社會與法律準則。這個組織可能繼續存在，力量或許還會得到加強；但這個親屬集團在本質上已經發生了重要的轉變。

不過，盜賊式宗族現象大概並不多見。只有在特殊的環境下，宗族才會加入反叛隊伍或自己變成盜賊。一般說來，宗族更傾向於對抗盜賊，以保護族人的「身家性命」，而不是搶劫自己的鄉鄰。

宗族組織實質上是一個鄉村團體，因而與村莊組織有許多共同點。在受親屬團體支配的地方，這兩個團體的領導權經常掌握在同一批人手中。家族活動和村莊活動之間，具有一定的相似度和相當的重疊性。雖然家族是一個社會團體，並以此與村莊組織明顯區別，但是由於它和村莊組織糾纏在一起，其命運隨著所在村莊命運的變化而變化。

存在於村莊中個人和團體間的社會與經濟不平等，也出現在宗族內。實際上，宗族組織加重了這種不平等。由於蒙上了一層血緣關係（無論是真正或想像）的面紗，紳士對平民的支配被強化了，尤其是在規模大而組織完善的宗族。一般說來，我們不能認為宗族比村莊更像一個民主社區。

宗族常常使村莊居民的凝聚力程度更高；單族村莊特別表現出一種凝聚的程度，是其他沒有宗族存在或多個宗族存在的村莊所沒有的。清王朝統治者意識到親屬團體的這種內在力量，因而利用它們來輔助各種鄉村控制工具。不過，這種輔助性工具後來證明並不比其他工具更可靠。宗族組織在不同的環境下，呈現出不同的行為模式；並且在不同素質的領導之下，從事不同類型的活動。在一個時間，宗族會扮演鄉村生活的一個穩定性力量；但在另一個時間，它們就會成為清政府麻煩的一個來源。宗族的嚴密組織，經常產生出能量和影響，可以用來做好事或做壞事。在後一種情況下，宗族組織不但危害了帝國的安全，而且危害了親屬團體本身的利益。因此，清政府在希望利用宗族作為鄉村控制的工具時，發現有必要對它們進行控制和壓制。

187 林則徐（一七八五－一八五〇），《林文忠公政書》（林氏刊本），〈兩廣奏稿〉，3/18a。
188 《知新報》（一八九九），106/1a。

第九章
鄉村對控制的反應（一）

鄉村居民的一般特點

在前幾章把中國鄉村描繪成，由一群規模大小不等、組織程度不同的村莊湊在一起的圖像。但是其中不包括完全沒有組織存在，以及居民太貧窮因而看不到任何值得一提的共同活動的鄉下地區[1]；也沒有處理到帝國境內那些連村莊（一個鄉村家戶聚居在一起的緊密團體，形成一個以確定的名稱而被認識的單位）都幾乎不存在的地方[2]。第九章和第十章就要補足這幅不完整的圖像，描繪鄉民生活其間的一

1 關於這種村莊的描述，見第一章。

2 E. Colborne Baber, "Travels and Researches in Western China" (1882), p. 9：「概括地說，四川純粹農業地區最特別的就是，並沒有什麼可以稱為村落的東西。在中國東部省分，地主、佃農和勞工、店鋪老闆和工匠，聚居在一起，顯然是為了互相保護。他們的住處集中，為土牆環繞，常常離他們耕種的田地有一點距離。而在四川，可以這樣說，農民及其勞工住在自己田地上的農舍裡，住處傾向於分散，而不是聚集在一處的。……結果是：整個鄉間點綴著一間間農舍，相互間距離不是很遠。」Ferdinand von Richthofen, *Letters* (1903), p. 181, 描繪了一八七二年成都府郊區鄉間的相同景象：「原野上點綴著一簇簇的農舍，鄉民就居住在裡面。每處農舍都依偎在竹子、觀賞性樹木和果樹叢中。」晚近的成都郊區，情況仍然如此。

般環境，探討他們在各種情況下表現出來的態度和行為方式，完全不管有組織村莊下的農民情況。

所有對中國歷史感興趣的人，都很了解中國農民的情況，但是不同類的人，觀點也不同。兩種截然不同的觀點被不同的作者在不同的時間提出。在一些人看來，中國農民是無害的、愛好和平的，也是政治中立的動物，滿足於簡樸但不富足的生活，這就是他們的全部。這種觀點的例子很容易找到。一位西方傳教士兼教育家在十九世紀晚期的下列陳述就很有代表性：

據說，四千年前，堯帝在視察途中聽到一位老人擊壤唱道：

鑿井而飲，耕田而食，

帝力何有於我哉？

今天的皇帝如果也作同樣視察，也會在很多地方遇到同樣的情況[3]。

不過，農民的政治冷感並不妨礙他們對鄉鄰的友善。例如，位於華南一個地區的村莊，村民在「往日的好時光」裡，

鄉鄰有酒、肉、菜、餅之屬，率分遺鄰人。有池塘，則自取其大者，餘小魚蝦聽鄰人取之。有賓至，或邀比鄰，鄰則備肴核數具，謂之「幫盤」[4]。

遇到災害或苦難時，農民並沒有失去耐性。他們傾向保持溫順，默默地承受他們的命運。就像一位

近代西方作者寫的：

> 雖然生活對他來說並不容易，卻忍受著。他所處的物質和社會環境之間存在著一定的平衡，看來十分穩定。他雖然希望擁有一塊土地，卻不為佃耕而煩惱。他雖然希望能少付一點，卻不為必須付高額租金而不平。他保守而默默地承受一切[5]。

的確，農民極端消極的人生態度，在一些西方學者看來很奇怪：

> 對於一個來自西方、熟悉「給我麵包！否則就流血！」的革命呼聲的外國人來說，難以理解的是，一群群無家可歸、飢餓難忍、處於絕望境地，在遭受洪災或饑荒沉重打擊的省分到處流浪的逃難者，為什麼不在自己遭受毀滅的地方，聚集群眾向州縣官索取一些救濟呢？……我們重複逼問處於大饑荒的中國人為什麼不採行這樣的計畫，回答永遠都是，「不敢！」[6]

---

3 William Martin, *Cycle of Cathay* (1896), p. 335. 這首〈擊壤歌〉，寫成的時間大概比堯帝時期要晚得多。「壤」（這裡翻譯成 "lute"）不是樂器，而是用於簡單遊戲裡的木棍。比較理雅各對這首小曲的翻譯，引見 Arthur E. Moule, *Half a Century in China* (1911), p. 292; Herbert A. Giles, *Gems of Chinese Literature* (1929), p. 12 提供的更多詩。

4 《靈山縣志》（一九一四），22/311a。

5 A. Doak Barnett, "Notes on Local Government in Szechwan" (unpublished paper, 1948), section on "A Family."

6 Arthur H. Smith, *Chinese Characteristics* (1894), p. 160.

在另一邊，則是一種完全不同的觀點。農民看來多少是人口中比較好戰的。根據一些作者的看法，自從農民出身的陳涉揭竿而起推翻始皇帝建立的秦王朝以來，農民就不斷猛烈抗爭推翻壓迫者。因此，一位知名的十四世紀中國學者寫道：「故斯民至於秦而後興亂，後世亡人之國者大率皆民也。」[7]一位近代中國作者認為中國農民敢作敢為，出版了一本大部頭的著作，專門研究他所認為的中國歷史上的「農民戰爭」[8]。另一位作者的思路與此類似，他認為太平天國之役是一場「反封建的農民起義」，事實上標誌著一七七四年到一八四九年間一系列規模雖然較小但性質相同的農民起義達到了頂點[9]。對這樣的作者來說，「農民的起義和農民的戰爭，才是歷史發展的真正動力」[10]。

無庸置疑，這兩種觀點都存在著過於簡化的缺陷，也都不足以說明實際情況。因為兩種觀點各自將注意力集中到鄉村景象的一個面向，而未考慮到在不同的歷史和地域環境下，農民行為的重要差異。

想要避開過於簡化的陷阱，就要記得考慮兩種一般情況。首先，我們必須強調顯而易見但容易被忽視的事實：清帝國統治下鄉村地區的經濟結構，並不是在所有時間、所有地點都是相同的，而是由互不相同的地方條件和變動不居的地方環境所構成的巨大拼盤；在這個拼盤裡，不同地區居民的行為模式明顯不同。中國鄉村的居民並不是一個同質的群體，而可以劃分為兩大部分——紳士和普通人。兩者又可以大致依據對現存政權的不同態度，各自劃分為兩大子類：紳士之中，立場或行動通常符合清王朝目的和利益的，稱為「正紳」（正直的紳士）；而行為舉止與此不同的，稱為「劣紳」（壞的紳士）。普通人之中，通常傾向服從而溫順的，稱為「良民」；而反抗朝廷控制的或傾向擾亂帝國安寧的，稱為「莠民」，或貼上其他類似的標籤。

這裡有必要作一點說明。既然對不同的人使用「正」、「良」和「劣」、「莠」等標籤，是根據他們的行為是加強或危害帝國的安全，或者他們的態度是服從或反抗帝國控制來決定，那麼帝國時期的作者使用的這些標籤就反映了朝廷的觀點。因此，它們並不是對這些人的符合邏輯的分類，也不一定能夠反映這些人的本質，除了他們對帝國控制的反應以外。我們在這裡使用這些標籤，只是因為它們提供了一個方便的出發點，並讓我們能夠避免使用一些非常累贅的詞語，像是「有助於清王朝統治的紳士」、「容易對清王朝統治造成威脅的士子」或「反抗朝廷統治的平民」。

「良民」包括農民、工匠、小商販及其他依靠自己勞力或智力謀生的人。他們大半對帝國法律一無所知，但無論碰巧遇到什麼樣的官員，他們一般都畏懼和服從。他們每天所關心的，不過是如何使家人和自己繼續活下去。他們沒有意識到要去保護或破壞現存政權，對政治漠不關心。正是因為這種「良

---

7 方孝孺（一三五七－一四〇二），《遜志齋集》，卷三，〈民政〉。陳涉又叫陳勝。關於他的傳記，見《史記》，卷四八。

8 薛農山，《中國農民戰爭之史的研究》（一九三五），各頁。

9 華崗，《太平天國革命戰爭史》（一九四九），頁二九－五〇。呂振羽，《中國政治思想史》，頁五二一－五三二（上海生活書店，一九四七年版，在頁四八六－四九五），敘述了王艮（一四八三－一五四一）、李贄（一五二七－一六〇二）、顏元（一六三五－一七〇四）等人的「農民派政治思想」。仔細檢視這些人的思想，讓人不敢苟同呂氏的觀點。

10 毛澤東，《中國革命與中國共產黨》（一九四九），頁五。這個段落在 Mao Tse-tung, *Selected Works* (New York, 1954), III, 76 的譯文，是根據修訂版翻譯的，與此處所引略有出入。〔編按：據人民出版社一九六四年版，《毛澤東選集》，頁六一六的說明：《中國革命和中國共產黨》是一九三九年冬季，由毛澤東和其他幾個在延安的同志合作寫作的一個課本。第一章中國社會，是其他幾個同志起草，經過毛澤東修改的。此段引句出自第一章第二節，見頁六一九。題名中用的「和」字，與作者所引用「與」字不同。〕

民」，才有前述鄉村小調的結尾句子「帝力何有於我哉？」也正是由於他們，才使一些作者能夠觀察到，「中國人的特點是忍耐、儉樸、勤勞、愛好和平、遵守法律，尊敬官員」[11]。

「莠民」大多數是無業遊民，雖然其中有些人也從事那些會讓人變得強悍、養成盜匪般態度的工作（諸如盤踞荒山野地或在那裡採礦）。在一般情況下，在大多數鄉村地區，他們是地方人口中的少數。但他們的重要性不應被貶低。因為雖然在社會平靜時期，他們頂多不過是勒索「良民」（有時甚至糾纏「正紳」），敲詐、恐嚇或威嚇；但是在社會動盪時期，他們對亂「匪」的爆發就有直接而實質的貢獻，從攔路打劫的強盜到十足的反叛者都有可能。

不過，我們應該指出的是，並不是只有鄉村的「莠民」要為大規模的動亂負責。社會動盪的發生，經常是這些「莠民」和一些「劣紳」（他們基於某種理由，認為可以向既有政權挑戰）聯合行動的結果。在這種行動造成的混亂中，一些「良民」可能因失去了財產或謀生手段等等，感到絕望而（至少暫時）採取不同於他們習慣的行為；另外，其他人可能在入侵者脅迫下加入他們；這樣，提升了反叛隊伍的等級，局面讓政府更難以處理。還有一些人，長期受到地主、地方官及其吏胥的欺壓，面臨著飢餓和死亡的危險，因而很容易被煽動，投入暴力行動。當然，並非所有原來的「良民」都加入反叛隊伍，或者未經掙扎就屈從後者。其中一些重視身家性命的人，自己會武裝起來抵抗來犯的土匪，特別是有鄉紳領導時。在動盪時期結束、社會秩序重新恢復時，許多離鄉背井或被擾亂的鄉民，把握最早的機會回到原來的家園和職業。「莠民」和「劣紳」則克制他們的行動，保持在和平時期的界限之內。隨著相對繁榮時期和災難時期交替出現，「人民的一般氣質」有時候好像「憂鬱而懶散」，而在另一個時候則變成「間歇性的暴烈」[12]。

不過，如果「人民」是指整個鄉村人口或全部農民的話，這個觀察可能就不精確。因為要全部鄉村地區的居民在所有環境之下都保持溫順，那是從來都辦不到的；但要所有農民在一個特定的時點，形成單一的團體來對抗政府或其他社會階層，也是從來都不曾發生的。被一些學者視為近代「農民戰爭」最佳事例的太平天國之役，當然並沒有把農民全部包括在內。與太平軍作戰、幫忙拯救清王朝的湖南「鄉勇」，大多數不就是農民嗎？這個大規模的社會動亂，不但否定了中國鄉下人無可救藥的溫順這個跡近神話的觀點，也否定了中國農民的動態革命性格的另一個跡近神話的觀點。

帝制中國的鄉村地區呈現的不是一個單純的畫面。它是一個廣闊的、多樣化的、變幻無常的舞台，上面點綴著許多大小不一、組織程度不同的村莊，居住著許多社會、經濟、心理背景各不相同人。雖然他們所處的基本歷史和環境背景在整個帝國大致相同，而且在相對長的時間內實質上都未改變，但是鄉村人口的各個部分，對他們所處直接環境變遷的反應是很不相同的。帝國控制的任務主要面對的問題，就是如何有效地控制鄉村人口的各個部分，以便獲得最大程度的安全，而把不安全的危險降到最低。換句話說，這個問題就是：如何利用那些對清王朝統治可用的元素，如何鎮壓那些傾向反對它的元素，如何保護那些構成鄉村經濟的骨幹，並且一般傾向尊敬權威的。各種精心設計出來的鄉村控制機制和手段，就是為了要解決這個問題。誰都會認為，和那些認同那兩種關於中國農民跡近神話的觀點相比，清王朝皇帝們這裡展現出對鄉村情況更敏銳的洞察力。

---

11 L. Richard, *Comprehensive Geography of the Chinese Empire* (1908), p. 341.

12 *Ibid*., p. 341.

鄉村環境

經濟條件

為了更充分說明中國鄉村各地居民所處環境並不相同這個總體觀察[13]，可以引用一些十九世紀身歷其境的作者關於鄉村地區的描述。

在一位西方作者的筆下，在經濟條件相當好的南中國，某些農民的生活是這樣的：

> 作為一個階級，中國的農民是相當可敬的。但是，由於他們的田地都很少，因而他們或許沒有我們英國的農民那麼富裕。每一戶農舍都是一個小社會，大約由三代人構成，即祖父、祖父的孩子和孩子的孩子。他們和諧、融洽地生活在一起。全家都能在田地上勞動；如果需要更多的人力，就雇陌生人來幫忙。一家人生活得很好，衣著樸素，勤勞。……由於我在這個地區〔浙江〕非常出名，總是待人很好，論到哪裡都受到歡迎。在中國農民家裡，我開始感到很自在[14]。

這是一段對小康農民的生活條件和生活態度大體正確的描繪，不只是浙江地區，也適用於其他經濟條件相當的地區。不過，這樣的生活只有在有利的環境下才可能。同一位作者說：

> 我們經過的地區可能叫作寧波平原，十分平坦，並沒有什麼值得注意的顯著特色；但是十分肥沃，大米產量相當高，是當地居民的主要糧食。平原上布滿了小鎮、村子和農舍；與我們考察過的

所有中國肥沃平原一樣，這一帶人煙稠密。……我們的船飛快地划到江岸〔譯按：即甬江〕，我們上了岸，轉過第一個彎，道路就指向佛塔〔天封塔〕矗立的小山。當我們爬上這座海拔大約一千英尺的小山山頂，周圍美麗壯觀景色盡收眼底。這種景色在中國肥沃地區或許比在其他任何國家更吸引人。……無論我們的眼睛轉到哪個方向，都能看到城鎮和村莊；廣闊的平原上，好像每個地方都種上了莊稼[15]。

同一時期的另一名西方作者，捕捉到類似景象更詳細的一瞥：

我們又一次置身於鄉下。在桑樹和稻田之間，點綴著煙草、墳崗（飄揚著高高的蘆葦稈「旗子」），葫蘆攀緣在竹架上；所有農民都在工作——男人和女人一樣辛勤，一起用力，腳踩灌溉水車。這就是這個大三角洲〔位於浙江嘉興附近〕的生產力的祕密。每隔一百碼，就有一座家庭性腳踏小水車架在水溝上，上面綁著小竹筒，翻滾舀水灌溉桑樹或稻田。……今天，我們遇到在從事這個灌溉程序的農民肯定有一萬人之多[16]。

13　參見第一章中關於村莊物質方面的探討。
14　Robert Fortune, *A Residence Among the Chinese* (1857), pp. 98-99.
15　*Ibid.*, pp. 171-173.〔編按：「天封塔」原文作 "Kong-k'ow-ta"，不知所指何塔。然依引文所述，位在海拔一千英尺的小山上，四周都是田野，應當不是天封塔（天封塔在寧波府城內）。〕
16　George W. Cooke, *China* (1858), pp. 111-112.

由於這是寫在一八五七年，太平天國叛亂正在帝國的許多地區猛烈蔓延，這個地區的繁榮更引人注目。它鮮明地顯示了直接環境對農民生活的決定性影響，以及帝國不同地區的環境不同的程度。

當然，這種景象並不僅限於浙江或南中國。只要條件有利的地方，都可以看到這種景象。山東省整體來說土地並不肥沃，但是在一些地方，農民的生活並不是完全不快樂的。一位西方旅行者報告她於一九〇七年十月初在青州府城（今益都縣）附近所看到的景象：

我們把府城甩在背後，穿過一帶視野開闊的鄉間，每個人都還在田裡忙碌收割。一些田已經翻耕，另一些田裡綠油油的麥子已經有幾英寸高。……這片翻滾的麥浪，看起來更像春天的綠色而非秋天；許多村莊都藏在各種樹木——柳樹、白楊和柳杉——樹蔭之下。最後提到的這種樹，常常屬於寺廟，或鄰接墳墓。打穀場上堆滿了金色的穀粒，準備貯藏過冬。眼睛被光滑草席蒙住的騾子，拉著石滾，把豆莢從豆莢殼中輾碎。……

鄉間是一片歡樂愉快充滿活力的景象，全家一起工作。一個小嬰兒光溜溜地躺在陽光下取暖；女人儘管纏著足，仍然跟男人一樣忙碌。一架架手推車在沉重的負荷下呻吟而來。由於負荷太重，必須要一個人在車前用力拉。……偶爾，有人騎著小馬奔跑而來，隨即響起一陣悅耳的鈴鐺聲。……

我們的參訪突然終止，因為被告知，如果不在太陽落山前回到府城，城門就會關閉。……這一天在田地裡的工作結束了，但是對許多中國人來說，工作永遠不會結束。所有糧食裝進糧倉之後，又必須日夜守護。田地裡的小茅屋就是為了這個目的。這種小茅屋有時安放在高桿上，這樣視野更開闊；或者位在比鄰田地的打穀場[17]。

另一位西方旅行者報告他於一八六八年在直隸省所看到的景象：

離開保定府之後，我繼續在景色單調的耕作平原上前進，相當規模的村莊不但多，而且一個接著一個。我很幸運，碰上了鄉間的秋天廟會期間，我經過了好幾個廟會繼續進行的地方。各種各樣的糧食非常多，擺在市集上出售；在許多地方，女人們忙著紡紗及出售棉線；這幾乎是整個直隸都在從事的工作。棉花來自該省南部，當地不消費的棉線就北上運往北京。長條的藍色棉布也很多，還有水果、原棉和各種各樣的原始農具，琳瑯滿目[18]。

一位美國旅行者在一九〇一年末描述了一個雖然沒有那麼繁榮，但也是一幅和諧景象的鄉村地區：

穿越晉北高原、從長城到太原府，道路兩旁的一連串村莊，幾乎都具有某些共同特色。居民超過三百人的村莊很少，這些村莊與世隔絕，而且或許與世界上任何其他地方人口數目相當的村莊一樣孤單。村民雖然沒有什麼奢侈品，也沒有什麼舒適設施，但他們是幸福和滿足的[19]。

---

17 Emily G. Kemp, *Face of China* (1909), pp. 21-26.

18 E. C. Oxenham 從北京到漢口的旅行報告，引見 Alexander Williamson, *Journeys in North China* (1870), II, p. 398. 比較 Williamson 對一八六五年九月十七日直隸定州附近明月店豬市的描寫，*Ibid.*, I, p. 269. 關於市集上通常出售的貨物，參見本書第一章。

19 Francis H. Nichols, *Through Hidden Shensi* (1902), p. 56.

在環境大體不錯、自然條件不太嚴峻的地區，這些景象是很平常的；而在環境較差的地方，鄉村經濟自然比較緊縮，儘管按照中國標準，農民的生活不一定是不能忍受的。二十世紀初，四川一些地方的景象就是這樣：

在這個地區，我們經過的村子更多，鄉民們顯得更忙碌。每隔幾天，就有市集在某個村子舉行，因而我們不斷遇到從市集帶著戰利品歸來的村民。……田地裡到處是除草的農民，他們坐在小板凳上，看上去非常舒服。……家庭每個成員似乎都要分擔勞苦的工作。……村民們看來吃得不錯，也努力讓自己溫飽，不過，他們的衣服經常縫縫補補的，房子也很灰暗、不溫暖。由於農業是四川省最重要的生計，如果因歉收而糧食產量不足，農民遭受的苦難不但直接而且嚴重[20]。

一八七〇年代和一八八〇年代，英國軍官對天津附近悲慘小村莊的報告，本書前面已經提到了[21]。但是，一位西方旅行者在一八七九年五月對同一個地區描述，讓人對這種鄉村環境有更具體的印象：

迄今為止，我所看到的北直隸，沒有一點令人賞心悅目的美景！無論哪個方向，眼睛所能看到的，全是一片巨大的沖積平原——整個平地上到處都是鵝卵石。到處都是於灰色的塵土，所有村莊的房屋都是用泥土修建的。這些房屋外觀全都一樣，都非常醜陋；只有一些房屋房頂有黑色的瓦。當你在可憐的小菜園裡偶爾看到葫蘆或南瓜的一點綠色蹤影時，眼睛才會感到舒服些。

跟白皙而穿戴整齊的南方小孩不一樣，這裡的孩子皮膚是古銅色的，一絲不掛，成群跑來跑去，或躺在河邊溫暖潮濕的泥地裡曬太陽。……放眼四望，都可以看到農民們用徒手的方式在灌溉農作物，而只有在那些辛勤灌溉的地方，乾渴的土地才會掙扎著變成綠色[22]。

一位英國領事報告了一八六八年在華中一些地區的印象：

中國長久以來就以精耕細作而著稱，但耕種土地的人卻沒有任何過人之處，不論是住宅的美觀、外表的聰明，或人物的整潔。……除了物質方面以外，任何方面的快樂對他們來說好像都是不可能

20 Emily G. Kemp, *Face of China*, pp. 158-159.

21 參見第一章注二三和注二四。

22 Constance F. Gordon-Cumming, *Wanderings in China* (1886), p. 134. 有關鄉間物質外觀和耕作方法的簡述，參見 L. H. Dudley Buxton, *China* (1929), pp. 59-63, 65-134. Medhurst 使團的醫生 Clark Abel, *Journey in the Interior of China* (1818), pp. 75-77, 強調清帝國各地的不同環境：「我想，無論是哪個旅行者，都會認為世界上再沒有哪個地方比起大沽和天津之間白河兩岸地區〔譯按：白河在今天北京、河北。作者的敘述可能有問題，根據隨後的敘述，他可能將潮白新河誤為白河。〕更為淒涼。到處是沼澤，土地非常貧瘠；居民非常貧窮、悲慘，他們的住所非常簡陋、骯髒、破爛不堪；土地上長不出什麼東西，沒有什麼值得注意。……在我們第一天（一八一六年八月九日）的旅程中，河岸比水平面高不了多少。……河岸以外之地方則比水平面低。……一塊塊小米地，點綴著一些豆子，環繞在緊鄰著河邊的泥土房屋周圍；產量很難想像可以維持居民的生活，就連聚集在兩旁看使團走過的居民都不夠。這些居民中，大多數是衣衫破爛的男人。……隨著我們往前走，鄉村的景況慢慢變好了。小米地比較大塊，穿著比較好的居民也比較多。當我們來到距離天津幾英里處，這種改變更明顯。從這時起，我們所看到的玉米和豆類的田地綿延不斷，住屋也更堅固；居民比我們先前所看到的都要健康、強壯。」

的；即使是物質方面也不穩定，很可能只要一場歉收就會被摧毀[23]。

這些描寫相當精確地反映了鄉村環境顯而易見的物質面向，但並沒有反映出影響這個環境的決定性歷史因素——經濟的、社會的和政治的。對十九世紀（或任何另一時期）中國鄉村情況的任何研究，都必須考慮人口和土地之間所存在的關係及由此而產生的問題。這是一個艱難的題目，筆者所能做的，不過是指出一些與這項研究有關的一般要點。

關於帝制中國人口增長的精確比率或實際程度，研究中國經濟史的學者意見並不一致；但是，他們都不懷疑自清王朝建立一直到十九世紀中葉，人口是在相當穩定地增長的[24]。耕地數量在這同一時期也在增長，但即使考慮到官方文件上提供的數字只包括法律上登記的土地，而打過折扣後，有生產力的農地數量也沒有與人口同步增長。這種不平衡的增長比率，最終導致了人口對土地壓力的問題[25]。早在一七一〇年，這個問題就引起清王朝的注意了。在康熙四十九年的一道上諭中，皇帝說：

> 承平既久，戶口日繁，地不加增，產不加益，食用不給，理有必然[26]。

後來在一七二三年、一七二四年和一七九三年的上諭裡，雍正帝和乾隆帝分別重申了這個毫不誇張的觀點。他們都指出情況的嚴重性，並提出緩解的方法和措施——由政府出面鼓勵耕作；查明農民的苦痛並加以減輕；在有荒地的省分進行開墾，並由政府補貼從事開荒的農民[27]。乾隆帝承認，他在讀康熙實錄時覺悟到這個重大的問題。實錄記載一七一〇年（康熙四十九年）全國人口為二千三百三十一萬二千二百口，比起一七九二年〔乾隆五十七年〕報告的這個數字三億零七百四十六萬七千二百口，他說在大約八十年間增加「十三倍有奇」[28]。他沒有提到耕地的數量，但應該很了解官方的報告：一六八五年六億

23 E. C. Oxenham 從北京到漢口的旅行報告，引見 Alexander Williamson, *Journeys in North China* (1870), II, p. 423.

24 想找到可靠的數據是不可能的。不同的估計見：《清史稿》，1/5b-6a；羅爾綱，〈太平天國起義時期的人口壓力〉，《中國社會經濟史研究》，八期，頁二〇－八〇；L. Richard, *Comprehensive Geography of the Chinese Empire* (1908), p. 346; Edward H. Parker, China (1901), pp. 189-192; Archibald R. Colquhoun, *China in Transformation* (1900), p. 9; William Alexander Parsons Martin, *A Cycle of Cathay* (1896), p. 459; Hosea B. Morse, *Trade and Administration* (1913), pp. 206-207; William W. Rockhill, "An Inquiry into the Population of China," *Annual Report of the Smithonian Institution*, XLVII (1905), pp. 669-676; Walter F. Willcox, "A Westerner's Effort to Estimate the Population of China and Its Increase Since 1652," *Journal of the American Statistical Association*, XXV (1930). 前面提過，一七一二年以前，清帝國關於人口的報告只包括丁數。後來的報告雖然包括口數和戶數，但這種數據是以並非一貫可信的保甲登記為基礎的。現代學者在作估計時應該記得這一點。有關地方人口數據的一些事例，見《續修廬州府志》，14/35a；《富順縣志》，5/2b-3b；《江津縣志》，5/1a；《潼川府志》（一八九七），卷三；《南寧府志》（一八四七），16/19b-25a；《滕縣志》（一八四六），4/10b-11b；《洛川縣志》，6/6a-7b；《恩平縣志》，8/3a-b。

25 《清朝文獻通考》（頁四八六〇、四八六五、四八七二、四八八八、四八九〇－四八九一）和《清朝續文獻通考》（頁七五三四）列出了下列數據（見下表）。

年分	登記入冊的土地（畝）
1661	549,357,640
1685	607,842,992
1724	683,791,427
1753	708,114,288
1766	741,449,550
1810 年代	791,525,100
1880 年代	918,103,800

26 《戶部則例》，110/2a。

27 《清朝文獻通考》，3/4871。文中提到相關省分是山西、河南和山東。

28 《清朝續文獻通考》，25/7755。原文作「十五倍」，明顯是誤植。

零七百八十四萬二千九百九十二畝，一七二四年六億八千三百七十九萬一千四百二十七畝，一七六六年七億四千一百四十四萬九千五百五十畝[29]。土地增加遠遠落後於人口增加比率。

即使扣除在總人口中占較少部分、居住在城市和城鎮裡的人口之後[30]，也可以說鄉村「人口過剩」：即使每平方英里的人口數並不怎麼大[31]，但是耕地總數量也不足以提供普通農民足夠的維生手段。一位近代中國歷史學家估計，十八世紀中葉，可耕土地數量大約每人三．八六畝；一八一二年為二．一九畝；一八三三年為一．八六畝[32]。一位近代西方地理學家也觀察到這一個下降的總趨勢[33]。地區差別當然存在，因而清帝國一些地區的居民可能比在這方面比其他地區要好。例如，在江蘇泰興縣，十八世紀晚期，每人擁有的註冊土地大約為十三．三一畝，到一八三○年左右為十一．一七畝[34]；在直隸蔚州，一八七五年左右僅為一．七一畝；在廣西博白，為一．六九畝；在四川富順，不足一．○○畝[35]。這些估計並不能正確地反映各地的情況，因為它們是在登記入冊的土地數字（通常只代表一特定地區真正土地數量的一部分）基礎上作出的。但是，由於一個地區報告的居民人數常常未能把實際居住在該地所有居民都包括在內，漏掉登記的居民數可以在一定程度上抵消這些估計數字中沒有登記入冊的土地數。無論怎樣，都可以說清帝國各地相當多的農民手中並未擁有足夠的土地（即每人三畝以上）來維持生存[36]。一個實例可以說明這一點。一位地方志纂修者在二○一○年代評論四川綿竹縣的情況說：

> ……每人約占田二畝六分零，……僅給衣食，若遇冠婚喪祭、水旱偏災，則負債失業流離轉徙，此民之所以日即於貧[37]。

29 《大清歷朝實錄・高宗朝》，405/19b；文宗朝，50/33b。E. Stuart Kirby, *Introduction to the Economic History of China* (1954), p. 177 這樣概括當時的趨勢：「……到十八世紀末，清王朝日趨衰落，危機日益嚴重。……對研究這一時期的經濟史來說，幸好有一些合適的人口調查數據和農業統計資料可以利用。統計資料顯示，耕地面積的增加和人口增長不成比例。」

30 Paul Monroe, *China* (1928), p. 50 指出，中國大約有八〇%到九〇%的居民生活住在鄉村。比較 C. M. Chang, *A New Government for Rural China* (1936), p. 1：「大約八〇%或更多的中國人居住在鄉村地區。」

31 L. Richard, *Comprehensive Geography of the Chinese Empire*, p. 8 指出，中國的平均人口密度為每平方英里二百六十七人。對於較早的時期，這個數據應該往下修正。

32 羅爾綱，〈太平天國起義時期的人口壓力〉，《中國社會經濟史研究》，八期，頁二〇－八〇。

33 George B. Cressey, *China's Geographical Foundation* (1934), p. 90 列出下列數據（見下表）。Chang Chung-li, "The Gentry in Nineteenth Century China," (Ph.D. dissertation, University of Washington, 1953), pp. 403 ff. 可以參考。

年分	人均土地數（畝）
1490	7.95
1578	11.55
1661	5.24
1766	4.07
1872	2.49

34 《通州志》，4/4b-5b 和 4/17a-19a。

35 《蔚州志》，7/1a；《博白縣志》，6/21a；《富順縣志》，5/4a-b。

36 正如近代的研究所顯示，中國的一些地區存在著不同程度的糧食短缺。十九世紀的情況可能比二十世紀要好，但是不能因此就草率認定各地的糧食都很充足。下列著作可以參考：C. B. Malone and J. B. Taylor, *A Study of Chinese Rural Economy* (1924); C. C. Chang, *China's Food Problem* (1931); Richard H. Tawney, *Land and Labour* (1932), p. 103; Wen-hao Wong (翁文灝), "The Distribution of Population and Land Utilization in China," *China Institute of Pacific Relations*, VI (1933), p. 3. Richard H. Tawney 的陳述可能是最驚人的：「要強調的是，基本事實極為簡單。中國人口太多了，現有資源養不了。」

37 《綿竹縣鄉土志》（一九〇八），〈歷史戊〉，頁九 b。西方觀察者以事實確證了這個觀點。George Philips, in *Journal of the Royal Asiatic Society*, North China Branch, N. S., XXIII (1888), p. 109，就敘述了福州鄉村一農家情況：

因此，「遠東最顯著的問題，是人口對生計的壓力」[38]這個觀點是有一些道理的。眾所周知，中國在相當長的時期裡一直面臨著不同程度的糧食短缺（有別於天災所導致的饑荒）[39]，證明這個觀點的正確性。中國在長時期裡糧食價格上漲的相關現象，也證明了這一點。雍正帝在一七二三年一道上諭中的話，很能說明問題：

近年以來，各處皆有收成，其被水歉收者，不過州縣數處耳，而米價遂覺漸貴。閩廣之間頗有不敷之慮，望濟於鄰省。良由地土之所產如舊，而民間之食指愈多，所入不足以供所出，是以米少而價昂。此亦理勢之必然者也[40]。

事實上，這個趨勢在雍正朝之後繼續，因而引起許多人的注意。一位作者指出，在十八世紀的最後幾十年和一八二〇年期間，糧食價格漲了一倍。他認為饑荒是一個主要因素；一七〇七年、一七〇九年、一七五五年和一七八五年，他家鄉江蘇省廣大地區發生的天災，把糧食價格推升到正常價格的好幾倍。但是，饑荒並不是唯一的因素。因為在一七八五年以後，不管收成是好是壞，江蘇地區的糧食價格仍然居高不下，與一七〇七年災荒之前這個地區的正常價格相比，幾乎漲了五倍[41]。另一位作者報導浙江情況時說，一七四〇年代，每石大約一千文的糧食價格還被認為過高；而在一七九〇年，每石二千文卻被認為是「廉價」。在一七九四年夏，每石米要價大約為三千四百文[42]。十九世紀天主教傳教士指出，

續

十五畝土地的糧食收入價值為一百六十元：

支出：地租（糧食收成之一半） 八十元

租耕牛費、傭工費、種子費等 十八元

收入： 六十二元

即使假定沒有什麼債務，這個收入也很難維持五口之家的生活。晚近的農民狀況很難更好。Wen-hao Wong, "The Distribution of Population and Land Utilization in China," 引 John Lossing Buck, *Chinese Farm Economy*, p. 4, 作出這個結論：「……華北地區小麥產量與美國的產量大致相同，每英畝十二蒲式耳。根據上面所計算的人均三畝或三分之一英畝來看，每人每年只有六蒲式耳或近二十斗（一斗相當於十升）。這不足以維持一個成年男子的生存所需，也解釋了大部分中國農民即使在正常年月也很難得到足夠糧食的事實，一旦因雨水過多或過少，或者任何其他原因導致耕地或產量減少，就會發生嚴重的饑荒。」

38 Edward A. Ross, "Sociological Observations in Inner Asia," *Papers and Proceedings of the American Sociological Society*, V, p. 18.

39 L. H. Dudley Buxton, *China*, p. 64：「中國雖然實質上是個農業國家，有點弔詭的是它無法養活自己。在十九世紀初很普遍，到今天仍有某種程度存在的情況下，作物歉收就意味著飢餓。雖然皇帝們設法貯存糧食以防災年，並規定每年收入新糧替換舊糧。但是，這些措施在需要走好幾月才能到達的鄉村並不成功；即使得到〔饑荒的〕消息，為更多的糧食供應，也要很久才能運到。」糧食供應本身也不足。見第五章注一七九－一八二。

40 《清朝文獻通考》，3/4874。米價上漲會引起廣泛的注意，因為米是最重要的單一農業產品。根據 Chang Chung-li, "The Gentry in Nineteenth Century China," p. 408 所說，一九二九年到一九三三年間生產主要糧食的土地所占百分比如下表所示。這個情況在十九世紀應該沒有什麼根本的不同。

大米生產用地	28.3%
小麥生產用地	16.3%
小米生產用地	9.4%
其他作物用地	46.0%

41 錢泳（一七五九－一八四四），《履園叢話》，1/14a-b。

42 汪輝祖，《病榻夢痕錄》，下，頁四九b。他在一七九四年指出（頁五七a）：「夏間米一斗錢三百三四十文。往時米價至一百五六十文，即有餓殍。今米常貴，而人尚樂生。蓋往年專貴在米，今則魚蝦蔬果無一不貴，故小販村農俱可糊口。」

一八六二年全中國平均糧食價格為每石十兩銀子[43]。由於江蘇在一七九二年銀錢兌換率為每兩一千三百文[44]，當時的米價按銀子計算為每石大約二兩，一八六二年的價格上漲了五倍（至少在江蘇、在七十年間）。[45]雖然米價的上揚和銀錢兌換率在帝國各地並不一致，但米價的整體趨勢是明確且持續向上的。

與此同時，土地價格也呈現上漲的趨勢。湖南巡撫在一七四八年上奏乾隆帝，指出該省以前的耕地價格為每畝一兩或二兩，而此時上漲到七兩或八兩；品質較好的耕地，每畝以前值七兩或八兩，此時賣到二十兩以上。他指出，結果「近日田之歸於富戶者，大約十之五、六。舊明有田之人，今俱為佃耕之戶。」[46]其他作者也認為清帝國許多地方的土地價格越來越昂貴[47]，結果是財產很少的農家肯定發現購買土地日益困難[48]。由於小農手中擁有的糧食很有限，根本沒有多餘拿到市場上出售，因而米價上漲對他們並未帶來什麼益處。對於那些必須買米養家的人，糧價上漲帶給他們的是危害而非好處。中國的老話「穀賤傷農」，僅適用於那些有餘糧可以拿到市場出售的人。

因此非常清楚，小地主和佃農的經濟處境，即使在平時也不是很好的；當自然災害發生時，受災地區人民的生活就極端悲慘。頻繁打擊清帝國的旱災、水災[49]，導致大批居民死亡，強迫其他人移民他鄉，或許可以緩解人口壓力，但是它們直接和長期的影響，明顯危害了經濟和大多數鄉民的生活條件。

43　Peter Hoang, *De Legali dominio practicae notiones* (1882), p. 24n, 引見 Haroad C. Hinton, "The Grain Tribute System of China" (Ph.D. dissertation, 1950), p. 64.

44 汪輝祖，《病榻夢痕錄》，下，頁四九b－五〇a。葉昌熾，《緣督廬日記鈔》，1/74b 指出，一八七七年的兌換率每兩銀子超過銅錢一千三百文，但浙江的兌換率上漲幅度沒有其他省區那麼戲劇化。

45 例如，李慈銘，《越縵堂日記・桃花聖解盦日記》，庚集第二集，頁五四a，一八七七年（光緒三年十月九日）說，在北京，一石（一百五十斤）米大約要四・五兩銀子。曾國藩，《曾文正公奏稿》，1/40a，咸豐元年十二月十八日的上奏指出，兌換率上漲替納稅人帶來痛苦。我們沒有華北地區小麥和其他主要糧食價格的資料。

46 楊錫紱，〈陳明米貴之由疏〉，收錄於賀長齡，《皇朝經世文編》，39/5a-6a。

47 錢泳，《履園叢話》，1/14a 指出，在十八世紀，江蘇一畝土地價值大約十兩銀子。在十九世紀的前二十五年，價格上漲五倍。李慈銘在《越縵堂日記補》，戊集下〔頁七a〕，咸豐八年十二月三日指出，他為了籌錢買官，賣掉一些祖地。同書，巳集，最後一則指出，他以八百七十五兩銀子的總價賣掉二十七・七畝適合種植水稻的好田——換句話說，每畝約三十兩。〔編按：《越縵堂日記補》按「天干」編號，並無巳集，「巳」應為「己」之誤，然己集的最後一則並無賣田的記載，不知出自何處。〕這事發生於浙江東北部。同時，自康熙和乾隆朝以來，商品價格一般也在上升。見 Chang Chung-li, "The Gentry in Nineteenth Century China," pp. 11-12.

48 *Ibid.*, pp. 33-35. 農家用得到或需要的物品，價格也上漲了。《恩平縣志》（一九三四），4/13a-b，列舉廣東一個縣的這些數字（見下表）。

49 陳高傭，《中國歷代天災人禍表》，卷一〇，通表，頁四b，一張顯示發生在清朝時期災害的表；Yao Shan-yu (姚善友), "The Chronological and Seasonal Distribution of Floods and Droughts in Chinese History," *Harvard Journal of Asiatic Study*, VI (1942), pp. 273-311; 以及第五章注一七九所提到的資料。

	1860 ～ 1901 年價格（兩）	1930 年價格（兩）
水牛	12 ～ 13	100 兩以上
豬（100 斤）	6 ～ 7	20 兩以上
大米（未脫殼，100 斤）	2 兩以下	3.5 ～ 4
鹽（100 斤）	3 兩以下	5 ～ 7
糖（黃色，100 斤）	2 兩以下	6

人口壓力和糧食短缺為清帝國帶來非常困難的問題。這個問題因為土地所有權集中（在一些地區特別明顯），而變得更加嚴重。中國的鄉村人口並不是同質的。在每個地方，大多數農民擁有的土地很少或根本無地，而較少數的人占有大量土地；有的家庭的家長享有紳士的地位，而其他家庭則沒有這樣的成員。在法律上或觀念上，紳士的地位並非依靠或意指土地所有權，但在事實上，社會特權和經濟財富通常會落到同一些人身上。紳士常常對肥沃的土地深感興趣，把它作為理想的投資標的[50]。他們出現在鄉下地區，常常加重個別家庭或宗族土地所有權的集中，使得貧困和沒有社會地位的家庭更難取得真正的財產。因為紳士地位本身雖然並不能帶來經濟富裕，但是擁有這種地位（特別是因當上高官或取得功名而得來的）有助於累積財富，及保護已經得到的財富。前面已經看到紳士地主的稅負比普通地主輕[51]。這個因素已經足以使經濟天平朝向有利於紳士地主的方向傾斜。因此在一個特定地區，所有居民對可耕地並非處於相同的關係，一點也不令人吃驚[52]。雖然紳士並未壟斷土地占有，但是可以認為紳士地位和土地所有權之間存在密切的關係。一方面，擁有社會地位和政治影響，就更容易累積購買土地的資本；另一方面，大量土地的擁有者就可以讓自己的子孫受到良好教育，從而能夠進入官學或成為士大夫，或者有錢為自己買官或買功名。紳士地位和土地占所有權之間的這個實際關係，似乎一直存續到十九世紀後半期；此時，清帝國一些地區的紳士主要靠商業資源取得財富，不再倚靠農業資源。

無論紳士對土地所有權集中到底扮演何種角色，土地持有的不公平在帝制中國早就已經是一個熟知的現象。在清代，它在十八世紀引起嚴正的關注。例如，一名高級官員在一七四三年上奏清廷，認為有必要對土地占有量作出限制[53]。湖南巡撫在一七四八年關切地指出，該省五〇％或五〇％的土地為

50 雖然紳士不一定依靠農業收入為生，但許多紳士都擁有不同數量的土地。一般說來，紳士認為土地是最保險的投資。Chang Chung-li, "The Gentry in Nineteenth Century China," p. 59, no. 2, 引用張英關於投資地產好處的說法；頁一九引用蘇州葉氏家族的「家訓」，大意是：「有便好田產可買，則買之，勿計厚值。」反映了紳士對土地所有權的典型態度。這種態度事實上是眾所周知的，因而表達在一些諺語裡，例如「富字田作底，貴字中當頭」（「中」在這裡的意思為「中心」，即命中目標中心，亦就是在科舉考試中成功）。《吉安縣河西坊廓鄉志》，3/39b。不過，土地並非總是最吸引人的投資。在十九世紀的最後幾十年，紳士和其他人對商業投資的興趣日益濃厚。見楊及玄，〈鴉片戰役以後中國社會經濟轉變的動向和特徵〉，載《東方雜誌》，三二卷四期，頁五一二〇。

51 除了第四章注一七九－一八八中所提到的資料以外，這裡還可以指出李慈銘，《越縵堂日記．息荼庵日記》，頁四二a－b，一八六九年（同治八年七月三日）所作的有趣觀察。當時，李慈銘花錢買了戶部主事官位，但暫時住在家鄉。他寫道：「作牒致山陰楊令，以徵米事也。予無一畝田，而為宿逋及弟侄所牽累。吾越自地丁錢糧外，又畝收白米二升有奇。去年省中忽議概改折錢，定價升錢五十。今市中米價升二十餘錢，而吏書勒收，升至八九十錢。昨有役來，催仲弟及僧慧家米，予與之論價，升至六十四錢，而役必不受。我朝定制，二十稅一。今受田者既賃耕于佃，計歲所收，以中田中歲則之，畝不過米一石，糶之僅得錢二千五六百，而徵曬礱插，所需器用人力之費，又去其五六百，則畝得錢二千耳。而地漕徵其四百，白米徵其二百，則朝廷取之於民者四之一有贏矣。……吏貪殘而無紀，是豈天子所及知哉？有司與鄉之士大夫相容為奸利，督撫不舉發，科道御史不昌言，謂寇禍其可弭乎？」李慈銘沒有提到他親戚最終納稅的稅率。很可能由於李慈銘對知縣的影響，其親戚所繳納的要比沒有紳士保護網的普通納稅人來得少。

52 Institute of the Pacific Relations, *Agrarian China*, pp. 1-2, 簡明地敘述了一般的情況：「在清代，或一直到一九一一年辛亥革命，中國的土地所有權有九種類型，即：一、皇室土地，分布在京師北京附近地區；二、皇帝賞賜給滿族貴族和軍人……的旗地，主要分布在直隸……、山東和河南；三、寺廟土地和屬於宗教團體的土地……；四、學地，最初由孔廟所有，用於維持孔廟，但後來用於贊助公共學堂的生存；五、軍屯地，或者最初由駐軍開墾的土地；六、族地，……長江下游地區、福建、江西南部、湖南南部和整個廣東及廣西東部，特別普遍；七、部落地，……實際上為許多土著部落酋長擁有的土地……；八、官地，屬於中央政府，或屬於各省當局或州縣衙門，其形式多種多樣，如蕩地、……新墾地和未墾的不毛地；九、家庭私地，這是主要的土地所有權形式。」《大清會典》，17/3a，記載了官方的土地分類，計有十二類，其中有部分是重疊的。這裡所特別關心的，是私人可以擁有的土地。

53 《清朝文獻通考》，4/4887。關於這一點，在隨後相關的部分會再談到。

富戶所有[54]。十八世紀的一位作者指出，在一七六〇年代，直隸一個富戶擁有近百萬畝的土地[55]。

清帝國各個地區的情況當然不一樣。一些西方學者在一八八八年所作的一系列調查，重新評估了十九世紀中國相當多不同地區的情況。表 9-1 所列結果涵蓋範圍雖不完整，也不一定精確，但可以讓我們得到一個概括的印象[56]。

有些證據顯示，在土地一般比較肥沃的地區，土地所有權集中比較明顯；在土地貧瘠的地區，就比較不明顯。這個差異的一個可能解釋是，土地肥沃意味著較高的農業生產，這又有利於一些土地耕種者或所有者累積財富。同時，產量高的土地就成為有錢投資者的投資標的。此外，在十九世紀後半期，當大城市的貿易和製造業因與西方國家發生密切聯繫而快速發展

表 9-1　土地租佃與所有權

地區	租佃情況百分比	大地主占有土地情況（單位：畝）
貴州省	佃農較少	
山西省平陽府	佃農較少	很少有超過 500 畝的
山東省益都	10	1,000
武城*	30	100,000
萊州	40	100,000
雲南省太和谷†	20	
福建省福州	50	僅有一戶超過 300 畝
浙江省仁和及紹興	50-60	?
廣東省	75	1,000
江蘇省（蘇北）	70-80	400,000
湖北省廣濟	70-90	300

* 譯按：原文為 Wu-ch’ing，山東省有武城縣，但譯音應作 Wu-ch’eng。

† 譯按：原文為 T’ai-ho Valley，雲南省有太和縣，清代大理府治。

時（如廣東和江蘇），城市裡累積的一部分財富就流入比鄰的鄉村地區。一些成功的商人或企業家就變成高產量土地的所有者。在這些地方，小地主相對較少，而佃農為數眾多。而在土地相對貧瘠的地方，資本比較難以累積，而土地也不是理想的投資標的，那裡的小地主人數就可能超過佃農人數。

---

54 葛士濬，《皇朝經世文續編》，36/81a-b。比較前面注四六。

55 昭槤，《嘯亭雜錄》，1/63、64，引見 Teng Ssu-yu (鄧嗣禹), *New Light on the History of the Taiping Rebelion*, p. 42.

56 George Jamieson, "Tenure of Land in China," *Journal of the Royal Asiatic Society*, North China Branch, N. S., XXIII (1888), pp. 59-174. Edward T. Williams, *China, Yesterday and Today* (1923), pp. 92-93, 概括了他們的一些研究成果。近代的研究結論也類似。例如，John L. Buck, *Chinese Farm Economy* (1930), p. 146, Table 1（涵蓋一九二一年到一九二五年間，七個省十七個縣的二千八百六十六個農莊），列出下表。

	地主百分比	小地主百分比	佃農百分比
華北（直隸、河南、山西）	76.5	13.4	10.1
華東（安徽、浙江、福建、江西）	48.2	21.3	30.5

Ch'en Han-seng (陳翰笙), *Chinese Peasant*, 在探討了近代中國各地的情況後，作出結論說：「……華南和華北的情況普遍不同。很明顯，華南土地所有權比華北更集中。」（頁一四）但是他補充說，這並不意味著華北地區農民的處境更好。「華北地區典型的農民是一個貧窮的農人耕作著自己不夠大的土地。他們通常在大約十或十五畝的農場工作，但要養活他本人及其家庭，一般需要這個數量的兩倍。……他的經濟條件並不比華南地區的佃農好。」（頁二六）比較 Ch'en Han-seng, *Agranian Problem*, 特別是頁二一七。Institute of the Pacific Relations, *Agrarian China*, tables on pp. 3 and 4, 指出類似的結論。

從一般村民的角度來看，很難說上述兩種狀況中哪一種比較好。在一種狀況，農民可免於地主的可能壓迫，但卻要面對惡劣經濟環境的不利；在另一種狀況，自然環境比較好，但大多數農民不得不依靠地主，過著不穩定的生活。在兩種情況下，耕種土地的農民都不太能保證，可以在相當長時間裡過著體面的生活[57]。

大地主的確可以為地方經濟帶來某種利益。一些紳士家庭和宗族在他們擁有土地或居住的鄉村地區，會負責修建或維持灌溉系統、橋梁、渡口等等；但是他們從擁有土地所取得的經濟資源中，把相當大的部分用於購買更多的土地，或投資其他可以獲利的事業，諸如在城鎮或城市經商，或購買官位或官品。可能只有一小部分財富用於改進他們已經擁有土地的農業生產。無論怎樣，他們很少關心佃農的福祉。

不同地區的租佃安排各不相同。常見的租金是主要農作物收成的五〇%。河南東部一個縣的縣志纂修者（一八八二年中舉）這樣概括了當地的習慣：

> 農受田代耕者曰佃戶，尊授田者曰田主人。主居之以舍，而令自備牛車籽粒者，所獲皆均之。主出籽粒者，佃得什之四。主並備牛車芻秣者，佃得什之三。若僅僅為種殖芸鋤，則所得不過什二而已[58]。

在陝西的一個縣，租佃安排是：在稱為「租種」的租約中，按照一定數目的租金租種土地，每年收成後支付。在「合種」約中，如果地主提供耕牛和種子，佃農提供勞力，收成就平均分配；如果地主沒有提供耕牛和種子，則佃農所得為收成的六〇%或七〇%；如果是「傭種」，受雇的耕種者所得更少。但是，由於該縣的土地並不肥沃，佃農往往很難以維生。「豐收僅足衣食，凶荒即不免於流離。」[59]

在南方，在廣州附近一個縣分的租佃情況如下：

> 近山之田，多半自耕。……餘則率歸大農，是為田主。佃戶就田主賃田而耕，歲晚供所獲之半歸之。然率以銀租田，名曰批耕，其價因肥磽而異。……約計腴田每畝所獲，合早晚兩造，得穀可八九石，磽田五石有奇。……八口之家，耕腴田者須及十畝，方克贍給，磽田則不足矣。惟田稀佃眾，供不逮求，於是租約漸增，所耕益多，所收益少[60]。

並不是只有華南地區的佃農才會成為地主壓迫的犧牲者，華北地區也存在類似情況。直隸的縣志提供了一個說明的事例：

> 地磽薄，……歲小歉即不免流徙。富民則多莊田，計村二百，為佃莊者幾三之一。其衣食率仰給

57 Ch'en Han-seng, *Agranian Problem*, pp. 14-15; Richard H. Tawney, *Land and Labour* (1932), p. 37.

58 《鹿邑縣志》（一八九六），9/3a，引傅松齡的論述。

59 《神木鄉土志》，4/1b。

60 《番禺縣續志》（一九一一），12/1b-2a。有關其他幾個租佃關係，例見《洛川縣志》，8/9a-b；John L. Buck, *Chinese Farm Economy*, p. 148; Ch'en Han-seng, *Agranian Problem*, p. 52. 有關租佃制度的補充討論，見 Chang Chung-li, "The Gentry in Nineteenth Century China," p. 41.

于田主，不肖者或重利掊克之，有終歲勤苦而妻子不能飽暖者[61]。

這些情況證明這個說法：清帝國絕大多數農村人口「迫切需要土地」[62]，而大批沒有土地農民的存在是太平天國和其他動亂爆發的主要原因[63]。當然，並不是所有農民都處於相同的悲慘情況。在自然條件特別好、地主不苛刻的地方，或者在耕種者自己也擁有一些田地的地方，即使必須不斷勞動才能謀生，農民的生活可能還過得去。當清帝國沒有遭到嚴重災害或災難擾亂時，這些安於現狀農民的影響，就會抵消由窮困農民的痛苦以及「莠民」的習慣性侵略行為所帶來的破壞性影響，鄉村地區因而能大體上保持平靜。

但是災害終究降臨了，規模很大、延續很久、發生在廣大地區的水災或旱災，很容易使停滯不前的鄉村經濟脆弱的平衡遭到破壞。其他各種各樣的因素逐漸但確定地破壞鄉村經濟，使得許多地區鄉村居民的環境越來越惡劣。儘管清政府竭力控制和防止災害，但鄉村衰敗的趨勢卻日益明顯，特別是在十九世紀。雖然各地衰敗的程度和影響各不相同，但對清王朝統治體系的整體影響，是削弱了政治基礎及對清王朝崩潰的絕大貢獻。

政府與土地問題

就我們手中的片斷材料來看，清王朝皇帝們雖然並非不知道廣大無地農民的存在所帶來的危險，但他們在總體上傾向於支持特權人士，保護地主的利益，對抗佃農的侵占。因此，這些統治者與明王朝建立者形成一個對比。根據史家的記載，朱元璋「懲元末豪強侮貧弱，立法多右貧抑富」[64]。

不過，清王朝皇帝們的態度很容易理解。財富擁有者通常被當作帝國秩序的穩定要素。此外，他們之中有許多人可能是退職或在職官員，以及在實際生活中取得一定成功的士子。清政府對他們的財產提供法律保護，間接加強了他們在社會上的地位，同時贏得他們對清王朝的忠實支持。

皇帝們對土地所有權所採取的基本觀念，在一七二九年（雍正七年）的一道上諭中透露無遺：

其為士民而殷實者，或由於祖父之積累，或由於己身之經營，操持儉約，然後能致此饒裕。此乃

---

61 《西寧縣新志》（一八七三），9/1b。

62 Ch'en Han-seng, *The Present Agrarian Problem* in China, p. 1.

63 王英，〈太平天國革命前夕的土地問題〉，載《中山文化教育館季刊》，一卷一期；薛農山，《中國農民戰爭》，頁二三一—二五五。

64 《明史》，77/2b。下列措施部分說明了這一政策：朱元璋在一三六九年登基當皇帝後不久，就下令浙江和應天府（江蘇）超過四千三百戶富戶遷移到當時明朝的京師南京，明成祖又遷移另外三千富戶到北京及其鄰近地區。這些富戶不但要在原籍納稅，還必須在新居住地納稅。在其中一些最後破產並逃走之後，明王朝又從同一個地方遷移其他富戶以填補空缺。一四九二年（弘治五年），雖然不再懲罰「在逃富戶」，但是要徵收三兩銀子，有的由留下來的成員繳納，有的由其親屬繳納；到十六世紀中葉，嘉靖朝降為二兩。參見《明史》，77/2b-3a。明太祖還設置了另一項措施，在每個鄉村地區設一名「糧長」，負責徵收稅，糧。糧長由其鄉鄰推選〔編按：據《明史》，「令田多者為之」，而非由鄉鄰推選〕。參見《明史》，78/4b；柳詒徵，《中國文化史》，下冊，頁二六五，引顧炎武，《日知錄》。亦見第四章注一〇六。不過，明太祖的措施遠不如王莽（西元九—二三在位）的政策來得激烈。見《漢書》，卷九九。

國家之良民也。其為鄉紳而有餘者，非由於先世之遺留，即由於己身之俸祿，制節謹度，始能成其家計，此乃國家之良吏也。是以紳衿士庶中家道殷實者，實為國家之所愛養保護[65]。

雍正清楚地假定財產分布不平均是合法的，而貧窮是由於祖先或個人懶惰所致。這樣的假定，使得干涉地產的取得和持有變成不恰當與不合適的。

事實上，清政府一直抱持著不干涉政策。一七四三年（乾隆八年）的一道上諭，以極明確的措詞重新加以肯定，雖然是用實際而非道德的理由來加以合理化：

前漕運總督顧琮奏請舉行限田之法，每戶以三十頃為限。以為如此則貧富可均，貧民有益。朕深知此事名雖正而難行，因諭云：「爾以三十頃為限，則未至三十頃者原可置買，即已至三十頃者分之兄弟子孫，每人名下不過數頃，未嘗不可置買，何損于富民？何益于貧民？況一立限田之法，若不查問，仍屬有名無實。必須戶戶查對，人人審問，其為滋擾，不可勝言。……」而顧琮猶以為可行，請率領地方官于淮安一府試行之。朕令其再與尹繼善熟商。今據尹繼善陳奏，難行之處與朕語不約而同。則此事之斷不可行，斷不能行，實出人人之所同然，又豈可以嘗試？特降旨曉諭顧琮，此事著停止，並令各督撫知之[66]。

根據在十九世紀的考察來看，蘇北淮安府就是一個土地高度集中的地區。顧琮所提的建議，看來是有一些令人信服的理由。乾隆帝自己也承認他「名正」。但是，皇帝很快就堅持他的觀點：土地所有權應該排除在政府干涉範圍之外。事實上，大約四十年之後，他在一七八一年的一道關於支出減縮的上諭中，更加明確地重申這個觀點：

> 夫淳樸難復，古道不行，如三代井田之法，豈非王政之善。……此亦宜於古而不宜於今。……即均田亦稱善政，窮儒往往希此以為必應行，而今日亦斷屬難行。無論奪富以益貧，萬萬不可，即使裒多益寡，而富人之有餘，亦終不能補貧人之不足，勢必致貧者未能富，而富者先貧，亦何賴此調劑為耶[67]？

不過，皇帝們對於聽任大多數鄉村居民處於飢餓和壓迫之下的潛在危險並非渾然不知，他們採取各種辦法（或權宜辦法）來緩解鄉村的情況，同時注意不要損害到對地主的法律保護，他們試圖透過墾荒來幫助無地農民取得財產[68]。即使到十九世紀中葉，清政府還在鼓勵無地農民墾荒。例如，在一八三二年（道光十一年）的一道上諭中，皇帝命令廣東省當局，鼓勵開墾廣州、惠州、潮州、肇慶、韶州、嘉應、羅定、南雄和連州等地的荒地。他首先指出，清政府自乾隆以來就在許多場合命令其他地區從事這

65《大清十朝聖訓．世宗朝》，26/19a。
66《清朝文獻通考》，4/4887。
67《大清會典事例》，399/4b。
68 參見第五章注一。

種工作；然後指出，他期望這個辦法真的可以奏效，因而告誡地方官切勿漠不關心和腐敗，以免「貧民被累實多，轉不得沾實惠」[69]。

有時，清政府幫助無地農民重新取得他們的土地，作為地方饑荒之後重新安置的一種補助措施。一八一四年發生的一個事例就能說明這個情況，這一年的一道上諭說：

> 小民以耕作為業，藉資養贍。直隸大名等府屬三十餘州縣，前因連年荒歉，民間地畝，多用賤價出售，較豐年所值，減至十倍。本處富戶及外來商賈，多利其價賤，廣而收買。本年雨水調勻，而失業之民，已無可耕之地，流離遷徙，情殊可憫。
>
> 亟宜官為調劑，以遂民生。著照該督那彥成所請，明定章程，……所賣地畝，准令照原價贖取，定以三年為期。……
>
> 此外，山東、河南兩省上年被擾歉收各州縣，並著各該撫飭屬查明，一體辦理[70]。

我們沒有資料來證明上述措施的效果，從整體歷史環境來看，效果很可能非常有限。清政府另一項措施——讓饑荒受災地區延期繳納或豁免土地稅[71]，對佃農自然也沒有產生什麼好處。一位十八世紀中國官員指出：

> 農民為最苦，無田可耕則力佃人田，無資充佃則力傭自活。……此等民人自以為上不如有田之戶得蒙恩免地丁錢糧之惠，次不如服賈之家得被恩免關津米豆之稅[72]。

清王朝這些慷慨的行動對所有地主帶來的好處也不是一樣的，小地主承擔的稅負經常比擁有紳士地位的大地主來得重。當清政府豁免納稅時，小地主經常未被告知，因而不得不照常納稅，而大地主卻常常可以得到好處[73]。政府很少設法糾正這種情況，聽任不公平的納稅負擔繼續，讓小地主承受困苦。當他們真正可以享受豁免的好處時，或許早就已經破產了。一位地方志纂修者在十九世紀晚期寫道：

豪強之兼併割據厚利豐殖，晏然無稅可納者，所在多有。糧田雖逢稔歲，供庸調尚苦不支，勿問飽妻孥也。遂有賠累徹骨，棄隴畝以逃匿者[74]。

在清帝國的一些地區，不公平的稅負事實上正是土地所有權不平均的一個原因。根據一份中文材料：

兼并者，非豪民之鉗貧民而強奪之也。賦重而無等，役煩而無藝，於是均一賦也，豪民輸之而

69 《大清十朝聖訓．宣宗朝》，78/10a-b。

70 《大清歷朝實錄．仁宗朝》，296/24a-b。另一項政府措施是規定債主向典押莊稼〔質穀〕的農民索取的利率，這是否能給貧民帶來利益值得懷疑的。見《江西通志》，卷首之三，頁一六b－一七a；《巴陵縣志》，15/3a。

71 楊景仁，《籌濟編》，卷首，頁二a－三〇b。

72 《皇清奏議》，42/4b，一七四五年（乾隆十年）禮科給事中劉方靄的上奏。

73 參見第四章關於紳士及稅收制度部分：Chang Chung-li, "The Gentry in Nineteenth Century China," pp. 25-28.

74 《沔陽州志》（一八九四），卷四，〈食貨〉，頁三七a。

輕，弱民輸之而重；均一役也，豪民應之而易，弱民應之也難[75]。

值得指出的是，清政府在不危害地主特權的情況下試圖減輕佃農的痛苦。依據一六七九年（康熙十八年）的一道上諭，政府作出下列規定：

凡不法紳衿，私置板棍，擅責佃戶；及將佃戶婦女占為婢妾者，黜革治罪[76]。

這或許可以防止殘暴的地主做出凶殘的暴行，但並未解除佃農的義務，他們仍然要全額繳付地主要求的所有租金。

事實上，政府本身經常在強調繳納租金的義務。例如，廣東巡撫一七三二年下令所有佃農必須全額納租[77]。在另一些事例，政府也準備好要幫地主向佃農收租。於是，十九世紀晚期在直隸一些地方，就出現這種常見的情況：

殷實之家有地數十頃或數百頃，則招佃分種，佃戶藉為養命之源。倘給租不足其數，輒稟送訊追；或地易主而佃不退地，亦稟送訊究[78]。

十九世紀後半期的社會動盪，讓清政府特別注意保護地主的權利。由於某種原因，許多佃農拒絕繳納租金，有時甚至以暴力或威脅採取暴力抗租。政府認為有必要再次正式強調繳納租金的義務。一八五四年

（咸豐四年）的一道上諭，部分內容如下：

> 業田之家，佃戶抗不交租，……該地方官自應痛加懲辦。……至於佃欠業租，既經該業戶控告，亦應照例懲辦，以儆刁風[79]。

這樣，佃農納租的義務就提升到與納稅義務相同的法律層次了。

大地主利用清廷這道命令，強迫佃農竭力履行納租義務的情況，可以從一位知名作者關於一八六五年江蘇某地〔蘇州〕減免稅收的記述，得到間接的說明：

---

75 Chang Chung-li, "The Gentry in Nineteenth Century China," p. 26, 引《貴筑黃氏家乘》，內篇下，頁二〇b。〔編按：「貴筑」原文誤作「貴州」（kui-chou）。《貴筑黃氏家乘》係黃彭年所編，光緒年間刊本。此處所引不是《家乘》本文，而是幾件附冊中的《營田輯要》，由曾任陝西鳳邠鹽法道的黃輔辰輯前人著作而成，黃輔辰過世後由當時的陝西巡撫劉蓉進呈御覽，同治三年九月在成都刻板印行。引文的標題是〈田賦不均之弊〉，文末注明出自《宋論》。查引文出自王夫之，《宋論》，卷一二，〈光宗〉而略有刪節。〕

76 《欽定六部處分則例》，15/29a。《清實錄》和《東華錄》中沒有收錄康熙十八年發布的上諭。

77 《清遠縣志》，卷首，頁一五a－一六a。

78 《天津府志》，26/5a-b。同書，26/6a 中記載了這則有趣的訊息：「紳士田產率皆佃戶分種，歲取其半。佃戶見田主，略如主僕禮儀。」

79 《大清歷朝實錄·文宗朝》，140/1b-2a。

嘗聞蘇州圍田，皆在世族，……農夫占田寡，而為傭耕。其收租稅，畝錢三千以上，有闕乏，即束縛詣吏，榜笞與逋賦等[80]。

因此，清政府對地主全額收租的肯定，在言語和行動上都是最為有力、最不含糊的。不過，皇帝們同時也意識到，地主如果壓迫極端貧窮佃農繳納租金，或完全漠視佃農一般痛苦，也是非常危險的，因此偶爾也會對其「良民」和「良吏」作一些勸告。例如，雍正帝就在一七二九年發出一道上諭，對「各富戶等」作出勸告。他首先解釋了土地占有的正確性，然後接著說：

夫保家之道，奢侈糜費，固非所以善守，而慳吝刻薄，亦非所以自全。……蓋凡窮乏之人，既遊閑破耗，自困其生，又不知己過，轉懷忌於溫飽之家。……一遇歉荒，貧民肆行搶奪，先眾人而受其害者，皆為富不仁之家也。逮富家被害之後，官法究擬，必將搶奪之窮民置之重典。是富戶以斂財而傾其家，貧民以貪利而喪其命。朕為此勸導各富戶等，平時當以體恤貧民為念，凡鄰里佃戶中之貧乏者，或遇年穀歉收，或值青黃不接，皆宜平情通融，切勿坐視其困苦而不為之援手[81]。

乾隆帝也作了同樣的勸告，他在一七三八年的一道上諭中強調，富者考慮一下貧者的需要是明智的，敦促前者不要為了牟利而囤積穀物或其他糧食。這道上諭的內容被認為非常重要，因而隨後被納入鄉約宣講內容之中[82]。

值得指出的是，清王朝統治者這些勸誡性的談話，只是要說服，而不是命令。土地所有權的合法權利一刻都不曾遭到質疑；建議地主採行的實用智慧，不是要損害地主的財產權利，而是為了保護他們的安全和利益。

清王朝統治者這種基本態度在下列情況下更加明顯：即使在危難時期，他們也拒絕強迫地主減少一些租金，只是嘗試說服地主把從政府得到的恩惠分一點給佃農。雍正帝在一七三五年的一道上諭很能說明這個狀況，他說：

朕臨御以來，加惠元元，將雍正十二年以前各省民欠錢糧，悉行寬免。……惟是輸納錢糧，多由業戶，則蠲免之典，大概業戶邀恩者居多，彼無業窮民，終歲勤勤，按產輸糧，未被國家之恩。尚非公溥之義。若欲照所蠲之數，履畝除租，繩以官法，……徒滋紛擾。然業戶受朕惠者，當十捐其五，以分惠佃戶。……

近聞江南已有向義樂輸之業戶，情願蠲免佃戶之租者，閭閻興仁讓之風，朕實嘉悦。其令所在有司，善為勸諭各業戶，酌量寬減彼佃戶之租，不必限定分數，使耕作貧民，有餘糧以贍妻子。若有素封業戶，能善體此意，加惠佃戶者，則酌量獎賞之。其不願聽者聽之，亦不得勉強從事。……若

80 章炳麟，《檢論》（一九二四），7/17a-b。〔編按：見「定版籍」條，中華古籍叢刊本在 7/28a。〕

81 《大清十朝聖訓．世宗朝》，26/19a-20b；《大清歷朝實錄．世宗朝》，79/5b-7a；王先謙，《東華錄》，14/20b-21b。

82 《學政全書》，9/6a-b。

彼刁頑佃戶，藉此觀望遷延，則仍治以抗租之罪。朕視天下業戶佃戶，皆吾赤子，恩欲其均也[83]。

不止雍正帝有這個想法。他的父皇康熙和兒子乾隆帝也是這樣想的。在一道未注明日期的上諭中，康熙帝這樣建議山東省的地主：

> 東省小民，俱依有身家者為之耕種，豐年所得者少，凶年則己身並無田產，有力者流於四方，無力者即轉於溝壑。……東省大臣庶僚及有身家者，若能輕減田租，亦各贍養其佃戶，不但深有益於窮民，即汝等田地，日後亦不致荒蕪[84]。

乾隆帝在一七四八年的一道上諭中，在引述康熙帝的上諭後接著說：

> 今朕省方問俗，親見……歲偶不登，閭閻即無所恃，……實緣有身家者不能贍養佃戶，以致滋生無策。……轉徙既多，則佃種乏人，鞠為茂草，富者不能獨耕也。何如有無相資，使農民不肯輕去其鄉？……總之，貧固資富之食，富亦資貧之力，不計其食而但資其力，貧民復何所圖繼？自今該督撫董率群有司實力稽查勸諭，務使曉然於貧富相維之道[85]。

乾隆帝還在一七九〇年八十大壽慶祝日發布一道上諭，重述雍正帝一七三五年上諭的觀點：地主應該把自己從清政府所得好處分一點給自己的佃農，而減少租金應該在地主完全自願的基礎上進行[86]。

然而，我們不能因此就認為乾隆帝準備修改保護地主收租權利的政策。情況遠遠不是這樣。他在一七四九年（即發給山東巡撫聖旨的第二年），發布一道上諭，堅決拒絕有關地主應該與其佃農平分當年的農作收成，並不得追討歷年欠租的建議：

> 佃民終歲勤勤，固宜體恤。……但有田之戶，經營產業，納糧供賦，亦圖自贍身家，豈能迫以禁

---

83 楊景仁，《籌濟編》，卷首，頁一三 a－一四 a。十九世紀晚期，直隸清苑縣王家莊一位村塾教師就在日常生活中把雍正帝強調的「積善」原則體現出來了。根據齊樹楷，〈惜陰學案〉，引見《中和月刊》，二卷（一〇期），頁一九：「光緒十五年（一八八九），楷隨兄樹枏受業于王家莊。其時環王家莊各村，皆有地多至數十頃之戶。貧人無地者多，先生〔王錫三，王家莊人，一八五八年中舉〕急勸地戶出糧賑窮，聽者固有之，然未能遍及。私憂竊歎而無如何。至二十六年（一九〇〇），拳難起，而地戶一掃空矣。」

84 乾隆帝在《大清十朝聖訓．高宗朝》，263/10a 所引。在康熙四十三年元正月辛酉的上諭中，康熙帝說出「小民」的關心：「朕數巡幸，諮訪民生利弊，知之甚詳。小民力作艱難，每歲耕三十畝者，西成時，除完租外，約餘二十石。其終歲衣食丁徭所恃惟此。……今乃苛索無藝，將終年之力作而竭取之，彼小民何以為生耶？……至於蠲免錢糧，原為加恩小民，然田畝多歸搢紳豪富之家，小民所有幾何？從前屢頒蠲詔，無田窮民未必均沾惠澤。約計小民有恆業者，十之三四耳，餘皆賃地出租，所餘之糧，僅能度日。……比年巡行七省，惟秦晉兩地民稍充裕，畿南四府及河南一路，殊覺生計艱難。山左初次巡幸，民甚饒裕，繼而少減，今則大異往昔矣。皆由在外大小官員，不能實心體恤民隱，為民除弊，而復設立名色，多方徵取，以此民力不支，日就貧困。」引參見王先謙，《東華錄．康熙》，73/4a-b〔15/31a-b〕。從這道上諭中清楚看出，康熙帝對大地主未採取任何遏止措施。

85 《大清十朝聖訓．高宗朝》，263/10a-11a。

86 楊景仁，《籌濟編》，卷首，頁一四 a－b。

令，俾其推以予人？況佃民多屬貧無聊賴，……豐收之歲，尚不免凌其田主，抗負租息。今若明降諭旨，令地方大吏出示飭遵，在田主既不能強以必從，而頑佃更得藉端抗欠[87]。

現在已經非常清楚，清政府對地主和佃農的基本政策是：對所有權和收租的權利給予完全的法律保護，同時防止無地農民的境況悲慘得難以承受。沒有證據顯示，這個政策在十八世紀和十九世紀期間作過任何明顯的修改。的確，十九世紀的皇帝們看來更關注農民的悲慘境地，例如嘉慶帝在一八一四年下令一些省級官員幫助小地主重新取得他們的土地；又如道光帝在一八二二年指出，土地抵押限一年贖回是錯誤的，並命令臣工准許庶民「聽其自便」（即照例以三年為限）[88]。但一般說來，基本觀念仍然是保護土地所有權。

清王朝統治者有很好的理由來維持這樣的政策。繳納稅（糧食）賦（勞役）的是地主；而稅賦在相當長的時期裡，是清王朝收入的主要部分。保護土地所有權和收租權利，就是間接保護這筆收入的主要來源。但是，由於地主所繳的稅來自向佃農收取的租金，因此給予佃農足夠保護，使他們能夠繼續生產糧食並交租，對清王朝是有利的。清王朝在救濟受到饑荒打擊的地區時，特別照顧農民，規定只有農民才可以領取地方糧倉的穀物；至於其他居民，雖然也極端悲慘，卻不包括在可以領取救濟物品的名單之內[89]。這個事實說明，清政府考慮「小民」的需求，動機並不完全是出於人道主義，它們的政策也是有一個政治的理由。地主容易成為清帝國的一個穩定因素。皇帝們毫不懷疑地接受了孟子的觀點，認為有「恆產」的人會有「恆心」[90]，因此給予地主保護，就是一種對自己政權政治安全的投資。此外，相當多數的地主是紳士，用雍正帝的話來說，他們就是「良吏」。清政府更有理由要保護他們作為地主的權利與利益。

不過，這樣的政策長期看來有一些缺點。清政府一方面聽任土地所有權集中的過程繼續，幾乎不加以控制；同時又准許無地農戶數目日益增加。這樣，小土地擁有者的經濟生活處於危險邊緣，清政府也就同時在無意中減少了穩定元素的數量，使得越來越多鄉民的處境難以忍受。清政府有時採取緩解小農、佃農命運的措施，卻因為與大地主的自私利益直接發生矛盾，而沒有產生什麼實質效果。除了一些例外，地主和佃農之間關係絕不是友善的。在帝國的任何地方，當經濟、社會環境惡化到臨界點，或者當鄉村經濟因災害而受到嚴重打擊時，鄉村地區那些未得到政府什麼利益保護、最得不到政府信任的成員，就會因絕望而走上暴力反抗他們的地主，或許也反抗地方官的示威運動。受到這樣的影響，清王朝對那個地區的控制就會暫時或在相當長的一段時間裡崩潰。

長時期的發酵通常會導向最終的爆發。帝制中國鄉村居民在其中一些人採取極端手段之前，可以忍

---

87 《大清十朝聖訓．高宗朝》，263/15a-b。

88 《江西通志》，卷首之三，頁一六b—一七a。

89 王仁堪，《王蘇州遺書》，7/31a。王仁堪在擔任江蘇鎮江知府時，為丹陽縣知縣及其下屬制定了一套一八九二年大旱救濟工作的規定。其中一條規定說：「爾等須知，朝廷放賑，係為農民被旱受害，並非普濟窮人。」這與清王朝對地方糧倉規定所顯示的政策完全符合。

90 《孟子．滕文公上》，第三章。理雅各將此句翻譯為 “If they have a certain livelihood, they will have a fixed heart.” 無論把原文中的「產」字當作「生計」（livelihood），還是當作「財產」（property），都必須記住孟子及其同時代的其他儒家都認為農耕是基本謀生手段，而土地是生存必不可少的條件。

受相當多的痛苦。本章剩下的篇幅將要描述各地村民發現自己所處困境的突出面向，以及他們在這種環境下的基本行為模式，這就可以呈現出廣為人知的「堅忍的中國人」一詞的真相與意義。

鄉村的衰敗

研究中國近代歷史的許多學者都認為，特別是自十九世紀以來，中國鄉村走向經濟衰敗的趨勢是可以明顯看出來的[91]。這個過程部分起因是不斷發生的災害，使清帝國廣大地區都受到打擊；部分是因為十九世紀中葉爆發了前所未有的社會大動盪；還有部分是自乾隆晚年以來，地方官吏的腐敗越來越嚴重。當然，這個過程並不是在所有地區都步調一致，但鄉村繁榮隨著時間推移成為比較罕見的現象，似乎是可以肯定的；而在經濟受到嚴重打擊的地區，即使是許多先前處境比佃農要好的居民，也不能長久過著獨善其身的好日子。在最壞的地區，村莊嚴重蕭條，變成「鬼鎮」或「荒村」。

二十世紀早期觀察到的直隸南部某村莊的情況，有力地說明了鄉村衰敗的某些突出特點：

> 這個村沒有大地主的原因之一，是因為以土地為主的家產不斷分割。現在，該村擁有一百畝以上土地的僅有十八戶，擁有五十到一百畝土地的有四十戶，但是擁有土地少於二十畝的達到三百二十三戶之多。……
>
> 家境一般都不好，即使是相當豐裕的中農家庭，前景也不好。……在這個世紀開始的十年（光緒帝晚年），有好幾季發生歉收與饑荒，村中大多數年輕人在與前來催徵稅收的官軍衝突中被殺。……在一九一一年民國建立之後，又是另一個戰爭的年分，接踵而來的是瘟疫、饑荒，於是村

中許多少地或無地的人戶開始四出逃荒。……該村經濟狀況惡化的情況，清楚反映在教育的衰敗。在一九二〇年代初期，該村有兩所男校，學生將近二百人；還有一所女校，學生超過四十人。但是到目前〔一九三五年左右〕，一所男校……已經關閉；……一半學齡男童和四分之三的學齡女童連初等學校的低年級也沒上過[92]。

在經過必要的修正之後，這則報告可以作為十九世紀中國許多村莊「經濟沉淪」（sinking economy）絕佳範例，這種情況實際上在清帝國任何地方都可以看到，當然在條件尤其不幸的一些北方省分更為常見。一些十九世紀作者所作的觀察，可以用來說明這個普遍的情況。一位地方志纂修者描述直隸定州的情況如下：

人無遠慮，家無素儲，農作外別無生理，一遇荒歉，輒仰屋袖手。……至於族無祠宇，壙乏志銘，譜系罕傳[93]。

91 例見傅築夫，〈中國經濟衰落之歷史的原因〉，載《東方雜誌》，三一卷一四期，頁一二一－一二八；孔雪雄，〔〈農村產之事實的分析〉〕，載《中山文化教育館季刊》，二卷〔四期〕，頁一一四三－一一五八。

92 Institute of the Pacific Relations, *Agrarian China*, pp. 168-170. 所考察的村莊名叫「簡澤莊」（Chien-che-chueng），位於河北（清代叫直隸）南部廣宗縣。〔編按：民國《廣宗縣志》（一九三三）查無簡澤莊，比較近似的是第二區第一鄉的「件只集」，但卻是個市集。2/7a。〕

93 《定州志》，19/12b-13b。

對華北許多地區的農耕來說，灌溉是最必不可少的條件，是一件比祖墳和宗祠更令人關心的事情，但是因為鄉村的長期衰落，也常常任其毀壞。一八九六年版的河南《鹿邑縣志》就提供了一個事例：

> 農苦而不勤，播種既畢，旱澇皆聽之於天。境內舊有溝渠百數十道，皆導積潦歸於幹川者，近多堙塞，或犁為田。每值盛夏雨集下隰，半為澤國，自拯無術，有束手嗟歎而已。高壤易旱，掘地尺許可以得泉，然語以灌溉之利，亦率憚於圖始，無肯為者[94]。

在華中和華南一些土壤貧瘠的地區，也可以發現令人沮喪的類似現象。安徽《蒙城縣志書》以三句話概括了居民的貧窮：「其土地薄鹵，田無灌溉之源，家無累世之富。」[95]同樣地，一九一四年版廣東《靈山縣志》這樣描述十九世紀末和二十世紀初的經濟狀況：

> 靈地向多曠土，又不講蓋藏，貧者春、夏稱貸，歲終則盡糶其穀以償之。富者每俟青黃不接時始發糶而享其值，若大旱，則皇皇如也[96]。

即使在同一省區，不同地方的情況當然也不相同。在一八五〇年代，清帝國大部分地區受到太平天國反叛嚴重打擊期間，廣州附近的一個地區，享受著不可思議的安定與繁榮，對外面的動盪一無所知。一位英國軍官說：

94 《鹿邑縣志》，9/3a。另外幾個事例，見《盧龍縣志》，10/1b，「盧龍為地瘠民貧之地」；同書，10/2a 中記載說：「人口十六萬餘，多自食其力，且十九業農，地狹人稠，終歲勞苦。」《邯鄲縣志》，2/8b：「近年以來，雨量缺乏，或且釀成旱災。……雖城東有數十村地濱滏水，每歲攔河閉閘，尚可灌溉一次，即乏雨澤，猶能賴以播種，不至寸粒俱無。然統一縣計之，則不及十之一二。約要以言，謂邯邑為土瘠民貧也可。」《洛川縣志》，11/16a，引《延安府志》，描述延安府所屬九個州縣說：「千里頑山，四圍重阻，商賈難以至其地，行旅難以出其鄉。以此經營之路既絕，有力難以傭倩而得財，有粟難以貨賣而得銀。」同上，卷首，頁三 a，黎錦熙的序言：「全縣人口尚不滿六萬，視南方大邑之城廂或一鄉鎮且不如。山原無林，川溝無水。」

95 《蒙城縣志書》，1/9b。貧窮的村民要想從他們那悲慘的經濟處境翻身，通常非常困難；這種悲慘的景況，一直持續到最近時期。舉例來說，S. C. Lee, "Heart of China's Problem," *Journal of Farm Economics*, XXX (1948), p. 268, 引見 C. Arnold Anderson and Mary Joan Bowman, *The Chinese Peasant*, p. 223, 反映了下表情況。

96 《靈山縣志》，21/297b。在廣東省這個比較繁榮省分的一些地區，也存在類似情況。Daniel H. Kulp, *Country Life in South China*, I, pp. 104-105, 概括其中一個鄉村的情況如上表。庫爾普補充說：「經濟環境壞的家庭，只夠餬口，靠天吃飯以及親戚的善意接濟。……半數以上的家庭被迫為生存而堅持不懈的奮鬥，其成功主要憑藉於家族制度的理想和組織。」

經濟環境	家庭數	百分比
好（「小康」）	24	18
尚可（沒有多餘）	41	31
壞	68	51

省區	從傭農上升為佃農的百分比	平均年齡	從傭農上升為小地主的百分比	平均年齡	從傭農上升為大地主的百分比	平均年齡
河南	6.5	32.8	0.2	40.9	0.9	46.7
湖北	6.1	32.2	1.3	42.4	0.3	42.4
安徽	9.3	29.8	1.9	40.4	0.8	50.0
江西	4.7	28.8	1.0	39.5	0.7	46.0
平均數	7.0	30.9	1.6	40.9	0.6	48.1

二月二十日，一個野餐的隊伍外出去看一些鄉村景象和村民情況。……有些景象令人賞心悅目。在中國的這個地區，給人留下深刻印象、令人愉快的特色，是各個村莊位在「精耕細作」——如果可以這樣說的話——的平原上的位置，周圍環繞的樹籬是繁盛的、長滿優雅的羽毛式葉子的竹林。……所有人看上去都很忙、很滿足。在一個村子，當我們走過去時，許多人敲打銅鑼，我們不知其用意何在。但是，有一個人走出來，邀請我們喝茶。所以我們認為他們的用意是和平的，沒有別的意思[97]。

同樣地，根據一項中國資料，江蘇省許多地區在十八世紀和十九世紀也享有不同程度的繁榮景象[98]。根據另一些資料，浙江、山東及四川一些地區在十九世紀中葉和二十世紀初也呈現出令人鼓舞的景象[99]。同一地區的情況，在不同時期可能有極大的變化。概括地說，在受太平天國叛變和捻亂影響的省區，情況在一八五〇年代和一八六〇年代最壞。在社會秩序恢復之後，在環境較好的地區，可以看到不同程度的經濟復甦；但是在其他地區，或者經濟復甦非常緩慢，或者開始經濟衰敗的過程。一位知名的西方學者一八七〇年指出，這就是一些北方省分的情況：

在河南和山西，發生了好幾年的大乾旱。在今年（即一八七〇年）第一季，除了非常少數能夠得到灌溉的小片土地之外，其他地方幾乎顆粒無收。因此，居民越來越貧窮，有些地方現在已達到驚人的地步。各種食物的價格都非常高。……市場蕭條是貧窮的自然結果；除了糧食以外，其他貨物輸入數量一年比一年少。今年情況毫無疑問比前幾年要壞。一季小麥好收成就可以改變這個貧窮慘境，但是只有連續幾年好收成才能使這些地方恢復到正常狀況[100]。

該學者在另一封信中寫道：

> 每一步旅行者都可以觀察到居民目前的貧窮、無生氣，與以前情況較好時景象的比較。大城市，甚至村莊、廟宇、壯麗公共建築的遺跡，以及中國歷史，都可以證明中國北方省區以前是非常繁榮的[101]。

97 Lt. Col. George B. Fisher, *Three Years' Service in China* (1863), pp. 25-27.

98 馮桂芬，《顯志堂集》，9/3a-b，收錄代李鴻章寫的上奏，其內容是：「嗣是承平百餘年，海內殷富，為曠古所罕有。江蘇尤東南大都會，萬商百貨，駢闐充溢，甲於寰區。當是時，雖擔負之夫，疏果之傭，亦得以轉移執事，分其餘潤。無論自種佃種，皆以餘力業田，不關仰給之需，遂無不完之稅。故乾隆中年以後，辦全漕者數十年，無他，民富故也。……至道光癸未大水，……商利減而農利從之，於是民漸自富而之貧。……迨癸巳大水而後，始無歲不荒，無縣不緩。」

99 見注一四－一七中所提到的資料。

100 Von Richthofen, *Letters* (1903), p. 54.

101 *Ibid.*, p. 54.

接著繼續列舉了他認為是導致這些省區經濟衰敗的原因。這些原因之一是人口過多，特別是在河南省：

> 人口過多的後果是，必須盡可能保留更多的可耕地，種植居民所需的糧食和衣料，可供出口的東西數量非常有限。……耕種田地，只需有限的勞動力就可以了；因此，許多人都無工可做，居民一般變得懶散、冷漠[102]。

這位學者提出的另一個原因是，這些省分的居民普遍吸食鴉片，特別是山西和河南兩省。他說，在山西好幾個地方，成年男子中至少九〇%都染上那個惡習，無論在村莊或是城裡，其中大多數屬於勞動階層。與外國的貿易競爭，摧毀了許多內地村莊和城鎮生產產品的市場；這是鄉村經濟衰敗步伐加快的另一原因。最後，在不利於北方鄉村經濟的所有因素中，他推斷還有民變帶來的破壞。他認為，即使北方省區所受民變的影響並不多於——或許少於——其他地區，但是其經濟的恢復也不如其他地區那麼容易。

無論華北地區和清帝國其他地區鄉村衰敗的原因到底是什麼，也無論十九世紀各地經濟情況到底有什麼差異，最重要的是農民整體受到當時環境險惡變化的不利影響，以及農民所遭受的痛苦比其他社會成員來得多。十九世紀後半期一些地區發生的情況，以各種方式給城市或城鎮帶來好處，卻極大地危害了村莊的經濟。

想要弄清楚鄉村經濟承受的危害程度當然很困難，不過鄉村衰敗的一些跡象及其產生的原因還是能看得到。這些跡象之一是：由於移民他鄉或放棄農業生產所造成的鄉村人力脫節。

許多地方的村民發現鄉村經濟不再能提供他們生計，就離開家園到其他地方去找機會；有時，移居到遙遠的地方，沒有再回來。的確，在一些情況下，這種移民可能對鄉村的經濟有幫助；「地瘠民貧」的廣東恩平縣就是一個極佳事例。由於即使辛勤工作，也不只靠農業維生，居民暫時或永久地移居他鄉謀生。就像地方志纂修者所說的：

> 至務農者，手胼足胝，……幸遇豐年，衣食尚能有賴，否則妻兒不免飢寒。無論歲之豐歉，每於收穫事峻，即間關數百里往南海九江等處，估工擔泥，藉博勞資。至歲杪乃言旋。……計自春徂冬，無一日偷閒[103]。

一八八〇年代，移民海外的規模開始越來越大。放棄務農而「遠出」經商的赤子匯錢回家，進一步緩解了恩平居民所受痛苦。一如預料，隨著近代交通工具的引進，以及近代商業或工業城市在清帝國一些地方出現，從鄉村移出的人數越來越多。這個趨勢清楚地反映在陽江（廣東的另一縣），那裡的居民早先都不願意離開家鄉，現在卻非常樂意到遙遠而廣闊的地方尋求更富足的生活[104]。

---

102 *Ibid.*, p. 56.

103 《恩平縣志》，4/12b。南海和九江〔譯按：九江非今天江西九江市，而是今天廣東佛山市九江鎮〕兩地都是經濟繁榮地區。

104 例見《陽江志》（一九二五），7/4a；《巴陵縣志》，52/6b；Daniel H. Kulp, *Country Life in South China*, p. 53.

然而應該指出的是，雖然移民在一些情況下有助於相關鄉村地區的經濟發展，但是帝國鄉村的整體狀況並未得到實質提高。機會的移民只存在於那些有路可以通向希望之土的相對少數地區；而且在設法移民的人群中，並非全部都會發財致富[105]。無論如何，不管移民對鄉村帶來的最後作用是什麼，都是鄉村「經濟萎縮」（shrinking economy）的證據。

移民結果至少在一個方面不是有益的。假定所有移民通常是鄉村經濟中比較具有活力、比較有創業精神的人，他們的永久離去在居民中就造成一種「反向淘汰」（negative selection）[106]。村莊就會失去一些有用和充滿希望、當環境有利時會對鄉村生活做出貢獻的成員。而「因為只有比較沒有活力和能力的人才會留在家鄉過一生」，他們會安於現狀，即使機會出現在面前，也不會去為改善生存條件而奮鬥[107]。

農業人力的脫節會以改變職業的方式出現，改變發生在家鄉或者在他鄉。當環境變得險惡，農耕注定常沒有收成時，鄉民往往被迫放棄「世業」。這就是湖南巴陵縣十九世紀晚期發生的情況，根據地方志的記載：

> 邑境多山，農民世業，難以自給，多營生於湖北，故監利、沔陽、江陵、潛江四邑土工、農工、染工、酒工，巴陵人不下數萬。春往冬歸。……若四邑被水，皆歸而家食[108]。

直隸邯鄲也有相同的情況：

> 地瘠人眾，僅賴土產不能維持生活，貧者藉肩挑貿易以養家口。縣西與河南武安接壤，該縣煤礦

極多，普通人家多借運煤為生活之補助，亦以人力推煤為營業者[109]。

村莊「經濟蕭條」（sagging economy）的另一個跡象，並且在一定程度上幫助它發生的因素，是因為各種原因造成的農村失業。許多地方的「遊民」人數在十九世紀看來相當多。一名中國官員在一八五一年的上奏中指出這一點：

105 Daniel H. Kulp, *Country Life in South China*, I, pp. 104-105：「……不到十分之一的移民成功地遷回。」更壞的是，那些沒有闖出什麼名堂來的人也變得不能適應他的家鄉（如果他們的確設法回去的話）。無論如何，他們很少願意或能夠像農工那樣耕種。

106 Ellsworth Huntington, *Character of Races*, pp. 192-193：「〔饑荒之後〕逃荒人群分為兩群。一組由繼續設法回老家的人組成。……部分是因為他們在家鄉擁有土地；部分是性格使然，他們受到祖先的影響，喜歡舊有的生活方式，即使是悲慘的也願意。……另一群逃荒者則是充滿精力和開創精神的人。……鄉村地區就這樣失去了最優秀的人。」Huntington 的總括性結論並不可相信，但其觀察接近事實。

107 Daniel H. Kulp, *Country Life in South China*, pp. 53-54; 亦見吳文輝，〈災荒與鄉村移民〉，載《中山文化教育館季刊》，六卷，頁四九。

108 《巴陵縣志》，52/6b。

109 《邯鄲縣志》，6/2b。參見《同官縣志》，10/12b-17b；Lin Yueh-hwa, *The Golden Wing*, pp. 3-10, 黃東林（Hwang Dunglin）的故事。

> 臣壯時聞父老所傳，謂：往昔一鄉一集，游惰無業者，不過數人。今則數百家之聚，游惰輒至數十。
>
> 此語已逾二十年，今當更甚[110]。

在一些情況下，失業造成的情況因地方上發生災害，導致人口減少而更加惡化。另一名中國官員在一八八四年的上奏中這樣說：

> 近因迭遭兵燹水旱瘟疫各大劫，人民損傷無算，更兼生計艱難，丁壯及歲往往不能婚娶，產生女嬰，率多溺斃。是以閭閻生齒遠不逮從前之繁庶。約計一村之中，向有百人業耕者，今祇得五、六十人，而此五、六十人中，吸食鴉片，惰於農事者又約有二、三十人[111]。

這個現象十分普遍，在一些地區一直持續到二十世紀[112]。正如一位西方作者相信的，將農村中所有年齡層人口與有生產力的人口進行比對，會發現其中一半人口的生存依靠另一半人口支持[113]。描述帝制中國的鄉村環境，很難忽視天然災害的作用，它對造成村民經濟困境的作用，明顯多於任何其他單一因素。

前面已經指出，清政府著手對付水、旱災造成的緊急狀況[114]。但它所採行的各種防止水災和饑荒救濟的措施，效果非常有限；而且太常被地方官及其吏胥弄成比沒用還要糟糕的東西[115]。政府經常像天然災害的受難者一樣無助。下面一段敘述描繪了浙江某地在一八四九年發生的水災景象，村民在三個月裡

110 王植，〈遵旨縷陳八事疏〉，引見吳汝綸，《桐城吳先生日記》（一九二八），6/37a。

111 王邦璽，〈縷陳丁漕利弊戶口耗傷情形疏〉，收錄於葛士濬，《皇朝經世文續編》，32/20a。

112 例見《靖州鄉土志》（一九〇八），2/21b，列舉湖南靖州在二十世紀初期的數據：成年男子總數為四萬四千一百二十六口。其中，士子有二千五百七十六人，農民為二千五百五十人，商人為一千五百二十八人，小計三萬三千八百七十三人。〔編按：這個小計明顯不只限於士子＋農民＋商人，其間明顯省略許多工匠類的人。〕其餘一萬零二百五十三人（占總數二三%）可能大多數無業。《綿竹縣鄉土志》（一九〇八），〈歷史辛〉，頁一五a，列舉了四川綿竹縣在二十世紀初期數據：男性人口為二十一萬八千五百八十口。其中，士子八千九百人、學童二千人、農民十七萬三千九百人、工匠一萬四千五百人、商人一萬一千二百五十人、鴉片煙鬼四千六百九十人、「遊民」三千三百一十人。《洛川縣志》，6/10b，列舉陝西省洛川縣在二十世紀初期的數據：擁有職業（種田等）的人為一千零三十二（占三．五%）、無業者三萬零一百二十二人（占九六．五%）〔編按：據《洛川縣志》所載，此二項數字正相反〕。Daniel H. Kulp, *Country Life in South China*, p. 90, 提出廣東省鳳凰村在一九二〇年代的數據：總人口六百五十人；其中，有職業者為一百六十七人、移出五十五人、無業者四百二十八人（占總人口六五%）。Fei Hsiao-t'ung, *Peasant Life in China*, p. 139, 提供江蘇開弦弓村在一九三〇年代的數據：家庭總數三百六十戶；其中，二百七十四戶從事農業、五十九戶從事「專門職業」、十四戶從事漁業、十三戶是無業。〔編按：費孝通的著作有中譯本，名叫《江村經濟》，此處的職業分類譯法見中譯本（中華書局香港分局，一九八七），頁一二四。〕

113 Daniel H. Kulp, *Country Life in South China*, p. 38, 作出模糊的結論：「如果農民一生從事農業生產的年齡為二十歲到四十四歲，那麼很清楚，只有二九%（或四分之一強）的人口創造了維生必需的收入。然而在這二九%的人之中，還包括一些因健康原因而喪失勞力的人；其他四十五歲到六十四歲年齡層的人，應該還有一些具有生產力的，像是從事家庭手工業的婦女，或是在外經商的男子。考察所有年齡層的人的生產能力，可以這麼說，實際上有一半人口的生存是靠另一半人口支撐的。」雖然我們並不清楚庫爾普所說「二十歲到四十四歲」的含義是什麼，但他說許多人並未從事生產性工作，看來大體上是對的。

114 楊景仁，《籌濟編》，16/17b-24a，概述了清政府一六八二年到一八〇二年間所採取的措施。

115 同上，16/21a-b 和 23b。參見本書第五章。

搏鬥，竭力把莊稼從洪魔手中奪回來，但徒勞無益，最終只得放棄自己的家園：

他們開始聚集成一隊一隊，背上袋子在全省到處流浪，到處乞討一點米飯。他們看上去很可怕，破爛的衣衫不能蔽體，頭髮直立，五官縮在一起，嘴脣是死灰色的。這些不久前還是愛好和平、勤勞的農民，明顯受絕望的驅迫而很容易做出各種暴行。……所有的村子都被放棄了，無數的家庭逃到鄰近省分去討生活[116]。

這幅大災難造成的景象是夠可怕，但還不是最糟糕的。在華北一些地區，持續的乾旱或大規模的水災輕易就帶給村民難以估量的痛苦，帶給他們的村莊幾乎無法恢復的破壞。下面的記事描述的是，山東、河南、山西、陝西和直隸北部在一八七五年到一八七八年的災害造成的嚇人情況，或許才是中國鄉村任何地方可能發生的最糟糕景象：

看來，從天津向內陸延伸的廣大平原，在一八七五年之前以肥沃著稱，但在一八七五年和此前幾年，連續發生規模巨大的水災，完全改變了鄉村的面貌，所有認真修建的灌溉工程被掃蕩得蹤影全無，所有植物全部被摧毀。大運河河岸到處坍塌，最好的玉米地都變成大片的內陸湖泊。當揮霍的雲在這幾年裡，把它們珍藏的雨水存貨以無情的傾盆大雨一口氣倒完之後，接下來好幾年，（用《聖經》的話）天空是黃銅色的（此處意指天空是無情的藍），而含有雨水的雲層完全消失無蹤。這樣，大平原變得如此焦黑而堅硬，想要耕種變得毫無希望。農民把珍貴的種子種到地裡，完全是徒勞的。……在幾個月裡，農民靠野草種子、榨過油的棉花籽、草根和樹皮為生。……當然，牛、羊、驢、家禽，早就死光了……

天津是一個大港，從年景較好省分運來的糧食運到這裡，再運往饑荒地區，許多悲慘又飢餓的災民聚集在這裡。……一度過得不錯的男人、女人和孩童，在饑荒的四年裡賣光所有，……靠碼頭或糧倉掃攏的垃圾裡幾顆夾雜著灰塵的穀粒為生；其他人則把粗糙的穀粒外殼與碎成粉末的軟石頭混在一起[117]。

一場嚴重災荒最壞的直接後果，可以從一九〇一年陝西一些地方的報告看出：

為了更了解陝西全省遭受饑荒打擊的情形，我在西安北邊大約三十英里的三原鎮一個廢棄的傳教士站住了五天。陪伴我的是曾經協助鄧肯（Duncan）先生救濟工作的一位傳教士。我們從三原出發，穿過西安平原。從一些跡象可以看出，這一帶以前人煙稠密。在白色、沒有樹木的荒漠上，每四分之一英里就矗立一座泥土的村子；荒漠朝北、東、西延伸，像一座無邊無際的海洋。廣大的

116 E.-R. Huc, *The Chinese Empire*, II, pp. 324-325. 哈克還作出這個一般性的評價（頁三二三）：「在中國的某個地區，每一年都有大量的人口死於饑荒；那些活著的人，做一天吃一天的人多到數不清。」晚近也還可以看到類似情況。例見 Institute of the Pacific Relations, *Agrarian China*, pp. 248-249, 對山東鄆城縣村莊的描述。

117 Constance F. Gordon-Cumming, *Wanderings in China*, II, pp. 137-142.

平原一片死寂。……在一些村子裡有一群群半飢餓狀態的男人、兒童，他們是消失村莊僅有的倖存者。平原因居民死亡而陷入沉寂[118]。

還有其他事例，全村或全鎮的居民全部消失。一名中國官員一九〇二年春天發現，在山西省曲沃和聞喜兩縣附近，一個鎮和一些村子因為一八九七年到一八九八年的一場大饑荒而完全無人居住，當他經過這些地方時，仍然是一片廢墟[119]。

看來在這些災害發生的時期，整個清帝國死亡的人數相當可觀。我們沒有可靠數據，但是據估計，在一八七八年五月，前面提到的華北五省有五百萬人死亡[120]。在一九〇一年七月之前的三年裡，陝西有超過二百萬人死亡。僅僅三原一縣，人口就從五萬減少到不足二萬人[121]。其他估計更驚人[122]，但或許不太可信。

即使發生了最嚴重的災害，居住在鄉村地區的紳士和富戶大概都倖存下來，並沒有和地位較差的村民一起死亡。不過並不能肯定，他們沒有遷到更有希望的地方，甚至在災害襲擊家鄉之前，紳士可能已先行遷往城鎮和城市；在這裡，他們容易找到較舒適、較安全的生活，或者能夠自讓他們發揮影響力的更大空間[123]。如果發生災害，這些鄉村菁英可能會拋棄祖傳的家園，不再回去。這些人移民他鄉，使得因地方人口大批死亡所造成的情形更加惡化，在一些情況下，甚至導致許多村莊的毀滅。

反叛和民變本來是悲慘環境的部分產品[124]，反過來又促成鄉村環境的進一步惡化。清政府為鎮壓民變而採取的軍事行動，對生命和財產帶來的毀滅性，經常比「賊」的行動來得更大。「亂後」，受影響村子的居民發現自己的處境比以前更壞，一點也不令人感到奇怪。在許多地方，很少有村民能逃過戰爭

118 Francis H. Nichols, *Through Hidden Shensi* (1902), p. 242.

119 葉昌熾，《緣督廬日記鈔》，10/13a。

120 Constance F. Gordon-Cumming, *Wanderings in China*, II, p. 142.

121 Francis H. Nichols, *Through Hidden Shensi*, p. 228.

122 吳文輝，《中山文化教育館季刊》，四卷，頁四五估計，在一八四六年襲擊陝西、山東和江西的洪災、旱災中，有超過二十二萬人死去；在一八四九年襲擊直隸、甘肅、江蘇、浙江的類似災害中，有一千三百七十五萬人死去；在一八七六年到一八七八年間，江蘇、山東、直隸、陝西、河南、安徽和湖北等地，大約有九百五十萬人死於各種災害。參見《清史稿・災異》，1/37-41。下列地方志記載的數字，也可以說明此點：據《靖州鄉土志》（一九〇八），2/10a-b（只包括漢人，不含苗族部落）（見下表①）；據《同官縣志》（一九四四），8/1b（見下表②）；《翼城縣志》（一九二九），9/11b-12a 記載，陝西翼城縣受到嚴重乾旱的打擊，其後果是：人口從十三萬九千九百八十五人遽減到四萬五千二百四十八人，戶數從二萬五千九百五十七戶遽減到一萬一千一百三十一戶。被耕種者拋荒的土地有二萬三千零八十七畝。

123 Chang Chung-li, "The Gentry in Nineteenth Century China," pp. 51-52. Morton H. Fried 對近代安徽滁縣所作的考察，全面地反映了十九世紀帝國的總體情況：「在

①

年代	家庭戶數	人口數
1742	23,955	119,328
1757	32,455	153,341
1836	28,378	128,567
1868	16,382	74,152
1908	20,822	79,906

②

年代	家庭戶數
1644	26,685
1721	31,512
1800	32,460
1821 ～ 1850	32,161
1851 ～ 1861	33,080
1862 ～ 1874	32,850
1875 ～ 1908	20,860（1877 年發生饑荒，1900 年發生旱災）
1909 ～ 1911	32,680

的劫難而倖存下來。例如，據說安徽蒙城縣的無數居民死於一八五〇年代的軍事行動，或者逃離家園到其他地方避難[125]。安徽和浙江一些地方受到的破壞非常嚴重，曾經繁榮富庶的鄉村在許多年後，無論是外觀還是經濟方面都還沒有復甦。例如，一位西方考察者報導他的所見如下：

就風景來說，分水〔譯按：富春江支流，在浙江省〕河谷是我在中國所看到的最好地方之一。……不過，有一個缺點。……儘管河谷土地非常肥沃，卻完全是一片荒地。從遠處看，粉刷成白色的漂亮房屋群坐落在樹蔭下；可是走近時，卻發現它們已經變成廢墟。先前位在這座河谷代表財富的證據，現在本身都變成了荒地。各處的房屋都是簡單搭建起來的，作為可憐、淒慘的居民棲身之所；他們的貧窮與他們棲息的肥沃土地形成鮮明的對比。我先前提到的城市——桐廬、昌化、於潛、寧國〔譯按：桐廬、昌化、於潛屬浙江；寧國屬安徽〕，變成了一大堆的廢墟，每處還有人居住的房屋不過十來間。這就是十三年前太平天國之役帶來的。……

很難想像，世界上還有哪個地方的生命和財產被毀壞到這樣的程度；這些只不過是命運相同的廣大鄉村地區中很小的一部分[126]。

戰爭對中國北方鄉村環境的作用，即使不是更嚴重，也是同樣具毀滅性的。另一位西方學者敘述他所得知的，十九世紀的第三個二十五年陝北延安府及其附近地區的情況；戰爭與饑荒在那裡接踵而來：

我的消息來源回憶起他年輕時延安府的情況，語氣充滿激情。他叫道：「當鋪有八間之多！」這在中國是描述繁榮最好的詞語。……而且延安府城裡人煙稠密；甚至連西山山上的每個窯洞，都住滿了人。……

不過，和平和繁榮時期被打斷了。同治六年三月（亦即一八六六年四月），一支回民大軍攻進陝北，把沿途所有城鎮都摧毀了。……幸運的是，延安府當時還能夠抵抗反叛者。……

如果不發生總人口減少，整個鄉間不被搶劫，延安府城不因其他地區居民大量擁入而擁擠，當地資源未被巨大消耗，那麼延安府還會繁榮下去。……

同年十月（即一八六六年十月），一支太平軍……到達延安府。……它的到來，徹底完成七個月

續

過去五十年或更多的時間裡，滁縣鄉紳不斷移居縣城。這一動作雖然緩慢，卻是持續的。隨著清王朝對社會的控制削弱，遠離城牆保護的鄉紳發現自己處在一個敵意逐漸升高的環境裡。……生活在鄉村地區的紳士……成為這些地區土匪或零星叛變活動中目標明顯的犧牲品。在這種情況下，紳士急於移居縣城，以尋求城牆的實體保護，而且通過家族紐帶關係和『感情』（私人的諒解或『善意』）尋求官員的社會保護。」*Fabric of Chinese Society*, p. 224. 不過，紳士並不一定都到有城牆保護的城鎮尋求保護。十九世紀流行的一句老話提醒說：「小亂居城，大亂居鄉。」道理十分清楚。在大規模反叛期間，城鎮如果遇到強烈圍攻而抵抗失敗，災難就容易降臨。這樣，較高程度的安全存在於鄉間堡壘。因此，認為鄉紳移居城鎮的唯一動機在於尋求生命保護，並不完全正確。我們不應忽略這個事實：城市是社會和政治影響的中心，活躍的鄉紳成員自然嚮往。

124 正如Lin-le (林利，即 A. F. Lindley), *Ti-Ping Tien-kwok* (1866), I, p. 101 說的：「在一八三八年到一八四一年間，清帝國許多地區處於極端悲慘和貧乏的境地；由於饑荒非常嚴重，致使成千上萬的人死去，許多人被迫投入造反陣營。」

125 《蒙城縣志書》，4/2b。

126 Von Richthofen, *Letters*, p. 75.

> 前回民軍開始的人口減少過程。每一個角落都被搶劫，……倖存下來的居民逃走了。……來年四月（一八六七年），回民軍隊又來，進行週期性的搶劫。……
>
> 接下來的是饑荒。我那位年長的朋友說：「關於這個，上天不必負責任。」天氣一直都很好；因此如果沒有戰亂，必然能維持繁榮。……
>
> 一八六六年收穫前，一支叛軍來了，接著是另一支。……其結果是，一八六七年〔糧食〕供應比平常少，而需求量比平常大。……
>
> 一八六七年四月，回民軍隊第二次進攻延安府，完全阻礙這一年的耕種和收穫。……
>
> ……糧食價格是平常的十倍，九〇%的人因此挨餓。……
>
> 不過，少數倖存下來的居民在一八六九年得到豐收；這種繁榮景象到一八七六年一直在改善。一八七六年，延安府遇到一場真正饑荒〔一八七五年到一八七八年那一場〕的毀滅性打擊；這場饑荒蔓延數省，導致八百萬人死亡。……延安府城從此沒有從戰爭和饑荒的毀滅中復甦，周圍鄉間的情況更差。由於人煙稀少，原野變成野獸的樂園。雖然平地重新開墾，較寬闊的山谷也逐漸奪回來，但較狹窄的溪谷仍然是豹子、野豬、狼等出沒的地方。……因此，整個延安府至今仍然是全中國最貧窮的地區之一[127]。

雖然許多其他地區所遇到的情況不像延安府這樣嚴重，但是清帝國一些地方的鄉村環境被破壞，注定要對其他地方產生不利影響。沒有足夠資料可以指出被破壞的精確程度。一些作者指出，清帝國人口在社會動盪時期的減少，就是社會衰敗到不可爭議的象徵[128]。我們可以這樣說：帝制中國長時期的相對繁榮因人口過剩告一段落，人口過多是經濟的詛咒；而戰爭和饑荒使人口減少，從而減緩了一個惱人的經濟問題，但同時為生活在鄉間的億萬百姓帶來了不可勝計的苦難。

西方對鄉村環境的衝擊

如果不指出西方商業和工業的注入所產生的影響，是難以描繪出十九世紀的中國鄉村環境的。很明顯地，西方對中國鄉村的衝擊，不但不像對城市和城鎮——特別是位在海岸附近和內陸主要交通線上的城市和城鎮——那樣迅速，而且是比較間接的。同樣顯而易見的是，無論鄉村地區感覺到的影響是什麼，本質上應該是經濟的，而非知識的；而且這種影響的強度在清帝國各個地方是不同的。

西方影響運作的一個方向，在於土地所有權和價格。最近有人說，在受商業和工業影響較少的省區，租佃關係的存在多少還受到限制；而在「城市資本」流入農業生產的省區，土地所有權的集中經常變得特別引人注目。例如，在近代上海的郊區，九五％的農民屬於佃農階層；在廣州三角洲是八五％；而在陝西、山西、河北（直隸）、山東和河南，三分之二的農民擁有自己的耕地[129]。

127 Ernest F. Borst-Smith, *Mandarin and Missionary* (1917), pp. 52-57.

128 《清史稿・食貨》，1/5b-6a。據估計，一八四九年的人口幾乎達到四億一千三百萬，而到一八七五年劇減到三億三千四百萬以下。

129 Richard H. Tawney, *Land and Labour in China* (1932), p. 37.

西方的這種影響並不限於沿海地區，也不限於二十世紀。一位西方學者在一八七〇年二月報導湖南東部的情況：

湖南東部居民的衣著，一般比我到過的任何其他省分的居民來得好。……相當多的金錢流入鄉間，換取茶葉、茶油、大麻和煤等。……這是我看過的，第一個「富人」擁有相當多上好宅邸的省分，他們致富之後不再經商，把錢投入真正的莊園，然後租給農民耕種。……湘潭長期以來就是西方商品的巨大市場。這裡的西方商品主要來自廣州，流向四川、貴州、湖北、河南、山西、陝西，甚至流向雲南和甘肅[130]。

在這樣的情況下，土地成為理想的投資標的，不可避免地導致土地價格上漲。在一些地區，土地變得有價值並不是因為可以帶來農業租金的收入，而是由於它的位置適合商業之用。廣東三水縣鄉村地區的情形就是如此。根據一項資料：

粵東三水一縣，為西北二江之沖，頃英人在梧州通商，輪泊往來，必經此路，故三水岡根鄉之地，英人設立領事署，我中國亦設立稅關徵稅焉。港省諸巨商，聞此消息，爭往購地，……昔之每畝價值數十金者，今增至二三百金[131]。

這樣發展的結果在一些內陸地區並不可能出現，也不一定有利於鄉村經濟的發展。為非農業目的而購買土地的人，感興趣的不是提高農業生產，也不是改善農民生活，主要是從出租土地或土地增值中獲取更大的利益[132]。這種趨勢早在十九世紀之前就存在，在西方商業和工業引進後得到一個新的衝力。

西方對鄉村經濟的影響，從另一個方向也可以看得到。一八四二年到一九〇六年，清帝國各個地方向外國開放的港口和市場超過四十個[133]；西式工廠的興建（大多數設在擁有較大海岸城市的省區[134]），使西方產品的進口從涓涓細流持續增加變成洪流，首先淹沒了城市，最終淹沒了鄉村。這對許多消費者意味著奢侈品；對城鎮和城市意味著工商業的發展；對相當多數仍然失業的鄉民來說，意味著被雇用。所有這一切就給一些地方帶來了繁榮，或者緩解了嚴峻的經濟形勢。出口絲綢、茶葉、生薑和其他土

---

130 Von Richthofen, *Letters*, pp. 13, 16.

131 《知新報》，光緒二十三年（一八九七），20/11a。

132 Ch'en Han-seng, *Agranian Problem*, p. 6：「自上個世紀中葉以來，沿海港口、鐵路沿線和沿江各地，商業、工業的持續發展越來越明顯。貨幣經濟，或者說以錢幣作為交換工具，日益深入到清帝國遙遠的內陸地區。所有這一切，與灌溉工程長久以來被忽視、以致農業生產下降的情況形成鮮明對比。」

133 L. Richard, *Comprehensive Geography of the Chinese Empire* 列出了這些港口和市場。

134 J. S. Burgess, *Guilds of Peking* (1928), p. 43. Stanley Spector, "Li Hung-chang and the Huai- chun" (Ph.D. dissertation, University of Washington, 1953), chapter 10, 概括了這一發展的開端。Hosea B. Morse, *The International Relations of the Chinese Empire*, I, p. 366, Table F, 列舉了中國一八四三年到一八六〇年間茶葉、絲出口數據。一八三〇年到一八三三年間，茶葉出口平均每年為五千一百三十一萬一千磅，一八六〇年上升為一億二千一百三十八萬八千一百磅；絲出口，一八三〇年到一八三三年間平均每年為五千四百三十四包（廣州和上海），一八五八年上升到八萬五千九百七十包（上海）。

產，毫無疑問地嘉惠生產這些土產品的鄉村。不過，也不可忽視一個缺點：鄉村手工業在十九世紀下半期以後的破敗。早年，手工業產品常常為鄉民帶來額外的收入；這在一定程度上減輕了鄉民因農業收入不足而受到的痛苦。中國本地產品一時還能抵擋「洋貨」的猛烈進攻[135]。

鄉民很快意識到這個威脅。根據一位西方作者的記載，這是一些商船貨物管理人在一八三一年向〔英國東印度公司〕董事會（Court of Directors）報告的資訊，顯示出對進口洋紗首次入侵的反應：

> 在最靠近廣州的兩個縣以及另一個離廣州大約二十英里的縣，鄉民們爆發了一場非常嚴重的反對洋紗進口的騷亂。這些鄉民大聲地抱怨，洋紗進口，剝奪了他們妻子、兒女的生計，因為他們的妻子、兒女是靠紡紗為生的[136]。

抵抗最終化為烏有。無論是家庭消費，還是地方生產，甚至是最遙遠的地區，「洋貨」終究被廣泛使用。例如，一西方旅行者在一八七〇年代發現，雲南西部定期市集上也擺放著進口商品出售[137]。這個發展已經眾所周知，用不著再贅述。外國商品湧入對中國鄉村經濟所帶來的災難性後果，也同樣廣為人知[138]。一位西方傳教士在十九世紀結束時，對這種情況作了令人印象深刻的概括：

> 從給航運公司董事們的報告中，大家看到的是與中國在棉織品貿易方面的增進，看到的是從廣州到天津和牛莊沿海商業線上的美好前景，卻沒有人看到這種貿易擴張對生活在中國栽種棉花的廣大平原上的億萬中國人帶來的影響。這些人一直靠著紡織十五英寸寬的布來維持貧乏的生活，一匹布

要艱苦地工作兩天，賣到市場上，只夠一家人購買少得可憐的生活必需品，補充更多的棉花來繼續紡織。……但是現在由於外來棉織品的「美好前景」，本土產品原有的市場已經不存在了。……在一些鄉村，每戶家庭都有一台或更多的織布機，……而現在這些織布機已經閒置了。……
大批沒有織布機的人可以紡織棉紗，以此勉強支撐家計——面對始終徘徊在中國門口的狼，一項

135 或許，棉布是最好的範例。英國在廣州的一名商務代表於一八四四年把一些土布樣品連同價格說明送回英國。他的通訊員告訴他，他們在曼徹斯特生產不出同一價格、同一品質的商品。把他的報告值得部分引述如下：「中國人的習慣是這樣節儉，這樣守舊，以致他們穿的跟以前他們祖先穿的一樣。……一個靠勞動為生的中國人，一件衣服至少要穿上三年，並且在這個期間還要能禁得住極其沉重的粗活時的磨損和撕扯，不然他們是添置不起新衣的。……當收穫完畢後，農家所有的人手，不分老少，都一齊去梳棉、紡紗和織布。……產品的品質是不同的，……都是家中生產出來的。生產者除了原料以外，實際上不用花任何錢。」參見 Karl Marx, "Trade with China," 引用一篇發表在 *New York Daily Tribune*, December 3, 1859 的文章，引自題作 *Correspondence Relative to the Earl of Elgins Special Mission to China and Japan* 的藍皮書。該文收錄 *Marx on China*, pp. 89-99.

136 Peter Auber, *China* (1834), p. 64.

137 E. Colborne Baber, "Travels and Researches in Western China" (1882), p. 159.

138 例如，Institute of Pacific Relations, *Agrarian China*, p. 225：「……當中國鄉村莊會與世界市場產生聯繫之後，過去百年來不可避免的趨勢是，中國的手工產品為爭生存而對抗外國經濟侵略的絕望掙扎。……換句話說，棉布、煤油、棉紗、釘子和縫紉針等商品的進口數量一直增加，這些商品取代了以前的手工產品，直接造成中國手工業的全面沒落。」參見李紫翔，〈中國手工業之沒落過程〉，載《中山文化教育館季刊》，四卷三期。該文敘述了二十世紀的最初幾十年的情況。

最重要的輔助保護手段。但是近來，孟買、日本，甚至上海的工廠日漸活躍，以如此大量比家庭製作的產品更平整、更耐用，甚至更便宜的棉織品，淹沒了中國的棉作區，使得紡車不再轉動，而作為年輕、年老、虛弱和無助的人們收入來源的涓涓細流也枯竭了[139]。

織布機和紡車工匠是受到最殘酷打擊的一群，但絕對不是唯一受到傷害的。一位當代作者認為，在手工業被大量破壞以前，中國鄉村問題並沒有很嚴重。這個觀點並非沒有說服力[140]。吸食鴉片（這也是國外輸入的商品之一）日益普遍，其結果比外國消費品的入侵甚至更嚴重。當然，早在鴉片從印度輸入之前，中國的確已經有了鴉片，中國土產鴉片大量用於製造鴉片藥，對經濟和社會都產生了威脅。但是，外國商人必須承擔部分實質責任[141]。無論怎樣，鴉片煙輸入量日益增加，「因吸食鴉片而產生的邪惡一年比一年更明顯。」[142]進口鴉片的價值一度達到進口商品總值的一半[143]。鴉片貿易的擴張和持續，除了導致本來可以用於獲利的部分財富被浪費外，還導致許多人吸食成性，從而最終導致整個家庭被毀滅。

鴉片吸食成性已經成為全國性的現象，雖然程度在各地有些不同。一八九〇年左右，一位西方醫生報告了華北一些地方的情況：

在山西省，……在許多村莊，居民，無論男女、小孩，都在吸食這種毒藥。……一走進這種村子，當你看一眼所有房屋、廟宇等建築的破爛情況，馬上就可以說整個村子是由鴉片煙鬼組成的。

在山東省，幾乎每個村莊都有鴉片煙館，所有廟會和市集都在出售鴉片煙[144]。

大約十年之後，一位西方旅行者也寫道：

> 穿越晉北高原、從長城到太原府，道路兩旁的一連串村莊，幾乎都具有某些共同特色。居民超過三百人的村莊很少，……村民雖然沒有什麼奢侈品，也沒有什麼舒適設施，但他們是幸福和滿足

---

139 Arthur H. Smith, *China in Convulsion* (1901), I, pp. 90-91.

140 Fei Hsiao t'ung, *China's Gentry* (1953), pp. 113-114.

141 Roswell H. Graves, *Forty Years in China* (1895), pp. 77-78：「雖然在外國人把鴉片從印度輸入之前，中國就已經知道鴉片，但吸食鴉片的習慣並不普遍。在印度廣種鴉片種植、並鼓勵中國人吸食，東印度公司必須承擔這個責任。首先是走私進口，然後在一八四二年所謂『鴉片戰爭』後幾乎強迫中國人接受；接著在一八五六年英法戰爭後的和約中把鴉片變成合法的商品。此後，吸食鴉片在沿海各省驚人地擴散開來。本地鴉片種植也快速增加，以供應日益增加的毒藥需求。」James D. Ball, *Things Chinese* (4th ed. 1904), pp. 488-490, 提醒注意十九世紀的最後幾十年鴉片進口減少的事實。參見清帝國海關總稅務司署統計科（Statistical Department of the Inspectorate General of the Imperial Customs）出版的下列小冊子："Opium" (Special Series No. 4, Shanghai, 1881); "Native Opium" (Special Series No. 9, Shanghai, 1888); "Opium: Historical Note, or the Poppy in China" (Special Series No. 13, 1889).

142 Hosea B. Morse, *The Trade and Administration of China* (1913), p. 337. 他舉出一些數據，以顯示鴉片貿易的擴張情況。還請參見他的 *The International Relations of the Chinese Empire*, I, pp. 209-210, Tables D and E. 不過，莫斯指出自己的數據是有爭議的。

143 J. S. Burgess, *Guilds of Peking* (1928), p. 38. 正文中所提到的時間是指一八八〇年，當時進口總值大約八千萬兩。

144 Robert Coltman, *The Chinese* (1891), p. 125.

的。……我已經說過幾乎所有村莊，由於在二十四個小時內、在穿越晉北高原的行程中，你幾乎至少可以發現一個村莊，無論用什麼標準衡量它們，都不能說是快樂或幸運的。即使在遠處，也可以非常清楚地看出處境悲慘的村莊與其他村莊明顯有區別。位於村口的泥牆已經破碎不堪。……房屋頂已毀壞，到處都是洞。走近一看，窗子上的紙窗格已經不見了；門扇也只有一個軸支撐著。路上沒有一個賣菜的，村人擁有的一、兩間店鋪也關著。在房屋陰影下，有幾個男女躺著或蹲著——明顯不省人事。他們的臉扭扭歪歪的，像皮革；他們的眼睛無神、遲鈍，他們的衣服是一團破布。……即使是女人手中抱著的嬰孩，皮膚也同樣是乾枯的，臉色蒼白憔悴。所有這一切的罪魁禍首，就是鴉片煙[145]。

在一些地方，幾乎所有居民都沉湎於鴉片煙。陝西一個府的情況就是這樣。一位傳教士說：

在許多地方，居民吸食鴉片的惡習比通常要嚴重得多，延安府就是其中之一。毫不誇張地說，九〇%的居民都在不同程度上成為鴉片煙的犧牲品。……不但沿著通往省城的主要道路上，而且深入每個府、每個州縣、每個城鎮、每個村莊；以延安府來說，實際上深入到每戶家庭之中[146]。

染上鴉片煙癮，最終給煙鬼帶來的是「敗家喪身」，它對鄉村經濟的破壞作用就很容易想像了。

鴉片煙和消費品的進口，還對中國經濟產生另一後果；這種後果在鄉村地區和城市都有回響。按照一些西方作者的看法，十九世紀早期銀子兌換率的上漲部分正是由於這個原因[147]。前面已經指出，小農和佃農的錢幣收入通常是銅錢，而納稅卻要用銀兩，因此銀價上漲意味著這些人的苦痛加重[148]。

因此，西方工商業對十九世紀中國鄉村各個方面的影響，至少有一段時間是危害而非好處。「自從與西方的工業力量直接接觸以來，中國鄉村最顯著的事實就是處於不停的衰敗之中」[149]；這個觀點是有些道理的。不可否認地，即使沒有外來勢力的衝擊，清帝國所處歷史環境中內在和固有的因素也會促使鄉村經濟走上崩潰之路，但是這些外力必然加速了這個過程。

總而言之，鄉村環境的惡化，部分原因是內力的作用；另一部分則是西方工商業的破壞作用。到十九世紀中葉，這種惡化達到臨界點；清帝國各地許多鄉民已經因赤貧和苦痛而絕望，情況已到了爆炸邊

---

145 Francis H. Nichols, *Through Hidden Shensi* (1902), pp. 56-57.

146 Ernest F. Borst-Smith, *Mandarin and Missionary*, pp. 72-73.

147 Hosea B. Morse, *The International Relations of the Chinese Empire*, I, p. 210. 同時，銀圓的流通越來越廣泛，最終取代了銀兩而作為交易媒介。見汪輝祖，《病榻夢痕錄》，卷下，頁六九 a－b。他在一七九六年，記述了洋錢或番銀從廣東和福建流入浙江的情況，並且明顯很遺憾地指出「物所罕見，輒以洋名」，「其價皆視直省土產較昂」。李慈銘，《越縵堂日記．孟學齋日記》，乙集上，頁三 a，寫於一八六五年（同治四年）秋天，當時他住在浙江紹興。日記說，他的一個朋友（生員）從北京寄十四兩銀子給其妻子。錢到紹興後，當地給他妻子的數目是二十銀圓八分，該數目與十四兩銀子相當。李慈銘接著說：「盡人皆知之『英洋錢』，十年前還未見。……咸豐末年，僅於滬、粵等處流通，然今江、浙皆用此洋錢。」

148 駱秉章（一七九三－一八六七），《駱文忠公奏稿》，8/13-14。參見全漢昇，〈美洲白銀十八世紀中國物價革命的關係〉，《中央研究院歷史語言研究所集刊》，第二八本下冊，頁五一七－五五〇。

149 Franklin L. Ho (何廉), *Rural Reconstruction in China*, p. 1.

緣。許多村民痛苦無助，默默地死亡；其中一些村民加入「土匪」，或者聚集在想要摧毀現存政權的反抗領導者的麾下。

第十章

鄉村對控制的反應（二）

「良民」

前章的開頭曾指出，中國鄉村居民在不同時間和不同環境下表現出不同的行為模式。同時也指出，清政府根據他們在特定時間表現出來的態度和反應，把他們主要劃分為兩大類：接受或支持現存統治體系的，叫「良民」；其行為和態度對清王朝統治產生威脅的，叫「莠民」、「惡棍」或「匪」。我們已經指出十九世紀中國鄉村環境的顯著特點和重要變化；現在要探討這些「類型」的鄉村居民是如何對那個環境做出反應的，藉以進一步檢視帝國控制的效果。

各種不同的因素，把「良民」塑造成那樣；帝國體系下的社會和政治環境看來是最關鍵的。專制政府總是想要減少統治者的活力。即使在專制政體真的像父親照顧子女般而慈愛（如果曾經是這樣）的地方[1]，對臣民所產生的長遠作用也不過是：「把人有別於禽獸的天賦麻痺和貶低。」[2]當專制政體退化

1　參見 Tscheng Ki-t'ong (陳季同), "China: a Sketch of Its Social Organization and State Economy," *Asiatic Quarterly Review*, X (1890), p. 259, 就代表這種關於父權專制主義的樂觀觀點。他認為：「整個帝國可以被視為一個大家庭」，由統治者照顧人民的福祉。

2　Peter Auber, *China* (1834), p. 51.

成惡政——它常常是這樣的——時，人民連想要好好過著動物般生活的動機都被破壞了[3]。以「忍耐」和「溫順」著稱的中國鄉村居民，為這個真理提供了特別清楚的說明。

中國農民有名的膽怯部分是精心設計的帝國政策的結果。正如前面討論過的，整套複雜的鄉村控制體系，是統治者設計出來的，目的是要把對權威的害怕灌輸在人民的腦海裡，養成他們接受現狀的意願，防止他們發展自立的能力——簡言之，使他們在政治上無害、在思想上遲鈍。這些制度並未達成理論上應有的結果，但它們的長遠作用藉由歷史環境中各種因素的加強，有助於強化一般村民的特點，讓他成為溫順、缺乏自信、無法自立的人。居民們被求互相監視；儘管實際上很少有人舉報其鄰居的不法行為，但大多數鄉民也因此不關心自己家庭以外的事情。面對專制政府，他們沒有什麼自我保護能力；面對地方惡棍的壓迫，他們的自我保護能力也很少。對許多鄉民來說，最好的自我保護就是不要過問公共問題，以及避免與政府接觸。雖然透過通俗教化，有些人吸收了欽定儒學強中強調忠於朝廷、孝敬父母的片段，但他們大多數目不識丁。他們被長期留在普遍的迷信狀態，使他們繼續相信，既然上天是這樣安排的，人想做什麼改變都是沒用的。物質和社會生活的普遍不理想，部分是由於無能的政府造成的，但他們卻歸咎於命運，將它置於人類行動範圍之外。儘管他們可能不滿意，但變得聽天由命了：

一生都是命安排，求什麼！
今日不知明日事，愁什麼！
……
他家富貴生前定，妒什麼！

……

豈可人無得運時，急什麼！

人世難逢開口笑，苦什麼！

補破遮寒暖即休，擺什麼！

……

自家勤儉勝求人，奢什麼[4]！

---

3 Thomas T. Meadows, *The Chinese and Their Rebellions* (1856), pp. 28-29, 引John S. Mills, *Political Economy* 說：「只有當人類（在本質上和程度上）無力再提供（一般情況下辦得到的）任何可以接受的自我保護方法時，不安全感才會變得麻痺。這也是為什麼來自政府（它的威力通常是個人所能做到的任何努力都無法抵擋）的鎮壓，對國家繁榮動力的影響，幾乎比自由制度下任何程度的無法脫序和騷亂，都要更有毀滅性的主要原因。國家取得了某些財富，而且在改進中，在社會關係如此不好因而瀕臨無政府的情況下，取得某些發展；但是，沒有一個人民暴露在政府官員毫無節制任意壓榨的國家，還能繼續擁有工業或財富。這樣的政府，不過幾代，注定要失去這兩樣東西。」

4 Mrs. E. T. Williams, "Popular Religious Literature of the Chinese," *Journal of the Royal Asiatic Society of Great Britain and Ireland*, North China Branch (Shanghai), N. S., XXXIII (1899-1900), pp. 25-26.〔編按：XXXIII 原作 XXX，據參考書目改。全文見 *The Journal of the China Branch of the Royal Asiastic Society*, XXXIII (1899-1900), No. 1, pp. 11-29. 引文參照版本為蘇州碑刻博物館所藏，「越水金復齊」所刻製的「靠天吃飯圖」碑上所引錄的昔人警世歌，碑文收錄於王國平、唐力行主編，《明清以來蘇州社會史碑刻集》（蘇州大學出版社，一九九八年八月第一版），頁五五一－五五二。〕

這樣的人生態度，是在清帝國各地許多村民所共有的，特別是在一般條件相當穩定時。在動盪時期，一些村民或許會因絕望而暫時相信上天對事情已經有了另外的安排，因而加入那些可以帶來另一種秩序的陣營。即使在這種時候，還是有相當多的村民沒有改變他們已經習慣的態度，在清王朝統治者眼中仍然是「良民」。

清王朝的政策並不是造成這種心態持續不變的唯一因素，清王朝行政體系本身的一些特色，也會造成這種情況。權力集中的原則，阻止了一般行政效率的發展，特別是一個有效率的地方行政體系。首先，沒有任何地方官擁有足夠的自由裁量權，以恰當地履行他被賦予的職責；特別是州縣官員，必須在朝廷法律和上級官員加諸在他身上的無數限制的狹窄範圍內行事。地方文官不能在自己的家鄉省分任職；他們在同一職位上不能連續任職太多年。清王朝之所以採取這些和其他類似的措施，目的就在於防止地方權力或影響中心的形成。在一定限度內，這些措施有助於權力的集中；但在同時，它們阻礙了有效的地方行政的發展，而且實際上鼓勵地方官員把他們的個人利益置於其治理下居民的利益之前。這個情況已經眾所周知，用不著再縷述[5]。

清王朝的政策是賦予州縣官員不明確但很龐雜的責任，更進一步損壞了地方行政的品質。這很明顯是對行使某種程度威權的官員進行有效限制政策的一部分。賦予他們重疊的職責，讓他們為任何錯誤負連帶責任，讓他們彼此互相監視；清王朝統治者期望藉此防止他們獲取過大的權力，或者與朝廷作對。不過，經驗最終讓官員們學會盡可能地逃避責任，以減少承擔責任的危險。結果是許多對地方居民有利而本來該做的事情，都被他們拋到腦後，甚至連司法行政，保護遵守法律者、懲罰犯罪者，應該被視為州縣官的起碼職責，也因為逃避職責而經常被疏忽了[6]。

十九世紀變得相當普遍的官吏腐敗，使得地方行政更加令人失望，腐敗的一些根源在於帝國體系本身。官員薪俸少是眾人皆知的事[7]，「讓人吃不飽的薪俸」實質上使官員必須「壓榨」人民[8]。州縣官

---

5 E.-R. Huc, *Chinese Empire* (1855), I, p. 364：「州縣官其他政府官員，在同一職位上只能待幾年，因而像客人一樣地過日子，根本不關心治下百姓的需要，他們與百姓也沒有什麼緊密連結。他們所關心的是，如何在所到之處盡可能地積聚更多的財富，不斷地重複這個做法，直到退職回家鄉，享用榨取來的財富度過餘生。」William A. P. Martin, *A Cycle of Cathay* (1896), p. 334：「地方官因為都是來自外鄉的陌生人，加重了他們對任職地方的掠奪傾向。法律禁止他們在出生地二百英里的範圍內擔任官職，也不得在任職的行政區域內有任何婚姻關係。在這種當官完全靠君主決定的制度下，情況不可能會更好。他們沒有地方性的歸屬感、沒有家，只有出生地和墳墓。在巡迴調動中，他們不能在一個職位上擔任太長的時間，以免取得〔會給清王朝統治帶來〕危險的影響力。……不過，把百姓交到陌生人手中是相當不利的，因為他們的任期短，總是毫不顧忌地把握時機〔進行掠奪〕。」

6 Thomas Meadows, *Desultory Notes on the Government and People of China and on the Chinese Language* (1847), pp. 155-157, 敘述十九世紀中葉廣東一位知縣的故事。一名遭到強盜攔路搶劫的商人向衙門求救，但是官員拒絕採取任何行動。Meadows 這樣解釋知縣的行為：「因為不論官員的職責是要防止犯罪，或是在犯案後逮捕罪犯，在這兩種情況下，職責意味著：〔有關官員〕如果未能解決問題就要受到懲罰。因此，官員從一開始就不斷注意要粉碎任何對於罪犯的行動，以防止事情曝光。這樣一來，聽到的犯罪案件雖然比較少，但因為罪犯未受到懲罰，結果發生的案件更多。」

7 這是一個行之已久的做法；事實上有一段時間，官員根本收不到正常的薪俸。參見趙翼，《陔餘叢考》，6/29a-b。*Ibid.*, p. 100 列出一個清朝官員的薪俸表。地方志中也經常記載有關地方官和衙門吏胥薪水的資訊。

8 美國駐中國大使 Charles Denby, *China and Her People* (1906), II, p. 6：「中國付給官員——從最高到最低階——的薪水少得可憐。全體官員的所有津貼，都要想辦法向百姓榨取，只要不是直接搶劫。」

的花費相當重，除了個人和家庭開銷之外，還要支付薪水給私人祕書（「幕友」，俗稱「師爺」）、隨身跟班（「長隨」）、家中的僕人（「家人」）等幫忙處理衙門日常事務的人員[9]；為了讓公務的處理更容易、為了讓自己更快被任命到一個理想的職位，或者為了讓上司同意自己留在現職更長的時間，他必須定期向上司衙門的師爺、吏員和其他相關人員送「禮」。他必須自己準備旅費到任所上任，而任所可能在相當遠的地方；如果是首次任官，他還必須自己購置官服。許多州縣官員任職之初，在財務上十分窘迫。情況所迫，他們不得不靠借貸以獲取必要的資金；而一群高利貸者非常樂意借錢給他們。在這些債權人中，有的是他們在省城或府城裡的上司的隨從。為了保證自己的借貸得到歸還，有些債權人表面上作為他們的僕人或隨從去上任，從而使自己處於一個有利的位置，可以收取賄賂、敲詐錢財，或收下他們名義上的主人設法弄到的任何東西[10]。

賣官鬻爵的做法[11]，可能比低薪俸更容易導致官吏腐敗。這種做法雖然早在清王朝建立之初就開始了，但在咸豐年間變得十分普遍，因為軍事活動把國庫耗盡，正規稅收不足以應付緊急的需要。很多人都看得出它的禍害；甚至早在騷亂的一八五〇年代之前，就引起清政府的注意了[12]。

地方吏治的敗壞常伴隨著另一種不幸的發展，州縣衙門充斥著一群無恥的吏胥——書吏、差役，以及州縣官的長隨。這些人根本不懂行為規範或禮節，因而比最腐敗的地方官還要不知羞恥、更加殘酷，他們的殘暴行為簡直罄竹難書[13]。最重要的是，一般州縣官並沒有經過職務的訓練。他在任職地區完全是個陌生人，任期又不夠長，以致無法了解當地的需要和問題。他對清王朝律令運作的細節並不熟悉，對於管轄地區的行政和司法事務也很少擁有相關的知識。他很可能不能會說當地的方言，甚至可能都聽不懂。結果，他只能依靠上面提到的吏胥來執行日常公務，以及與當地居民打交道[14]。這樣處於自己下屬的掌握中，他可能會覺得跟他們同謀比較明智或有利可圖，而不是堅持誠實、正直來阻止他們的企圖。偶爾也有幾個特別幹練或老經驗的州縣官能夠控制他們的吏胥，但這種官員少得可憐，對整體情況完全不能產生任何改變。

---

9 Ch'u T'ung-tsu（瞿同祖）即將出版討論 *Local Administration* (Harvard University Chinese Economic and Political Studies) 的大作，其中論 "Servants and Secretaries" 的一章。〔編按：瞿同祖書正式出版的書名似為 *Local Government in China under the Ch'ing*, Cambridge, Mass.: Harvard University Press, 1962.〕

10 丁日昌，《撫吳公牘》，24/4b。根據一位西方觀察者的看法，有些「山西票號」也屬高利貸者。*China Review*, VIII (1880), pp. 64-65.

11 這個做法源自古代。清王朝首次運用可能是在一六七七年（康熙十六年），為平定三「藩」之亂（一六七三－一六八二）募集軍費。十九世紀後半期運用達到了頂點，一九〇三年正式停止。參見王先謙，《東華錄》相關年分。John Scarth, *Twelve Years in China* (1860) 各處，描述了曾國藩一八五四年初採行的「買官」辦法。

12 《皇清奏議續編》，2/13a，收錄王蘇的一道上奏，其部分內容如下：「川楚例捐納人員揀發各省者，知縣一項為多。此項捐納之人未必皆身家殷實，大抵官親幕友之屬；並有一種家無儋石之人，各處借貸報捐知縣，其人類皆伶俐佻巧，貌似有才，按其居心，實與商賈無異。一經得缺，便當以數萬赤子付之，豈能有益？」參見 John F. Davis, *China* (1852), II, p. 200：「在人們得知官位最終用捐一筆錢就可以得到之時，開始時並沒有多少人去買。隨著有官當就有條件發財之後，官位就成為一種投資標的。」

13 簡要的描述，參見 Thomas Meadows, *Desultory Notes*, No. 9, pp. 101-116, and No. 10, pp. 117-123; 黃六鴻，《福惠全書》，17/3b；馮桂芬的言論，載葛士濬，《皇朝經世文續編》，22/5a；《廣州府志》，129/17a。

14 例見 E.-R. Huc, *Chinese Empire*, I, pp. 366-377; Justus Doolittle, *Social Life* (1865), I, pp. 322-325.

地方行政敗壞的一個重要結果，就是村民不把衙門當作他們可以尋求正義或保護的地方，而看成是應該盡可能避開的毀滅性陷阱，他們學會寧可有冤難伸，也不要冒險到衙門打官司。就像一句中國諺語說的：「餓死莫做賊，屈死莫告狀。」[15]最終，「不只是政府，就連政府的概念本身」[16]，在帝制中國都變得不受歡迎。事實上，在一些村民眼中，官員就像強盜或土匪那樣令人害怕。一位中國官員於一九〇四年夏天在去安定（陝西）的路上所作的觀察，可以說明這一點：

> 命在村店卸裝。土屋兩椽，一炕一桌之外，別無長物。求薪炭油燭，皆不可得。據從者云：村農恐官不給價，雖有旨蓄，亦深諱不敢出。甚矣，民之畏官，去畏盜幾何？始作俑者，可誅也[17]。

這樣的官員即使受到懲罰，為數也不多。因此，面對長期的惡政以及普遍的貪腐，帝制中國的村民們大體上變得膽怯、缺乏自信，沒有準備要起而捍衛自己的利益，對抗地方官員的不法行為或地方惡棍壓迫，也就不足為奇了[18]。

這就是清帝國政策及伴隨著帝國體系而來的環境所造成的麻木效果。其他共同造成這個結果的因素也不能忽視。中國鄉村許多地方普遍貧窮，可能是最重要的，它使村民們必須把所有時間與精力投入辛勤的工作，好讓自己和家人能夠活下去；這樣就讓他們失去受教育的機會。而教育（即使在專制統治下）是他們通往更寬闊的遠景或更好生活條件的道路。無論政府或鄉紳在鄉間創辦什麼樣的學堂，都不是普及教育的機構，而是為特殊目的服務。在任何特定的村莊，受惠的都是極少數的孩童[19]。目不識丁的父母對教育孩子也沒有什麼興趣[20]。許多證據證實了十九世紀流行的這句話：「富不教，貧不學。」[21]

造成農民對教育明顯沒有興趣的因素，是環境而非個人選擇。一八九六年版《鹿邑縣志》適切地說明了這種情況：

15 表達同樣的感情，但字句略有不同的諺語是：「衙門六扇開，有理無錢莫進來。」〔編按：「六扇」原文作「四扇」（four leaves）；這個諺語的另一個提法是：「衙門八字朝南開，有理無錢莫進來。」〕

16 Richard R. Tawney, *Land and Labour* (1932), pp. 172-173：「在中國，不只是政府，就連政府的概念本身，也是不受歡迎的。造成這樣的結果有各種理由。在過去十年中，除了稅收和戰爭之外，它幾乎沒有什麼意義。」把最後兩個字去掉，這個寫於一九三〇年代的句子，可以用來描述十九世紀的情況。

17 葉昌熾，《緣督廬日記鈔》，11/62b-63a。

18 E.-R. Huc, *Chinese Empire*, I, p. 97, 描述了村民對政治的冷漠。一八五一年，道光帝駕崩後不久，哈克從北京出發去旅行。在一家旅館的茶桌上，他試圖了解鄉民對皇位繼承問題的看法。他所得到的回答就是：「一些人說道：『聽我說，朋友！為什麼要為這些徒勞無益的猜想而煩惱操心呢？官員們不得不關心國事，他們是有拿錢的。那麼，就讓他們去賺他們的錢。但我們別為跟我們無關的事傷腦筋。如果我們免費的去關心政治的事，我們就是大傻瓜。』其他人叫道：『說得很有道理。』他們隨即告訴我們，我們的茶已經涼了，煙斗也熄掉了。」哈克所記錄的對話，對於十九世紀不善表達的中國人來說，或許過於雄辯一點，不過它所表達的情感毫無疑問是真實的。

19 John Lossing Buck, *Chinese Farm Economy* (1930), p. 407 指出，根據一九二〇年代在中國非常分散地區的考察，農家子弟入學的不超過三〇%。可以想像，十九世紀的百分比更低。〔編按：Buck 著作出版年分一九三〇原作一九三二，依參考書目改。〕

20 Fei Hsiao-t'ung, *Peasant Life in China* (1939), p. 39.〔編按：此處所引著作出版年分原作（一九四六），據參考書目改。〕

21 Arthur H. Smith, *Village Life in China* (1899), p. 74.

戶口日繁，力田者僅饘鬻自給，雖有聰穎子弟，亦多不免失學。村塾之師，聚童稚數十人於老屋中，……每至登麥刈禾時，輒罷業散去。九月復集，則十僅三四矣。往往修脯不給，復布露而罷。如是者數歲，父兄病其無成，俾改習耕作，或雜操工賈之業[22]。

約略同時，一位西方作者在山東省濟陽縣黃河北岸的村莊安家廟，觀察到類似的情況：

我發現這個村莊大約有一百間泥磚房、一座小旅館和一所私塾。只有十個男童上學，其餘男童就在無知中長大。……有人告訴我說，如果他們去上學，他們的父母就要分攤老師的薪水，而他們付不起[23]。

當然，應該指出的是，在經濟繁榮的鄉村情況應該要好一些；在宗族組織強大的地方，宗族學堂為他們的成員提供一些教育設備。在這樣的地方，可以說「學識一直是主要社會價值，因而成為鄉村的理想，成為鄉村齊心合力一致努力的目標」[24]。但是在絕大多數鄉村地區，村民們在嚴峻的經濟條件下竭力維持生計，因而不得不放棄上學。文盲在中國所占比例相當高，證明了這個事實。不識字雖然並不表示愚蠢，但肯定使人不善於表達，再加上貧窮，強化了清帝國的廣大鄉民普遍麻木和漠不關心的性格。

這樣，各種因素——長期持續的專制統治、普遍的惡政、總體的貧窮，以及不識字——聚集所塑造成的母體孕育出來的，一個熟悉的生物——堅忍、冷淡、溫順的農民，清王朝統治者的「良民」——成形了[25]。統治者並非刻意利用所有這些因素來造成這個情況，但是藉由加強可以左右鄉村大眾心志的各種力量，使他們像日常一樣的反應與行動，清王朝皇帝們跟他們的前輩一樣，對中國消極農民的演化有相當大的貢獻。

靠著選擇留在他們村莊的各種紳士成員的幫忙，使「良民」的命運稍微好一點或比較沒有那麼難以忍受，清王朝皇帝們讓鄉村維持在一個相當平靜的情況，持續了相當長的時間。偶爾發生在某些地區的騷動，對帝國的和平只不過是個小漣漪。因為在一般情況下，「熱愛和平」的大眾遠遠超過準備要「踏上危險道路」的人數。有一個鄉民成為「土匪」，就有更多的鄉民「餓死莫做賊」，或只是繼續過著貧

---

22 《鹿邑縣志》，9/2b。

23 Robert Coltman, *The Chinese* (1891), p. 77. Arthur H. Smith, *Chinese Characteristics* (1894), pp. 152-153, 這樣解釋貧窮對農民心態的影響：「在像中華帝國這種人口密集的地區，生活總是降到了最低標準，所謂最低標準，精確地說就是『為生存而奮鬥』。為了生存，必須要有生存工具。每一個中國人都必須盡其所能，為自己取得生存工具。中國人就被說成是『把貧窮歸納為科學』（reduce poverty to a science）。極度貧窮和為生存工具而努力奮鬥，……這些將會成為發展工業最有效的條件。同樣地，這些條件也會有助於經濟發展，……這些修件也培養出堅忍與毅力。」放棄教育，正是大多數鄉民實踐自己「貧窮科學」（science of poverty）的一種方法。

24 Daniel H. Kulp, *Country Life in South China* (1925), p. 216.

25 這個結論只能適用於十八個行省的「本土」中國人。一些少數民族的族群是例外的，甚至客家人也遠遠不是臣服或馴服的。舉例來說，Hsieh T'ing-yu（謝廷玉）就指出客家人「戰鬥和『不屈不撓』的精神」。參見 *Chinese Social and Political Science Review*, XIII (1929), p. 219. 羅香林同樣主張「客家人最充滿革命精神」。參見《客家研究導論》（一九三三），頁四九〇。〔編按：《客家研究導論》一九三三年版僅二九二頁，頁二九〇有云：「客家本是年少氣盛，自熱好動的民系，……要起來繼續政治革命的」，與此引句較為相近。〕

困無助的生活，忍受著悲慘的命運[26]。在這種情況下，很難想像鄉民會團結起來向現存政權挑戰，或以暴力尋求改變自己的命運。所以儘管鄉村控制體系存在許多不足，但清王朝的統治仍然維持相當長的時期，部分原因即在於此。

「莠民」

前一節已概略地解釋了「良民」的行為及其對帝國控制的意義。現在要檢視「莠民」的態度和反應，他們的暴力行為反駁了認為「中國人有無限的忍耐承受能力」這個未經批判的觀點[27]。根據可用的資料，可以把這種暴力行為分為四類：爭鬥、暴動、盜匪和造反。

我們的研究將證明下列結論：一、農民大眾在通常是溫順的，但是其中一些人可能受到環境的逼迫而突然採取暴力行為，因此他們有時是「良民」，有時則是「莠民」；二、無論在什麼時候，鄉村中都有少部分人壓迫他們的鄉鄰或給政府帶來麻煩，他們在一定情況下會引誘或脅迫一些「良民」參加群眾暴力；三、在正常情況下，鄉紳成員的利益和清王朝的利益是一致的，但是在特殊情況下，其中一些鄉紳就會煽動或領導普通百姓違反法紀或向現存權威挑戰；四、雖然農民本身可以是暴力的，但是只有在選擇加入反叛的鄉紳成員或「知識分子」的引導或支持下，農民起事才能夠持久或擴大規模；五、清王朝地方行政體系的無能或腐敗使環境進一步惡化，從而導致鄉村動盪，因此要為「莠民」的出現，以及鄉村控制體系效能的進一步削弱負部分責任。

爭鬥

這裡所用「爭鬥」（feud）一詞，是用來描述不同村莊或不同鄉村居民團體之間不同暴力程度的公開衝突[28]。在更嚴重的衝突中，大規模地使用武器；這些小規模的戰爭，會演變成長時期的鬥爭，斷斷續續延續數月或數年。這些在官方文件中稱為「械鬥」（武裝的衝突，使用武器的打鬥），在一些南方省區特別普遍——福建、江西、廣東和廣西最為惡名昭彰[29]。

爭鬥的原因

爭鬥發生的原因非常多。在一些情況下，血腥打鬥的原因似乎是微不足道的小事。例如，為女人爭

26 《南海縣志》，22/4b，記載了一個關於傳統道德對村民影響的有趣事例：「劉福成，南海縣石龍鄉人，家貧，入塾僅年餘，即為人傭保，以誠實見重。及長，為致書郵，所入悉以奉母。……弟妹五人，皆撫育成立。……咸豐甲寅，紅巾亂，道路梗塞，歇業家居，困甚，賊誘之曰：觀汝膂力絕人，又通技擊術，隨我去，富貴可期也，何自苦為？福成以母老弟幼謝之。」

27 Arthur H. Smith, *Chinese Characteristics* (1894), p. 160.

28 *Webster's International Dictionary* (2nd ed)：「Feud：一、敵對、敵意；過去的用法。二、爭端或爭吵；相互之間的強烈惡感與敵意，尤其是指家庭、宗族或派系之間難以化解的冤仇，特點是：為了報復之前所受的屈辱，輪流施加暴行並造成流血事件。」本章所用「爭鬥」一詞，不但指狹義的（難以化解的冤仇），也指廣義的（爭端或爭吵）。

29 有關械鬥的全面研究，參見郎擎霄，〈近三百年中國南部之械鬥〉，載《建國月刊》（一九三六），三卷三期，頁一－一一〇；四期，頁一－一四；五期，頁一－一二。

風吃醋，觸發了一八五〇年代安徽歙縣兩個村莊的武裝衝突[30]。不過，大多數爭鬥是個人或團體之間物質利益衝突的結果。因此，不同團體之間為爭奪舉辦「迎神賽會」就常常引發爭鬥；事例之一發生在十八世紀中葉的江西。鄉村惡棍向每戶人家（無論窮富）強取錢財，表面上是為慶祝新年，實際上是為了舉行宗教遊行和慶典。誰不交錢就會遭到最粗暴的對待。由惡霸組織的各個團體彼此互相較量，看誰能呈現出最古怪的裝扮，看誰能召集到最吵鬧的暴民。在一個團體被指責侵入另一個團體的「地盤」時[31]，就容易引發激烈的打鬥。類似的「惡習」，在清帝國其他地區，在比較晚的時期，也可以看到[32]。

最重要或許也是最頻繁的原因，是有關享用水利或防治洪水的爭吵。地方志中記載了許多這樣的爭吵，最後以恣意殺戮和毀滅收尾。清政府明顯認識到水對於農民的重要性，以及因為水的使用而發生爭端的可能性，因而設法保護水權防止侵奪。未經許可就從私人修建的水庫、水塘或水道引水灌溉自己田地的人，就要受到懲罰[33]。但是，因為用水的需求常常非常急迫，而一些農民由於貧窮而無力修建屬於自己的「水利」設施，他們可能因為極度的需要而盜用鄰居的私有水源，不論有沒有經過所有權人的同意。此外，即使在灌溉設施並非私人所有的地區，例如天然河流或湖泊的水，可用的總量也無法滿足全部的需求，特別是在乾旱季節。在受到洪水威脅的地方，問題不是盡快將不需要的水排走，就是修建堤岸以防止洪水淹沒田地和農莊。居住在高地的村民常常採用第一種方法，而居住在低地的居民就會採用第二種方法。如果村莊的位置高低不同，村民們的利益可能就會發生衝突。山坡上的村莊排放洪水，肯定會淹沒山腳附近村莊的田地；而後者修建的堤岸，在特殊情況下又會被視為對前者利益的傷害。這些情況很容易引發劇烈的爭鬥。直隸清苑縣一些村莊的情況，可以視為許多遭遇類似情況村莊的典型。根據記載：

> 鄉有唐河不能隄，各村皆避水害，趨水利，往往為大械鬥[34]。

幾個具體的事例，會讓我們對這個情況有更完整的印象。據報導，廣東博羅縣一些鄉村的農民在一八五〇年代為灌溉用水而打鬥，雙方死傷都很慘重[35]。該省另一縣番禺，為「水利」而發生的鬥爭斷斷續續進行了二十年[36]。江蘇寶應和高郵兩縣居民在一八六二年大旱期間〔為爭水利〕聚眾械鬥[37]。在湖

---

30 汪士鐸，《汪悔翁乙丙日記》，2/8a-b。Thomas T. Meadows, *The Chinese and Their Rebellions* (1856), pp. 139-140：「那時，有一名非常有錢的客家人，納一名與本地人有婚約的女孩為妾；並且已經與女孩的父母達成協議，付一大筆錢來解決此事，因此他斷然拒絕把她讓給提出訴訟的本地人。在知縣衙門裡，每天都有無數針對客家人的申訴和指控提出，因此官員們無法解決他們的所有糾紛。……結果是，貴縣的本地人和客家人之間的內戰很快就開始了，許多村子漸漸被捲入。戰鬥在農曆八月二十八日（一八五〇年十月三日）開始，最初幾天，客家人占有優勢。……不過，本地人越來越勇敢，經驗越來越豐富，……他們打敗了客家人，燒毀了他們的房子，因此後者沒有了棲身之地。在無助的情況下，他們託庇於拜上帝會〔其中許多是客家人〕。」

31 陳宏謀，《培遠堂偶存稿》，15/4a-5a，一七四二年發布的一道禁止集資作為宗教活動經費的告示〔乾隆七年十一月〈嚴禁科斂迎神賽會檄〉，清代詩文集彙編本，在頁五a－六a〕。

32 《南海縣志》，20/8a，提供這樣的訊息：「我鄉洪聖廟三載一巡，……值事苛派於丁糧，由是而典質而鬻女，所在多有。勒抽不遂，則值事擁眾入而毀其家。」

33 《皇清奏議續編》，4/5b-6a，周廷森一八〇三年的一道奏摺。

34 齊樹楷，〈惜陰學案〉，《中和月刊》，二卷〔編按：見一〇期〕（一九四一），頁一二。

35 《江西通志》，142/36b，文晟傳略。

36 《番禺縣續志》，14/10b。爭鬥約在一八四五年終止。

37 《續修廬州府志》，34/34b。

南道州，每年農曆五月和六月農民急需用水之時，只要沒有降雨，就會爆發小規模的打鬥，有時會導致一些參加者死亡[38]。

為防治洪水而爭鬥的事例也很容易找到，山東陽穀和莘縣的事例特別有說明性。根據記載，陽穀縣位在一條河流〔譯按：即走陔河上游的一條支流〕的上游地區，希望挖開堤防以排放洪水；而莘縣因位在下游，則希望保全防以防範洪災。兩縣居民之間為此爭鬥持續了幾個世紀，直到一八八〇年一位特別幹練的知縣上任後，才得以圓滿解決[39]。一八七〇年代，湖北沔陽州的幾個地方爆發流血爭鬥，一些被洪水淹沒的村子為了排水，挖開保護其他村子的防洪土堤[40]。類似性質的鬥爭，也發生在浙江海寧和海鹽兩縣[41]，以及廣東南海縣。南海縣的情況在一八八五年左右變得非常嚴重，知府不得不採取強烈的行動[42]。

在宗族勢力比較強大的南方省分，敵對親屬團體之間的爭鬥非常普遍。就像一般村子和村民之間的爭鬥一樣，宗族間的爭鬥也是由各種原因引發的，有的微不足道，有的很嚴重。家族間爭鬥和村子間爭鬥的真正區別，主要在於參加者的社會關係。一種情況是暴民聚集起來只是為了一個共同目的；而另一種情況還附帶有親屬紐帶關係（不管是真正或想像的）。

宗族間衝突的事例已經舉過一些，再舉兩個例子就夠了。根據一名監察御史在一八八四年關於江西信豐縣情況的報告指出，該縣小園村王氏宗族特別好鬥，動輒糾眾千人，持械入城，肆無忌憚地大打出手[43]。一位西方觀察者描述一八一七年福建鄉間發生的一場爭鬥：

> 一邊姓蔡，另一邊姓王。雙方各自召集人馬，大打出手，直至許多人被殺死，許多房屋毀於大火。衙門捕役逮住最凶暴的人；但是被打敗的宗族又再攻擊另一個宗族，殺死他們一些人，直到官

府出動軍隊才恢復秩序[44]。

另一種爭鬥，則是鄉村居民由於來自不同地區或屬於不同族群而發生衝突的結果。在帝制中國的許多地方，經常維持著「土著」（在當地出生且定居）和「客戶」（外來的住戶）或「客籍」（移入者的戶籍）之間的區別。「本地」和散布在廣東、廣西和江西一些地方的客家人——「客家」（外來者家庭）或「客人」（外來者）——的分界線劃得特別嚴格。這些晚近移入這些地方的客家人，常常面臨著本地人的歧視，很容易捲入與後者無休止的爭端之中。一位明顯偏向於「本地人」的地方志纂修者，對不久前從湖北、湖南遷到江西南昌鄉下的「客戶」，作了以下的記載：

惟外來之客民良莠不齊，流離無教育，轉徙無定居，以強陵弱，以眾暴寡，有妨治安[45]。

38 《道州志》，3/16b。
39 《莘縣志·藝文上》，頁三〇b—三一a。〔編按：在卷八。這位知縣就是曹榕。〕
40 《沔陽州志》，卷三，〈建置〉，頁三〇a。
41 《嘉興府志》，43/36b。
42 《南海縣志》，8/3b-4a。
43 《江西通志》（一八八〇），卷首之三，頁一〇a—b。
44 John F. Davis, *China During the War and ince the Peace* (1852), I, p. 459.
45 《建昌縣鄉土志》（一九〇七），1/13a-14a。

無論外來移民和本地居民的「良莠」到底如何，這兩部分居民之間容易產生惡感和摩擦是可以理解的。當物質利益衝突和惡感混合在一起時，公開的衝突就注定要爆發。偶爾他們之間的爭吵局限於法律之內，就像四川綿竹縣「客戶」和「土著」那樣[46]。但更多的是，衝突採取暴力的形式，像是江西、江蘇和山東一些地方所發生的。這些爭鬥中最殘酷、最激烈的事件之一，是發生在一八五〇年代及一八六〇年代，來自山東的「客民」成立一種稱為「湖團」的組織，與蘇北一些地區本地居民之間，為開墾〔微山〕湖區土地而爆發激烈的打鬥。根據一份官方報告：

湖團者，山東曹屬之客民，墾種蘇齊交界之湖地，聚族日眾，立而為團也。……魚臺之團有二，……銅沛之間有八，……均以首事者之姓為名。

咸豐五年，黃河決于蘭儀，……於是鄆城、嘉祥、鉅野等縣之難民由山東遷徙來徐。其時銅沛之巨浸，已為新涸之淤地，相率寄居於此，墾荒為田，結棚為屋，持械器以自衛，立團長以自雄。……銅沛之土民，當豐工初決時，流亡在外，迨後數載還鄉，睹此一片淤地，變為山東客民之產，固已心懷不平，……日尋鬥爭，遂有不能兩立之勢[47]。

這份報告進一步提到，一個「湖團」在一八五九年攻擊銅山縣一戶本地人家。這個事件點燃了一長串兩敗俱傷的打鬥，在一八六四年的大屠殺達到頂點。住在劉莊寨（一所有圍牆保護的村堡）的許多本地人，在這場屠殺中喪命。

華南省分客家人和本地人之間的爭鬥，通常都很激烈。一八五〇年代和一八六〇年代，廣東恩平、鶴山和開平幾地的客家人和本地人之間不斷發生衝突，激烈程度前所未有，結果導致一些客家人成為「游匪」或加入「紅匪」[48]。有時，客家與本地人的爭鬥有時和宗族間的鬥爭糾纏在一起；一份西方材料記載了十九世紀中葉發生在廣東一些村莊的事例：

> 在何凹西南大約三英里處，有一個何凹村人（亦即金氏宗族）修建的市集。那年（一八四三年），租用的客家人拒絕繳納租稅（即租金），因而……不得不訴諸武力。當何凹村為了維護同樣屬於他們的另一市集，而與勢力甚至更大的家族發生衝突時，雙方已經打了六年。
>
> 一八五〇年，超過九十所村子聯合起來準備滅絕金氏宗族。蒲蘆圍因有人背叛而陷落，村民們被剝光了衣服。雖然有超過五千人圍攻只有三百到五百人防守的何凹村，但是客家人沒有勇氣進入村子，沒有得到什麼戰利品就撤走了。由於雙方戰得筋疲力盡，答應恢復和平。其中一個市集歸還金氏宗族，另一個市集可以租借，但要繳納更多的租金。

---

46 《綿竹縣鄉土志·歷史乙》，頁七a。

47 葛士濬，《皇朝經世文續編》，33/10a，曾國藩一八六六年的奏摺（〈籌辦湖團疏〉）。參見《徐州府志》，卷二一下，頁四二b。

48 《陽江志》，20/94a；《恩平縣志》，14/23a。〔編按：開平原文作 Kao-p'eng，音近高坪，《恩平縣志》，卷一四，〈紀事二〉記「客人之亂」曾提到此地名（九b）。又客匪事件擾及恩平、鶴山、陽江、開平、高明諸縣，Kao-p'eng 是否因高明誤作高朋，亦未可知。〕

一八五六年，械鬥再次爆發。如果本文的作者不勸說雙方坐下來，再次達成協定，就會犯下令人厭惡的凶殺罪。

恐怖的戰鬥持續了多年，使這一帶肥沃地區深受打擊，本來必須維修的灌溉溝渠年久失修[49]。

不同族群之間也常常發生爭鬥，廣西貴縣就有一個事例。居住在該縣桂平的土著獞族稱為「土」人，從廣東潮州和惠州遷來的居民稱為「來」人。碰巧的是，後者的一名富人強迫前者的一名動人的女子嫁給他。由此引發仇殺，結果「來」人完全被打敗。由於所有土地房屋都被戰勝的「土」人所占，他們沒有地方可住，潰散者最終加入了「金田賊」——太平軍[50]。在同一個地方還發生了另一個類似事例，牽涉到的是回民[51]。據說，陝西華州兩個村莊的「本地人」和回民之間，據說為爭奪一些竹子而爆發劇烈的打鬥，引發了一八六二年的回變[52]。

紳士在爭鬥中的角色

很清楚地，無論衝突雙方的地位或起因是什麼，對於鄉村居民來說，打鬥幾乎總是為了自己的切身利益。這些爭鬥，實際上並沒有直接的政治意義。不過，如果認為只有農民參加，就大錯特錯了。許多證據顯示，有些劇烈的衝突——尤其是範圍較大、持續時間較長的——是由相關地區的紳士點燃、組織或導演的。在一些情況下，可以明確地說紳士扮演了主動的角色。而一般農民，因為沒有組織，習慣上比較漠不關心，如果沒有足夠的鼓勵和煽動，很少會跟鄉鄰一致行動。飢餓、迫在眉睫的危險以及長期積壓的怨恨，讓他們為爆發暴力行動做好了準備，但本身並沒有導火線，這個人類易爆物經常要等到一個雷管才能引發爆炸。此外，在許多情況下，無論是迫在眉睫的災難或只是「面子」問題，對鄉村菁英的關係都比一般農民更為緊要。當紳士認為有必要或情形許可時，就會毫不猶豫地煽動一場戰鬥，即使他們寧願站在幕後；當農民相信爭鬥是為了自己切身利益時，就會積極支持戰鬥，即使並不是他們發動的。在爭奪水權或受到洪水威脅時，佃農明顯願意站在自己的地主或其他土地所有者一邊。還應該指出的是，由於有些鄉民非常貧窮、處境艱難，任何人都可以用不太高的代價收買或雇傭他們，為他去戰鬥、為他送死。在這種情況下，「傭兵」在爭端問題中並無個人利益，甚至可能不了解為何而戰。前面提到一八八五年廣東南海縣防洪堤岸引發的爭鬥，根據地方志的記載，就是受大柵圍圩堤保護地區的居民，和由紳士李錫培率領群體之間的衝突；而惹出麻煩的桑園圍圩堤就是由李錫培負責修建的。大柵圍一方先是請求當地官府阻止桑園圍的修建，但是未等待官府的裁定就直接採取行動。為了報復，桑園圍一方燒毀對方一些房屋、毀壞對方船隻[53]。一八七一年湖北沔陽州發生的爭鬥，明顯出於紳士的領導。根據地方志的記載：

49　*Chinese and Japanese Repository*, III (1865), pp. 283-284. 即使客家人沒有捲入，宗族組織的出現，也常常使情況變得複雜。例如，住在廣西永福縣黃冕村的廖氏宗族就與「土著人」不和，族人在族長率領下經常侵擾鄉鄰。他們還加入「艇賊」（來自廣東的強盜），把對「土著人」的怨恨完全發洩出來。參見《平桂紀略》，2/14b。

50　同上，1/2a。

51　簡又文，《太平軍廣西首義史》，頁一七八。

52　Marshall Broomhall, *Islam in China* (1910), pp. 152-154.

53　《南海縣志》，8/4a（注四二所引）。

大興院紳首糾眾強掘沙河之賀家灣土埂，互相鬥殺，焚拆房屋，經控上憲，……久之未結[54]。

一八六〇年代廣東恩平縣客家和本地人之間的爭鬥中，據說「客紳」扮演了積極的角色[55]。

正如已經指出的，在宗族捲入的地區，紳士的角色就變得更加顯著。一八八六年，一名省級高官就報告了廣東省的情況：

每因睚眥小怨，田山細故，輒即不候官斷，招雇外匪，約期械鬥。主鬥之人，大率係其族首、族紳、祠長之不肖者。……有攻擊三五年而互鬥不已者。……若攻入彼村，即恣意焚殺搜搶，所燒房屋，動以數百間計；所殺人口，動以數十名計。……經一次械鬥，即喪失一二年或數十年之資產。……此等惡習，惟廣州府之番禺、東莞、增城、新寧、新會為最，他郡縣亦多[56]。

在爭鬥中雇用「匪」來充當打手的策略，似乎早在十九世紀之前就已經出現了。廣東巡撫在一七六六年的奏報，就有清楚的描述：

凡係大族之人，資財豐厚，無不倚強凌弱，恃眾暴寡。如遇勢均力敵之戶，恐其不能取勝，則聚族於宗祠之內，糾約出鬥。先行定議，凡族中鬥傷之人，厚給嘗租以供藥餌；因傷身故，令其木主入祠，分給嘗田以養妻孥。如傷斃他姓，有肯頂凶認抵者，亦照因傷之人入祠給田。因而亡命奸徒視此械鬥之風以為牟利之具，遇有雀角，各攘臂爭先，連斃多命。迨經拿訊，而兩造頂凶，各有其人；承審之員，據供問擬正法，正犯反至漏網[57]。

隨著時間的推移，這種做法似乎變成宗族涉入爭鬥的一般特徵，至少在廣東一些地方是這樣的。據一位西方觀察者在一八五〇年代的記述：

在廣州和黃埔附近地區各個村莊，因為這些爭鬥相當普遍，有一種由習慣流傳下來的奇怪規定來應付這種緊急狀況。他們成立了一個「獻身隊」，把他們的名單保存起來。這些獻身者自願站出來承擔罪責，拿命運來打賭。於是，當有控訴發生時，在這個名單上的第一位獻身者就必須站出來，承認自己是行凶者，並向官府自首。然後由他們及其朋友雇請訟師、尋找證人，來證明那是正當殺人，或者是可以減輕懲罰的。……萬一遭到處死，他們得到的補償……就是保證可以維持其家庭生計，還有一筆錢或土地的報酬，有時達到三百美元，而這筆錢是由那個村子村民自願認捐的[58]。

54 《沔陽州志》，卷三，〈建置〉，頁三〇 a（注四〇所引）。
55 《恩平縣志》，14/14a（注四八所引）。
56 《東莞縣志》，36/3a-b。
57 《皇清奏議》，56/13b-14a。
58 *Chinese Repository*, IV (1836), p. 413.

另一位西方作者也指出，十九世紀的福建與廣東同樣盛行的類似做法：家族爭鬥中使用「傭兵」，鬧到衙門時就收買「罪犯」來承擔罪名，每名「罪犯」的報酬最高達到三百美元。爭鬥的煽動者不但設法移轉犯罪的責任，而且收買代用品的財務負擔也轉嫁到不如他的人的肩上[59]。

證據迫使結論出現：爭鬥並非全部發生在一般農民之間；其中一些爭鬥，特別是家族捲入的爭鬥，明顯印著紳士操縱的標記。農民經常與紳士合作，由紳士充當計畫者或領導者。這樣，爭鬥的模式在某種程度上重複了和平時期的村莊活動模式。

不同人群之間的衝突

這並不表示農民在紳士引起他們憤怒時不起來反抗（雖然即使此處並不能確定，但憤怒的農民並未受到對大家憤怒的目標心懷惡感的紳士或富人的慫恿）。發生於十九世紀中葉山西臨汾和襄陵的事例，就很能說明問題。這兩個縣都依靠平水河（譯按：即汾河）灌溉田地。一些「豪右」壟斷河水的使用權，規定所有其他人都必須向他們購得「買水票」。這使貧困的農民雪上加霜，他們最終聚集起來反抗，爆發了一系列打鬥，導致許多人傷亡。情況變得非常嚴重，最終在一八五一年引起清政府的注意[60]。

大約同時，廣西金田村發生了一場嚴重的衝突，明顯促成太平天國之役的爆發。根據一項記載，韋志正——他注定不久後成為起事的重要領導者之一——曾經是一名衙役，他辭掉衙役的工作後，改名為昌輝，隨後花錢替父親捐了個小官銜，藉以為「家門增光」。在他父親生日那天，韋昌輝在門前懸掛寫著他父親官銜的「登仕郎」匾額，炫耀鄉里。鄰村「劣紳」勾結縣署差役到韋家搗亂，聲稱由於韋昌輝以前是皂卒出身，照例不能享有功名。於是拆除匾額，勒索巨款。韋昌輝跟他們抗辯、談判，但沒有用。他接著去請求馮雲山（拜上帝教領袖）的幫助，但馮雲山也不能解決爭端，還受到暴徒的侮辱。拜上帝教教眾的怒火終於被點燃了。衝到那名「劣紳」的住處，搶走這個富有家庭的糧食，以報復他的不友善行為[61]。

發生在普通農民和經濟或社會地位較高的人之間最重要的衝突，是在帝國境內許多地方發生的佃農和地主之間的爭鬥。花點時間來探討這件事，或許是有用的。首先，必須消除一個錯誤的觀念：佃農是必然且一致反抗地主的。許多事例都表明，在一般情況下，佃農對其地主的態度相當溫順，甚至是發自內心的友善，佃農的心理態度與一般農民沒有什麼區別。一位中國作者對一個現代江蘇村莊一些佃農的評論，可以視為對中國佃農情感的精確描述，無論是帝國時期或現代。當被問到生活那麼艱苦，為何還要繼續交租時，這些佃農說：「我們是良民。我們從不拒絕交租。即使我們很窮，也不會去偷。我們又怎麼會拒絕交納租金呢？……地是地主的，我們種的是他的地。我們只有地面，而地面是離不開下層土的。」[62]從一位十九世紀中國作者的這些話裡可以清楚看出，佃農對地主的態度很可能相當友好。他在一八六八年（同治七年）（當時他住在家鄉浙江）的日記中寫道：

59 Samuel W. Williams, *The Middle Kingdom* (1883), I, pp. 484-485.

60 《南海縣志》，14/6b-7b，朱次琦傳。這個衝突在朱次琦一八五九年署理襄陵知縣後得以解決。

61 簡又文，《太平軍廣西首義史》，頁一七一。

62 Fei Hsiao t'ung, *Peasant Life in China*, p. 189.

> 昨從會龍堰農民徐國安賒得禾稾七百三十一斤，今日其兄弟載至寓，犒以錢不受。國安之祖父以佃致富逾中人，仍出為人役，力田益勤。二十年前曾賃予家田，今賣之已久，而尚敬忌如是，野人樸愿，猶有古風。而予先世待佃人之厚，亦可見矣[63]。

但是，並不是所有地主都像這位中國作者的祖先那樣「厚」；如果地主非常苛刻、殘酷，那麼其佃農對之自然不會「敬忌」。蘇州一些大地主因其佃農未能交租而立即押送衙門鞭打[64]，他們一定被佃農害怕和仇恨。

事實上，佃農抗租並不少見，特別是在地主的勢力和影響很小的地區[65]。例如，在湖南省巴陵縣一些非常偏僻、不容易到達的鄉間地區，佃農就常常拒絕交租。如果地主向衙門控告，他們就會派自己的女人去索取補貼，表面上是讓他們可以搬走（把土地還給地主）；如果衙差出現，他們就會指控地主犯罪。有時，他們毀壞莊稼、田地和房屋，或者蠻橫地砍倒樹木，只是為了讓地主難堪[66]。這種情況在某些地區非常嚴重，導致土地價格大跌，人們都不願意購置田地[67]。在江蘇省，由於一八五三年抗租非常普遍，（據稱）影響了地主交稅的能力[68]。

在這樣的衝突中，佃農享有人數多的優勢，而地主有時可以得到政府的保護——特別是擁有紳士地位的地主。如果地方官員因某種原因而未對佃農採取行動，那麼地主與他們對手就會處在不公平的鬥爭而損失慘重。江蘇巡撫在一八四六年（道光二十六年）就報告了這種情況的一個事例：

> 昭文縣佃戶應還業戶麥租，向由業戶議定價值，畫一折收，由來已久。……

現在麥價甚賤，各業戶收取租價，不肯減讓。

……寫貼揭帖，約會眾佃，挾制各業戶減價收租。如不依允，即糾眾打毀，〔打毀業戶多家〕。

獲首從各犯……地方均極安謐，……該縣毓成遇事查辦不力，應即先行撤任[69]。

---

63 李慈銘，《越縵堂日記．受禮廬日記》，下集，頁三七b。Morton H. Fried, *Fabric of Chinese Society* (1953), p. 194, 描述了較近期的佃農和地主之間的關係：「在安徽滁縣，地主的做法是：到鄉間看望其作的佃農，佃農鄰居們邀請他喝茶、喝酒或吃飯。這些人希望用這個方法來擴大其影響圈。許多農民在受到當地稅吏或軍隊代表的壓迫時，也會來到滁縣城，請求地主或他們所認識的有力人士為他們說情。」

64 章炳麟，《檢論》，7/17a-b。

65 Morton H. Fried, *Fabric of Chinese Society* (1953), p. 196, 描述了存在於較近期的這種情況：「……在〔安徽〕滁縣，雖然地主和佃農之間並不存在著實際上的熱戰，但有很多遠離縣府所在地官府力量管不到的偏遠地區，公然反抗地主而拒不交租。」

66 《巴陵縣志》，52/5a-b。

67 George Jamieson et al., "Tenure of Land in China," *Journal of the Royal Asiatic Society*, North China Branch, N. S., XXIII (1888), p. 107 ff. 不交租可能是由於極端貧窮，而非佃農–地主衝突的結果。例見王邦璽一八八四年的上奏，收錄於葛士濬，《皇朝經世文續編》，32/20a。

68 《大清歷朝實錄．文宗朝》，140/1b-2a，一八五四年（咸豐四年閏七月）發給大學士的聖旨：「上年冬，業田之家，佃戶抗不交租，地方官概不追比，以致業戶完糧，無從設措。……鄉民糾眾抗糧，法所難宥，該地方官自應痛加懲辦。……至於佃欠業租，既經該業戶控告，亦應照例懲辦，以儆刁風。」

69 李星沅，《李文恭公奏議》，11/19a-b 和 12/47a-58a。在另一道上奏中（同書，12/59a），這位巡撫指出，自道光二十二年（一八四二）以來，「土棍」徐二蠻不斷聚眾抗租。

然而，政府的干涉並不一定意味著衝突很快地平息。在衝突已經發展成嚴重程度的地區，尤其是在麻煩製造者利用佃農和地主的緊張關係讓政府為難的地區，政府為了地主利益而出面干涉，可能把地方居民間的爭鬥轉變成反對地方政府的暴動。這就是浙江省餘姚縣在一八五八年所發生的情況[70]。一位那個時代的作者（同一省的人）如此解釋這件事：

> 聞餘姚佃匪屢殺兵勇，事不得解。
>
> 餘姚濱海，民獷，而巨家徵租，素困其民。至去年，鄉民相約赴縣報災，請減租額。縣令崔家蔭聽之。遂糾社立局，更置斗斛，以待徵租者。大姓邵氏、洪氏、謝氏不從，遂相爭鬥。會新令來，邵氏等脅令募勇捕諸佃人，且更增租額，立碑設局，急令輸餉。鄉民大怒。匪人宣希文、黃春生等遂煽□□，圍燒富人家，夜犯縣城，劫所捕人[71]。

據同一作者的記載，這場暴動經過一番流血屠殺後，最終被平定。

應該指出的是，佃農雖然有能力以暴力反抗地主，但他們的行動經常是沒有組織且是小規模的，除非得到不從事農耕的「奸民」的領導與支援。剛剛提到的事例中，暴動就是由「匪人」煽動的。前面提到的一八四六年江蘇昭文暴動事例，據說就是由當地「棍徒」煽動的。在這些惡棍中，一個是「還俗」的和尚、一個是靠徵收漕糧中上下其手的無地流民，其餘是身分未說明的惡霸。根據同一位官員的記載，地主沒有同意佃農要求，其中一個惡霸張榮榮與其他麻煩製造者（包括王四麻子和金三桂）一起討論下一步行動，決定敲響銅鑼，把所有佃農召集起來。到了約定的時間，張榮榮鳴鑼領頭，……見……陶香香、黃奎、徐關潮……在田工作，即令王四麻子等向其喊稱，如不跟隨同往，一併拆屋毆打。陶香香等畏懼隨行，共二十八人，走至歸市等處。張榮榮喝令王四麻子等先後將歸令瑜……等家房屋牆垣什物打毀，……

二十二日，張榮榮因各業戶仍無減租資訊信息，復又鳴鑼領頭，……見有趙小富……在田工作，又令王四麻子等上前糾邀，……共二十九人，走至東周市等處，……將瞿鑾……等家房屋什物一併打毀。[72]

要估計佃農對其業主的敵意達到什麼程度是很困難的；因為見於報導的佃農和地主之間的爭鬥，其中有些可能是由非農民煽動的。不過，可以指出兩點：看來很清楚地，在總體社會情況變得像十九世紀中葉那樣不安定時，受壓迫的佃農就很容易起來反抗地主，甚至向地方政府的權威挑戰；同樣很清楚地，在土地所有權比較集中的地方，或在大多數農民沒有土地的地方，佃農和地主之間的衝突就比較多，鬥爭更激烈。

70 王先謙，《東華錄》，一八五九年（咸豐九年二月），55/5a。

71 李慈銘，《越縵堂日記補》，已集（編按：李氏各集編號使用的是天干而非地支，原書作 *ssu chi*，似是將「己」誤看作「巳」），頁六a，一八五九年（咸豐九年元月二十六日）。前文提到的江蘇昭文一八四六年發生的鬥毆，在當地官府介入之後，同樣達到了暴亂的程度。見李星沅，《李文恭公奏議》，11/19a-b。

72 李星沅，《李文恭公奏議》，12/47a-58a。其他時期也有這種類型的爭鬥，明代就發生了一個讓人印象深刻的事例。有關鄧茂七的故事，參見趙翼，《廿二史箚記》，36/14b；也可參看丁瑄的傳記，收錄於《明史》，卷一六五。

在清帝國一些地方，業佃衝突和其他形式的地方鬥爭交織在一起。在南方一些省區，客家人和本地人之間的衝突，以及佃農和地主之間的衝突就是這樣糾結在一起，經常釀成劇烈的爭鬥。例如，（廣西）永淳的客民與本地佃民在一八五一年（咸豐二年）「相讐殺」。有個李可經與其他「佃賊」一起提議停止向客家地主交租。連村結會，嘯聚數千人[73]。同一時間，廣東恩平縣也發生類似的情況，只是那裡客家人和本地人跟土地之間的關係正好顛倒過來。在許多村子，「所有佃耕土著之田，抗不納租」。一系列打鬥在一八五二年爆發。在一些衝突中，客家佃農殺死土著地主，放火燒毀他們的房屋。混亂擴散開來，有些佃農與紅巾軍聯合起來。直到一八六六年才恢復和平[74]。

在地方政府自己就是土地所有者時，業佃之間的衝突本質上就是暴動。湖南乾州廳在一八四七年發生的就是這樣的事例。該廳衙門把公有土地租給居民，包括一些苗民在內。由於某些未說明的原因，「痞苗」聚眾拒絕交租。這些挑釁的佃農與鄰近鳳凰、永綏兩個廳的苗民結成聯盟，肆行焚掠。直到次年湖南巡撫派兵鎮壓之前，混亂一直沒有停止[75]。

川北農民和陝西商人之間的一場奇怪衝突值得一提。根據地方志記載，居住在川北平武縣一個山村的居民，大多數務農為生，非常貧窮。他們通常在缺糧的春季借錢，在秋收後連本帶利還債。但是遇到荒年，他們就無力還債。而他們的債主陝西商人，常常到衙門控告他們。先前的知縣對這些拖欠者的困難，非常能夠同情諒解，因而常常對被告寬大處理。不過，一八四二年換了一位新的知縣。商人讓大家知道，由於該官員來自他們的省分，打算利用這個關係來報復債務人。「奸民」驚慌了，為了保護自己而聚集一大群人，發誓要把所有陝西商人趕出去。鬥爭已經來到成為叛變的邊緣，第三任知縣逮捕暴民的領袖，並把他們處死，終於恢復秩序[76]。

這些事件顯示，爭鬥產生的原因非常多樣，而不同部分的鄉村人口參與其中。這些地方鬥爭發生的頻率和規模大小，會隨著整體社會環境的變化而變化（亦即，在爆發大範圍經濟災害或者在整體政治動盪的時期，地方的衝突就可能很嚴重且不斷發生），因此地方官員的素質經常是一個特定情況裡的決定性因素。證據顯示，不止一個事例中，無能或腐敗的地方官要為地方衝突的產生負責。在一八一四年的一道上諭中，嘉慶帝就為爭鬥頻繁而譴責江西省的地方官員：

> 江西吉安、贛州、南安三府地方，多有強悍不法之徒，偶因細故，即聚眾械鬥。……地方官懼干處分，容忍不辦，每以告病乞歸[77]。

根據其他報告，在清廷看來，其他省區的地方官比江西省更應該受到譴責。一位巡撫對福建和廣東械鬥頻繁提出了以下的解釋：

> 粵東風俗之壞，莫過於械鬥。此風起於福建之漳泉，傳流至於潮州，漸染及惠、嘉、廣、肇、

73 《平桂紀略》，1/14b。
74 《恩平縣志》，14/8a。
75 《清史列傳．陸費泉傳》，43/35a-b。
76 《續修廬州府志》，34/31b-32a。
77 《江西通志》，卷首之三，頁一〇a－b。

韶、南，而以潮州為尤甚。禍流數十百年，而未有止。其初由地方官惟知魚肉鄉民不理民事，民間詞訟，延至數年不結，甚或數年不得一見官面。愚民無所告訴，不得已激而成鬥。鬥後仍索賄，並不與民分曲直，於是黎民咸怨，而抗官拒捕之事作矣。……

查民間好鬥之故，弊有十二，其性獷悍而好勝，其俗重財而輕生，口角細故，即忘身命。……（或者）數十金之價。……頑民習演鳥鎗，以待僱倩，專以殺人為生涯。……祠堂積蓄饒多，有易鬥之資。……大鄉欺小鄉而鬥，小鄉不服，聯合多鄉以圖報復而亦鬥。而且族豪藉以自肥而樂於鬥，族棍藉以分潤而樂於鬥，訟師從中播弄而樂於鬥，劣衿從中慫恿而樂於鬥，胥役從中關說而樂於鬥，有此十二弊驅之使鬥。……

今則祠堂之積蓄已空，田園抛荒，民間無銀買兇，案多不結，帶兵往索，民多習見不畏。故官斯土者，昔以械鬥為奇貨，今乃以械鬥為苦事[78]。

這無疑顯示，地方行政的無能與腐敗，是造成爭鬥廣泛和持續的原因[79]。另一方面，也有決定性的證據顯示，能幹的州縣官所採取的司法行動，可以解決嚴重的爭吵（即使是那些涉及重要利益的爭吵），防止發展成為流血性戰鬥。一個絕佳的事例發生在十八世紀晚期的四川綿竹縣。許多鄉村居民為爭奪灌溉用水而捲入長時期的爭端之中，但都樂意接受知縣在一七九八年所提的和解方案。來自三個溝渠的用水，按比例分配給所有需要用水的村民。分配給每個農民的水量，根據耕種土地的多少而定；而土地的數量又反過來決定每個農民應分擔的溝渠維修費。這一安排因為合情合理，非常公平，所以此後一百多年沒有再為用水而發生爭論[80]。

暴動

暴動的一般意義

「暴動」一詞在這裡的定義，是指鄉村居民為反抗地方官員所採取的暴亂行為[81]。從事實來看，暴動與爭鬥不同，前者是指某一特定地區的居民由於仇恨一個或多個地方官員而發生的反抗行為；而後者是指居民自己之間的敵對行為。正如前面指出的，在一些事例裡，爭鬥會發展成暴動；因此，這兩種暴力行為間的區別並不總是很清楚。不過，根據暴力行為指向的主要目標，還是可以輕易地把它們區別開來。

「暴動」與「造反」不同。此處，「造反」是指公開、武裝反抗現存政權，目的在於推翻它[82]。而

---

78 《牧令書輯要》，9/13a-14a，收錄曾任山東巡撫的程含章所寫〈論息鬥書〉。

79 翁同龢，《翁文恭公日記》，壬午年（一八八二），21/12b-13a〔二月十二日〕，補充了一個支持這個結論的事例。他引述後來在義和團之亂中軋上一腳的滿族官員剛毅的說法，廣東某些地方〔惠潮等處〕因為「積案不問」以致械鬥。

80 《綿竹縣鄉土志．歷史乙》，頁七b－八b。原文說「於今一百五十餘年」顯然是錯的，因為該鄉土志刊於一九〇八年。和解可能生效的最早時間是一七九五年，一百五十年後已經是一九四五年了。

81 按照*Webster's International Dictionary* (2nd ed.) 對「暴動」（Riot）一詞的解釋，含義有：二、「騷亂的行為、騷亂、騷動、混亂」；六、「不軌人物造成的猛烈的騷亂事例」。為了方便起見，本書所用「暴動」一詞，是指上文所解釋的特別類型的「猛烈的騷亂」（violent disorder）。

82 這裡的「造反」（Rebellion）一詞，實質上是依據*Webster's International Dictionary*的定義，即是指：「公開否認自己原本服從的政府權威，以發動戰爭或幫助他人發動戰爭，來反抗它的官員和法律；臣民有組織的起事，目的在推翻其合法統治者或政府。」這個詞沒有採用*Encyclopedia of the Social Sciences*的解釋：「是一種反叛行動，其目的多少有助於推行地方自治或獨立，但不是要推翻中央政府。」還應該注意一個事實，暴動並不限於鄉村。本章所引述的事例，有些就發生在城鎮或城市。為方便起見，這些納入我們的討論；事例發生的地點若能夠確定，也都會加以注明。

暴動者並不像叛變者那樣反抗政府，無論是中央政府還是地方政府；相反地，一般說來，他們含蓄或明確地承認皇帝和官員的權威，他們之所以採取暴力行為，目的並不在於其他，而只是想發洩、解決心中某種怨恨，或者說侮辱、打擊使他們產生怨恨的對象。

十九世紀的一些學者非常了解暴動的本質。一位研究中國問題的美國學者指出：

> 雖然中國人民反抗地方統治者的事例難以數計，但是這種暴亂是針對政府體制的濫用而發的，並不是針對體制本身。他們以最平等、無禮的態度……來對待一位州縣官，甚至到了扯著他的辮子、賞他耳光的地步；但這並不是因為他執行了合法權威，而是因為他逾越了應有的權限[83]。

這個論述非常正確，並且得到其他作者觀察的證實。例如，一名目睹廣州一八四六年一月暴動的英國軍官指出，在廣州府衙門暫時被暴亂群眾占領時，知府及其助手辦公及居住的地方被燒毀，但大堂和庫房所在的部分絲毫未損；顯然是因為庫房裡存放的錢財屬於皇帝所有，而大堂則是清王朝審判的場所[84]。一八九六年左右，一位美國作者對一場「典型暴動」的描述，更能說明問題：

> 我曾經目睹一隊隊鄉民向這座城市〔譯按：作者未指明是何城市〕各衙門前進。……當一支規模達二萬人的強大隊伍穿過街道，店鋪紛紛關閉，一片寂靜。每個隊伍的頭上都飄舞著旗子，上面都寫著各該隊集合地點廟宇的名字。我問道：「為什麼要抗議呢？」簡潔的回答是：「我們要求減稅。」先前已經嘗試過陳情但無效，被迫孤注一擲，他們把一切都押在最後這次懇求上，如果沒有

> 得到批准，就採取報復行動。官員們並沒有留下來傾聽他們申訴。於是，暴動者把壓迫者的家具——絲墊、薄紗窗簾、雕刻的椅子和其他昂貴的奢侈品——堆成小山，一把火全部燒毀，就像毀壞耶利哥城〔譯按：西亞死海以北的古城〕那樣徹底。我看到有個人企圖帶著一些值錢的東西逃走，但被抓了回來。他的贓物被投入大火，但是我相信他逃脫了。
>
> 城裡每個衙門都發生類似的情況。奇怪的是，一般居民的生活並未被騷擾，除了生意被中斷了一天以外。這場衝突只是針對官員來的，暴動者的紀律嚴明，他們仍然效忠於清廷。我走進知縣衙門看看情形如何，發現一隊暴動者在保護縣衙某一房間，他們的夥伴忙著從其餘房間往外搬物件。我問他們為什麼保護這間房屋而不進去搶劫。他們的回答很簡單：「這是庫房，沒有人可以碰皇上的錢。」他們並不怨恨徵稅，怨恨的是地方官員的任意加徵。一個月後，巡撫派了一支一千五百人的軍隊前來鎮壓。但是，軍隊遭到伏擊，死了五十人，傷者加倍。……由於武力未能把暴動鎮壓下去，巡撫設法勸說。免去應該負責官員的職務，並答應如果暴動的領袖自首，就終止苛捐雜稅。這些人，周和張，……為達到他們的目標而投降，結束了戰爭的苦難。不過，他們還是被處死了[85]。

這種暴動和反抗清政府的造反之間區別顯而易見。對鄉民來說，他們自然會怨恨腐敗的地方官，而

---

83 Chester Holcombe, *Real Chinaman* (1895), p. 33.

84 Thomas Meadows, *Desultory Notes* (1847), p. 102n.

85 William A. P. Martin, *A Cycle of Cathay* (1896), pp. 91-92.

非專制的中央政府；因為後者離一般村民的生活很遠，它推行的任何惡政所造成的傷害，都不如腐敗的地方官敲詐勒索來得那樣直接。這裡還應該提醒的是，自漢朝以來，「崇拜皇帝」觀念就深深地印在百姓的腦海中，因而雖然沒有多少人積極效忠朝廷，但許多人都對「天子」仍然抱著某種含糊的尊敬；即使他是滿洲人也一樣。此外，一大堆有關百姓日常生活的清王朝法律和措施，如果從字面來看而不管執行的話，按照歷史標準，都不能說是殘暴或壓迫的。地方官員所犯的暴行，百姓通常能夠正確地解讀為對皇帝命令的錯誤運用，而不是朝廷本身制定的措施。在清帝國許多地方都能聽到的一句老話「天高皇帝遠」，提供了一條線索，有助於理解普通百姓對統治者和行政官員的一般態度[86]。

如果普通百姓沒有什麼理由要怨恨皇帝，他們就常常有足夠理由來怨恨許多地方官的行為。地方官及其吏胥直接而頻繁地與居民們打交道。他們的所有行為，無論是友善或不友善的，都會產生直接的影響。責任很容易歸屬。因為他們並沒有令人敬畏的品德，如果他們的行為給百姓造成過多的痛苦，就容易成為公憤和怨恨的目標。根據一位西方學者的觀察，的確如此：

> 皇帝（公開宣稱的）仁慈，向下透過九個品級的官員，當它達到與百姓接觸的最後一個等級時，可能已經變成使人煩惱的東西，而且完全變成暴政了。因此，百姓將要如何保護自己不受專橫官員傷害，這個問題應該是不能不加以考慮的。……由於沒有法庭，他們就自己執掌法律。……在小型地方爭執中，他們有時發洩對苛徵的怒火，抓著被派去徵收官員的腳跟，把他從轎子裡拽出來，脫下他那象徵高貴的官靴，並把他拋進最近的水溝中[87]。

因此，針對州縣官員及其施政的暴亂在中國十分普遍，是一點也不奇怪的[88]，但針對中央政府的叛亂則要間隔比較長的時間才會發生。

當然，並非所有官員都是壞官，百姓對官員的態度也不必然是敵對的。對素質不同的州縣官，鄉民的反應自然也不同。他們對州縣官員的表現作出評定，並且經常很直率地表達他們的評價。此處可以舉幾個事例，來說明在適宜的情況下，鄉民是非常善於表達的——或許太過於坦率，讓一些州縣官消受不了。

鄉民尊崇他們所認為的「好官」的方式各不相同，其中一種方式是作詩歌頌「好官」的功德，通常由一些鄉紳成員執筆[89]；另一種方式是，在「好官」任期屆滿，或者在他轉任其他地方的另一官職時，

---

86 參見 Francis H. Nichols, *Through Hidden Shensi* (1902), p. 141：「對於內地居民來說，代表政府、法律和權力的，不是遠在北京的皇帝，而是該省的官員。」

87 Archibald R. Colquhoun, *China in Transformation* (1900), pp. 287-289. 根據 David Mitrany, *Marx Against the Peasant* (1951), p. 118 所說，戰後中歐農民所表現出一種相同的態度：「農民雖然被煽動起來了，但是他們作為一個階層能夠做些什麼呢？政治革命並沒有自然地降臨到他們身上。當農民造反時，反對的是特許權的濫用；反抗的是直接折磨他們的人、地主和地方官員，但他們還是把國王和議會看作訴願法庭。」

88 Charles Denby, *China and Her People* (1906), II, p. 7.

89 例如，《花縣志》，7/6a-b，記載了這個故事：江西人〔編按：《廣東通志》，46/34b，作江蘇溧陽人，《廣州府志》同〕狄尚絅一八〇〇年到一八〇五年擔任花縣知縣。任期屆滿時，居民要求他繼續留任。居民們作了一首歌謠頌揚他的功績，內容大致如下：

懇求他繼續留任[90]。極其渴望自己喜愛的「好官」留任的鄉民，會向上一級政府機構提出請求，在極少數的例子裡，他們的希望會得到滿足[91]。在公開表達感激的居民舉行的送別儀式上，會呈送靴子或絲傘給離任的官員[92]。在一些州縣，可以看到居民為懷念前任州縣官而修建的「生祠」，他們的良好行為「贏得民心」[93]。

那些據說能讓州縣官得到鄉民喜愛的良好行為，主要是可以促進鄉民利益的行為，例如建學堂、修建城防及灌溉工程、在饑荒期間關注窮人需要、拒絕收受賄賂等等[94]。當這些對朝廷有責任感、樂意幫助百姓的真正好官，在成千上萬腐敗或漠不關心的官員中，只占相當少的一部分時，這樣的行為就特別值得稱讚。檢視《花縣志》所載，一六八六年到一九一一年擔任廣東花縣知縣的九十七名官員，只有十八人在任上的施政值得稱許或贏得百姓的讚賞[95]；一六六一年到一九〇八年期間擔任四川江津知縣的一百三十一名官員中，只有五十人被認為是「好官」[96]。清帝國其他地方的情況，一般說來也不會更令人鼓舞。

如果我們考慮到，對被認為有德官員的感激場面經常是鄉紳運作出來的，並不一定代表一般民眾自發或真正的情感，整個畫面就會顯得更為暗淡。一位地方志纂修者說：

續

「好官好官不要錢，
花城來一狄青天。
狄青天，
去後令人思纏綿。」

「青天」是頌揚被認為具有才能、正直和廉潔的州縣官員時常用的詞。

90 《花縣志》，9/7b，記載了另一個事例：廣東人宋廷楨十九世紀初擔任四川內江知縣。在他任滿準備離任之時，居民們攔路懇求他留任。

91 例如，《南海縣志》，14/8a說，廣東人朱次琦在十九世紀中葉擔任山西襄陵知縣，以正直和慈愛而著稱。在他將要離任時，居民們要求政府准許他繼續留任，但未被批准。州縣官員很少（如果有的話）被允許留在一個職位上超過正常任期。不過，其他官員在地方居民的請求下可以繼續留任。《番禺縣續志》，21/17b-18a記載了一個事例。一八七三年上任的一名河南分守河務兵備道，因為溝渠維修工作十分成功，在當地居民的請求下，巡撫准許他繼續留任。

92 Chester Holcombe, *Real Chinaman*, pp. 230-233, 描述了「傘和靴子儀式」。E.-R. Huc, *Chinese Empire*, II, pp. 73-74, 描述一名離任軍官所得到「靴子儀式」的榮耀。Justus Doolittle, *Social Life* (1865), II, p. 328, 描述了呈獻「萬民傘」的情況。「靴子儀式」源自一個記載於《漢書》，卷一一二上〔譯按：應為《後漢書》，卷八二〕的著名傳說。王喬是一位傑出縣令並擁有神術，他每月初一和十五從任所進宮覲見皇上。由於沒人見過王喬坐車或騎馬，太史感到奇怪而注意他。每當王喬要來的時候，就看見從他任所方向飛來一對野鴨。太史用網子抓住野鴨，野鴨奇蹟般地立刻變成一雙靴子，正是四年前皇帝賞賜給王喬的靴子！後世用「雙鳧」（一對野鴨）或「鳧舄」（野鴨靴子）來讚美州縣官員，變成一種公認的文學用法。在「靴子儀式」裡，受歡迎的州縣官就這樣被暗喻為王喬。

93 舉例來說，《佛山儒林鄉志》，12/11a，提到一所建於一八五五年的「生祠」（這種祠堂是修建來紀念仍然活在世上的人），是獻給謝効莊的。《番禺縣續志》，20/10a，提供了這個資訊：楊榮緒一八六三年被任命為浙江湖州府知府，被稱為好官。「病卒，……士民悲泣湖濱，農人入城哭奠，船戶輿夫皆哭。……光緒二年奉旨入祀名宦祠。」

94 下列一些事例非常恰當。《淮安府志》，27/82a：十九世紀早期，鹽城知縣修建一所學堂，修理城牆；同書，27/84a：十九世紀前半葉任職的阜寧知縣，設法避免給居民增加額外負擔，防止衙門胥吏向居民榨取錢財；《廣州府志》，129/12a：山西定襄知縣冒著丟官的危險，賑濟飢餓的災民；《確山縣志》，7/19a：確山知縣（安徽人）一八五六年完成了城防工程修建，及時抵擋「巨匪」的進攻。

95 《花縣志》，卷九，各頁。

96 《江津縣志》，6/3b。

明季人物連篇累牘，大率已仕則臨行攀轅，諸生則工文失解，如出一轍。按之俱無實蹟，其失在蕪[97]。

雖然清代的作者可能比明季的作者更為可靠，但我們也不能確定他們是否每個人都能免於這個缺點。我們至少應該記住，由於「好官」的故事毫無例外都是由紳士成員所寫的，而在許多情況下，地方士子與地方官員的關係很友好、密切，因此很有可能這些記載並未沒有忠實地反映出普通鎮民或鄉民的情感及期望。

事實上，偶爾揭發出來的醜聞顯示，並非所有「好官」都是無可置疑的好。雖然這些醜聞可能是心有不滿的紳士揭露的，但牽涉到的「好官」的善行同樣有可能是喜歡他的紳士的作品，與普通百姓的情感完全無關。十七世紀晚期，山東某縣就發生了一個有趣的事例。一六七六年擔任滕縣知縣的常紳得到了雙重榮耀：一是居民為他豎立石碑，懷念他的仁政；二是居民為他修建了好幾所「生祠」，用來表達對他的崇敬心情。不過據指出，整件事不過是一場官員的詐騙，不但錯誤地陳述他的施政特質，而且捏造了百姓的感情；一位地方志纂修者說：

〔常紳〕初蒞滕，標二牌於鼓樓門，曰：「懲兇惡，除豪霸，不徇私，不要錢。」其後苞苴公行，盜賊得所依[98]。

這並不是唯一的事例。在清帝國其他地方，在其他時期也可以見到類似的官員欺騙行為；就像下面這份一八〇〇年的文件所證明的：

更有一種州縣探聽上司欲行參劾，賄買耆老多人，於上司前具呈，反言聞欲題陞，乞請借寇。雖公正廉明之督撫，亦為所愚。……又有一種州縣自知民情不甚愛戴，於無事時密令衙役人等刊刻傳單，徧行粘貼。單中開說本官清廉，辦公竭蹶，欲自告病，我等務必赴上司請留。復令官親幕友揭取此單，到處傳播[99]。

97 《滁州志》（一八九七），一六七二年版熊祖詒序。

98 《滕縣志》（一八四六），6/36a-b。同書，卷一四，頁一一b，記載了這首用當地方言所寫的押韻諷刺詩：

「尖尖頭，
細細尾，
嘴兒藏在蓋兒裡，
連頭帶尾沒寸長，
吃盡滕陽多少米？」

顯然中國字「倉」（參見 Herbert A. Giles, *Chinese-English Dictionary*, No. 440）的結構，使這位當地打油詩人把令人討厭的官吏比喻成老鼠。卷一二，頁一四b，收錄了一首未署名的當地士子為這位聲名狼藉的官員所寫題作「生祠」的短詩。結尾的兩句是：

「何故焚香祀猛虎？
生祠幾處在城中！」

99 《皇清奏議續編》，2/12b。

這種官員自我製造的「名望」，與一般百姓的情感毫無關係，與紳士的意見也沒關係。還應該指出的是，即使真的由普通鎮民和鄉民進行評判時，官員被認為良好的行為通常也沒有多好。根據十九世紀一位西方作者的觀察，他們和壞官之間的區別只是程度的問題：

> 百姓知道官員不可能靠其薪俸過日子，諒解並默許我稱為「非法費」的徵收，亦就是說，凡是到衙門辦事的人都必須繳納一筆能夠承受的固定費用。於是很自然地，官員們就把這樣存在的制度當成必要之惡，任意敲詐勒索，逼使百姓行賄。因此，腐敗與不公充斥著整個國家。我相信，事實上**所有**官員都收受薪俸以外的錢財；中國人所謂「好官」和「壞官」之間的主要區別，在於前者讓百姓**為正義而付錢**，後者則將**把不公正賣給**出錢最多的人[100]。

對普通百姓來說非常不幸的是，「好官」（無論他們「好」到什麼程度）非常稀少，壞官的人數很容易超過他們。一些壞官把情況弄得那麼難以忍受，即使是一般溫順的居民也會被鼓動加入激烈示威，來反抗他們的惡行，尤其是在心懷不滿的紳士成員或鄰近的「奸民」出面組織及指揮暴動時。十九世紀一位中國作者就指出：

> 夫民即不知禮義，詎不顧身家；即不畏君上，詎不畏法律。自官吏與以萬不能堪，其弱者忍之，以就溝壑，……桀黠之徒，則譁然起，不惜棄身家，犯法律，以救須臾之死。洎乎事平，終不能殲其類，於是乎民益得窺官之伎倆，而始不甚畏官。……此悍之所自來也[101]。

儘管清王朝法令規定，任何官員如果因為無禮或粗暴的舉止，而導致紳士或普通百姓的暴動，就要受到懲罰[102]，但是州縣官成為觸怒眾人的目標的地方暴亂，在清帝國各地還是頻頻發生，甚至從清王朝初期就是如此。有時，百姓對可恨官員的示威會以毆辱的形式出現，例如一位知縣在一六九〇年代所描述的事例：

> 近聞有不肖官員離任起行，地方含恨，竟閉門不容放行，且更喧擁市衢，褫夫人之衣而毆及輿從者[103]。

在其他時候，暴動的民眾並不限於毆辱令人憎恨的官員。乾隆帝在一七四一年的一道上諭中這樣說：

> 本年四月間，福州府屬之屏南縣典史下鄉徵糧，鄉民竟將典史毆打捆縛。又興化府屬之仙遊縣告病知縣邵成平赴省領咨，有縣民李姓因訟事未結，嗔其即行離任，竟於中途截住，肆行辱毆[104]。

---

100 Thomas Meadows, *Desultory Notes* (1847), p. 168. 斜體字是 Meadows 標示的〔編按：此處改為粗明體字〕。

101 馮桂芬，《顯志堂集》，2/35b。

102 《欽定六部處分則例》，頁一五－一九b，記載這個規定：「州縣官貪婪苛虐，平時漫無撫卹，或於民事審辦不公，或凌辱斯文，生童身受其害以致激變，衿民罷市罷考糾眾毆官者，革職提問。」

103 黃六鴻，《福惠全書》，32/30a-b。

104 《大清十朝聖訓．高宗朝》，261/24b-25a。

在一年後的另一道上諭中，乾隆帝說道：「近竟有漳浦民人持刀刺死縣令之事。」[105]一八七〇年，浙江某縣發生的事例流血更多，除了知縣本人被殺死之外，還有其妻子、女兒[106]。這種情況的暴動大概比較少見，但顯示出被煽動的暴民，其行為可能有多暴力。

應該指出的是，暴動者在暴動中並非總是占上風。州縣官員利用手中的軍事力量，有能力對暴動者進行殘酷的鎮壓。事實上，清政府非常關注這種情況，一八七八年（光緒四年）的一道上諭就清楚地指出：

> 近來各省往往因誅求百姓，不遂所欲，輒誣指為抗拒，率請派營彈壓。武弁志在邀功，妄加剿洗，……流弊滋多[107]。

光緒帝進一步禁止各省督撫派兵「擾累」。儘管清政府發布這樣的禁令，但在不止一個事例中，軍事力量仍然是得到直屬上司支持的地方官手中的有效武器。

暴動的種類和原因：反敲詐勒索之暴動

在探討暴動的一般性質之後，現在要來探討暴動發生的原因，以對暴動作進一步分析。不出所料，導致暴動的因素多種多樣。一七四七年（乾隆十二年）的一道上諭清楚地指出：

據各省奏報，奸民聚眾之案，如江南宿遷、山東蘭山，皆因求賑；浙江臨海，則因求雨；福建上杭，則因抗租；山西安邑、萬泉，則因丁糧豁免等事，遂至聚集多人，抗官塞署，放火罷市，肆為不法[108]。

這份文件十分清楚地指出已知的暴動原因，但忽略了很重要的一點。正如前面已經指出的，州縣官的司法裁判不公正（不論是宣稱或真正的），似乎是地方暴動的普遍原因[109]。

導致暴動的最頻繁以及最重要的原因，是與徵稅有關的官員敲詐勒索。我們有必要討論一下這些反抗勒索的暴動。這種類型的暴亂在清代之前就已經發生過[110]，但是在鴉片戰爭之後看來更為頻繁。因為

---

105 同上，262/2b。

106 李慈銘，《越縵堂日記．桃花聖解盦日記》，甲集，七七a（同治九年三月一日），提到發生於浙江嵊縣的事例。

107 同上，壬集第二集，四九a，光緒四年八月一日，引錄一道聖諭。

108 《大清十朝聖訓．高宗朝》，263/1b。

109 一位禮部侍郎在一七四五年的一道奏摺中描述了此種情形：「地方官審理詞訟，自應秉公聽斷，……乃鄉里棍徒懷挾私忿，糾眾罷市，甚至凌辱長官，無所顧忌。」見《皇清奏議》，41/7a。

110 例如，明朝萬曆年間與徵收「礦稅」（mining taxes）有關的勒索，常常導致民變。一五九九年，山東臨清居民燒毀稅使〔馬堂〕署，殺其參隨三十四人；湖北武昌和漢陽民變擊傷稅使〔陳奉，編按：事在一六〇一年〕。一六〇六年，雲南民變，殺死稅監〔楊榮〕，焚其屍。見趙翼，《陔餘叢考》，20/17a-b。明代的反勒索暴動最終變成造反。眾所周知的李自成，就利用歌謠「迎闖王，不納糧」，誘使民眾追隨他。見《明史》，309/6b。〔編按：此處原文作"mining taxes"，似將「礦稅」當成一件事，疑誤。按，明萬曆朝的「礦稅」其實是採礦與徵收商稅兩件事，但因皇帝

清政府的威望第一次受到嚴重打擊；而許多地方都組成地方武力，這增強了此前沒有武裝的農民向當局挑戰的勇氣[111]。

反敲詐勒索的暴動，跟其他類型的暴動一樣，矛頭是指向地方官員而非清政府本身，但在某種情況下，它們可能會占有龐大的比重。這些暴動通常都遵循著類似的模式，包括以下幾個步驟：一、相關人員請求停止地方代理人非法強加的過度稅負；二、高一級官員未能減輕他們的痛苦，請求者趨於絕望；三、接著發動不同程度的暴動；四、以軍事行動鎮壓，或者採取某種妥協辦法進行分化，暴動領導者受到懲罰；或者在特殊情況下，暴動轉化為大規模叛變的一部分[112]。

不過，如果地方居民沒有浪費時日去向高級官員請求，而直接訴諸暴力，暴動形式就會簡單些。前面描述過的「典型暴動」，就是一個典型的暴動的絕佳事例。還可以再列舉幾個事例，來說明實際引發暴動——從最簡單的到比較複雜的形式——的不同環境。所有這些事例都發生於一八四〇年代到該世紀末[113]，以下將按照時間順序摘要敘述。

第一個事例發生於一八四二年的浙江秀水縣，一個流產的暴動被知縣迅速鎮壓。根據地方志的記載：

> 西鄉無賴子虞阿男者，聚眾抗租，號召鄰圩舟水于田，釘柵於浜，攔截催租進路。……〔余〕士璪……購線計擒，不旬日縛而戮諸市[114]。

一八四三年初發生於湖南耒陽縣的暴動，是反對地方官最激烈的示威之一。此次事件的責任到底在哪裡，有關記載並不一致。根據一位作者（他與牽涉到的問題並無個人利害關係，因此可能是公正的）

的記述，事情的開始是一名當地居民採取法律行動，指控知縣「浮收」。但是，事情並沒有得到補正，指控者反而被認定「坐不實」，而受到鞭打及坐牢的懲罰。他的村人組織群眾，把他解救出來。兩個比鄰地區的所有村子的居民都拒絕繳納任何稅。在兩名生員的領導下，暴動者武裝起來並攻擊縣城，騷亂持續了幾個月都沒有平息。人們認為，「此事罪在官不在民」[115]。

在動盪的一八五〇年代，清帝國一些地方的暴動特別頻繁。例如，有位給事中概述了江蘇省的情形：

> 州縣浮收激變，多以抗糧滋事為詞。……州縣收漕，竟有應交一石，浮收至兩石之多，並有運米不收，勒折交銀，以至民怨沸騰，激成事變，遂有聚眾戕官之案[116]。

續

派出負責徵收商稅的太監往往兼主持採礦，並且藉端徵斂，禍害地方，因而《明史》上總是礦稅並提。上引《陔餘叢考》即稱為「稅礦」，其中提到的三個民變的主角：馬堂的任務是「稅臨清」；陳奉是「徵收湖廣等處店稅」，後並主持開採丹砂；楊榮是「開採雲南」（《明史紀事本末》卷六五）。〕

111 傅衣凌，〈太平天國時代的全國抗糧潮〉，載《財政知識》，三卷（一九四三），頁三一－三九；S. Y. Teng, *New Light on the History of the Taiping Rebellion* (1950), pp. 41-42.

112 William A. P. Martin, *A Cycle of Cathay* (1896), p. 336：「法定的徵收並不高，如果貪婪的官吏敢於過度地額外加徵，人民可以請求將其免職；或者在極端的情況下，團結起來武裝抵抗。大範圍的抵抗就會變成造反，最終會導致革命。」

113 參見注一一一。包世臣，《齊民四術》，卷七下，頁二五a－三一b，記載了十九世紀初發生的一個事例。

114 《嘉興府志》（一八七八），42/96b。

115 馮桂芬，《顯志堂集》，4/36a-b。《清史列傳》，43/34a-35b，提供一個略有不同的版本，暗指責任在地方居民。

116 《清朝續文獻通考》，2/7517〔譯按：應為7514-7515〕。

同時代的另一名官員指出，江蘇松江府的暴動特別猖獗：

> 青浦首倡聚眾拒捕毆官，南匯倉寓為民所火，官僅以身免，華亭錢漕家丁下鄉，鄉民積薪繞船四周，逼令縣差舉火，……將繩之以法乎？是速之反也；將置之不問乎？是教之抗也[117]。

一名西方記者對華亭縣暴動所提供的一些細節，也能說明問題。他說，措置失當的知縣召集二百名志願者，讓他們帶著槍枝去逼迫居民繳稅，這就引發了暴動：

> 不願意順從要求的百姓，敲起銅鑼，不久就聚集起幾千人的群眾。他們很快地火燒兩艘官船並燒死四名鄉勇，知縣光著腳逃回縣城[118]。

反敲詐勒索的暴動並不限於南方省區。河南省一些地方在一八五四年和一八五五年發生的暴動，特別值得注意。銀價日益上漲，而官員又不停地敲詐勒索，該省大部分地區的居民被逼上絕路[119]。暴動的村民很快地組成「聯莊社」，來抵抗稅吏，這樣就與新鄉和河內兩縣衙門爆發公開的衝突[120]。

暴動甚至蔓延到清帝國首都附近地區。一位大學士在一八六一年上奏清廷指出，在華北省區及北京附近地區，民眾有組織地抵抗稅吏已經變得很平常了。原因在於任用了「不肖官吏」，他們的腐敗行為和高壓手段引起居民的極端痛恨[121]。

最後一個事例發生於一八九〇年代，太平天國已經平定很久了。暴動發生在離北京不到一百英里的縣城，起因在於銅錢和銀兩的官定兌換率不公平。該縣〔譯按：作者未說明是何縣〕土地稅（依法固定在一兩銀子十進位制的某個部位），通常以銅錢繳納，官定兌換率為二千文銅錢兌換一兩銀子。可是不知什麼時候，兌換率被一名知縣任意改為四千文兌換一兩銀子，這或許意味著他本人及一些吏胥可以榨取一〇〇%的淨利。事情就這樣維持很多年，然後麻煩就開始醞釀了：

> 一位新任知縣把兑換率提高到五千文銅錢〔兑一兩銀子〕，鄉人默默地付了。誤解了治下居民的脾性，幾個月後，他又把兑換率提高到六千文。這時，鄉人發出怨言，但仍然照付。進一步提高到

117 馮桂芬，《顯志堂集》，5/33a。

118 *North China Herald*, CLI (1855), 182.

119 李棠階，《李文清公日記》，一三冊，一八五四年（咸豐四年三月十六日）。根據李棠階的記載，當時的官定兌換率為四千多文銅錢兌換一兩銀子。以前是二千七百文銅錢兌換一兩銀子。

120 同上，一四冊，一八五四年（咸豐四年八月七日、二十六日和二十七日）；一八五五年（咸豐五年五月十三日和二十五日、六月二十三日、七月六日、二十日到二十五日、二十九日；八月二日到四日）。大約與此同時，遙遠的貴州省據報也發生類似的暴動。《銅仁府志》（一八九〇），9/40b：「按賦糧之供，惟屬下坡頭鄉民輸將踴躍，是年屆期徵收，民咸赴倉完納，司倉者故難之，不為遽收，欲其折價，冀可中飽浮費也。民惡之，閧然而起，毀門直入，勢甚洶洶，幾釀不測。……惟徵糧一節，舊皆赴倉納穀，積久遂開折價之例，初斗糧折價四、五百文，繼增至千緡有奇，甚有逾二千緡者，民頗苦之。」

121 《清朝續文獻通考》，2/7517。

七千文時，激起組織反抗的談論，但還沒有採取實際行動。在第一任任期居滿一半之前，他又提高兌換率，要求八千文才能兌換一兩銀子，這已經是法律規定的四倍了。

這終於引發了危機。鄉人們舉行群眾集會，決定透過都察院向皇帝提出請願書。……於是準備好請願書，由三名有影響的文人帶到首都，並提交給都察院。……

〔請願書〕沒有看就被退回，三人各被重打五十大板，還被罰交一小筆藐視法庭費。他們淒涼地、垂頭喪氣地返回家鄉。知縣為了慶祝自己的勝利，又把兌換率提高到九千文兌換一兩，但事情的發展證明他太心急了。……

鄉人們立即召開另一次集會，更仔細地起草請願書，……由另一個代表團帶到首都。這一次，鄉人們成功了。犯法的知縣被罷官，除籍，永不錄用[122]。

這是一個相當特別的案例。事情在這裡出現一個比其他地方更令人高興的轉折，或許是因為場景離清帝國首都非常近，因而高級官員認為理智地面對憤怒的民眾比較明智，而不是採取通常的武裝鎮壓手段；或者可能是因為將要出現的暴動者擁有紳士的有效領導，這點從對事態發展或多或少的掌控技巧看得出來。

因飢餓而暴動

另一種且是同樣重要的暴動類型，可以稱為「飢餓暴動」，它是由於政府無力解決饑荒造成的局勢而引發的。當賑濟遲遲不來，或者賑濟工作處理不當，飢餓的災民就會開始擾亂，特別是有「莠民」煽動時。因為要在餓死與「鋌而走險」之間作選擇，是不難作出決定的。就像十八世紀一位中國官員正確指出的：「近來被災之地，竟有因地方官發賑稍遲，而不法之徒因而搶奪村市，喧鬧公堂者。」[123]很自然地，飢餓暴動在發生大規模災害時，與其他類型的暴動一樣，很容易成為一種社會傳染病，在全面動盪的時期占有龐大的比重。但是，飢餓暴動至少在一個方面與反敲詐勒索暴動不同：後者的矛頭一般指向地方官；前者不但指向地方官，可能也指向富戶。

飢餓暴動者的動機有時非常簡單。飢餓的暴民經常出發去搶奪鄰近地區的富戶家庭，只是為了找吃的。他們的目的只是要滿足眼前的物質需求，而非向有特權地位的人物或官府發洩不滿。十九世紀初，廣東一個地區在一個荒年發生的飢餓暴動，就是一個適切的案例：

122 Chester Holcombe, *Real Chinaman*, pp. 234-236. Émile Bard, *Chinese Life* (1905), p. 109, 敘述了浙江鴉片煙農發動的一場反勒索暴動：「〔蕭山〕縣鴉片煙農同意每年向政府繳納八百美元的厘金，政府則答應不干涉他們種植鴉片煙。一八八八年，蕭山縣來了名稅官，規定每擔鴉片煙徵稅二十四美元。起初，由於煙農的反抗而未能徵收；一八八九年春，煙農終於順從地前去繳納。這時稅官又鹵莽地額外加徵五美元作為徵收費用。煙農不能同意這一點，搗毀稅官辦公室，追逐稅官一直追到縣衙門前。有名官員試圖平息這群暴民，但也不得不逃命。煙農接著就解散了。值得注意的後續發展是，取消那種令人討厭的稅，而改為每年二千美元的捐；煙農接受了。稅吏被撤職，官員被降一級，而暴動的領導人受到懲罰。」

123 《皇清奏議》，41/7a，禮部右侍郎秦蕙田一七四五年的上奏。

其始出資推食，或由於富者之好行其德，後則相習成風，倡為分饑荒名目，米貴即聚集貧民，沿門托鉢，不遂其欲，輒肆攫取。……甚則有家僅中資，而並罹憯禍者[124]。

十九世紀晚期，江蘇一些地區在一個荒年也發生類似的情況。一位著名的中國官員在己亥年（即一八九九年）三月六日所寫的日記中說：

有流民男女百餘喧鬨索食，……聞前三年村眾鳴鑼，竟被毆死一人，尚斂米三斗而去[125]。

不過，情況有時會因為摻雜了報復一些特定家庭的動機而變得複雜。另一名官員在辛亥年（一九一一）七月九日〔編按：應為廿九日〕的日記中，就記載了這麼一個事例：

張仲履……言常昭兩邑〔江蘇常熟與昭文〕搶米，城鄉富室無得免者。衢巷粒米狼戾，蓋藏一空。邵伯英前輩以筦〔管〕義倉，尤為怨府，房屋器皿，搗毀無遺。……其實倉政但尸其名，平時掊克以自肥者，其戚俞〔編按：原文誤作 Ch'i〕某，已以寒措大一躍而為多田翁[126]。

但是，飢餓暴動也經常牽連到對地方官的不滿。一八三二年（道光十二年）的一道上諭中，如此概括一些鄉村地區的情況：

江西省上年被水歉收，今歲青黃不接，糧價稍昂，南安、贛州兩府地瘠民貧，風氣尤悍，疊經該撫等酌議平價，設法勸糶，並就近借穀接濟。乃地方棍徒，乘此歲荒，挾制官長，竟敢集眾擁入府堂，肆行喧鬧[127]。

一八〇一年發生於直隸定州的飢餓暴動，矛頭同時指向富戶與地方官，卻有一個特別幸運的結局：

嘉慶六年大水，州境飢，城南七堡村民張洛公、宋鑾子等九人，以李鐸家富囤積，率眾飢民乞借不允，遂肆劫掠。鐸赴州治控告，州牧張飭役數十輩往，弗能戢，遂議發兵剿捕。飢民亦聚至千八百人，謀所以為敵。

〔劉〕玢聞之，私議飢民聚眾劫糧抗官，由於萬不得已，如動兵，是速之變也。不如遣能言者，責以大義，散其眾而薄懲其罪，則九人者不致生變，千八百人得全活，而州境乃無事矣。

124 《陽江志》（一九二五），7/3a，引一八二二年版舊志。

125 翁同龢，《翁文恭公日記》，「己亥」，38/13b。當時，翁同龢被罷黜之後，住在江蘇常熟老家。參見 38/68b，十一月二十二日條。

126 葉昌熾，《緣督廬日記鈔》，14/33a，一九一一年（光緒辛亥年七月九日）。〔編按：辛亥為宣統三年，非光緒。九日應作廿九日。〕

127 《江西通志》，卷首之三，頁三一 a。情況一直很糟糕。接下來那一年（一八三三年），江西省許多地方據報都出現一些膽大妄為的強搶穀（米）事件。見同書，14/32a-b。

州牧聞之，使玢往。遂隻身赴七堡村，張洛公等長跪請命。玢既散其眾，偕張、宋入城。州牧亦廉得其情，概從寬宥[128]。

不過，飢餓暴動一般並沒有這樣快樂的結局。由於暴動者的組織常常很鬆散，而且絕大多數是缺乏強力領導的飢餓災民，這樣的暴亂通常容易被武力鎮壓。例如，一八五七年直隸邯鄲發生的情況，就顯示這種無組織的暴動者是如何的無助：

比年災歉，茲復旱、蝗遮天蔽日，禾稼一空，饑民攘奪，邑令……捕誅數人，稍為斂跡[129]。

飢餓暴動也並非總是能毫無困難地鎮壓。如果「土匪」利用鄉村人口中的飢餓大眾來找政府的麻煩，局勢就會變得十分嚴重。一八三〇年代一些省分似乎就發生了這個情況。根據一份官方文件：

直隸、河南、山東各省教匪輒轉傳習，……一遇荒歉之時，恃眾強橫，白晝夥搶，名曰均糧。南中則湖南之永郴，江西之南贛，與兩廣接壤處所，會匪充斥。……該處良民及商旅經由者，亦多出錢掛名入會，藉免搶劫之害[130]。

因此，大量飢餓的鄉民所引起的動亂，顯然是政府的潛在危險。情況經常變得具有爆炸性；當那些想要向挑戰權威的人加以利用時，由飢民組成的暴動者就容易轉化為旨在摧毀政府的叛亂。無論怎樣說，飢餓的災民很容易變成搶劫的暴徒。十九世紀中葉廣東一位叛黨領袖提出的「申訴」很能說明問題，一位西方作者曾加以譯述：

> 我們這些老百姓出生在豐衣足食的年代，曾經是非常效忠的子民；我們的家庭在村子裡受人尊敬，我們的行為也很端正，並且尊重財產。由於天雨下個不停，農夫們顆粒無收，我們也沒錢來做生意，因此大家都被迫加入土匪。我們來到廣西想要找個安身之處，當我們遇到處境一樣的同鄉鎮民時，無論願不願意，我們都被迫成為土匪以免餓死[131]。

紳士在暴動中的角色

上面提到的資料顯示紳士有時捲入暴動中。在一些事例中，他們是普通民眾發洩仇恨的對象；在其他事例中，他們則扮演煽動者或組織者的角色。

128 《定州志》（一八五〇），11/34a。

129 《邯鄲縣志》，1/11b。

130 《大清十朝聖訓．宣宗朝》，78/16b，一八三三年發布的一道上諭，引用一道奏摺中的話。廣東靈山縣一八四八年爆發的民變，打出的口號是「劫富救貧」；一八五一年爆發的另一場民變，強迫富戶把錢糧分發給貧民，實質上有相同的意義。見《靈山縣志》，8/103a。

131 *Chinese Repository*, XX (1851), p. 53.

在兩種情況下，紳士和非紳士的富戶會成為地方暴動的對象：其一，作為糧食囤積者，他們會在一些飢餓暴動中受到窮困的居民攻擊；其二，作為土地擁有者以及享有納稅特權者，他們會跟地方官一樣，受到憤怒的反勒索暴動者粗魯的對待，特別是那些曾經與地方官狼狽為奸的人。

本書前面章節已經對第二種情況作了解釋[132]，但是一八四六年這份文件的陳述，可以引述如下：

> 江蘇向來完漕，紳富謂之大戶，庶民謂之小戶。以大戶之短交，取償於小戶。……以致畸輕畸重，眾怨沸騰，紛紛滋事[133]。

這個觀察得到一位十九世紀作者的確證。他指出，「毀倉毀衙署、拒捕傷官」[134]的暴動，在江蘇「無歲不聞，無城不有」，都是出於同樣的原因。江蘇以外其他省區也有類似的情形。浙江、江西、湖南[135]和湖北[136]等省的一些地區，在十九世紀也爆發了一些特別嚴重的這種暴動。在所有這些事件中，鄉紳常常因其可惡的行為而成為群眾施暴的對象。

紳士作為暴動的煽動者或組織者的角色相當重要，因而必須作進一步的探討。就像馬上就會看到的，在幾乎所有記載在案、規模相當大的暴動中，紳士的角色都很突出。當大多數居民強烈感到怒火中燒時，普通民眾當然也有能力自己發起暴動。一八四二年發生於浙江秀水縣的反勒索暴動，就是由虞阿男領導的。虞阿男是「無賴子」，他的地位低下從名字就可以清楚看出[137]。不過，這種或其他沒有紳士支持或指導的暴動，組織可能非常糟糕，很容易被鎮壓。紳士之所以在暴動中擁有重要地位，不僅是由於他們擁有較高的社會地位，而且是由於他們識字，這讓他們擁有一些在暴動中相當有用的知識或技巧。由於這一原因，在科舉考試中還未取得任何功名並因此不屬於紳士階層的讀書人，也常常在許多暴動中扮演著關鍵性角色。為了方便起見，我們在現在的討論中稱這些士子為「文人」，以別於擁有功名的士子，他們在這裡被視為紳士的一部分。

作為村人尋求領導的人物，紳士和程度略遜一籌的文人，經常要承擔起促進地方利益，或者在這些利益受到威脅時加以保衛的職責。而且，作為擁有特殊社會和財務地位的個人（作為地主和享有特權及豁免權的納稅人），紳士與文人有自己的特殊利益，他們在必要時會加以促進或保護。因此，如果地方官的行為有損於地方或私人利益，或者這樣做可以贏得名聲時，他們之中的一些人自然就會毫不猶豫地訴諸暴力行為。事例多不勝數，但是下面這個事件特別有趣。一名新被任命、以「橫暴」而官聲不佳的知縣，還未上任就被一場威脅性的暴動逐走。根據一位西方傳教士的記載，這個事件發生於一八四〇年代湖北的某個縣：

132 見第四章論紳士和稅收制度那一節。

133 《大清歷朝實錄．宣宗朝》，435/9a-10a；《大清會典事例》，207/4b；《清朝續文獻通考》，2/7513-14。

134 馮桂芬，《顯志堂集》，2/27b〔編按：2/38a〕。

135 魏源，《古微堂外集》，4/35b。相關的地區是浙江省的歸安和仁和、江蘇省的丹陽和震澤、江西省的新喻和湖南省的耒陽。

136 同上，4/34a-35b。參見黃鈞宰，《金壺七墨．浪墨》，4/6b-7a。發生暴動的地區在崇陽。〔編按：事見〈漕變〉。〕

137 《嘉興府志》，42/96b。有關此人姓名的中國字，見 Herbert A. Giles, *Chinese-English Dictionary*, Nos. 13608 (Yü), 1 (A), and 8139 (Nan).〔編按：這三個字即虞阿男。〕

有一名官員被任命為知縣，但該縣居民不歡迎他。因為他在剛離任的地區，施政專橫而苛暴，當地居民深受其不公和勒索之苦。因此，他被派任到房縣〔編按：原文作 Ping-fang〕的消息激起大家的憤怒，居民首先張貼出言辭辛辣的告示。接著，一些主要居民作為代表，前往該省省會，向總督提交言辭謙恭的請願書，請求總督憐憫房縣百姓的貧窮，不要派一隻老虎去把他們吃掉，而要派一名父母官去關心他們。但是，請求被拒絕了，總督命令新知縣次日就上任。代表回到家鄉，帶給市民們這個悲傷的消息。全城居民驚恐萬分，但並未坐在那裡哀傷。主要人物聚集起來，召開一場大會，所有最有影響的居民都被邀請參加。決定不能讓新知縣到任，應該有禮貌地把他逐離該鎮。……

新知縣一到縣衙，……就被通知說全城主要市民求見。……代表們匍匐在新知縣面前；接著，其中一個代表上前，以異常禮貌的語氣、極端優雅的姿態對他說，他們是代表全城居民而來的，要求他哪裡來就回哪裡去，因為全城居民不願意他到任。……

新知縣面對叛變的市民，……先是企圖安撫，然後是威嚇，但都沒有用。……代表們平靜地告訴他，他們到那裡並不是來討論這件事，而是告訴他事情已經決定，居民們已經決定他不能住在城裡。代表們明確指出，轎子已經在門外等候，並為他準備了旅費；此外，還有一個盛大的護送隊確保他安全地回到省城。……

新知縣仍然企圖反對。但是，一大群人已經聚集在衙門周圍，發出的叫喊聲遠遠不是歡喜或令人安心的。他了解再抗拒是不明智的，因此向命運低頭，表示願意順從他們的要求。……隊伍立刻出發，仍然由城中主要人物陪伴。

一到達目的地，他們直接前往總督衙署。……總督雖然臉上露出不悅，拿起捲軸〔裡面是房縣

（Ping-fang）所有重要人物簽名的請願書」，仔細地看過之後，告訴代表說，他們提出的請求合情合理，應該得到重視[138]。

「主要市民」和「城中主要人物」十之八九是鄉紳與文人。「言辭辛辣的告示」和「請願書」可能是他們寫的。（事實上，向總督呈送請願書的「代表」，可能是由帝制時期有特權可以進衙門的人物組成的。）或許正是在他們有力領導之下，那名不受歡迎的知縣才能被阻止到房縣上任。

不過，這種事情相當少，更多的是士子或文人覺得他們在地方考試中受到不公正的對待，而煽動反對州縣官的暴力示威，在前面章節中已經提到一七三〇年代發生於直隸昌黎和福建福安的暴動[139]。一八六〇年代，浙江省一些地方不斷重複發生的暴動，最令當局感到頭痛[140]。但是，由於士子人數不多，力量不強，無法讓他們的示威真的變得暴力，因而帶給有關官員的是侮辱而不是傷害。但是，當充滿恨意的士子（或紳士），利用普遍的怨恨取得大眾的幫助，由此而形成的暴動就可能十分驚人。例如一八四五年，浙江奉化縣一些想成為生員的儒生暴動，最初是指控知縣在主持前一次的縣試中「明目張膽地公

138 E.-R. Huc, *Chinese Empire*, II, pp. 76-78. 哈克的描述雖然不一定每一個細節都精確，但對事件的描述大體上還是可信的。

139 《學政全書》，7/16a；引見第六章注三四六。

140 李慈銘，《越縵堂日記·祥琴室日記》，頁四九b，同治八年元月十日。李慈銘在記述浙江嵊縣和淳安縣的混亂後評論說：「吾郡（紹興府）近日士無師長，以囂暴相高。每遇縣府試，狎侮有司，毀垣壞門，醜詆毒詈，甚至焚其衣冠，搜其妻孥。」

然偏袒」，但湊巧發現他還「向人民徵收未經認可的稅額」。這些儒生立即利用這一點作為對知縣開戰的理由。「在縣試第一天，儒生聚集起來反對縣當局。接著在民眾加入後，知縣被趕跑了。」[141]

作為地主和納稅人，紳士在個人利益受到嚴重威脅或傷害時會採取暴力手段。許多事例顯示，擁有各種功名的士子或擁有官品的士大夫在地方暴動中扮演著積極的角色。一八四三年，湖南瀏陽縣兩個鄉村地區爆發的反勒索暴動，兩位領導人都確定是生員[142]。一八四六年，廣東靈山縣的居民暴力抗拒「苛徵」，聚集「暴徒」搗毀稅吏官署，主持其事的就是一名生員[143]。十九世紀中葉，一位西方觀察者對浙江發生的一次暴動的記述，尤其能說明問題：

> 暴動源自於政府官吏在稅收中的一些勒索行動。對他們很不幸的是，文人——最有影響和最有力量的階層——也參加在內。一個三人代表團從暴動地區前往寧波，向知府申述他們的冤情。知府根本不聽他們的，反而質疑他們說辭的真實性，要求他們徵引《四書》來加以證明。不過，他們拒絕這個測試，說他們是來申訴冤情的，而不是複誦經典。知府生氣了；一位助手擅作主張地建議以藐視衙門罪，對最鹵莽的請願者處以「掌嘴」的懲罰，不幸的是這個建議被採納了。挫敗的代表團難堪地回到奉化的憤怒人群之中，大家決定要報復。……
>
> 隨後暴動者與寧波民團之間爆發了一場戰鬥，六百名（另有一說為一千人）鄉勇官軍被打敗。……此時，即一八四七年十月十二日，法國使臣乘坐歸他指揮的「女神號」汽船從舟山到來。早上八點，署理寧波知府拜訪英國領事，說他非常期望見到法國使臣。……他的情緒非常低落，說來自奉化的消息非常糟糕，三名官員被殺，民團被打敗；還說道台已成為叛軍的階下囚，可能很快就向寧

波進發[144]。暴動者在得知一支一萬人或一萬兩千人的軍隊已抵達寧波，而幾名地方官已經受到懲罰後，整個事件終於平靜下來。

紳士參與暴動的事例，並不限於這幾個省分。例如，河南省一些地方在一八五四年和一八五五年組織起來反勒索暴動的「聯莊社」，領導人之一就是個生員[145]。他是唯一被確定身分的，但是其他領導人也可能擁有類似的身分。一八五八年，山東一些地方發生的反勒索暴動，也是由廩生和武生領導的[146]。一八八四年到一八八五年，貴州某縣爆發的一場暴動是由一名舉人及其夥伴領導的。這場暴動後來發展成為民變，最後包圍了銅仁府城，殺死知府[147]。事實上，由於廣西省反勒索暴動中的紳士領導非常普遍，因

141 George Smith, *A Narrative of an Exploratory Visit to Each of the Consular Cities of China* (1847), pp. 251-252.

142 馮桂芬，《顯志堂集》，4/36a-b。

143 《靈山縣志》，8/103b。這名士子隨後被捕並被用刑，暴動以他繳納「罰金」而結束。

144 John F. Davis, *China During the War and Since the Peace* (1852), II, pp. 189-196.

145 李棠階，《李文清公日記》，一四冊，一八五五年（咸豐乙卯年八月五日）。亦見本章注一二〇，一八五四年（咸豐甲寅年八月七日）。

146 《山東軍興紀略》，22/3b 和 6a 記載，在樂安縣，一名廩生和一名武生一八五八年召集了數幾名「暴民」攻擊知縣衙門；在齊河縣，一名廩生領導居民抗稅。

147 《銅仁府志》，9/40b-41b。

而十九世紀的一位中國作者毫不猶豫地說，那些「有一階半級者，即怙勢與官抗，官不敢言催科事」148。因此，可以清楚看出，紳士在反勒索暴動中會扮演積極的角色——或許比其他類型的暴動更為積極。原因非常簡單：作為納稅人，當地方官及其吏胥越過安全界線，對土地擁有者需索過度時，他們的利益就直接受到威脅。擁有功名的士子或擁有官品的士大夫雖然並不是唯一的納稅人，但是由於他們擁有學識，了解官場情況，因而就成為發起組織以反對腐敗官吏的合理人選。其他土地擁有者很容易被說服參加他們；對於暴動煽動者來說，他們毫無困難就能引誘或強迫其佃農，跟他們一起向犯法的官吏衙門進軍。

就像華南的一些爭鬥，紳士領導者很可能會雇用一些人，在暴動被鎮壓之後，作為他們的替死鬼，接受懲罰。無庸置疑地，在這種卑劣手段下，紳士更加不猶豫地煽動憤怒的鄉民來挑戰地方官，作為他們私人目的而利用鄉民。一位西方作者在一八四〇年代初期所作的觀察，特別能說明這一點：

> 在廣東東部的潮州府，找一位替死鬼來承認自己犯了重罪，接受某種死刑，代價大約是五十兩銀子。……因為這樣，潮州府經常發生官吏被殺死、暴動頻繁爆發的事件；因為當一些富有階層的人物對某個官吏的行為不滿時，就會毫不猶豫煽動貧困階層製造混亂，而不擔心個人會受到懲罰。一八四三年秋，潮州府某縣知縣在暴亂中被殺，廣東按察使因此帶著一支大軍，從廣州出發前往逮捕並懲罰犯罪分子。可是，他一到動亂現場就發現自己不可能完成任務，因為遭到一大群手持武器的民眾抵抗；事情的結局與中國經常發生的這類案子一樣，以私下妥協收場。
>
> 煽動殺死知縣的紳士因害怕受到懲罰，花錢找了二十名替死鬼，並對被殺知縣之子行賄（據說

是）一萬兩銀子，好讓這些人可以承認自己是煽動者、主犯和從犯等等。另一方面，在刑部制定的律條規定下，按察使必須對罪犯進行懲罰，否則自己會受到懲罰。而他認識到，如果要想將真正的罪犯繩之以法，他們就會竭盡全力抵抗；結果可能是他的軍隊被擊敗，自己也會被殺。基於這些考慮，還有一筆賄款，他判處二十名無辜的替死鬼死刑[149]。

我們沒有證據可以顯示這樣的卑劣手段十分普遍，但它即使只是在有限的地區出現，也有助於進一步了解地方暴動中紳士和普通百姓之間關係。

盜匪

清政府對「匪」字的使用非常寬鬆。在官方用語中，「匪」可以指任何違反法律者，從普通的強盜到十足的叛亂者。此處使用「盜匪」一詞，是指個人或團體利用身體暴力對其鄉鄰進行搶奪的掠奪性行為。這個意義的「匪」，明顯有別於「民變」或「叛亂」。叛亂者的目標是要推翻現存政權，而匪雖然破壞了法律，但並不想推翻政權本身。有時，匪有時會公開反對現存政權，但這只是為求自保的一項措施，或是在進行掠奪時的一個必要步驟。因此在實際情況下，盜匪和叛亂之間的界線並不總是很清楚，

148 李慈銘，《越縵堂日記·息茶庵日記》，頁五三b，一八六九年（同治八年七月二十七日）。有關「劣生」煽動或組織暴動的更多事例，見本書第六章注三五〇—三五四所引的資料來源。

149 Thomas Meadows, *Desultory Notes* (1847), pp. 172-174.

但它們之間大致的區別還是很明顯的。

盜匪產生的根源在於貧窮[150]。不過，如果認為飢餓的村民必定會成為盜匪也是不正確的，村民的惰性根深柢固，只是飢餓並不足以使他們起而從事掠奪性活動。正如前面已經指出的，貧困的農民經常選擇的是流浪、乞討或死亡，而非「鋌而走險」。在一些本來很溫順的村民變成盜匪之前，必須存在兩種因素：其一是「奸民」的出現；其二是特定地區出現嚴重的社會不安。

第一種情況在許多村莊幾乎一直都存在。「奸民」在鼓動盜匪的角色是眾所周知的。一位中國作者在十九世紀初就觀察到：

> 暴民之興，多流為盜賊，而實由於饑餒。始也潛事穿窬，繼或強糴強借，終遂肆行搶奪。此必市井桀黠之徒，鄉閭奸猾之輩，陰相構煽，愚民困苦無聊，為所誑誘，恣意攫取。上戶遭其荼毒，持械相抵，偶有殺傷，挺然思逞，聚眾剽掠，千百成群[151]。

這個觀察的正確性，部分見於以下目睹廣東靈山縣情況發展的記述。在該縣，飢餓的民眾先是走向暴動和盜匪，最後參加民變：

> 靈邑於山谷中，山菁林密，伏莽滋多，每遇饑饉，有司撫綏無術，暴動時聞。……道光四年甲申四月，匪徒陳自通因旱饑煽饑民作亂。……
>
> 十九年己亥，洪秀全黨何勇入境招徒黨入天地會，出西江劫餉船。……

二十六年丙午冬十二月，市民苦府稅廠苛徵，聚眾毀廠。……

二十八年戊申四月，張家祥（肇慶人）……率黨據縣境，……聲言劫富救貧，所至勒索富戶助餉。

咸豐元年辛亥，顏大、陳自考……周廷明夥黨數千人，占據陸屋、舊州、宋太等處，勒索富戶。……

同治十一年壬申，劉賢率黨襲城毀署，搶掠街市。是年米昂貴[152]。

這個悲慘地區的各種動亂，顯然是有經驗的麻煩製造者的傑作，由於一支飢餓大軍的存在而加劇。雖然在這個案例中，想要精確地指出暴動在什麼地方結束，而盜匪開始，或盜匪在什麼地方發展成叛亂，是有一些困難的，但是麻煩製造者在整個發展過程中的決定性角色是可以清楚看出的。

「奸民」

因此，簡略地檢視一下麻煩製造者的行為，對了解盜匪現象是很有必要的。就像在其他地方已經指

150 George W. Cooke, *China* (1858), p. 190, 提到一個普遍被接受的觀點：「中國是一個人口眾多的國家，特別容易發生水災和糧食歉收；政府軟弱無能濟助窮人的法律。在這樣的國度裡，必然總是有許多飢民。……中國的每個角落都充斥著『危險的階層』。」

151 楊景仁，《籌濟編》，19/10b。

152 《靈山縣志》，8/103a-110b。

出的，清政府把居民劃分為「良民」和「莠民」或「奸民」兩大類。政府作的這個區分並不必然表示被分類者的真正素質，但它的確表明在帝制中國廣大的人口中，有一些人通常易於保持溫順、平和；而另一些人則傾向不守規矩、喜歡掠奪，這樣不但使當局寢食難安，而且對其所在鄉鄰的安全構成威脅。

這種「奸民」的各種類型，幾乎在帝國各個地方都看得到。幾種最熟知的應該在這裡略作描述，包括「光棍」、祕密社會會員和「散兵游勇」。光棍是最為人熟知的「奸民」之一，幾乎存在於所有市集和村莊。一位十九世紀的西方傳教士稱光棍為「村莊惡霸」，他的生動描述可以顯示這一種「奸民」的一般行為：

> 從最簡單的含義來說，中國惡霸是這樣一種人，他或多或少具有暴力傾向和強烈的情感，他決定絕不「吃虧」，而且在所有情況下，都要占一點便宜。……奸巧的村民，有時會採取這樣一種手段，……把衣服穿成散亂而有流氓味，說話的腔調喧鬧、顛三倒四或者論點明顯缺乏一致性。……堅持貫徹他的怪異行徑，他有可能成功地散布一種印象，讓人覺得干涉他是很危險的，結果大家就會敬而遠之。……
>
> 更令人畏懼的是，惡霸不會讓別人安寧，他總是干涉別人的事務，以求為自己牟取一些好處。這種人之中最危險的類型是，只要花費一點點力氣，就足以把他想傷害的人置於死地。……
>
> 惡霸的一項有用但絕不是必要的條件，就是他應該是個窮人，沒有什麼好損失的。在中國，貧窮經常是處境最悲慘、最困乏的同義詞；……成千上萬的窮人不知到下一頓飯在哪裡。這些人在歐洲國家，就會構成所謂「危險階層」。而在中國，除非他們的痛苦已經到了極點，否則就不會團結起

來，他們很少作為一個整體來向社會挑戰。但是這種類型的個人，如果他們還有其他必要的能力，就可能變成「村霸王」，村中的日常事務大多要聽他們安排。

這樣的人物用中國人的形象化的語言來描述，就稱為「赤腳」，暗指他們窮困的處境；俗話說：「光腳的（又名泥腳）不怕穿鞋的。」因為前者可以立刻退到泥地裡，而後者卻不敢跟進去。換句話說，赤腳的可以公開或暗示地威脅報復，讓那些有財產可以失去卻不能保護自己的人處於恐懼之中。

> 這種威脅報復的方式視情況而定。最為普遍的一種就是放火。……
>
> 惡霸向他的敵人發洩不滿的另一方式，是毀壞對方的莊稼[153]。

為了提高自己令人畏懼的影響和勢力，惡霸經常把他們的同夥組織成一種無形的掠奪部隊，一接到通知就可以很快地採取行動。中國鄉村不時發生的爭鬥和暴動，有時就是由這些幫派引起的。因此，我們可以說他們成為「中國社會安定的大敵」。引用同一位傳教士的說法：

> 假設有一個人和他的仇敵發生激烈爭吵。他們的爭鬥發生在一個大市集（這種市集一年四季幾乎都在舉行）。其中一個人與一名素行不良惡霸的關係很密切，他在緊急時可以召喚一些足以信賴的同伴。這個與惡霸關係密切的人找到惡霸，向他訴苦並尋求幫助。惡霸讓他的同夥知道有一位朋友

153 Arthur H. Smith, *Village Life in China* (1899), pp. 212-217.

急需幫助，需要他們援手。一幫惡棍很快就聚集起來，來到露天市集的那個角落。……在這夥無法無天的暴徒幫助下，惡霸幫助他的朋友把對手打倒，輕易贏得勝利。……這些來自危險階層的粗魯人物，並沒有任何常規的組織，他們聚集在一起是為了享受鬥毆的樂趣、並因此可能得到以吃喝形式出現的額外報酬[154]。

不過應該補充的是，惡霸和「惡棍」的行為並不限於以打鬥和吃喝為樂。在不同時間，他們從事的流氓活動，從勒索到盜竊，種類十分廣泛[155]。在一些地區，在特殊的環境下，會出現特別的製造麻煩的形式。例如，貴州省的「土棍」的行為方式如下：

> 呼朋聚黨，數十成群，平時于地方善良之家，每每藉端訛索，手持刀棍，辱罵糾毆，甚或捆縛吊拷，欲飽方息。及遇趕場日期，則持斷戳片包等物，撞人擲地，即藉詞誣賴，其人不服，與之爭辨，則其夥黨輒從而聚毆，將其銀物搶掠一空，莫敢誰何。此等惡棍，如鎮寧州屬之曾周馬場、張官堡、雙堡場，安順府屬之舊州場、鮓籠場等處最多，至歲暮時尤甚。此外各處場市亦皆不免[156]。

在華南一些地方，惡霸的行為方式不同。根據一位西方作者引述的報告，這些來自「危險階層」的成員：

> ……為了榨取贖金而進行綁架活動；他們假裝成治安官員；他們以保護糧地為名打造快船，每船載著十到二十人，沿著河流巡航，以暴力手段打劫客船，或強行帶走蜑民的妻子、女兒。大小村莊

的居民畏之如虎，絲毫不抵抗。農夫必須支付給這些強盜一筆費用，否則莊稼一成熟，就會遭到搶收一空，留下光禿禿的一片[157]。

當他們的膽子大到一定程度後，這些麻煩製造者就成為當局真正的問題了。一位西方傳教士說：

---

154 Arthur H. Smith, *Village Life in China*, pp. 220-221. 作者還有意義地補充指出，「鄉村惡棍」可能是普通百姓或「秀才」（即生員）。不過證據顯示，鄉村的「秀才惡棍」不像城鎮或城市那麼普遍，或許是因為鄉村地區對他們沒有足夠的吸引力。這樣的人更容易寄生於城市，包括帝國的首都，至少在十九世紀後半期是如此。下列兩個事例可以說明：李慈銘在《越縵堂日記補》，辛集下，五九b－六〇b，一八六二年（同治元年元月十三日），談到一名出身於山西富戶的年輕人成為北京一幫惡棍的頭目。他花錢買了小官，並且與同伴（其中包括某巡撫之子和某個年輕滿人）繼續他已經習慣的暴力行徑，直到被一位特別盡職的巡城給事中逮捕，嚴刑拷問死於獄中。翁同龢，《翁文恭公日記》，丁亥年（一八八七年八月十四日到九月十四日，26/77a-85b）記載，一些無賴不知為何原因毆打他的轎夫。由於其中一個頭目是皇族成員，翁同龢為自己僕人申冤的努力付諸東流；當時翁同龢還是戶部尚書。

155 一八二〇年進士、四川昭化知縣謝玉珩把這樣的流氓行為分為至少六類：一、採取暴力手段，敲詐那些剛剛賣掉不動產的人；二、敲詐那些剛剛從債務人手中得到債款的債主；三、未經許可就從私人土地上砍伐竹子或樹木；四、偽造遠年借約假帳，向懦弱之家詐索吵鬧；五、偷盜；六、搶劫。引見《牧令書輯要》，9/9b-12a。

156 賀長齡，《耐庵公牘存稿》（光緒八年刊），3/14a。賀長齡當時是貴州巡撫。

157 George W. Cooke, *China* (1858), p. 191. 不同地區對「惡棍」和惡霸的稱謂各不相同。例如，在廣東一些地區，稱那些「遊惰之民，作橫鄉里」者為「爛崽」，字面上的含義為「墮落的小子」。見《廣州府志》，108/20b。其他稱謂，在隨後討論中會提到。

……以違反法律和違抗州縣官員，以及從事各種各樣犯罪活動為傲，並以此炫耀。弄傷別人或是被人弄傷，都不當一回事，殺人不眨眼；根本不在乎自己死活——這就是光棍的崇高理想[158]。

不難看出，「光棍」很容易就變成無法無天的搶劫者。這個趨勢很容易從十八世紀和十九世紀作者提供的一些事例得到證實。陝西巡撫在一七四五年發布的一件官方文件中，就這樣描述對「卦子」——光棍的北方版——的行為：

聞得鄠縣、盩厔一帶地方，有卦子一起，……日則強行乞食，夜則宿于麥場，放火燒毀，乘機攫搶。……

又據咸寧縣稟報，北鄉化王村堡外有卦子一起，男婦共二十六名口，係山西口音，隨帶馬二匹，騾驢十七頭。……查此等外來流民，……所到村莊，恃眾行強，多索滋擾，甚至乘機攫搶，亦所必至[159]。

在同一天的另一份文件中，巡撫要求人們注意陝西當地「光棍」的活動：

陝西地方，多有好勇鬥狠之徒，或逞兇恃強，凌轢一方，……或誘人為匪，……或糾眾肆搶行竊，……不畏官長王法，不受父兄約束。善良懼其報復，不敢告發。……愚民視此輩為法不能加，有利無害，地方無賴子，……反從而效尤，為害更甚[160]。

在一些地方，「奸民」可能是乞丐，他們以乞討為生，但很容易用暴力手段榨取錢財，或者乾脆變成土匪。十八世紀的一份文件就有這樣的訊息：

江西各屬城市鄉村，俱有一種惡乞，名為揀子行，以乞丐為生，大非疲癃殘疾，實皆年力精壯，強橫無賴之徒。三五成群，到處蜂擁，登門入室，索討錢米。少不遂意，喧鬧不止。茶坊酒市，肆行無忌。……城市猶少，村莊尤甚[161]。

這種「乞丐」令人頭痛的行為，並不限於騷擾居民並榨取錢財。幾年後發布的另一份文件就對描述了這種「乞丐」的搶劫行為：

近來所獲強盜，及滿貫之案，多係強壯之乞丐所為，……野廟橋洞，隨處棲身。保甲不能約束，兵役亦難盤詰，竟成法外之人，所以疊有不法之事[162]。

---

158 Evariste-Régis Huc, *The Chinese Empire*, II, p. 251. 哈克進一步說道，其中一些「光棍」成群結黨，另一些則個別運作。

159 陳宏謀，《培遠堂偶存稿》，21/8a-b。

160 同上，21/9a-10b。

161 同上，15/33a-b。

162 同上，43/11a。這種乞丐的行為並不限於騷擾地方居民。〔編按：此下引述陳宏謀在一七五八年發布的「另一件文告」與引文全同，疑誤，今予略去。〕

十八世紀晚期，湖南省一些地方記載了一種稍有不同的「奸民」：

> 此輩藉稱鄰邑因上年歉收，竄入寧境，不下六七百人，擾累各鄉，甚有孤僻村民，遷避去者。……凶之尤者曰老猴，廣西人，綽號飛天蜈蚣，妻號飛天夜叉，年僅五十，有拳勇，寄居縣境岩穴中十六七年，黨翼六七十人，分路強乞，輪日供膳老猴夫婦。……或忤其黨，則挺身行兇，莫敢誰何[163]。

十九世紀，清帝國一些地方存在著類似的「乞丐」。一八六三年（道光十六年）的一道上諭說：

> 江西廣信府屬之上饒、廣豐等縣，福建建寧府屬之崇安、浦城、松溪等縣，浙江處州府屬之龍泉、慶元等縣，三省毗連之區，封禁山內，近有一種丐匪盤踞，號稱花子會，俱係各處無賴之徒，或群結黨，擾害居民。……其會有大會首、副會首、散頭目等名，……會欲糾眾訛詐，則以竹筷纏紮雞毛，上繫銅錢一枚，分頭傳示，會中人一見立即趕往[164]。

很明顯地，清帝國各地存在的祕密社會，其中有些在還沒準備好公開反叛時可能從事著盜匪活動。

十八世紀四川省的一種祕密社會，後來仍然存在，只是形式稍有改變。一位當代學者這樣描述它的特點：

> 查國魯種類最夥，大約始乎賭博，卒乎竊劫，中間酗酒打降，勒索酒食，奸拐幼童，甚而殺人放

火，或同夥自殺，皆謂紅錢，自稱亦曰紅錢弟兄。以上各類皆不為盜。下此掏摸掐包剪綹，已刺面則紅錢不入，別為黑錢。

又云，國魯一種半係革捕，此縣犯案投充彼縣，類與各捕聲息相通，因緣為奸。哥老即國魯之傳訛也[165]。

十九世紀晚期，一件官方文件的下列敘述，指出這一時期其他地區一些祕密社會掠奪活動的一般模式：

> 自來如四川、湖南、貴州、兩廣等省，會匪最盛。其始皆不法游民，燒香結會，及會成勢眾，因是以橫行鄉里，魚肉良民。小民無可如何，遂入會以求自保。其會則有哥老、安親、添弟、三點等名，其地則徧於各州縣。或數十數百人自為一會，而其聲氣則無所不通[166]。

---

163 汪輝祖，《病榻夢痕錄》，下，頁四b－五a。

164 《江西通志》，卷首之三，頁三三b－三四a。

165 渠彌，〈養和室隨筆〉，《中和月刊》，一卷，頁一二一。文中引用一七三三年（雍正癸丑）進士、四川南充知縣邱襄周的話。「國魯」一詞的意思並不清楚。從作者所引來看，該詞可能是「哥老」最初形式。〔編按：《中和月刊》一卷共有十二期，每期頁碼另起，此處所引見四期，題為「哥老會」。文中引邱襄周論蜀國魯狀，出自《切問齋文鈔》，注云：「原文國魯二字各加口旁。」即嘓嚕。〕

166 《知新報》，82/1a，載廣東巡撫在一八九九年的一道奏摺〔編按：此處所刊載的是〈岑方伯春煊參桂撫摺〉，岑春煊當我們不應該忽視這個事實：在特殊的情況下，一些政府軍可能會從事盜匪活動或者變成土匪。眾所周知，入伍當兵的人大多數是其家鄉的不安定分子。即使他們並不是真正的社會渣滓，但也可能是沒有固定職業或謀生技巧的人。這證明了這個再三重複的諺語是有理的：「好鐵不打釘，好男不當兵。」清王朝軍隊臭名昭彰的是，在被認為應該與土匪作戰時，他們卻準備從事搶劫活動。這種行為的事例多不勝數，但一八六一年發生在浙江省的這個事例，足以說明官軍是如何利用動亂局勢從事盜匪活動的：

官兵之暴，百倍粵賊。去歲春間，賊目下令，安昌、斗門依舊為市，民間遂各修屋立肆，百貨麇集。二鎮之盛，轉勝往時。自冬間法人……帶兵進攻，寧紹閒子盡竄軍籍，卷焚卉衣，肆為淫掠。今春之初，亡命尤聚，而鄉民之戇者，復助之殺賊。賊怒，遂盡焚松林、下方橋、後堡、陶堰、道墟、東關及安昌、斗門諸邨，……官兵宛轉逐之，而行劫如故[167]。

即使在軍事活動結束而被解散，或者因各種原因而被遣散，這些人並沒有停止在鄉村製造麻煩。用官方用語來說，他們變成「散兵游勇」。他們給政府帶來嚴重的問題，例如在太平天國之役結束後就是這樣。下面的記事就是這種土匪常見的運作模式：

自諒山一役，遣散各軍，器械不能盡繳，往往致成游勇，恃有利器，搶劫客商。……有嘯聚至數萬者，此等游勇，但搶劫行旅，擾害居民，以故民與匪相習，遇官兵搜捕，該匪等輒散匿民居。……兵退復出，所以廣西幾至通省皆匪[168]。

另一種與此稍有不同的運作模式，見於一八五三年的一份官方文件，描述太平軍之役早期的情形：

「逃兵逃勇奔竄而返，無資可歸，無營可投，沿途逗留，隨處搶掠。」[169]

續 時任廣東布政使，布政使在明清一般稱為方伯。又《知新報》每一冊都分為幾個欄目，每個欄目頁碼另起，這道奏摺刊在京外事件部分，頁碼應該是「八二／京外一a」〕。經常從事盜匪活動，可以從「洪門」為控制其成員從事此類活動、並防止爭端發生而起草的特別規定看出。例如，「五誓」（倫敦大英博物館，遠東檔八二〇七D）、「二十誓」（遠東檔八二〇七E）和「行船遇劫口白」，引見蕭一山，《近代祕密社會史料》，3/1b、3/5b和4/38a-b。祕密社會在此無法以任何制度化的方式來處理。祕密社會對十九世紀中國鄉村動亂影響的程度，可以列一個參考書目。蕭一山，《近代祕密社會史料》，包含有用的主要資料。下列知名著作可以參看：J. S. M. Ward and W. J. Sterling, *The Hung Society*, 3 vols. (1925-1926); Gustaaf Schlegel, *Thian-ti-hwui, The Hung League* (1866); K. S. Latourette, *The Chinese* (1941); 以及James D. Ball, *Things Chinese* (4th ed. 1904). Henri Cordier, *Bibliotheca Sinica*, III, pp. 1894-1900，補充了一些書目。

167 李慈銘，《越縵堂日記補》，壬集，頁八四b，一八六二年（同治元年二月二十四日）。《潼川府志》（一八九七），17/39a，收錄當地一首紀事詩，描述了土匪和官軍的行為：「四野岑寂聲悄悄，貪頑有叟貧且老。幸災樂禍肆歡欣，皆言此會賊來好。憐我衰弱恤我貧，使我肥甘日夜飽。爾時人家已無主，棄置財物埒糞土。【公然篡奪人不知，取之外府猶內府。豕羊滿牢轂滿車，錦衣文繡鬥鮮華。人生快意誰過此，從此貧困不須嗟。】兵乘賊退執群凶，孰知爾輩與賊通。無貴無賤席捲去，眼底曇花會一空。」〔編按：此為陳謙，紀事詩《紀土匪》部分的全文，【】內部分為作者所未引。〕

168 《知新報》，82/2b，引自江西巡撫的一道奏摺。〔編按：82/2b應作八二／京外二b。所引奏摺是〈岑方伯春煊參桂撫摺〉，而不是江西巡撫的奏摺。〕

169 曾國藩，《曾文正公奏稿》，2/3b。

以上的事例旨在證明一個觀點：雖然盜匪行為的根源在於整體的貧困，但是一個特定地區如果沒有「奸民」，或者地方上並沒有發生嚴重的混亂，以致農民不能維持他們習慣的生活方式，盜匪活動是不會猖獗的[170]。一般村民通常是遵守法律的，在情況需要時，他為了保護自己和家庭，可能會避免與土匪對抗[171]，或者加入鄰居們，一起合力抵抗他們[172]。然而在特殊情況下，一些通常守法的村民也會被引誘去從事盜匪活動，可能是暫時的，也可能持續相當長的時間。

職業性土匪和偶爾為之的土匪

前面的探討指出，土匪（這種稱謂是恰當的）可以分為兩類，依其特性可以分別稱為職業性土匪和偶爾為之的土匪。他們之間的區別在於：一、偶爾為之的土匪常常是那些因各種原因而被迫加入土匪團體的鄉民，而職業性土匪則是在鄉村莊會中習慣於掠奪、無法無天的分子；二、一旦讓他們成為土匪的壓力消失，偶爾為之的土匪通常準備回到平靜的工作，而職業性土匪則是經常性或許永久地從事搶劫、偷盜活動。

職業性土匪的事例很容易找到，其中一個特別有趣的事例發生於十九世紀的廣東。在那裡，土匪「職業化」的程度非常高，以致成為高度組織化的營利機構，有好幾個不同的運作層次。根據當時一位中國官員的記載：

> ……廣屬盜賊之害，其原半出於賭徒私梟。然有祖孫父子家世其業者，亦有一村之人出外行劫，……於宗祠之前明賣贓物，得財而合姓俵分者。又有土豪巨猾富逾萬億，而盈千累百，發作本

錢，分給散賊，自作米飯主者。又有偽置旂箭，散給各村插認，名曰保護村莊，實則一鄉之中，講定規禮，密戒夥黨勿犯，因而斂財者。此等大盜，其平日亦與土族酬酢往來[173]。

「窩主」在職業性土匪中的角色不應該被小看。一位十八世紀中國官員說：

盜非窩無以存留，賊非錢無以躧探。……然緝拿窩家尤難於緝拿引線，蓋窩家者非不法營兵衙役，即係地棍勢豪，保正甲長被其籠絡，貪其賄賂，不肯舉報；牌鄰族正人等畏其兇惡，懼其報復，又不敢首告；至於捕役素與地棍勢豪人等通同一氣，利其饋送，亦明知故縱[174]。

170 同上。

171 參見注一六八。

172 Morton H. Fried, *Fabric of Chinese Society*, p. 229, 敘述了一個在晚近的事例，可以說明農民的這種反應：「他們〔安徽滁縣一九四〇年代晚期的土匪〕在一段時期靠搶劫偏遠的人戶、打劫富裕農民或頑固的鄉紳為生。他們成功進行了好幾個月，然後突然就被抓住了。原因很簡單，……這些『游擊隊』最初搶劫對象，多少局限在富戶。……可是後來不知為什麼，他們不再加以分別，開始搶劫普通農民和佃農，經常燒毀受害者的房屋。……於是農民記下土匪的地點，並通知地方政府。」

173 葛士濬，《皇朝經世文續編》，21/15b-16a〔徐賡陛，〈覆本府條陳積弊稟〉〕。參見林則徐，《兩廣奏稿》，3/18a，收錄一份描述廣東惠州和潮州家族的文件。〔編按：見〈議覆葉紹本條陳捕盜事宜摺〉，在《林文忠公政書》，乙集。《兩廣奏稿》原文誤作 *Liang-chiang tsou-kao*。〕

174 田文鏡，《州縣事宜》，一七b－一八a。

從下列一八九七年發生於湖南長沙的事例，可以看出「窩主」具有關鍵的重要性：

> 長橋柳祥麟者，庇盜而居其貨，家樓房如質庫，莫敢何問。侯因事誘至，杖斃獄中。……惡黨大集，聲言焚市。侯聞立馳往，眾不意官至之速，負嵎而譟。壯勇直前擒十三人，餘駭竄。由是長瀏之交，盜蹤頓絕[175]。

在帝制中國的歷史長河中，職業性土匪一直都存在。他們不斷給政府帶來麻煩，不過他們的存在對王朝所造成的威脅，實際上不如週期性出現的大量偶爾為之的土匪那麼大。原因不難找到。掠奪性的成分，在帝制中國龐大人口中只占很小的比例。即使在最穩定的年代，沒有任何朝代能夠完全不受他們的干擾。而迄今一直平和、守法的農民，一旦受到他人或環境的逼迫而從事盜取和劫掠，「鋌而走險」，現存政權就面臨大多數居民都捲入的嚴重動盪的可能性。

這種可能性在十九世紀中葉以前就可以清楚地看出。實際上，十八世紀一些深思的人就已經察覺出來了。例如，御史梁上國就認為，不願意成為土匪（即偶爾為之的土匪）的人數遠遠超過樂意成為土匪（即職業性土匪）的人數。他在一七九九年的一道上奏中說：

> 竊料賊匪之眾，激於忿怒官吏者十之二，困於衣食凍餒者十之三，出於擄逼驅脅者十之四，其甘心為匪者度不過十之一耳[176]。

的確，可以推想得到，在帝國的環境隨著自然災害和行政僵化而變壞，鄉民轉變成偶爾為之的土匪的人數越來越多，政府就完全不可能以任何有效的方法來應付這個情況。一八五〇年代的廣西就是這樣，根據一份這個時期的官方文件：

廣西之賊，倏聚倏散，旋撫旋叛。股匪之多，實難數計。良民變而為賊，武弁亦有叛而為賊者。大抵飽則為民，饑則為賊；散則為民，聚則為賊；敗則為民，勝則為賊[177]。

紳士和地方官員在盜罪活動中的角色

紳士看來與地方「惡棍」的活動沒有什麼關聯，而且事實上反對後者一些令人討厭的做法。有關這種反對的一個事例，見於一名官員在十九世紀初的記述：

近年以來，每有棍徒藉端斂錢，大抵為演劇賽會等事，從中漁利起見。偶有紳衿呈官請禁，或有督撫訪聞飭禁，並與紳衿無涉者，棍徒等輒敢聚眾擁至紳衿家中，小則打傷什物，大則拆毀房屋，

175 王先謙，《虛受堂文集》（光緒庚子校刊），7/7b。
176 《皇清奏議續編》，2/3a，梁上國的一道奏摺〔〈條陳平賊事宜疏〉〕。梁上國使用的「賊」字是屬於寬鬆意義的，就像本節開頭所指出的那種用法。
177 駱秉章，《駱文忠公奏稿．湘中稿》，8/29b。

甚有白晝於城市之中連拆十數家者[178]。

紳士和土匪——不論職業性土匪或偶爾為之的土匪——之間的關係，通常並不怎麼密切。他們很可能把強盜當作自己的敵人，並集合他們所能掌握的力量來抵抗對方，以保衛自己的家庭或村莊。但是在特殊環境下，鄉紳也會以各種方式成為土匪的夥伴或朋友。前面已經提到廣東一些紳士家庭與「大盜」維持著密切的關係[179]。在另外一些事例，例如發生在山東的，鄉紳成員則扮演「窩主」的重要角色。根據一名生活在十八世紀的最後二十五年和十九世紀前半期之間的官員記載：

〔山〕東省素多盜賊，……揆厥由來，實緣東省多窩盜之區。……至窩家內有武舉馬旃、朱澧江，武生石大恩，並曾任職官之子董五皮，書役周嶽峰等。該犯等或係紳衿宦裔，或係在官人役，膽敢窩賊分贓，包庇得利，情節尤為可惡[180]。

可以想像，這並非獨立的事例。如果還記得華南一些宗族在盜匪活動中扮演十分突出的角色[181]，而紳士和宗族組織之間的關係又十分緊密，我們就有理由認為，有些鄉紳是會與盜賊狼狽為奸的。

地方官員與盜賊的關係，很明顯完全不同，他們很難變成「窩主」，也難以與盜賊和掠奪者維持「密切關係」。不過，他們也以一種重要的方式為盜匪活動的出現做出貢獻，就是他們的行政腐敗。幾乎沒有必要重述，官員的腐敗或多或少直接使鄉民處於悲慘的境地，使他們充滿仇恨，因而使情況適合產生爭鬥、暴動或盜匪活動。單單是官員怠忽職守，就常常助長盜匪活動蔓延，形成一個難以控制的困難局面。曾國藩在一八五三年寫給湖南省各州縣官的這封信，就說明了這一點：

> 方今之務，莫急於剿辦土匪。……或嘯聚山谷，糾結黨羽。地方官明知之而不敢嚴辦者，其故何哉？蓋搜其巢穴，有拒捕之患；畏其夥黨，有報復之憂；上憲勘轉，有文書之煩；解犯往來，有需索之費。以此數者，躊躇於心，是以隱忍不辦，幸其伏而未動，姑相安于無事而已。豈知一旦竊發，輒釀成巨案，劫獄戕官，即此伏而未動之匪也[182]。

更高級的官員也不能免於責難。幾年前，當曾國藩還在京城時，寫道：

---

178 《皇清奏議續編》，2/12a。

179 葛士濬，《皇朝經世文續編》，21/16a。

180 賀長齡，《耐庵奏議存稿》，1/15a-b。

181 參見第八章注一九〇－一九二。

182 曾國藩，《曾文正公書札》，2/1a-b。在這段和下一段引文中，曾國藩也是以一慣的寬鬆用法來使用「匪」（土匪）這個詞彙。從 von Richthofen, *Letters*, p. 133 所引的這一段（一八七二年五月所寫的一封信），有助於了解愚蠢和不負責任官員的行為：「我上次來訪時沒有進去的〔山西〕平陽府〔城〕完全被摧毀了。我聽到的說法是這樣的：幾年前，一支從河南來的叛亂者，完全出乎意料地進了城，但在稍做搶劫後就離開。在他們還未離開很遠時，地方官為了在給皇帝的報告中增加一些經過武力抵抗才把平陽城奪回的實據，命令從城牆上朝他們開幾槍。叛亂者認為這是對他們不尊重的做法，掉頭回來，摧毀了整座城市，殺了許多人。自那時起，士兵們就駐紮在廢墟中。」

> 今春以來，粵盜益復猖獗，西盡泗鎮，東極平梧，二千里中，幾無一尺淨土。推尋本原，何嘗不以有司虐用其民，魚肉日久，激而不復反顧。蓋大吏之泄泄於上，而一切廢置不問者，非一朝夕之故矣[183]。

造反

「造反」在這裡的定義是：對既存政府的公開武裝反抗，目的是要推翻它，以新政府來取代。按照一些學者所使用的「革命」一詞來說，它是「革命」的一個類型。不過我們還是可以把「造反」跟「革命」區別開來，把「革命」用來指反抗現存政權的運動，其目的不僅在於變換統治者，還要改變政府的形式及其據以建立的原則[184]。

眾所周知，在中國思想史上有一個很悠久的傳統，一些西方學者稱之為「造反的權利」[185]，也就是

183 曾國藩，《曾文正公書札》，1/27a-b，寫於一八五〇年到一八五一年之際〈覆胡蓮舫〉。

184 這些定義是從政治學的角度作出的，與 *Webster's International Dictionary* 的定義實際上相同。造反的定義，已在注八二引述了。*Webster's International Dictionary* 對於「革命」的定義是：「指在組織機構，或在政府或制度中的根本改變；由被統治者推翻或摧毀現政府或統治者，代之以另一個。」*Encyclopedia of the Social Sciences* 的定義與此不同：「革命：政治秩序中的主要變化——不僅是政府人事的改變，或是具體政策的重新調整——必須要進行或伴隨著社會中不同群體及階級之間關係的劇烈改變；……社會秩序的重塑。……革命的這個面向，使它與……軍事政變、造反和起義區別開來。」比較 Aristotle, *Politics* (Jowett英譯本), I, p. 1301b, 對革命的解釋：「政府的兩個改變：一種影響到制度，有人想要把現存的形式改變成另一種，例如從民主轉為寡頭。……另一種不影響到制度，不搞亂政府形式……

他們只想把行政權掌握在自己手中。」很明顯，從秦朝（西元前二四六年）〔譯按：這是秦始皇繼位的時間，而非秦王朝建立的時間。〕建立到清朝建立（一六四四），所有王朝更迭，用亞里斯多德的話來說，是屬於不「搞亂政府形式」的「革命」。某些重大民變的意義，比那些只想「把行政權掌握在自己手中」的領袖的願望大得多。太平天國之役就是這樣的著名事例；不過，它從一個方面來說並未脫離歷史的模式：太平天國的領袖們企圖建立另一個王朝，而沒有設想出一個新的政府形式。Thomas T. Meadows, *The Chinese and Their Rebellions* (1856), p. 25 作出令人感興趣的評論：「革命是指政府形式及其據以建立原則的改變，它並不一定指統治者的改變。造反是指起來反抗統治者，目標遠遠不是一定要改變政府的組織原則和形式，其爆發的原因常常是出於保持它們完整美無缺的願望。革命運動是針對原則；而造反是針對人。……清楚地記住這個區別，用一句話就可以清楚地說明中國四千多年的歷史：**在文明達到一定程度的世界各國中，中國人是最無革命精神而最具造反精神的**。一般說來，中國歷史上只有一次大的政治革命，大約兩千年前，中央集權的政府形式取代了封建制度的革命。」對「造反」作這樣的定義，並把它與「革命」區別開來，我們可以把中國歷史上所有反政府的民變歸結在「造反」的標題之下，而不必確認其中的哪些在性質上是否屬於「革命」的麻煩問題，那不是我們現在要關心的問題。

185 Thomas T. Meadows, *The Chinese and Their Rebellions* (1856), p. 24：「中國人沒有立法的權利。……他們無權投票選舉自己的統治者，也無權限制或停止撥款，**因此他們只有造反的權利**。」Karl A. Wittfogel 對「造反的權利」一詞的恰當性提出懷疑：「『造反的權利』這一詞是不合宜的，因為它混淆了法律和道德議題。對於朝廷權力興衰的官方論述，是對造反行為提出警告，而不是為了要指引它；它們當然不會被編入『憲法性』規章或法律裡。只有在現存法律被破壞的情況下，『造反的權利』才可以行使，而主張這項權利的人冒著全部毀滅的危險。」參見 "Oriental Despotism," *Sociologus*, III (1953), p. 100. Wittfogel 教授的說法非常中肯。不過，由於在中國或其他任何地方，都不曾有過法律上的造反權利，因而某些中國作者很有可能提出某種類似道德性的造反權利。事實上，孟子特別強調的「天命」和代天行道的「天吏」（minister of Heaven）概念，甚至也包含著準宗教性的造反的權利。「朝廷權力興衰的官方論述」構成「對造反行為提出警告」，正是因為這樣的討論暗示性地（如果不是正式地）承認「民」可以起來反抗暴君的原則。另一方面，造反者利用這個原則作為他們的行動「指南」，冒著自己完全毀滅的危險去行使「造反的權利」。這

被統治者推翻暴君，代之以「仁德」君主的「權利」。許多思想家曾以各種表達方式加以闡述。例如，《書經》中就有這樣的警句：「撫我則后，虐我則讎。」[186]孟子在不止一個場合著重闡述同一意思，認為摧毀人民之「敵」，即使是採取誅戮的方式，也永遠是合理的[187]。西漢初期的思想家賈誼認為：「故夫民者，至賤而不可簡也，至愚而不可欺也。故自古至於今，與民為仇者，有遲有速，而民必勝之。」[188]明初思想家方孝儒從歷史經驗中得出這個結論，以證明這個觀點：「故斯民至於秦而後興亂。後世亡人之國者大率皆民也。」[189]的確，在長達二十一個半世紀的中國帝制史上，「造反的權利」成為所有關於政府的高明理論的一個共有特徵。不同學者從不同角度強調它，但沒有人想加以否認。

贊成或反對這個人民擁有「造反的權利」的理論，並不是此處的重點。不過我們不能否認，這個理論是因為有真實歷史事件為基礎而為贊成者認同的。在許多決定性事件中，「民」實際上以某種形式扮演著推翻王朝的工具。我們很容易想起農民陳涉，在面臨死刑之際發動叛變，最終推翻強大秦朝；以及朱元璋，一名生活處於絕境的普通百姓，與其他叛變領導人一起推翻了暴戾的元朝，建立自己的新王朝。在這兩人之間，還發生許多較小的事例支持著這個理論：當「民」這個廣大的政治海洋出現太多風暴，王朝政權這艘船就不可避免要翻覆與沉沒[190]。

不過，這個理論有一個缺點。它在把「民」廣泛地比喻為造反力量的同時，沒有說明造反爆發的特殊情況，也沒有指出這個事實：造反——成功或是流產的——是不同動機彙聚在一起，以及不同社會階層合作的結果。沒有指出這個關鍵的事實，可能是一個很著名卻錯誤的假設產生的部分原因。這個假設認為，作為人口中比例最大的農民，會自己準備要行使「造反的權利」。這個假設難以解釋一般說來漠不關心政治、消極的農民，怎麼會一下子就變成積極的叛亂力量。現在我們打算檢視導致帝制中國發生造反的主要環境因素，並確認人口中的不同部分在這些動亂裡的精確角色，以便我們進一步了解造反的本質。

造反的原因

導致大規模動亂的因素複雜而多變[191]。產生爭鬥和盜匪的環境，也可能產生造反。普遍的窮困、經濟的不公、腐敗的行政——所有這些因素，在帝制中國歷史上無數次動亂裡的作用十分突出。在特定時間，不管這些因素導致的是造反或只是暴動，很大程度上取決於情況的嚴重程度。例如，就行政腐敗

續

樣，造反的權利雖然是一頭法律上的怪獸，但在帝制中國思想史和政治史上卻享有合法地位。它使我們想起「天賦人權」的概念，也是一頭法律上的怪獸，但在歐洲歷史上享有相同的地位。在中國，法家否認有類似「造反的權利」的東西——不論是道德或法律的。不過，其他學派並不同意他們的觀點。

186 《尚書》，卷四，〈周書・泰誓下〉；James Legge, *Chinese Classics*, III, part 3, p. 296.

187 《孟子》，見〈梁惠王下〉，第三章、第一一章；〈公孫丑下〉，第八章；〈盡心下〉，第四章、第一四章。James Legge, *Chinese Classics*, II, pp. 157, 170-71, 223, 480, 483.

188 賈誼（西元前二〇〇－前一六八），《新書》，卷九，〈大政上〉。

189 方孝孺（一三五七－一四〇二），《遜志齋集》，卷三，〈民政〉。

190 Walter H. Mallory, *China: Land of Famine*, p. 65：「在作者看來，研究中國君主制度的適當方法，就是中國人自己所採取的方法：人民是海，皇帝是海上的船。如果海上的風浪變得太大，船就會被弄翻，也就到了一個終點。」

191 例如，羅爾綱，《太平天國史綱》，頁一－二〇，列舉了土地所有權集中、人口壓力、對外貿易逆差、不斷發生的天災等，是導致太平天國起事的主要原因。

這個因素來說，清政府制定了一系列政策、措施，由地方官員直接運用在普通百姓的生活中。因而，比起不好的中央政府的影響，惡劣的地方行政衝擊一定會讓特定地區的居民感覺更直接、更強烈。地方官員，特別是州縣官，總是要承受民眾憤怒帶來的第一波衝擊；正如前面指出的，他們是地方暴動的首要目標。不過，如果行政腐敗繼續存在，而帝國統治者聽任事情的不愉快情況繼續，當情況變得難以承受而沒有任何緩解的希望時，朝廷本身最終就會成為仇恨的目標，不同程度的叛亂最終就會爆發。

在帝制中國的歷史長河裡，對行政腐敗的仇恨，總是叛亂者證明自己行為合理及爭取大眾支持的主要理由之一。陳涉和他的夥伴在討論叛變計畫時，就把全帝國的人長時期為秦王朝暴政所苦的事實，作為他們揭竿而起的強力理由[192]。反抗暴政成為叛亂主要目標的最顯著事例之一，是一一二〇年到一一二二年間方臘領導的恐怖叛亂。他建立與北宋王朝相對立的政府，在被消滅之前占領了幾乎六十個州縣。宋徽宗因為垂意於「花石」，而派人到各省瘋狂搜刮。隨之而來的敲詐勒索達到了極限，使百姓難以承受。叛亂者的恐怖行動反映了他們叛亂的性質。史家寫道：「凡得官吏，必斷臠支體，探其肺腸，或熬以膏油，叢鏑亂射，備盡楚毒，以償怨心。」[193]方臘建立自己政府的事實，清楚地說明他的目的遠遠超過消滅可恨的官吏。

清王朝的造反至少在這方面符合一般歷史模式。它們發生在十八世紀的最後幾十年和十九世紀中葉之間，當整個清王朝統治體系自乾隆朝晚年加速腐敗時，一點也不奇怪。關於這些動亂的官方和私人記述，因為顯而易見的原因，對反者對清王朝的怨恨都保持沉默。但是，這種沉默難以掩蓋一個事實：造反者的目標不但是要消滅腐敗官員，而且是要推翻清王朝本身。太平天國之役的許多文件不斷提到一個主題：滿洲人應該被消滅，因為他們以殘暴統治壓迫漢人。的確，在最早的文件之一，太平軍的領袖頭銜是「天下大元帥」，只說要剷除「各府州縣之賊官狼吏」，而沒有提到清王朝本身[194]。但在洪秀全稱「天王」之後發布的文件中，就以最強烈的詞語譴責滿清王朝[195]。叛軍領袖不斷強調「種族」對立，但腐敗的統治也從未被省略。

十八世紀晚期和十九世紀的中國作者表達的意見，顯示了地方官場變得多糟糕，以及對它的反對會成為一個造反的原因。或許最真誠直率的是，其中一個作者關於一七九〇年代「邪教」造反猖獗的記述。該作者指出，叛亂不可能被討平，因為當時州縣官員的邪惡「百倍於十年二十年以前」[196]。另一位

192 《史記》，48/1b。

193 《宋史》，468/6b。

194 羅邕、沈祖基編，《太平天國詩文鈔》（一九三五），頁二八b－二九a。不過，這個文件可能出自他人之手，而非洪秀全所寫。

195 同上，頁三三b－三四a；向達等編，《太平天國》（中國近代史資料叢刊第二種，一九五二年上海神州國光社版），第二冊，頁六九一－六九二。

196 洪亮吉（一七四六－一八〇九）一七九八年寫給成親王的一封信。引見稻葉岩吉，《清朝全史》（中譯本，但燾譯校，上海：中華書局，一九二四九版；台北：台灣中華書局，一九六〇台一版），第三冊，頁二九。〔編按：現行中譯本在下一。按此文題作〈征邪教疏〉，題下自注「戊午二月廿七日大考題」，收錄於《卷施閣文甲集》，卷一〇，頁一a－三b。光緒三年授經堂重校刊本。由標題及自注看來，這並不是一封信，而是一份功課，文體是疏。給成親王的信應該是〈乞假將歸留別成親王極言時政啟〉，因為內容批評了權貴，為他帶來了麻煩。〕這個期間的叛亂活動包括：一七七四年山東王倫叛亂；一七九三年湖北、四川和陝西劉之協和王三槐叛亂；一八一三年河南、直隸李文成、林清叛亂。劉之協和王三槐屬於白蓮教，李文成、林清屬於天理教。

作者在談到太平天國之役早期廣東的局勢時，也指出造反的相同基本原因：

> 今日之亂源何在？令長之貪酷是已。
>
> 試以粵西言之。粵西之未亂也，官吏宦于其省者，……觀其俗樸民頑，視同鳥獸蠻夷之不足惜。然既仕于其地，無可脫逃，……以取盈為急務，彼此則效，無非欲肥囊橐而長子孫。其辣手忍心誠有不堪言者。然州縣而上，有知府道員，道之上有三司，……有兩院，彼其人皆有察吏安民之責，豈于屬員之賢否，漫無分別哉？無奈不學俱欲之物，浸灌滋潤，入於骨髓者已深，互相徇庇，上下交征，末員恃大吏為狐城，大吏借屬員為外府。
>
> 小民疾首痛心，已非朝夕。一旦有風塵之警，奸民起乘之，游民附之，愚民貧民之無所得食，因逼脅而樂從之，而大亂之局成矣[197]。

這種譴責並不只是毫無事實基礎的紳士情感，可以從下面的事件中看出。四川省白蓮教領導人之一王三槐，在一七九八年被捕並押送到京城。在審判時回答訊問，他宣稱是官逼民反[198]。

當然，其他因素也發揮作用。普遍的貧窮與不公（政府對此至少要負部分責任或間接責任），同樣為叛亂行動提供肥沃的土壤。一旦發生嚴重的災害，而政府又未立即而有效地處理，接著就是不同程度的社會動盪；這幾乎不用再多說。明代的「流寇」，其中以李自成和張獻忠最著名，就是在一六二八年陝西嚴重乾旱後立即發生的。李自成、張獻忠二人不久都稱王，前者還正式結束了明朝[199]。經濟災害和政治動盪之間的同樣關聯，在清代也可以看到。最顯著的事例當然是太平天國之役，就是在一連串荒年後發展出來的[200]。

顯著的經濟不公和造反之間的關係同樣很明顯。對特權階層的仇恨，可能導致針對這些階層的暴動，但是一旦情緒變得非常強烈，就可能引發一場叛亂，目標（公開宣稱或暗示的）是要瓦解造成這種不公的整個政治結構。在像中國這樣的農業國家，窮困佃農的憤恨在叛亂行動中必定是最為引人注目的[201]。九九〇年到九九四年之間領導四川農民叛亂的王小波，就用這樣的語言「煽動」說：「吾疾貧富不均，今為汝輩均之。」跟隨他的人數迅速發展，最終達到幾萬人。他的行動之所以能這樣迅速發展，按照史家的記載，其原因在於當時四川「土狹民稠，耕種不足給，繇是兼并者益糴賤販貴以規利」[202]。十九世紀初分別領導直隸和河南流產叛變的林清與李文成，這樣推展他們的行動：

197 《廣州府志》，129/24b。
198 《潼川府志》，17/34a。
199 《明史》，卷三〇九，各頁。
200 羅爾綱，《太平天國史綱》，頁一七－二〇。
201 Paul M. A. Linebarger, *Government in Republican China*, p. 116, 對這個問題的說法有些過於強烈：「缺乏財力造成土地的喪失，農民土地所有者發現自己變成佃農。如果經濟剝削、政治壓迫過了頭，社會的動亂就會跟著爆發。農民叛亂把政府和經濟一起破壞了。大多數中國王朝都是因為土地問題而崩潰的。」
202 《宋史》，276/7a。

入教者，俱輸以錢，曰「種福錢」，又曰「根基錢」。事成，償得十倍：「凡輸百錢者，得地一頃。」愚民惑之，遠近踵之[203]！

就差沒有提出「共產」的主張——促成太平天國快速成功的部分原因。其方案概見《天朝田畝制度》[204]，根據這個規劃，所有人都公平地分享「天父」賞賜給人類的恩惠；這對成千上萬一無所有的飢餓農民，毫無疑問具有強大的吸引力[205]。

這些就是可能引發暴動或造反的常見情況。除了這些之外，還有一些只是在造反中發揮作用的特殊因素。在這些特殊因素中，最顯而易見之一的是「種族仇恨」；漢人懷著這種仇恨，在十三世紀和十四世紀用以反抗蒙古族統治者，隨後又用以反抗滿族統治者。最為著名的例子是明王朝的建立者朱元璋，他在宣傳單中利用反蒙古族的論述，號召仍在元朝統治下的北方各省居[206]。太平天國領導人的反滿思想更廣為人知。借用一位西方作者的用語，「韃子政府永遠無法滅絕的強大又有生命力的火花」，現在又爆發成熊熊烈火了[207]。

個人野心，特別是經過絕望的強化，也會引發一場叛變。我們不應該過分強調任何重要歷史發展中的個人因素，但是可以說，充滿野心、處於絕境的人經常會加速醞釀中的歷史事件。在中國歷史上，此類事例多不勝數。其中最為人熟知的是：首先發動反秦叛變的陳涉、建立漢王朝的劉邦，以及另一種氣質的太平天國領袖洪秀全。陳涉還在為人傭耕時，就表達令人難以置信的抱負，雖然他很貧窮、地位低下，但是腦海中充滿理想；這樣為不尋常舉動做好準備，在可能面對死刑的刺激下，他立即發動了叛變[208]。劉邦在秦朝首都擔任小吏時，就表達他的遠大抱負，宣稱大丈夫就應該像秦始皇那樣、與陳涉一樣，在面對可能的懲罰時，他決定向當局挑戰[209]。眾所周知，洪秀全最初原本沒有太大的野心，只想通過科舉考試取得功名。連續的科場失敗，使他產生一種心境，決定用爆炸性的力量來反抗當時令人煩惱的境況[210]。這個事例充分說明個人的挫折可能會引發一場叛變。

---

203 薛農山，《中國農民戰爭之史的研究》，下冊，頁二八四，引蘭簃外史，《靖逆記》。〔編按：頁二八四應在上冊。〕

204 蕭一山，《太平天國叢書》，第一輯，收錄了這份文件。

205 安徽一些棚民的情況簡單地說明了這種情況。根據《滁州志》，卷一之二，頁一三 a，這些棚民的領導人「遙奉偽天王令，聚黨數千，襲來安縣城。」棚民存在於浙江、江西、安徽和廣東等省。他們是從其他地區遷移而來、處境悲慘的人，為「當地居民所歧視」。參見盛康〔編按：應為葛士濬〕，《皇朝經世文續編》，頁三三 a（卷三三），引戴槃所寫的一篇文章（〈定嚴屬墾荒章程並招棚民開墾記〉）；《江西通志》，卷首之一，頁二四 b。

206 王世貞，《弇山堂別集》，卷八五，〈詔令雜考〉，頁一，寫給山東、河南、直隸、陝西和山西等省居民的一篇告示。〔編按：題名〈諭中原檄〉。〕

207 E.-R. Huc, *Chinese Empire*, I, p. xiii. 有關太平天國反滿思想的概要，參見簡又文，《太平天國雜記》，第一輯，頁六四。《靈山縣志》，8/110b 指出：「前清自道、咸以後，『盜賊』蜂起，皆奉太平天國『反清復明』為詞。」

208 《史記》，卷四八，〈陳涉世家〉。

209 《史記》，8/2b-4b。劉邦當時是泗水亭長。注云：「十里一亭，十亭一鄉。亭長，主亭之吏。……〔此職〕蓋今里長也。民有訟諍，吏……平辨。」（「今」指唐代。）

210 Theodore Hamberg, *Visions of Hung-Siu-Tshuen*（燕京大學圖書館一九三五年重印）。Thomas T. Meadows, *The Chinese and Their Rebellions* 似乎高估了太平天國領袖的道德力量和宗教純潔。P. M. Yap, "The Mental Illness of Hung Hsiu-chuan, Leader of the Taiping Rebellion," *Far Eastern Quarterly*, XIII (1954), pp. 287-304, 探討了洪秀全領導的心理面向。

普通百姓的角色

如果沒有制定計畫、提出主張的紳士，和提供體力的普通百姓的合作，任何造反都不可能成為事實。帝制中國最大規模的叛變行動——太平天國之役，就很能說明這一點。就像一位十九世紀知名的西方作者說的：「戰爭實質上就是體力的競爭，太平軍肯定有中國最強壯的人力源源不斷地加入。而戰爭中同樣需要的有教養的知識分子那個部分，他們也不缺乏。」[211]或者用晚近一位研究中國歷史的學者更精確的用語，太平天國之役是：

……一場農民運動。它是由科場考試失敗的知識分子、天生具有軍事才能和組織才能的文盲領導的。他們利用當時的經濟窮困以及滿族統治者日益低落的統治能力，占領了長江流域的主要城市，並一度威脅到北京[212]。

這一點從在清代動亂中扮演重要角色的祕密社會的組成，也可以看得出來。這些組織通常從紳士和文人中吸收成員，也從普通百姓中吸收力量。下面這一段歌謠，描述十九世紀中葉兄弟會舉行的「香會」（吸收新成員的儀式），有助於對情況的了解：

兄弟姻緣在香火，既燒豈復分爾我。

官耶士耶普見收，卒隸兵弁無不可[213]。

我們或許可以再舉一個事例，說明紳士和普通百姓的合作對造反是必不可少的。在明朝敗亡之後，出現了一場「反清復明」的運動，一場由一些前朝官員和士子不屈不撓支持的，目標明確、主張很清楚的叛亂活動。他們的努力沒有取得什麼具體的成果，因為證據顯示，廣大的群眾完全不關心他們的目標。一七二八年，一名湖南文人，這位特別熱心的明朝支持者，試圖勸說一位高級軍事指揮官岳鍾琪起來反抗滿族統治者。他的企圖令人激動，但造反並未出現。這名文人明顯認識到他沒有體力來實現理想，只能採取孤注一擲的行動，試圖勸說「清世宗最重要的親信」起來倒戈[214]。不過，一些祕密社會延續著反滿的思想[215]。這個先前只得到前朝官員和士子支持的理想，最終得到普通百姓一定程度的支持，而且很可能對太平天國發動階段產生了一些影響[216]。

因此，普通百姓在造反中的重要性是不應該低估的。最廣義的「普通百姓」包括沒有紳士地位的所有居民。基於這個理解，他們還可以再劃分成不同的小類：首先可以區分為識字和不識字的。前者包括所有充滿雄心壯志但還未參加任何科舉考試，以及沒有通過科舉考試的儒生（所有這些人因此在法律上都還不是紳士），以及所有因職業關係而具有一定讀寫能力的其他人，其中像是醫生、商人和道士這些

211 Thomas T. Meadows, *The Chinese and Their Rebellions* (1856), p. 457.

212 Eugene P. Boardman, "Christian Influence upon the Ideology of the Taiping Rebellion," *Far Eastern Quarterly*, X (1951), p. 115.

213 《潼川府志》，17/42b。〔編按：陳謙紀事詩「紀香會」部分。〕

214 Arthur W. Hummel (ed.), *Eminent Chinese of the Ch'ing Period*, II, p. 958, 概述了方朝應事件。

215 E.-R. Huc, *Chinese Empire*, I, pp. xiii-xiv. 亦見蕭一山，《近代祕密社會史料》，各頁。

216 《靈山縣志》，8/110b。

人[217]。雖然這些人所享有的威望和影響不如紳士，但是讀寫能力讓他們擁有鄉村廣大不識字大眾所無法具備的優勢。他們可能比較有主見、在地方上具有明顯和其他普通百姓不同的地位。他們可能對自己所遭受到的錯誤對待或傷害更為敏感，表達自己的情感更清楚有力，更準備想出種種辦法以改變令人不滿意的環境。他們可能比其他普通百姓更聰明、更見多識廣，因此當紳士不能領導普通百姓時，他們就會出來領導。他們不像紳士一樣，比較不受行為規範的束縛，也不自覺要對現存政權那麼忠誠，更容易在發動地方動亂或全面叛亂時扮演積極的角色。

在不識字的普通百姓中，可能也有一些具有不尋常的抱負、才能、精明或積極進取的人，就像首先起來領導推翻秦王朝的陳涉。這種人的社會地位雖然看不出來與一般農民有什麼不同，但是他們對所在村莊或鄉鄰常常具有決定性的影響，因而即使在普通情況下，他們在地方舞台上也扮演著關鍵角色。正是這種人會在不尋常的環境中站到歷史的聚光燈下，以轟轟烈烈的行動震撼世界。他們雖然也是平民，卻是一種特別的平民，由於沒有更好的字眼，就稱他們為「特別的平民」。

還有一種普通人，他們與沒有什麼影響、安分守紀的鄉民不同的地方，不是因為有特別的能力，而是因為習慣性的桀驁不馴、目無法紀和好吃懶做。這些人在平常時期，就是地方上的惡棍、遊手好閒者、職業性乞丐——政府常常把他們標記為「奸民」或「莠民」的人。一旦有機會，他們就會率先起來引發動亂，並向政府挑戰[218]。

217　這種識字的叛變領袖在一些「邪派」叛亂中角色鮮明。例如，根據《宋史》，468/6b，叛變領袖方臘「託左道以惑眾」。亦見《夔州府志》，21/5a-18a，關於劉之協的記載；尹嘉賓〔欒亭〕，《征剿紀略》，4/23b-24a，關於一八八四年被處死教匪領袖高欽的記載。

218 前文已指出，中國鄉村出現「游匪」，經常給造反增加了無窮的力量。西方傳教士 William C. Milne, *Life in China* (1857), p. 431, 這樣解釋太平天國的迅速發展：「那些侵擾鄉村和城郊居民的懶散、懶惰流浪漢，在這個叛變中找到適當的滋養，因而成群結隊地加入這個〔太平天國〕行動。」祕密社會自然也對造反行動做出貢獻。Cooke, *China* (1858), pp. 433-445 的附錄中，引用了「翰林院編修」，曾任福建布政使的曾望顏對「造反之根源」〔編按：Cooke 原書作 "Tsang Wang-Yen On The Origin Of The Rebellion"〕所作的一些評論。雖然過於簡單化，但相當能夠說明問題：「為什麼廣東全省各地一直都有土匪存在，而且現在比以前更嚴重？原因非常簡單，就是多年來一直未對非法的祕密社會成員採取任何行動；真正的犯罪分子總是逍遙法外，事實真相完全被隱藏或掩蓋了。……在道光元年（一八二〇）之前，三合會作為一個匪派就已經存在。……道光十一年（一八三一），御史馮贊勳奏報他已經得知三合會在五個省分已發現印章、旗幟和圖冊。……道光二十三年（一八四三）八月，一千名左右的三合會和臥龍會成員在廣東順德縣容奇（Yung-ki）村發生械鬥。……道光二十四年元月（一八四三年十二月，編按：這個西曆月分不合理），爭鬥再次爆發，兩會成員、幾個縣的居民，人數共達數千，在順德縣桂洲（Kwei Chau）村進行了第二次戰鬥。……知縣……恢復了秩序，急忙跑到城裡向上級長官報告。他們指示他不要任由事情到處傳揚。……毫無疑問地，由於這樣〔官員瀆職〕才使得相關的違法人員完全無視於法律。……因此，危害像莠草一樣傳遍了全省，然後傳到廣西，到現在已經包括江南和湖南。二十四年（一八四四）秋，這些幫會來自其他省區的一些會員，來到香山……江口（Kiang-kau）、龍塔（Lung-ta）等村，引誘村民入會。……屬於官方編制的兵丁和衙差都入會了；當不辨是非的窮人因為想得到一點錢〔每人領十文銅錢〕而被引誘入會時，甚至一些守規矩的農民，以及受人尊敬的商人，為了要保護自己不受侵害而不得不入會。……當局不敢提到『會』字，其結果是，不但全省大小縣分各種會黨林立，三合會會員不計其數，即使是省城附近的白雲山區，也經常舉行會員入會儀式。從這個時期起，不僅商人——無論走陸路還是水路——被挾持和搶劫，有城牆保衛的城市和村莊也被占有，當鋪和其他店鋪，以及私人住宅也被洗劫，主人被綁票勒贖。……受害者向官府申訴時，官府並不是立即去追捕犯罪分子，而是讓被搶劫者描述每一個細節。……即使得知這些無法無天的人在某個地方，兵丁和差役也從未到那裡追捕，而是要求該地紳士去要求他們自首。當手中既無兵丁又無差役的紳士無力完成任務時，而真正的犯罪者又消失在遠方後，地方當局又把〔紳士宗族的〕神主牌（擺放在宗祠裡，代表宗族的祖先）用鐵鏈綁上，帶到衙門監禁。……道光二十七年和二十八年（一八四七和一八四八），成千上萬的非法幫這三種普通百姓——識字的平民、「特別的平民」和（官方用語）的「奸民」——在任何特定的地方都占人口的少數。在中國鄉村人口裡，最多的是一般的農民。農民連同小販、工匠和其他生活在村莊或城鎮的人，是真正的平民，在中國俗稱為「老百姓」。正是他們千辛萬苦地從事自己的生計，拒絕改變他們習慣的生活模式，為中國人贏得堅忍和溫順的聲譽。

很明顯地，在一場造反中，這種「平民」扮演的角色不同於其他幾種「平民」。擁有特殊才能或態度的平民，有時會發動或領導造反；而一般鄉村居民能夠提供的只是體力。換句話說，前者扮演與決定參加運動的紳士合作的積極角色，而後者單獨提供紳士無法提供的無數人力。因此，基本上沒有錯，農民在造反中清楚的角色就是充當叛軍的普通士兵，讓造反領袖們能夠把他們的目標或計畫付諸行動。

對這些普通農民的行為及其為造反提供無數人力的原因作進一步探討，是非常有用的。既有的資料顯示，村民參加叛亂行動，或者是迫於環境，或者是受到造反陣營的成員引誘或施壓。與其他人類一樣，鄉民對不同的環境會有不同的反應。當環境發生重要的變化，農民的心理也會發生劇烈的變化。在死亡逼近面前，溫順的農民陷入絕望，因而讓他們準備好採取令人震驚的行動。一位西方學者主要從經濟角度看問題，提供這個有趣的觀察：

> ……面對不可抗拒的自然環境，中國人學會了忍耐。他知道並不是一切都能靠自己的力量和勤勞來決定。他覺得自己只能無助地依靠天體運行的規律。……這種忍耐力……產生於中國的經濟環境，並最終變成他們的天性。在只能安靜等待的情況下，它就為一種積極的力量。
>
> 但是，這種態度的作用是有限的。……當這個群體沒有採取積極的自我保護措施，而是溫順地屈

服於變得更壞的環境，默默地忍受痛苦、挨餓；當這個態度本身變成嚴重的人生問題時，那個點終於來到了[219]。

續

會成員帶著帳篷、武器，占領任何他們想占領的地方，……橫行於翁源、乳源、英德和清遠等地。……今年春（一八五四？）」，他們開始擾亂儋州（Chan-chau）府。……五月，東莞城被占，但隨後收復。……七月，肇慶府各州縣城和順德、佛山、增城、從化、花縣及英德等地全部被占。……現在，來自其他省區的不法分子不過一百或幾百人，但來自廣東省的頭戴紅巾、手持紅旗……成幫結隊，其力量可以占據各地。如果不是從數十年前就發展會員，怎麼可能發生一個地方的起義可以得到那麼多其他地方的回應？」〔編按：據 Cooke 說，這份文件來自 Mr. Wade，而 Wade 則是在一位廣州的 imperialist trademan 的店裡取得的。據說當時中國政府尚未出版這份文件，而且好像也不打算發表。按光緒《香山縣志》，曾望顏本傳（15/27-30），「文宗御極起用，密奏：東會匪之患吏治之壞民生之困，反覆數千言」，應該就是這份文件。〕

219 見 Richard Wilhelm, *Chinese Economic Psychology*, pp. 22-23. Fei Hsiao-t'ung, *Peasantry and Gentry*, pp. 10-11：「十分自然，農民的共同趨勢並不是社會階梯向上爬升，而是下降到最底層。當災難降臨時，小地主被迫賣掉自己的土地，變成佃農。他還會進一步從佃農下降為無地的傭農。最後他會悲慘地死去，或者從村子中消失。這種流浪者是絕望的，除了悲慘的生命外，他們一無所有。他們離開村子，變身土匪或強盜，或者參加軍隊，或者受雇大紳士家庭為奴。……他們是生活絕望的階層，因而本質上是革命的。統治階級強大時，他們受到壓迫。……但是，如果統治階級腐朽而衰落，他們就是志在奪權的叛亂集團。中國歷史上有幾個事例，新王朝就是由這些絕望的流浪者開創的。」從我們討論的觀點來看，這段文字的結論很難說是正確的。認為帝制中國的農民「本質上是革命的」，是太過於樂觀的；由絕望的農民發動「志在奪權的叛亂」，從而建立好幾個新王朝，在史實上是站不住腳的。汪士鐸，《汪悔翁乙丙日記》，2/18b 說：「四民之中，最易作亂者農。」這個觀點可以這樣理解，由於是人口中數量最多和最強壯的部分，同時由於處在比其他階層較差的經濟環境，中國農民最可能做出粗暴的行為。但從汪氏粗略的觀察而推論出農民因此「本質上是革命的」，則是錯誤的。

情況變得很危急。不過，農民並不一定準備要採取行動，他們習於消極的慣性還會苟延殘喘。只有在來自紳士或特別種類平民的領袖號召或引導下，農民中才會有一些人起而參加暴動或造反。如果整體情況進一步惡化，動盪更加擴散，大量普通農民才會加入造反隊伍，完全的叛亂才會爆發[220]。或者就像十九世紀有些時候發生的情況，如果造反領袖來自一個「邪派」，就會出現以迷信權力對抗政治權力的情況，此前羞怯的農民大眾就會展現出不可思議的高度進取心及無畏精神，為一個他們並不怎麼清楚其意義的理想而勇敢地戰鬥。

在上述情況下，農民參加造反可以說或多或少是自願的。他們迫於令人無法忍受的環境，因而改變習慣上愛好和平的行為；他們參加造反，是因為受到生活將會更好的許諾的引誘或吸引，而不是因為受到造反者的脅迫。不過在其他情況下，農民並不是心甘情願地參加造反的。可以理解，造反領導者非常渴望擴大他們的力量。當勸說和許諾無法吸引到補充兵源時，就會毫不猶豫強制或威嚇農民加入他們的行動。一七八九年，當白蓮教之亂蔓延好幾省時，一位中國作者就記載了一個這樣運作的事例：

> 邪教入一村，則燒一村；入一鎮，則燒一鎮；僅以脅良民為賊。……邪教滋擾數省，首尾三年，燒村鎮愈多，無身家衣食之民，附之者愈眾。邪教之徒，又不愛惜此等，每行必驅之前，或抑之在後，以抵官兵。故諸臣入告，殺數千人數百人者，即此無業遊民，非真邪教，非真賊也[221]。

造反領導者顯然知道一些追隨者並不忠誠，因而不相信他們，並採取種種措施防止他們開小差。白蓮教在會眾臉上刺上蓮花圖案或「白蓮教」三字[222]。太平天國為了同樣原因規定參加者不准剪髮，因而得到「長毛」的暱稱。

三合會脅迫農民追隨他們的方法也很有代表性。根據一份官方資料：

> 江西省南贛會匪首犯兇橫狡黠，遇有恒產之人，能知法度，不肯附和入會者，非劫奪牛馬，即蹂躪田禾，甚至搶掠子女，勒銀取贖。小民被其凌偪，不入會則禍不旋踵，無以保其身家；入會不過斂給銀錢，猶可免其荼毒[223]。

根據曾國藩的看法，太平天國領袖採取的方法特別有效。他在一八五三年一封發給「湖南各州縣公正紳耆」的信中寫道：

> 逆匪所到之處，擄我良民，日則看守，不許外出；夜則圍宿，不許偷逃。約之為兄弟，誘之以拜上。從之則生，背之則死。擄入賊中，不過兩月，頭髮稍深，則驅之臨陣。每戰，以我民之被擄者

---

220 例見 John F. Davis, *China* (1852), II, p. 196; 尹嘉賓，《征剿紀略》（一九〇〇），2/5b；《殷匪總錄》，2/17a-b。

221 洪亮吉寫給成親王的一封信。引自稻葉岩吉（稻葉君山），《清朝全史》（中譯本），第三冊，頁二八－二九。〔編按：現行中譯本在下一。本文出自〈征邪教疏〉，參見本章注一九六編按。〕

222 《江西通志》，卷首之三，頁九 a。

223 同上，3/25a-b。

列於前行，而彼以牌刀手壓其後，反顧亦殺，退奔亦殺。……不得已，閉目冒進，衝鋒力戰[224]。

不過，造反領袖並非總是採取上述那種苛刻的方法來贏得鄉民的支持或幫助，他們會以口號和宣傳品來吸引大眾的興趣。此外，叛軍對待村民的態度往往比官軍的表現要好得多，目的當然是為了誘使這些居民背棄政府。例如一八五三年，一名官員在湖南省一些地方看到的情況是這樣的：

賊兵打糧，直至濟源、孟縣境內，小民無可倚仗，初以米果等給賊，賊以厚價誘之，愚民貪利，源源不絕。……

今官兵所過之地，往往掠人車馬財物，箚營左右村庄皆被騷擾[225]。

一位西方作者對一八五三年南京周圍局勢的觀察，特別能說明問題：

他們〔太平軍〕掌握了城中所有居民的個人服務，無論富戶或是商販，毫不猶豫地攫取他們的全部財產，並壓榨**搬運夫**——船民。但是，雖然他們恰當地將政府的穀倉據為己有，可能也沒有放過占領城鎮的大糧**商**的穀倉，可以肯定他們從**農民**手中購買糧食，並且堅持付給一個好的價格。結果是，一旦鄉民發現有機會帶著糧食和蔬菜溜進金陵城而不被發覺時，他們就不會錯過。這個村的居民告訴我，圍困金陵城的官軍帶給他們的傷害比太平軍大得多[226]。

非常清楚地，無論是受到引誘或是強迫，當農民參加造反運動後就處於從屬的地位，根據叛軍領袖的命令行事，而這些領袖很少是普通農民。這些被動的追隨者為造反運動提供無數的人力，但是他們十之八九並不了解造反的主要目標，或者他們的領袖接下來的計畫[227]。因此，任何爆發生在十九世紀中國

---

224 曾國藩，《曾文正公書札》，2/3a。

225 李棠階，《李文清公日記》，一三冊，咸豐三年（一八五三）六月二十日和七月一日。〔編按：六月二十日應為「二十至廿四等日」條，七月一日見「七月廿九日」條。〕

226 Thomas T. Meadows, *The Chinese and Their Rebellions* (1856), p. 291. 斜體字〔編按：此處改為粗明體字〕是 Meadows 標示的。

227 十九世紀中國的情況與同時期的日本比較，可能是很有用的。見 Hugh Borton, "Peasant Uprisings in Japan," *Transactions of the Asiatic Society of Japan*, 2nd series, XVI, pp. 1-219; and K. Asakawa, "Notes on Village Government in Japan," *Journal of the American Oriental Society*, XXX, pp. 259-300, and XXXI, pp. 151-216. Borton 關於這些叛變意義的結論，有助於了解同一時期中國農民在叛變中扮演的角色：「……大多數農民造反是沒有系統的，很少想要推翻封建制度本身，更關心的是要糾正當時封建專社會天生的一些微小的不公正。當然，整個農民造反運動有助於推翻封建結構；但是說一般農民清楚認識到，或渴望參加社會革命運動，則是太誇張了。」（頁二〇）Asakawa 對日本農民大眾造反能力的評價，同樣說明了問題：「正如封建主對封建階層的政策，是以犧牲他們的真正力量及他們對他的忠誠，來降服他們一樣，他對農民的控制，壓制了他們的進取心，限制了他們的財富，惡化了他們的生存環境。如果他們沒有在一般造反中叛變，那是由於他們不但完全被剝奪了反抗的機會，而且被剝奪了反抗的力量。當十九世紀中葉全國性危機終於來臨之時，正如同封建階層不但不努力保護日益衰落的德川家族的權力，反而補充人力去消除它；農民也一樣，顯得異常的冷漠。大革命是由失意武士發動並完成的，而鄉民則太萎靡、太消沉，沒有為他們自己解放的理想出過任何一點力。」（XXX, p. 290）中國和日本之間歷史環境的區別非常明顯。雖然不應該過分強調這兩個國家的農民在社會政治動亂中所扮演角色的類似性，但是日本農民的行為提醒我們，不能過於樂觀地抱持中國農民具有「革命的」能力的觀點。

的造反，只有在非常有限的意義上，才能視為完全的「農民運動」。

更進一步檢視紳士和識字者在造反中所扮演的角色，可以強化這個結論。首先，同心協力推翻現存政權的造反的真正主意，必然是這些人提出來的。正是他們發展和傳播這個由來已久的理論：統治者只有在施行「仁」政的情況下，才能合法地保有他們的權威；「人民」有權起而對抗暴君[228]。也正是他們在機會適當的環境中，把這個理論轉換成通俗的形式，並付諸行動，發動大眾起來造反。

一方面是紳士和識字者、另一方面是普通百姓，兩者之間在造反中的這種一般關係，劉基在殘暴的元朝統治末年寫下的寓言之一，說明得相當允當：

> 楚有養狙以為生者，楚人謂之狙公。旦日必部分狙於庭，使老狙率以之山中，求草木之實，賦十一以自奉。或不給，則加鞭箠焉。群狙皆畏苦之，弗敢違也。
>
> 一日，有小狙謂眾狙曰：山之果，公所樹與？曰：否也，天生也。曰：非公不得而取與？曰：否也，皆得而取也。曰：然則吾何假於彼而為之役乎？
>
> 言未既，眾狙皆悟，其夕相與伺狙公之寢，破柵毀柙，取其積，相攜而入于林中，不復歸。狙公卒餒而死。

按照作者的意思，這個故事的教訓就是：

> 世有以術使者而無道揆者，其如狙公乎？惟其昏而未覺也。一旦有開之，其術窮矣[229]。

「開」導百姓造反的那些人，明顯正是紳士或文人——有能力研究政治奴役合理性的人。

同樣明顯的是，失意的士子——科場或官場的抱負未得到滿足的人——比起處境相對要好的紳士和文人來說，更可能在發動造反中扮演決定性的作用。在某種意義上，這種士子比起無數沒有特權、吃不飽的農民，對現存政權更具有威脅性。由於他們通曉歷史和文學，讓他們不但擁有造反的思想，有時還具有組織或指揮造反的某種有用的知識——一種普通農民所沒有的素質。他們對主考官「不公正」以致落榜所產生的仇恨，很容易轉變為對現存政權的仇恨，特別是在他們認為自己的處境極端不幸時。在社會處於一般安定時期，他們是「刁生」；在社會動盪時，就成為造反的煽動者。「科場失意大軍」的處境當然不值得羨慕；這種人的行為有對帝國安定造成危害的趨勢也是不難理解的。一位西方觀察者正確地談到這些人：

> 他們之中的一些人繼續一試再試。……但是，絕大多數已經淪於地位低下、為衣食謀的行列，像是家庭教師或私塾教師、公證人或書吏、抄寫員或撰文者、占卜者或醫生、算卦者或說書人、清客或乞丐。不滿的情緒非常多[230]。

---

228 Thomas T. Meadows, *The Chinese and Their Rebellions* (1856), p. 19.

229 劉基（一三一一－一三七五），《誠意伯文集・郁離子・瞽聵篇》。

230 Frank Brinkley, *China* (1902), II, p. 219.

在擁有一八五〇年代清帝國情況第一手資料的少數西方觀察者中，有一位描述了這種士子的行為：

所有這些人〔在省試中失敗者〕仍然是沒有官品的平民。他們和那些甚至從未取得**生員**身分的成千上萬「候選人」，擁有可以實際應用的知識能力和行政官員群體一樣豐富。其中許多更不顧後果、膽量更大的人，……發揮職業性煽動遊說者的作用。他們為了個人的利益，威嚇和牽制地方衙門[231]。

不過，失意士子不會停留在牽制地方當局。如果機會來了，其中一些人就會出頭領導造反。這種事例隨處可見，十九世紀的幾個著名事例可以說明這一點。捻軍領袖之一的苗沛霖就是生員；山東一支叛亂隊伍領袖劉德培也是；河南的叛軍領袖李瞻，是沒有任官的舉人[232]。在太平天國最重要的領導人中，洪秀全連續科場失敗，連生員的資格都沒拿到；韋昌輝，最高的功名就是監生；楊秀清、洪仁玕和石達開都是沒有功名的文士[233]。

文士的效勞在叛亂造反中相當有用，也的確很有必要，幾乎用不著解釋。以下有關祕密社會（十九世紀的許多動亂都與它有關）的評論，就說明了這一點：

這些組織的領導成員總是來自未被任用的文人，這是沒有疑問的。事實上，沒有文人的合作，中國的社會就無法擬訂文宣、建立常規、編纂禮典和準備宣言[234]。

文人的服務對造反甚至更為重要。沒有文人的服務，真正意義上的造反就不可能發生；所有暴力事件的爆發，終歸是沒有意義的流血。為中國歷史上所有造反提供人力的農民，自己沒有能力組織有效的反叛行動。這一點在十九世紀是絕對正確的。一位西方作者這樣描述他那個時代的中國農民：

> ……中國農民有的沒有天生的能力，有的由於太貧窮而不可能擁有受教育的機會；這種農民如果得到一定比例擁有才能、受過教育的知識分子的領導，他們的人數和因絕望而造反的精神，的確相當可畏。但是，如果任其自然，他們就只能發動騷動、暴動，其性質如同法國的札克雷叛變、英國理查二世在位期間少數民族平民叛變，和十五世紀末、十六世紀的前二十五年期間德國南部和匈牙利爆發的叛變一樣。在初爆發時會造成一些破壞；接著就會受到一些應得的懲罰，最終被完全被鎮壓，他們本身也損失慘重[235]。

231 Thomas T. Meadows, *The Chinese and Their Rebellions* (1856), pp. 27-28. 斜體字〔此處改用粗明體字〕為 Meadows 所標示。

232 李慈銘，《越縵堂日記．孟學齋日記》，甲集首集下，頁六四 b，癸亥年（一八六三）十一月二十四日。

233 簡又文，《太平軍廣西首義史》，各頁。

234 Frank Brinkley, *China*, XII, p. 228.

235 Thomas Meadows, *Desultory Notes* (1847), p. 191. 有關造反因不適當的領導而失敗的事例很多。Hosea B. Morse, *The International Relations of the Chinese Empire*, I, pp. 440-441, 引 *Chinese Repository*, 一八三二年五月到十一月、一八三三年三月及五月的記載，說明這種情況：「……我們主要的興趣是最擾亂各省的叛亂活動，廣西，尤其是在廣東、廣西和湖南三省交界處的山區。在這裡，一八三二年二月五日，在趙金龍領導下發動了一場反叛行動，他身穿黃馬褂和應該補充的是，中國歷朝的建立者，絕大多數並非來自不識字的農民。只有兩人例外，劉邦和朱元璋據說是從平民中冒出頭的。但是，他們兩人都大力利用學者和文人幫忙，為他們的行動掌握有效的形式和方向，鞏固所取得的成果。狙公寓言的作者，事實上就是朱元璋所運用最有能力的學者之一[236]。

在劉邦和朱元璋傑出成功的一方，和許多悲慘失敗的無名農民造反者的另一方之間，存在許多取得不同程度成功（或失敗）的反叛行動，其中包括洪秀全領導的大規模反叛行動。所有這些造反都指向一個結論：一場造反得到文人的幫助越多越好，它可能取得的成功就越大。即使是沒有什麼影響的造反集團，都可以從他們重用的文人或紳士那裡得到好處。據說一些與捻亂有聯繫的地方「土匪」：

> 賊之初起，數十輩愚妄人耳，脅從既多，遂出梟傑。又有縉紳科目之無恥者，間廁其間，指使引導。其用兵則令嚴而法簡，行速而多詐[237]。

以下引用幾個這類的歷史事例。陳涉是一個平民出身的領袖，利用有能力的文人如張耳和陳餘的幫助。張耳擔任過魏國某縣縣令，陳餘「好儒術」。當陳涉後來不聽取這兩人的建議後，他的命運就迅速惡化[238]。黃巢在九世紀領導一場恐怖的叛亂，是縮短了唐王朝壽命的主因，據說他特別渴望得到學者的同情和幫助。根據史家的記載，「（黃）巢入閩，俘民紿稱儒者，皆釋。」[239]另一位史家意見一致：

> 僖宗以幼主臨朝，號令出於臣下，……以至……時多朋黨，……賢豪忌憤，退之草澤，……或巢馳檄四方，章奏論列，皆指目朝政之弊，蓋士之不逞者之辭也[240]。

另一個代表性的事例發生於十六世紀初。山東兩支造反隊伍為取得優勢，相互競爭一些時日，直到其中一支擁立生員趙燧坐上第二把交椅。在趙燧的領導下，這支隊伍迅速發展壯大。根據一位作者的敘述，趙燧「移檄府縣，官吏師儒毋走避，迎者安堵。由是橫行中原，勢出劉六等上。」[241]

明王朝末年最重要的兩支造反隊伍的領袖李自成和張獻忠，提供了更有趣的例子。作為生活在最貧窮環境的貧民與官府追捕的逃犯，李自成最初認為紳士和文人不會支持他的行動。當他在一六四三年率軍進入陝西後，「悉索諸薦紳，榜掠徵其金，死者瘞一穴。」但是他很快就認識到自己的錯誤，因而

續

繡著『金龍王』的袍子。起初，叛軍占領四座有城牆的城市和許多村子，湖南提台（Titai，提督）戰死。六月，據報一支三萬人的叛軍戰敗了由廣州總督（viceroy）率領的官軍，官軍損失二千人；同月，位於廣州南邊的香山的武裝叛軍，發動了許多劫掠行動。七月，廣州總督又一次戰敗，從廣州增派援軍，官軍人數達到一萬五千人。十月，據報叛軍被掃平，但是到十一月，又像以前一樣地活躍起來。一八三三年三月，叛變真正地平定。據說，付給叛軍領袖一大筆錢，但是金龍王的五名親戚被凌遲處死〔在砍頭之前，先一片片割下身體非致命的部分〕。」

236 趙翼，《廿二史箚記》，36/23a 和 25a。

237 《淮安府志》，29/69b。

238 《史記》，89/1a-2b。余英時，〈東漢政權之建立與士族大姓之關係〉，載《新亞學報》，一卷二期，頁二〇九－二八〇，詳細指出，沒有「士族大姓」的參加或指導，權力的逐者就無法獲致永久的成功；聚集在這些逐鹿者周圍的「飢民集團」，只不過是幫助瓦解舊王朝。參見本人余氏論文的評論，*Journal of Asian Studies*, XVI (1957), pp. 611-612.

239 《新唐書》，卷二二五下，頁二b。

240 《舊唐書》，卷二〇〇下，頁四b－五b。

241 趙翼，《廿二史箚記》，36/17a。

決定依靠紳士和文人提供幫助與建議。例如，他任用失意舉人牛金星，而且最終讓他擔任「大學士」，還任用另一名舉人李巖。李自成採行的一些最精明措施都是李巖的點子，還有這句有效的謠詞：「迎闖王，不納糧」[242]！

張獻忠起先是勢力強大的土匪頭子，在一六四五年控制四川西部後，準備建立自己的王朝。他任命許多紳士在其「朝廷」裡擔任最高職位，包括至少兩名舉人和一些擁有低階功名的人[243]。不過，他對待士大夫通常就像對待普通人那樣苛刻。據說，他佯稱要在成都舉行考試，把所有到場參加考試的士子全部殺死。只要他的狗聞了哪位朝臣，照例都會被處死[244]。他未能有效利用這些人，或許正是他迅速失敗，以及他的成就比不上李自成的部分原因。

可以大膽地說，太平天國之役之所以取得非凡的成就（雖然是暫時的），部分原因是得到加入行動的紳士和文人的幫助[245]。還可以合理地說，它只能享有短暫的成功，是因為掌握的知識領導的位階不夠高，不足以與敵對陣營中可用的領導相匹敵。

造反對農民的影響

我們現在可以提出一個有用的問題：普通農民從他們所參加或忍受的造反中，是否得到物質或其他方面的好處？造反對農民的態度和行為帶來什麼看得見的變化？

有關太平天國之前的造反的具體資料很少。從我們對這個大規模的動亂所了解的部分看來，普通鄉民從暴亂所取得的物質利益是很少的。相反地，戰爭導致的破壞，由土匪、叛軍或官軍輪流犯下的搶劫和縱火罪行，帶給一般大眾的只能是最沮喪、最痛苦的後果。一位西方旅行者於一八六六年在河南所看到的情況，反映了受到戰爭蹂躪地區的情況：

> 在遭到一群群反叛者洗劫一空的地方，用任何價錢都買不到一隻雞或一顆雞蛋，米當然不必想了，唯一能夠找到的食物是粗糙的小米。沒有圍牆保護的村莊已經化為灰燼，活下來的村民住在草席棚裡，把他們僅有的家當捆綁在手推車上，以便在感覺搶劫者就要到來時，可以馬上就跑。在其

242 《明史》，309/6b。參見同書，309/2a-b 和 10a，及趙翼，《廿二史箚記》，20/26a。根據趙翼的說法，「牛金星乃舉人不第者，每肆毒於進士官，而戒軍中勿害舉人。」

243 James B. Parsons, "The Culmination of a Chinese Peasant Rebellion: Chang Hsien-chung in Szechwan," *Journal of the Asian Studies*, XVI (1957), p. 391.

244 《明史》，309/17b-18a。Parsons, "The Culmination of a Chinese Peasant Rebellion," p. 399, 就張獻忠和紳士的關係評價說：「……張獻忠沒有針對紳士作出詳細計畫而有效執行的訴求。他挑選的主要軍師〔汪兆麟〕是一個反對傳統紳士觀念的人物。在激憤中，他以極端恐怖的措施來面對所有反對者。」

245 *Chinese Repository*, XIX (1850), p. 568, 記載了廣東韶州造反隊伍發出的文告，不可能出自農民之手。文告說：「現在的朝廷只是異族滿人的朝廷。他們雖然人數少，但是利用武力竊占了中國，徵收賦稅。從而明白昭示，任何人只要武力夠強大，都可以從中國奪取財富。……滿人奪走了十八行省（中國本部）的稅收，並且任命官吏壓迫我們。而我們中國人為什麼不能收稅呢？」然而，如果認為所有明顯同情「匪」的紳士和文人都一定會積極參加他們的行動，那也是錯誤的。其中有些人這樣做，只是為了尋求安全。他們可能有時幫助造反團體，在另一個時候又協助官軍，視當前的情況而定。曾國藩就觀察到這種行為。他在寫給駱秉章（《曾文正公書札》，4/12a）的一封信中說：「常寧會匪不下四五千人，此次殺戮僅二百餘人，其餘聚則為匪，散則為民。如洋泉、杉木等處紳庶，見賊勝則戈矛以助賊勢，見官兵勝則簞壺以犒王師。」這種紳士明顯不會提供叛軍有用的領導。

中一個村子裡，我所找到最舒適的過夜處，就是一座靠牛拉磨的磨房[246]。

一名中國官員可以理解地把江蘇一些地區的情況，描述得比實際情況還糟，但他透露了造反者的一些行事作風：

> 臣某等親歷新復各州縣，向時著名市鎮，全成焦土，孔道左右，蹂躪尤甚。又各賊不能相統，此賊所踞，難免彼賊劫掠。故賊境即不與官兵交界，亦皆連阡累陌，一片荊榛。雖窮鄉僻壤，亦復人煙寥落[247]。

一名能幹、肯定沒有理由誇大的西方觀察家，在一八七〇年代初寫道：他所到過的浙江一些地方，在受到太平天國叛軍侵擾十三年後，好幾座原來很繁榮的城市仍然是「龐大廢墟」；周圍的肥沃谷地顯得「一片荒涼」[248]。另一名深諳中國事務的西方作者在幾十年後指出，整個湖北、安徽、江西和江蘇西部，在一八五三年到一八五九年間遭到戰火蹂躪；大約有二百萬人失去生命[249]。

不論太平天國反叛者早期表現出多麼關心農民的切身利益，他們在南京建立的政權，對統治下的農民就不再是那麼關心的。根據一位著名的西方目擊者所說，這是一八六一年南京附近的情況：

> 太平天國施行暴戾統治。由於得不到人民的善意，他們就必須強迫人民提供服務。除了強迫而無償的勞動外，還必須進一步承受來自兵營的隊伍不斷地強搶糧草。……太平天國首領經常將自己最

壞的追隨者斬首示眾，或者處罰搶劫和縱火犯戴上枷鎖。但是，這種嚴刑的事例並不足以制止大量批無恥兵士的各種暴行，他們追隨太平天國旗號，就是為了不必認真的工作。

那麼太平天國領袖又如何？他們是不是犯了流行的無政府罪？……這一問題必須部分地從結果來回答。如果他們成功地建立一個獨立王國，並且恢復其統治地區的秩序，他們的造反就變成一場革命。目前他們的前景非常暗淡。……但是，他們為引進一個公平的政府體系，做了什麼努力呢？關於這一點，答案肯定是：他們之中有許多人的確希望建立一個公平的政府體系，並且表達出強烈的渴望，但是他們沒有權力和技巧來執行[250]。

---

246 William A. P. Martin, *A Cycle of Cathay* (1896), p. 269.

247 馮桂芬，《顯志堂集》，9/5a。

248 Von Richthofen, *Letters*, p. 75.

249 Hosea B. Morse, *The International Relations of the Chinese Empire*, I, p. 453.

250 Joseph Edkins, "Narrative of a Visit to Nanking," 引見 Mrs. Jane R. Edkins, *Chinese Scenes*, pp. 304-305. Jen Yu-wen (簡又文), "Rural Administration of the T'ai-p'ing T'ian-kuo," *Journal of Oriental Studies*, I (1954), pp. 249-312, 認為在太平天國統治區域，實際施行的太平天國制度「當然比清朝要好」；但又作出結論說：「太平天國的十年災難，最終沒有為百姓帶來什麼改善」（同上，英文提要，頁三一一－三一二），其部分原因在於叛軍的官員腐敗或者另一種情況不具備當官的條件。Thomas T. Meadows, *The Chinese and Their Rebellions*, chapters 12-17, 各處，根據描述一八五四年以前情況的資料，描繪了一幅太平天國統治的盛世圖像。

看來，太平天國造反者的行為大致符合帝制中國的歷史傳統。正如十九世紀一位中國作者所說：

> 歷來開國之初，兵皆強健，……行師搶掠，因糧於人，不籌餉也。以威挾制脅從，遂眾不憂寡也。盜賊逋逃，視為淵藪。……焚掠搶劫，迫脅良民，幸而成功，史臣諱之，為之粉飾[251]。

造反者並不能總是從鄉民那裡得到支援。事實上，村民常常害怕他們，像害怕土匪和官軍一樣；在一些已知的事例中，村民們還抵抗他們。下面這段生動的敘述，是一八六一年寧波附近農民聽到太平軍到達的消息時，表現出來的態度和反應，相當具有代表性：

> 二季稻……飽滿金黃色稻穗覆蓋了整個平原，延伸到較低的山谷，並盤旋上丘陵台地。……但是，我們環顧四面，再沒有比噬骨的不安和對壓抑的焦慮更令人感到哀憐的。我們每到一村，迎接我們的都是急切的問題：「他們的確要來嗎？」「有什麼值得害怕嗎？」「我們需要逃跑嗎？」「我們該逃向哪裡以避開『長毛』呢？」

在當年稍後太平軍攻占寧波及周邊地區後，當地百姓對他們的新統治者做出這樣的反應：

> 人民自己……在暴戾統治者的壓迫下受苦、掙扎。在風景如畫的大蘭山——「大霧山」，高三、四千英尺——高地上，他們徵集並訓練衛鄉士兵——白巾軍。……但是，太平軍成功地瓦解、摧

毀了這些團體，對美麗的西部山地進行的報復和流血行動，沒有人能夠完整描述，因為沒有幾個人倖免[252]。

這並不是造反者得不到鄉民支持的唯一事例。在其他地方，鄉民只不過順從他們的環境，既不積極支持他們的新統治者，也不反抗。一個西方傳教士和一群居住在離南京不遠的鄉村居民的這段對話，就說明了這種情況：

「你們在『長毛』管轄下快不快樂？」

「一點也談不上，我們悲慘得很，必須按月繳納糧食或金錢。」

「這些地區每一百人有多少人失去生命？」

「十五到二十人被殺死，三、四十人被帶走加入叛軍。」

「新兵被帶到哪裡？」

「有一點遠，帶到蘇州〔江蘇〕、嘉興〔浙江〕，或一些其他省。」

「你們的女人也被搶走嗎？」

「是的，上了年紀的、長得難看的，被送回來；而年輕的、漂亮的，再也回不來。」

---

251 汪士鐸，《汪悔翁乙丙日記》，1/7b。

252 Arthur E. Moule, *Half a Century in China* (1911), pp. 34 and 55.

「你們有冤屈，能不能向最近的州縣官員請求救援？」

「可以；我們被告知可以這樣做；但我們不敢！」[253]

這段對話發生於一八六一年「天京」的郊區。它所反映的有趣事實是：在太平天國統治下生活了十年之後，許多村民仍然膽怯而冷漠，就像在清政府壓迫下無助的受害者。

有人從某些方面認為太平天國之役是「一場眾多的農民從內心自發的革命」[254]。從我們的討論看來，這個觀點看來並不符合已知的事實。太平天國運動不但未能得到整體農民的支持，甚至未能改變其統治下許多農民特有的態度和行為。因此，曾國藩及其夥伴就有充分空間來與太平軍競爭，竭力爭取農民大眾加入自己的陣營[255]。沒有證據可以顯示，無論是站在太平天國或敵對一方，農民除了體力之外還能提供別的東西；換句話說，他們仍然扮演著農民在造反和軍事戰役中的傳統角色。

西方的衝擊

一般影響

在十九世紀初期的幾十年後，清帝國面臨著日益嚴重的內部危機；大約與此同時，西方宗教、技術、商業和其他方面歐洲文明的日益湧入，又增加混亂的因素，加劇了內部危機，直接或間接促成爭鬥、暴動和造反的爆發。

我們可以從一個西方宗教捲入地方爭鬥的奇特事例開始，「皈信天主教和新教的信徒之間的宗族爭鬥」，據說「在浙江非常普遍，在廣東並非不常見，在其他省分也不是沒有聽說過」。一九〇六年十月發生在浙江海門的一次這種爭鬥，特別具有代表性。關於此次事件有兩種版本。新教徒的版本說，械鬥於十月九日爆發，八百到二千名天主教徒攻打新教小社區。「羅馬天主教大軍」由許多隊伍組成，每隊由一人率領，各有不同的標誌。「總司令」是當地一名羅馬天主教神父，他的手下有十一名隊長，其中有幾人是「著名的強盜頭子」，至少有兩人是「剛從牢裡放出來的」。在確認遭到搶劫和攻擊之後，新教徒被地方官送到台州府城去請求保護。天主教徒的版本則說，引發械鬥的是新教徒，因為他們首先計畫搶劫一名天主教徒的家，並用武力手段把一名被知縣逮捕的罪犯（推測是出於那名天主教徒的建議）從牢中救出來。此外，天主教教會有一塊土地圍繞著新教教堂。當教會決定在這塊地上修建一道圍牆把一棟房屋（估計屬於新教徒）圍起來時，新教徒進行抵制，戰鬥因而爆發，「強盜和武裝的新教徒」用

---

253 Mrs. Jane R. Edkins, *Chinese Scenes*, pp. 255-256.

254 朱其華，《中國近代社會史解剖》，引見 Teng Ssu-yü, *New Light on the History of the Taiping Rebellion* (1950), p. 35.

255 例如，曾國藩利用一首歌謠〈解散歌〉，試圖引誘太平天國領袖的追隨者離開他們。他承諾凡是離開太平軍兵營的人，所有的「罪」——無論過去或現在的——都無條件一筆勾銷。引見《清朝續文獻通考》，199/9482。Robert Lee, "The *Pao-chia* System," *Papers on China*, III, p. 209, 認為：「……由於農民領導的本質或缺陷，使得每一次農民造反在成功的同時就是背叛的開始。在土地問題極端嚴重時崛起並取得權力的領袖們，不可避免地按照被推翻王朝原有的政府組織原則和結構重建帝國。這種農民領導顯而易見的缺陷，其原因可以猜想是來自於具有上層支配地位的士大夫。由於他們獨占受教育的機會，農民大眾尋求他們在思想、社會和政治方面的指導。」這個論述雖然具有無可爭辯的事實基礎，但是陳述得並不十分令人滿意。

火槍攻打天主教居民[256]。

不管真正的情況是什麼，這個事件簡要地說明兩個外來宗教間的競爭，如何成為地方爭鬥的一個新原因。

西方宗教還以另一種更為重要的方式，讓十九世紀的中國感覺到它的影響力。中國本土居民皈信新教或天主教的人數日益增加，各地的教堂和教會越來越多，注定要增加摩擦的機會。洪秀全及一些早期的支持者皈信西方宗教，事實上就是促成這場中國史上最大規模造反之一的原因[257]。無論從哪一派神學的觀點來看，太平天國的基督教觀念都不是正統的。但是，他們所宣稱的信仰帶來巨大的思想力量，展現在他們的行動中，尤其是在初起的階段。可以肯定的是，如果不因為接觸布道文獻而產生的「憧憬」，洪秀全是不會變成「天王」的，雖然他可能會用另一種完全不同的思想發動叛亂。

排外暴動

我們難以忽視在一九〇〇年義和團之亂達到頂點的無數次排外暴動。它們吸引了當時許多西方作者的注意，提出各種不同的解釋。文化差異產生的誤解；中國人的優越感；西方人奇怪、有時肆無忌憚的行為方式，在「中國人心中留下許多悲痛」；「西方商業入侵」；以及鴉片煙吸食日益普遍，一般認為上述都是產生摩擦的重要因素[258]。紳士和普通百姓對這些因素的反應顯然是不一樣的。文化反感對紳士排外思想是一個更具決定性的因素；而切身的經濟利益衝突更可能激起普通百姓的敵意。此外，正如馬上就要看到的，紳士總是在反外運動中扮演發動者或領導者，就像其他類型的地方暴動一樣。

大多數排外運動通常都與紳士有關，幾乎不用多加解釋。西方思想和宗教引進中國，威脅到紳士階層賴以存在的傳統價值觀念。「蠻夷」宗教的傳播，對自認的儒家是最不可思議、難以忍受的事。結果，就像一位近代西方作者說的：

> 對中國人來說，一旦情況變得很清楚，有一種衝突正在進行，不僅僅是物質的，實際上還包括文化類型的，統治階層就醒覺到這些新觀念會傷害到大部分的傳統學問——統治文化階層的財產，紳士和儒者就不可避免地要反對外國人[259]。

傳教士自然成為排外情緒的目標。中國作者——其中一些有不錯的學識名望——捏造並散布傳教士醜陋荒誕故事[260]，他們勸說或脅迫各地居民不要租售房屋作為傳教之用[261]。一旦較為溫和的排外行動阻擋不了「外魔」的入侵，他們就會採取較為激烈的方法。正如一位十九世紀西方作者正確觀察到的，許多紳

---

256 Hosea B. Morse, The *Trade and Administration of China*, Appendix D, pp. 432-441.

257 參見 Eugene P. Boardman, *Christian Influence Upon the Ideology of the Taiping Rebellion* (1852), 及Vincent Y. C. Shih (施友忠), "The Ideology of the T'ai-p'ing T'ien-kuo" (手稿).

258 Arthur H. Smith, *China in Convulsion* (1901), chapters 1-8.

259 George Danton, *Cultural Contacts of the United States and China*, p. 4.

260 夏燮，《中西紀事》，卷二，「猾夏之漸」，引自魏源，《海國圖志》中「天主教」。Edward H. Parker 摘譯《中西紀事》，出版書名叫 *China's Intercourse with Europe* (1890).

261 George Danton, *Cultural Contacts of the United States and China*, p. 5.

士「被指控（明顯有充分根據地），煽動居民起來反對外國人，引發許多的群眾暴動，特別是那些以傳教士為攻擊目標的」[262]，而普通百姓對傳教士一般並沒有敵意[263]。

鴉片煙的吸食日益廣泛造成非常不幸的後果，儘管外國人並不是唯一要負責任的，但鴉片還是成為紳士排外運動的主要原因之一。無論外國人對鴉片煙流傳應該受到多少責難，事實是許多「上層社會」中人都無條件地把「麻煩的真正原因」歸結到「外國人貪得無厭」，因此以極其仇恨的眼光對待他們。「無知群眾」很容易被鼓動，而上演反教動亂或這一類的暴動[264]。

與此同時，依靠勞力或手藝艱難謀生的普通百姓，意識到外國商品和技術的輸入有害於自己的經濟利益，因此也懷抱著反外情緒，並且經常把情緒轉化為公開的行動。例如，西方棉紗的輸入，就在一八三〇年左右引發華南一些地方的排外活動。東印度公司的一位官員報告：

> 在廣州近郊兩個縣和另一個離廣州大約二十英里的縣，當地居民發動相當嚴重的暴動，反對棉紗輸入。他們大聲地抱怨，棉紗輸入奪走他們妻子和孩子的生計，因為他們原先是受雇紡紗的[265]。

輪船航運是普通百姓和外國人之間產生摩擦的另一原因。它結束了帆船的使用，結果是從事內河運輸的大批百姓失業了，就像長江和沿著整條大運河的情形[266]。

在那些因經濟衝突而產生反外運動的地方，傳教士就不再是被攻擊的主要目標。例如，一位西方作者就對華中、華西的情況作了以下有趣的觀察：

一八九一年，爆發了四次暴動。這些暴動都發生於長江沿岸，爆發地點全部是貿易口岸。……遠離長江的幾百名傳教士，幾乎沒有人受到侵擾。實際上可以肯定，在激動的群眾形形色色的動機中，最根本是當地帆船載貨被外國輪船搶走。在發生兩次暴動的長江上游，由於對輪船溯急流而上的反對非常強烈，英國公使不得不放棄執行這項權利。當局沒有採取什麼特別措施把傳教士撤離重慶，不過官員竭盡全力阻止「牯嶺號」汽船開到重慶〔擔心它會引發進一步的暴動〕[267]。

不過，如果認為普通百姓懷有普遍又前後一貫的反外情緒也是錯誤的。許多西方人的經歷都顯示並不是這樣。從十九世紀初到義和團之亂期間的報告中，可以得出這樣的結論：普通村民對外國客人的基本態度是友好的，直到（或除非）環境使他們改變基本態度。例如，阿默斯特（Lord Amherst）使團的一名英國官員，就描述了他一八一六年八月在天津附近一個村子的經歷：

262 Chester Holcombe, *Real Chinaman*, pp. 229-230.
263 Alexander Williamson, *Journeys in North China* (1870), I, pp. viii-ix.
264 Arthur H. Smith, *China in Convulsion*, I, pp. 92-93.
265 Peter Auber, *China* (1834), p. 64. 有關西方勢力對中國鄉村莊會的影響，見本書第九章的相關探討。
266 Arthur H. Smith, *China in Convulsion*, I, pp. 94-95：「輪船航運在中國由來已久，可以認為它事實上已經變成中國社會、商貿和經濟生活中不可分割的組成部分。但是，只要它使得戎克船（junks）無法繼續使用，像是在長江以及從華中到天津的整條大運河那樣，就會形成一種對抗。這種對抗並不會因為一般找不到發洩的出口，而更不真實。」
267 William A.P. Martin, *A Cycle of Cathay* (1896), p. 446.

當村民們確信我的意向並沒有傷害之後，他們的態度是我見過最單純、最親切的。因為他們最初對我的態度，他們表現出來的就像是有時會體驗到的，在接近一頭性情未知的動物時的那種感覺。這很明顯地表現在孩子身上。這些孩子看到我忙於收集植物標本〔我是使團的博物學家〕，就立即開始收集。然後，他們小心地、一步一步地靠近我，拿著要給我的東西停在一臂之遙的地方；當我要去接下的瞬間，他們就跑開了。不過，一旦我接到其中的任何部分，所有的抑制都消除了，我身旁現在堆滿一束束〔他們幫我採集〕的花[268]。

一位英國軍官指出，即使在戰爭期間也看不出寧波居民出有反外情緒：

一八四二年初，英國軍隊從容地占領了寧波。該城居民雖然仍然害怕與滿清官員達成協議，甚至不敢在我們暫時統治的保護下開店營業，重拾他們的職業，但是他們對我們的軍隊展現出完全友善的態度[269]。

十五年後，一位倫敦《泰晤士報》記者證實了這個印象：

我們走過了四百英里、以前很少到過的地區，進入四座一級的中國城市〔其中兩座是歐洲旅行者所不知道的〕、許多第二級的城市〔在其他國家可能被列為第一級〕，以及無數個鄉鎮和村莊。在整個行程中，沒有聽到中國人對我們說過一句不禮貌的話，也沒有看到一個侮辱我們的手勢。我們穿過幾百座大小橋梁，沒有淘氣的孩童從橋上向我們丟石頭。沒有人阻止我們，沒有人攔路搶劫。

該記者根據自己在清帝國這個區域的經歷作出結論：「除非像廣州那樣出於當局煽動，……外國人出現在他們的城市裡，中國人是不會反對的。」[270]

事實上，甚至在一八五七年到一八五八年動盪期間的廣州，也有跡象顯示並不是所有普通百姓都反對外國人，包括英國人在內。一名皇家工兵中校記述了一八五八年一月這段有趣的經歷：

> 我用一個自認為不錯的試驗，來判斷從普通居民對我們的感覺。當然，當我們這些稀有動物第一次出現在他們城市的一個角落時，女人和孩童會恐懼地逃走。但是，當他們稍微習慣我們之後，就不再那麼驚慌了。我們之中的一些人說：「那些狡詐之徒只是因為害怕而不敢殺我們；他們現在巴結我們是因為我們強大，但他們心裡是恨我們的。」現在我相信，只有那些終生浸淫在不容忍異說、偏執排外的染缸裡的官員，才會有這種情況，而普通百姓則沒有。我測驗的是小孩的行為，小孩的年紀要大到聽得懂父母的談話，但又要小到不善於掩飾自己，或沒有自我克制不表露出對我們

---

268 Clarke Abel, *Journey* (1818), pp. 88-89. 在另一處（頁二三二），Abel 指出：「上層社會」顯得「容易說謊」，商人「自己證明自己一般愛欺騙」等等。不過，他認為農民屬於另一種人，他說：「我與農民打交道的經驗充分告訴我，農民純樸，性格溫和。」

269 John Ouchterlony, *Chinese War* (1844), pp. 209-210.

270 George Wingrove Cooke, *China: Being "The Times" Special Correspondence from China in the Years 1857-1858* (1858), p. 128.

完全不信任的這種能力：當我騎馬沿著街道跑時，小孩會讓我從他們父母手中抱過來，和我一起享受騎馬的樂趣，就好像我是他們最好的朋友。此時，在這些家庭中，我們還被描繪成殘酷的、難以對付的、凶猛無敵的洋蠻子嗎？甚或被認為是一群入侵者，為了征服他們的國家或強迫他們進行貿易，摧毀了他們大半個城市，殺害了他們的同胞，把許多無辜居民逐出家園，變成社會上無家可歸的流浪者；實際上是近年來他們蒙受災難和悲傷的主要原因？這可能就是他們被期望賦予我們的形象，但如果小孩的父母真是這樣描述我們的，將會使小孩對我們相當不信任[271]。

這當然可能過分強調普通百姓對外國人的友好。在華的西方旅行者有時會遇到懷有敵意的村民或市民，他們的敵意至少來自兩個方面。在一些情況下，外國人在一些恰巧有「粗魯之人」存在並活躍的地方旅行，而和這種人產生不愉快的接觸；例如，Richthofen 男爵一八七〇年初在湖北、湖南旅行的經驗就是這樣。雖然他在「中國沒有遇到其他地方的人比住在漢水兩岸的居民更禮貌、性情更好的」，但是他發現湖南的居民比較不友善，「主要是因為有一個粗魯階層存在」，而且為數眾多[272]。在其他情況下，以前很少與外國人接觸的內陸地區居民，似乎比起與外國人有過更多接觸地區的居民，通常更沒有反外的情緒。Richthofen 男爵從湖北樊城到河南懷慶府，全程為一千里（當時外國人很少到過這個地區）。他感動地說：「世界上再沒有哪個地方的人種比河南省的居民更好了。」他只在黃河岸邊的一、兩個地方聽到有人叫他「洋鬼子」[273]。不過，他在浙江和安徽一些地方旅行時，經驗就不那麼令人愉快了。他在一封信中寫道：

一路上，我所遇到的人（無論多少）都很禮貌，心地善良，直到我到達安徽的貿易中心（長江的船可以溯江來到這裡）。沿著江邊的所有交易場所，居民的粗魯非常明顯，一到這裡馬上就可以感覺到[274]。

在香港供職的一名英國文官所提到的事實，可以進一步證明，與外國人有更密切接觸的普通百姓，其反外情緒會比其他地區來得強烈。這位作者提到，一八四二年十二月七日到一九〇二年八月十五日之間所發生的三十五次暴動（不包括義和團），結果「不是喪失生命，就是喪失財產，或者兩者都喪失」。並注明這些暴動幾乎毫無例外地發生在與外國人接觸最頻繁的地方。事實上，在這些暴動發生的二十三個地區，有十五個是條約港、一個是英國殖民地[275]。

271 George B. Fisher, *Personal Narrative of Three Years' Service in China* (1863), pp. 13-14.

272 Von Richthofen, *Baron Richthofen's Letters*, 1870-1872 (1903), pp. 1 and 23.〔譯按：Baron von Richthofen，德國地貌、地質學家，幾乎到過中國每一省，收集資料寫成《中國，親身旅行的成果和以之為根據的研究》一書。〕

273 *Ibid.*, p. 26.

274 *Ibid.*, p. 61.

275 James D. Ball, *Things Chinese* (1906), pp. 611-612. Ball 列舉的地區如下：廣東的廣州和香港；浙江的寧波和溫州；江蘇的上海、丹陽、蘇州、靖江和通州〔譯按：即南通〕；安徽的蕪湖、安慶和湖州〔譯按：湖州屬浙江，不屬安徽〕；江西的九江；福建的福州；湖北的宜昌、沙市和漢口；直隸的天津；山東的兗州；四川的重慶、雲陽和順慶府等等。下列城市為條約港：廣州（一八四二）、寧波（一八四二）、福州（一八四二）、上海（一八四三）、天津（一八六〇）、九江（一八六一）、漢口（一八六一）、蘇州（一八六九）、蕪湖（一八七七）、溫州（一八七七）、宜昌（一八七七）、重慶（一八九一）、沙市（一八九六）、安慶（一九〇四）。

根據另一位西方觀察者的看法，即使是義和團本身也不是因為山東省居民強烈的反外情緒具體化的結果：

直到一八九七年秋，山東省因其善待外國人和本地基督教教徒而贏得極好的名聲。……但是，那年十一月一日發生了一場暴動，兩名德國天主教傳教士被殘忍地殺死，德國立即以此為藉口，實施長期來的盤算，占領中國一塊領土。十一月十四日，海軍上將迪德里希斯派兵在膠州登陸。……次年三月六日，在北京簽訂一個條約，將環膠州灣的土地及其海中島嶼和附近山丘，租借給德國九十九年；山東巡撫免職，另外六名高級官員調離；賠償白銀三千兩；修建三座「贖罪的」小禮拜堂。此外，德國還取得在山東修建兩條鐵路的特許權，並享有在沿線三十里地區內開礦的權利。這些條款非常苛刻，但最為痛苦的是土地被占領。這個高壓行動讓中國人對外國人的態度產生了不好的變化，特別是對德國人。少數德國人要到中國內地旅行是很不安全的；隨後有三名不明智的德國人這樣做，就遭到襲擊，雖然他們僥倖地逃脫了。德國政府認為這是另一場無緣無故冒犯德國的犯罪；為了懲罰犯罪者，膠州指揮官立即派遣部隊到遇襲現場，燒毀了兩座村莊。這個嚴厲而不分青紅皂白的報復，無辜者與犯罪者一同受害，點燃中國人的怒火，許多外國人預見了嚴重的後果[276]。

雖然德國人加速了危機的爆發，但他們不是唯一應該為仇外怒火日益擴大負責的人。十九世紀末，一名西方作者觀察到：「伴隨著第一批歐洲人進入中國的情況，就像是要給中國人一種印象，這些來訪者並不比強盜、殺人犯好多少；此後並沒有再發生什麼事，讓這種不愉快的感覺加深。」而「西方傳教士祈禱和平，但西方政府卻肆行殺戮；如果中國人懷疑前者而害怕後者，我們一點也不覺得奇怪。」[277]

紳士與文人在排外暴動中的角色

由於各種因素的綜合作用，事態的演進迅速向一九〇〇年的悲劇性頂點移動。就有關聯的中國人來說，紳士和普通百姓都參加了這一場大災難。不過，就像在其他類型動亂中一樣，他們扮演不同的角色：前者負責發動和指導，而後者提供體力。三元里事件是這個事實的最好說明。該事件在一八四一年

---

276 George B. Smyth, "Causes of Anti-foreign Feeling in China," in *Crisis in China* (1900), pp. 3-32.

277 *Ibid.*, pp. 15, 28. 其他西方學者的觀點也與此相同。例如，*Niles Registe* (Philadephia), February 23, 1822 的編輯以如下的字句評論清帝國發布的一道禁止基督教傳布的聖旨：「如果中國皇帝的行動符合歐洲國家已知的行為，承認基督教，那麼他的確有權反對有害於其帝國的東西傳入中國。」引見 George Danton, *Cultural Contacts of the United States and China*, p. 11, no. 16. Wilhelm, *Soul of China*, pp. 226-228, 寫於一九二〇年代，作出這樣的觀察：「顯而易見，如果一個人的視野有限而到像中國這樣的國家，而且一開始就向它的整個文化傳統挑戰，……即使他懷著全世界最好的用心，也得不到上層知識界的支持。結果，第一批與教會發生聯繫的人，是為中國社會不齒的人。……此外，教會……干涉其皈信者涉及的司法審判。……傳教士利用他們作為外國人的地位，以砲艦政策為後盾，誘使州縣官違背自己的良知，作出有利於基督教關係人的判決。……這些方法自然無法對中國人也無法對教會提供和平。……最後，當這種錯誤的行為不斷累積，人們就會起來舉行某種地方暴動；他們會燒毀教會建築，不時殺死傳教士。接著，外國勢力進行干涉，派出砲艦進行制裁——例如，占領青島〔Tsingtao，作者當時就住在那裡〕就是這些制裁之一——然後一切又重新開始。當然，基督教徒並不總是唯一應該受到譴責的，整個體系都應該受到譴責。聖保羅挨打，被關起來，被砸石頭，卻沒有任何勢力來替他報仇。」

五月發生於廣州的北郊，被一些人視為「十九世紀攘外活動的起點」[278]。

根據當時中國和西方雙方觀察者的看法[279]，騷亂的直接起因是地方對英軍在廣州附近一些村子所犯暴行的仇恨。一位中國作者指出，當這些英軍途經三元里要到佛山時，當地居民吵鬧著要把他們趕走，因為他們肆行搶劫掠奪、強姦婦女的暴行已經傳開了。突然鑼聲響起，一百零三個村莊的村民聚集起來，男女共計幾千人，包圍他們[280]。

暴動者並沒有贏得任何對外國人的勝利[281]，但是對「英夷」的強烈反對持續並發展。對於在村莊所犯暴行的仇恨，迅速與反對英人進入廣州的要求結合起來。當時的一些中國作者毫不猶豫地讚揚暴動村民保衛廣州城的愛國行為。一名中國官員寫道：

> 此次廣州省城幸保無虞者，實藉鄉民之力。鄉民熟睹官兵之不可恃，激於義憤，竭力抵禦，一呼四直，遂令英夷膽落魂飛[282]。

此處並不想探討事件發生的真正原因，也不想追索它的實際發展過程。但有一點是確定的，村民是因為英國人暴行的報導而被鼓動採取強烈反應，煽動和指揮動亂則是地方紳士。

一名英國官員認為：「十次排外暴動中，有九次直接是由衙門煽動和鼓動的。可能並不是由官員本身，但無論如何是得到他或者地方文人的鼓勵。」[283]就三元里的案例來說非常清楚，從一開始就是由地方紳士成員指導的。廣東一名教育官員（十之八九插手這件事）說：英軍在各村所犯暴行的消息傳到舉人何玉成耳裡，他立即召集廣州（包括南海、番禺和增城）附近各村領袖集會，指示他們派遣「丁壯，出護」三元里。在村民和「夷兵」兩天小規模的戰鬥之後，三名地方官員（南海和番禺兩縣知縣與廣州府知府）在兩廣總督祁墳（剛剛接替琦善之職）的命令下進行調解。這三名官員「步向三元里紳民揖勸，代夷乞免。越數時許，紳士潛避，民以官故，不復誰何」[284]。

這段敘述意思非常清楚，普遍真實性也不容置疑。無論如何，它得到現場目擊者「馬德拉斯工程師

---

278 鈴木中山（Suzuki Chusei），〈清末攘外運動の起原〉（English Abstract），《史學雜誌》，六二編（一九五三），一〇期。〔編按：「十九世紀攘外活動的起點」原文作「反叛活動」（rebellious movement），鈴木中山的英文摘要作攘外運動（anti-foreign movement），據以訂正。又，鈴木中山文章發表於一〇期，原作一期，逕改。〕

279 同上，頁五，轉引駱秉章的奏摺，收錄於《文獻叢編》。美國傳教士 J. L. Shuck 指出侵略者真的犯下種種暴行，見 *Chinese Repository*, X, pp. 340-348.

280 夏燮，《中西紀事》，6/9a。作者在同書，6/14b 加上這個按語：「彼百姓安知大義，不過因其輪姦一老婦人起釁。」

281 有關該事件的摘述，見 Hosea B. Morse, *The International Relations of the Chinese Empire*, I, p. 284 ff.; 及 *Chinese Repository*, X, pp. 340-348, 536-550.

282 江蘇巡撫梁章鉅在道光二十一年（一八四一）七月丙寅日的奏摺，引見《籌辦夷務始末．道光》，卷三一。

283 James D. Ball, *Things Chinese* (5th ed. 1926), p. 610. 參見 Chester Holcombe, *Real Chinaman*, pp. 228-230：「可以預料，這些人〔文人〕在任何團體中都是有影響力的。……由於他們認為自己屬於統治階級，因而他們對官員的批評通常是溫和的，但是他們影響、控制和左右了輿論。他們是民眾之間的爭端，民眾和地方官之間的所有問題，無可取代的仲裁人。……他們固執且狂熱。他們被指控煽動居民起來反對外國人，激發許多暴民的暴力行動，特別那些以傳教士為攻擊目標的；這些指控顯然有充分根據。」

284 梁廷枏（一七九六－一八六一），《夷氛紀聞》（一九三七），頁四九－五〇。

號」（Madras Engineers）砲艦海軍上尉的全面證實：

> ……在停戰協定生效的次日，（廣州）附近各村居民攜帶著相當多的武器和旗幟，開始聚集起來，人數多到令人害怕。……我們相信，這些民眾是被該省有影響力的愛國紳士的「煽動」性演講、揭貼而發動起來的；令人害怕的是，大英帝國先頭部隊的散兵游勇一些過度搶劫行為，進一步激怒了他們。……
>
> 一整天（一八四一年五月三十日），他們的人數一直在增加，到了下午三點左右，大約一萬到一萬二千人列隊出現在山頭上，並且準備要向前移動了。這時，廣州知府來到現場，……提出派遣一名有品級的官員前去解散群眾。……他們最初似乎拒絕那名官員的解散命令，但在他與他們的領袖做了一個短暫的討論之後，他們就開始解散，……在半個小時之內，幾乎完全消失了[285]。

這個時期出現的一些告示的內容，可以從一八四二年秋天，紳士領導居民反對外國人居住地區擴張到工廠之外的一個事例看出來。根據當時的一份報導，這份宣傳品藉由重提先前對英國人的所有控訴，激起普通百姓的反感：

> 「其主忽男忽女，其人若禽若獸，凶殘之性，甚於虎狼。」並控訴他們在一八四一年五月簽了協定之後，背信棄義，仍然懷有敵意。警告人民，如果聽任英國人住在中國土地上，「甚而逼近榻前」，其他各國就會起而效尤[286]。

沒有受過教育的平民或普通農民，當然寫不出這樣的文件。

證據顯示，華南地區的一些書院和社學是一八四〇年代反外宣傳的中心[287]。這當然是一點也不奇怪的。此外，由於這些學校中有些在地方防衛組織中扮演領導的角色，控制書院和社學的紳士自然容易動員各村參加團練的人員進行反外運動。前面才提到的發動廣州附近各村「丁壯」參加三元里反英抗爭的舉人何玉成，就是其中一名建立社學，並把團練組織與社學結合在一起的紳士。類似的組織在比鄰地區湧現，參加的總人數據說達到數萬人。這些接受編組和訓練的鄉「勇」，「無事相安農業，有警農即為兵。」[288]因此可以認為，在三元里「環立山麓」的一萬人或一萬二千人，其中有些就是服從其領導人的命令而來的鄉勇。有趣的是，在一八四一年事件之前，這些由紳士控制的組織得到官方認可；位於廣州郊區的組織還一度接受駐紮在廣州官軍的副將指揮[289]。顯然包括總督在內在地方官員，希望利用這些組

285 John Ouchterlony, *Chinese War* (1844), pp. 151-159.

286 Hosea B. Morse, *The International Relations of the Chinese Empire*, I, pp. 370-371. Ssü-yu Teng (鄧嗣禹) and John K. Fairbank (費正清), *China's Response to the West*, p. 36, Document 4, "Cantonese Denunciation of the British, 1841," 就是一個反英宣傳的極佳事例。Julia Corner, *China* (1853), p. 266, 認為反外暴動是由「祕密社會及其煽動家」用文宣煽動起來的。祕密社會成員可能參加這些暴動，但必須承認地方紳士的關鍵性角色。

287 鈴木中山（Suzuki Chusei），〈清末攘外運動の起原〉（English Abstract），《史學雜誌》，六二編（一九五三），一〇期，頁一－二八。

288 梁廷枏，《夷氛紀聞》，頁五〇－五一、一〇〇。

289 同上，頁五一、一〇〇。

織來說服英國人，不要對他們輕率地強加無理要求。但是，當一些紳士真的率領受過訓練的村民攻打英軍時，地方官員覺得應該要否認自己與暴動者有任何關聯。

直到一八四九年，當英國人再次重提進入廣州城的要求時，負責省城附近地區一些書院的紳士，主動組織省城裡的紳士，並建立反抗入侵者的武裝隊伍，據稱「旬日間得十萬人有奇」[290]。後來在一八五六年，當英國人強行進入廣州城時，當時一位中國作者說，「昔年創夷人於三元里」的北門外九十六村村民，在三名退職在家的官員領導下重組團練[291]。由於時間和環境都改變了，他們的努力完全失敗了。但是，這個發展又一次證明，廣東省和其他地方的反外運動是由紳士發動與領導的[292]。

不過，我們不能假定，任何一個地區的所有紳士在對待外國人的方法上意見都是一致的。由於某些原因，有些紳士認為傳教士的工作對中國有益，因而毫不猶豫地對傳教士抱持友好態度。舉例來說，一位著名的美國傳教士在一八三六年報導，醫療傳教士協會（Medical Missionary Society）的工作吸引了許多政府官員，「甚至連位於廣州西面的南海縣知縣，也送來請貼」，要求替他的一名親戚的孩子治療。三年後，該傳教士又報導，廣東省署理按察使也是他們醫院的病人之一。「一八四〇年，一名于姓廣東布政使也請求幫助，但是由於他與林〔則徐〕長期不和，既不敢來醫院，也不敢來商行（the Hong merchants）。」[293]事實上，即使在惱人的一八四〇年代早期，廣州紳士的態度也不是一致的。一名西方觀察者說，當一些紳士一八四二年十二月二日開會討論反外運動時，其中一人朗讀一份聲明，「要求出席者保持理智，提醒他們〔要求強烈對抗英國的〕反對派的唯一目標就是激起一場騷亂。」結果，「會議在混亂中散會」[294]。顯而易見地，「反對派」要求得到足夠的支持來「進行」，並成功地激起騷亂。

假定官員和文人總是在反外運動上合作，也是不正確的。要對地方和平與秩序承擔責任的官員，不可能支持紳士發動或堅持反外運動。就像一八四〇年代在廣州周圍發生的許多插曲，有時未能提供支持的官員變成紳士憤恨的目標。正如一名御史所說的：「粵民與英夷為仇讎，即與地方官為仇讎。」[295]廣州知府因對「英夷」採取安撫態度，尤其受到反外紳士的厭惡[296]；其他受到紳士指責的官員，也成為普通民眾嘲弄的目標。因此，有一句著名的諺語說：「百姓怕官，官怕洋人」，也就被改成：「官怕洋人，洋人怕百姓。」[297]事實上，有些反外暴動展現出來的是反抗官府暴動的面貌[298]。

---

290 同上，頁一〇七－一〇八。

291 夏燮，《中西紀事》，13/6a-7b。作者在同書，13/13b 中轉引「西人月報」：「廣省城內外居民，恰與英人無大仇怨，……惟城外九十六村之人大不相合。」在 13/17a 中接著說：「九十六村者，即三元里之一百三鄉也。」

292 《籌辦夷務始末》，66/40 收錄了一八二三年（道光三年）的一道奏摺，耆英否認地方紳士參加了反外暴動，而指責「爛崽」（「光棍」的當地名稱）。同書，75/34 中收錄了道光二十六年的一份文件，他否認社學牽涉其中。這些否認的原因可以理解，但很難被當成是對事實的陳述。

293 在廣州從事醫療工作的美國傳教士Peter Parker 報導了發生的情況，載 *Chinese Repository*, V (1836); VIII (1839); and X (1841); 引見 George H. Danton, *The Cultural Contracts of the United States and China*, pp. 44-47.〔編按：一八四〇年（道光二十年）的廣東布政使是熊常錞和梁寶常；按察使是喬用遷，繼任者是王庭蘭；並無姓于者。倒是當時擔任巡撫的怡良比較接近于的發音。參見《清代職官年表》。〕

294 Hosea B. Morse, *The International Relations of the Chinese Empire*, II, p. 371, 引*Chinese Repository*, December 1842.

295 《籌辦夷務始末・道光朝》，75/13。〔編按：該御史為掌湖廣道監察御史曹履泰。〕

296 夏燮，《中西紀事》，卷六，各頁。

297 夏燮，《粵氛紀事》，1/1a-b。

298 夏燮，《中西紀事》，13/1a-2b。

其他地區隨後的暴動，顯示出大致相同的情況。一八六八年八月二十二日，當一名傳教士嘗試在江蘇揚州建立駐地時，一場反外運動就爆發了：

> 揚州是一座位在大運河上、擁有三十六萬居民的城市。在問過大約三十家不同的房子後，終於租到了一家。但是，來自鎮江充滿仇恨的報導，激勵文人組織起來，竭力阻止這個地方被入住。他們先是用誹謗性質的小傳單來點燃普通民眾的情緒，發現不夠力之後，就改用大的傳單，直到整個城市都警覺到。……
>
> 八月二十二日，暴徒認真地攻打這個地方。當不斷派人到官府而明顯得不到幫助之後，戴德生先生〔Mr. Taylor，負責的傳教士〕及其同伴冒著生命危險，親自到衙門。他們在那裡足足等了三刻鐘，不斷聽著遠處暴徒的叫喊聲，財產被摧毀聲，而無法確保留在屋子裡女人的生命。最後，知府終於出來時，詢問的問題非常無禮，是虛構的一些中國孩童宣稱被綁架的問題……在經過兩個小時痛苦的焦慮之後，他們終於可以回去了，那個地方已完全成為廢墟，留下來的傳教士僅以身免，躲起來了[299]。

一位著名的西方傳教士在一八九〇年代晚期的記載，概括了一八七〇年後的一般情況：

> 民眾的心已經透過傳布的謠言準備好了，當他們被激動到沸點時，官員們總是袖手旁觀，聽任局勢發展。自那時〔一八七〇年六月，天津一所天主教堂被摧毀〕以來，總共有二十次或更多的反外暴

動——並不完全是針對教會的，其聲勢之浩大，在大洋彼岸都可以看得到。到今年〔譯按：一八九五年〕達到了頂點：傳教士被逐出四川省會，以及福州附近的古田〔譯按：原文作 Ku-ch'eng〕傳教士被殺。其中的大多數與最初的型態完全一樣——開始是以小冊子和布告作為煽動的根據，接著是官員精心設計的疏忽（他們總是在求助時姍姍來遲），最終則是詢問要砍多少頭、賠多少錢才能滿足要求。……

暴徒的煽動者通常是官員或知識階層的成員。他們指控外國人犯下恐怖的罪行，以此強化普通民眾對外國思想湧入的仇恨。這些指控中，最具煽動性的（雖然不是最令人討厭的）是綁架孩童，用他們的眼睛、血和脂肪來製藥[300]。

反外宣傳的效果如何，可以從另一名傳教士的下列記述中看出：

在「天津條約」（一八六〇年）簽訂之後的十年，對西方列強勢力的敬畏心理取代了以前廣州人對所有外國人的輕蔑心理。但是在一八七一年七月，整個廣州地區到處流傳著一些告示，指控外國人散布一種他們聲稱對疾病有神奇療效的藥粉，不過是一種慢性毒藥。在這些煽動性傳單貼出來的次日，驚恐、憤怒的風暴傳遍了整個廣州城，其凶猛是外國人從未看到過的。四分之三的人相信這

299 Arthur H. Smith, *China in Convulsion*, I, pp. 65-66.

300 William A. P. Martin, *A Cycle of Cathay* (1896), pp. 445-448. 參見 Arthur H. Smith, *China in Convulsion*, I, pp. 77-78.

> 些故事，所有人都陷入恐慌。……友好的總督處死了一些帶頭的人而結束這場騷亂，不過，它迅速傳到廈門，甚至福州，幾乎終結了傳教的工作[301]。

眾所周知，這些及其他暴動，包括一九〇〇年的大動亂在內，實質上並未影響到傳教活動。相反地，它們使清王朝更沒面子，進一步降低它在中國人民心中的威望。反外暴動就像是其他類型的地方動亂一樣，削弱了清王朝對中國鄉村的控制。

這些劇烈騷亂的重要性是很難否認的。它們構成了事實上遍及全帝國的反外運動的實際表現：由許多文人鼓動，得到一些官員的鼓勵或容忍，由深受外國人壓迫（真實或想像）的普通百姓的支持[302]。不過，如果（像某些作者那樣）認為十九世紀的反外運動整體上，或者特別是義和團是「一場維護中華民族獨立的戰爭」[303]，如果這句話是要暗示中國人民作為一個整體而從事一場齊心協力對抗外國人的鬥爭

---

301 *Ibid.*, pp. 71-72. 反外宣傳有時招來相反的結果。葉昌熾，《緣督廬日記鈔》，庚戌年三月初一，摘記了一九一〇年發生的一個事例：「晨起，聞香山（蘇州附近）邨民昨夜四鼓聚眾毀喻培翁家，……僅以身免。……市人鬨傳洋人在海上造橋，打樁不下，以生人甲子厭勝，賄培翁沿街挨戶寫姓名冊。村中有暴死者，眾怒難犯，搆此奇禍。……既而悟為造戶口統計冊，喻為鄉董，池魚所由殃及。」

302 Harold E. Gorst, *China* (1899), p. 246 作出這個觀察：「一八九八年夏發生於廣西的暴動，就其他方面來說沒有什麼重要意義，但是就一個方面來說，非常令人感興趣，它為大家提供列強近年來的行為對中國人民產生影響的例證。暴動領導人張發布的文告只訴諸反外情緒，其序言如下：『老天在上，我張某人是「洪江會」（the Hung Sun Tong）的領

袖及軍隊的將軍，發誓要把夷人驅逐出中國，改革中國的弊端。歐洲蠻夷之邦勢力強大，現在對我們的國家虎視眈眈，企圖玩弄狡詐、隱祕的陰謀手段。中國沒有哪一塊地方，它們不想吞下去的；也沒有哪一文錢，是它們不想奪走的。十多年前，洋人傳教士來到我國，蠱惑我們同胞藐視神靈，在我們整片土地上散布毒藥。……神人天地共憤，對付這些入侵者。……』」（引自 *The London Times*, September 30, 1898.）

303 Friedrich Engels 在 "Persia-China"（原載 *New York Daily Tribune*, June 5, 1857, 收錄於 *Marx on China*, pp, 48 and 50）以如下文句評論了華南日益發展的反外運動：「……我們最好認為這是一場反對外來侵略的戰爭，一場捍衛中華民族的全民戰爭。……中國人現在的情緒與一八四〇年到一八四二年戰爭時的情緒已顯然不同。當時人民靜觀事變，讓皇帝的軍隊與侵略者作戰，而在遭到挫敗之後，抱著東方的宿命論屈從於敵人的暴力。而現在，至少在南方各省（直到現在軍事行動只限於這些省分之內），民眾積極地，不止於此，是狂熱地參加反對外國人的鬥爭。」這個觀點很難被認為是正確的。如前所述，一八四一年三元里的「人民」遠不是「靜觀」；而「人民大眾」一八四〇年到一八五七年間的行為，就像下面兩位作者當時的觀察，也看不出有什麼變化。「馬德拉斯工程師號」（Madras Engineers）砲艦海軍上尉 John Ouchterlony, *Chinese War* (1844), pp. 420-421 報導一八四二年在南京附近所看到的情況：「因此，不幸的郊區到處都被縱情劫掠。沒有哪艘船的印度或歐洲水手是帶著規定（provisions）上岸的，因為軍隊在有生氣的、看來還沒有被碰過的角落橫衝直撞，或者把整條一度非常繁榮的街道洗劫一空之後，才回到運輸艦上。中國人和歐洲人、印度人、非洲人和馬來人，一起追逐，彼此互相推擠，情緒看來非常高昂。當收集了一堆『戰利品』之後，總是用勸說的方法，強迫一幫中國人搬運到目的地；而這種勸說並非總是溫和的。我也奇怪地發現，中國下層階級是以多麼堅忍和恭謹的態度，來忍受所有這種盛氣凌人、粗俗的對待。……打劫富戶的消息也迅速在鄰近村落傳開，這些可憐人的數字每個小時都在增加。」*The London Times* 特約記者 George W. Cooke, *China*, p. 339, 報導了一八五七年一月英法聯軍占領廣州城、囚禁兩廣總督葉名琛之後的情形：「金庫裡面滿是銀子……還有一間庫房，裝滿了最昂貴的軟毛官服，襯裡是黑色、罕見的皮毛；還有一個房間裝滿了銅錢。……上面的指示是把銀塊帶走，不碰其他的東西。……但是如何運走沉重的銀塊呢？大家聚集在金庫前商量，一名軍官想出一個非常好的主意——『願意把銀塊搬到英國兵營的苦力，每人可以得到一塊錢。』這一刻，人群散去尋找竹棍；下一刻，有一千名志願的廣州人爭著要為敵人搬運自己城市的財物。」難以想像這樣的人會在一八四〇年或一八五七年從事「一場反對外來侵略的戰爭」。和許多學者的話，則是不正確的。這樣解釋這個歷史發展，未能給予紳士的角色應有的強調，因此也不符合事實。

與西方列強的戰爭

英國、法國和其他國家在十九世紀發動對中國的戰爭，帶來的災難性影響是顯而易見的。這些戰爭除了給中國帶來沉重的經濟枷鎖之外，還在兩大重要方面對人民（首先是沿海地區的居民，最後是內陸省分的人民）產生不利的影響。一方面，清王朝在對外戰爭中不斷被擊敗，以及接著而來的丟盡顏面，不可避免地損傷其迄今為止一直享有的威望；另一方面，為了抵抗西方列強的入侵，華南一些地區的地方武力組織讓「奸民」敢於公開向清王朝權威挑戰。整體的情況，或許見於一位著名英國官員最簡明的概括：

> 無論現在〔十九世紀中葉〕折磨中國的內在問題最後結果如何，這些問題顯然都是這個國家驕傲、自大的政府，在與大不列顛的戰爭中蒙受到恥辱和失敗的後果。……這個變化在這個國家的許多地方都感覺得到。人民開始抗拒繳納原先被勒索的稅額，各地的叛變風起雲湧，成群結隊的盜匪——經常是混亂製造的根源——開始公然反抗政府。……在與英國發生戰爭之前，政府向來規定普通百姓不准擁有火器。……但在戰爭期間，武器沒有限制地散布到各種各樣的人手中，許多繼續持有武器的人很快就準備濫用這些武器[304]。

在把華南地區掠奪、土匪、祕密社會和暴動的增多歸結到同一個原因之後，這名英國官員進一步把太平天國之亂的部分原因也追溯到鴉片戰爭：

> 毫無疑問地，中國現在所有暴亂都是與我們戰爭的結果。一名滿族官員在其報告中直接強調指出：「兩廣（即廣東和廣西）的盜匪和犯罪團體為數眾多，他們毫無困難地聚集起來製造麻煩，這些盜匪之所以出現，是由於在與英夷的戰爭中發現官軍的無能。他們從前畏懼官軍如虎，現在則視官軍如羊。在英夷之難解決後，被遣散的無數非正規軍隊，很少人回到以前的工作，他們大多數變成了盜匪。」[305]

這顯然是過於簡化了。除了鴉片戰爭及其結果所創造出來的環境之外，太平天國之亂還有更多的根源。不過，不可否認軍事的挫敗直接而有力地造成清政府的衰弱，同時降低了官僚集團的士氣，鼓舞了

續

一樣，恩格斯也未能充分注意紳士與文人在反外運動中的地位和作用。Stanley P. Smith, *China From Within* (1901), pp. 142-143, 正確地指出，義和團是帝制中國仇外心理最後一次，也是最強烈的表現，導致其爆發的直接因素包括慈禧太后的「狂妄、無知和迷信」。

304 John F. Davis, *China* (1852), II, pp. 182-183. Davis 評論一八四七年發生於浙江奉化的暴動（頁一九六）說：「這只不過是我們的戰爭〔譯按：即鴉片戰爭〕以來，各個地方普遍存在麻煩的一個小小的樣本。最糟糕的都發生在大多數南方的省分，騷亂首先從廣州傳布開來，然後變得很平常。土匪日益增加……是普遍抱怨的題目；而募集來對抗這些土匪的民團，讓人民可以為稅賦問題跟政府討價還價。」

305 *Ibid.*, p. 412.

不服從的臣民起來對抗當局。下列這段西方傳教士提供的對話，可能並不是逐字逐句的記錄，但反映出一個朝代衰敗年代普遍的心理態度：

一天，當一名武官向我們敘述著名的「關帝」（戰神）神勇的故事時，我們決定問他，祂是否在清帝國與英國人的上一場戰爭中現身。……這名官員說：「我們別再提那場戰爭了，關帝當然沒有現身，這是一個凶兆。他們說，」他降低音量補充說：「上天已經棄絕這個朝代了，它不久就會被推翻。」一八四六年的中國普遍流傳著一個說法：清王朝的天命已盡，另一個王朝不久就要代之而起；我們在旅行途中有好幾次聽人提到。這種流傳多年的模糊預感，無疑是一八五一年爆發的叛亂非常強大的助力，並且從那時起完成了如此巨大的進展[306]。

這種失敗主義的態度在官員中或許並不普遍。但是在一八五九年到一八六〇年間，面對必須同時鎮壓內部叛變與外來侵略以捍衛清王朝的危險局面，即使是當時最能幹的政治家也難以決定合適的行動方向。在給胡林翼的一封信中，曾國藩帶著明顯的困惑討論他所面臨的選擇，究竟應該留在原地與太平軍作戰？或是率軍保護京師對抗英法侵略者[307]？

說也奇怪，當時一名宗教信念與上述所引西方官員及傳教士截然不同的西方作者，也發現鴉片戰爭與太平天國叛變之間的直接關聯：

不管是什麼樣的社會原因，也不管它們是以宗教的、王朝的或是民族的形式表現出來，造成了中

> 國過去十年的長期叛亂，現在已經匯合成一個強大的革命，這場暴亂的原因毫無疑問是英國用大砲強迫中國輸入名叫鴉片的麻醉劑。滿洲王朝的威信在不列顛的槍砲前化為碎片，天朝帝國萬世長存的迷信破滅了。……[308]

希望上述的討論已經印證了這個結論：西方人和西方文化的湧入，造成十九世紀中國社會的動盪，以及清王朝的最終敗亡。對於清王朝敗亡的原因，外來壓力和內部腐敗到底各自占有多少比重，實在難以弄清楚。但可以說前者強化了後者，並加速了整個毀滅的過程[309]。透過對中國引進宗教、教育和政府的新觀念，以及製造和軍事的新技術，以及用口才或優勢的武力說服中國，它的傳統體制已不足以應付變動的局勢，西方列強無意間幫忙終結了原本好像永無止盡的王朝循環。

---

306 E.-R. Huc, *Chinese Empire*, I, pp. 291-292.

307 曾國藩，《曾文正公書札》，13/10b。後來某個時候，他在給左宗棠的一封信中（13/17a）指出，無論會發生什麼後果，他都要北上挽救朝廷。不過，他在給李鴻章的一封信中（13/21b）卻說，朝廷指示他不要北上。

308 Karl Marx, "Revolution in China and Europe," *New York Daily Tribune*, June 14, 1853, 收錄於 *Marx on China*, pp. 1-2.

309 Walter Hampton Mallory, *China: Land and Famine* (1926), p. 66.

第十一章

總結與後敘

鄉村控制的合理性和效果

清朝的鄉村控制體系是帝國統治者面對環境挑戰的一種產物，而且是由帝國體系自身的本質而來的。清朝政府與以前的各朝代一樣，也是一個專制政權。在它統治下的社會，人民被劃分為幾個政治、社會和經濟地位不同的群體；統治者與臣民的利益背道而馳，而且在某種程度上是不相容的[1]。基於實際需要，帝國統治者因而必須對龐大疆土維持一個盡可能穩固的控制，以確保政治的穩定，從而使其政權垂之永久。由於他們對自己的臣民沒有信心，或者不能信任臣民的忠誠，因而設計出各種各樣的措

1 韓非（西元前二八〇－前二三三）是第一個清楚指出統治者與臣民天生對立的作者。不過，他把注意力集中在統治者和官員的關係上，而不是統治者和一般臣民之間。例如，《韓非子》，卷一八，四八節〔編按：見〈八經第四十八〉〕說：「知臣主之異利者王，以為同者劫。」同書，卷二，八節（Liao trans., I, p. 59）〔編按：見〈揚權第八〉〕說：「黃帝有言曰：『上下一日百戰。』」

施，來減低臣民受到任何有害於帝國安全的思想和行動的影響，以確保臣民的柔順、屈從。清朝統治者是外來民族征服者的事實，使得這個需要變得更明顯和迫切。

帝國控制透過一個從人口的上層招收新血的官僚集團來運作，在戰略要地設置實際或威懾性的軍事力量予以強化。然而，帝國的幅員廣闊，人口眾多，而通信和交通工具落後。帝國政府的行政和軍事力量，實際上不可能達到遍布在鄉下地區的每一個大小村落。為了把控制延伸到鄉村的層面，就需要運用一種可以稱為基層行政體系的地方組織。吸收了以前各個朝代的經驗，援用了歷史上的制度，清初的皇帝們建立這樣一套由各種子體系所組成、各自具有特定功能的控制體系。這樣一來，鄉村生活的每一個重要面向理論上都置於政府的監督和指導之下。

由於這些子體系是初次設置的，它們的一些功能明顯不同，但運作的原則類似。地方人士廣泛地被用來幫助控制，但政府又小心翼翼地對它們保持密切的監視；鄉村社區中既有的組織或團體經常被用來作為控制的輔助工具，但又毫不猶豫地限制它們的活動或完全禁止。地方紳士和文人在這樣的管制下，應該可以有效地運用於鄉村控制，事實上也經常這樣被運用。充分認知到穩定的經濟和政治情況對於成功的控制是不可或缺的，帝國統治者致力於保護不同社會階層的利益，以免遭到不當的侵犯。因此，任何特定鄉村地區的居民，大多數就會傾向於繼續接受現存政權，認為這是增進或保護自己利益的最可靠的方法；而「不法分子」就會發現基本上很難擴大他們的活動。為了阻止地方自主權的發展，就把鄉村控制的各種功能分派給許多個別或部分重疊的組織。這樣，就沒有一種組織能夠壟斷地方影響力，並因而發展成為帝國體系外圍的權力中心。

儘管這套體系設計得非常機巧，但是它並未充分或完全地達到它所設想的目的，沒有為帝國統治者保證絕對的安全。證據顯示，鄉村控制在兩個條件下取得了一定的成功：有一個相當可靠、能幹的官僚集團，來指揮和監督它的運作；有一個大體上穩定的鄉村環境，讓大多數居民可以維持一種雖不富足但安定的生活。當這些條件存在時，就像在清初三、四個皇帝在位期間，鄉村控制工具就運作得相當好。縱使保甲體系——它在某些方面是控制結構的基石——並非在所有情況下都產生正面的效果，它在鄉下地方的存在，至少有一種威懾的作用，從而幫助減少騷亂發生的機會。即使在清王朝鼎盛時期，洪災、旱災和其他災禍也不時發生，但由於當時的社會安定，由於地方行政官員相對盡責，因而並未造成經濟災難。此外，或許是清初諸帝的運氣好，天災在清初發生得並不頻繁，情況也不嚴重。在這種相對有利的環境下，雖然相當多鄉村居民是貧窮的，其中有些還吃不飽，但是無論在什麼時候或是在什麼地區，因貧窮或飢餓而逼上絕路的農民並不多。在這些相同的環境下，鄉村控制為帝國的總體穩定做出它應有的貢獻。

不過，有利的環境並不會一直繼續下去。到了十八世紀末，清朝開始走下坡了。從乾隆朝後期以來，帝國的行政加速腐敗[2]。與此同時，正如一位西方作者說的，「道光帝登基（一八二一年）的十四

2 參見 Hosea B. Morse, *The International Relations of Chinese Empire*, I, pp. 439-440. 然而，莫斯不正確地把咸豐帝所繼承的「腐敗、失政、不滿和叛變的遺產」，完全歸因於他的父親，並把乾隆政權描述成「強而有力的政府」。除了本書其他地方所提到的有關行政敗壞的事例之外，在首都任職消息靈通的官員李慈銘於一八五九年所作的這些觀察，也可以徵引如下。《越縵堂日記補》，己集〔編按：原文作巳集〕，七八a－b（咸豐九年十月二十五日）：「自去年冬憤棄諸生業，輸粟為吏，繼甚悔之。至京陛見天子憂勞，顧寬大不責大臣以速治，大臣皆雍容善言太平，內外百執事惟逢迎獻納之不暇，朝官若卿貳以下，紛然以酒食歌舞相招致，不事事。吾觀天下大勢，已積重不可返，盜

年內，沒有一個太平年，水災、旱災、饑荒、暴動、叛亂以及其他災害，不斷在這省或那省發生。」[3]由於官僚集團普遍無能與道德敗壞，清政府不再能像以前那樣敏捷或果斷地處理危機；甚至是想要在一般居民眼中維持一定的尊嚴也有困難。鄉村地區以前享有的那種不穩定的平靜，不斷被陷入絕境的鄉村居民打破；他們會陷入絕境，則是長時期的物質匱乏、社會不公和官吏腐敗累積的結果。特別是被那些認為應該向當局挑戰、不必繼續向他們臣服的人所打破。由於環境改變了，由各種輔助組織構成的龐雜的鄉村控制體系就變得大部分無效了。很多時候，它事實上變成鄉村情勢的一個額外的混亂因素，因而比無效還更糟糕。

整個鄉村行政體系快速地崩潰。在不滿和絕望——即使這些只是一般農民模糊的感覺——之中，無論是應該負責運作各種鄉村控制設施的地方代理人，或是負責指揮、監督控制體系運作的地方官員，都沒有條件來履行他們的職責。保甲、里甲和鄉約（整個體系的主要機制）的士氣都不高。在十九世紀初的幾十年，這些機制一個接著一個崩壞，以致清王朝的任何努力都無法振興。十九世紀後半期，爭鬥、暴動、盜匪和造反頻頻發生，明顯證明整個鄉村控制的結構已經變成一副空架子了。

專制統治的局限

在不忽視其他歷史因素的重要性的情況下，我們可以大膽地說，行政的腐敗是造成鄉村控制體系衰敗的最關鍵性因素之一。一個自然會跳出來的問題是：清朝統治者能夠防止這種腐敗嗎？

即使不是不可能這樣做，也是困難重重。帝國體系似乎天生存在著一些缺陷，不可避免地導致行政的腐敗。由於皇帝們不相信他們的臣民，而且作為一個異民族的統治者，認為理所當然可以得到後者的效忠顯然是不智的，因此採取了嚴密的行政監控。在相當大的程度上，皇帝們不得不依靠漢族士人、官吏來運作、監督或幫助施政。但又認為即使是這些人也不必然是沒有問題的，他們一直小心翼翼地嚴密掌控臣僕。因此，每當必須作出取捨時，皇帝們總是把帝國的安全放在行政效率之上。結果，政府官員由於沒有足夠的權力，很少有機會作出主動、獨立的判斷或令人滿意地履行任務。相反地，所有官員都被置於規定、限制和檢查的嚴密網絡控制之下；甚至對那些超出個人掌控範圍的事務，也要面對怠忽職守或踰越權限而受懲罰的風險。最終就形成一種情況，一般官員認為最明智的做法就是盡可能少承擔責任——多注意自己的行事在形式上符合明文的規定，少去做什麼有利於統治者或者嘉惠人民的事。

這樣的帝國政策，雖然完全符合專制統治的本質，卻很難形成一個有效能的政府。清朝皇帝們如此成功地讓官僚階層變得在政治上無害的，因此除了在清朝初建和崩潰的年代外，沒聽說有官員懷有反叛朝廷的意圖。不過，他們同時也讓官僚階層喪失了活力，因而很少有人努力使自己成為能幹、正直的

續

賊且日棘，故日夜思返，以蔬布養母終其身。」同書，九〇 a－九一 a（咸豐九年十一月二十二日）中記載：「國家設關置務，征什一之利，上供縣官，凡外僚自監司以上，入都者皆有定額。人習其制。至今年鄭王為監督，乃刻意誅求，有勒至萬金者。……五月間，予與叔子嘯篁等至京，敝車襆被，蕭然無一物，而關吏橫索羈質予等必五十金方得過，……傾篋得二十金贈之，許其贏至寓舍相付，哀籲始諾。抵寓，乃遍借得如數舉付之，而吏故持銀色低，叫呶詬詈，僕輩皆怒。」

3 Hosea B. Morse, *The International Relations of Chinese Empire*, I, 214, no. 2, 引 *The Chinese Repository*, March, 1834.

行政官，許多人情願聽任政府的重要任務多半沒有完成[4]。這個基本的行政缺陷，因為帝國的一些不合宜的做法而加劇。官員的薪俸和薪級原本就低得可笑，又沒有隨著生活開支的提高而調整，因此「壓榨」、收受賄賂及藉著職位勒索也就變得不可避免且越來越需要。大規模的賣官在十九世紀後半期尤其大量，是造成腐敗的又一誘因。任命政府高級官員時對漢族難以完全遮掩的歧視，因而無法根據嚴格的功績原則而補充新血，發展出一個既忠誠又負責的漢族官僚集團，或出現一個能幹的滿族官僚體系。這樣，從來就不是十分有效能的清政府，很快就顯露出進一步頹敗的跡象。儘管有一個全面監督和控制的體系，但清帝國事實上大半處於偶發因素的支配之下，清政府及其臣民面對嚴重的危機或災害時都十分無助。清朝皇帝們藉由一套還算機巧的控制體系，竭力試著維持一個不確定的政治穩定，他們所付出的高昂代價，就是不完整、沒有效能的施政。

清朝基本的統治困難，可以從另一角度來觀察。在中國的集權獨裁主義的帝制體系裡，統治者對每一件事和每一個人都可以行使無限的權力，並決心行使這種權力。不過，他們的決定並不能改變這個事實：中心的存在意味著會出現一個周邊地區；而從中心發出的力量在到達周邊地區時威力會降低。在像中華帝國這樣龐大的政治球體裡，中央的力量應用到全帝國範圍所造成的衰減，必然是相當可觀的。朝廷響亮的命令（官員們通常只負責傳達），循著行政結構傳到州縣層級，已經變成微弱的回聲。事實上，清政府甚至不可能對全國一千五百個知州知縣進行有效的監督，而他們是被期望能維持各種鄉村控制工具的正常運作，並在他們的「愛民如子」之下依據地方居民的需要而施政的人。保甲、里甲、鄉約以及其他機制，大致已經廢棄不用或不受歡迎；村民和村莊被聽任自行生滅，從政府手中得到的不過是災害時期一點象徵性的幫助或救濟。儘管皇帝們想要對把控制延伸到帝國的每一個角落，但鄉村地區卻這樣存在著局部的行政真空。這個真空是行政體系不完整的結果，卻給人一種鄉村「自主」的錯覺，有些作者以無稽的熱情加以談論，這些作者把不完全的專制統治所造成的幻境誤認為民主的真正影像[5]。

本章稍早已經指出的，帝國體系的另一個嚴重缺陷，必須加以強調：在統治者的一方與人口中其他部分的另一方之間，利益是互相矛盾的；這使得前者要想確保後者的忠誠變得極為困難。

在這裡，確認紳士和文人（或未來的紳士）在帝國體系中的精確地位，對我們的探討是非常重要的。由於個人才能和社會地位，他們對鄉村或城鎮中廣大的普通人具有很大的影響。帝國統治者正是從這個菁英群體中，挑選幫助他們統治的臣僕。不過，他們在家鄉的領導地位以及在統治體系中服務，並未使紳士成為統治階級中的一部分，也沒有使他們的利益與統治者變得一致。無論在事實或是理論上，

4 龔自珍（一七九二－一八四一），〈乙丙之際箸議九〉，《定盦文集》；此文寫於一八一五年到一八一六年，描述了當時官僚集團和知識階層一片消沉的景象，非常能說明問題。魏源（一七九四－一八五六），《古微堂外集》，14/13b-14a〔4/5b〕，是一篇寫於一八四〇年的文章（〈太子太保兩江總督陶文毅公神道碑銘〉），用下面的話描述了中央集權的後果：「以內政歸六部，外政歸十七省總督巡撫，而天子親覽萬幾，一切取裁於上，百執事拱手受成。上無權臣方鎮之擅命，下無刺史守令之專制，雖嵬瑣中材，皆得容身養拙於其間。漸摩既久，以推諉為明哲，以因襲為老成，以奉行虛文故事為得體。……自仁廟末年，屢以因循泄沓，申戒中外，而優游成習，卒莫之反也。」不止一位學者指出強調安全的代價就是犧牲行政效率，如見 Linebarger, *Djang Chu, and Burks, Far Eastern Governments and Politics* (1954), p. 55：「……〔清〕政府的運作被分開，以確保中央和地方政府之間的，以及各個政府機構之間的牽制和平衡，而不是為了得到敏捷、有效的行政應用。新朝皇帝們的利益主要在於如何維持自己的權力，而不是提供一個好的政府。……在北京的中央政府很少推動建設性的政策。」

5 Karl August Wittfogel（魏復古）則傾向稱這個現象為「乞丐」民主。參見 *Oriental Despotism*, p. 108 ff.

士大夫仍然是天子的臣民，與普通百姓一樣都是帝國控制的對象。那些以政府官員身分扮演著中介角色、把清朝權威施加到普通百姓身上的士大夫，同時也是「民」的一部分，而民是要受皇帝們的統治的（表面上是為了他們的福祉）。

士大夫的利益不一定與皇家的利益相同，可以輕易地看出。皇帝們的中心目標是把他們的政權傳之「萬世」。因此，為了讓帝國的條件有利於他們的繼續統治，他們設法使臣民（包括紳士和平民）大體上對自己的命運感到滿意，至少不會感到嚴重不滿。這樣，雖然王朝統治者內心深處的希望是使他們的政權長存，但他們公開宣稱的意圖則是，正如歷史悠久的儒家名言所說的「利民」[6]。在正常情況下，紳士和文人都十分樂意接受這一切；他們有不止一個理由，給予帝國政權道義或實際上的支持。首先，妝點皇朝意識形態的儒家門面與他們受教養的知識傳統是一致的；其次，王朝的繼續存在，保證他們能繼續享有（或確保繼續享有的機會）租稅豁免和其他特權地位。加入官僚集團的紳士，其利益與現存政權的最為休戚相關；這些人支持它的動機因而比其他人來得更強烈。不過，這兩組利益仍然是不同的，當把它們結合在一起的環境發生劇烈變化時，它們就會分開。當一個朝代循環走到終點時，承認新政權的士大夫人數至少與繼續效忠已崩潰舊政權的人數一樣多。

還應該指出的是，無論在什麼時候，只有一小部分紳士在政府裡服務，而且他們也不一定終身當官。退職的官吏、候用的官員，以及擁有功名的士子，人數遠超過正在政府中服務的現任官員。這些非官僚的紳士成員與平民文人一樣，一定更關心他們個人和家庭的利益，而不是幫助統治者控制他們的疆域。因此，他們與普通村民或鎮民有更多共同點。因為除了是紳士之外，他們也是家長、納稅人，或許也是地主，其利益有時也會受到朝廷政策或地方政府腐敗的危害或威脅。因為身分的關係，他們有更好的位置來保護這些利益，但是正是這種保護的需要，透露出他們在社會中的實際位置：他們是擁有特權的臣民，但不是統治階級的成員。我們難以忽視這個意義重大的事實：相當多的紳士成員取得他們的身分，明確地說是確保更能保護他們的家庭和財產不受侵犯——不是為了滿足他們為皇家理想效勞的願望。

儒家仁政的理論，是帝國意識形態和紳士政治哲學主要的組成部分，而清朝統治者和士大夫及文人對它的理解各不相同。對前者來說，仁政的概念實際上就是「家父長制」專制統治的理由或理論基礎；對後者來說，它是可以用來保護他們的物質利益、反對腐敗和暴政的思想武器。皇帝們極力尊崇理學的程朱學派，因為它強調政治的忠誠以及孝順的責任；而包括程朱學派追隨者在內的士大夫，也沒有忘記重申孟子「民為貴」的主張，以及相對地，在必要的時候推翻暴君的權利。

在正常情況下，紳士會打著「民」的旗號，利用孟子的主張來謀取個人私利，而不挑戰王朝的權威。他們把自己的利益與「民」的利益等同起來，並扮演後者代言人的角色。在陳請減稅時，一再用來描繪農民受苦悲慘畫面的誠摯字句很能說明這一點。請求是代表相關地區的「民」提出的，但是因此得到的利益，絕大部分落入紳士地主之手——如果佃農和小土地所有者也的確得到一點的話。帝國統治者主要關心的並不是「利民」，每當他們在稅收或其他方面對「民」的利益作出讓步時，總是聽任他們的

6　中國的皇帝們一般宣稱遵照儒家學說，主張統治者是為了人民的需要而產生的；但許多皇帝卻自覺或不自覺地贊同法家的國家觀念，認為統治者的利益才是政府最關心的。這種兩面的理論最早是由漢宣帝（西元前七三－前四九在位）闡述的。他教誨太子，「漢家制度」是建立在「霸」（掌權的諸侯）和「王」（真正的王）之道混合的基礎上，只靠「德教」是不對的。後來的皇帝沒有這樣坦白，但與漢宣帝一樣依靠法家原則和治術。

普通臣民只得到一點點好處。這樣，紳士就有另一理由來支持現存政權，並不斷重複「皇恩浩蕩」的陳腔濫調，即使他們可能並不是真的這樣想。一個服從的紳士階層與大體上柔順的鄉村人口共同生活在一起，帝國也存在一定程度的政治穩定。破壞帝國和平的，除了零星發生的地方混亂之外，沒有什麼更驚人的。

不過，這種穩定很容易受到嚴重災害——自然或還是人為的——的擾亂，它讓大量的居民難以生活。當政府不能滿足或發現不可能滿足少數個人的野心和渴望時，這種穩定也會受到損害。因此被疏離或產生反感的紳士或文人的成員，可能由於憤恨或極度失望而不再支持政府。換句話說，當帝國統治者與「民」之間的利益分歧變得明顯之後，原本至少在表面上效忠現存王朝的人，現在可能會發現對它效忠或為它效勞已經不再有什麼好處。在這種情況下，紳士、文人中憤恨不平的成員就會對前面提到的孟子主張採取另一種用法。他們現在為了謀取或保護個人利益所採取的方法，不再是講求為人民服務的仁政原則，而是求助於「造反權利」的原則。他們會像劉基寓言裡的小猴子一樣[7]，發動村民或鎮民起來反抗「暴政」，或者為已經舉起造反大旗的「匪」首提供他們的技術和服務。

所以，紳士和文人對現存政權的態度明顯會隨著環境的變化而改變，就像農民對帝國控制的反應在承平時期和動亂時期也不相同。因此，帝國控制的有效性主要取決於統治者及所有被統治者之間利益分歧的全面匯流，而不是控制的工具或技巧。當這種匯流存在時，所有被統治者就會接受現存的秩序，即使控制工具存在著天生的缺陷，運作上也未能達到理論上的效果。不過，當紳士和平民認為他們的根本利益與政權的繼續存在絕對無法共存時，不論設計得多麼精巧的控制體系，都不能讓帝國長久地保持平靜。

如同本書前面所已指出的，清朝皇帝們明顯意識到這個事實，因而採取措施設法調和。但對他們來說，不幸的是在一個專制政體（特別是異族統治下的專制政體）下，統治者與被統治者之間利益的差異實在太大了，因而很難完全調和；他們在最有利的環境下竭盡全力，也只能讓分歧的利益暫時、部分地調和。而這樣達成的不完全和諧，很快就被他們維護王朝利益過於酷烈的行動的反效果所破壞。他們始終強調的是控制程序本身，而忽略了促進臣民福祉的建設性努力。帝國最終在行政和經濟上都敗壞了，並且被不斷發生的危機進一步削弱。清朝這樣對全國推行完全而中央集權的控制，以求維持長久的統治；但是，由於專制政權天生的局限，以及十九世紀中葉到二十世紀初中國所處的逆境，它注定只能存在不到三個世紀，也只能對龐大帝國達成一個不完整、不確定的控制。

清廷在某種意義上可以說是自取滅亡，只要它成功地將廣大臣民變得消極而柔順，最終將完全損害他們積極行動的能力，使他們逐漸不能夠應付嚴峻的生存環境。帝國的物質基礎也就這樣被削弱了。即使在相當正常的年代，大部分農民也是過著僅能餬口的日子，有些還處於貧困的邊緣。由於缺乏資金，由於習慣於依靠傳統技術及難以預測的運氣，農業的改進實際上是不可能的。富有的地主可能擁有足夠的財富來提供這筆資金，但他們的興趣不過是盡可能收取更多的租金及繳納更少的稅額，他們更可能把錢用在購置更多的土地來出租，而不是用來改善耕作條件以提高糧食生產或改善佃農的生活。土地耕種者（和相當多的小土地所有者）耗盡精力也只能維持生計，沒有餘力來做其他事情。能夠在地方災害中免於破產或挨餓，就算是很幸運了。他們通常變得順從於物質和社會環境，他們習慣上沉默寡言，聽任

7 參見第十章注二二九。

鄉紳或地方惡棍壟斷村莊事務，尤其是那些超出他們的家庭或農場等狹小範圍以外的事務。所有農民都太容易屈服於流氓無賴的掠奪行為，屈服於地方官和衙門吏胥的敲詐勒索，有時屈服於鄉紳的剝削。這種情況的背後潛伏著危機。當帝國絕大多數地區的經濟情況急遽變壞時，許多鄉民甚至連起碼的生存都難以維持，他們不得不在「轉死溝壑」和「鋌而走險」之間作出選擇，而這種選擇通常並不難。他們軟弱又無法自己組織起來，因而容易接受任何願意出頭的人來領導（在比較不是那麼猛烈的時候），並且主要根據這種領導的類型，而展示出不同的行為類型。他們有些人會集結在暴動或造反發起者的周圍；另一些人則會被勸誘加入土匪或叛亂隊伍。就這樣很諷刺地，只要帝國控制的結果是讓農民大體上保持溫順與消極，也正是這些結果最終損毀了帝國的安全，把一些「愚民」轉變成叛亂——包括十九世紀特有的幾次大動亂——的工具。

農民的角色

不過，在劇烈的政治變遷期間或之後，中國農民並未從帝國廢墟的灰燼中崛起，他們是所有居民中在承平時期和動盪時期受苦最多的。雖然他們貢獻主要的體力，但是在民變中得到的甚少，不論在經濟或是心理方面。他們參加了運動，但從來都不是主人。從自由接納或拒絕他們的角度來看，他們甚至沒有挑選過自己的領袖。無論他們的運動最後成功或失敗，許多造反軍的士兵成了無名的死屍；當他們的運動成功地推翻現存政府，那些從戰爭和苦難中倖存下來的人，又成為新政權控制的對象。

一個不能忽略的重要事實是：與地方暴動和其他形式一致行動的暴力示威一樣，中國歷史上推翻王朝的運動是人類動機的匯合以及歷史環境的組合所導致的，這些運動從來就不是由中國社會任何一個社會階層或團體獨力完成的工作。無論鄉村居民整體，或者農民個別扮演什麼樣的角色，可以肯定的是普通村民並不是這些重大事件中唯一的演員。正如前面已經指出，民變——尤其是那些大到值得報告和記載的——通常不是由普通農民領導的，如果他們全然是平民的話。同樣可以大膽地說，在許多公開宣稱是為了農民的直接利益而戰的著名事例中，這些利益從來沒有真正成為這些運動的唯一或中心目標。相反地，多少有些重要性的民變通常超越了農民的利益，不過農民的利益仍然成為目標的一部分，或者是由於領導者真誠地認為不能忽視這些利益，或者是由於他們認為擁護農民的主張可以贏得大眾的支持，即使他們真正關心的是比農民的直接需要更廣泛的其他問題。

造反或革命的領導者有充分理由要訴諸農民的願望，因為農民人數眾多又強壯有力，能夠單獨提供任何民變初期成功不可或缺的暴力元素。我們不用追溯久遠的中國歷史來尋找合適的事例，明末的李自成，一名普通的土匪頭子，受到環境鼓舞而想當皇帝，許諾全面豁免稅糧，結果得到越來越多的人追隨[8]。一八五〇年代初，洪秀全和太平天國（它的含義太廣泛，很難被視為單純的農民運動）其他領袖設計出一種制度，讓每名耕者可以得到一定數量的土地，來維持他自己和家庭的生活[9]；更近一點，毛澤東把土

8 《明史》，309/6b。

9 參見《天朝田畝制度》，見蕭一山，《太平天國叢書》，第一輯，第一冊。一九一一年的革命經常被說成是「資產階級運動」。革命由來自「中產階級」而非「無產階級」的人發動和領導，從這一點來看，這個說法的確沒錯。不過，中產階級領導不是孫中山革命的唯一特點。它之所以未能保有持續的成功，原因不在於農民沒有支持它的領導，而在

地分配納入共產革命計畫第一階段[10]。必須指出的是，雖然訴求農民的利益確保大眾參加這些運動，但農民的參加並未使這些運動轉變成農民運動——農民是積極的或唯一要對它們負責的。因為如果沒有那些祖籍在農村但可能從未摸過鋤頭或犁的人，以及那些在他們的城市經驗中得到最初「革命」動機的人（如洪秀全在廣州、毛澤東在北京）的領導或指揮，這些造反和革命能否具體化都是值得懷疑的。

還應該指出的一點是：經由帝國體系長時間形塑出來的中國農民，特有的態度和行為已經如此根深柢固，歷經整個中國帝制歷史的滄桑而沒有什麼改變。那些參加各種政治動亂的農民和置身這些事件之外的人，他們的外觀和行為基本上是相同的。一個簡單的欲望——活下去的意志——左右他們的行動與反動；一個單純的工作——耕種土地以維持生存——占去他們的注意力和精力。王朝的興起沒有在他們的腦海中注入一點政治的熱情，王朝的解體也沒有把他們變成決心實現社會和政治變革的革命分子。這並不是要否定農民作為一個帝制歷史的因素的重要性，相反地，我們的研究顯示，農民人數眾多又身強體壯，再加上習於接受經濟及社會地位與他們不同的人領導，使得中國農民成為每一次反抗地方官員或反抗現存政權的叛變不可或缺的成分。完全沒有必要為了說明帝制中國農民扮演的重要角色，而給予比這個更高的評價。某些地區習用的「農民革命」一詞，對宣傳目的來說可能很有用或必不可少，但是很難禁得起客觀的歷史分析。

即使是共產革命也不是單純的農民運動，已經成為沒有偏見的學者深思熟慮的見解。一位當代作者說：「所有研究中國共產主義的學者似乎都同意，它並不是由農民或工廠工人，而是由學生、教授及一般知識分子所組織和領導的。」[11]另一位作者寫道：「絲毫不用懷疑，現在中國的共產主義領袖們，是藉由把自己與千百萬中國農民的迫切需要結合在一起而取得政權的。不過，如果從這個事實就驟下結

續

於孫中山的追隨者沒有充分注意到大眾的需要和期望。孫中山「耕者有其田」的主義沒有付諸實施，共產黨人才有機會利用「土地再分配」來吸引「土地飢渴」的農民。

10 共產黨並未保持一個始終如一的「土地政策」，而是順應當下情況的需要。在一九二〇年代晚期到抗日戰爭爆發之前，土地重分配是共產主義運動的顯著特徵，有如毛澤東一九二七年二月的〈湖南農民運動考察報告〉、一九二八年九月（在莫斯科召開的）中國共產黨第六次全國代表大會通過的一個決議案，及一九三一年十一月中國「蘇維埃政府」在《中華蘇維埃政府土地法》中所指出。參見 Brandt, Schwartz, and Fairbank, *A Documentary History of Chinese Communism*, documents 7, 12, and 18, especially pp. 80-89, 130-133, and 224-226. 這個政策在抗日戰爭期間被擱置，暫時被一個比較溫和的政策取代，以減稅、減租、減息的形式出現，目的在於「一方面幫助農民少受封建剝削，另一方面又不完全消滅封建剝削」。*Ibid.*, document 20 and 25, especially pp. 224 and 278-281. 抗戰結束後不久，原先的政策又恢復了。根據一九四七年九月十三日「全國土地會議」通過、十月十日中共中央批准推行的《中國土地法大綱》的規定，中國人民解放軍總司令朱德和副總司令彭德懷在辛亥革命三十六週年聯名發表的宣言指出，推行「耕者有其田」政策是人民解放軍八大基本目標之一。參見〈目前形勢和我們的任務〉，《中國共產黨文獻彙編》，頁八、一一－一六。毛澤東在一九四七年十二月對共產黨提出的一篇報告中，如此概括了政策的演變並解釋演變的原因：「在抗日戰爭期間，為著同國民黨建立抗日統一戰線和團結當時尚能反對日本帝國主義的人們起見，我黨主動地把抗日以前的沒收地主土地分配給農民的政策，改變為減租減息的政策，這是完全必需的。日本投降以後，農民迫切地要求土地，我們就及時地作出決定，改變土地政策，由減租減息改為沒收地主階級的土地分配給農民。我黨中央一九四六年五月四日發出的指示，就是表現這種改變。一九四七年九月，我黨召集了全國土地會議，制定了中國土地法大綱，並立即在各地普遍實行。」同書，頁二三－二四。比較抗戰前共產黨的土地政策與太平天國領袖的土地政策將是很有趣的。參見本書第四章注二四五，引自張德堅，《賊情彙纂》的一個段落。

11 Herrlee G. Creel, *Chinese Thought*, p. 3.

論，認為他們是中國人民希望的體現，並且會自動地繼續表達大眾的需要和希望，就是在建構一個神話，預先認可他們未來的所有行動。」[12]事實的確支持這樣的結論，除了它輸入的意識形態之外，中國共產主義運動重複了中國歷史上政治變革過程的一些顯著特徵。就像剛剛指出的，革命並不是由農民領導，而是由「政治立場統一的領袖們依據列寧主義的路線組織起來，而其上層則來自中國社會各階層的一個菁英團體」[13]。這些領袖之中有些教育水準特別高，他們有的曾在日本、德國、法國、美國和蘇聯留過學[14]。他們在近代中國的一般地位，在某些方面的確可以與帝制時期的「紳士」相提並論。他們明確表達他們自己的願望，或許也表達了一般人民大眾說不清楚的希望。最重要的是，只靠他們就有能力引導後者沒有組織的力氣成為有效的力量。在他們的思想中，馬克思主義取代了儒學；「無產階級革命」取代了「造反的權利」，成為摧毀現有政權的理由。但是，就像以前積極參與造反的紳士和文人一樣，他們並不是農民或工人，而是來自知識階層。一位見聞廣博的觀察者說：「共產黨」

> 是由知識階層創建的，革命是由它領導的。沒有知識階層，由於近代中國的悲慘而無論如何都可能發生的農民起義，也只能像過去那麼多絕望的農民的表現一樣，弱化成為盜匪。知識階層掌握了農民起義，把它當作開創共產主義國家的工具[15]。

因此，中國共產主義運動達成了「根據所有馬克思主義信條，都最不看好它能取得的」勝利，也就不足為奇了[16]。中國農民長期形成的特點——對政治漠不關心，對經濟狀況不滿意，容易追隨承諾讓情況變好的人，有發出狂熱暴力的能力——使他們特別適合成為共產主義革命，或任何與他們的迫切要

12 Benjamin I. Schwartz, *Chinese Communism*, p. 258.

13 *Ibid.*, p. 198. Hugh Seton-Watson, *The Pattern of Communist Revolution*, pp. 136-137, 對知識分子的角色更加強調：「亞洲最重要的共產主義運動發生在中國。儘管中國的工人階級相當弱，但它還是照常發展。比亞洲其他任何地區，共產主義在中國之所以如此成功，有兩個原因：其一，中國的知識分子享有特別的威望——特別是在知識分子於政治運動中占有支配地位的亞洲；這種威望來自於由紳士（或士大夫）統治的中國古老傳統；其二，舊的政府機制崩潰了，中國在清王朝崩潰後處於無政府狀態。其他與中國共產主義顯然有關的因素——農民貧窮、民族主義情緒及對政治變革的渴望——也存在於亞洲其他國家。但是由於未能與這兩個特別的原因結合在一起，故而未能產生像中國那樣的結果。中國共產黨創始人是北京大學的兩名教授，文科學長〔文學院院長〕陳獨秀和歷史學家李大釗。」Hugh Seton-Watson 繼續說道（頁一五四）：「成功的共產黨是權力機器、政治菁英集團，它們從所有社會階層吸收成員，但它們又獨立於社會階層之外。菁英集團的原料可以由農民吸取，也可以從工人階級吸取，但從某種角度來說，從農民吸取來得更容易，因為農民不像工人那樣容易自己形成與共產主義教義相互矛盾的思想觀念。」我們不應該過分強調中國和其他亞洲各國之間的不同。英國派駐東南亞的高級專員 Malcolm MacDonald 在回答「共和觀念是如何形成的」這一問題時，說道：「所謂共和觀念，通常是指生活在擁有報紙、廣播、政治活動和其他方面的城市、較大城鎮和其他社會中心裡的人們的思想觀念。所謂亞洲共和觀念，常常是指生活在這些中心裡、具有政治意識的人們的思想觀念。至於農民這一農業人口，就沒有同樣的條件產生什麼思想觀念。但是，由於他們的態度常常是冷漠的，因而共產黨人有機會掌握他們。」*U.S. News and World Report*, December 3, 1954, p. 79.

14 Robert C. North, "The Chinese Communist Elite," *Annals of the American Academy of Political and Social Science, Report on China*, pp. 67-68.

15 Guy Wint, *Spotlight on Asia*, p. 114. 參見 George E. Taylor, "The Intellectual Climate of Asia," *Yale Review*, XLII, p. 187：「只有從利用農民奪取政權這一含義上來說，中國的共產主義運動才可以稱為農民運動。」Hugh Seton-Watson, *The Pattern of Communist Revolution*, pp. 152-153 觀察指出：「毛澤東及其忠實的同志朱德，不但是精明的開展游擊戰爭的領袖，而且是精明的農民群眾組織者。……中共之所以在農民問題上取得成功，較大地歸功於他們制定的土地政策。……中共對農民利益的重視，不但見之於一九三〇年代早期以後發布的文件中，而且得到當時參觀蘇維埃區域的求明顯相關的其他類型起義的工具。中國共產黨運動的創建者之一陳獨秀曾經說過：「農民的文化層次低，他們的力量分散，傾向於保守。」正如一位晚近的作者所指出，這些話是「馬克思列寧主義的陳腔濫調」[17]。不過，陳獨秀對中國農民精神狀況的診斷並沒有錯，唯一的錯誤是他對預後的看法，認為即使在適當的環境下，農民大眾也不可能提供共產主義革命所需的力量。而在他說了這些話之後還不到三十年，他們還是不得不借助農民大眾的力量。他之所以犯此錯誤，或許是因為他並不了解農民在中國社會中的歷史地位，或者不了解帝制時期叛亂的真正本質。更準確地說，他未能看出從帝國體系倖存下來、沒有因一九一一年的革命而改變其基本特點的農民，事實上是共產主義革命的寶貴資產。正是由於一部分這樣的農民投入他們的麾下，共產主義領袖們在一九四九年相當輕鬆地贏得了勝利。

不過，並非所有的農民在那場勝利的時刻或即將到來之前，都有意地並作為一個階級倒向共產黨。直到「人民政府」成立的前夕，許多農民仍然置身在這場運動之外。事實上，在像四川西部這些環境特殊的地方，在一九四九年冬天這個地區「解放」後的一段期間，農民對新政權還顯示出相當的抗拒。有好幾個月，鎮壓「土匪」成為當局的一個主要地方問題[18]。此外，不要忘記了，南京國民政府軍的士兵與紅軍的士兵一樣，大多數也來自鄉村地區。雙方幾經浴血戰鬥，與敵對陣營的農民相互廝殺，特別是在一九三〇年代和一九四〇年代。這種情況與一八五〇年代和一八六〇年代沒什麼不同；當時，大多數中國農民被分成兩個陣營：一方為保衛現存政權而戰；另一方則為了要推翻它。

當然，這兩種情況的結果完全不同。其中一次，防禦者是勝利的；而在另一次，他們被擊敗了。但重要的是，兩種情況都不是整體農民和非農民階級之間的武裝衝突。爭鬥事實上發生在兩個組成分子龐雜的群體之間，雙方都盡可能召集大量的農民來補充自己的戰線。洪秀全及其夥伴領導的農民戰士失敗了，部分原因在於他們的領導完全不能與曾國藩及其夥伴匹敵。毛澤東及其戰友領導的農民同志為共產主義目標征服了中國，部分原因在於國民黨掌控的政府出現太多的缺點，不知不覺地鑄成太多錯誤，以致無法抵擋在無情而酷烈指揮下的「人民解放軍」的猛攻。另一個也應該指出的事實是，清政府在與英國及其他西方列強的戰爭中受到相當大的削弱，而南京政府受到對抗日本侵略戰爭的毀滅性影響更為嚴重。這場長期抗戰——比起中國在十九世紀所打的任何一場國際戰爭，持續時間更長，規模也更大——削弱了國民政府力抗共產黨的能力。

這些事實提醒我們不要用太簡單的觀點來看問題。我們不能只是簡單地指出農民的參加，或者強調十九世紀中葉和二十世紀之間農民的素質發生了某些變化，就以為可以解釋這些事件結果的不同。我們必須檢視對這些情況看來有影響的各種歷史環境，以求得一個充分或正確的解釋。

續

西方記者所作評論的證實。正是由於這一事實，許多西方評論家才認為中國的共產主義者是『農業社會主義者』，而不是『真正的共產主義者』。這是一個巨大的錯誤。中國共產主義運動雖然是農民的運動，但不是農民運動。中共生活在農民群眾之中，依靠他們實現自己的政治目標，依靠他們生活。」

16 David Mitrany, *Marx Against the Peasant*, p. 205.

17 Benjamin I. Schwartz, *Chinese Communism*, p. 65. 該書此處也引用了陳獨秀的評論。

18 G. William Skinner, "Aftermath of Communist Liberation in Chengdu Plain," *Pacific Affairs*, XXIV, p. 67. 引《南方日報》（廣州，一九五〇年八月六日）所刊，西南軍政委員會主席劉伯承於一九五〇年七月下旬在重慶召開的第一次全體會議上所作的這段講話：「近半年來，雖然我們成功地完成了鎮壓土匪的任務，但是，土匪背後的封建勢力根深蒂固，我們還不能低估問題的嚴重性。」

或許應該補充的是，正因為中國共產主義革命並不是一場由農民積極指揮以求達成他們自己的目標的運動，其領袖也不一定會為了農民自己所認知的農民利益而奮鬥。一般中國農民有一個主要的願望：擁有足夠的財產以養活自己和家人；為了確保這一點，必須擁有一塊土地以及土地上所生產的東西。中共土地重分配計畫之所以吸引了農民，是因為它許諾一個更好的生活——一個實現那個願望的更好機會。根據一位目擊者的報導，正是這個原因，甚至連最初反抗新政權的四川西部農民，也對「逐漸消滅大地主勢力」[19]感到滿意。不過，中共領導人的目標遠不止於解決個別農民的切身希望；毛澤東和劉少奇對這一點說得特別清楚。劉少奇於一九五〇年六月十四日在《土地改革法》草案提交審查時報告：

> 土地改革的這一個基本理由和基本目的，是區別於那些認為土地改革僅僅是救濟窮人的觀點的。……土地改革的結果，是有利於窮苦的勞動農民，……但土地改革的基本目的，不是單純地為了救濟窮苦農民，而是為了要使農村生產力從地主階級封建土地所有制的束縛之下獲得解放，以便發展農業生產，為新中國的工業化開闢道路[20]。

抗日戰爭結束前不久，毛澤東在在一九四五年四月十四日〔譯按：應該為二十四日〕所作的〈論聯合政府〉中表明他的立場：

> 「耕者有其田」，是把土地從封建剝削者手裡轉移到農民手裡，把封建地主的私有財產變為農民的私有財產，使農民從封建的土地關係中獲得解放，從而造成將農業國轉變為工業國的可能性。因

> 此，「耕者有共田」的主張，是一種資產階級民主主義性質的主張，並不是無產階級社會主義性質的主張，是一切革命民主派的主張，並不單是我們共產黨人的主張[21]。

事實上，毛澤東在這裡清楚地指出共產黨集體所有制——否定了農民個人所有權的夢想——計畫的思想基礎，該計畫後來很快就在中國許多地方堅決地加以推行。[22]

共產黨領袖們強調農民的重要性，不是因為他們準備為改善農民的生活而奮鬥，而是因為他們堅信農民在他們革命目標進程中的某個階段是必不可少的。在沒有一個工業無產階級的國家裡，「工農聯盟」是實現共產主義指引的革命唯一可行的手段。列寧在一九一九年發展出這個「兩個階級」聯盟的概

---

19 *Ibid.*, pp. 68-69, 就一九五〇年十月四川西部的情形評論說：「現在的農民比起剛剛解放時來說，對中共感到滿意。……逐漸消滅大地主勢力，是農民所能認識到的正確政策。……共產黨人進軍四川時雖然並沒有得到農民階層的普遍支援，但是他們的改革政策如同在華北一樣終於取得了農民的支持。」很明顯地，Skinner 並沒有把集體化對農民可能產生的影響考慮在內；他在論述四川西部情況時，該地還沒有開展集體化運動。有關土地分配政策執行到一九五一年春的情況概括，參見 Chao Kuo-chun (趙國鈞), "Current Agrarian Reform Policies in Communist China," *Annals*, 277 (1951), pp. 113-123. 有關中共對鄉村社會統治情況的簡略敘述，見 G. William Skinner, "Peasant Organization in Rural China," *Annals*, CCLXXII, pp. 89-100.

20 引見 Peter S. H. Tang, *Communist China Today*, p. 267.〔編按：劉少奇的報告題為「關於土地改革問題的報告」。〕

21 Mao Tse-tung, *Selected Works* (London: Lawrence & Wishart, 1956), IV, p. 291.

22 有關最方便的概括，Peter S. H. Tang, *Communist China Today*, pp. 264-291. 還請參見Richard L. Walker, *China under Communism*, pp. 134-153.

念（更精確地說，是想像）；許多年後，毛澤東靈巧地運用在中國[23]。就像毛澤東所看到的，農民顯然是共產黨能夠藉以完成許多重要工作的最有效工具。他在一九四五年初說：「農民」是「中國軍隊的來源」；是「中國工業市場的主體」，供給「最豐富的糧食和原料」；「是中國工人的前身」；更重要的是「現階段中國民主政治的主要力量」。但是隨著革命的初期成功，農民短暫的重要性就被否定了。到時，「就要有一個變農村人口為城市人口的長過程」，好讓中國從農業國變成工業國[24]。中國農民，一如我們所了解以及他期望自己能夠做到的，在共產黨的中國面臨著一個暗淡的前景。

近來的發展已經清楚地顯示出，中國農民在共產黨統治下的遭遇。違背農民的願望，合作化和集體農場在一九五三年到一九五五年在各地陸續設立[25]。農民有時以賣掉或宰殺耕畜的方式消極抵制。農業收成沒有達到共產黨統治者規定的指標。一九五五年下半年，集體化步伐加快進一步導致農民的不滿，偶爾表現在他們的抵制行動中。不過，這樣的抵制因為沒有組織且缺乏有效的領導，結果並不比帝國統治下的流產叛亂來得更好。一位當代作者觀察道：「在政權的強大國家力量面前，無論農民的不滿甚至消極抵抗達到什麼程度，都是沒有用的。」[26]

如同我們所看到的，在帝國統治之下，對抗現存政權的叛亂在下列情況下取得了不同程度的成功：一、運動得到紳士和文人提供的有力領導，他們為運動帶來組織和技術；二、有足夠數量的平民相信只有摧毀現存的秩序才能保存他們最重要的利益；三、現存政權的統治機制敗壞到失去應對重大情勢的能力。

中共統治者似乎採取了一些措施，以防止出現這些情況。首先，他們對知識階層（相當於帝制時期的士大夫）的控制，比帝國統治者更徹底且更嚴密。如果透過這樣的控制措施，共產黨人最終成功地把知識分子的生活弄得「像小孩的遊戲」（like a child's game）——許諾學生、教師和政府官員國家不會保留什麼「祕密」，並解答一切「隱藏在他們內心裡的祕密」[27]，他們就已經消除了最重要的，或許也

---

23 Peter S. H. Tang, *Communist China Today*, pp. 11-12. Douglas S. Paauw 在 *Far Eastern Quarterly*, XII, pp. 49-50 發表，評論 David Mitrany, *Marx Against the Peasant* 的文章，用如下語言描述了這種「聯盟」：「在農村革命開展的第一階段，共產黨人必須取得農民階級的支援，以摧毀農村中封建政治勢力和經濟勢力。……這樣，農民階級不知不覺地變成了共產主義革命行程中不自然的合作者；他們想要免除地主階級的政治控制和經濟剝削，就只能把自己束縛在新的統治之下。在現代共產主義農村革命開展的第二階段，共產主義者同農民的聯盟瓦解了；農民自身變成了革命的對象。」

24 毛澤東一九四五年四月二十四日所作的〈論聯合政府〉的報告，見 *Selected Works*, IV, pp. 291, 294-295.

25 參見注二二。

26 Peter S. H. Tang, *Communist China Today*, p. 291. 從農民階層中發展共產黨員，或許會使人們發現共產黨很難稱為「共產黨」。S. B. Thomas, *Government and Administration in Communist China* (1955), p. 73, 引用一九五一年六月二十九日《人民日報》所載薄一波（富有經驗的領導人之一，曾經擔任「人民政府」財政部長）的一段話：「……在農民出身的黨員和幹部中間進行系統的馬克思列寧主義的教育，使他們相信社會主義和共產主義的原則，是一件困難事情。……農民經濟是個體的、分散的，……而農民出身的黨員和幹部也大體反映了農民群眾這種特徵。」

27 Fyodor Dostoevsky, *The Brothers Karamazov*（中譯《卡拉馬助夫兄弟們》）, pp. 299-308, 敘述了宗教法庭庭長的說辭：「……他們只要想保持自由，就沒有什麼科學給他們麵包。最後，他們還是要犧牲自由拜倒在我們腳下，向我們請求說：『我們願意當你們的僕人，給我們麵包吧！』他們自己終於懂得自由和麵包是不可能同時都可以得到的。……啊！雖然這只是開端，但畢竟開始了。想要完成這一工作，還需要等待很久，還有許多困難要克服，但是勝利最終屬於我們，我們都會變成凱撒，那時我們會計畫人類的共同幸福。……是的，我們要讓他們勞動。但在他們空閒時間裡，我們要使他們的生活像小孩遊戲一樣，唱兒歌，跳幼兒舞。……我們會告訴他們，只要行動得到我們允許，每個罪孽都可以得到豁免。……他們對我們來說再沒有什麼祕密可言。我們有時允許有時禁止他們同其妻子、女人一起生

是唯一的革命領導的來源。其次，他們徹底限制財產所有權，並降低家庭的影響力，以壓制或剝奪私人利益[28]。家族領袖和土地所有者的利益，那些經常促使紳士成員及平民來抵抗或挑戰政府權威的因素，就這樣被清除了。一個「沒有階級」的社會被當作終極目標，一個除了統治階級的利益之外沒有其他利益的社會。第三，中共的行政充滿活力與效率——這些通常是描述帝制中國歷史上新政權的特質——讓不止一位觀察者印象深刻。共產黨統治者似乎消除了以前各政權的許多行政弊端。透過各種群眾組織和地方機構[29]，他們對村莊和城市的控制比清政府更有效。

共產黨是專制統治者，他們顯然懂得專制統治的技術。他們所採用的控制方法，比清朝統治者所用的明顯改進了，但基本目的及控制的根本原則基本上是相同的：透過思想、經濟和行政的控制，讓現存政權永久長存。甚至在為自己政治權力合法性辯護這方面，帝國和共產專制政權也存在著某些相似之處：前者公開聲稱「利民」，後者則宣稱所做的一切都是為了「人民」。

中共能否在維持控制方面取得完全而永久的成功？就目前看來，有一些跡象顯示他們還沒有完全成功。的確可以想像得到，他們在大不相同的情況下，以不同方式重複了清朝統治者的一些失敗經驗。直到最近，某些知識分子仍然顯示出思想上不屈服的跡象，特別見於他們對毛澤東發動第四次「整風」運動的反動[30]。據報導，一些地方發生了知識分子和農民都參與的動亂——多少與帝國時期的型態相同[31]。很明顯地，中共所遇到的思想控制難題是清朝統治者沒有遇過的。清朝統治者是異族征服者，但是利用既有的儒學傳統來推行思想控制，因為這是紳士和文人孕育成長的傳統，也是他們毫無保留地接受的傳統，帝國統治者因而能夠贏得這個菁英團體大多數成員的支持。共產黨人是本土征服者，但他們用來取代中國傳統的，是一個外來、全新的意識形態，它與大家習慣的思維和生活方式在許多方面都不相同[32]，這樣他

續

活；並根據他們是否服從我們的情況，是否准許他們生小孩，他們因此會高興地、樂意地服從我們。他們會把隱藏在內心的祕密告訴給我們，我們會解答他們提出的一切。」有關中國共產黨思想控制的方法和制度，可見 Peter S. H. Tang, *Communist China Today*, chapter 9; Richard L. Walker, *China under Communism*, chapter 8.

28 例見 Peter S. H. Tang, *Communist China Today*, chapter 6, 及Richard L. Walker, *China under Communism*, chapter 5.

29 A. Doak Barnett, "Mass Organization in Communist China," *Annals of the American Academy of Political and Social Science, Report on China*, pp. 76-78; G. William Skinner, "Peasant Organization in Rural China," *Annals of the American Academy of Political and Social Science* (Philadelphia), CCLXXII (1951), pp. 89-100; Peter S. H. Tang, *Communist China Today*, chapter 5; Richard L. Walker, *China under Communism*, chapter 2.

30 有關其扼要記載見 *Time*, May 27, 1957, pp. 33-34.

31 一九五七年九月十七日的香港《聯合報》就報載了此種性質的一次「起義」：「紅色中國的新聞官員承認說，華南的廣東省在五月裡爆發了一場劇烈的反共產黨統治的暴動。據新華社廣州電，有五名共產黨官員和其他身分沒有說明的人，在七月十二日爆發的衝突中被殺死。……新華社八月二十七日今天才到達香港，沒有說明有多少人參加了暴動，但說政府糧站、稅局和其他辦公大樓遭到攻擊。共產黨的報導證明了台北中華民國中央通訊社八月六日的報導，說學生、農民和民兵七月十二日發動了反抗紅色中國的『起義』。」

32 南斯拉夫共產主義聯盟前副書記 Milovan Djilas〔譯按：米洛凡・吉拉斯曾任南斯拉夫共產主義聯盟前書記，後被開除，在國外發表敵視南斯拉夫的文章〕指出共產主義革命和「先前革命」之間所存在的重要區別：「在所有先前革命中，經濟和社會力量之關係雖然是新式的，但已經占主要地位；作為其重大後果和主要工具的是武力和暴力。這種情況完全不同於當代的共產主義革命。這些共產主義革命之所以沒有爆發，是因為新式——讓我們說是社會主義的——關係已經存在於經濟基礎中，或者說因為資本主義「發展過度」了。與此相反的是，共產主義革命之所以爆發，是因為資本主義還未得到充分發展，是因為資本主義不能完成國家的工業改造。」參見 *The New Class*, p. 19. 中國的共產主義革命也是這樣；此外，該性質的革命與「先前革命」（導致新王朝建立的起事）不同的是，它所利用的思想武器是中國社會中並不存在的。

們就失去一個清朝統治者享有的優勢。同時，統治者和被統治者之間的裂縫並沒有癒合。與其他共產黨政權一樣，中國共產黨政權是「一種政府和人民之間潛在的內戰」[33]。這當然並不新鮮：韓非子早就指出，在一個專制體系中，「上下一日百戰」[34]。中國共產黨沒有採取任何措施來終止這種「戰」。消除私有財產並未化解統治者與人民之間的利益矛盾。摧毀所有經濟階級的嘗試，不但沒有帶來平等，反而創造了新的政治階級[35]。北京的《人民日報》提醒注意「群眾和領導之間新矛盾」的存在；並解釋這種新矛盾是黨員的錯誤行為導致「幹群關係對立」的結果[36]。如果真的有如一位前共產主義者所強調指出的：「顯著的人類特徵為〔共產主義〕運動提供權力創造和權力誘惑的溫床；獨一無二的等級精神和倫理原則與價值觀完全缺乏，成為維持共產主義運動的條件」[37]，那麼中國共產黨政權無論目前堅強到什麼程度，應該也不能永久免於行政敗壞——所有專制政權的一種痼疾，應該也是真的。

黃村的居民在一九三〇年就感覺到共產黨不可能改變人們的生活[38]。一位當代作者相信：「中國歷史和組織的動力對中國社會未來的影響，終將比共產黨人能夠利用的所有宣傳、所有教條和所有活力都要來得大。」[39]這個說法可能完全正確。不過，現在就預見共產黨統治的實際結果為時尚早。很大一部分取決於「竹幕」之後和之外的環境，以及共產黨人未來的行動方向[40]。現在想這個問題是沒有用的，本書的任務也不是要作任何預測。不過，我們希望對十九世紀中國鄉村情況的研究，能夠為解釋最近的發展提供一個出發點*。

33 Milovan Djilas 的用語，*Ibid.*, p. 87.

34 參見注一。

35 Milovan Djilas, *The New Class*, pp. 42-43：「在對共產主義制度進行批評性的分析時，一般認為它們的本質區別在於它們是一種特殊階層的官僚體系，對人民實行統治。雖然這一般說來是正確的，但是如果進一步詳細分析，就會發現，構成統治官僚——或者用我所定義就是『新階級』——核心的只是那種特殊階層的官僚，他們並不是行政官員。這實際上就是政黨或政治集團。其他官員只不過是新階級統治下的工具。」就中國的情況來說，看來 Milovan Djilas 所稱「統治官僚」或「新階級」的，就是封建社會時期的「統治階級」；他所稱的「行政官員」，類似於過去歷史上的士大夫。

36 引見 *Time*, May 5, 1957, p. 33.

37 Milovan Djilas, *The New Class*, pp. 152, and 155-156, 描述了共產主義的道德墮落。很明顯地，著名格言「權力腐敗」在這裡也非常適用。

38 Lin Yueh-hwa, *The Golden Wing*, p. 199.

39 Frank A. Kierman, *The Chinese Communists in the Light of Chinese History* (Cambridge, Mass.: Massachusetts Institute of Technology Center for International Studies, 1954), pp. 40-43.

40 值得指出的是，即使是 Solomon Adler 也毫不掩飾自己對中共的同情，並對它們的政權進行非常樂觀的描述。他在最近出版的大作中，以虛擬語氣的筆調用下列言辭作出結論：「無論最終所得報酬是什麼，中國從一個前工業社會變成一個工業社會，任務是非常艱巨的，必須付出重大的代價。就目前情況來說，或許由於中國的起點水準非常低並依靠蘇聯的支援，它所受到的苦痛雖然越來越厲害，但相對來說顯得溫和。如果不發生戰爭，如果農業社會主義化繼續得到順利開展，如果人口增長率沒有危害工業化的步伐，那麼很清楚地，中國在走一條獨具匠心的道路。」*The Chinese Economy*, pp. 237-238.

* 這段手稿寫於毛澤東發動「人民公社」之前。我對中國農民命運的推測，看來得到了一些證實——蕭公權。

附錄

附錄一

里甲組織的變異

要描述清帝國各地里甲組織令人頭昏的所有變異形式是不可能的。不過，對其中一些比較重要或有意義的變異加以說明，應該是有用的；因為這樣的描述不但能讓我們對實際存在的里甲體系有一個清楚的概念，同時也對帝國行政的特點本身作了一些說明。

里甲的不同形式，包括主要變異類型以及常規的形式，分類詳列如附表1-1。為了便於比較，將變異類型的層級置於相應的正規層級同一欄的下方。如果精確相應關係難以確定，那些變異形式就置於看起來合理的地方。

首先，從常規的形式開始。《朝邑縣鄉土志》和《城固縣鄉土志》（均屬陝西省）詳細記載了這些地區的稅收組織。前者說：在朝邑縣，「大約……十甲為里。光緒十六年（一八九〇年），……共編三十三里。」[1]後者強調說：「里有十甲，……花戶多少不等。」[2]這些情況非常接近常規的類型。同樣

1 《朝邑縣鄉土志》（年代不詳），頁三六b。

2 同上，頁一八b。

附表 1-1　里甲層級及其變異

形式												地區
常規的形式					里						甲	直隸、陝西、湖北、江蘇、廣西、四川
變異形式	增加的形式				里				村		甲	貴州、雲南
			鄉		里				村		甲	山東、湖南
					里		圖				甲	福建
	減少的形式		鄉		里							陝西、湖北、湖南、浙江
			鄉	=	里							直隸、河南、湖北、四川、浙江
	替代的形式	四（五）級	都		保		圖				甲	廣東
			鄉		都		圖				甲	江蘇
			鄉		鋪		圖				甲	福建
			渠		都		圖				甲	江蘇
			鄉	都	里				院			湖北
			鄉	都	里		圖					浙江
			鄉	都	里				村			江蘇、浙江
					里	都	圖		村			福建
			鄉		里	都	圖		保			福建
		三級	鄉		都						甲	廣東、湖北、江蘇、安徽
			鄉		里				村			陝西
			鄉		都				村			江西
			鄉		都		圖					江西、江蘇、福建、浙江
			鄉				圖		村			廣西、廣東、浙江
			鄉		里				鋪			福建
					都		圖				甲	福建
					保		圖				甲	廣東
				都	渠						甲	湖南
						圖	冬	村				廣西
		兩（一）級	鄉		里							浙江
			鄉		都							江、廣西、湖北
			路								甲	雲南
					鄉				鋪			湖北
			都		里							江蘇
			渠				圖					江蘇
					?		圖					江蘇
					里		里					陝西
					鄉				莊			浙江
					里				村			廣西
			都						村			廣東
									村	里		湖北
									村		甲*	四川
					里							廣西、湖南、河南

* 在甲組織下還有小村。

地，根據一八九〇年版《賀縣志》（廣西），該縣的十八個里，每里也分為十個甲[3]。興化州（江蘇）的安排幾乎與此相同[4]。遺憾的是，這些史料都沒有告訴我們一甲有多少戶。我們有充分理由懷疑，即使在遵照官定架構編組的地區，各甲的戶數也不是一致的。

一八八九年版《興國州志》（湖北）印證了這個推斷。據纂修者說，按照法律規定，該州的二個坊和三十八個里都有十個甲。但是各甲的戶數，不但在這些基層組織裡互有不同，而且遠遠超過官方所定的數額，每甲平均達到三百八十三戶[5]。

在其他事例中，各里的甲數也不一。涿縣（直隸）就是這樣，在四十個里中，只有十三個里每里有十甲[6]。綿竹縣（四川）的安排也與官方的定制不同，每里五甲而不是十甲，結果整個鄉村地區只有二十甲，平均分屬四個里[7]。

在我們準備檢視的變異形式中，有些地區偏離常規的形式，是在「里－甲－戶」模式之外增加一個或更多的層級，還有一些是省略一個或更多層級，其他的則是將一個或更多的層級替代成官方規定以外的。這些變異的類型分別稱為：增加的形式、減少的形式和替代的形式。

---

3 《賀縣志》（一九三四），2/16b，引一八九〇年版。

4 《興化縣志》（一八五二），2/6b-8b。

5 《興國州志》（一八八九），2/6b 和 5/2a-7a。

6 《涿縣志》（一九三六），第四編，卷四，頁一六 b－一七 a，關於過去里甲組織的回顧〔附舊里甲〕。

7 《綿竹縣鄉土志》（一九〇八），〈歷史丙〉，頁一五 b。

增加性變異

在某些情況，鄉和村就像「保－甲」一樣，顯然是為了方便而併入了稅收體系。例如，在雲南、貴州和山東，村常常插入甲和戶之間，這可以推知甲所包括的戶數比官方規定來得多。根據一八九五年版《仁懷廳志》（貴州），該廳總共有三個里，其中一個里轄五個甲，另外二個各轄四個甲，而每甲各轄數目不詳的村[8]。一八八七年版《鎮雄州志》（雲南）列出該州的十個里，並載明各里的甲、村、戶數。除了一個里之外，其他各里都包括五個甲；不過，村的數量則從十個到三十個不等，甚至更多[9]。同省的另一個州，十九世紀的情況與此類似，十個里所轄的甲與村的數量稍微多些[10]。莘縣（山東）呈現另一種景象，它與以上的情況不同，在里之上設有鄉，而每甲的平均村數不到四個[11]。把鄉與村引進里甲體系，可能是為了方便。因為這個理由，十七世紀一位昆陽州（雲南）的地方官就把村整合到里甲體系了。據說，「里甲歸村，民便輸納。」[12]

在其他案例中，引進的是鄉和村以外的其他層級。根據一八七〇年版《泉州府志》（福建），安溪縣為了徵稅而劃分為十八個里（分屬三組），每里劃分為六圖，每圖劃分為十甲[13]。「圖」是官方的規例中沒有提到的項目。還應該特別指出的是，此處的不合常規涉及到不僅是增加一個新的層級。由於圖轄有十甲，所以「圖」實際上取代了官方規定的「里」。由於安溪縣的十八個里各劃分為六個圖，這個「里」（轄六十甲）比官方規定的「里」（轄十甲）大得多。最後，由於該縣十八個里分屬六個「組」〔編按：應為三組〕，因而在個別的里之上實際上還有一個更高的層級，一個或多或少和其他地區的「鄉」類似的層級；而在那些地區，鄉被納入了里甲體系之中。

「圖」作為稅收單位，其起源如何？《泉州府志》纂修者描述了它在惠安縣的發展：

> 宋初分三鄉，領十六里。慶曆間改為十八里。……元貞元間更為文質、行滿、忠恕、信義四鄉，仍十八里，統三十二圖，圖各十甲。國朝順治年間，……圖甲稍減原額。康熙十九年乃復舊[14]。

由此看來，「圖」顯然是元朝遺留下來的。由於某種原因，當地居民保留了它，而政府也未加以干涉。

---

8 《仁懷廳志》（一八九五），1/20a-21a。

9 《鎮雄州志》（一八八七），1/41a-51b。

10 《尋甸州志》（一八二八），1/6b-7a。

11 《莘縣志》（一八八七），1/14a-27b。

12 《昆陽州志》（一八三九），6/12a-b。

13 《泉州府志》（一八七〇），5/15b-16a。〔編按：府志原文：「今並在坊計一十八里，分為上中下各六里，共統一十八圖，圖各十甲。」細按各里皆統圖一，而非每里統六圖。〕

14 同上，5/13a-b。〔譯按：慶曆誤植為萬曆。據府志原文改。〕吳榮光（一七七三－一八四三），《吾學錄・初編》，2/1a-b說，「圖」有一個不同的意思。他引用《大清會典》寫道：「直省各府州縣編賦役冊，以一百一十戶為里，……每里編為一冊，冊首總為一圖。」

減少性變異

關於減少性變異的事例比較多。根據《華州鄉土志》、《岐山縣鄉土志》和《宜川縣鄉土志》（均屬陝西），這些地方的稅收體系都沒有甲這個層級。華州共有四十一個里，相當平均地分配在鄉村地區的四個鄉之中[15]。岐山縣也有四個鄉，總共二十九個里，但分配得並不平均。「里」並沒有劃分為甲，但是每里各「統」一些村，村的總數是六百一十個。每里「統」的村數，少的六村，多的四十六村[16]。宜川縣與華州和岐山縣不同的是，它的甲並沒有完全消失。《宜川縣鄉土志》說，該縣鄉村地區以前劃分為四個鄉，有二十四個里。康熙年間，里數減少到四個；到修志時有十七個里，其中四個里因「地狹戶少，不分甲」[17]，這說明其餘十三個里是有甲的層級。

類似的情況普遍出現在其他地區，特別是湖北、湖南和浙江。在湖北省的許多州縣，一直都沒有甲的層級；其中有些地區，只保留了鄉和里（如武昌縣、蘄州、黃梅縣、隨州、襄陽縣、歸州、保康縣和建始縣）[18]；在另一些地區（如漢陽縣和恩施縣）[19]，村被當作稅收單位。道州和靖州（均屬湖南省）提供相同的簡化里甲體系的例證。在道州，八個鄉都劃分為若干里[20]。在靖州，有一個坊和七個鄉，十九個里不平均地分布其間[21]。「坊」在官方術語中，本來是鄉間的「里」在城區的對應單位，現在被用來指稱包括幾個「里」的上一個層級，與「鄉」同一層。同型的縮簡版也見於十九世紀的仁和縣（浙江）[22]。

如果省略「甲」，同時將「里」合併入「鄉」，或將「鄉」合併到「里」；里甲就進一步簡化為一個單層的配置。前一種安排的事例，見於四川的一些地區。附表1-2根據一八八二年版《瀘州直隸州志》製成，可以清楚地顯示這種變異[23]。

江蘇省的一些縣與此情況完全相同。一八一〇年版《揚州府志》提供了下列資料[24]：

	鄉數
江都縣	25
廣陵縣	26
寶應縣	6
海陵縣	8
高郵縣	19
永貞縣	10

15 《華州鄉土志》（年代不詳），59b-61b。

16 《岐山縣鄉土志》（年代不詳），3/3b-4a。〔編按：鄉土志原文說：「本境分里三十，統村六百三十。」此處的數據應是扣除「在城里」（附郭）及其所統的二十村。〕

17 《宜川縣鄉土志》（年代不詳），頁七b－八b。

18 《湖北通志》（一九二一），33/1020，引《武昌縣志》；33/1029，引《蘄州志》；33/1030，引嘉慶《黃梅縣志》；33/1033、34/1039 和 34/1047，引《輿地記》；34/1054，引光緒修纂未刊《歸州志》；34/1058，引《建始縣志》。

19 同上，33/1023-24，引自《漢陽縣志》；34/1056，引自《恩施縣志》。

20 《道州志》（一八七八），3/23a-b。

21 《靖州鄉土志》（一九〇八），2/22a-b。

22 《衡州府志》（一八九五），5/22b-23a。

23 《瀘州直隸州志》（一八八二），1/2a。

24 《揚州府志》（一八一〇），16/1a，引《太平寰宇記》。〔編按：廣陵縣誤植為六鄉。〕

附表 1-2　四川之里甲編組

地區	里數（明朝）	里數（清初）	1927 年併里入鄉後的鄉數
瀘州	67	3	10
江安縣	20	4	10
合江縣	7	3	4

「鄉」併入「里」的事例，在直隸、河南、浙江和湖北都有。一八七七年版《蔚州志》（直隸）說，該地區的民戶被編成十五個里，各里的名稱在該志修纂時還有案可查[25]。一八九二年版《睢州志》指出，河南省這個地區的稅是在「里」的層級來徵收的，原本四十個里，不知何時增加為七十二里[26]。一八九八年版《杭州府志》（浙江）透露，該府所屬的某些縣（如於潛縣），「里」是唯一的收稅單位。該志接著解釋：

> 元祗二十四里，……明成化（一四六五—一四八七）後，盡革裁諸里名，但以每一鄉編為一里，得里十一。……國朝因之[27]。

在湖北省的一些地區，「鄉」也被「里」取代。一九二一年版《湖北通志》指出，巴東縣將民戶編為八個里，並說：

> ……案嘉慶（十八世紀初）志……光緒《湖北輿地記》均不言鄉。案宋時原有鄉名，不知何時沒去[28]。

一九〇〇年版《歸州志》提供了一條關於「鄉」失蹤的線索。據說，該州在宋朝原本劃分為十鄉，後來劃分為十七鄉；在明朝被里所取代[29]。因此可以推斷，在「里」作為唯一稅收單位的其他地區，也經歷同樣的過程。

不過，這個轉變並不是完全一致的。在某些地區，這種變化只進行了一部分，因此「鄉」和「里」在同一地區並存；長陽縣（湖北）的情況就是如此，該縣在清朝時期有三鄉，戶口編成三個里，「即以鄉名為里名」[30]。

還有幾個奇特的事例，整個稅收體系被簡化到甲的層級。根據一八〇二年版《延安府志》[31]，陝西省這些地區發生了如下表所示的變化。

	最初的單位	現在的單位
安塞縣	16 里	8 甲
保安縣	8 里	6 甲
安定縣	9 里	9 甲

替代性變異

接下來是「替代性變異」，我們面對的是五花八門的各種形式。略過一些看來沒有多大意義的小差異，我們可以從這些變異中找出一些規則。替代的過程最常出

25 《蔚州志》（一八七七），3/25a。該州總共有四萬九千八百三十九戶。
26 《睢州志》（一八九二），3/2a-3a。
27 《杭州府志》（一八九五），5/31a。
28 《湖北通志》，34/1055，引嘉慶《巴東縣志》。根據該通志（34/1056），宣恩縣可能沒有設「鄉」。因為嘉慶《湖北通志》、相關府志、縣志及《輿地記》都沒有提到鄉名。
29 《歸州志》（一九〇〇），8/1a-3b。
30 《湖北通志》，34/1055。
31 《延安府志》（一八〇二），28/3b-15a。

現在官方架構的里這個層級，「里」被「都」或「圖」所取代。有時，「鄉」被「渠」所取代。在其他地方，通常是沒有「甲」的地方，各種法律規定之外的單位現身了，例如「村」、「保」、「鋪」（鋪）和「院」，雖然我們並不能確定它們實際上取代了「甲」。我們的確應該承認，由於所見的地方志經常沒有指出這些單位的精確地位，因此即使有一個或更多的法定單位被放棄，也難以確定這些是否為某個法定單位的替代品，或是這個體系的添加物？

四級的形式

許多事例顯示，地方對官方架構的偏離，不但出現在常規的單位被各種單位所替代，還出現在一些額外單位的增加。以下四級制版本值得注意：

一、「都－堡－圖－甲」模式據說出現在南海縣（廣東）。根據一九二三年版《佛山忠義鄉志》[32]，其編組如下：

> 吾邑……以都統堡，其堡多少不等；以堡統圖，堡有大小，故圖之多少亦不等；以圖統甲，每圖分為十甲；……以甲統戶，戶多少不等。

不過，應該指出的是，這個說法與一九一〇年版《南海縣志》所述該縣通行的三級模式並不一致。這種四級制的編組可能只限於南海縣這個特定的區域。

二、另一個四級模式，出現在無錫縣（江蘇）。一九〇八年版《泰伯梅里志》說，泰伯鄉（無錫縣的一個鄉村地區）為了方便稅收而劃分為三個「都」，即五十五都，統十「圖」；五十六都，統十「圖」；和五十七都，統九「圖」。每「圖」所轄甲數各不相等[33]。把「鄉」作為一個層級，可以得出一個「鄉－都－圖－甲」的模式。東莞縣（廣東）的情況與此類似[34]。

三、福建惠安縣是另一個例子。一八七〇年版《泉州府志》的編纂者說：

> 宋初分三鄉，領十六里。慶曆間改為十八里。……元貞元間更為文質、行滿、忠恕、信義四鄉，仍十八里，統三十二圖，圖各十甲。……乾隆二年，因里長侵糧，革去里班名色，改為六十七鋪[35]。

這解釋了不常見的層級「鋪」的起源，它也出現在清帝國的其他地區。

四、無錫縣還有另一種四級制的變異，是「區－都－圖－甲」模式。一八八一年左右，該縣的稅收層級體系為「區攝都，都攝圖，圖攝甲」[36]。記載這個說法的志書解釋這是明朝的制度，「目前襲之」，不過

32 《佛山忠義鄉志》（一九二四），4/2a-3a。

33 《泰伯梅里志》（一八九七），1/4a-6b。

34 《東莞縣志》（一九一一），卷三，各頁。

35 《泉州府志》（一八七〇），5/13a-b。〔譯按：領十六里誤植為六里，慶曆誤植為萬曆，乾隆二年誤植為十三年。據府志原文改。〕

36 《無錫金匱縣志》（一八八一），11/3a。

沒有詳細說明各個層級相關的單位數，因此無法確定「區」和「都」是否相當於「鄉」和「里」。

五、下面的四級制變異出現在湖北。根據一八九四年版《沔陽州志》，這個地區部分鄉村的層級如下[37]：

寶成鄉（五鄉之二）四圖十七里：

第一圖	獲福里，19 院
	興仁里，13 院
	剅一里，11 院
	剅二里，20 院
	剅三里，6 院
第二圖	石板里，8 院 ……

這個區域通行的模式「鄉－圖－里－院」，有兩個新奇之處：其一，它將「圖」置於「里」之上；其二，它引進的層級「院」在其他地區很難見到。關於「院」的起源，州志的編纂者這樣說：

> 故民田必因地高下修堤防障之，大者輪廣數十里，小者十餘里，謂之曰院。如是者百餘區[38]。

因此，「院」似乎取得了那些村莊併入稅收體系的地區「村」的地位。

六、浙江一些地區實行「鄉－都－圖－里」模式，其中建德縣的事例最為典型。下列資料出自一八八三年版《嚴州府志》[39]：

	都	里	圖
買犢鄉	2	3	16
新亭鄉	3	5	8
白鳩鄉	3	5	5
孝行鄉	2	7	2
建德鄉	4	5	6
慈順鄉	3	7	5
龍山鄉	2	3	4
仁行鄉	2	3	4
芝川鄉	2	2	3

在一例中，圖數與里數相同（白鳩鄉）；在另一例中，里數與都數相同（芝川鄉）。府志的纂修者無疑表明所有這些單位處於不同層級上。

---

37 《沔陽州志》（一八九四），卷四，〈食貨〉，頁一五 a－三四 a。

38 同上，卷三，〈建置〉，頁一一 a。

39 《嚴州府志》（一八八三），4/1a-3a。

七、一八七五年版《通州直隸州志》（江蘇）記載了泰興縣稅收組織的訊息如下，是一個「鄉—都—里—村」模式[40]：

	都	里	村
太平鄉	9	35	不詳
順德鄉	6	43	不詳
保全鄉	3	14	不詳
依仁鄉	3	14	不詳

根據該地方志，每里「轄」若干村，因此「里」和「都」一定都是規模超過法定「里」的大單位。類似的「鄉—都—里—村」編組盛行於通州的其他地區[41]、揚州府（江蘇）的一些地區[42]，可能還有杭州府昌化縣（浙江）[43]。

浙江省一些地區提供了這種四級制模式的變形。奉化縣的剡源鄉有類似的編組，不同之處在於「里」為「圖」所取代；而「圖」是南部地區常見的層級。根據《剡源鄉志》（一九〇一年版）[44]，情況如下：

			村
剡源鄉	四十七都	一圖	25
	四十八都	一圖	13
		二圖	29
	四十九都	一圖	11
		二圖	16
		三圖	5
	五十都	一圖	45
	五十一都	一圖	23
		二圖	11
	五十二都	一圖	10

該地方志中還配有一些略圖，說明剡源鄉「都」和「圖」的配置情況。（遺憾的是，沒有顯示「村」的配置情況。）此處引用其中一幅略圖，可以讓我們對這個情況有些概念。這些單位的形狀不規則，可能

40 《通州直隸州志》（一八七五），1/33b-34b。

41 同上，1/32a 和 1/34b-35a，記載通州和如皋縣的編組情況。

42 《揚州府志》（一八一〇），16/21a。

43 《杭州府志》，5/33a-b。

44 《剡源鄉志》（一九一六），1/2b-4b。

「都」與「圖」編組

浙江奉化縣剡源鄉

（方格的邊長大約 5 里）

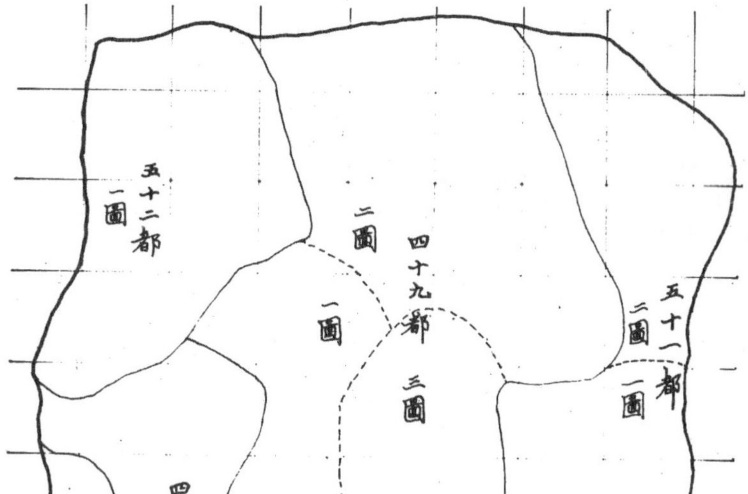

是因為地形的因素，或者是為了逃稅而「不公正地操作」所造成的——一種將稅率較高的土地登記到稅率較低單位的詐欺手法。我們將會對這種手法作更詳細的解釋。

八、最後一個四級制變異的事例，是「鄉－里－都－圖」模式，特別有趣，因為它是連續幾個朝代加入新的層級而創造出來的。根據《福州府志》（一七五六年版）編纂者的說法，古田縣（福建）的稅收層級始於宋朝時的四鄉十三里；元朝將「里」再劃分而增加了四十八個都，明朝又增加了五十九個圖[45]。雖然每個「圖」都包括一些村，但這些村是自然出現的，而不是為了徵稅而設置的行政單位。

九、此處還可以指出看起來是一個五級稅收組織的罕見事例。根據一八三八年版《廈門志》[46]，同安縣（福建）鄉間在宋朝早期被劃分為四鄉二十七里；這些單位在元朝重新編排成四十四個都，明朝減為三十七都，共轄五十三個圖。一七七五年，里的層級又經過一次洗牌；隨後不知在哪個時候，設置四十五個保，置於「圖」之下。該志纂修者的記述並不完全清楚。他所面對的體系看來包括五個層級：鄉、里、都、圖和保。

三級的形式

一、首先是「鄉－圖－甲」模式，其中「里」為「圖」所取代。南海縣（廣東）可能提供一些最好的例子。每甲的戶數極不相同。在該縣最富庶鄉間之一的儒林鄉，附表1-3中所顯示的編組是一八八〇年

45 《福州府志》（一七五六），8/9b-12a。

46 《廈門志》（一八三九），2/20a-22a。

左右的情況[47]。纂修者沒有說明「圖」的性質。不過，由於五個圖恰好都下轄十個甲，因此可以推斷，因此它在當地必定相當於官定的「里」。這個推斷得到一九二一年版《湖北通志》的間接支持。嘉慶《廣濟縣志》的纂修者寫道：

> 舊額三十里，後廢靈東四圖。康熙五年（一六六六）知縣黃玉鉉設太西三圖足舊額。三十五年（一六九六）增安樂七圖。由是廣濟七鄉有三十七圖三百七十甲。案圖即里也[48]。

如果一八一〇年版《揚州府志》（江蘇）的資料可靠的話，《湖北通志》所提到的「舊」里，可能就是明代里甲體系的組成部分。根據《揚州府志》引嘉慶版《寶應縣志》，當地稅收單位在明朝和清朝發生的變化如下頁表所示[49]：

附表 1-3　九江儒林鄉每圖的戶數

	第三十四圖	第三十五圖	第三十八圖	第七十九圖	第八十圖
第一甲	31	36	43	18	39
第二甲	23	14	40	32	81
第三甲	12	12	48	20	21
第四甲	30	39	34	36	15
第五甲	20	33	86	14	22
第六甲	19	18	28	133	17
第七甲	16	10	65	9	79
第八甲	32	18	54	16	30
第九甲	26	73	77	21	29
第十甲	9	16	37	45	31

	明代的單位（里）	清代的單位（圖）
三阿鄉	4	4
曹村鄉	2	2
永寧鄉	2	2
軍下鄉	2	4
王野鄉	4	4
孝義鄉	4	4
順義鄉	2	4
侯村鄉	2	2
白馬鄉	3	4

「圖」在這裡明確地取代了「里」。不過在其他地方，「圖」似乎先是一個插入「里」和「甲」之間的新增單位，但後來就取代了「里」。舉例來說，根據一八八四年版《淮安府志》[50]，桃源縣（江蘇）的情況概如附表1-4：

47 《九江儒林鄉志》（一八八三），5/10a-19a。
48 《湖北通志》，33/1030。
49 《揚州府志》，16/22b-23a。
50 《淮安府志》（一八八四），20/1b。

附表 1-4　桃源縣的里和圖的數量

鄉	舊有數量		現圖數
	里	圖	
陸城鄉	15	32	12
崇河鄉	12	36	12
恩福鄉	8	33	9
吳城鄉	6	30	8
順德鄉	7	25	7

「里」和「圖」有時共存在地方的名稱中。根據一八八五年版《續修廬州府志》[51]，蒙城縣（安徽）的稅收組織就呈現如下的形式：

在城鄉，分為二個圖：
在一里，下轄十甲；
在二里，下轄十甲。
惠安鄉，分為二個圖：
惠一里，下轄十甲；
惠二里，下轄十甲。

二、不過，「里」的名稱存在於一些「圖」和「甲」都不存在的地區，後者（甲）被村所取代。在翼城縣（山西）和同官縣（陝西），鄉劃分為數里，每個里又劃分為數村，形成一個「鄉－里－村」的模式[52]。

三、上一模式的一種南方變形，是「都」取代了「里」形成的「鄉－都－村」模式，見於閩清縣（福建）和泰和縣（江西）。在閩清縣，一六六〇年由知縣所定的部分層級如下[53]：

旌良鄉：三都，轄七村；

四都，轄十村；
五都，轄十一村；
七都，轄九村；
八都，轄十四村；
九都，轄九村，等等。

在泰和縣，據縣志記載，「坊鄉里巷立名自宋淳熙始，明初坊改為廂，鄉分為都，都後為圖，圖即里之謂也。」[54] 一八七〇年代，該縣的稅收組織情況部分如下：

仁善鄉：一都，管三村；
二都，管四村；
三都，管六村，等等。

---

51 《續修廬州府志》（一八八五），13/46a-b。參見《蒙城縣志書》（一九一五），2/7a-b。

52 《翼城縣志》（一九二九），4/4a-b；《同官縣志》（一九四四），2/4a-b。應該指出的是，翼城縣的四個鄉，每鄉統一劃分為五個里；同官縣的四個鄉，每鄉劃分為六個里。《同官縣志》纂修者指出，這是「乾隆時」，亦即十八世紀的情況。

53 《福州府志》，8/13a-14b。

54 《泰和縣志》（一八七八），2/14a-18a。

四、「鄉—都—圖」模式，存在於江蘇省一些地區。《泰伯梅里鄉志》（一八九七）[55]記載無錫縣的編組如下：

		圖
泰伯鄉	第三十三都	7
	第三十四都	8
	第三十五都	8
	第三十六都	4
梅里鄉	第五十五都	10
	第五十六都	10
	第五十七都	9

類似的情況見於南昌縣（江西）。據說，該縣五個鄉的名稱初見於一八五〇年編纂的登記冊時，共統六十八都，五百八十九圖，各鄉的配置並不平均[56]。「都」的性質，與前一個事例一樣，沒有提到。

不過，一七五六年版《福州府志》對「都」的情況作了一些說明。據修纂者說，長樂縣（福建）鄉間地區部分組織設置情況如下[57]：

		圖
南鄉	二都 = 崇聖里	4
	三都 = 信德里	2
	四都 = 嵩平里	3
	五都 = 泉元里	2

明顯地，「都」與「里」同時用於這個地區；這或許就像上面提到的南昌縣或泰伯鄉一樣，意味著「都」在一些地方取代了「里」。

五、「鄉－圖－村」模式，見於廣西省部分地區。根據一九〇九年版《南寧府志》[58]，宣化縣鄉村地區劃分為數個鄉，每鄉劃分為一到八個圖，每圖又分為數目不等的村。同樣的模式出現在廣東和浙

55 《泰伯梅里志》，1/2b-9b。

56 《南昌縣志》（一九〇四年修，一九一九年刊），3/3a-5b。

57 《福州府志》，8/15a。

58 《南寧府志》（一九〇九）〔譯按：正文原作一九〇八年版，據書目改〕，卷一〇，各頁。

江，在那裡「都」看來就完全等同於「鄉」。根據一八七三年版《香山縣志》[59]，這個地區的部分編組列表如下：

	圖	村
仁厚鄉＝良字都	6	37
德慶鄉＝龍眼都	6	58
永樂鄉＝德能都	6	44
長樂鄉＝四字都	2	18
永甯鄉＝大字都	2	30

六、一種奇特的變形見於福建省。羅源縣鄉村地區採行的是「路－里－鋪」模式，而不是比較習見的「鄉」、「都」和「圖」的層級[60]：

	里	各里的鋪數
西路	6	1-4
北路	5	1-5
東路	3	1-4

纂修者對於「路」和「鋪」兩詞的含義及起源，沒有任何解說。

七、另一種關於「鄉」級單位的改變，見於晉江縣（福建）。根據《泉州府志》（一八七〇）記載[61]，該縣鄉村地區在宋代劃分為五鄉領二十三里。元朝時重新加以編組，「變鄉及里為四十三都」，加上城廂的三個隅，共統一百三十五圖。「圖」與官定形式的「里」一樣，各轄十甲。明朝政府保持這種編組不變，清政府也是如此。這種「都－圖－甲」的模式，也見於同一省的同安縣和南安縣[62]。

八、南海縣和花縣（均屬廣東）展現出一種與前者不同的三級模式。由於「都」為「堡」所取代，而出現如下的「堡－圖－甲」編組模式[63]：

---

59 《香山縣志》（一八七三），5/1a-12b。參見《杭州府志》，5/33a。Donnat 所觀察到的編組看來是這個模式的變形：「鄞縣地區的這五個村莊，集中在一起，屬於『里－鎮－圖－里－都』〔譯按：此術語可能有問題，原文為 Li-che-tou-ni-dou。〕中『圖』的一部分，亦就是按照它們自己第三種方式設置起來的鄉村組織。」Donnat, *Paysans en communaute* (1862), p. 85.

60 《福州府志》，8/18b-20b。

61 《泉州府志》，5/1b-9a。

62 同上，5/9a-b 和 5/18a-21a。

63 《南海縣志》（一九一〇），7/5b-41a；《花縣志》（一九二四），10/7a。

	堡	各堡圖數	各圖甲數
南海縣	34	不定	10
花縣	3	不定	不定

這表面上與晉江縣（福建）的「都－圖－甲」模式相似。但是根據《南海縣志》（一九一〇）纂修者的說法，「或文言之曰里，俗稱之為堡歟」[64]。據指出，「堡」在清朝建立初期，人數平均不到一千人，因此它是一個比較小的單位。而晉江縣的「都」則是一個把「鄉」和「里」都融入其中的單位。這個論點得到《佛山忠義鄉志》（一九二三）纂修者的支持，該纂修者在討論佛山（廣東）的體系時，認為「堡」的名稱起於明代，並認為「里長」就是當時「堡」的管理人員[65]。

九、在湖南省一些地方，「里」級單位稱為「區」。一八九六年版《慈利縣志》的纂修者在描述該縣的里甲體系時寫道：

明代析附郭及城中為坊廂，而畫四境以二十五都。……初時縣都袤闊，一都析二、三里，或五、六里，里又編十甲。……故今百姓納糧，第以都相舉，亦或標區名[66]。

十、永淳縣（廣西）提供了一個古怪的模式，可以提出來作為這個三級形式名單的結尾。根據《南寧府志》（一九〇八），該縣的鄉間為徵稅目的而劃分為若干「圖」，各圖劃分為若干「冬」，各冬管若干「村」。纂修者沒有解釋「冬」這個陌生字眼[67]，不過另一部地方志[68]說：

縣初編戶皆謂之冬，催糧者曰冬頭。……康熙二十年縣令姚弼始……改冬為甲。

兩級的形式

當兩個或更多的稅收層級相互合併，或當其中的一些從體系中消失，兩級的形式就出現了。除了一個例外，下面要討論的所有事例都包括兩級。當然，「戶」不算在內，因為「戶」是一個單位而不是里

64 《南海縣志》，26/3a〔26/3b〕。
65 《佛山忠義鄉志》，卷一四，〈人物六〉，頁三二a。
66 《慈利縣志》（一八九六），卷一，〈地理〉，頁二b。
67 《南寧府志》，卷一〇，各頁。
68 《容縣志》（一八九七），28/5a。

甲的層級。

一、浙江省提供的事例很有啟發性。根據一八九八年版《杭州府志》，錢塘縣稅收層級的主要特徵如下[69]：

城內有十一坊，各坊轄數目不等的里；

附郭，七隅，各隅轄數目不等的里；

鄉村地區，九鄉，編組如下：

		各都所轄里數
履泰鄉		7
上調露鄉		10
下調露鄉		7
靈芝鄉	第三都	8
	第四都	4
	第五都	5
孝女南鄉		5
孝女北鄉		4
崇化鄉	第七都	8
	上第八都	6
	下第八都	9
欽賢上鄉		7
等		

這是一個兩種不同模式（「鄉－里」和「鄉－都－里」）並存在一個地區的例子，或許透露出簡化性改變的轉變階段。纂修者在一注解中補充說：「錢塘舊凡一百六十里，每圖田地多寡不均。」因此很明顯地，該縣的里甲從「鄉－都－里－圖」的四級模式，簡化為「鄉－都－里」的三級模式，而且正邁向「鄉－里」的兩級模式。

二、另一個兩級形式的版本，是由於「都」和「里」兩個層級相互重疊而形成的。下頁附表1-5顯示嘉慶朝（一七七六－一八二〇）廣西藤縣存在的層級[70]。有趣的是，表中的五個鄉（孝義、仁封、感義、義昌及太平鄉）各轄一些「都」（纂修者列出都名）和特定數量的「里」（沒有列出里名），各鄉的都數和里數正好相同；而甯風鄉則轄有七個指名的都和七個指名的里，兩者的數量也一樣。因此，我們有充分的理由假定，在這個地區，「都」和「里」是指相同稅收層級的同義詞，該縣的編組實際上是兩級制的：「鄉－都＝里」。一九二一年版《湖北通志》暗示了「里」可能在組織演變過程中為「都」所取代。纂修者引用《光緒（湖北）輿地記》指出，松滋縣的兩個鄉原來總共有二十一個里，但「今分二十一都」；其中九個都為高鄉所轄，其餘十二個都為低鄉所轄。類似的情況見於同省的枝江縣[71]。

三、另一類兩級制變異盛行於雲南、廣西和安徽一些地方。《鶴慶州志》（一八九四）描述了雲南這個地區的稅收層級，可部分彙整如下[72]：

69 《杭州府志》，5/21a-b。
70 《藤縣志》（一九〇八），3/67a-87a。
71 《湖北通志》，34/1053，引《光緒（湖北）輿地志》。
72 《鶴慶州志》（一八九四），17/2a-7b。

附表 1-5 廣西藤縣的鄉村組織

鄉	都	鄉轄都數	里	鄉轄里數
孝義鄉	一都 二都 三都 四都一 四都二	5		5
仁封鄉	七都 八都 九都 十都 十五都	5		5
感義鄉	二十八都 三十都 三十一都 三十二都 三十四都 三十六都 三十八都 三十九都	8		8
義昌鄉	十八都 二十一都 上二十二都 下二十二都 二十五都	5		5
太平鄉	四十一都 四十二都 四十三都	3		3
甯風鄉	四十六都 四十七都 四十八都 四十九都 五十二都 五十六都 五十八都	7	羅龍里 大任里 東皇里 三江里 隨化里 楊峒里 大黎里	7

	甲之名稱、數量		村
松桂南路	西邑	6	17
	南庄	6	9
	松桂	6	10
松桂北路	三庄	6	16
	東山	6	15
	波羅	6	20
	中江	?	12
	北衙	4	11
	姜營	8	27
	朵美	12	34
	觀音山	?	39

不過，在其廣大的鄉村地區（當地稱為「山外」），則有另外一種編組：

		村
甸南鄉	長一圖	46
	長二圖	21
	長三圖	18
	求一圖	13
甸北鄉	逢一圖	14
	逢二圖	16
	逢三圖	11
	求二圖	10

有兩點需要考慮。其一，如上所示，由於「村」已出現其中，我們不能完全肯定它不是稅收體系的一個層級。但是，這些「村」並沒有像其在他事例中的「村」一樣，明指是由其上層單位所「轄」，因此它們有可能並未被當作這個體系的一個層級。其二，「甲」前面的各種名稱（如西邑、南莊等等）究竟是指「甲」的上一個層級？或只是指沒有上一層級的鄰近各「甲」？並不清楚。

無論如何，可以確定的是，類似鶴慶州「鄉－圖」模式的兩級編組，存在於南寧府（廣西）[73]和廬州府（安徽）[74]的一些地方。

四、一種接近「鄉－圖」模式的變形見於遠安縣（湖北）。《湖北通志》（一九二一）引十九世紀末的一本地理著作說，該縣鄉村地區以前劃分為三個里，但後來劃分為三個鄉。而所轄的「鋪」分為三組，如下[75]：

東鄉	毛泥鋪
西鄉	鹿洋鋪 石管鋪 郝梘鋪
南鄉	歇馬鋪 後砦鋪 木瓜鋪 清溪鋪 ……

據纂修者說，這是「里」被「鄉」所取代的少數事例之一。

五、有一個奇特的例子，「鄉」和「都」並存在同一地區，而「里」又成了「圖」的同義詞，於是構成一個有雙線命名的兩級模式。一八一〇年版《揚州府志》這樣描述儀徵縣（江蘇）的編組情況[76]：

在城都（縣城）	一圖，曰在一里 二圖，曰在二里
新城都	新城里
懷義鄉，三都	一圖，曰三一里 二圖，曰三二里
東廣陵鄉，四都	四都里
歸仁鄉，五都	一圖，曰五一里 二圖，曰五二里 三圖，曰五三里
甘露鄉，六都	一圖，曰六一里 二圖，曰六二里
西廣陵鄉，太平鄉，七都	一圖，曰七一里 二圖，曰七二里 三圖，曰七三里

很明顯地，大多數「里」相當罕見地依其所屬的「都」的數字來命名。「五一里」表示第五都的第一里。「四都里」表示該里屬於「四都」，而該都只「轄」一個里。根據這個事實，可以推斷「懷義

73 《南寧府志》，卷一〇，各頁。

74 《續修廬州府志》，13/46b。

75 《湖北通志》，34/1049-1050。〔編按：遠安縣誤植為安遠縣（An-yüan）。〕

76 《揚州府志》，16/11b。〔編按：府志明言懷義鄉為三都，原書未注，今予補注。〕

鄉」可能就是「三都」，在城和新城分別是該縣的「一都」與「二都」。我們要指出的第二點是，在志書中，「太平鄉」之名緊跟在「西廣陵鄉」之後，即「西廣陵鄉，太平鄉，七都」。出現這個不規則情況的可能解釋是，這兩鄉之一（或兩鄉）的人口減少，以致戶數不足以構成獨立的主要稅收單位，因此合併為一個都——「七都」。

揚州府另兩個縣的情況與此相似，但稍有不同。根據同一地方志[77]，江都縣在明代劃分為二十八個主要稅收單位，其中八個鄉和一個都共轄一百一十八個里。雍正十一年（一七三三），這些稅收單位重組為六個都，命名為「一都」、「二都」等等；一都轄十二圖，其餘各都各轄十一圖。同樣地，據同一地方志[78]，東台縣在乾隆三十一年（一七六八）初設時，分為八個都，各都轄數量不等的圖（最少五圖，最多十圖）。

這兩個事例指出一個有趣的結論：清政府在設置稅收單位時，並沒有一致遵守它的官定規則。東台縣的個案尤其有趣，因為它晚到一七六八年才設置。很有可能由於「都－圖」名稱在地方上已經根深柢固，因此設置稅收體系的地方官認為將它移除是不智的。

六、無錫縣「區－都－圖－甲」四級模式的簡化版，出現在同一省（江蘇）的甘泉縣。根據《揚州府志》（一八一〇）[79]，這是雍正十一年（一七三三）採用的架構：

一區，領 11 圖
二區，領 11 圖
三區，領 10 圖
四區，領 10 圖
五區，領 10 圖

七、江蘇省還有另一種兩級的變異。根據《淮安府志》（一八八四）[80]，阜寧縣劃分為四個主要稅收單位，其名字為仁字、義字、禮字和智字，各「轄」十個圖，命名為「一圖」、「二圖」等等。不過，我們無法斷定主要單位究竟是「都」、「里」或「區」。

八、最奇特的一個兩級形式見於《甘泉縣鄉土志》（刊印時間不詳）。據該志記載[81]，陝西西陲的甘泉縣劃分為兩個里：

東作里，再分為二十三個里〔譯按：應為九個里〕	
西成里，再分為十四個里	

值得注意的是，在這本志書中，用來指稱高一級和低一級的單位的「里」字，寫法是完全一樣的。

九、「鄉－莊」模式存在於新城縣（浙江）。一八九八年版《杭州府志》[82]說，該縣劃分為十五個

77 同上，16/1a-3a。

78 同上，16/27b。

79 同上，16/8b-9a。

80 《淮安府志》，17/1b-2a。〔編按：原文誤植為山陽縣（Shan-yang）。按應志山陽縣民賦在卷一五，此處所討論的應為阜寧縣，據改。「智」字原誤植為「信」字，亦據府志改。〕

81 《甘泉縣鄉土志》（年代不詳），七a－八a。〔編按：原文作「本境分東西兩里，曰東作里，曰西成里，東西分二十三里。東作里屬九：真川里，……西成里屬十四，宣化里……。」〕

82 《杭州府志》，5/32a-b。

鄉，每鄉相當於一個里，各轄數量不等的莊（最少五莊，最多十一莊，總共一百二十三莊）。

十、一個相關的變形見於容縣（廣西）。十一個里轄村和莊共四百八十九個。一八九七年版《容縣志》纂修者解釋：「有明分邑境為十六圖，尋改為十一里。」[83]

十一、在清遠縣（廣東），鄉村地區「鄉」的層級相當於「都」，因而出現以下的編組[84]：

	村
太平鄉，名南塘都	25
善化鄉	39
清平鄉，名清湖都	67
……	

十二、在一些孤立的事例中，「村」成了「里」的上級單位，例如在荊門直隸州（湖北）。根據《湖北通志》[85]，荊門原來有八個鄉分為五十九個里。不知何時發生了一些變化，當地的稅收體系變成這樣：

	里
望鄉村	4
平泰村	5
羔觀村	7
馬仙村	7
長隄村	3
……	

十三、「村」在新繁縣（四川）也變成上級單位，但樣式不同。《新繁縣鄉土志》（一九〇七）記載，該縣「區為四村」及次級單位如下[86]：

		各甲所轄小村數
水村	一甲 二甲 三甲	10 10 7
韓村	一甲 二甲 三甲	4 5 4
……		

其餘兩村也各有三個甲，每甲領數量不等的小村。遺憾的是，纂修者沒有說明構成「甲」的「小村」有多小，以及統轄「甲」的「村」有多大。這個獨特事例看來實際上是一個三級的變形；把它列在這裡，

83 《容縣志》，1/12b-18a。

84 《清遠縣志》（一八八〇），2/14b-20a。

85 《湖北通志》，34/1047，引嘉慶《荊門直隸州志》〔編按：原文作「嘉慶志」，似當指嘉慶《湖北通志》〕。

86 《新繁縣鄉土志》（一九〇七），6/3b-7a。

僅僅因為它酷似前面的案例，以「村」作為上級稅收單位。

十四、賀縣（廣西）提供了一個試圖將名稱標準化的罕見事例。根據一九三四年版《賀縣志》，該縣在十九世紀中葉之前共有十八個里，各里均轄十個甲。不過，其中一些里稱為「鄉」或「都」，由此造成下列相當混亂的情況[87]：

上六里	在城里 江東里 文林里 姜七都 姜八都 城鄉
中六里	中里 上里 迎恩里 桂嶺鄉 平安里 平吉里
下六里	招賢里 十八都 二十都 二十一都 （另兩個單位的名字已佚）

一八六五年（同治四年。譯按：原文誤作十四年）知縣柳增秀「更定里甲糧戶」，將上列單位統一稱為「里」。然而，這名地方官雖然將名稱統一了，但在實際編組上卻作了變動。他沒有按照前述賀縣那樣的做法以及官方的規定，讓每個里轄十甲，而是讓十八里的各里各轄數量不等的稅戶，因而完全廢除了「甲」。由於他保留原來的里的集合（上六里等），卻沒有將它們設置成位於里之上的真正上層單

位，因此他所推動的新編組實際上是一個一級的模式。

類似的一級模式也見於宜章縣（湖南）。根據一八八五年版《湖南通志》[88]，該縣有七個里和六個都，這些（和廣西賀縣的一樣）大抵是同一個層級的單位。

實際上，相同的一級編組存在於鹿邑縣（河南）。這個事例特別能說明問題，因為該縣里的層級據說在明代稱為「圖」或「鄉」而不加以區別，但「里」的名稱在清代康熙年間被確立。一八九六年版《鹿邑縣志》[89]纂修者作了相當清楚的說明：

> 明洪武分縣田戶為十四圖，……成化三年增圖六、鄉十有四。……通前為三十四里。……國朝康熙間增廠十、里四，……遂為四十八里。

結論與說明

下列結論不言自明：

一、在十九世紀，甚至在此之前，官定的里甲形式實際上僅在相當少數的地區實施。

---

87 《賀縣志》（一九三四），2/16b-17a，引自一八九〇年刊本。

88 《湖南通志》（一八八五），49/1314。

89 《鹿邑縣志》（一八九六），3/2a-b。

二、北方各省看起來比較一致地遵照官定的名稱，而南方各省則各種各樣的名稱都有，其中最重要的是「都」和「圖」。

三、南方的州縣經常引進新增的層級，或者置於官定的層級之上，或者插入其間，從而遠離官定的形式；而北方州縣即使沒有一絲不苟地遵照官定的兩級形式，也很少有超過三級的稅收編組。

四、甲（由十戶構成）這個層級在許多地區消失了，而被通常是較大的其他層級所取代。

看來在十九世紀和之前，確實存在兩種主要的稅收組織類型。大致說來，北方類型以「里」為中心，而南方類型則以「都」和「圖」為基本單位。當然，必須指出的是，「都－圖」群組真的沒有出現在北方類型，而「里－甲」群組則出現在南方類型。

了解「里」的層級在華南和華中如何被其他層級所取代，應該是有點意思的。以下可以讓我們了解一個梗概：

里為圖所取代的省區	廣東、江蘇、湖北、安徽和廣西
里為都所取代的省區	江蘇、浙江、福建、湖北和廣西
里為區所取代的省區	湖南
里為堡所取代的省區	廣東
里為鋪所取代的省區	福建
里為鄉所取代的省區	湖北

我們還沒有在北方各省發現「里」被其他層級取代的事例。相反地，華北的一些地區卻發生過反向演變的跡象，「里」取代了先前以其他名稱存在的層級。不久前提到的鹿邑縣（河南）的情況，就是這樣的案例。

問題自然就來了。為什麼北方地區的里甲體系比較符合官方的規定，而南方則出現極大的分歧？為什麼「都－圖」的名稱經常出現於南方，而在北方一般看不到？我們能做的就是推論。

眾所周知，清代的里甲制度，無論是組織單位還是名稱，都直接承襲自明代的官方架構，實際上沒有任何改變。同樣清楚的是，「都－圖」組合大概起源於宋代和元代[90]，明代在一些地區繼續沿用。因此，稅收體系缺乏一致性是明代就已經存在的現象，並不是清政府特有的缺陷。事實上，非官定的名稱

90 知名歷史學家趙翼（一七二四－一八一四）在其《陔餘叢考》，27/22b 中解釋，南宋期間，有位知縣〔袁燮〕下令每保畫一幅地圖，把他治下各保的田地、山川和道路都詳載其上。這樣，「圖」的名字（其含義為圖畫或地圖）就被運用開來。然後合保〔的圖〕為「都」〔的圖〕，合「都」〔的圖〕為「鄉」〔的圖〕〔，合鄉的圖為縣的圖〕。趙翼補充說：「征發、爭訟、追胥，披圖可立決。」《建昌縣鄉土志》（一九〇七），2/9b-11a：「……有明編賦役黃冊，則以一百一十戶為一里。……圖者，土地之圖。一里必有一圖，然後有以知里中地域廣輪之數。建昌（於清代）……以一里為一圖，圖實缺如，直可謂有里無圖。」《大清律例彙輯便覽》，8/47b-48a 說，編賦役冊時，每里編為一冊，冊首總為一圖。還請參見注一四所引吳榮光對「圖」的敘述。「圖」一詞的使用最早可能在南宋，其含義為「地圖」，以表明里的位置和土地數量。但漸漸地，它的原始含義部分被遺忘了，在清代的廣東、江西、江蘇、安徽、湖北和廣西各省，「圖」常常用來指「里」這個層級。

在明代是如此盛行，以致一些地方志纂修者誤認為它們是正規的明制[91]。

因此，「都－圖」組合是一個經過明代而傳到清代的歷史遺存。清政府無力用官定的架構加以取代，就像先前明朝政府也做不到。

歷史遺存可以解釋一些名稱上的分歧，但解釋不了稅收體系中的結構性變異。我們稱為「增加的」和「減少的」變異形式出現的理由，看來主要來自地方環境和實際需求。

首先，將「鄉」和「村」納入稅收體系（兩者都未得到官方規例的認可），可能是為了實際方便的一種結果。如前所述，一六四八年採行的架構，要求「里長」將「里」的稅籍冊送到當地衙門。把鄰近各「里」集合起來，把稅籍冊集中在一起，當然方便許多。指派一、兩個人代表地方衙門（在一些地區，距離廣闊的鄉村非常遠）[92]，讓所有里長不必每一次都要長途跋涉。「鄉」（或相當的單位）就是適合此種目的——集合一群「里」以便於處理稅冊——的現成單位。因此，早在康熙年間，「鄉長」就已經被半官方地視為「管攝錢穀」[93]的人員。另一方面，擁有各種領袖的「村」[94]，也是一個對稅收目的相當有用的單位。此外，小村由於很小，住戶非常少（有時候少到只有六戶）[95]，這種「村」順理成章地成為稅收體系中最低的層級。

地方人口的增加或減少，也是里甲編組引進非常規項目的原因之一。明顯地，任何特定地區人戶的實際增加或減少，會打亂該地原有組織的規模。這就會造成「增加性」和「減少性」的變異，就會造成「甲」的消失或者被其他較大的層級所取代[96]。人口變化影響里甲組織的一個最好事例，見於延安府的安塞縣（陝西）。根據《延安府志》（一八○二）的記載[97]，安塞

> 縣原編二十里，明初以地瘠民貧，省為十六里，每里十甲，每甲以十一戶附之。崇正中〔崇禎，一六二八－一六四四〕，人民戶失大半，知縣王某奉檄編審，里斷甲絕，申請歸併，僅列為金庄一里。國朝乾隆中，人民比前稍繁，知縣倪嘉謙編……五里，未經舉行，旋即廢弛。今應差者，雖有八甲，實則六甲，不及大縣中一邨落也。

我們沒有實際的例子來說明人口增加對里甲組織的影響，但可以大膽地說，在那些人口大幅增加的事例中，影響應該是相當明顯的。

---

91 例如，《無錫金匱縣志》，4/9a：「明制，……區攝都，都攝圖，圖攝甲。」《佛山忠義鄉志》，卷一四，〈人物六〉，頁三二b：「明制以堡統圖，以圖統甲。」

92 在許多情況下，州縣區域十分廣闊。例如，豐鎮縣（山西）從東到西大約二百七十里，從北到南大約二百五十里（面積超過七千平方英里）；蔚州（直隸），從東到西為一百二十里，從北到南為二百三十五里（面積超過三千平方英里）；博白縣（廣西），從東到西一百七十五里，從北到南二百五十里（面積超過四千英里）；同官縣（陝西），大約為六千八百七十五平方里。參見《豐鎮縣志書》（一八八一年修，一九一六年刊），1/13a；《蔚州志》（一八七七），卷首，頁一八b；《博白縣志》（一八三二），6/21a；《同官縣志》，1/1a。

93 黃六鴻，《福惠全書》，21/4a。

94 本書第六章中探討了各種各樣的鄉村領袖。

95 例見 Bell, *China* (1884), I, p. 123, 提到東北的情況。

96 《宜川縣鄉土志》，頁八b：「地狹戶少，不分甲。」

97 《延安府志》，47/2a-b〔引縣志〕。參見《佛山忠義鄉志》，4/2a-b；《蒙城縣志書》，2/7a。

甲的人戶分布不平均，里或圖的人戶分布也跟著不平均（即使上一層級所轄甲數一樣），原因看來是雙重的：一方面，由於政府未能定期修正人口統計資料和調整對稅收組織[98]，地方人口的增加或減少肯定會造成人口分布越來越不平均；另一方面，帝制中國常見的逃稅現象，嚴重破壞十進位制的里甲。地稅的稅額建立在土地的等級和田地位置的基礎上，一塊土地的登記由一鄉轉移到稅額較低的另一鄉，或由一里轉移到稅額較低的另一里，就意味著納稅人可以實際省下錢。這樣的轉移當然是非法的，但是只要賄賂地方稅冊的保管人就可以辦到；而這種非法行為最終導致官定的單位變得（在極端的情況下）「僅存鄉圖之名」[99]。例如，建昌縣（江西）就經常出現：

> ……舊日之散圖，有田地此鄉而冊在彼鄉者。……德、受、鈞三鄉二十一里內，約三里屬小南鄉；小南鄉、甯豐二鄉二十里內，約三里屬大南鄉[100]。

一些特定地區的特殊環境有時也會對里甲層級產生影響。沔陽州（湖北）就提供了一個有趣的事例。在該州，「院」是「里」的下層單位。由於該州在每年的某些月分容易受到洪災，居民們修築堤岸將田地和家園圍起來，以防洪害。這樣圍起來的區域，在當地稱為「院」，最終變成了一個稅收的單位[101]。

還剩下一個問題：為什麼南方各省比北方出現更多不同的名稱？更準確地說，為什麼「都」、「圖」之類的名稱出現在許多南方的州縣，而沒有出現在北方？我們沒有明確的答案。一個推斷是，北方各省由於更靠近中央政府的所在地，或許處於更嚴密的監督之下，因而較嚴格地遵循它的命令；另一個推斷則是，南方出現的名稱及實際編組的變異在前朝就已經存在，這些並不是肇因於清代的特殊環境特性而形成一個新的現象。

我們還可以推想，使用「都－圖」這套從宋朝和元朝遺留下來的名稱，背後可能隱藏著政治動機。證據顯示，它從清初就被使用，可能和清政府正式採行里甲體系在同一時期。它盛行於明朝效忠者進行最後抵抗的東南各省，尤其是浙江和福建。很可能倔強的南方人有意利用這個非法、過時的名稱，顯示他們的不服從——就像他們拒絕薙頭一樣。「都－圖」的使用就持續並流傳開來，而政府不認為事情嚴重到必須採取行動。

無論這五花八門的變異存在的原因，一個結論是確定的：清朝統治者未能在中國鄉村成功建立一套統一的稅收體系。在這一方面，就像在其他許多事情一樣，在官定形式和實際環境之間的巨大差距指出一個事實：不論它的意願如何，清政府都無法戰勝地方條件截然不同的龐大帝國上所固有的多樣化力量。

98 可以回想清政府一六四八年（順治五年）頒布的一項規定，要求各縣每三年編審一次戶口。這個規定在一六五六年（順治十三年）作了修改，即將三年一次改為五年一次。後來（一七七二年，乾隆三十七年）頒布的一道上諭宣布永遠停止執行該規定，因為它已經變成「虛文」。《大清會典事例》，卷一五七，頁一a、五a－b。

99 《蒙城縣志書》，2/7b〔2/7a〕。

100 《建昌縣鄉土志》（一九〇七），2/9a。

101 《沔陽州志》，卷三，〈建置〉，頁一一a。

附錄二

清代以前的糧倉體系

為了弄清楚清代糧倉體系的完整意義並順便澄清一些混亂，有必要回顧一下這個概念的歷史發展以及這個體系的制度形式[1]。儲備糧食以應付緊急狀態——糧食供應充足時購進糧食，供應緊俏時出售糧食，以維持糧價平穩——的思想在古代就有了，最早清楚闡述這個觀點的是《周禮》[2]和《管子》[3]。第一批以「常平倉」命名的糧倉出現漢代（西元前五四年）[4]；隨後的大多數朝代，特別是晉[5]、隋[6]、

---

1 《通典》（一九三五），12/67-72，摘述遠古到西元六世紀的發展概況。《文獻通考》（一九三六），21/203-13 和《續文獻通考》（一九三六），27/3033-42，描述到十七世紀的概況。Lu Lien-tching, *Les greniers publics*, Introduction, 有簡短的概括。

2 《周禮．地官下．遺人》，4/86。

3 《管子．國蓄第七十三》（輕重六）。英譯見 Lewis Maverick, *Economic Dialogues in Ancient China, Selections from the Kuan-tzu* (1954), pp. 118-120. 把管子這個經濟思想付之實踐的是李悝。他幫助魏文侯（西元前四四六－前三九七）使魏國變得「富強」。參見《康濟錄》，1/7b。

4 《漢書》，卷二四上，頁一四 a－b。引見《康濟錄》，2/36a；及俞森，〈常平倉考〉，《荒政叢書》，8/36a。

5 《晉書》，卷二六，〈食貨志〉，頁五 b。常平倉是西元二六八年即泰始四年設置的。

6 《隋書》，24/8a。西元五八五年（開皇五年），黎陽倉設於蔚州，常平倉設於陝州，廣通倉設於華州。〔編按：據

唐[7]、宋[8]和明[9]，都跟著設置相同名字的糧倉。漢代的糧倉常常被當作後代常平倉的原形，不過它們是設計來應付因為農業豐收而導致的糧價全面暴跌的，因此諷刺的是，對從事農業生產的人來說意味著財務上的不利。它們並不是用來作為歉收或災害的保障，因而在目的上與後世的常平倉是不同的。

這個方向的第一次改變發生在西元五八三年（開皇三年），隋朝的建立者決定在剛剛統一的帝國的適當地點設置一系列糧倉，以為「水旱之備」。這些倉庫有不同的名字，設在陝州（今陝西）的一座單獨稱為「常平倉」。應該指出的是，這種政府糧倉只設置在全國比較重要的地點，總數不超過十二座，因此大多數地區是沒有糧倉的。

唐朝統治者沿用這個體系，只作了很少的改變。到了宋朝，常平倉體系在九九二年（太宗淳化三年）開始向首都地區的居民進行救濟，在帝國京城設置一些糧倉，並在一〇二〇年（真宗天禧四年）擴展到全帝國各路。明朝建立者進一步推廣地方存糧體系，向下延伸到最低行政層級的州和縣。與此同時，除了用政府基金購買糧食以外，還正式導入鼓勵人民捐獻糧食的做法[10]。

在常平倉體系的發展史上，有三大最顯著的里程碑：一、漢代為糧倉取了獨特的名字；二、隋代統治者確定了糧倉的最終功能；三、明代皇帝在全國範圍內推廣，使之成為一項統一、全面的控制災荒的體系；為清朝建立者的採納推行做好準備。

「義倉」和「社倉」的初次登場，要比常平倉晚得多。為了更充分地防止自然災害，隋朝政府在五八五年（開皇五年）決定，鼓勵全國各地居民在他們自己的「社」設置義倉，在收成的時節捐獻稻穀或小麥。用這種方法得到的糧食，儲存在每個「社」的糧倉，由社長負責在災荒時節發放給社區的受災家庭[11]。這些糧倉雖然實際上位於「社」，並且由各社負責維持，但它們卻被稱為「義倉」。因此，「義倉」和「社倉」這兩個名字後來經常被混用，儘管政府對這兩種由地方管理的糧倉作出正式的區隔。

唐太宗恢復了義倉，但他採取一種獲取存糧的新方法，不再要求地方居民自願捐獻，而是對所有土地所有者（繳納最低土地稅額者和特定少數民族除外）徵收附加稅。這樣獲得的存糧，或者借給農人作為種子，或者散發給赤貧之人[12]。宋代的義倉於九六三年（太祖乾德元年）開始設立，由地方官管理；存糧與唐代一樣，也是來自對土地徵收的附加稅[13]。因此，唐代和宋代的義倉與隋代有兩大主要的不同：一、它們的存糧來自於強制性的附加稅，而不是自願的捐獻；二、它們是由地方官而非鄉村領袖管

續

《隋書・食貨志》，此事在開皇三年（五八三）。〕

7 《新唐書》，51/2b。

8 《宋史》，176/7b-17a；參見《元史》，96/12a。元代的常平倉設於一二六九年（至元六年）。

9 《明史》，79/6a-7b。參見《康濟錄》，2/40b，引《大明會典》。

10 俞森，〈常平倉考〉，9/21a-27a〔編按：〈常平倉考〉在《荒政叢書》，卷八〕。一三六八年，明太祖即位之初，令天下州縣各立預備倉〔東南西北〕四所〔以振凶荒〕。明政府鼓勵地方居民捐獻糧食的措施，始於一四四〇年（正統五年）。

11 《隋書》，24/8a。參見《康濟錄》，2/17a；俞森，〈義倉考〉，《荒政叢書》，9/1a-21a；《文獻通考》，21/204。盧連清（Lu Lien-tching, *Les greniers publics*, p. 151）說隋朝義倉起源於文帝開皇三年，稍有不確。

12 《新唐書》，51/2b；《康濟錄》，2/17b；俞森，《常平倉考》，1/3b；《文獻通考》，21/204。據《舊唐書》，2/8b，此事發生在西元六二八年（貞觀二年）。

13 《宋史》，176/8a；《康濟錄》，2/18a；俞森，《常平倉考》，1/5a-b。看來，俞森所引用的陳龍正「隋社倉、唐宋義倉，一事而異名者也」的觀點，是值得懷疑的。

理的。就這些方面來說，它們與常平倉差別不大。它們與後者的主要區別，在於它們的存糧並不是用來穩定糧價。

在十一世紀的最後十年，就在王安石變法前不久，宋朝打算恢復隋朝的做法，但是沒有成功[14]。大約七十五年後，一位好心的地方官發動第一波由政府來設置地方糧倉的運動[15]。不過，後代遵循的社倉模式則是由宋代著名理學家朱熹所建立的。一一六八年在福建省一個地區進行的試驗，使他確信自己的想法非常好，於是在一一八一年上書淳熙皇帝（宋孝宗），並成功地說服他的政府「各地皆置糧倉」[16]。這一制度的主要特徵在於自願捐獻糧食、由地方管理、由政府監督；這也就是清代社倉體系最的重要特徵。

元朝統治者恢復了唐代以徵收附加稅獲取存糧的做法[17]，也恢復鄉村糧倉的名稱為「義倉」，雖然這些義倉與隋代一樣也位於「社」——一個由五十戶構成的鄉村單位[18]。「社倉」之名在明代又一次流行。不過，當各省巡撫、巡按在一五二九年奉命設立社倉時，他們被指示要把每二十五戶或三十戶編為一社，並挑選「家殷實而有行義者」為社首，在另兩名經過挑選的合格者（社正、社副）協助下管理糧倉。納稅人依據自繳納土地稅的等級（上、中、下戶），繳納不同數量的糧食作為存糧[19]。

至於對「社倉」和「義倉」作出區隔；用它們來分別服務鄉村聚落和城鎮；廢除透過徵稅來獲取存糧的做法，並將這些糧倉置於地方管理和官員監督之下；這些就要由清政府來完成了。附表2-1顯示這些糧倉由隋朝到清朝所經歷的主要變化。

14 《康濟錄》，2/18b-19a。關於此後的義倉制度，參見《宋史》，176/14b-17a和178/13a。

15 《康濟錄》，2/19b；俞森，〈社倉考〉，《荒政叢書》，卷一〇上，頁一a。〔編按：這位官員是宋孝宗朝的信州知州趙汝愚。〕

16 《宋史》，178/13b-14a。

17 《元史》，96/12a。此事發生於一二九六年（至元六年）。元代的「社」是一個由五十戶構成的鄉村單位。參見同書，93/3a。

18 俞森，〈社倉考〉，卷一〇上，頁二一b，引元朝作者張大光的話說：「古有義倉，又有社倉。義倉立于州縣，社倉立於鄉都。……國朝……立義倉于鄉都。」

19 《明史》，79/7b指出，江西巡撫〔林俊〕一四九〇年代〔弘治中〕曾請建常平倉和社倉；明政府一五二九年（嘉靖八年）下令各省撫、按設置社倉。〔編按：一五二九正文誤植為一九二五。又《明史．食貨三》的原文是：「令民二三十家為一社。」〕

附表 2-1　隋朝到清朝糧倉的主要變化

朝代	糧倉設置時間	名稱	所在地	存糧來源	管理與監督
隋	585 年	義倉	社	捐獻	社長
唐	627 年	義倉	?	附加稅	?
北宋	963 年	義倉	州縣	附加稅	地方官
南宋	1181 年	社倉	鄉村	捐獻	地方管理，官員監督
元	1269 年	義倉	社	附加稅	地方管理，官員監督
明	1529 年	社倉	社	附加稅	地方管理，官員監督
清	1654 年 （1679 年）	義倉 社倉	城鎮、 市集	捐獻	地方管理，官員監督

附錄三

「耆老」

對於經常被使用（及誤用）的「耆老」（village elders）一詞的含義加以解釋，是很有必要的。"elders"一詞顯然是從「老人」或「耆老」翻譯過來的，用以指稱明代和清初特殊類型的村莊領袖。根據明代歷史，明太祖向戶部下達一道命令（時間不詳），大意是：

> 編民百戶為里。婚姻恐喪、疾病患難，里中富者助財，貧者助力。春秋耕穫，通力合作，以教民睦。里設老人，選年高為眾所服者，導民善，平鄉里爭訟[1]。

1 《明史》，77/1b。根據《續文獻通考》，16/2914，這道詔書是一三九五年（洪武二十八年）發布的。顧炎武，《日知錄》，8/10b，引用《太祖實錄》說，這個文件是在前一年（一三九四）發布的。〔編按：引文前半見《明史》，卷三，事在洪武二十八年二月己丑。「里設老人」以下，見卷七七。〕應該指出的是，明太祖設置「老人」的最初目的是要給那些沒有特權的鄉民一個保護自己利益的機會。據（《明史》，77/2b）說是：「懲元末豪強侮貧弱，立法多右貧抑富。」然而還不到四十年，「老人」制度明顯表露出一些混亂的跡象。顧炎武（《日知錄》，8/11b）解因此，明代的「老人」是政府設置的鄉村領袖，主要職責在於維持良好秩序與道德。清朝開國者繼承了明朝這項制度。清朝律例中保留了在鄉下地區挑選長者的條文，但名稱從「老人」變成「耆老」。規定如下：

其合設耆老，須於本鄉年高有德、眾所推服人內選充，不許罷閒吏卒及有過之人充應，違者杖六十革退。……耆老責在化民善俗，即古鄉三老之遺意[2]。

由此看來，清代的「耆老」與明代的「老人」並沒有什麼實質的區別。不過在相當早的時候，「耆老」原本的職能就有點被遺忘了，這些年長的鄉村領袖好像被當成保甲的頭人。一道一六四六年的奏摺就反映出這個情形：

耆老不過宣諭王化，無地方之責，……若以〔保甲的〕連坐之法加之，似於情法未協[3]。

沒有證據顯示上述情形曾經改變。相反地，所謂的「耆老」不再是鄉下地區的道德模範，而變成了鄉村頭人、警察或稅吏。很有可能清朝開國者原來設想的那種「耆老」，從來不曾系統或普遍地任命，但這個名稱卻保留下來了，並被不加區別地用來任命許多鄉村頭人。無論早期的情形如何，毫無疑問地，在十九世紀和緊接著的一段時期，被稱作「耆老」的村莊頭人履行的職責與鄉村楷模完全不同。衛三畏在十九世紀晚期寫道：「處於司法階梯底層的是耆老（village elders）。……他們決定村莊的特性，並被期望管理村莊的公共事務，解決居民之間的爭端，處理與他村之間的事情，代表村莊回答縣官的問題。」[4]換句話說，在這位作者看來，耆老（elders）似乎就是一種村莊的首席執行官——全面負責社區事務的頭人。比衛三畏稍晚，史密斯表達了實質相同的觀點：

> 這些頭人有時被稱為耆老（「鄉長」或「鄉老」），他們有時只被稱為經理（「首事人」）。關於這些人物的理論是，他們由鄰里挑選或者提名出來，由州縣官確認他們的地位[5]。

不過，其他學者則認為耆老就是保甲代理人。理雅各幾乎認定耆老就是「甲長」，他在一八七〇年代寫道：「十個家庭組成一個『十戶』（tithing），中文稱為一『甲』，任命一名耆老或監督。」[6]這

續 釋此種情形說：「洪熙元年，巡按四川監察御史何文淵言：太祖高皇帝令天下州縣設立老人，……比年所用，多非其人，或出自隸僕，規避差科，縣官不究年德如何，輒令充應，使得憑藉官府，……肆虐閭閻。」〔編按：見〈鄉亭之職〉條，顧氏稱他們為「里老」。〕《續文獻通考》，16/2914的敘述幾乎完全相同。

2 《大清律例彙輯便覽》，8/1a-b；《清朝文獻通考》，21/5045。根據《清朝文獻通考》，21/5043 的記載，「耆老」一項，例有頂戴。該律中提到的「鄉三老」是一種漢朝制度。漢高祖令舉「民年五十以上，有能修行、能帥眾為善，置以為三老，鄉一人」。這些人主管教化人民；而另一種代理人（「嗇夫」）則負責地方訴訟和收稅；第三種（即「游徼」），是一種警長，職責是偵查和鎮壓盜賊。《文獻通考》，12/124。

3 《清朝文獻通考》，21/5044。

4 Samuel W. Williams, *The Middle Kingdom* (1883), I, p. 500.

5 Arthur H. Smith, *Village Life in China* (1899), p. 227.

個觀點在一八九〇年代得到 Robert K. Douglas 爵士的呼應，他觀察到：「『地保』或〔一個村莊的〕頭人負責維護其鄰里的和平和福祉，〔而且〕通常由村中的耆老協助執行他的職務。」[7]

有位地方志纂修者記載了一個「老人」執行收稅及其他職能的事例，據他說：

> 初〔直隸〕涿縣政令不行於三坡〔村〕，……〔在這個地區〕有所謂老人制者，……編為三里，每里分十甲，各設老人一人，……任期三年，為無給職。……期滿時另行推選家道殷實、品行端正、素孚眾望……接充之，非必其年老也。職權甚大，催繳田賦，排難解紛，綜理坡內一切事務[8]。

纂修者並未說明三坡村盛行這個有趣制度的確切時間，但他指出一直到一九二九年還在運作中。這個地區的「老人」，很可能在二十世紀來臨之前就已經存在。

"elders"一詞有時被用來指稱非正式設置的村莊領袖。例如，伯吉斯、庫爾普、楊懋春等就是這樣用的；他們的觀點已見於第七章。如果 "elders"一詞被用來指稱「耆老」以外的任何清代正式設置的鄉村頭人，嚴格說來就是用詞不當。不過，這個詞彙可以合理地用來指稱一位被非正式地當作鄉村社區領袖的年長者，只要不是被用來作為那個人的特定頭銜。

---

6 *China Review*, VI (1877-1878), p. 369.

7 Robert K. Douglas, *Society in China* (1894), pp. 111-112.

8 《涿縣志》（一九三六），3〔譯按：應為 18〕/3a-b。

清朝皇帝世系表

年號	在位時間	皇帝
天命	1616-1627	太祖（努爾哈赤，1559-1626）
天聰	1627-1636	（皇太極）
崇德	1636-1644	（皇太極）
順治	1644-1661	世祖（福臨，1638-1661）
康熙	1662-1722	聖祖（玄燁，1654-1722）
雍正	1723-1735	世宗（胤禛，1678-1735）
乾隆	1736-1795	高宗（弘曆，1711-1795）
嘉慶	1796-1820	仁宗（顒琰，1760-1820）
道光	1821-1850	宣宗（旻寧，1782-1850）
咸豐	1851-1861	文宗（奕詝，1831-1861）
同治	1862-1874	穆宗（載淳，1856-1875）
光緒	1875-1908	德宗（載湉，1871-1903）
宣統	1909-1912	（溥儀）

參考書目

編按：原書參考書目僅分中、英文兩部分，依字母順序排列。由於書中引用正史官書、地方志及族譜較多，特將其另外標舉，其餘仍歸書籍與論文項下，以利讀者檢索。其中有內文引用而書目未舉者，仍予列入。

壹、中文部分

一、正史與政書

《史記》（上海：中華書局聚珍本），一三〇卷。
《漢書》（上海：中華書局聚珍本），一〇〇卷。
《隋書》（上海：中華書局聚珍本），八五卷。
《舊唐書》（上海：中華書局），二〇〇卷。
《新唐書》（上海：中華書局聚珍本），二二五卷。
《宋史》（上海：中華書局聚珍本），四九〇卷。
《元史》（上海：中華書局聚珍本），二一〇卷。
《明史》（上海：中華書局聚珍本，出版年不詳），三三二卷。
《清史稿》（北京，一九二七），五二九卷。

《大清歷朝實錄》（日本：東京大藏出版株式會社，約一九三七），四六六四卷。
《清史列傳》（上海：中華書局，一九二八），八〇卷，有卷首。
《通典》（上海：商務印書館影乾隆丁卯重刊本，一九三七），二〇〇卷。
《清朝通典》（上海：商務印書館，一九三五），一〇〇卷。
《清朝通志》（上海：商務印書館，一九三五），一二六卷。
《文獻通考》（上海：商務印書館影乾隆戊辰重刊本，一九三六），三四八卷。
《續文獻通考》（上海：商務印書館；民國二十五年，一九三六），二五〇卷。
《清朝文獻通考》（上海：商務印書館，一九三六），三〇〇卷。
《清朝續文獻通考》（上海：商務印書館，一九三六），四〇〇卷。
《大清會典》（光緒二十五年一八九九修）（上海：商務印書館，一九〇八），一〇〇卷。
《大清會典事例》（光緒二十五年，一八九九修；民國三十四年，一九〇八上海商務印書館印），一二二〇卷，有卷首八卷。
《大清律例彙輯便覽》（光緒三年，一八七七），四〇卷。
《大清十朝聖訓》（北京，出版年不詳），太祖四卷；太宗六卷；世祖六卷；聖祖六〇卷；世宗三六卷；高宗三〇〇卷；仁宗一一〇卷；宣宗一三〇卷；文宗一一〇卷；穆宗一六〇卷。
《學政全書》（嘉慶十五年，一八一〇），六〇卷。
《戶部則例》（乾隆五十年續纂，一七九一），一二六卷。
《戶部則例續纂》（嘉慶元年，一七九六），三一卷。
《戶部漕運全書》（光緒元年，一八七五），九六卷，有卷首。
《欽定六部處分則例》（金東書行刊；光緒三年，一八七七），五二卷。

《欽定科場條例》（光緒十一年，一八八五年），六〇卷。

《欽定康濟錄》（一七三九修；同治八年，一八六九楚北崇文書局重刊本），四卷。

《欽定平定陝甘新疆回匪方略》（七省方略本；北京，一八九六），三二〇卷，有卷首。

《山東軍興紀略》（出版年不詳），二二卷。

《平桂紀略》（光緒十五年，一八八九，《廣西通志輯要》本）。

《股匪總錄》（光緒十五年，一八八九，《廣西通志輯要》本），三卷。

《堂匪總錄》（光緒十五年，一八八九，《廣西通志輯要》本）。

《廣西昭忠錄》（同治九年，一八七〇，《廣西通志輯要》本），八卷。

《皇清奏議》（民國二十五年，一九三六），六八卷。

《皇清奏議續編》（民國二十五年，一九三六），一四卷。

《鄂省丁漕指掌》（湖北藩署；光緒元年，一八七五），一〇卷。

《內閣大庫現存清代漢文黃冊目錄》（北平：故宮博物院，一九三六）。

《籌辦夷務始末》。

《周禮鄭氏注》（叢書集成本）（上海：商務印書館，一九三六）。

二、地方志

《九江儒林鄉志》（光緒九年，一八八三），二一卷。

《上元江寧兩縣志》（同治十三年，一八七四），二九卷，有卷首。

《山東通志》（光緒十六年至宣統三年，一九一一修；民國四年，一九一五刊成），二〇〇卷，有卷首。

《仁懷廳志》（光緒二十一年，一八九五），八卷。

《太和縣志》（一八七八）。

《巴東縣志》（嘉慶年間刊本）。

《天津府志》（光緒十七年修；光緒二十四年，一八九八刊），五四卷，有卷首及卷末。

《巴陵縣志》（光緒十七年，一八九一），六三卷，附錄一六卷。

《永州府志》（道光五年，一八六七），一八卷。

《永寧州續志》（光緒二十年，一八九四），一二卷。

《正定縣志》（光緒元年，一八七五刊），四六卷，有卷首及卷末。

《平遠州續志》（光緒十六年，一八九〇），八卷，有卷首。

《甘泉縣鄉土志》（《鄉土志叢編》第一輯，北平，一九三七）。

《光化縣志》。《吉安府志》（一九三七印）。

《吉安縣河西坊廓鄉志》（民國二十六年，一九三七），八卷，有卷首。

《同官縣志》（民國三十三年，一九四四），三〇卷。

《江西通志》（光緒六年，一八八〇），一八〇卷。

《江津縣志》（民國十七年，一九二八），一六卷，有卷首。

《江寧府志》（嘉慶十六年，一八一一修；光緒六年，一八八〇重刊）。

《西寧縣新志》（同治十二年，一八七三），一〇卷，有卷首。

《佛山忠義鄉志》（民國十二年，一九二三修；民國十三年，一九二四刊），一九卷，有卷首。

《吳江縣鄉土志》（一九一七）。

《吳縣志》（一九三三）。

《岐山縣鄉土志》。

《沔陽州志》（光緒二十年，一八九四），一二卷，有卷首。

《宜川縣鄉土志》（《鄉土志叢編》第一輯，北平，一九三七）。

《定州志》（道光三十年，一八五〇刊），二二卷。

《定遠廳志》（光緒五年，一八七九），二六卷，有卷首。

《延安府志》（嘉慶七年，一八〇二修；光緒十年，一八八〇補刊），八〇卷。

《延慶州志》（光緒六年，一八八〇），一二卷，有卷首及卷末。

《昌平州志》（光緒五年，一八七九修；光緒十二年，一八八六刊），一八卷。

《杭州府志》（光緒二十一年，一八九五修；民國十五年，一九二六印）。

《東莞縣志》（宣統三年，一九一一年修；民國十年，一九二一刊），一〇二卷，有卷首。

《昆陽州志》（道光十九年，一八三九），一六卷。

《武昌縣志》。

《花縣志》（民國十三年，一九二四），一三卷。

《長寧縣志》（光緒二十五年己亥，一八九九續修；光緒二十七年，一九〇一刊），一六卷，有卷首。

《邯鄲縣志》（一九三一修；民國二十二年，一九三三印），一七卷，有卷首及卷末。

《保定府志》（一八八一）。

《信宜縣志》（光緒十五年，一八八九修；光緒十七年，一八九一刊），八卷，有附錄。

《南昌縣志》（光緒三十年，一九〇四修；民國八年，一九一九刊），六〇卷，有三附錄各為二四、五及一四卷。

《南海縣志》（宣統二年，一九一〇），二六卷，有卷首。

《南陽縣志》（光緒三十年，一九〇四），一二卷，有卷首。

《南寧府志》（道光二十七年，一八四七修；宣統元年，一九〇九續錄重刊），五六卷。
《南寧縣志》（咸豐二年，一八五二），一〇卷，有卷首。
《城固縣鄉土志》（《鄉土志叢編》第一輯本，北平，一九三七）。
《建始縣志》。
《建昌縣鄉土志》（光緒三十三年，一九〇七），一二卷，有卷首。
《昭平縣志》（民國十七年，一九二八修；民國二十一年，一九三二印），八卷。
《洛川縣志》（民國三十三年，一九四四），二六卷。
《泉州府志》（同治九年，一八七〇修；民國十九年，一九三〇補刊），七六卷，有補充資料。
《香山縣志》（一九一一修；民國十二年，一九二三刊），一六卷。
《剡源鄉志》（光緒二十七年，一九〇一修；民國五年，一九一六刊），二四卷。
《容縣志》（光緒二十三年，一八九七），二八卷。
《恩平縣志》（民國二十三年，一九三四），二五卷，有卷首。
《徐州府志》（同治十三年，一八七四），二五卷。
《恩施縣志》。
《泰伯梅里志》（光緒二十三年，一八九七），八卷。
《泰和縣志》（光緒四年，一八七八），三〇卷，有卷首。
《神木鄉土志》（燕京大學圖書館鉛印本，撰者及刊年不詳），四卷。
《高安縣志》（一八七一）。
《陝西通志稿》。
《淮安府志》（光緒九年，一八八四），四〇卷。

《清遠縣志》（光緒庚辰，一八八〇），一六卷，有卷首。

《涿縣志》（一九三二修；民國二十五年，一九三六刊），一八卷。

《祥符縣志》（光緒二十四年，一八九八），二四卷，有卷首。

《處州府志》（光緒五年，一八七七），三〇卷，有卷首及卷末。

《莘縣志》（光緒十三年，一八八七刊），一〇卷。

《通州志》（光緒五年，一八七九），一七卷，有卷首及卷末。

《通州直隸州志》（光緒元年，一八七五），一六卷，有卷首及卷末。

《鹿邑縣志》（光緒二十二年，一八九六），一六卷。

《博白縣志》（道光十二年，一八三二），一六卷，附錄二卷。

《尋甸州志》（道光八年，一八二八），三〇卷。

《富順縣志》（一九一一年修；民國二十年，一九三一刊），一七卷，有卷首。

《惠州府志》（光緒七年，一八八一），四五卷，有卷首。

《揚州府志》（嘉慶十五年，一八一〇），七二卷，有卷首。

《普安直隸廳志》（光緒十五年，一八八九），二二卷。

《朝邑縣鄉土志》（《鄉土志叢編》第一輯本，北平，一九三七）。

《渦陽縣志》（民國十三年，一九二四），一六卷，有卷首。

《湖北通志》（一九一一年修；民國十年，一九二一印），一七二卷。

《湖南通志》（光緒十一年，一八八五刊；民國二十三年，一九三四影印本），二二八卷，卷首八卷，卷末一九卷。

《湘鄉縣志》（同治十三年，一八七四），二三卷，有卷首及卷末。

《渾源州續志》（光緒六年，一八八〇），一〇卷。

《湄潭縣志》（光緒二十五年，一八九九），八卷，有卷首。

《無錫金匱縣志》（光緒七年，一八八一），四〇卷，有卷首及補編六卷。

《番禺縣續志》（宣統三年，一九一一），四四卷。

《華州鄉土志》（《鄉土志叢編》第一輯，出版年不詳）。

《華縣志》（一八八七）。

《賀縣志》（民國二十三年，一九三四），一〇卷。

《鄆城縣志》（光緒十九年，一八九三），一六卷，有卷首。

《陽江志》（民國十四年，一九二五），三九卷。

《順天府志》（光緒十年，一八八四），一三〇卷。

《黃梅縣志》（嘉慶年間刊本）。

《慈利縣志》（光緒二十二年，一八九六），一〇卷。

《廈門志》（道光十九年，一八三九），一六卷。

《新寧縣志》（光緒十九年，一八九三），二六卷。

《新繁縣鄉土志》（光緒二十三年，一八九七），一〇卷。

《榆林府志》（道光二十一年，一八四一），五〇卷，有卷首。

《滁州志》（光緒二十三年，一八九七修；宣統元年，一九〇九刊），一〇卷，有卷首及卷末。

《睢州志》（光緒十八年，一八九二），一二卷，有卷首。

《萬全縣志》（道光十四年，一八三四修；民國十九年，一九三〇重刊），一〇卷，有卷首。

《道州志》（光緒四年，一八七八），一二卷，有卷首。

《靖州鄉土志》（光緒三十四年，一九〇八），四卷，有卷首。
《靖邊縣志》（光緒二十五年，一八九九），四卷。
《嘉興府志》（光緒四年，一八七八），八八卷，有三卷首。
《嘉應州志》（光緒辛丑，一八九八刊；民國二十二年，一九三三補版），三二卷。
《寧羌州鄉土志》。
《漢陽縣志》。
《福州府志》（乾隆十九年，一七五四修；乾隆二十一年，一七五六刊），七六卷，有卷首。
《福建通志》（道光十五年，一八三五修；同治十年，一八七一刊），二七八卷，有卷首。
《綿竹縣鄉土志》（光緒三十四年，一九〇八）。
《蒙城縣志書》（民國四年，一九一五），一二卷。
《銅仁府志》（光緒十五年，一八九〇），二〇卷。
《廣州府志》（光緒四年，一八七八修；光緒五年，一八七九刊），一六三卷。
《廣西通志輯要》（光緒十六年增輯本，一八九〇），一七卷，五附錄二八卷。
《撫州府志》（光緒二年，一八七六），八六卷，有卷首。
《撫寧縣志》（光緒三年丁丑，一八七七），一六卷。
《滕縣志》（道光十二年，一八三二修；道光二十六年，一八四六），一四卷，有卷首。
《潼川府志》（光緒二十三年，一八九七），三〇卷。
《潊水新志》（道光三十年，一八五〇），一二卷。
《潊志補錄》（民國二十四年，一九三五）。
《畿輔通志》（同治十年，一八七一修；光緒十年，一八八四刊），三〇〇卷，有卷首。

《確山縣志》（民國十四年，一九二五修；民國二十年，一九三一印），二四卷。
《蔚州志》（光緒三年，一八七七），二〇卷，有卷首。
《黎平府志》（光緒十八年，一八九一），八卷，有卷首。
《盧龍縣志》（民國二十年，一九三一），二四卷，有卷首。
《興化縣志》（咸豐二年，一八五二），一〇卷。
《興安縣志》（同治十年，一八七一），一六卷，有卷首。
《興國州志》（光緒十五年，一八八九），三六卷。
《衡州府志》（乾隆二十八年，一七六三修；光緒元年，一八七五補刊），三三卷。
《遵化州志》（乾隆五十九年，一七九四刊），二〇卷。
《濟南府志》（光緒十九年，一八三九），七二卷，有卷首。
《翼城縣志》（民國十八年，一九二九），三八卷。
《臨漳縣志》（光緒三十年，一九〇四），一八卷，有卷首。
《歸州志》（光緒二十六年，一九〇〇），一七卷。
《瀏陽縣志》（同治十二年，一八七三），二四卷。
《豐鎮縣志書》（光緒七年，一八八一修；民國五年，一九一六印），八卷，有卷首及卷末。
《鎮南州志略》（光緒壬辰，一八九二），一〇卷，有卷首。
《鎮雄州志》（光緒十三年，一八八七），六卷。
《瀘州直隸州志》（光緒八年，一八八二），一二卷。
《羅定志》（民國二十四年，一九三五），一〇卷。
《藤縣志》（同治七年，一八六八修；光緒三十四年，一九〇八重刊），二二卷。

《嚴州府志》（光緒九年，一八八三），三八卷，有卷首。
《蘄州志》。
《夔州府志》（道光七年，一八二七修；光緒十七年，一八九一印），三六卷，有卷首。
《續修揚州府志》（同治十三年，一八七四），二四卷。
《續修廬州府志》（光緒十一年，一八八五），一〇〇卷，有卷首及卷末。
《續纂江寧府志》（光緒六年，一八八〇），一五卷。
《鶴慶州志》（光緒二十年，一八九四），三二卷，有卷首。
《靈山縣志》（民國三年，一九一四），二二卷。
《鹽源縣志》（光緒十七年，一八九一），二卷，有卷首。
《灤州志》（光緒二十二年，一八九六修；光緒二十四年，一八九八刊），一八卷，有卷首。
《鬱林州志》（光緒二十年，一八九四），二〇卷，有卷首。

三、譜牒

《山陰白洋朱氏宗譜》（光緒二十一年浙江紹興，一八九五）。
《王氏族譜》（道光二十七年，安徽桐城，一八四七）。
《吳中葉氏族譜》（宣統三年吳縣，一九一一）。
《吳趨汪氏支譜》（光緒二十三年吳縣，一八九七）。
《李氏宗譜》（光緒九年丹陽，一八八三）。
《李氏遷常支譜》（光緒二十年常州，一八九四）。
《汪氏宗譜》（道光二十年宜興，一八四〇）。

《京兆歸氏世譜》（民國二年昭文縣，一九一三）。
《前澗浦氏宗譜》（民國二十年無錫，一九三一）。
《洞庭王氏家譜》（宣統三年吳縣，一九一一）。
《重修登榮張氏族譜》（道光辛丑浙江會稽，一八四一）。
《陡亹朱氏宗譜》（光緒二十年浙江山陰，一八九四）。
《婁關蔣氏支譜》（道光二十六年吳縣，一八四六）。
《張氏族譜》（道光二十一年，浙江會稽，一八四一）。
《紹興新河王氏族譜》（民國十六年，一九二七），一〇卷。
《彭氏宗譜》（光緒七年蘇州，一八八一）。
《彭城錢氏宗譜》（同治十三年抄本蘇州，一八七四）。
《曾氏四修族譜》（光緒二十六年湘鄉，一九〇〇），一六卷，有附錄。
《紫陽朱氏重修族譜》（同治六年安徽桐城，一八六七）。
《華氏宗譜》（光緒二十年，無錫，一八九四）。
《黃氏支系考》（光緒二十三年，善化，一八九七）。
《溫陵陳氏分支海鹽宗譜》（宣統元年蘇州文圃堂刊，一九〇九）。
《溧陽南門彭氏族譜》（光緒二十二年溧陽，一八九六）。
《劉氏家乘》（光緒十七年廣州，一八九一），三二卷。
《廬江胡氏族董宗譜》（民國十年，一九二一）。
《廬江郡何氏大同族譜》，一三卷。
《譚氏續修族譜》（江西南豐）。

四、書籍與論文

丁日昌，《撫吳公牘》（光緒三年，一八七七），五〇卷。
于蔭霖，《于中丞遺書》（北京，一九二三），二〇卷。
于寶軒，《皇朝蓄艾文編》（光緒二十九年上海官書局，一九〇三），八〇卷。
方孝孺，《遜志齋集》（上海：商務印書館，影天順六年本，一四六二），二四卷有附錄。
尹嘉賓，《徵剿紀略》（光緒二十六年，一九〇〇），四卷。
毛澤東，《中國革命與中國共產黨》（香港，一九四九）。
卞寶第，《卞制軍奏議》（光緒二年，一八九四），一二卷。
王仁堪，《王蘇州遺書》（一九三三），一二卷，有補編。
王世貞，《弇山堂別集》（廣雅書局刊本），一〇〇卷。
王先謙，《東華錄》（光緒二十五年上海石印本，一八九九），六二九卷。
——，《虛受堂文集》（光緒庚子校刊，一九〇〇），一五卷。
王守仁，《王文成公全書》（浙江書局刊本），三八卷。
王定安，《求闕齋弟子記》（一八七六），三二卷。
王怡柯，《農村自衛研究》（汲縣：河南村治學院同學會刊，一九三二），頁三二。
王毓銓，〈清末田賦與農民〉，載《食貨半月刊》，三卷五期（一九三六），頁二三七－二四八。
王慶雲，《熙朝紀政》（一名《石渠餘紀》）（光緒二十四年重校刊本一八九八），六卷。
王韜，《弢園文錄外編》（光緒九年香海，一八八三），一〇卷。
包世臣，《齊民四術》（《安吳四種》本，光緒十四年重校印，一八八八），一五卷。
加藤繁（王興瑞譯），〈清代村鎮的定期市〉，載《食貨半月刊》，五卷（一九三七），頁四四－六五。

左宗棠，《左文襄公全集》（一八八八－一八九七），一三四卷。
田文鏡，《州縣事宜》（武昌刊本，咸豐元年，一八五一）（見許乃普）。
向達等編，《太平天國》（中國近代史資料叢刊第二種，一九五二上海神州國光社版），八冊。
朱偰，《中國財政問題》第一編（南京：國立編譯館，一九三三）。
朱壽彭，《東華續錄》（上海圖書集成公司，宣統元年，一九〇九），二二〇卷。
余英時，〈東漢政權之建立與士族大姓之關係〉，《新亞學報》（香港），一卷二期，頁二〇九－二八〇。
但湖良，《湖南苗防屯政考》（補編序於光緒十六年，一八九〇），一五卷，有補編。
作者不詳，《折獄便覽》（武昌刊本，道光庚戌，一八五〇序）（見許乃普）。
吳文輝，〈災荒下中國農村人口與經濟動態〉，載《中山文化教育館季刊》，四卷一期，頁四三－五九。
——，〈災荒與鄉村移民〉，載《中山文化教育館季刊》，五卷，頁四九。
吳汝綸，《桐城吳先生日記》（蓮池書社，一九二八），一六卷。
吳榮光，《吾學錄．初編》（江蘇書局重刊本，一八七〇），二四卷。
李星沅，《李文恭公奏議》（李文恭公全集本），二二卷（同治中芋香山館刊）。
李桓，《寶韋齋類稿》（武林墨寶齋刊，光緒六年，一八八〇），八二卷。
李棠階，《李文清公日記》（北京，一九一五），一六卷。
李紫翔，〈中國手工業之沒落過程〉，載《中山文化教育館季刊》，四卷三期，頁一〇一三－一〇三〇。
李慈銘，《越縵堂日記》（上海：商務印書館，一九二〇），五一冊。包括：一《孟學齋日記》、二《籀詩研雅室日記》、三《受禮廬日記》、四《祥琴室日記》、五《息荼庵日記》、六《桃花聖解庵日記》、七《荀學齋日記》。〔編按：本書起同治二年癸亥四月朔，訖光緒十五年己丑正月至七月初十。〕
——，《越縵堂日記補》（上海：商務印書館，一九三六），一三冊。〔編按：本書起咸豐四年甲寅三月十

四日，訖同治二年癸亥三月三十日；《孟學齋日記》甲集起同治二年癸亥四月朔與此銜接。〕
李漁，《資治新書》，凡三集（康熙二年至六年），初集一四卷，有卷首（一六六三）；二集二〇卷；三集二〇卷（一六六七）。
李鴻章，《李文忠公全集》（光緒三十四年金陵刊，一九〇八），一六五卷，有卷首。
汪士鐸，《汪悔翁乙丙日記》（北京，一九三六），三卷。
沈曰霖，《粵西瑣記》。收入王錫祺編，《小方壺齋輿地叢鈔》（上海：著易堂印，一八七七－一八九七），七帙。
沈守之，《借巢筆記》（上海：人文月刊社，一九三六），七卷。
汪輝祖，《病榻夢痕錄》（光緒十二年山東書局重刊，約一八八六），二卷。
——，《痕錄餘錄》（約一八〇七）。
——，《學治臆說》（約一七九三），二卷。
——，《學治續說》（約一七九四）。
——，《學續說贅》（約一八〇〇）。
——，《佐治藥言》及《續佐治藥言》（乾隆五十年，約一七八五）。（本書與以上五種收入《汪龍莊先生遺書》（光緒八至十二年山東書局，一八八二－一八八六））。
屈大均，《廣東新語》（康熙三十九年，一七〇〇），二八卷。
林則徐，《林文忠公政書》（林氏刊本，一八七九？），三七卷。
俞森，《荒政叢書》附〈常平倉義倉社倉考〉（一〇卷，一六九〇編），在《守山閣叢書》。
——，《常平倉考》，收錄《叢書集成初編》（上海：商務印書館，一九三六）。
俞樾，《薈蕞編》（清代筆記叢刊本，一八八〇），二〇卷。

姚瑩，《中復堂全集》（同治六年，一八六七），九八卷。
柏景偉，《灃西草堂集》（南京：思過齋，一九二三），八卷有附錄。
柳詒徵，《中國文化史》（南京：鍾山書局，一九三二），二冊。
胡適，《四十自述》（上海：亞東圖書館，一九三三）。
胡林翼，《胡文忠公遺集》（同治七年醉六堂重刊，一八六八），一〇卷，有卷首。
郎擎霄，〈近三百年中國南部之械鬥〉，載《建國月刊》（一九三六），三卷三期，頁一－一〇；四期，頁一－一四；五期，頁一－一二。
夏鼐，〈太平天國前後長江各省之田賦問題〉，載《清華學報》，五卷二期，頁四〇九－四七四。
夏燮（別署謝山居士），《粵氛紀事》（出版日期不詳），一三卷。
——（別署江上蹇叟），《中西紀事》（約一八五一撰，一八六〇修訂，一八八一？印），二四卷。
徐珂，《清稗類鈔》（上海：商務印書館，一九一七），四八冊。
徐棟（輯），《牧令書輯要》（江蘇書局，同治八年，一八六八），一〇卷。
翁同龢，《翁文恭公日記》（上海：商務印書館，一九二五），四〇卷。
芻厂，〈寄軒雜誌〉，載《中和月刊》（北平），三卷六期（一九四二），頁一二八－一三二。
張壽鏞，《皇朝掌故彙編》（光緒二十八年，一九〇二），內編，六〇卷；外編，四〇卷。
張德堅，《賊情彙纂》（南京：江蘇省立圖書館，一九三二），一二卷。
梁廷柟，《夷氛紀聞》（上海：商務印書館，一九三七），五卷。
梁啟超，《中國文化史》（飲冰室合集本八六）（上海：中華書局，一九三六）。
梁章鉅，《浪迹叢談》（道光二十七年亦園刊，一八四七），一一卷。
——，《退庵隨筆》（一八三七。《清代筆記叢刊》本，一八六七；《二思堂叢書》本，一八七五），二二卷。

——，《歸田瑣記》（道光二十五年北園刊，一八四五），八卷。

盛康，《皇朝經世文續編》（上海，一八九七）。

章炳麟，《檢論》（《章氏叢書》本）（上海：古書流通處，一九二四），九卷。

章嶔，《中華通史》（上海：商務印書館，七版，一九三四），五卷。

許乃普，《宦海指南》（北京，一八五九）。收錄田文鏡，《州縣事例》；劉衡，《庸吏庸言》；汪輝祖，《佐治藥言》及《學治臆說》；不詳作者，《折獄便覽》。

陳之邁，《中國政府》（上海：商務印書館，一九四四－一九四五），三冊。

陳宏謀，《在官法戒錄》（乾隆八年培遠堂刊，一七四三），四卷。

——，《培遠堂偶存稿》（武昌：湖北藩署刊，一八九六），四八卷。

——，《從政遺規》（乾隆壬戌培遠堂刊，序於一七四二），二卷。

陳其元，《庸閒齋筆記》（《清代筆記叢刊》本）（上海：文明書局，出版年不詳，前八卷序於一八七二，後四卷序於一八七五），一二卷。

陶宗儀，《說郛》（上海：商務印書館，一九二七重印），一〇〇卷。

陳高傭，《中國歷代天災人禍表》（上海：國立暨南大學叢書，序於一九三九），一〇卷。

陳康祺，《郎潛紀聞》（《清代筆記叢刊》本）（上海：文明書局，序於一八八〇），一四卷。

陶澍，《陶文毅公全集》（淮北刊本），六四卷，有卷首及卷末。

傅衣凌，〈太平天國時代的全國抗糧潮〉，載《財政知識》，三卷（一九四三），頁三一－三九。

傅築夫，〈中國經濟衰落之歷史的原因〉，載《東方雜誌》，三一卷一四期，頁二二一－二二八。

彭元瑞，《孚惠全書》（乾隆六十年據彭氏進呈本印），六四卷。

曾國藩，《曾文正公批牘》，六卷；《曾文正公書札》，三三卷；《曾文正公奏稿》，三二卷。（《曾文正公全集》本）（光緒二年傳忠書局，一八七六）。

——，〈解散歌〉，收錄於《清朝續文獻通考》，199/9482。

湯震，《危言》（上海，一八九〇），四卷。

華崗，《太平天國革命戰爭史》（上海：海燕書店，一九四九）。

華學瀾，《辛丑日記》（上海：商務印書館，一九三六）。

賀長齡，《皇朝經世文編》（上海：點石齋，一八八七），一二〇卷。

——，《耐庵公牘存稿》（光緒八年，一八八二），四卷。

——，《耐庵文存》（咸豐十一年，一八六一），六卷。

——，《耐庵奏議存稿》（光緒八年，一八八二），一二卷。

解放社編，《目前形勢和我們的任務》（香港：新民主出版社，一九四九）。

黃六鴻，《福惠全書》（一六九九；一八九三年重刊），三二卷。

馮桂芬，《顯志堂集》（一名《顯志堂稿》）（校邠廬刊，光緒二年，一八七六），一二卷。

黃鈞宰，《金壺七墨》（《清代筆記叢刊》本），一九卷。

楊及玄，〈鴉片戰役以後中國社會經濟轉變的動向和特徵〉，載《東方雜誌》，三二卷四期，頁五－一〇。

楊景仁，《籌濟編》（道光三年，一八二三編；光緒九年武昌書局重刊，一八八三），三二卷。

葛士濬，《皇朝經世文續編》（出版年不詳）。

葉昌熾，《緣督廬日記鈔》（民國九年上海蟫隱廬，一九二〇），一六卷。

葉德輝，《覺迷要錄》（光緒乙巳，一九〇五），四卷。

賈士毅，《民國財政史》（上海：商務印書館，三版，一九二八），二冊。

賈誼，《新書》（上海：鴻文書局據抱經堂本印，一八九三），一〇卷。
鄒弢，《三借廬筆談》（《清代筆記叢刊》本）（上海：文明書局，一八八五），一二卷。
聞鈞天，《中國保甲制度》（上海：商務印書館，一九三五）。
趙翼，《廿二史劄記》（甌北全集本）（光緒三年重刊本，一八七七），三六卷。
——，《陔餘叢考》（甌北全集本）（光緒三年重刊本，一八七七），四三卷。
劉世仁，《中國田賦問題》（上海：商務印書館，一九三六）。
劉廷獻，《廣陽雜記》（清代筆記叢刊本），五卷。
劉基，《誠意伯文集》（一五七二。四部叢刊影明隆慶本，上海，出版年不詳），二〇卷。
劉衡，《州縣須知》（許乃普，《宦海指南》本，一八三一）。
——，《庸吏庸言》（許乃普，《宦海指南》本，一八三一）。
潘光旦，《明清兩代嘉興望族》（上海：商務印書館，民國三十六年，一九四七）。
稻葉岩吉（稻葉君山，I. Inaba），但燾譯校，《清朝全史》（中譯本九版，上海：中華書局，一九二四；台一版，台北：台灣中華書局，一九六〇）。〔編按：作者所見版本分裝四冊，現行本合訂為一冊。〕
蔡申之，〈清代州縣故事〉，載《中和》月刊，二卷（一九四一），九期，頁四九－六七；一〇期，頁七二－九五；一一期，頁八九－一〇一；一二期，頁一〇〇－一〇八。
蕭一山，《太平天國叢書》第一輯（南京：國立編譯館，出版年不詳）。
——，《近代祕密社會史料》（北平，一九三五），六卷。
——，《清代史》（一九四五；三版，上海：商務印書館，一九四七）。
——，《清代通史》（上海：商務印書館，一九二八；再版，一九三五），二冊。
錢泳，《履園叢話》（《清代筆記叢刊》本）（一八七〇據同治九年補刻本印），二四卷。

駱秉章，《駱文忠公奏稿》（光緒四年，一八七八），二七卷，有附錄。
龍啟瑞，《經德堂全集》（一八七八－一八八一），其中《文集》六卷、《別集》二卷。
戴肇辰，《學仕錄》（一八六七），一六卷。
薛農山，《中國農民戰爭之史的研究》（上海：神州國光社，一九三五），二冊。
薛福成，《庸盦筆記》（《清代筆記叢刊》本），六卷。
韓非，《韓非子》（上海：鴻文書局影宋本，一八九三），二〇卷。
瞿兌之，《汪輝祖傳述》（上海：商務印書館，一九三五）。
簡又文，《太平天國雜記》（上海：商務印書館，一九三六），第一輯。
——，《太平軍廣西首義史》（上海：商務印書館，一九四五）。
——，〈太平天國鄉治考〉，載《東方文化》（香港），一卷二期（一九五四．七）：頁二四九－三一二。
織田萬，《清國行政法分論》（東京：東洋印刷株式會社，一九一五－一九一八），五卷。
魏源，《古微堂內集》（淮南書局，光緒四年，一八七八），三卷。
——，《古微堂外集》（淮南書局，光緒四年，一八七八），七卷。
——，《聖武記》（道光二十二年，一八四四），一四卷。
羅香林，《客家研究導論》（興寧：希山書藏，一九三三）。
羅邕、沈祖基（編），《太平天國詩文鈔》（上海：商務印書館，三刷，一九三五），二冊。
羅爾綱，《太平天國史綱》（上海：商務印書館，一九三六）。
——，《太平天國史考證》（上海：獨立出版社，一九四八）。
——，〈太平天國起義時期的人口壓力〉，《中國社會經濟史研究》，八期，頁二〇－八〇。
顧炎武，《日知錄》（遂初堂刊本，康熙三十四年，一七三五），三二卷。

龔自珍，《定盦文集》（上海：大達圖書供應社，出版年不詳），二卷。
《知新報》（一八九七－一八九九？）（光緒二十三年正月二十日澳門創刊）。

貳、西文部分

Abel, Clark. *Narrative of a Journey in the Interior of China, and of a Voyage to and from That Country, 1816 and 1817* (London: Longman, Hurst, Rees, Orme, and Brown, 1818).

Adler, Solomon. *The Chinese Economy* (New York: Monthly Review Press, 1957).

Adams, George Burton. *Constitutional History of England* (1921).

Altekar, Anant Sadashiv. *A History of Village Communities in Western India* (University of Bombay Economic Series, No. 5) (Bombay: Oxford University Press, 1927).

Anderson, Charles Arnold, and Mary Joan Bowman. *The Chinese Peasant: His Physical Adaptation and Social Organization* (Mimeographed, 1951).

Andrews, Charles McLean. "The Theory of the Village Community," *American Historical Association Papers* (New York and London), V (1891), Parts I and II, 45-61.

Asakawa, Kanichi. "Notes on Village Government in Japan after 1600," *Journal of the American Oriental Society* (Boston), XXX (1910), 259-300, and XXXI (1911), 151-216.

Auber, Peter. *China: An Outline of Its Government, Laws, and Policy, and of the British and Foreign Embassies to, and Intercourse with, That Empire* (London: Parbury, Allen and Co., 1834).

Baber, Edward Colborne. "Travels and Researches in Western China," *Royal Geographical Society, Supplementary Papers* (London), Vol. 1 (1882), Part I.

Baber, Edward Colborne. “China in Some of Its Physical and Social Aspects” (*Proceedings of the Royal Geographical Society* [London], N. S., V. 1883), 441-458.

Baden-Powell, Baden Henry. *The Indian Village Community, Examined with Reference to the Phisical, Ethnographical and Historical Conditions of the Provinces, Chiefly on the Basis of the Revenue-Settlement Records and District Manuels* (London, New York, and Bombay: Longmans, Green and Co., 1896).

———. *The Origin and Growth of Village Communities in India* (London and New York, 1899).

Ball, James Dyer. *Things Chinese; or, Notes Connected with China* (4th ed. New York: C. Scribner’s Sons, 1904; 5th ed. Revised by E. Chalmers Werner, London: John Murray, 1926).

Bard, Emile. *Chinese Life in Town and Country*. Adapted and translated from *Les Chinois chez eux* by Hannah Twitchell (New York and London: G. P. Putman’s Sons, 1905).

Barnett, A. Doak. *Local Government in Szechwan* (New York: Institute of Current World Affairs, 1948).

———. “Mass Organization in Communist China,” *Annals of the American Academy of Political and Social Science, Report on China*, pp. 76-78.

Bell, Major Mark S. *China. Being a Military Report on the Northeastern Portions of the Provinces of Chili and Shantung; Nanking and Its Approaches; Canton and Its Approaches; etc., Together with an Account of the Chinese Civil, Naval, and Military Admimistration*. 2 vols. (Simla, 1884).

Boardman, Eugene Powers. “Christian Influence upon the Ideology of the Taiping Rebellion,” *Far Eastern Quarterly* (Lancaster), X (1951), 115-124.

———. *Christian Influence Upon the Ideology of the Taiping Rebellion, 1851-1864* (Madison: University of Wisconsin Press, 1852).

Bodde, Derk. "Henry A. Wallace and the Ever-Normal Granary," *Far Eastern Quarterly* (Lancaster), V (1946), 411-426.

Borst-Smith, *Ernest Frank. Mandarin and Missionary in Cathay: the Story of Twelve Years' Strenuous Missionary Work during Stirring Times Mainly Spent in Yenanfu* (London: Seeley, Service & Co., Ltd., 1917).

Borton, Hugh. "Peasant Uprising in Japan of the tokugawa Priod," *Transactions of the Asiatic Society of Janpan*, Series 2, XVI, 1-219 (Tokyo, 1938).

Brandt, Conrad, Benjamin Schwartz, and John King Fairbank. *A Documentary History of Chinese Communism* (Cambridge, Mass.: Harvard University Press, 1952).

Brenan, Byron. "The Office of District Magistrate," *Journal of the Royal Asiatic Society of Great Britain and Ireland, North China Branch* (Shanghai), N. S., XXXII (1897-1898), 36-65.

Brinkley, Captain Frank. *China, Its History, Arts and Literature* (Boston and Tokyo: J. B. Millet Co., 1902).

Broomhall, Marshall. *Islam in China* (1910).

Browne, Geroge Waldo. *China: the Country and Its People* (Boston: D. Estes & Co., 1901).

Brunnert, H. S. and V. V. Hagelstrom, *Present Day Political Organization of China* (Shanghai: Kelly and Walsh, Ltd., 1912).

Buck, John Lossing. *Chinese Farm Economy: A Study of 2866 Farms in 17 Localities and 7 Provinces in China* (Chicago: University of Chicago Press, 1930).

Bucklin, Harold S. et al. *A Social Survey of Sung-ka-hong, China, by Students of the 1923-1924 Social Survey Class at Shanghai College* (Shanghai, 1924).

Burgess, John Stewart. *The Guilds of Peking* (New York: Columbia University Press, 1928).

Buxton, Leonard Halford Dudley. *China, the Land and the People: a Human Geography, with a Chapter on the Climate by W. G. Kendrew* (Oxford: Clarendon Press, 1929).

Cammann, Schuyler. "The Development of the Mandarin Square," *Harvard Journal of Asiatic Studies*, VIII (1944), 121.

Chang, C. C. *China's Food Problem* (Publications and Data Papers of Fourth Conference of the Institute of Pacific Relations, Vol. III, No. 10) (Shanghai: China Institute of Pacific Relations, 1931).

Chang, Ch'un-ming. *A New Government for Rural China: the Political Aspect of Rural Reconstruction* (Shanghai, 1936).

Chang, Chung-li (張仲禮). "The Gentry in Nineteenth Century China: Their Economic Position as Evidenced by Their Share of the National Product" (Ph.D. dissertation, University of Washington, 1953).

———. *The Chinese Gentry: Studies on Their Role in Nineteenth-Century Chinese Society* (Seattle: University of Washington Press, 1955).

Chao, Kuo-chun (趙國軍). "Current Agrarian Reform Policies in Communist China," *Annals of the American Academy of Political and Social Science* (Philadelphia), CCLXXVII (1951).

Ch'en Han-seng (陳翰笙). *The Present Agrarian Problem in China* (Shanghai: China Institute of Pacific Relations, 1933).

———. *Landlord and Peasant in China: a Study of the Agrarian Crisis in South China* (New York: International Publishers, 1936).

———. *The Chinese Peasant* (Oxford Pamphlets on Indian Affairs, No. 33) (London New York and Bombay: Oxford University Press, 1945).

Ch'en Shao-kwan (陳邵寬). T*he System of Taxation in China in the Tsing Dynasty, 1644-1911* (New York: Columbia University Press, 1914).

Chi, Chao-ting (冀朝鼎). *Key Economic Areas in Chinese History*.

Ch'ien Tuan-sheng (錢端升). *The Government and Politics of China* (Cambridge, Mass.: Harvard University Press, 1950).

China. Imperial Maritime Customs. II. Published by order of the Inspector General of Customs. "Opium," Special Ser. No. 4 (Shanghai, 1881); "Native Opium, 1887," with an appendix, "Native Opium, 1863," Special Ser. No. 9 (Shanghai, 1888); "Opium: Historical Note; or the Poppt in China," Special Series No. 13 (Shanghai, 1889).

Chu Co-ching (竺可楨). "Climatic Pulsations during Historic Times in China," *Geographic Review* (New York), XVI (1920), 274-282.

Chuan Han-sheng (全漢昇). "The Relationship Between the Silver of America and the Revolution Commodity Prices in China in the Eighteenth Century," *Bulletin of the Institute of History and Philology* (Academia Sinca), XXVIII, part 2, pp. 517-550.

Colquhoun, Archibald Ross. *China in Transformation*. Rev. ed. (New York and London: Harper & Bros., 1900).

Coltman, Robert. *The Chinese. Their Present and Future: Medical, Political and Social* (Philadelphia and London: F. A. Davis, 1891).

Cooke, George Wingrove. *China: Being "The Times" Special Correspondence from China in the Years 1857-1858* (London, 1858).

Cordier, Henri. *Bibliotheca Sinica*, III (1894-1900).

Corner, Julia. *China, Pictorial, Descriptive and Historial* (Published anonymously. London, 1853).

Coulanges, *La cité antique* (Paris, 1864).

Creel, Herrlee Glessner (顧利雅). *The Birth of China: a Study of the Formative Period of Chinese Civilization* (New York, Reynal & Hitchcock, 1937).

———. *Chinese Thought from Confucius to Mao Tse-tung* (Chicago: University of Chicago Press, 1953).

Cressey, George Babcock. *China's Geographical Foundations: A Survey of the Land and Its People* (New York and

London: McGraw-Hill Book Co., Inc., 1934).

Danton, George H. *The Cultural Contracts of the United States and China: The Earliest Sino-American Cuiture Contacts, 1784-1844* (New York: Columbia University Press, 1931).

Davis, Sir John Francis. *Sketches of China, Partly during an Inland Journey of Four Months, between Peking, Nanking and Canton; with Notices and Observations Relative to the Present War*. 2 vols. (London, 1841).

———. *China During the War and Since the Peace*. 2 vols. (London, 1852).

———. *The Chinese: A General Description of the Empire of China and Its Inhabitants*. 2 vols. (London, 1852).

———. *China: A General Description of That Empire and Its Inhabitants, with the History of Foreign Intercourse Down to the Events Which Produced the Dissolution of 1857*. 2 vols. (London, 1857).

Denby, Charles. *China and Her People; Being the Observations, Reminiscences, and Conclusions of an American Diplomat* (Boston: L. C. Page & Co., 1906).

Djilas, Milovan. *The New Class: An Analysis of the Communist System* (New York: Thames and Hudson, 1957).

Donnat, Leon. *Paysans en communaute du Ning-po-fou (Province de Tché-kian)* (Paris, 1962).

Doolittle, Justus. *Social Life of the Chinese, with Some Account of Their Religious, Governmental Educational and Business Customs and Opinions. With Special but not Exclusive Reference to Fuhchau*. 2 vols. (New York, 1865).

Dostoevsky, Fyodor. *The Brothers Karamazov*. Translated by Constance Garnett (New York: Modern Library, 1950).

Douglas, Sir Robert Kennaway. *Society in China* (London, 1894).

Edkins, Joseph. *The Revenue and Taxation of the Chinese Empire* (Shanghai: Presbyterian Mission Press, 1903).

———. "Narrative of a Visit to Nanking."

Edkins, Mrs. Jane R. *Chinese Scenes*.

Engels, Friedrich. "Persia-Chuna," *New York Daily Tribune*, June 5, 1857.

Exner, A.H. "The Sources of Revenue and the Credit of China," *China Review*, XVII (1888).

Fei, Hsiao-t'ung (費孝通), *Peasant Life in China: A Field Study of Country Life in the Yangtze Valley* (London: G. Routledge and Sons, 1939).

———. *Peasantry and Gentry: An Interpretation of Chinese Social Structure and Its Changes* (New York: Institute of Pacific Relations, 1946).

———. *China's Gentry; Essays in Rural-Urban Relation. Revised and edited by Margaret Park Redfield* (Chicago: University of Chicago Press, 1953).

Fielde, Adele Marion. *Pagoda Shadows: Studies from Life in China*. 3th ed. (Boston, 1884).

———. *A Corner of Cathay: Studies from Life among the Chinese* (New York, 1894).

Fisher, George Battye. *Personal Narrative of Three Years' Service in China* (London, 1863).

Fortune, Robert. *A Residence among the Chinese: Inland, on the Coast, and at Sea. Being a Narrative of Science and Adventures during a Third Visit to China, from 1853 to 1856* (London, 1857).

Fried, Morton H. *Fabric of Chinese Society: A Study of the Social Life of a Chinese County Seat* (New York: Frederick Praeger, 1953).

Geil, William Edgar. *A Yankee on the Yangtze. Being a Narrative of a Journy from Shanghai through the Central Kingdom to Burma* (New York: A. C. Armstrong and Son, 1904).

Giles, Herbert Allen. *Gems of Chinese Literature*. 2nd ed. (London: Kelly & Walsh, Ltd., 1929).

———. *Chinese-English Dictionary*.

Gomme, George L. *The Village Community* (1890).

Gordon-Cumming, Constance Frederika. *Wanderings in China*. 2 vols. (Edinburgh and London, 1886).

Gorst, Harold E. *China* (New York, 1899).

Graves, Roswell Hobart. *Forty Years in China, or China in Transition* (Baltimore 1895).

Gray, Sir John Henry. *China: A History of the Laws, Manners and Customs of the People*. 2 vols. (London, 1878).

Groot, Jan Jakob Maria de. *The Religious Systems of China: Its Ancient Forms, Evolution, History, and Present Aspect: Manner, Customs and Social Institutions Connected Therewith*. 6 vols. (Leyden: E. J. Brill, 1892-1910).

———. *Sectarianism and Religious Persecution in China: a Page in the History of Religions*. 2 vols. (Amsterdam: Muller, 1903-1904).

———. *Religion in China: Universism, a Key to the Study of Taoism and Confucianism* (New York and London: G. P. Putman's Sons,1912).

Gundry, Richard Simpson. *China, Present and Past: Foreign Intercourse, Progress and Resources, the Missionary Question…* (London, 1895).

Hamberg, Theodore. *The Visions of Hung-Siu-tshuetionn,nd Origin of the Kwangsi Insurrection* (Hong Kong, 1854. Reprinted Peiping, 1935).

Han, Fei Tzu. *The Complete Works of Han Fei Tzu; a Classic of Chinese Legalism*. Translated from the Chinese with introduction, notes, glosary, and index by Wien Kwei Liao. Vol. I (London: A. Probsthain, 1939).

Harvey, Edwin D. *The Mind of China* (New Heaven: Yale University Press; London: Oxford University Press, 1933).

Hinton, Haroad C. "The Grain Tribute System of China" (Ph.D. dissertation, 1950).

———. "The Grain Tribute System of the Ch'ing Dynasty," *Far Eastern Quarterly* (Lancaster), XI (1952), 339-354.

———. *The Grain Tribute System of China: 1845-1911: An Aspect of the Decline of the Ch'ing Dynasty* (Chinese Political and Economic Studies) (Cambridge, Mass.: Harvard University Press, 1956).

Ho, Franklin Lien (何廉). *Rural Economic Reconstruction in China* (Publications and Data Papers of the 6th Conference of the Institute of Pacific Relations, Vol. I, No. 2) (Tientsin, 1956).

Hoang, Peter. "A Practical Treatise on Legal Ownership," *Journal of the Royal Asiatic Society of Great Britain and Ireland*, North China Branch (Shanghai), N. S., XXIII (1888), 118-174.

———. *De Legali dominio practicae notiones* (1882).

Holcombe, Chester (何天爵). *The Real Chinaman* (New York, 1895).

Horne, Charles F., ed. *The Sacred Books and Early Literature of the East, with Historical Surveys of the Chief Writings of Each Nation. Medieval China*, Vol. XII (New York and London: Parke, Austin, and Lipscomb, Inc., 1917).

Hosie, Sir Alexander. "Droughts in China, A.D. 620-1643," *Journal of the Royal Asiatic Society of Great Britain and Ireland*, North China Branch (Shanghai), N. S., XII (1878), 1-89.

———. *Three Years in Western China. A Narrative of Three Journeys in Ssu-ch'uan, Kuei-chow and Yun-nan* (London, 1890).

Hsieh, Pao-ch'ao (謝寶超). *The Government of China, 1644-1911* (John Hopkins University Studies in Historical and Political Science, N. S. No. 3) (Baltimore: John Hopkins Press, 1925).

Hsieh, T'ing-yu (謝廷玉). "The Origin and Migrations of the Hakkas," *Chinese Social and Political Science Review* (Peiping), XIII (1929), 202-227.

Hsu, Francis L. K. (許烺光). *Under the Ancestors' Shadow: Chinese Culture and Personality* (New York: Columbia University Press, 1948).

———. "Social Mobility in China," *American Sociological Review* (Minosha), XIV (1949), 664-771.

Hu, Chang-tu (胡長圖). "Yellow River Administration in the Ch'ing Dynasty" (Unpublished Ph.D. dissertation, University of Washington, 1954).

Hu, Hsien Chin (胡先縉). *The Common Descent Group in China and Its Functions* (Viking Fund Publications in Anthropology, No. 10) (New York, 1948).

Huang, Han-liang (黃漢樑). *The Land Tax in China* (New York: Columbia University Press, 1918).

Huc, Evariste-Régis. *The Chinese Empire ntitled "Recollecions of a Journey through Tartary and Thibet."* 2nd ed., 2 vols. (London, 1955).

Hummel, Arthur W., ed. *Eminent Chinese of the Ch'ing Period* (1644-1912). 2 vols.

Huntington, Ellsworth. *The Character of Races as Influenced by Physical Environment, Natural Selection and Historical Development* (New York and London: C. Scribner's Sons, 1924).

Institute of Pacific Relations, *Agrarian China: Selected Source Materials from Chinese Authors* (London: G. Allen & Unwin, Ltd., 1939).

Jamieson, George, et al. "Tenure of Land in China and the Condition of the Rural Population," *Journal of the Royal Asiatic Society of Great Britain and Ireland*, North China Branch (Shanghai), N. S., XXIII (1888), 59-174.

———. "Translations from the Lü-li, or General Code of Laws," *The China Review*, VIII (1879-1880), 1-18. 193-205, and 259-276; IX (1880-81), 129-136 and 343-350; and X (1881-1882), 77-99.

———. *Land Taxation in the Province of Hunan.*

Jen, Yu-wen (簡又文). "Rural Administration of the T'ai-p'ing T'ian-kuo," *Journal of Oriental Studies* (Hong Kong), I (1954), 249-308.

Kemp, Emily Georgiana. *The Face of China: Travels in East, North, Central and Western China* (London, Chatto &

Windus, 1909).

Kierman, Frank A. *The Chinese Communists in the Light of Chinese History* (Communist Bloc Program, China Project B54-1) (Cambridge, Mass.: Massachusetts Institute of Technology Center for International Studies, 1954).

Kirby, E. Stuart. *Introduction to the Economic History of China* (London: Allen & Unwin, 1954).

Kracke, E. A. "Family Versus Merit in Chinese Civil Service Examinations under the Empire," *Harvard Journal of Asiatic Studies*, X (September 1947), 103-123.

Kulp, Daniel Harrison II. *Country Life in South China: The Sociology of Familism*. Vol. I. "Phenix Village, Kwangtung China" (New York: Bureau of Publications, Teachers College, Columbia University, 1925).

Lang, Olga. *Chinese Family and Society* (New Haven: Yale University Press, 1946).

Latourette, K. S. *The Chinese* (1941).

Lee, Mabel Ping-hua. *The Economic History of China, with Special Reference to Agriculture* (New York: Columbia University Press, 1921).

Lee, Robert. "The *Pao-Chia* System," (*Papers on China*, III, 193-224) (Mimeographed for private distrbution by the East Asia Program, Committee on Regional Studies, Harvard University, Cambridge, 1949).

Lee, S. C. "Heart of China's Problem," *Journal of Farm Economics*, XXX (1948).

Legge, James. "Imperial Confucianism," *The China Review*, VI (1878), 147 ff., 223 ff., 299 ff., and 363 ff.

———. *Chinese Classics*. 2nd ed., 5 vols. (Oxford: Clarendon Press, 1893-1895).

Leong [Liang], Y. K. (梁宇皋) and L. K. Tao (陶履恭). *Village and Town Life in China* (London: G. Allen & Unwin, Ltd.; New York: Macmillan Co., 1915).

Levy, Marion J. *The Family Revolution in Modern China* (Cambridge, Mass.: Harvard University Press, 1949).

Lewinski, Jan S. *The Origin of Property and the Formation of the Village Community* (London: Constable & Co., 1913).

Li Chi (李濟). The Formation of the Chinese People; An Anthropological Inquiry (Cambridge, Mass.: Harvard University Press, 1928).

Li Ching-han (李清漢). *A Survey of the Social Conditions of Ting Hsien.*

Lin Yueh-Hwa (林耀華). *The Golden Wing: A Sociological Study of Chinese Familism* (London: Institute of Pacific Relations, 1948, 中譯《金翅》).

Lin-le (Lindley, A. F. 林利). *Ti-Ping Tien-kwok* (1866), I, 101.

Linebarger, Paul Myron Anthony. *Government in Republican China* (New York and London: McGraw-Hill Book Co., 1938).

———, Djang Chu, and Ardath W. Burks. *Far Eastern Governments and Politics: China and Japan* (New York: Van Nostrand, 1954).

Little, Alicia Helen. *The Land of the Blue Gown* (London and Leipzig: T. F. Unwin, 1902).

Little, Archibald John. *Yhrough the Yang-tse Gorges, or Trade and Travel in Western China* (London, 1898).

Lowie, Robert H. *Social Organization* (New York: Rinehart, 1948).

Lu, Lien-tching (盧連清). *Les greniers publics de prevoyance sous la dynastie des Ts'ing* (Paris: Jouve & Cie., 1948).

MacDonald, Malcolm. *U.S. News and World Report*, December 3, 1954, p. 79.

Maine, Henry Sumner. *Village-Communities in the East and West* (London, 1871).

———. *Village Communities*. 3rd ed. (London, 1876).

Maitland, Frederic W. *Domesday Book and Beyond* (Cambridge, Eng., 1897).

Mallory, Walter Hampton. *China: Land of Famine* (New York: American Geographical Society, 1926).

Malone, C. B., and J. B. Taylor. *A Study of Chinese Rural Economy* (China International Relief Commission Publications, Ser. B, No. 10) (Peiping, 1924).

Mao, Tse-tung, *Selected Works* (London: Lawrence & Wishart, 1956).

Martin, William Alexander Parsons. *A Cycle of Cathay; or, China, South and North, With Personal Reminicences* (Edinburgh, 1896. 3 ed., New York and Chicago: F. H. Revell and Co., 1900).

Marx, Karl. *Marx on China, 1853-1860. Articles from the New York Daily Tribune* (London: Lawrence & Wishart, 1951).

Matsumoto, Zenkai. "The Establishment of the *Li* System by the Ming Dynasty," *Tōhōagu hō* (《東方學報》, Takyo), XII (1941), 109-122.

Maurer, George Ludwig von. *Einleitung zur Geschichte der Mark-, Hof-, Dorf-, und Stadt-verfassung*, 2nd ed. (Vienna: Auflage, 1896).

Maverick, Lewis. *Economic Dialogues in Ancient China. Selections from the Kuan-tzu* (Carbondale: University of Illinois Press, 1954).

Mayers, William Frederick (梅輝立). *The Chinese Government. A Manuel of Chinese Titles, Categorically Arranged and Explained, with an Appendix*, 3rd ed. (Shanghai, 1897).

Meadows, Thomas Taylor. *Desultory Notes on the Government and People of China and on the Chinese Language, Illustrated with a Sketch of the Province of Kwang-Tung...* (London, 1847).

———. *The Chinese and Their Rebellions, Viewd in Connection with Their National Philosophy, Ethics, Legislation and Administration; to which is Added an Essay on Civilization and Its Present State in the East and West* (London and Bombay, 1856).

Michael, Franz H. "Revolution and Renaissance in Nineteenth-Century China: The Age of Tseng Kuo-fan," *Pacific*

Historical Review, XVI, 144-151.

Mills, John S. *Political Economy*.

Milne, William C. *Life in China* (London, 1857).

———. *Sacred Edict of Kanghsi* (1870).

Mitrany, David. *Marx Against the Peasant: a Study in Social Dogmatism* (Chapel Hill: University of North Carolina Press, 1951).

Monroe, Paul. *China: A Nation in Evolution* (New York: Chautauqua Press, 1928).

Morse, Hosea B. *The International Relations of the Chinese Empire*. 3 vols. (London and New York: Longmans, Green, and Co., 1910-1918).

———. *The Trade and Administration of Chin*a. Rev. ed. (London and New York: Longmans, Green, and Co., 1913).

Mossman, Samuel. *China: a Brief Account of the Country, Its Inhabitants and Their Institutions* (London, 1867).

Moule, Arthur Evans. *Four Hundred Millions: Chapters on China and the Chinese* (London, 1871).

———. *Half a Century in: Recollections and Observations* (London, New York and Toronto: Hodder and Stoughton, 1911).

Mukerjee, Radhakamal. *Democracies of the East: a Study in Comparative Politics* (London: P. S. King and Son, Ltd., 1923).

Murdock, George Peter. *Social Structure* (New York: Macmillan, 1949).

Nevius, John Livingston. *China and Chinese: A General Description of the Country and Its Inhabitants; Its Civilization and Form of Government; Its Religions and Social Institutions; Its Intercourse with Other Nations, and Its Present Condition and Prospects* (New York, 1869).

Nichols, Francis H. *Through Hidden Shensi* (New York: C. Scribner's Sons, 1902).

North, Robert C. "The Chinese Communist Elite," *Annals of the American Academy of Political and Social Science* (Philadelphia), CCLXXVII (1951), 67-75.

O. P. C. "Land Tax in China and How Collected," *China Review*, VIII (1881), 291.

Ouchterlony, John. *The Chinese War: An Account of All the Operations of the British Forces from the Commencement to the Treaty of Nanking* (London, 1844).

Oxenham, E. C. "A Report to Sir R. Alcock, on a Journey from Peking to Hankow, through Central Chihli, Honan, and the Han River, November 2 to December 14, 1868," reprinted in Alexander Williamson, *Journey in North China* (London, 1870), II, 393-428.

Parker, Edward H. "The Educational Curriculum of the Chinese," *The China Review* (Hong Kong), IX (1881), 63 ff., 85 ff., 173 ff., 259 ff., and 325 ff.

———. *China's Intercourse with Europe, adapted and translated from Hsia Hsieh, Chung-hsi chi-shih* (Shanghai, 1890).〔譯自夏燮《中西紀事》〕

———. *China: Her History, Diplomacy and Commerce, from the Earliest Times to the Present Day* (London, 1901).

Parsons, James B. "The Culmination of a Chinese Peasant Rebellion: Chang Hsien-chung in Szechwan, 1644-46," *Journal of the Asian Studies*, XVI (1957), 387-399.

Peake, Harold J. E. "Village Community," *Encyclopedia of the Social Science* (New York: Macmillan, 1901), XV, 253-258.

Playfair, George MacDonald Home. *The Cites and Towns of China. A Geographical Dictionary*. 2nd ed. (Shanghai: Kelly & Walsh, Ltd., 1910).

Pruitt, Ida. *Daughter of Han: The Autobiography of a Chinese Working Woman, by Ida Pruitt, from the Story Told Her by Nin Lao T'ai-T'ai* (New Haven: Yale University Press; London: Oxford University Press, 1945).

Richard, L. *Comprehensive Geography of the Chinese Empire and Dependencies*. Translated, revised and enlarged from *Geographie de l'empire de Chine*, by M. Kennelly (Shanghai: T'usewei Press, 1908).

Richthofen, Ferdinand Paul Wilhelm von. *Baron Richthofen's Letters, 1870-1872*. 2nd ed. (Shanghai: North China Herald, 1903).

Rockhill, William Woodville. "An Inquiry into the Population of China," *Smithsonian Institution Annual Report for 1904*, XLVII, 659-676 (Washington, D.C., 1905).

Ross, Edward Alsworth. "Sociological Observations in Inner Asia," *Papers and Proceedings of the American Sociological Society*, Fifth Annual Meeting, V, 17-29 (Chicago, 1910).

Le saint édit. Translated by A. Theophile Piry (London, 1879).

Scarth, John. *Twelve Years in China: the People, the Rebels and the Manarins, by a British Resident* (Resident Edinburgh: T. Constable, 1860).

Schlegel, Gustaaf. *Thian-ti-hwui*, The Hung League (1866).

Seebohm, Frederic. *The English Village Community*. 4th ed. (London & New York, 1890).

Seton-Watson, Hugh. *The Pattern of Communist Revolution: A Historical Analysis* (London: Methuen, 1953).

Shih, Vincent Y. C. (施友忠). "The Ideology of the Taiping T'ien-kuo," *Sinologica* (Basel), III (1951), 1-15.

Sims, Newell Leroy, ed. *The Rural Communirt, Ancient and Modern* (New York: C. Scribner's Sons, 1920).

Skinner, G. William. "Aftermath of Communist Liberation in Chengtu Plain," *Pacific Affairs* (Honolulu), XXIV (1952), 61-76.

———. “Peasant Organization in Rural China,” *Annals of the American Academy of Political and Social Science* (Philadelphia), CCLXXII (1951), 89-100.

Smith, Arthur Henderson. *China in Convulsion*. 2 vols. (New York, Chicago, Edinburgh, and London: Fleming H. Revell Co., 1901).

———, *Chinese Characteristics*. 2nd ed. (New York: Fleming H. Revell Co., 1894).

———, *Village Life in China: a Study in Sociology* (New York, Chicago, and Toronto: Fleming H. Revell Co., 1899).

Smith, George. *A Narrative of an Exploratory Visit to Each of the Consular Cities of China, and to the Islands of Hong Kong and Chusan, in Behalf of the Church Mission Society in Years 1844, 1845, 1846* (London, 1847).

Smith, Stanley P. *China from Within, or the Story of the Chinese Crisis* (London: Marshall Bros., 1901).

Smyth, George B. et al. *The Crisis in China* (New York and London: Harper, 1900).

Spector, Stanley. “Li Hung-chang and the Huai-chun” (Ph.D. dissertation, University of Washington, 1953).

Stanton, W. “The Triad Society or Heaven and Earth Association,” *The China Review* (Hong Kong), XXII (1895), 441-443.

Staunton, George Thomas. *Miscellaneous Notices Relating to China, and Our Commercial Intercourse with that Country, Including a Few Translations from the Chinese Language* (London, 1822).

Sun, E-tu Zen (孫任以都), and John De Francis. *Chinese Social History. Translations of Selected Studies* (Washington, D.C.: American Council of Learned Societies, 1956).

Suzuki, Chusei (鈴木中山). “The Origin of the Anti-foreign Movements in the Later Ch’ing Period: Studies on the San-yüan-li Incident,” *Shigaku-Zasshi* (Tokyo), LXII (1952), 184-197.

Tang, Peter Sheng-hao (唐盛鎬). *Communist China Today: Domestic and Foreign Policies* (New York: Frederick Praeger,

1957).

Tawney, Richard Henry. *Land and Labour in China* (New York: Harcourt, Brace & Co., 1932).

Taylor, George E. "The Intellectual Climate of Asia," *Yale Review*, XLII (1952), 184-197.

Teng, Ssu-yü (鄧嗣禹). *New Light on the History of the Taiping Rebelion* (Cambridge, Mass.: Harvard University Press, 1950).

———, and John King Fairbank. *China's Response to the West. A Documentary Survey, 1839-1923* (Cambridge, Mass.: Harvard University Press, 1954).

Thomas, S. B. *Government and Administration in Communist China* (New York: Institute of Pacific Relations, 1955).

Tscheng, Ki-t'ong (陳季同), "China: A Sketch of Its Social Organization and State Economy," *Asiatic Quarterly Review* (London), X (1890), 258-272.

Walker, Richard L. *China under Communism: The First Five Years* (New Haven: Yale University Press, 1955).

Wang, kan-yü. "The *Hsien* (County) Government in China" (Unpublished Ph.D. dissertation, Harvard University, 1947).

Ward, John Sebastian Marlow, and W. G. Sterling. *The Hung Society, or the Society of Heaven and Earth*. 3 vols. (London: Baskerville Press, 1925-1926).

Weber, Max. *The Theory of Social and Economic Organization*. Translated and edited, with an introduction, by A. M. Henderson and Talcott Parsons, from Part I of *Wirtschsft und Gesellschaft* (New York: Oxford University Press, 1947).

Werner, Edward Theodore Chalmers. *China of the Chinese* (London and New York: Sir I. Pitman & Sons, Ltd., 1919).

———. *Descriptive Sociology, or Groups of Sociological Facts Classified and Arranged by Herbert Spencer: Chinese* (London: Williams and Northgate, 1910).

Wilbur, Martin. "Village Government in China" (Unpublished Master's thesis, Columbia University, 1933).

Wilhelm, Hellmut. "The Po-hsueh hung-ju Examinations of 1679," *Journal of the American Oriental Society* (Boston), LXXI (1951), 60-76.

Wilhelm, Richard. *Chinese Economic Psychology.* Translated by Bruno Lasker from *Chinesische Wirtschaftspscychologie* (New York: Institute of Pacific Relations, 1947).

———. *The Soul of China.* Text translated by John Holroyd Reece; poem translated by Arthur Waley (New York: Harcourt, Brace & Co., 1928).

Willcox, Walter F. "A Westerner's Effort to Estimate the Population of China and Its Increase Since 1652," *Journal of the American Statistical Association* (Concord), XXV (1930), 255-268.

Williams Edward Thomas. *China, Yesterday and Today* (New York: Thomas Y. Crowell, 1923).

Willians, Mrs. E. T. "Some Popular Religious Literature of the Chinese," *Journal of the Royal Asiastic society of Great Britain and Ireland*, North China Branch (Shanghai), N. S., XXXIII (1899-1900), 11-29.

Williams, Samuel Wells (衛三畏). *The Middle Kingdom: A Survey of the Geography, Government, Literature, Social Life, Arts and History of the Chinese Empire and Its Inhabitants*. Rev. ed., 2 vols. (London, 1883).

Williamson, Alexander. *Journeys in North China, Manchuria and Eastern Mongolia; with Some Accounts of Corea*. 2 vols. (London, 1870).

Wint, Guy. *Spotlight on Asia* (Hammondsworth, Eng., and Baltimore: Penguin Books, 1955).

Wittfogel, Karl August (魏復古). "Public Office in the Liao Dynasty and the Chinese Examination System," *Harvard Journal of Asiatic Studies*, X (1947), 13-40.

———. "Oriental Despotism," *Sociologus* (Berlin), III (1953), 96-108.

———. "Chinese Society: An Historical Survey," *The Journal of Asian Studies*, XVI (1957), 343-364.

———. *Oriental Despotism: A Comparative Study of Total Power* (New Heaven: Yale University Press, 1957).

———, and Chia-sheng Feng (馮家昇). *History of Chinese Society: Liao (907-1125)* (Philadelphia: American Philosophical Society; New York: Macmillan, 1949).

Wong, Wen-hao (翁文灝). "The Distribution of Population and Land Utilization in China," *China Institute of Pacific Relations*, VI (1933), 3.

Yamane, Yokio (山根幸夫). "On the Duty of the Village Headman in the Ming Period," *Tōhōgaku* (《東方學報》, Tokyo), III (1952), 79-87.

Yang, Ch'ing-k'un (楊慶堃). *A North China Local Market Economy: A Summary of a Study of Periodic Markets in Chowping Hsien, Shantung* (New York: Institute of Pacific Relations, 1944).

Yang, Martin C. (楊懋春). *A Chinese Village: Taitou, Shantung Province* (1945).

Yao, Shan-yu (姚善友). "The Chronological and Seasonal Distribution of Floods and Droughts in Chinese History," *Harvard Journal of Asiatic Study*, VI (1942), 273-311.

Yap, P. M. "The Mental Illness of Hung Hsiu-chuan, Leader of the Taiping Rebellion," *Far Eastern Quarterly*, XIII (1954), 287-304.

Yen, Kia-lok (嚴季洛). "The Basis of Democracyin China," *International Journal of Social, Political and Legal Philosophy* (Philadelphia), XXVIII (1917-1918), 197-218.

Young, Cato et al. *Ching-ho: A Sociological Analysis* (Yenching University, Department of Sociology and Social Work, Social Research Series No. 1, Peiping, 1930).

索引

編按：原書索引係由李又寧教授所編，中譯本依原書條目架構，僅將頁碼置換，並改依中文筆畫順序排列。

一畫

二畫

三畫

四畫

五畫

六畫

七畫

八畫

九畫

十畫

十一畫

十二畫

十三畫

十四畫

十五畫

十六畫

十七畫

譯者的話

展現在讀者面前的，是著名歷史學家蕭公權的學術名著——《中國鄉村：論19世紀的帝國控制》，是由我們倆通力合作翻譯完成的。

蕭公權，生於一八九七年，逝世於一九八一年，江西泰和人。一九二〇年畢業於清華大學，後到美國留學，專攻政治哲學，一九二六年獲得哲學博士學位。回國後，曾在南開大學、東北大學、燕京大學和清華大學等校任教，講授政治哲學。一九四七年任南京政治大學教授，一九四八年當選為國民政府中央研究院院士。後又赴美，長期在美國任教。蕭公權一生著述甚豐，《中國鄉村：論19世紀的帝國控制》是他多年心血研究的結晶，是他的學術代表作，奠定了他在學術界不可動搖的地位。

蕭公權從三大方面，即鄉村地區的行政劃分、鄉村政治統治體系及其運作效果，探討了十九世紀清王朝關於鄉村政治統治體系的確立情況和運作情況。該書的一大特點是，作者不是在對規章法規進行大拼盤，而是從歷史發展長河中探討這個政治統治體系是如何設置起來的、理論價值和實際運作情況如何、有什麼啟迪作用。從作者所引歷史資料、文獻和學術著作、論文來看，浩如煙海，數不勝數。對這些史料，正如作者所說和書中表明的一樣，作者進行了認真的取捨研究，對任何觀點和主張不盲目相信。在作者嚴謹的治學態度下，對浩如煙海的文獻資料提煉出來的《中國鄉村：論19世紀的帝國控制》，不但具有極高的學術價值，而且具有極高的理論價值和實際價值，不但是研究中國近代政治史，尤其是研究中國鄉村的人士必須參考的歷史巨著，而且是為政者制定和推行基層政策理應參考的重要文獻。如果諾貝爾獎中有歷史學獎這一項，那麼蕭公權獲得歷史學獎是沒有爭議的。

作者雄厚的功底、淵博的知識和大量文獻資料的運用，給我們的翻譯帶來了巨大的困難。雖然張皓是專攻中國近代政治的，雖然張升是專攻歷史文獻，目前正從事於元明清宮廷藏書研究的，但在翻譯時也常常感到非常棘手。

有時，為某個人名、地名，查找大量資料，一無所獲。為了保持原書風格，為了使讀者不會誤解，對於沒有找到的人名和地名或其他專用名詞，我們都將英文置於括弧內。對於難以理解的個別句子，為了不使作者的意思被誤解，我們也附上了原句。對於作者一些瑕不掩瑜的小錯誤，我們要麼作了說明，要麼作了糾正。對於根據作者所說而難以查找的所引文獻，我們也作了說明。總之，我們力圖按照「信、達、雅」的翻譯原則，將這部學術巨著展現在讀者面前。由於我們的功底遠遠不夠，出現錯誤是難免的，還望讀者原諒。

北京師範大學圖書館、北京大學圖書館、清華大學圖書館、北京圖書館的有關工作人員，為我們查找文獻資料提供了方便，我們也要表達萬分的謝意。北京大學歷史系劉一皋先生和我們的一些朋友，為我們提供了一些幫助，我們在此一併感謝。

張皓、張升

二〇〇一年八月於北京師範大學歷史系

編輯室報告

【一】這本書從譯稿完成到出版，前後歷時十年，對作者、譯者和讀者，我們都感到萬分抱歉。

【二】我們最擔心的是，如果在這件事上做得太不完善，不但傷害了蕭先生的經典著作，也有損聯經的聲譽。因此我們懷著戰兢的心情，謹慎從事，每看一遍，都覺得有不能放手之處，於是一晃十年。現在我們把它印出來，並不表示我們認為這件事已經做到盡善盡美，因為要把英文書寫的中國歷史著作翻譯成中文，在引用史料與專有名詞的還原上，都是極其艱辛的工作，以下略述一二。

【三】翻譯漢學研究著作是件艱難的工作，尤其像蕭公權先生這樣的巨著，就更是件不容易的事。翻譯漢學研究最辛苦的工作之一是原典的還原，蕭先生此書大量引用地方志，而這些志書大多是華盛頓大學的藏書，坊間翻印的方志叢刊未必全都找得到，有些即使找得到也未必是相同的版本。我們曾試著就王德毅教授主編的《台灣地區公藏方志目錄》加以比對，也找不出很好的對策，這也是本書的譯事遲遲不能在台灣進行的原因之一。來自北京的兩位譯者勇於承擔這項工作，並在一定的期間內完成翻譯的工作，他們的勇氣讓我們佩服不已，他們的勤奮工作與毅力更值得稱道。

【四】編輯漢學研究譯著也不是一件容易的事。編輯雖然不必像譯者一樣從事原創性的譯作，卻必須跟著譯者的腳步拾遺補闕，做好把關的工作。第一件要做的事，就是把過度翻譯的部分還原。漢學研究不僅引用中文的史料，也引述西文著作，有些西文著作可以找到中文譯本，沒有中譯本的占了大多數。譯文把作者徵引或參考過的所有文獻，不論書名、篇名全部譯成中文，固然有助於讀者的理解，但這種事如果覺得非做不可，也只需在參考書目的部分處理即可。如果在所有注腳都一字不漏全數譯成中文，對於有志參閱原典的讀者，反而會造成求索時不必要的困擾，大非所宜。所以編輯的一項重要工作便是將過度翻譯的部分還原，有中譯本的則酌予注明，以便讀者。

【五】還原原典的工作，譯者大多做得很好，但難免也有找不到原典的出處，而不得不以己意譯出。但作為編輯，卻不能這樣輕輕放過，因此必須盡量設法把原典找出來並加以補正，除非萬不得已，絕不放棄。解答這個問題，回到原典是不二法門。但更多時候，是要把作者當年走過的路再走一遍，前後左右逛一逛，一些小失誤所造成的難題也就解決了。

例如，第十章注二二一的引文後注明：「譯按：作者從日本學者著作所引，原文無法查找，照英文譯出。」作者轉引自稻葉岩吉（稻葉君山），《清朝全史》中譯本（中華書局出版），並注明所引為洪亮吉的一封信。《清朝全史》在台灣並不難找，但注文所指出處為「第三冊」，確實找不到，編者所見版本出在「下一」。注文提到洪亮吉這封信是寫給 "Prince Ch'eng" 的，譯文作「鄭王」顯然有誤，Ch'eng 的讀音是「成」，這封信是給成親王永瑆（嘉慶的弟弟）的。稻葉岩吉原著並沒有交代這封信的標題，但在《洪亮吉集》裡不難查到，題作〈乞假將歸留別成親王極言時政啟〉，因為內容批評了權貴，為洪亮吉帶來麻煩。按說到這裡就應該告一段落了，但進一步查看這封信，裡面並沒有稻葉岩吉所引的這一段文字；仔細翻檢，原來這段引文出自〈征邪教疏〉，洪亮吉在標題下自注「戊午二月廿七日大考題」，收錄於《卷施閣文甲集》，卷一〇，頁一 a—三 b。由標題及自注看來，這並不是一封信，而是一份功課，文體是疏。〈疏〉是〈啟〉的前一篇，古籍裡標題與內文在印刷上往往沒有明顯的區隔，蕭氏一時失察，把〈疏〉的內容誤作〈啟〉，因而出現這類的差錯。這可以看出漢學著作的譯事之難，編輯也不易。

第三章注九六的內文討論「地保」一詞，作者認為，最早提到地保的官方文獻之一，是一七四一年（乾隆六年）江西巡撫陳宏謀發布的一項綜合命令：「江右地方各處鄉村，無論什麼時候發現偷盜案件，地方官都不竭盡全力抓捕罪犯，追回被盜之物，而只是懲罰地保。」譯者的按語是：「作者此處所引，原文沒有，可能是作者綜合寫出，或杜撰。」檢看作者在注腳裡提供的出處是陳宏謀，《培遠堂偶存稿》，15/28a-29a。編者所見《培遠堂偶存稿》版本與此略有不同，但在「文檄」卷一二，頁九ａ－一〇ａ，查到乾隆六年十月〈嚴緝竊賊檄〉一文，裡面有「今聞江省各屬，遇有竊案，地方官並不嚴緝贓賊，惟先將地保責儆。」（引文在頁九ａ）正是譯者認為「杜撰」的那一段。

類似的問題還有一些，例如第四章注二一五，譯按：「此段原文與英文出入較大，只據大意譯出。」第六章注五一，譯按：「由於原文難以查找，我們只好翻譯成白話文。」第六章注三二四，譯按：「作者此處出處不對，照英文譯出。」這些都經過編輯的努力，覆按原書予以克服。

至如第三章注五二，河南巡撫于蔭霖在一九〇〇年的一道奏摺中所反映的問題，提醒我們對下列這種官員們的說法可以完全相信：「有關措施……登記入冊及居民檢查……仍然還存在。根據這些措施，地方官員總是彙報他們一直都在推行保甲制度。但是，搶劫案件不斷發生。臣認為，制定詳細的措施並不困難，難就難在如何有效監督和檢查；制定詳細的法令並不困難，難就難在如何使地方官誠實地推行這些法令。」因原著未注明出處，譯者僅按字面譯出，已覆按《于中丞奏議》，查出原出〈查明閿鄉縣劫案請將知縣參革並增定緝捕章程摺〉（卷八，頁八ｂ），並據以刊正。

【六】漢學研究著作最常碰到的翻譯難題是人名、地名、書名，以及其他專有名詞，這些大部分都是用拼音方式來表達的。在二十世紀以前，漢學研究或西方著作裡多半是用 Wade Giles 的拼音系統，這個系統對清濁音雖有區別，但對四聲則未加以標記，所以很多譯名的還原是比較費力的。這在書名的對譯上最為明顯，例如第六章「鄉約」部分，許多官員對順治頒布的《六諭》、康熙的《聖諭》和雍正的《聖諭廣訓》做了一番推廣的工作（頁二三二），“*Liu-yü yen-i*” 是《六諭衍義》，一不小心就變成《六諭言義》；“*Sheng-yü hsiang-chieh*” 是《聖諭像解》，不小心就成了《聖諭詳解》；“*Sheng-yü kuang-hsün chih-chieh*” 是《聖論廣訓直解》，也容易變成《聖論廣訓直介》；「言」與「衍」、「詳」與「像」、「介」與「解」之間，都只是一聲之轉，但意思完全不同，如果沒有花點力氣去查證，就不免「失之毫釐，謬以千里」了。

【七】另一個拼音系統造成的困擾是人名，一般來說，中文人名的拼音都是比較標準的，但如果讀音不小心的話，「汪士鐸」就會成了「王士鐸」、《汪悔翁乙丙日記》也成了《王悔翁乙丙日記》、「戴槃」也成了「戴潘」、「戈濤」成了「葛濤」、「楊鳳鳴」也成了「楊風明」、「李殿圖」變成「李天度」、「周錫溥」變成「周西普」。

有時候還會把一位中國作者弄得好像外國人，例如合著《遼朝社會史》的 Wittfogel and Feng，把 “Feng” 讀成「芬」，就很難和遼史專家「馮家昇」聯想到一起了。碰到姓名以方言來拼音的華裔作者，還原的難度就更高了，Leong and Tao 就是一例。“Leong” 指的是「梁宇皋」，“Tao” 指的是「陶履恭」（孟和），*Village and Town Life* (1915) 是他們的合著，這裡的梁和我們熟悉的 “Liang” 拼音顯然不同。

此外，有些華裔學者是有英文名的，例如施友忠的英文名是 Vincent Shih，如果不熟悉的話，就會幫他改姓「史」了；Martin Yang 是楊懋春的英文名，一不小心也會譯成「馬丁·楊格」，成了道地的外國人。

相對地，有些外國漢學家則是有中文名的，費正清（John King Fairbank）固然是眾人皆知，但像戴德華（George Taylor）、梅谷（Franz Michael）、衛德明（Hellmut Wilhelm）等，就需要汪榮祖教授來指點了。

【八】有時候某些專有名詞還會用到方言，那就更為難以索解了，前面提到梁宇皋的 Leong 就跟一般的梁（Liang）不同，是方言發音的。但第七章注一一的例子更是精彩，該處引述費孝通的 *China's Gentry* (1953), pp. 83-84，談到雲南地區的鄉村領袖，其中一種叫作「公家」，另一種叫作 “shang-yao”。不論從讀音來看，或是從鄉村領袖的角色來看，把 “shang-yao” 譯作「上傜」，似乎都是合情合理的，不過這個譯法卻是不對的。根據趙旭東、秦志杰的費著中譯本《中國士紳》（北京：三聯，二〇〇九），“shang-yao” 就是「鄉約」的雲南話讀音。從這個詞彙的中譯來看，是編者之幸，譯者的不幸嗎？這十年的等待，好像不是完全沒有回報了。

其他像地方志裡常見的「建置」，一不小心變成「監值」；軍、民（普通百姓）、匠（工匠）、竈（灶，鹽戶）的「竈」也會變成「糟」；則完全是意外。而《南海縣志》有關廣東考試舞弊的「圍姓」實在太特殊了，沒有回到原典細看，誤作「韋姓」，則是可以理解的。

【九】中國地方志裡的編卷也是一個有趣的問題。可能是基於體例的關係，有時同一個主題跨越好幾卷，但偏要用同一個卷號（如《續纂江寧府志》，卷一四，〈人物志〉就包含十一個子目，有些子目還分成上、中、下幾個部分），因此常出現之一、之二……這類卷號，譯成西文就是 “chuan 14, part 1” 等；另一種狀況是同一卷包含同類的幾個不同項目，但又要給予不同的編號，因此出現另一種卷幾之幾（如《佛山忠義鄉志》的〈人物志〉包含十個子目，但都集中在同一卷——卷一四），其中「人物六」為「宦蹟、武略」，譯成西文就是 "sec. 6"。但民國以後的地方志就有些不同了，有的先分成若干編，每編各有若干卷，因此 "chuan 4, sec. 4" 的意思就可能是第四編第四卷，而不是卷四之四了。同樣的 sec.，意思卻大不相同。如果不回到引用的原典，而將 part 和 sce. 一概譯成「第幾部分」，就一定會找不到家了。

【十】土地丈量面積及單位也會發生意外，在第四章注六，譯文說：「關於畝的大小變化，在江蘇省一些地方，一畝等於二百四十平方鋪（一鋪大約等於當地的五尺或五步）。而在其他省區，一畝可能等於三百六十鋪，有的多達五百四十鋪。」但在注二〇的注文卻是：《戶部則例》（10/1a）中這樣說：「廣一步、縱二百四十步為畝。」因此注六的「鋪」應該就是「步」，但為什麼會變成「鋪」呢？仔細核對「一鋪大約等於當地的五尺或五步」的原文，其中「當地的五尺或五步」作 "local ch'ih or feet"，"feet" 應該是「呎」（英尺），與中國的尺長度相近，作者為了讓外國讀者更容易理解，所以用呎來說明尺的大小，「五尺或五步」應該是「五尺或五呎」。譯文把 "feet" 譯作「步」，原來的「步」（pu）就憑空變成「鋪」，反而不可解了。

同樣的狀況發生在第四章注二〇的正文，「各個地方的『包』（即測量標準）變化相當大，因而畝是變化極大的東西。」倒底「包」是個什麼東西呢？注二〇的注文就說：《清朝續文獻通考》（1/7506）就提供材料說，「弓尺」這個測量單位從最小的三尺二寸（中國測量單位）變化到最大的七尺五寸，畝從最小的二百六十「弓尺」變化最大的七百二十「弓尺」。原來「包」的原文是 "bow"，照字面譯成「弓」就對了，音譯成「包」就沒人能懂了。推測是正文與注文分開翻譯，缺少了對照的機會，也就導致這樣的失誤。

同樣地，「穀物進貢」也是說給外國人聽的，對中國人來說，「漕糧」要清楚得多了。

【十一】中國的官制也是變動不居的，尤其是地方官制，多事之區更是如此，以後來的定制來看先前的事情，其實是有風險的。第五章注一五二，譯按：「清朝設的不是川陝總督，而是陝甘總督，管轄陝西、甘肅和新疆三地。」正文講的是陝西巡撫陳宏謀和川陝總督慶復聯名上奏有關陝西社倉的問題。覆按《皇清奏議》原文，陳宏謀奏摺中提到的確實是川陝總督慶復無誤；再查，乾隆元年至十三年（一七三六－一七四八），川陝總督的確是存在的，慶復正是其中任期最長的一位（一七四三－一七四七），改為陝甘總督則是乾隆十三年以後的事。

【十二】地名應該是本書翻譯中最難以還原的部分。中國的縣名就有數千之多，其中還有像「滕」和「藤」這種音同字也像的名字，更何況是鄉鎮村寨，名字更是形形色色，一不小心便生混淆。但如果是出自中文史料的地名，哪怕是多麼偏僻的志書或文集，只要能找到原典都不難克服，即使版本不同，頂多只是多費些時間。

但編輯也不是萬能的，如果原著就是外文，例如外國傳教士、軍人、外交官或旅行家的各種記錄，他們所用的地名拼音，除非是當地人，否則即使翻破書志也往往難以覆按。本書第一章注三〇提到的江蘇社村（She-ts’un），因為文中還提到社（She）先生，按中國的姓氏來看，“She”譯作「佘」可能較為合理；桶橋村（Tung Chiao）的“Tung”，音譯也應作東、冬或董、洞這個系列，而非桶；“Chiao”的音譯也應作交、郊、腳、角這個系列，而非橋。但因出自西文著作，無法確認。在這段的稍前，正文注二七處提到祁口往滄州路上的一個村莊王學祠（Wang-hsü-tzu），讀音看來也明顯不合，但出自一個外國人的記載，也無從求證（第七章注八六處引同一段文字則作 Wang-hsu-chuang-tzu，譯作「王徐莊子」，原書在編校上明顯是有問題的，但因未能覆按所引原典，未知孰是，只能暫從第七章加以統一）。注三一前引文裡，多納（Leon Donnat）筆下寧波府城附近的「王福村」（Ouang-fou），則可能是一個根據方言來拼音的例子。

第十章注二七七引 Richard Wilhelm 的 *Soul of China* (1928), pp. 226-228，「外國勢力進行干涉，派遣砲艦來華，進行制裁——比如，占領慶陶（Tsingtao，當時作者住在那裡）就是其中的制裁之一，然後一切又重新開始。」"Tsingtao" 應該是「青島」，而非「慶陶」。

再如第十章注二一八提到，「道光二十四年（一八四四）秋，其他省區三合會、睡龍會某些會員來到香山的江口（Kiang-kau）、龍塔（Lung-ta）……等村，引人入會。」據《清宣宗實錄》道光二十五年六月戊午諭軍機大臣等（卷四一八，頁二一 a），提到相關事件發生在香山縣的「港口及隆都鄉」，可作地名的參考。期待讀者高明賜教。至於「睡龍會」，正確的名稱是「臥龍會」。而此前提到道光十一年，「御史馮再秀（Fung Tsahiun）上奏報告他已經得知三合會在五省均發現封印、旗子和圖冊」。「馮再秀」應作「馮贊勳」。

【十三】《通典》、《通志》或《文獻通考》這些「通」字號有關典章制度的典籍，都有後人續作而成為前後相銜的系列，最後再彙集而成為「十通」，是歷史研究中常用的工具書。本書引用得比較多的《通考》系列，就包括《文獻通考》（馬端臨撰，三〇〇卷）、《續文獻通考》（清高宗敕撰，二五〇卷）、《清朝文獻通考》（清高宗敕撰，三〇〇卷）、《清朝續文獻通考》（劉錦藻撰，四〇〇卷）四部，譯成英文時，如果再加上縮寫，出現混淆的機會就相當大了。蕭氏原著的編輯工作在這個部分處理得相當糟糕，誤植之處極多。好在他引用的版本是按系列編有總頁碼的（商務印書館影印乾隆刊本，坊間常見的新興書局影印的國學基本叢書本同），四種《通考》對應的起始頁碼分別為：一、二七六五、四八四七、七四九一，只要對照總頁碼，再核對史實發生的朝代，問題都不難獲得解決。譯本已盡量予以訂正，如有遺漏，請讀者自行對照。

【十四】還有一點要說明的是，我們把本書的注改成當頁注，以便利讀者對照閱讀。這個調整並非僅為貼近現行的規範，而有其實際的必要。因為本書的注腳數量非常多，而且並不是單純的注明出處，其中有許多說明性的注腳，甚至還有表格，是讀者不能忽略的；集中放在書後，翻檢極為不便。而這樣的安排，也有利於我們發現上項有關「包」的問題，相信對讀者也是便利的。當然，由於有許多長注，也讓我們在排版時頗費一番手腳。

配合當頁注所造成的版面變動，我們也依據實際出現的順序，將表格編號加以調整，改成依章別編號。這個調整純粹是基於實用的考量，應不減損我們對作者的尊敬之意。

【十五】最後，我們感到幸運也要表達謝意的是，這些年來，國內外相關研究資料大量的整理出版，包括文集、方志、譜牒等，不僅是紙本，還有微捲，各大學及研究單位的收藏都很可觀，也多數開放利用，對我們的收尾工作有相當大的幫助。我們最常光顧的除了台灣大學圖書館之外，還有台北的故宮博物院、國家圖書館、中央研究院的歷史語言研究所和中國文哲研究所，連遠在台南成功大學的同學也被我們麻煩到了。對於他們無私的幫助，敬致謝忱。

方清河

蕭公權先生全集

中國鄉村：論19世紀的帝國控制

2025年3月三版　　定價：新臺幣1650元

著者	蕭公權
譯者	張皓
	張升
叢書主編	王盈婷
副總編輯	蕭遠芬
內文排版	張靜怡
封面設計	蔡婕岑
	陳怡絜
	江宜蔚

出版者	聯經出版事業股份有限公司	編務總監	陳逸華
地址	新北市汐止區大同路一段369號1樓	副總經理	王聰威
叢書主編電話	(02)86925588轉5316	總經理	陳芝宇
台北聯經書房	台北市新生南路三段94號	社長	羅國俊
電話	(02)23620308	發行人	林載爵
郵政劃撥	帳戶第0100559-3號		
郵撥電話	(02)23620308		
印刷者	文聯彩色製版印刷有限公司		
總經銷	聯合發行股份有限公司		
發行所	新北市新店區寶橋路235巷6弄6號2樓		
電話	(02)29178022		

行政院新聞局出版事業登記證局版臺業字第0130號

本書如有缺頁，破損，倒裝請寄回台北聯經書房更換。　　ISBN　978-957-08-7615-4 (精裝)
聯經網址：www.linkingbooks.com.tw
電子信箱：linking@udngroup.com

國家圖書館出版品預行編目資料

中國鄉村：論19世紀的帝國控制/蕭公權著．張皓、張升譯．
三版．新北市．聯經．2025年3月．968面．17×23公分
（蕭公權先生全集）
譯自：Rural China: imperial control in the nineteenth century.
ISBN　978-957-08-7615-4（精裝）

1.CST：鄉村　2.CST：中國政治制度　3.CST：清代

545.5　　114001467